# 第三批國家珍貴古籍名録圖録

第四册

中國國家圖書館
中國國家古籍保護中心 編

國家圖書館出版社

# 第四册目録

# 第三批國家珍貴古籍名録圖録

# 漢文珍貴古籍名録

北至黑龍江外興安嶺五千一百餘里俄羅斯界
盛京地輿全圖
西至山海關八百餘里山海關界
東至海四千三百餘里東海界
南至海七百三十餘里南海界

**07973 奉天黑龍江吉林輿圖** 清乾隆年間彩繪本

國家圖書館藏。

**07974 黑龍江圖** 清乾隆年間彩繪本

長 135 厘米，高 112 厘米。國家圖書館藏。

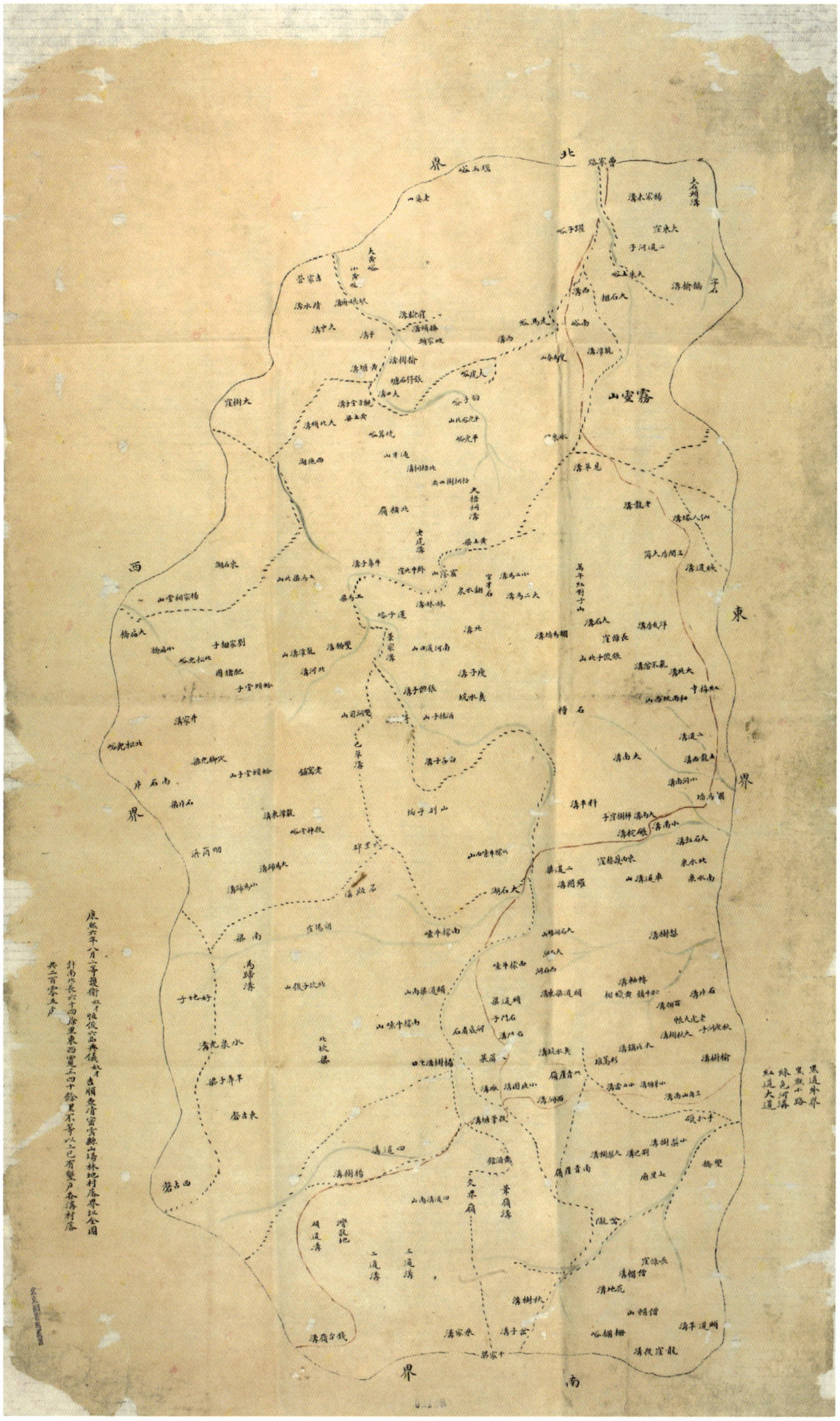

**07975 密雲縣山場林地村落界址全圖** （清）吉順繪　清康熙六年（1667）彩繪本

長 88 厘米，高 99 厘米。國家圖書館藏。

**07976 圍場全圖** 清康熙三十六年（1697）四月彩繪本

長 99 厘米，高 84 厘米。國家圖書館藏。

蒙古全圖
圖内绿線者係河
大圈者係圍
小房者係看城
紅線者係八旂分界
外紅点者係外道
内紅点者係内道
康熙三十六年四月製
不動
卓什海
色勒
英額
英額川
東

**07977 避暑山莊全圖** （清）錢維城繪 （清）裘曰修題説 清乾隆年間彩繪本

長 124 厘米，高 224 厘米。有“錢維城印”、“馮氏珍藏書畫印”、“馮聯堂珍藏書畫印”等印。國家圖書館藏。

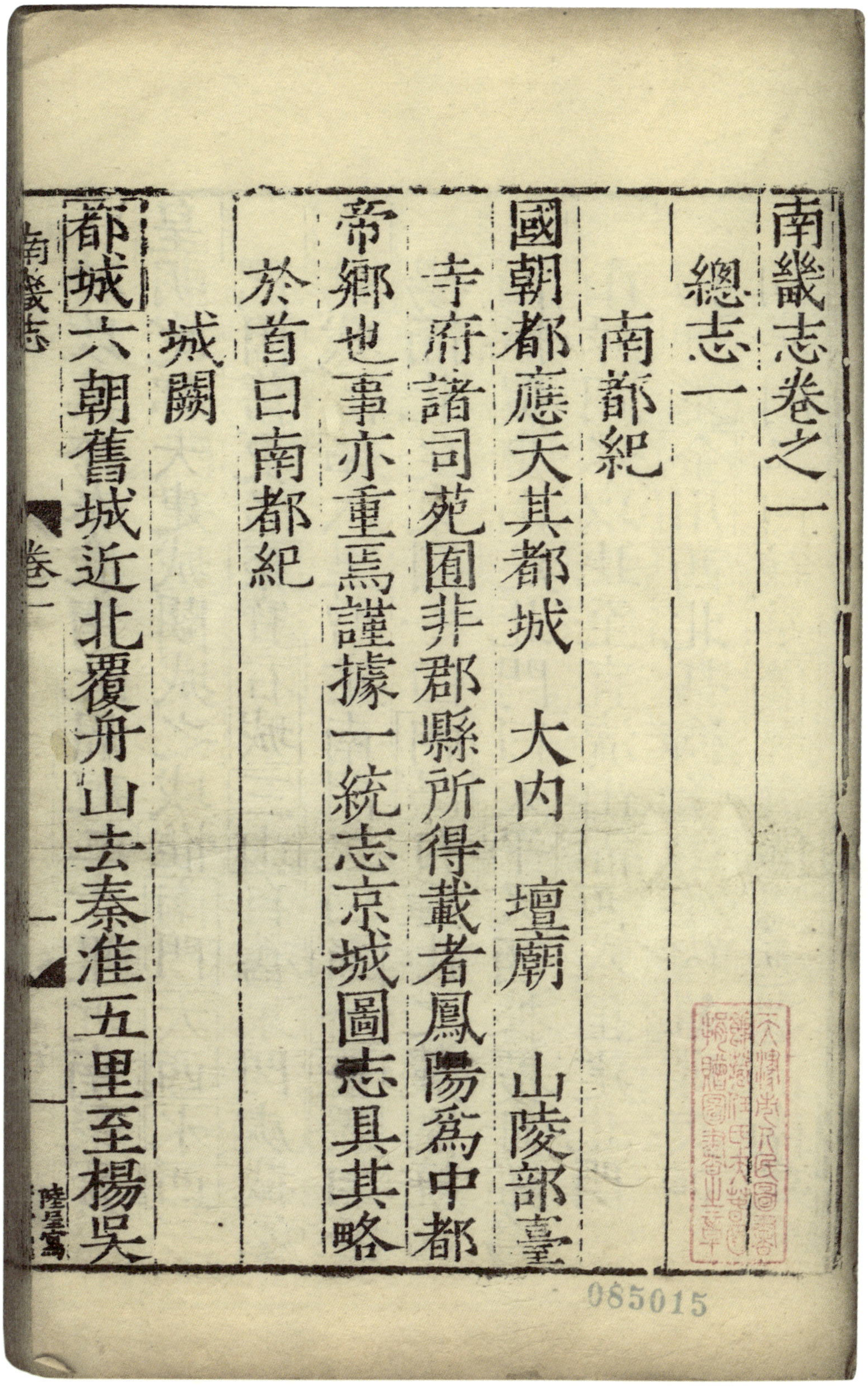
南畿志卷之一
總志一
南都紀
國朝都應天其都城 大内 壇廟 山陵部臺
寺府諸司苑囿非郡縣所得載者鳳陽爲中都
帝鄉也事亦重焉謹據一統志京城圖志具其略
於首曰南都紀
城闕
都城 六朝舊城近北覆舟山去秦淮五里至楊吳
南畿志 卷一 一

**07978［嘉靖］南畿志六十四卷**（明）聞人詮　陳沂纂修　明嘉靖刻本

匡高 21.2 厘米，廣 16.2 厘米。半葉九行，行十九字，小字雙行同，白口，左右雙邊。天津圖書館藏。

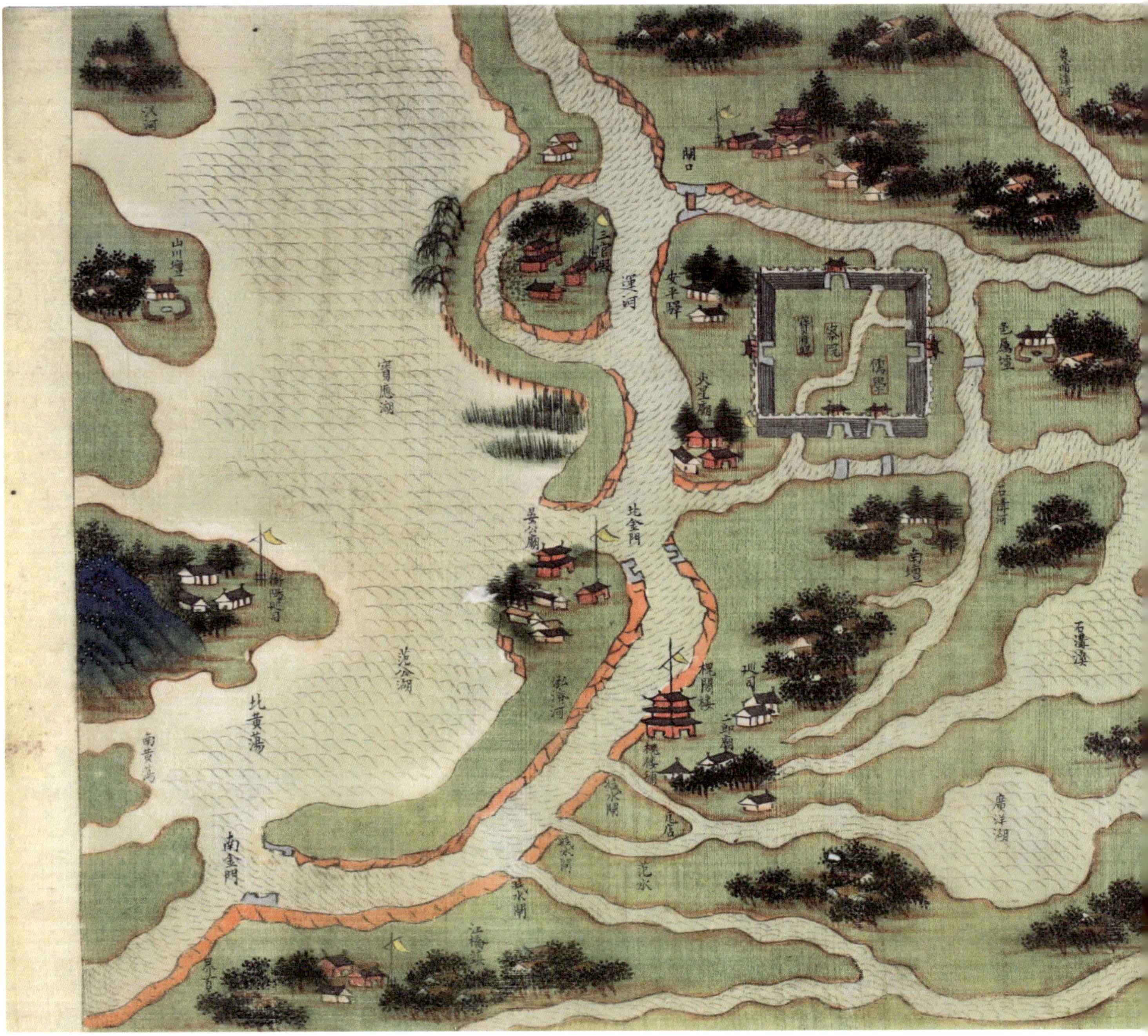


**07979 揚州府圖說** 清康熙年間彩繪本

長 889 厘米，高 32 厘米。國家圖書館藏。

## 寳應縣圖説

寳應縣在漢爲安平縣東漢改安宜梁爲陽平縣唐爲倉州領安宜縣尋廢州以縣屬楚州上元三年獲定國寳遂更名寳應宋陞爲州爲軍不一
國朝仍爲寳應屬高郵州曾漁曰淮東控扼有六四曰寳應焉但介乎南北大都閭民之出力供上者豈不藉哉又地勢窪下爲諸水所積加以歲澇豈惟禾稼失秋而茭菰蔎芡亦不可薪邑之凋敝視邑爲甚是故緝隄繕閘以時蓄洩斯水利之善者也然其害在五塘未復大較與高郵興化畧同茲不敢贅

**07980 廣陵名勝全圖** 清乾隆年間刻本

匡高 27.3 厘米，廣 22.2 厘米。國家圖書館藏。

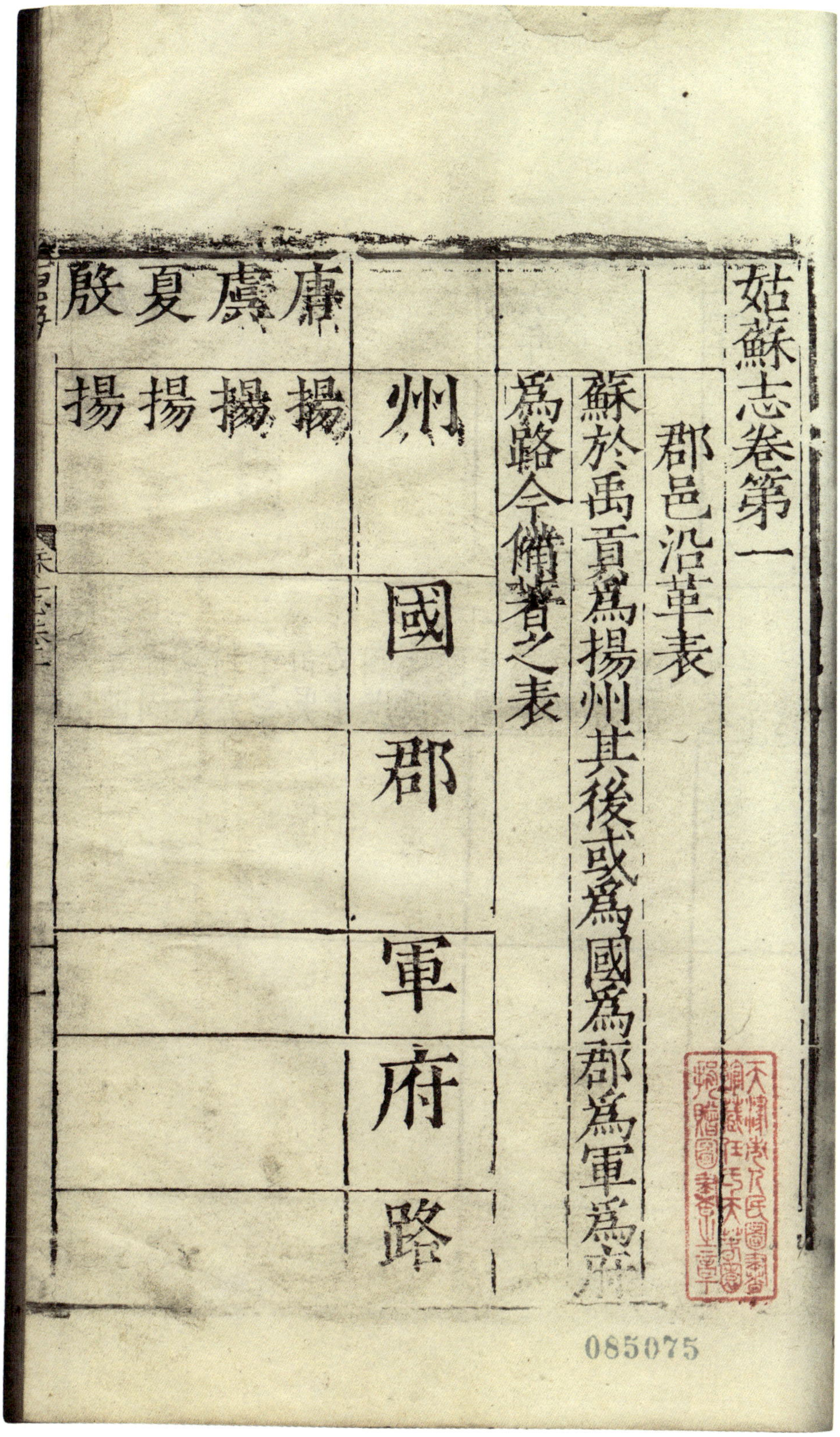
姑蘇志卷第一

郡邑沿革表

蘇於禹貢爲揚州其後或爲國爲郡爲軍爲府爲路今備著之表

| | 唐 | 虞 | 夏 | 殷 |
| --- | --- | --- | --- | --- |
| 州 | 揚 | 揚 | 揚 | 揚 |
| 國 | | | | |
| 郡 | | | | |
| 軍 | | | | |
| 府 | | | | |
| 路 | | | | |



**07981 ［正德］姑蘇志六十卷** （明）林世遠　王鏊等纂修　明正德元年（1506）刻十四年（1519）增修本

匡高 22.2 厘米，廣 16.2 厘米。半葉十行，行二十字，小字雙行同，白口，左右雙邊。天津圖書館藏。

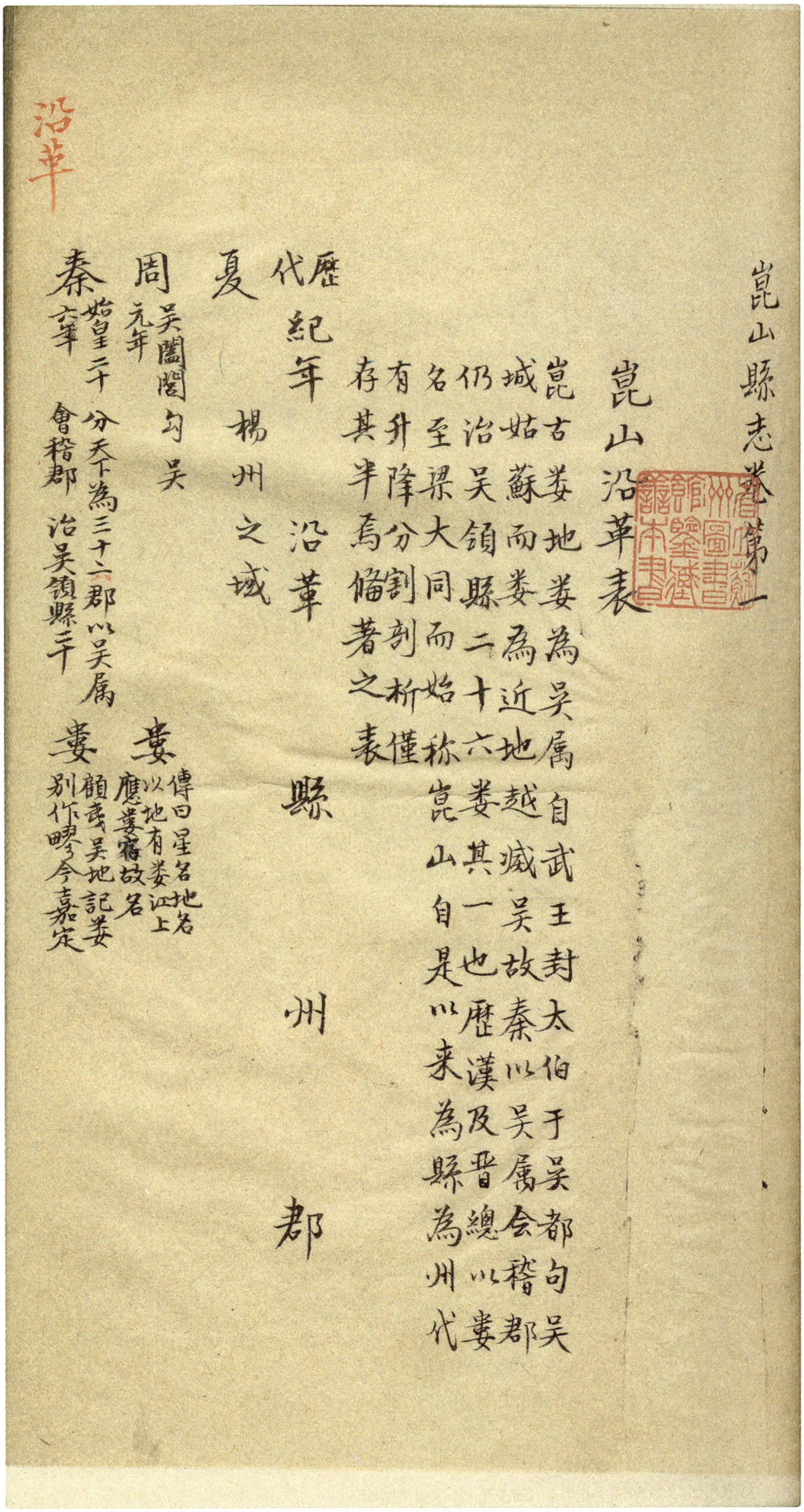
沿革

崑山縣志卷第一

崑山沿革表

崑古婁地婁為吳屬自武王封太伯于吳都句吳城姑蘇而婁為近地越滅吳故秦以吳屬会稽郡仍治吳領縣二十六婁其一也歷漢及晉總以婁名至梁大同而始稱崑山自是以來為縣為州代有升降分割剖析僅存其半為備著之表

歷代紀年　沿革　縣　州　郡

夏　揚州之域

周　吳闔閭元年　句吳
婁　傳曰星名地名以地有婁江上應婁宿故名

秦　始皇二十六年　分天下為三十六郡以吳屬會稽郡　治吳領縣二十
婁　顧夷吳地記婁別作[illegible]今嘉定

**07982 ［康熙］崑山縣志二十卷**　（清）杭允佳　盛符升等纂修　清抄本　顧惇量批校並跋，潘道根校補，蘇州圖書館藏。

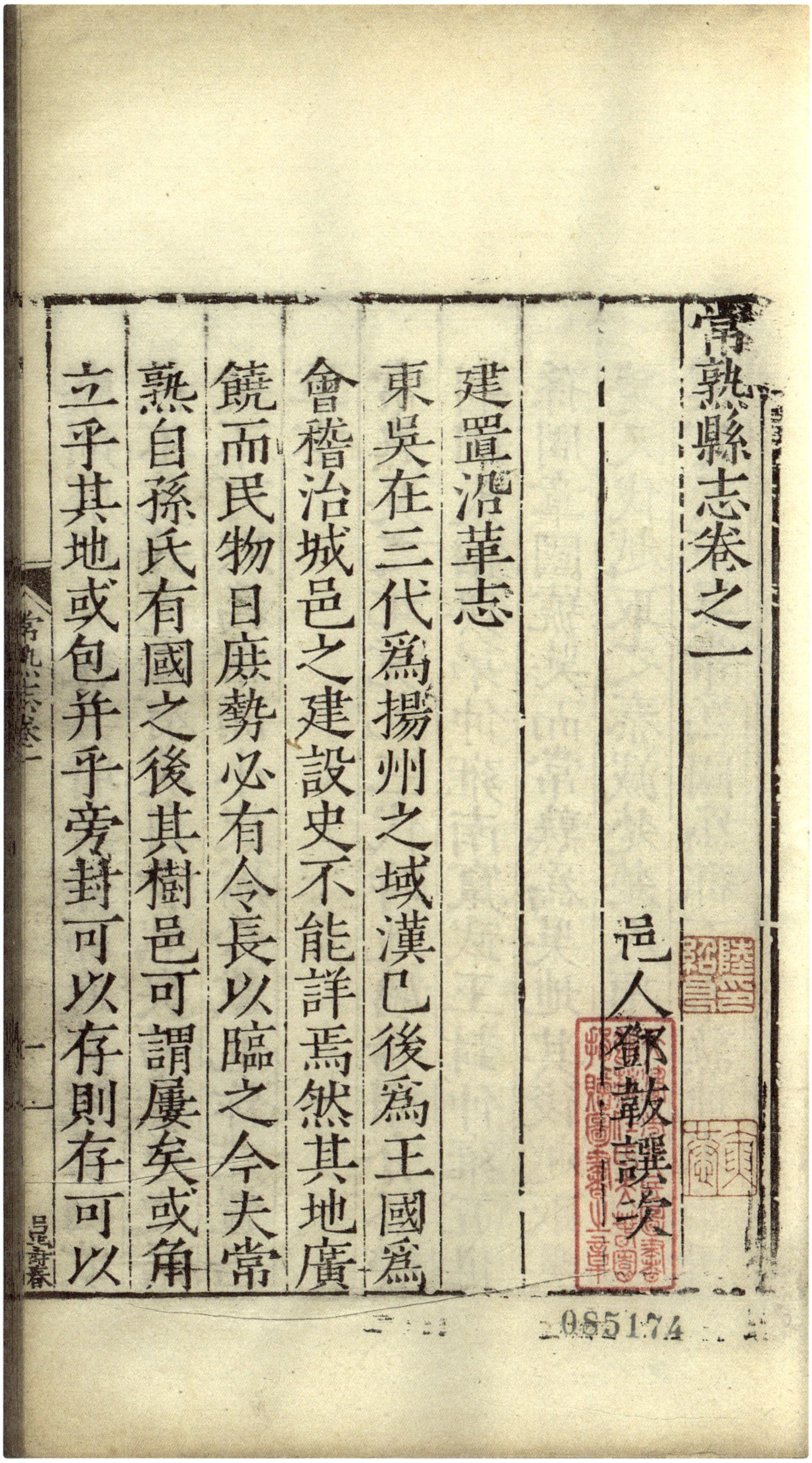
常熟縣志卷之一
邑人鄧韍譔次
建置㳂革志
東吳在三代爲揚州之域漢巳後爲王國爲會稽治城邑之建設史不能詳焉然其地廣饒而民物日庶勢必有令長以臨之令夫常熟自孫氏有國之後其樹邑可謂屢矣或角立乎其地或包并乎旁封可以存則存可以


**07983 ［嘉靖］常熟縣志十三卷** （明）馮汝弼　鄧韍纂修　明嘉靖刻本

匡高 19.1 厘米，廣 14.3 厘米。半葉九行，行十八字，白口，左右雙邊。天津圖書館藏。

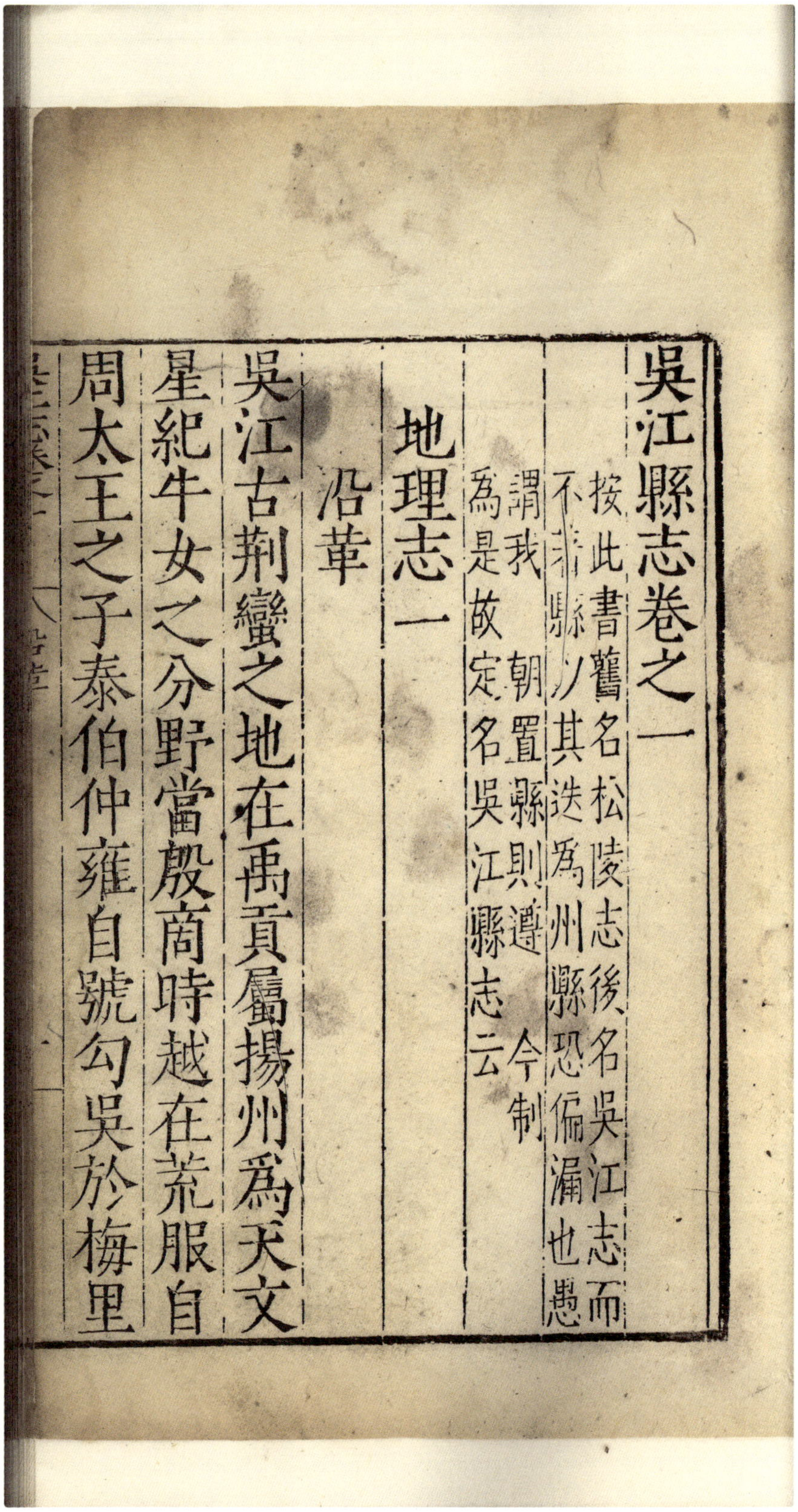
吳江縣志卷之一
按此書舊名松陵志後名吳江志而不非縣乃其迭爲州縣恐偏漏也愚謂我　朝置縣則遵　今制爲是故定名吳江縣志云
地理志一
沿革
吳江古荊蠻之地在禹貢屬揚州爲天文星紀牛女之分野當殷商時越在荒服自周太王之子泰伯仲雍自號勾吳於梅里

**07984 ［嘉靖］吳江縣志二十八卷首一卷** （明）曹一麟　徐師曾纂修　明嘉靖刻本

匡高 20 厘米，廣 13.2 厘米。半葉八行，行十六字，小字雙行同，白口，左右雙邊。天津圖書館藏。

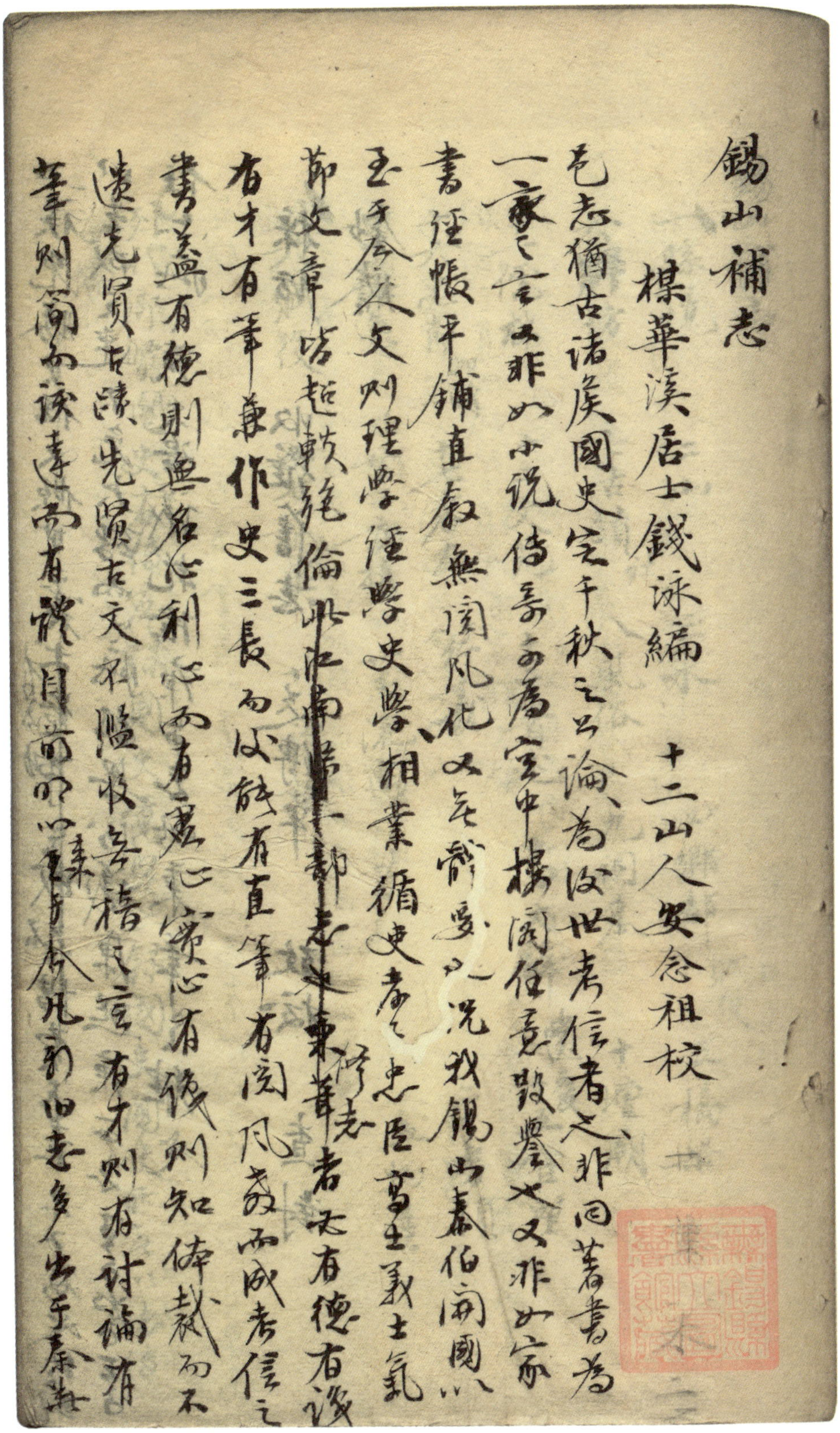
錫山補志
梅華溪居士錢泳編
十二山人安念祖校
邑志猶古諸侯國史，定千秋之公論，爲後世考信者也，非同著書爲
一家之言，又非如小說傳奇而爲空中樓閣，任意毀譽，又非如家
書僅帳平鋪直叙，無關風化，又無裨要。况我錫山泰伯開國，以
至于今，人文則理學經學史學相業循吏孝子忠臣高士義士氣
節文章皆超軼絕倫，此江南第一部志也。東莽修志者，不有德有識
有才有筆兼作史三長而以號有直筆有關風教而成考信之
書。蓋有德則無名心利心而有虛心公心，有識則知體裁而不
遺先賢古蹟先賢古文不濫收容禧之言，有才則有討論有
筆則簡而該，事述而有體，目前所以[illegible]余見新舊志多出于秦姓

**07985 錫山補志一卷**　（清）錢泳撰　稿本

無錫市圖書館藏。

**07986 安徽省輿圖** 清乾隆年間彩繪本

國家圖書館藏。

安徽省輿圖

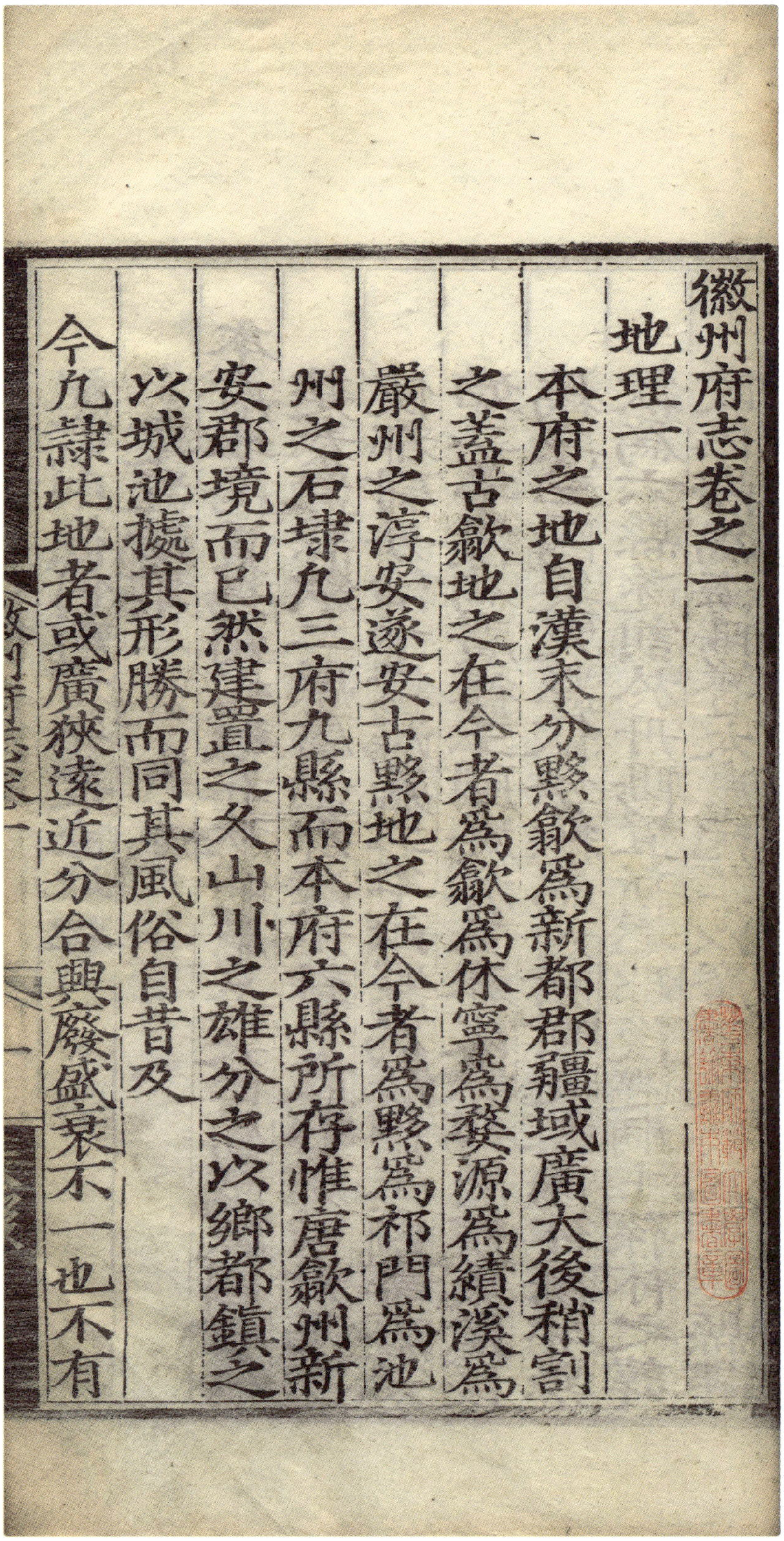
徽州府志卷之一
地理一
本府之地自漢末分黟歙爲新都郡疆域廣大後稍割
之蓋古歙地之在今者爲歙爲休寧爲婺源爲績溪爲
嚴州之淳安遂安古黟地之在今者爲黟爲祁門爲池
州之石埭凡三府九縣而本府六縣所存惟唐歙州新
安郡境而已然建置之久山川之雄分之以鄉都鎮之
以城池據其形勝而同其風俗自昔及
今凡隸此地者或廣狹遠近分合興廢盛衰不一也不有

**07987 ［弘治］徽州府志十二卷** （明）彭澤　汪舜民纂修　明弘治刻本

匡高 22 厘米，廣 14.8 厘米。半葉九行，行二十三字，小字雙行同，黑口，四周雙邊。華東師範大學圖書館藏。

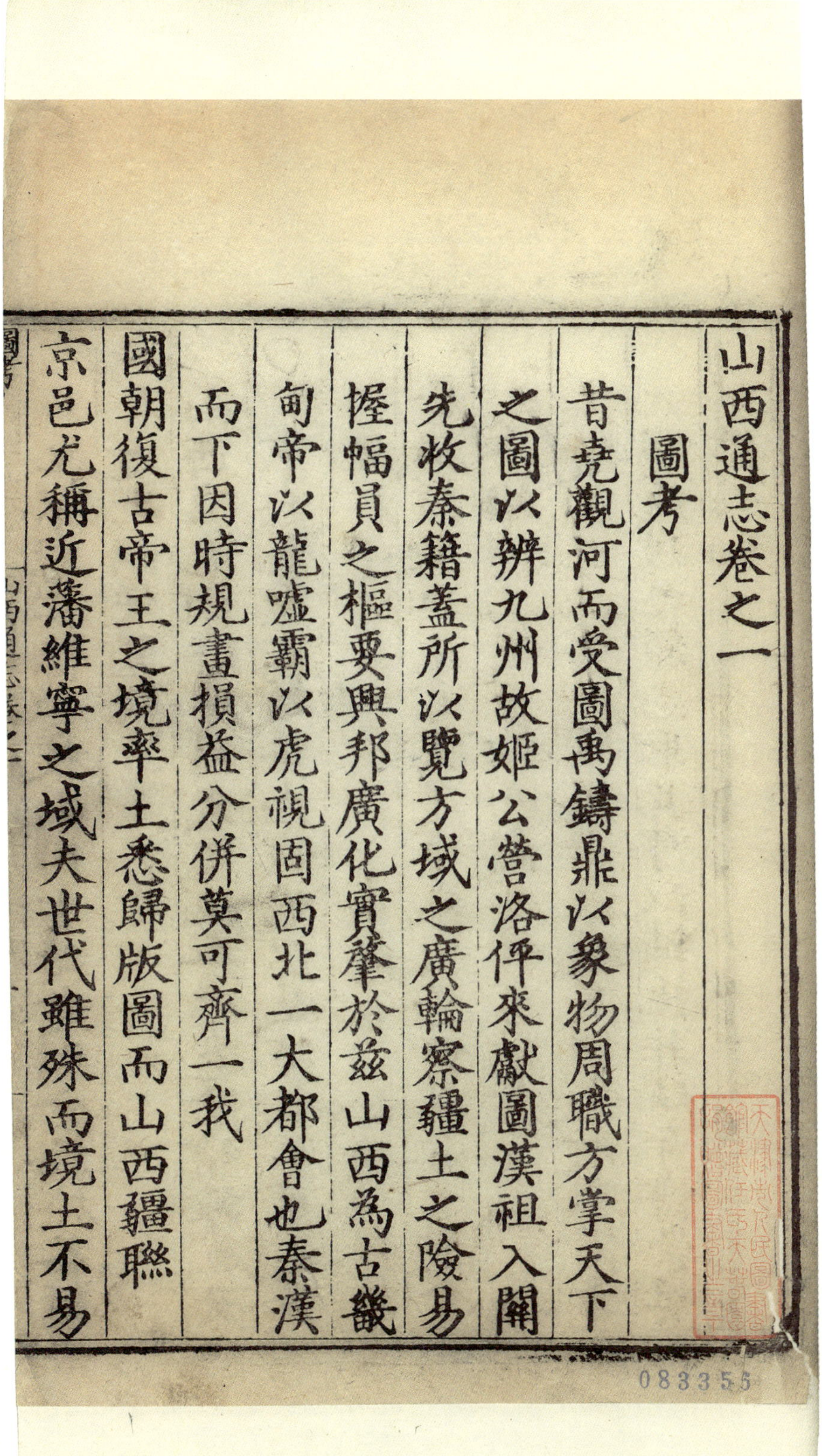
山西通志卷之一

圖考

昔堯觀河而受圖禹鑄鼎以象物周職方掌天下之圖以辨九州故姬公營洛伻來獻圖漢祖入關先收秦籍蓋所以覽方域之廣輪察疆土之險易握幅員之樞要興邦廣化實肇於兹山西爲古畿甸帝以龍嘘霸以虎視固西北一大都會也秦漢而下因時規畫損益分併莫可齊一我

國朝復古帝王之境率土悉歸版圖而山西疆聯

京邑尤稱近藩維寧之域夫世代雖殊而境土不易



**07988、07989［嘉靖］山西通志三十二卷**（明）楊宗氣　周斯盛纂修　明嘉靖刻本

匡高 22.5 厘米，廣 16.5 厘米。半葉十行，行二十字，白口，四周雙邊。天津圖書館藏；河南省圖書館藏，存二十四卷。

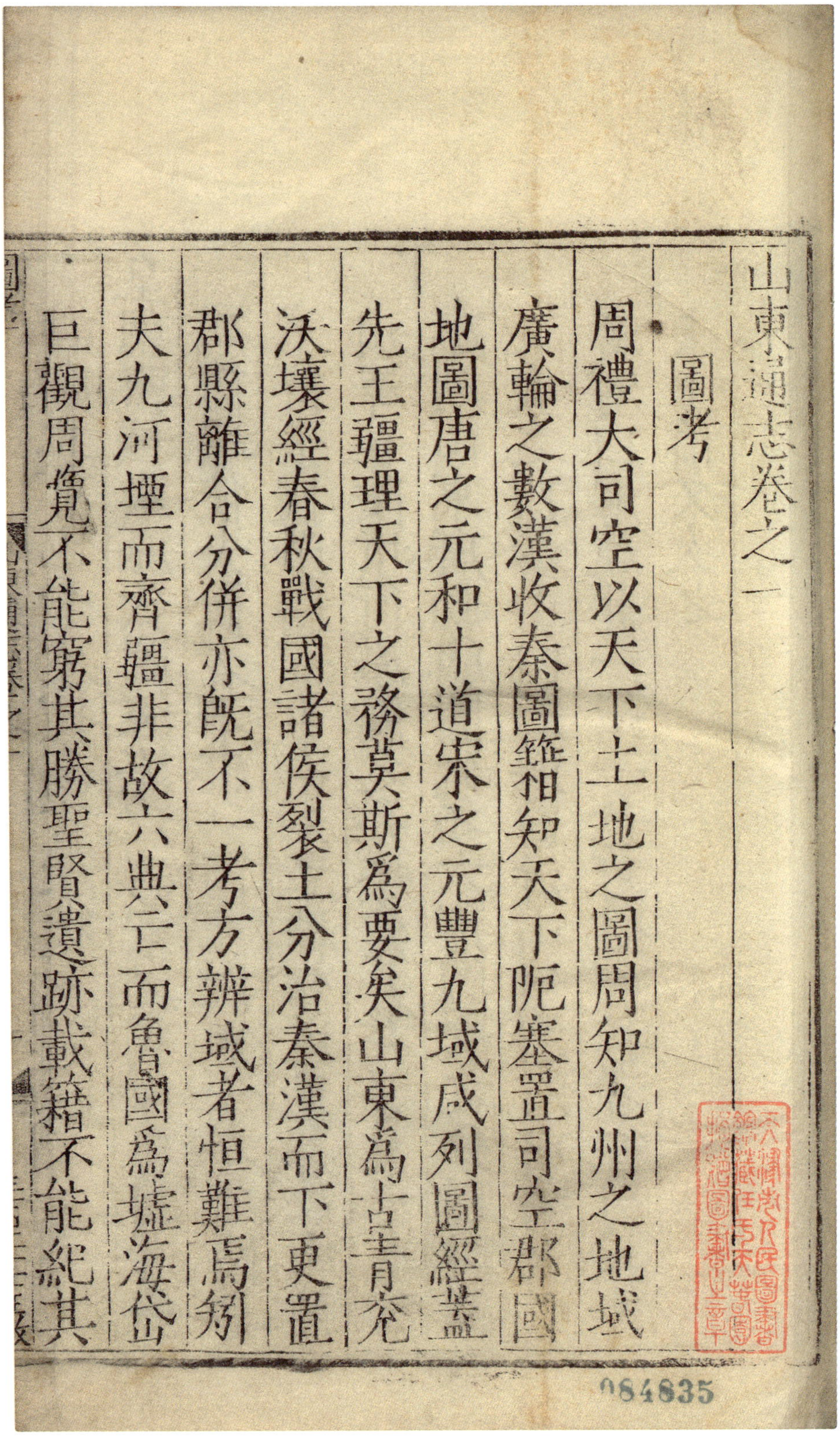
山東通志卷之一
圖考
周禮大司空以天下土地之圖周知九州之地域
廣輪之數漢收秦圖籍相知天下阨塞置司空郡國
地圖唐之元和十道宋之元豐九域咸列圖經蓋
先王疆理天下之務莫斯爲要矣山東爲古青兖
沃壤經春秋戰國諸侯裂土分治秦漢而下更置
郡縣離合分併亦既不一考方辨域者恒難焉矧
夫九河堙而齊疆非故六典亡而魯國爲墟海岱
巨觀周覽不能窮其勝聖賢遺跡載籍不能紀其

**07990、07991 ［嘉靖］山東通志四十卷** （明）陸釴等纂修　明嘉靖刻本

匡高 23.2 厘米，廣 16.7 厘米。半葉十行，行二十字，小字雙行同，白口，四周雙邊。河北大學圖書館藏；天津圖書館藏，為萬曆增修本。

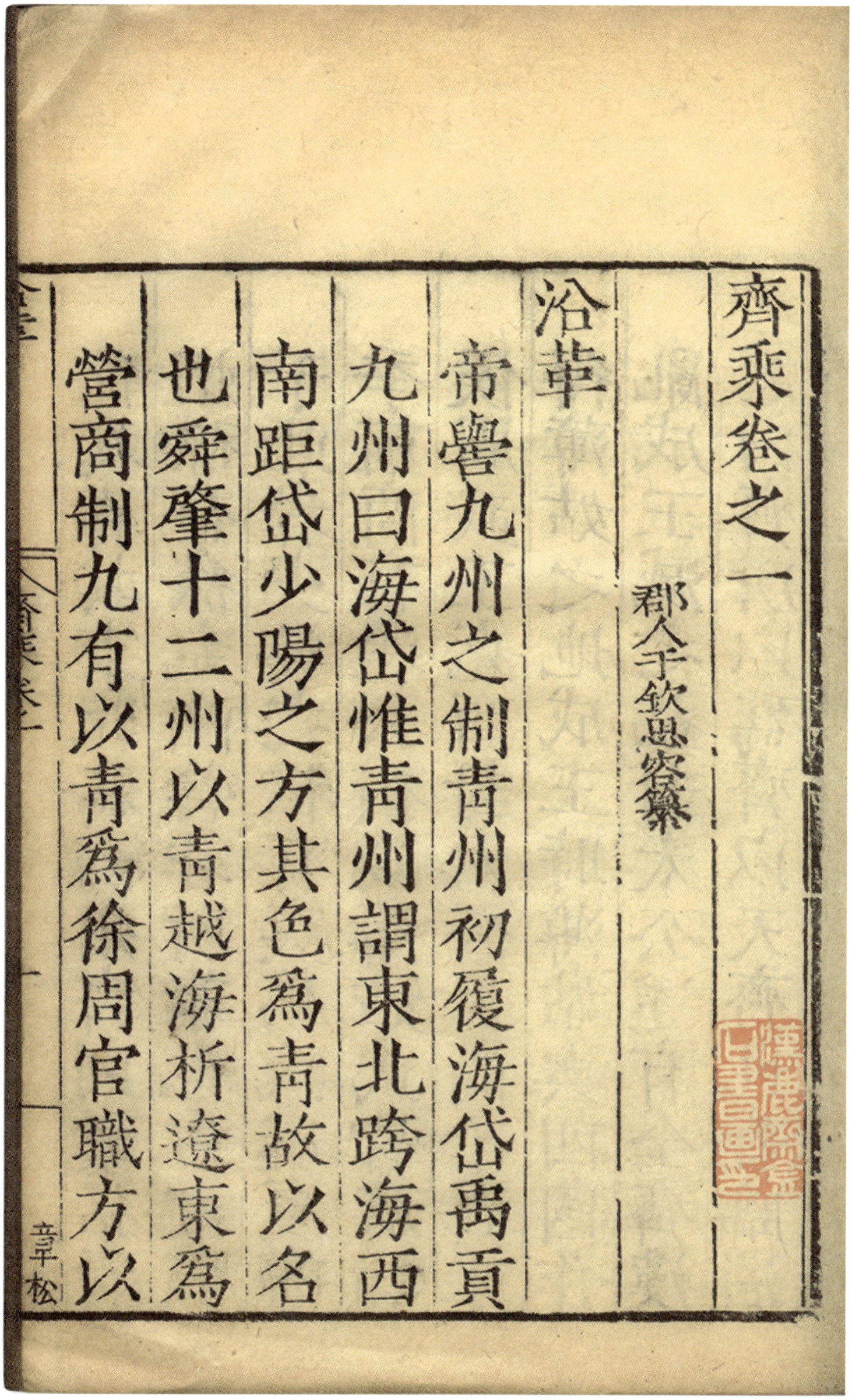
齊乘卷之一
郡人于欽思容纂
沿革
帝嚳九州之制青州初覆海岱禹貢
九州曰海岱惟青州謂東北跨海西
南距岱少陽之方其色爲青故以名
也舜肇十二州以青越海析遼東爲
營商制九有以青爲徐周官職方以

**07992、07993 齊乘六卷** （元）于欽撰 **釋音一卷** （元）于潛撰 明嘉靖四十三年（1564）杜思刻本

匡高 20.5 厘米，廣 14.5 厘米。半葉八行，行十五字，白口，左右雙邊。吉林省圖書館藏；中國科學院上海生命科學信息中心藏，有“畫清過眼”、“漢鹿齋金石書畫印”等印。

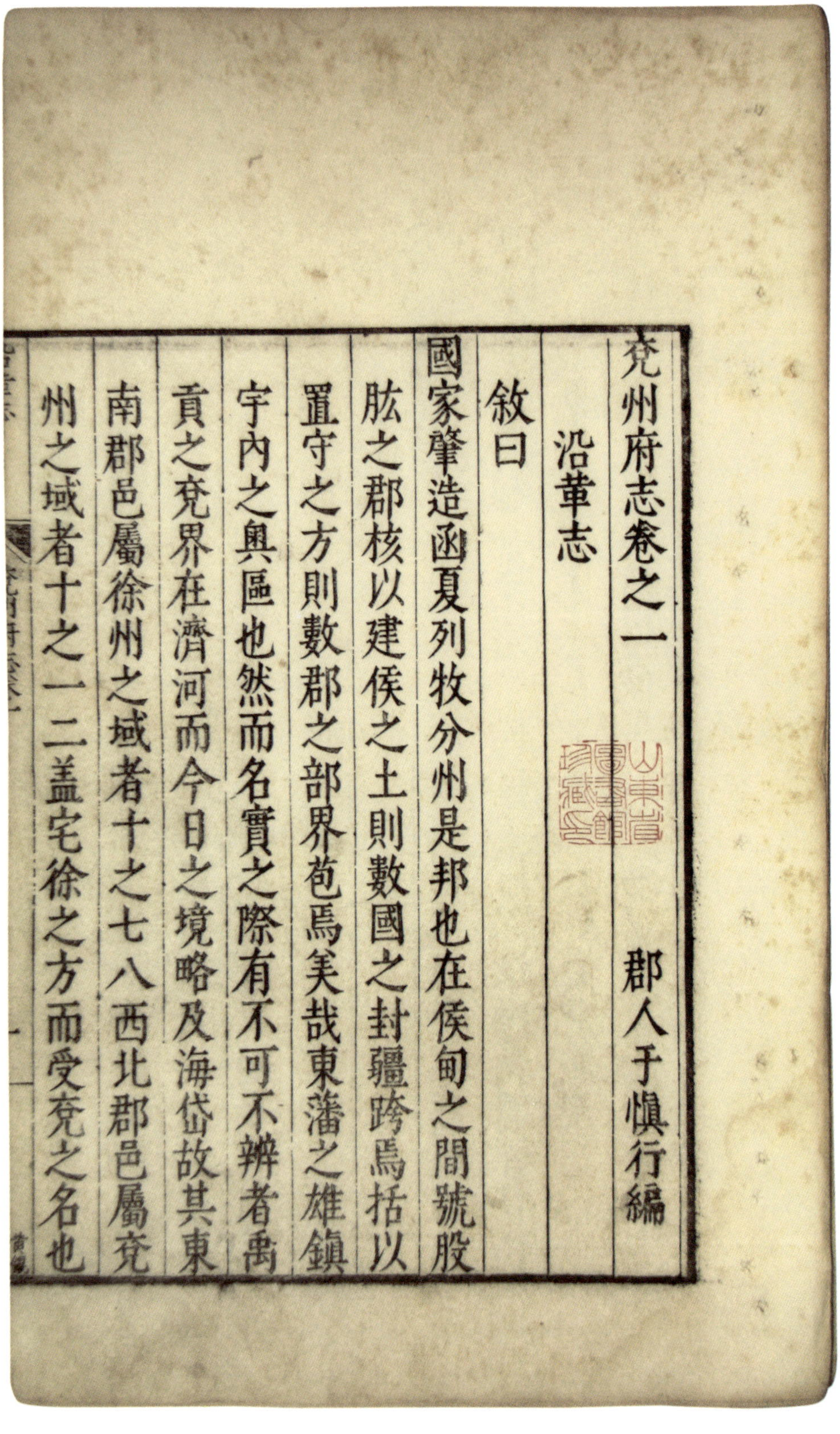
兗州府志卷之一
沿革志　　郡人于慎行編
敘曰
國家肇造函夏列牧分州是邦也在侯甸之間號股
肱之郡核以建侯之土則數國之封疆跨焉括以
置守之方則數郡之部界苞焉美哉東藩之雄鎮
宇內之奥區也然而名實之際有不可不辨者禹
貢之兗界在濟河而今日之境略及海岱故其東
南郡邑屬徐州之域者十之七八西北郡邑屬兗
州之域者十之一二蓋宅徐之方而受兗之名也

**07994 ［萬曆］兗州府志五十二卷** （明）易登瀛　于慎行纂修　明萬曆刻本（卷三十六至三十八補配）

匡高 22.9 厘米，廣 16.6 厘米。半葉十行，行二十字，小字雙行同，白口，左右雙邊。山東省圖書館藏。

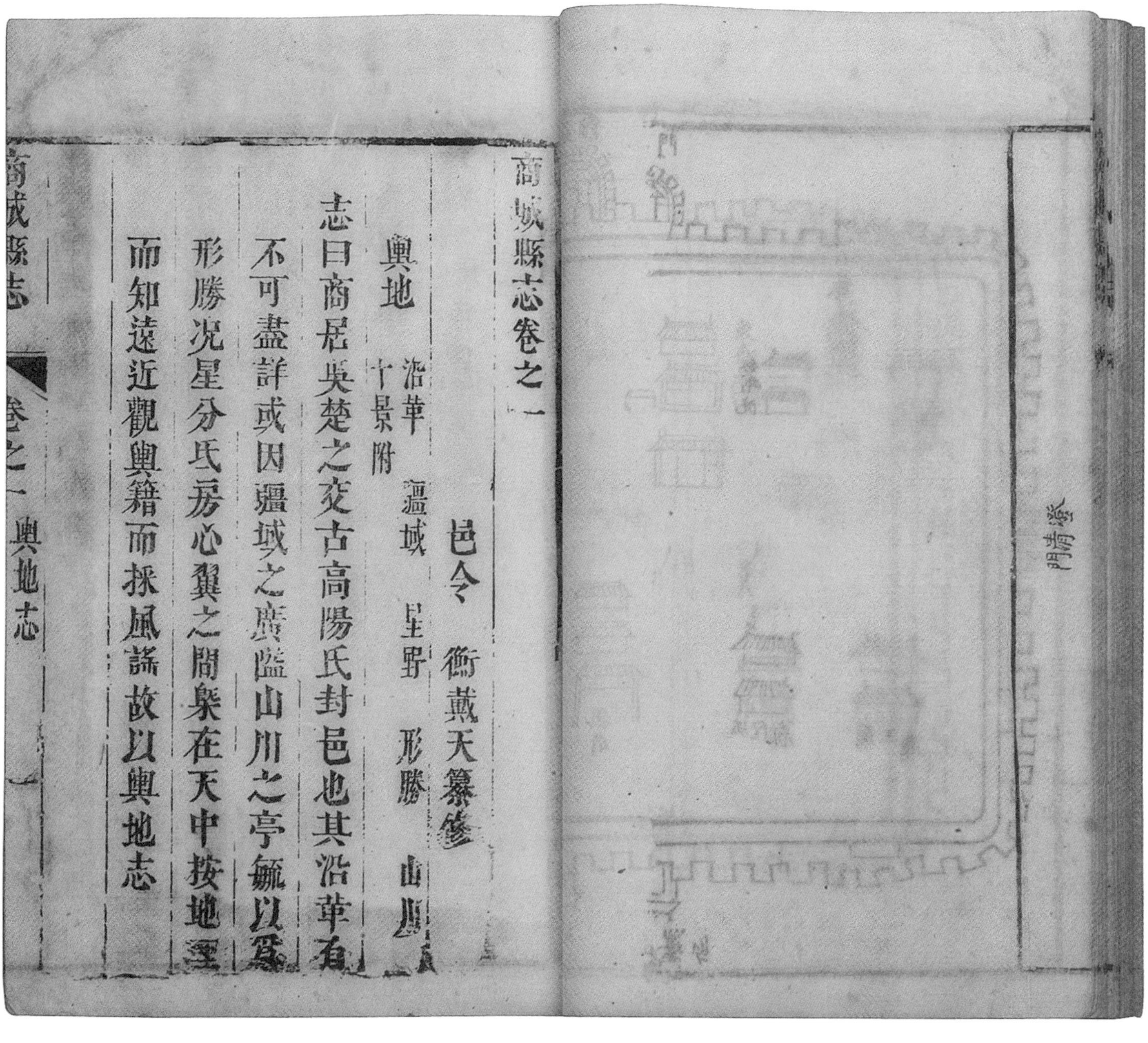
商城縣志卷之一
邑令 衛戴天纂修
輿地 沿革 疆域 星野 形勝 山川
十景附
志曰商居吳楚之交古高陽氏封邑也其沿革有
不可盡詳或因疆域之廣臨山川之亭毓以爲
形勝况星分氐房心翼之間梟在天中按地經
而知遠近觀輿籍而採風謠故以輿地志
商城縣志 卷之一 輿地志

**07995 ［順治］商城縣志十卷** （清）高材纂修　清順治刻本

匡高 19.8 厘米，廣 13.2 厘米。半葉八行，行二十字，白口，四周單邊。西安博物院藏，存六卷。

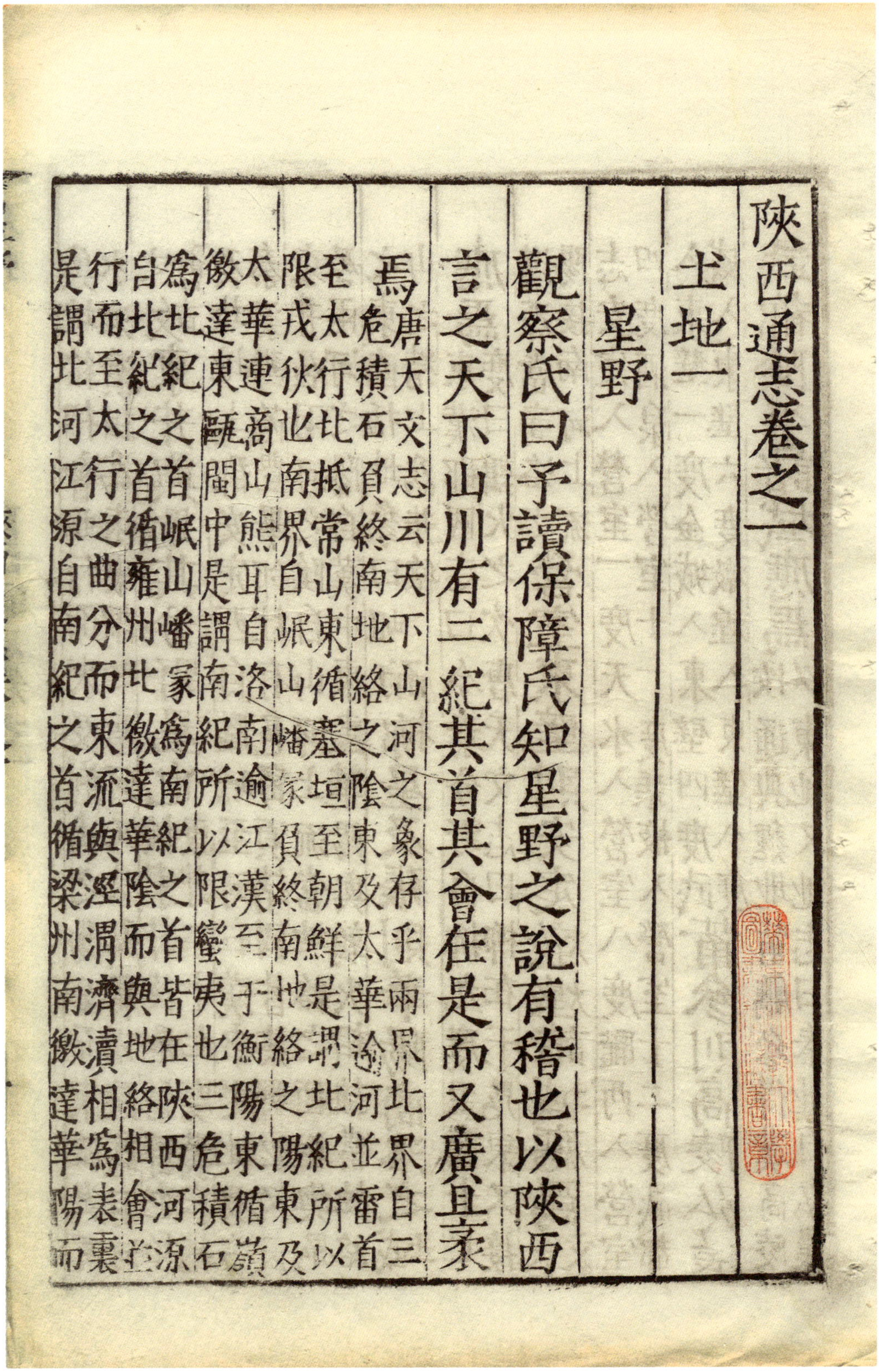

陝西通志卷之一

土地一

星野

觀察氏曰予讀保障氏知星野之說有稽也以陝西言之天下山川有二紀其首其會在是而又廣且衺焉唐天文志云天下山河之象存乎兩界北界自三危積石負終南地絡之陰東及太華逾河並雷首至太行北抵常山東循塞垣至朝鮮是謂北紀所以限戎狄也南界自岷山嶓冢負終南地絡之陽東及太華連商山熊耳自洛南逾江漢至于衡陽東循嶺徼達東甌閩中是謂南紀所以限蠻夷也三危積石爲北紀之首岷山嶓冢爲南紀之首皆在陝西河源自北紀之首循雍州北徼達華陰而與地絡相會並行而至太行之曲分而東流與涇渭濟瀆相爲表裏是謂北河江源自南紀之首循梁州南徼達華陽而

**07996 ［嘉靖］陝西通志四十卷** （明）趙廷瑞　馬理等纂修　明嘉靖刻本

匡高 22.4 厘米，廣 16.5 厘米。半葉十行，行二十一字，小字雙行同，白口，四周單邊。華東師範大學圖書館藏。

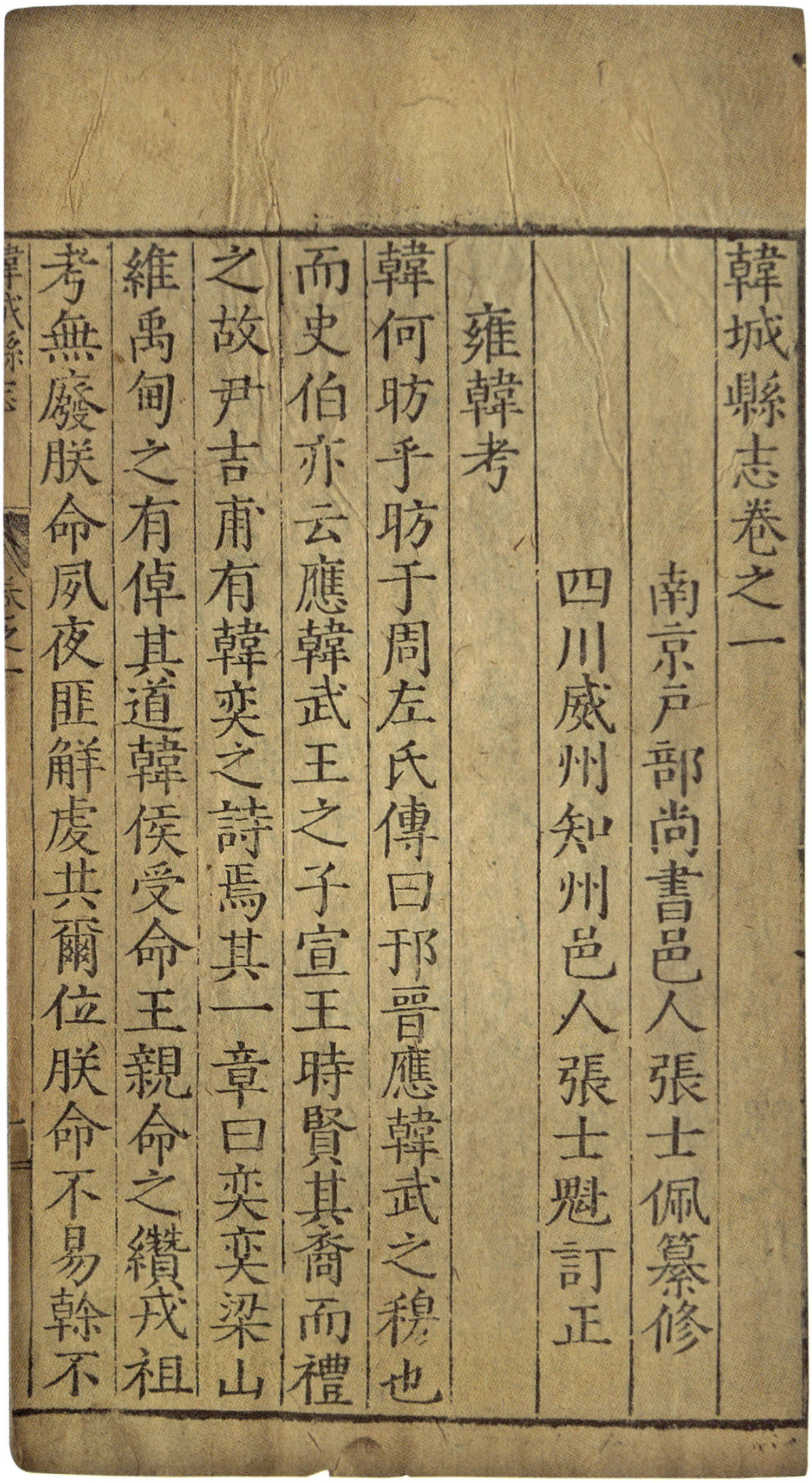
韓城縣志卷之一
南京戶部尚書邑人張士佩纂修
四川威州知州邑人張士魁訂正
雍韓考
韓何昉乎昉于周左氏傳曰邘晉應韓武之穆也
而史伯亦云應韓武王之子宣王時賢其裔而禮
之故尹吉甫有韓奕之詩焉其一章曰奕奕梁山
維禹甸之有倬其道韓侯受命王親命之纘戎祖
考無廢朕命夙夜匪解虔共爾位朕命不易榦不

**07997［萬曆］韓城縣志八卷**（明）蘇進　張士佩等纂修　明萬曆三十五年（1607）刻天啓三年（1623）增修本

匡高21.1厘米，廣14厘米。半葉九行，行十九字，白口，四周單邊。河南大學圖書館藏。

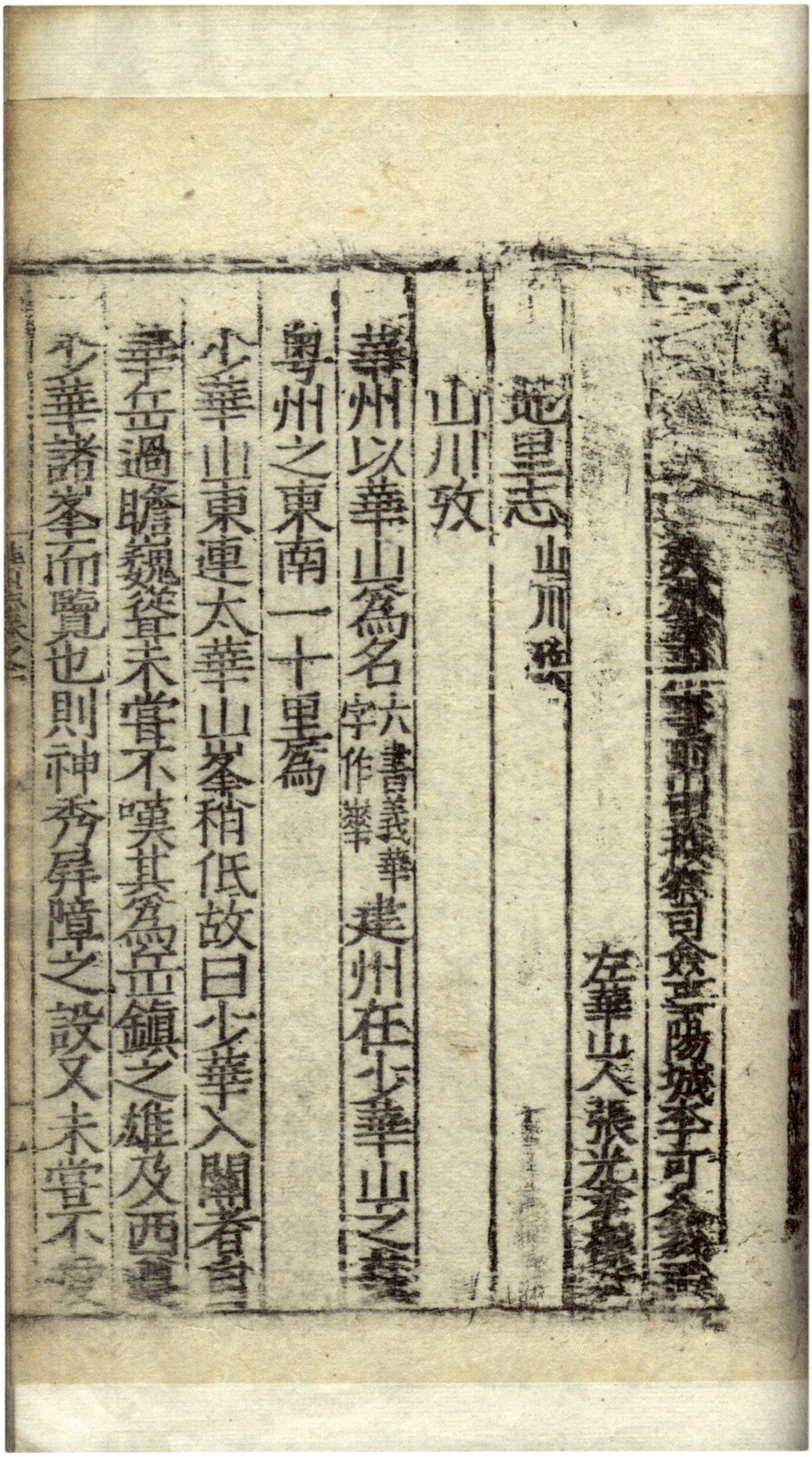
左華山人張光孝纂修
地里志　山川考
山川攷
華州以華山爲名六書義華字作崋　建州在少華山之
粤州之東南一十里爲
少華山東連太華山峯稍低故曰少華入關者
華岳過瞻巍峩未嘗不嘆其爲岳鎮之雄及西
少華諸峯而覽也則神秀屛障之設又未嘗不

**07998 ［隆慶］華州志二十四卷**　（明）李可久　張光孝纂修　明隆慶刻萬曆增修本

匡高 19.5 厘米，廣 14.4 厘米。半葉十行，行二十字，小字雙行同，白口，四周雙邊。有“杭州王氏九峰舊廬藏書之章”等印。華東師範大學圖書館藏。

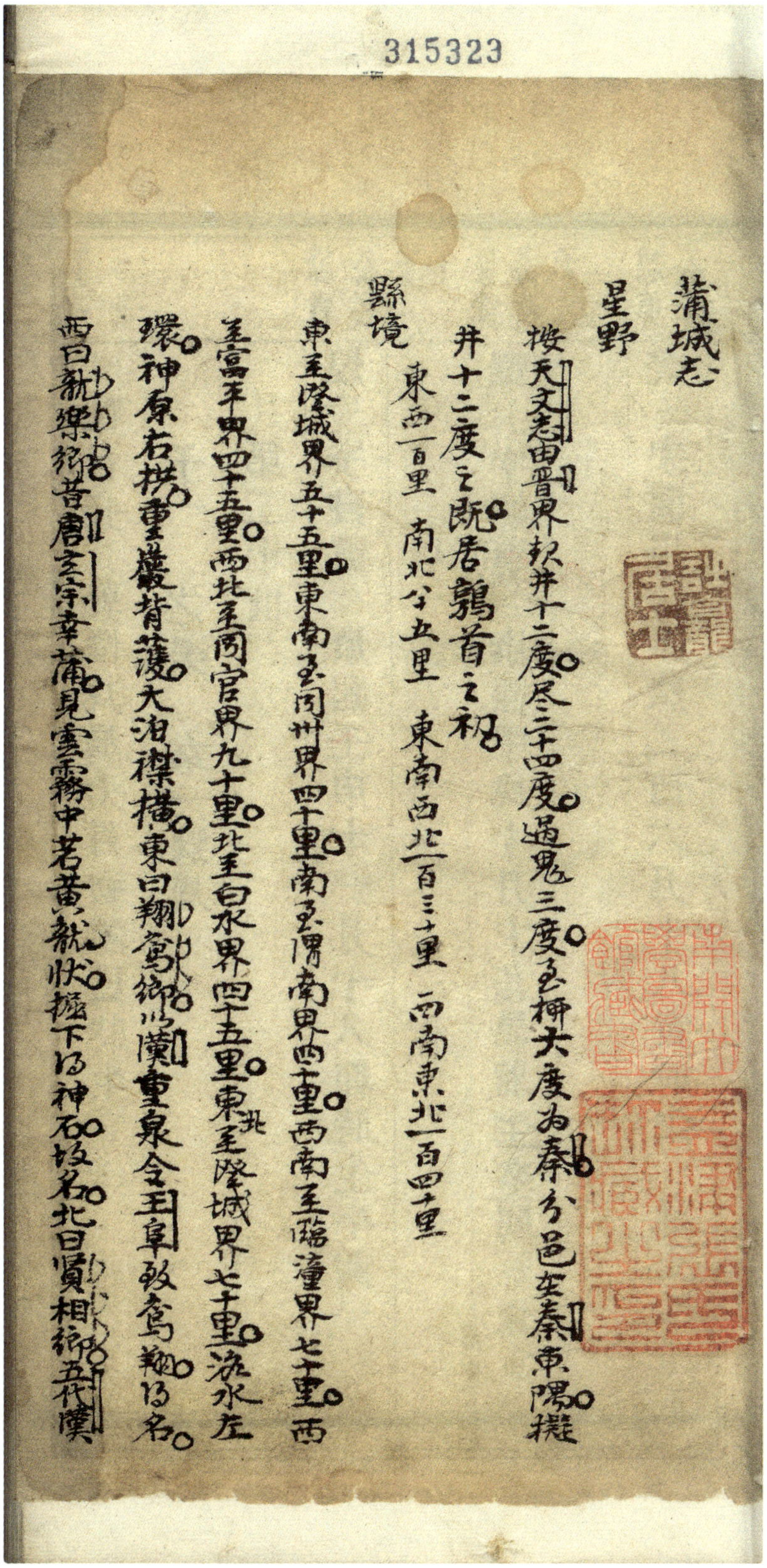
315323

蒲城志

星野

按天文志由晉界於井十二度。盡二十四度。過鬼三度至柳六度爲秦分。邑在秦東陽。擬井十二度之既。居鶉首之初。

東西一百里　南北八十五里　東南西北一百三十里　西南東北一百四十里

縣境

東至澄城界五十五里。東南至同州界四十里。南至渭南界四十里。西南至臨潼界七十里。西至富平界四十五里。西北至同官界九十里。北至白水界四十五里。東北至澄城界七十里。洛水左環。神原右拱。重巖背擁。大泊襟帶。東曰翔鸞鄉。以鸞重泉令王阜致鸞鳥翔以名。西曰就樂鄉。昔唐玄宗幸蒲。見雲霧中若黃龍狀。擡下以神石坡名。北曰賢相鄉。五代漢

**07999 ［康熙］蒲城志不分卷**　稿本

南開大學圖書館藏。

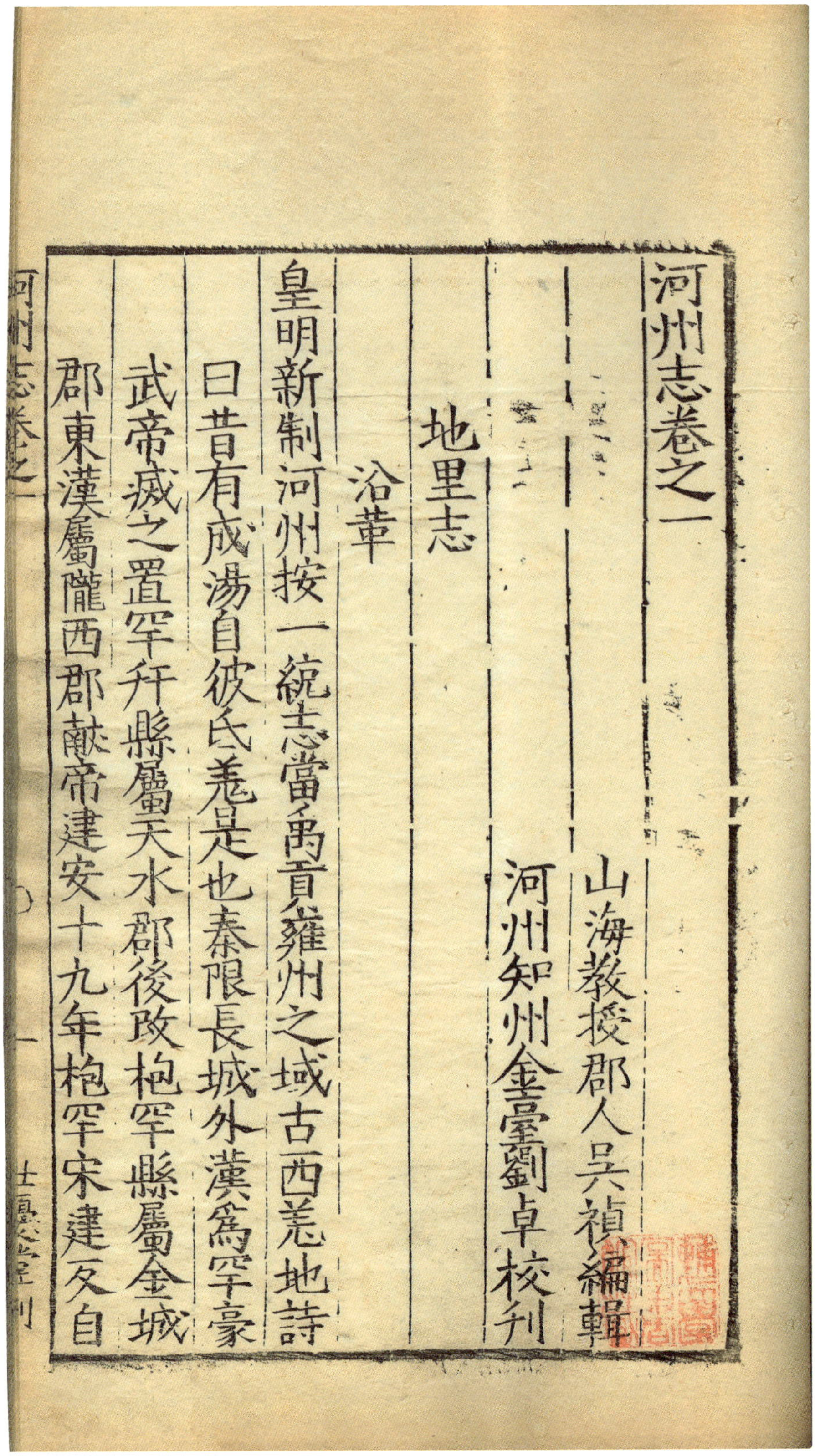
河州志卷之一
山海教授郡人吴禎編輯
河州知州金臺劉卓校刊
地里志
沿革
皇明新制河州按一統志當禹貢雍州之域古西羌地詩
曰昔有成湯自彼氐羌是也秦限長城外漢爲罕豪
武帝滅之置罕幵縣屬天水郡後改枹罕縣屬金城
郡東漢屬隴西郡献帝建安十九年枹罕宋建反自
河州志卷之一　一

**08000 [嘉靖] 河州志四卷** （明）吴禎纂修　明嘉靖刻本

匡高 22 厘米，廣 13.6 厘米。半葉九行，行二十二字，小字雙行同，白口，四周單邊。北京師範大學圖書館藏。

**08001 寧夏府輿圖** 清雍正年間彩繪本

有“紫江朱氏存素堂所藏圖書”等印。國家圖書館藏。

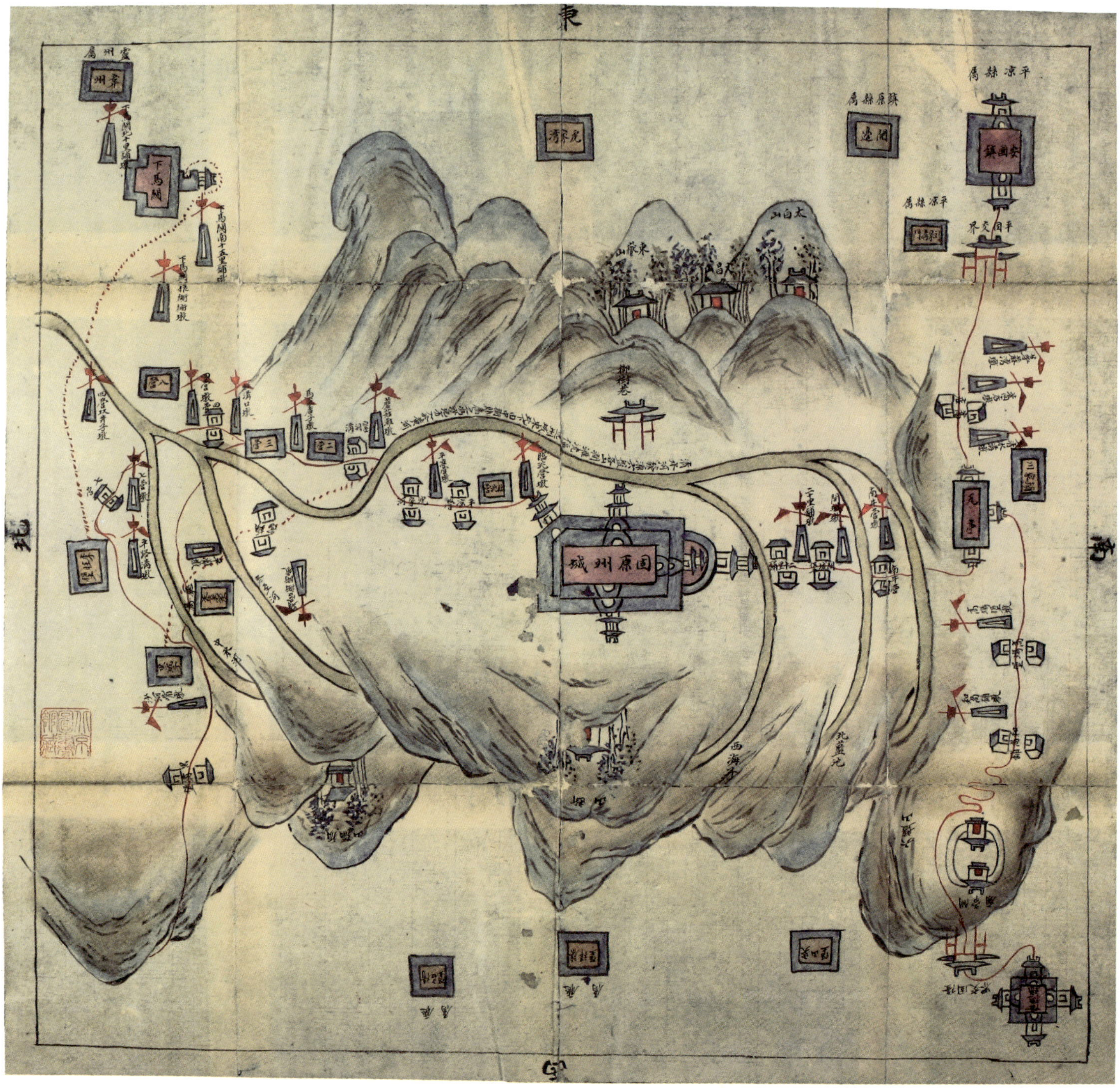

**08002 固原州輿圖** 清彩繪本

長 55 厘米，高 52 厘米。國家圖書館藏。

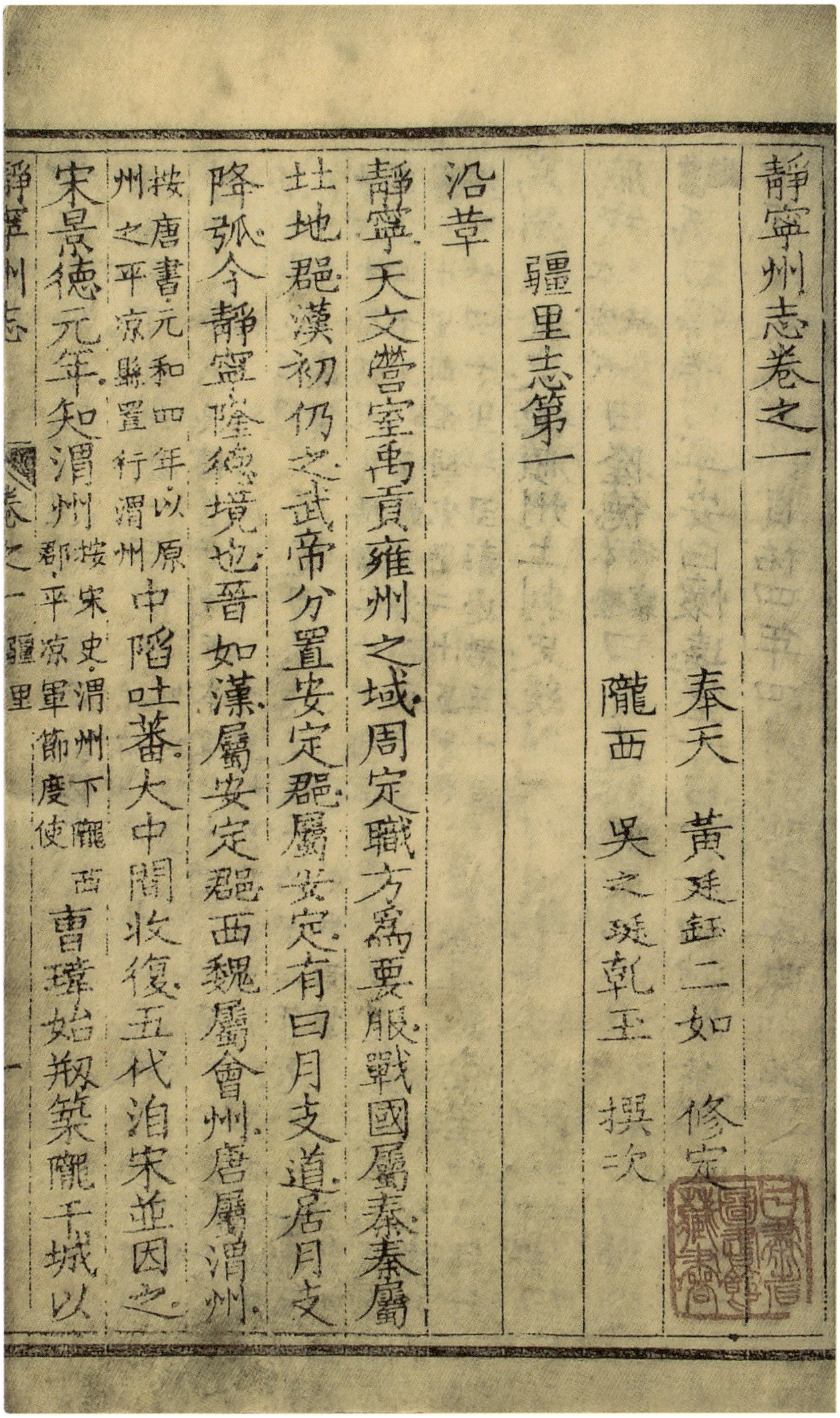

靜寧州志卷之一
奉天　黃廷鉦二如　修定
隴西　吳之珽乾玉　撰次
疆里志第一
沿革
靜寧天文營室禹貢雍州之域周定職方爲要服戰國屬秦秦屬
北地郡漢初仍之武帝分置安定郡屬安定有曰月支道居月支
降瓠今靜寧隆德境也晉如漢屬安定郡西魏屬會州唐屬渭州
按唐書元和四年以原州之平凉縣置行渭州中陷吐蕃大中間收復五代洎宋並因之
宋景德元年知渭州按宋史渭州下隴西郡平凉軍節度使曹瑋始剏築隴干城以
靜寧州志　卷之一　疆里　一

**08003　靜寧州志十四卷**　（清）黃廷鉦　吳之珽纂修　清康熙刻本

匡高22.5厘米，廣14.9厘米。半葉十行，行二十五字，小字雙行同，白口，四周雙邊。甘肅省圖書館藏。

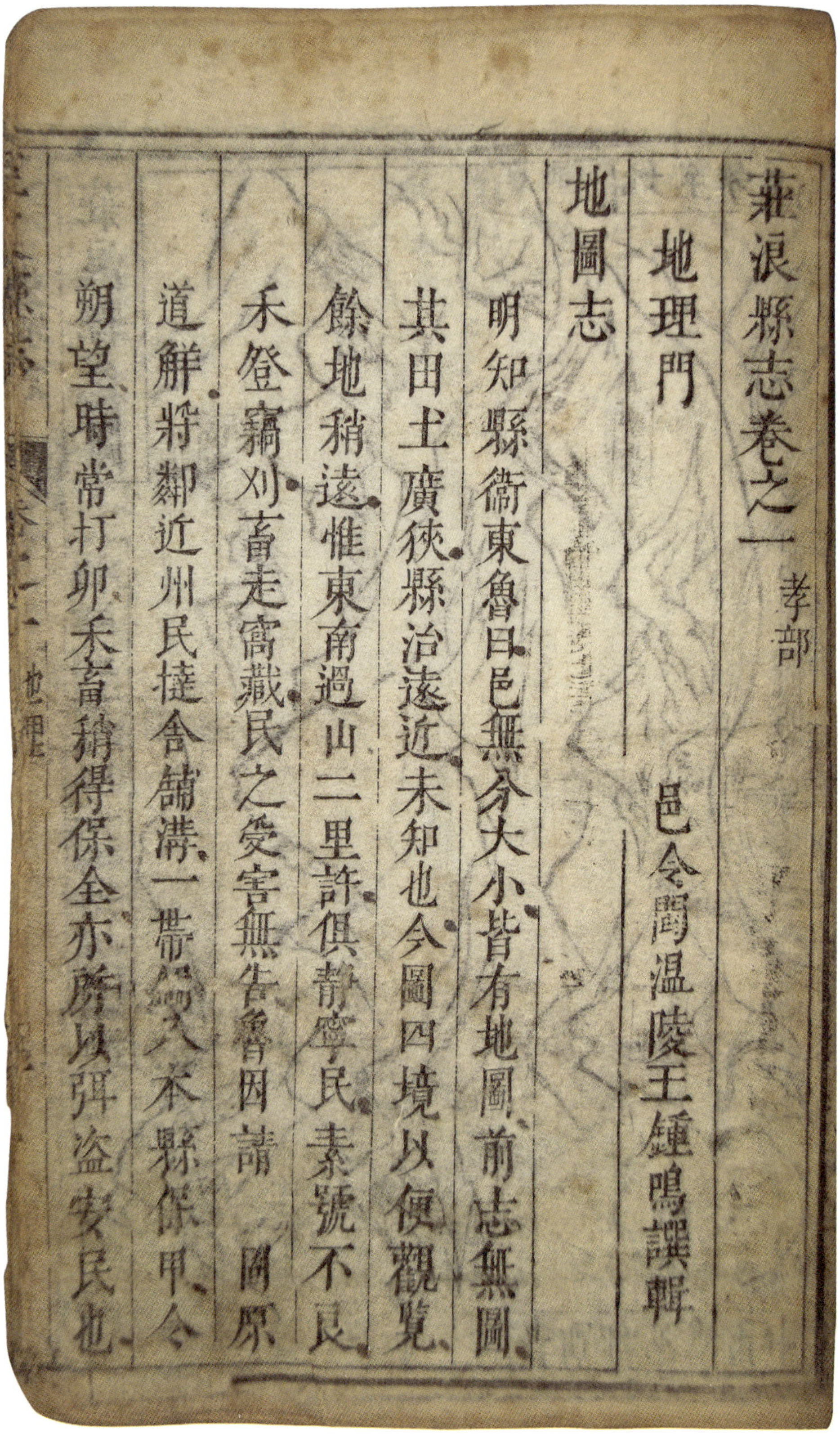
莊浪縣志卷之一 孝部
地理門
邑令閩溫陵王鍾鳴譔輯
地圖志
明知縣衛東魯曰邑無分大小皆有地圖前志無圖
其田土廣狹縣治遠近未知也今圖四境以便觀覽
餘地稍遠惟東南過山二里許俱靜寧民素號不良
禾登竊刈畜走竊藏民之受害無告魯因請 國原
道鮮將鄰近州民撻舍舖溝一帶編入本縣保甲令
朔望時常打卯禾畜稍得保全亦所以弭盜安民也

**08004 ［康熙］莊浪縣志七卷** （清）王鍾鳴　盧必培纂修　清康熙刻本

匡高 20.8 厘米，廣 13.3 厘米。半葉九行，行二十二字，白口，四周雙邊。
甘肅省博物館藏。

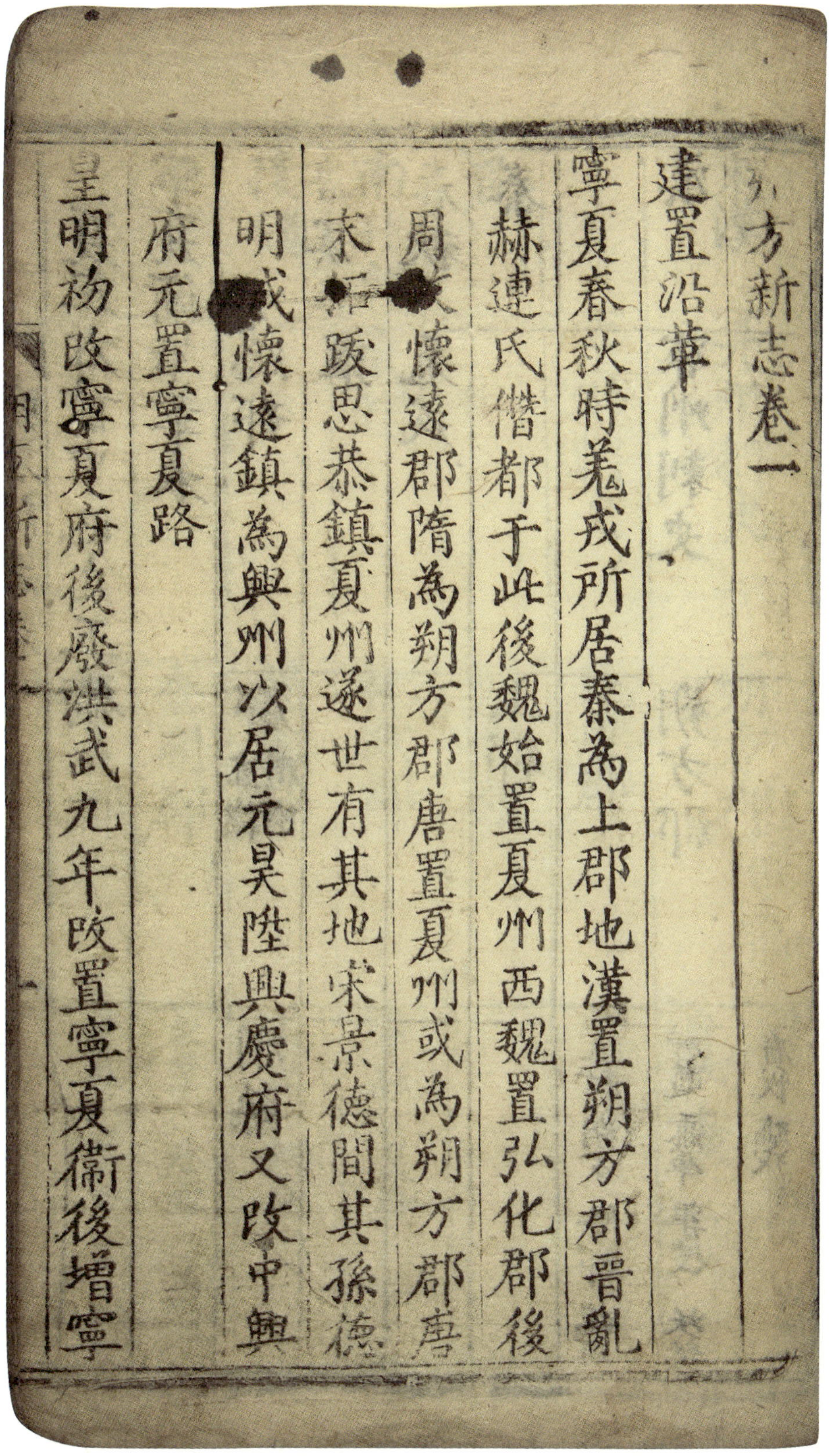

**08005 ［萬曆］朔方新志五卷** （明）楊壽纂修　明萬曆刻本

匡高 23.2 厘米，廣 15.5 厘米。半葉九行，行二十一字，小字雙行同，白口，四周雙邊。王獻唐跋。山東省圖書館藏，存一卷。

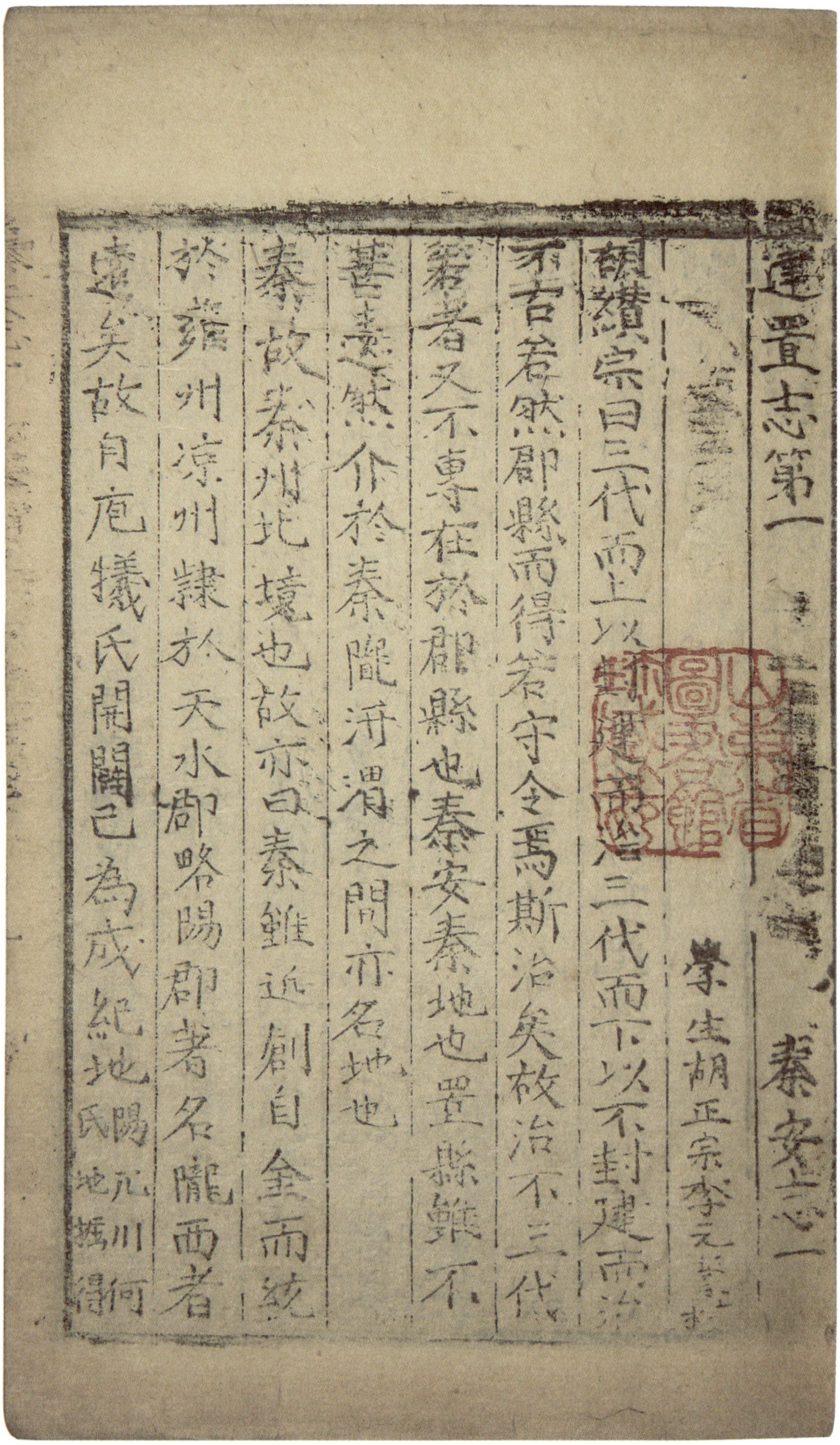
建置志第一　　秦安志一
學生胡正宗李元□□
胡纘宗曰三代而上以封建而治三代而下以不封建而治
不古若矣然郡縣而得若守令焉斯治矣故治不三代
殺者又不專在於郡縣也秦安秦地也置縣雖不
甚遠然介於秦隴汧渭之間亦名地也
秦故秦州北境也故亦曰秦雖近創自金而統
於鞏州涼州隸於天水郡略陽郡者名隴西者
遠矣故自庖犧氏開闢已為成紀地陽川何氏地據得

**08006、08007［嘉靖］秦安志九卷**（明）亢世英　胡纘宗纂修　明嘉靖刻清順治增修本

匡高 18.4 厘米，廣 12.9 厘米。半葉九行，行十八字，小字雙行同，白口，四周單邊。甘肅省圖書館、山東省圖書館藏。

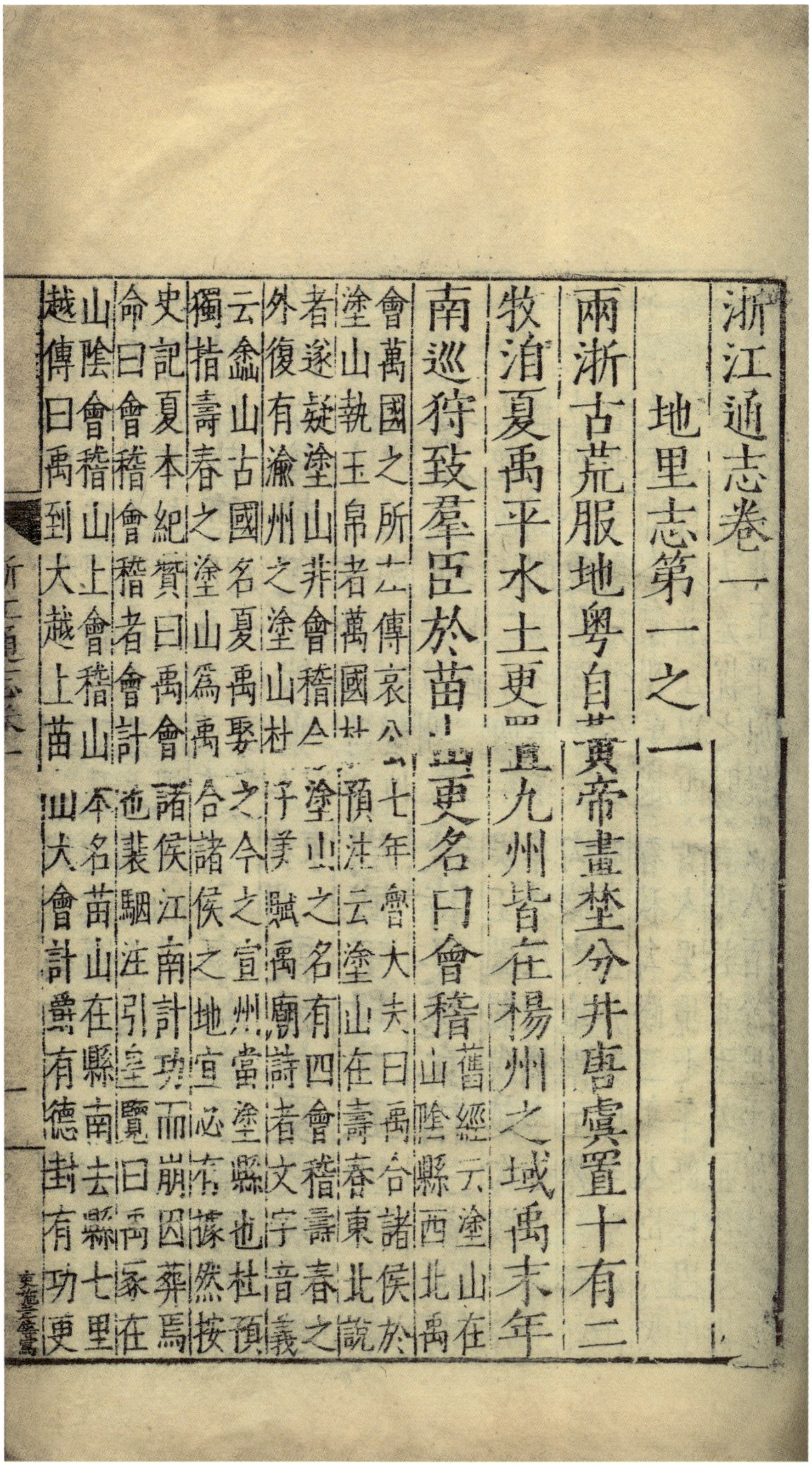
浙江通志卷一
地里志第一之一
兩浙古荒服地粤自黄帝畫埜分州唐虞置十有二牧洎夏禹平水土更置九州皆在楊州之域禹末年南巡狩致羣臣於苗山更名曰會稽舊經云塗山在山陰縣西北禹會萬國之所左傳哀公七年曾大夫曰禹合諸侯於塗山執玉帛者萬國杜預注云塗山在壽春東北說者遂疑塗山非會稽今塗山之名有四會稽壽春之外復有渝州之塗山杜子美賦禹廟詩有文字音義云盦山古國名夏禹娶之今之宣州當塗縣也杜預獨指壽春之塗山爲禹娶合諸侯之地宜必有據然按史記夏本紀贊曰禹會諸侯江南計功而崩因葬焉命曰會稽會稽者會計也裴駰注引皇覽曰禹冢在山陰會稽山上會稽山本名苗山在縣南去縣七里越傳曰禹到大越上苗山大會計爵有德封有功更

**08008 ［嘉靖］浙江通志七十二卷** （明）胡宗憲　薛應旂纂修　明嘉靖刻本

匡高 20.1 厘米，廣 13.6 厘米。半葉十行，行二十字，小字雙行同，白口，四周單邊。北京師範大學圖書館藏。

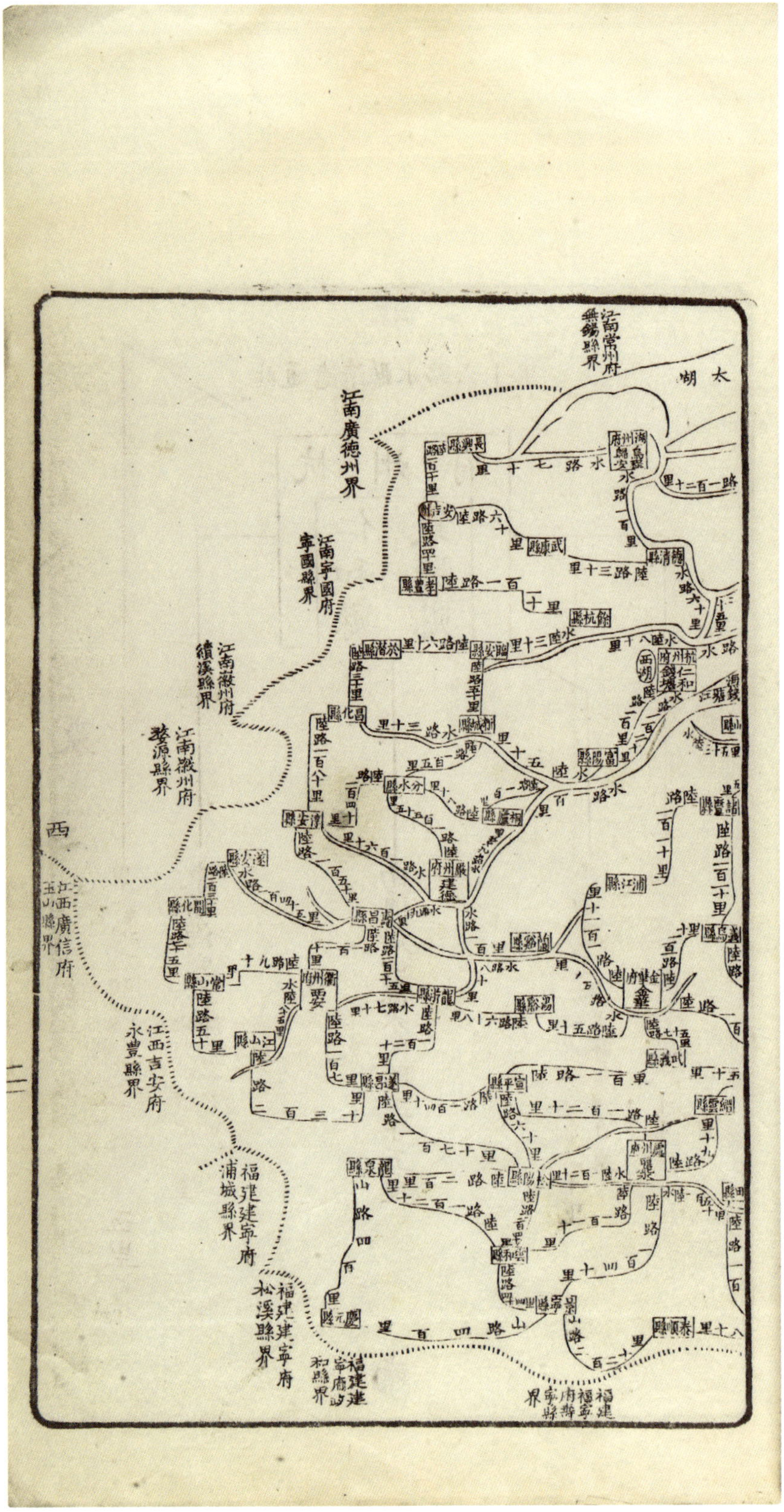


**08009 浙江郡邑道里圖** (清)伊靖阿編繪 清乾隆二十年(1755)刻本

國家圖書館藏。

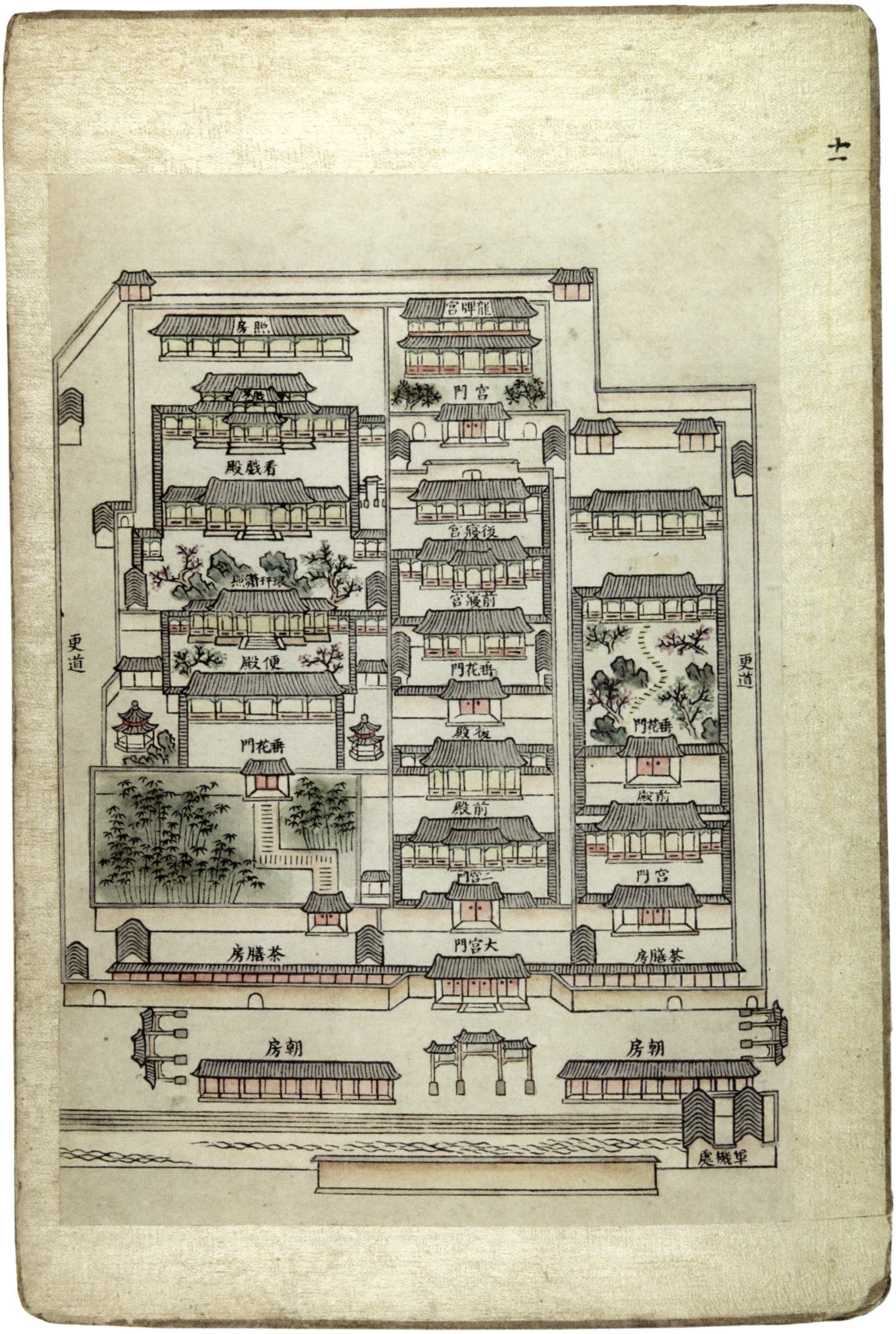


**08010 浙江省名勝景亭圖說** 清乾隆年間刻本

共53幅，各圖具有說明。國家圖書館藏。

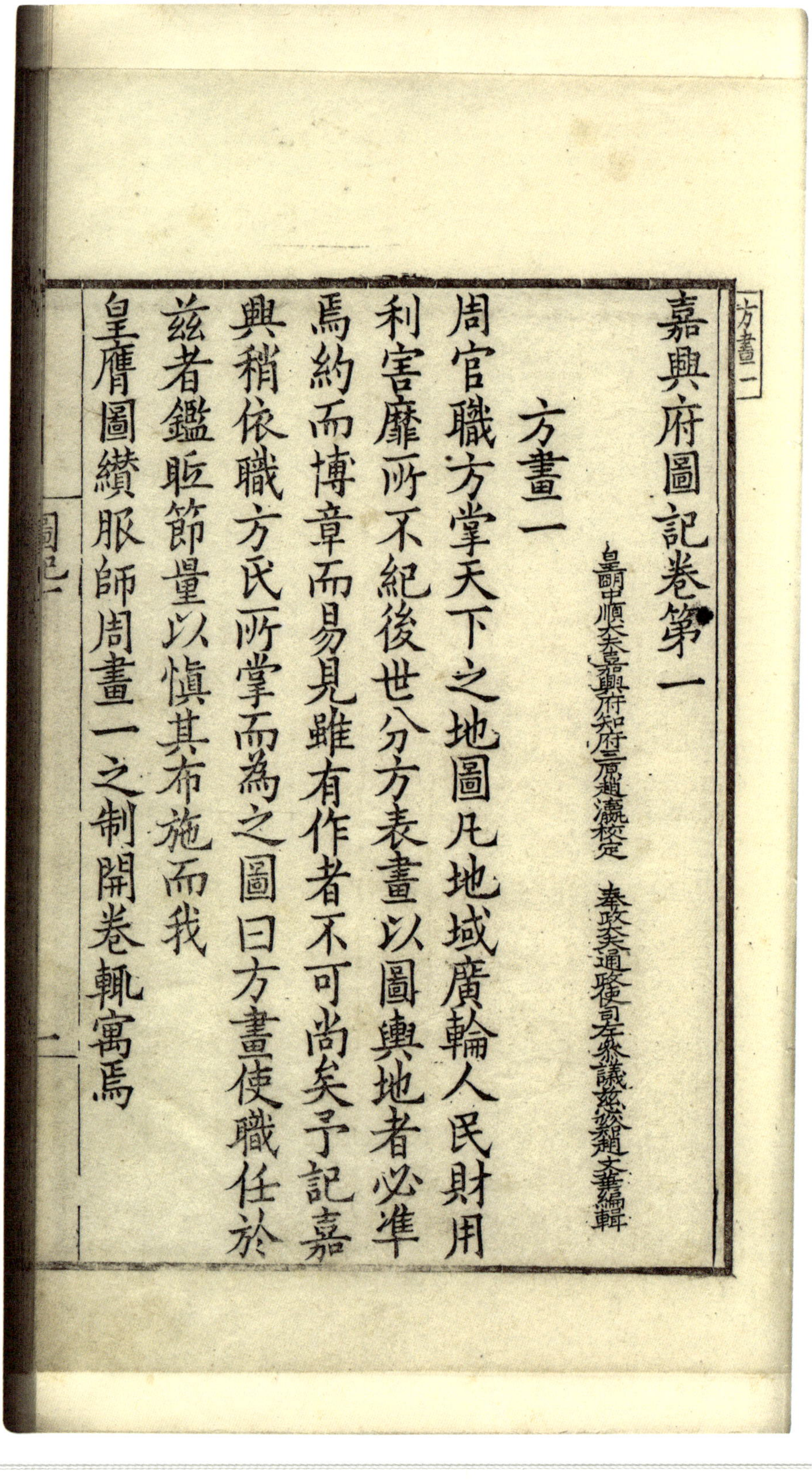
方畫一

嘉興府圖記卷第一

皇明中順大夫嘉興府知府三原趙瀛校定　奉政大夫通政使司左參議慈谿趙文華編輯

方畫一

周官職方掌天下之地圖凡地域廣輪人民財用利害靡所不紀後世分方表畫以圖輿地者必準焉約而博章而易見雖有作者不可尚矣予記嘉興稍依職方氏所掌而為之圖曰方畫使職任於兹者鑑駈節量以慎其布施而我
皇膺圖纘服師周畫一之制開卷輒寓焉

**08011 ［嘉靖］嘉興府圖記二十卷** （明）趙瀛　趙文華纂修　明嘉靖刻本

匡高 20.4 厘米，廣 14 厘米。半葉九行，行十九字，白口，左右雙邊。天津圖書館藏。

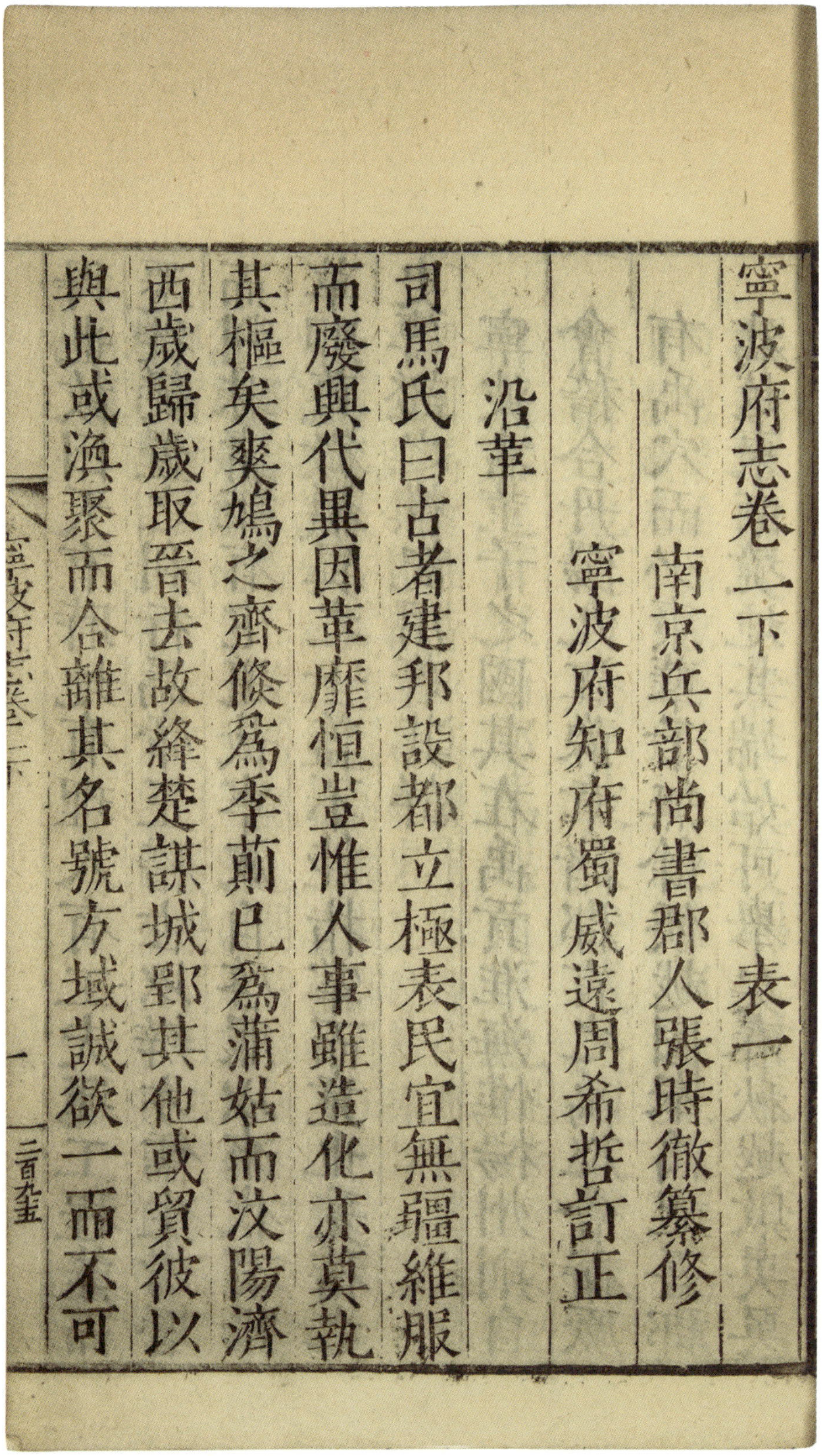
寧波府志卷一下　表一
南京兵部尚書郡人張時徹纂修
寧波府知府蜀威遠周希哲訂正
沿革
司馬氏曰古者建邦設都立極表民宜無疆維服
而廢興代異因革靡恒豈惟人事雖造化亦莫執
其樞矣爽鳩之齊倏爲季荊已爲蒲姑而汶陽濟
西歲歸歲取晉去故絳楚謀城郢其他或貿彼以
與此或渙聚而合離其名號方域誠欲一而不可
寧波府志卷一下　一

**08012-08014 ［嘉靖］寧波府志四十二卷** （明）周希哲　張時徹纂修　明嘉靖刻本

匡高 20.7 厘米，廣 14.7 厘米。半葉九行，行十九字，小字雙行同，白口，左右雙邊。北京師範大學圖書館、浙江大學圖書館、浙江圖書館藏。

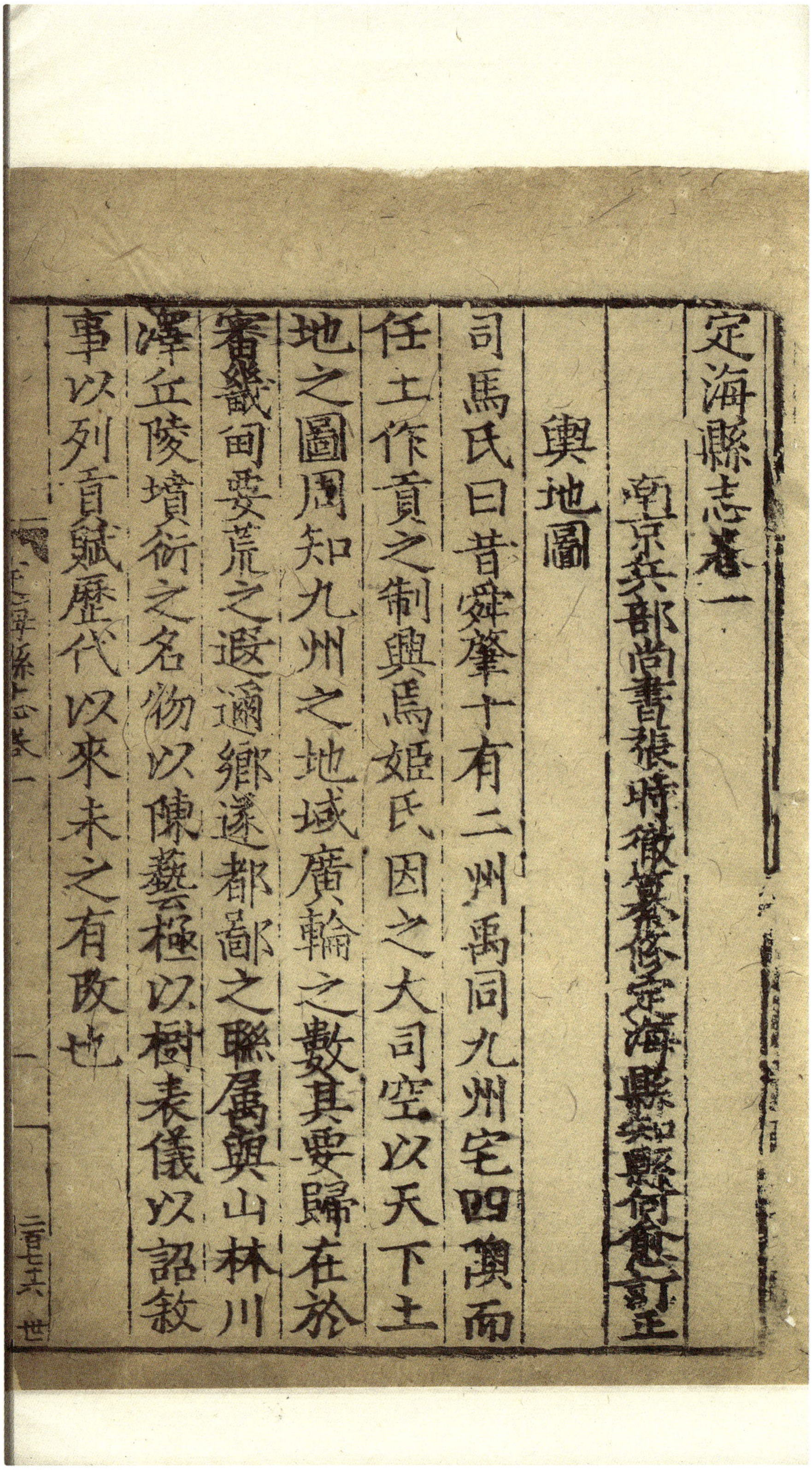
定海縣志卷一
南京兵部尚書張時徹纂修定海縣知縣何愈訂正
輿地圖
司馬氏曰昔舜肇十有二州禹同九州宅四隩而任土作貢之制興焉姬氏因之大司空以天下土地之圖周知九州之地域廣輪之數其要歸在於審畿甸要荒之遐邇鄉遂都鄙之聯屬與山林川澤丘陵墳衍之名物以陳藝極以樹表儀以詔叙事以列貢賦歷代以來未之有改也

**08015 ［嘉靖］定海縣志十三卷** （明）何愈　張時徹等纂修　明嘉靖刻本

匡高 20.6 厘米，廣 14.1 厘米。半葉九行，行十九字，小字雙行同，白口，左右雙邊。天津圖書館藏。

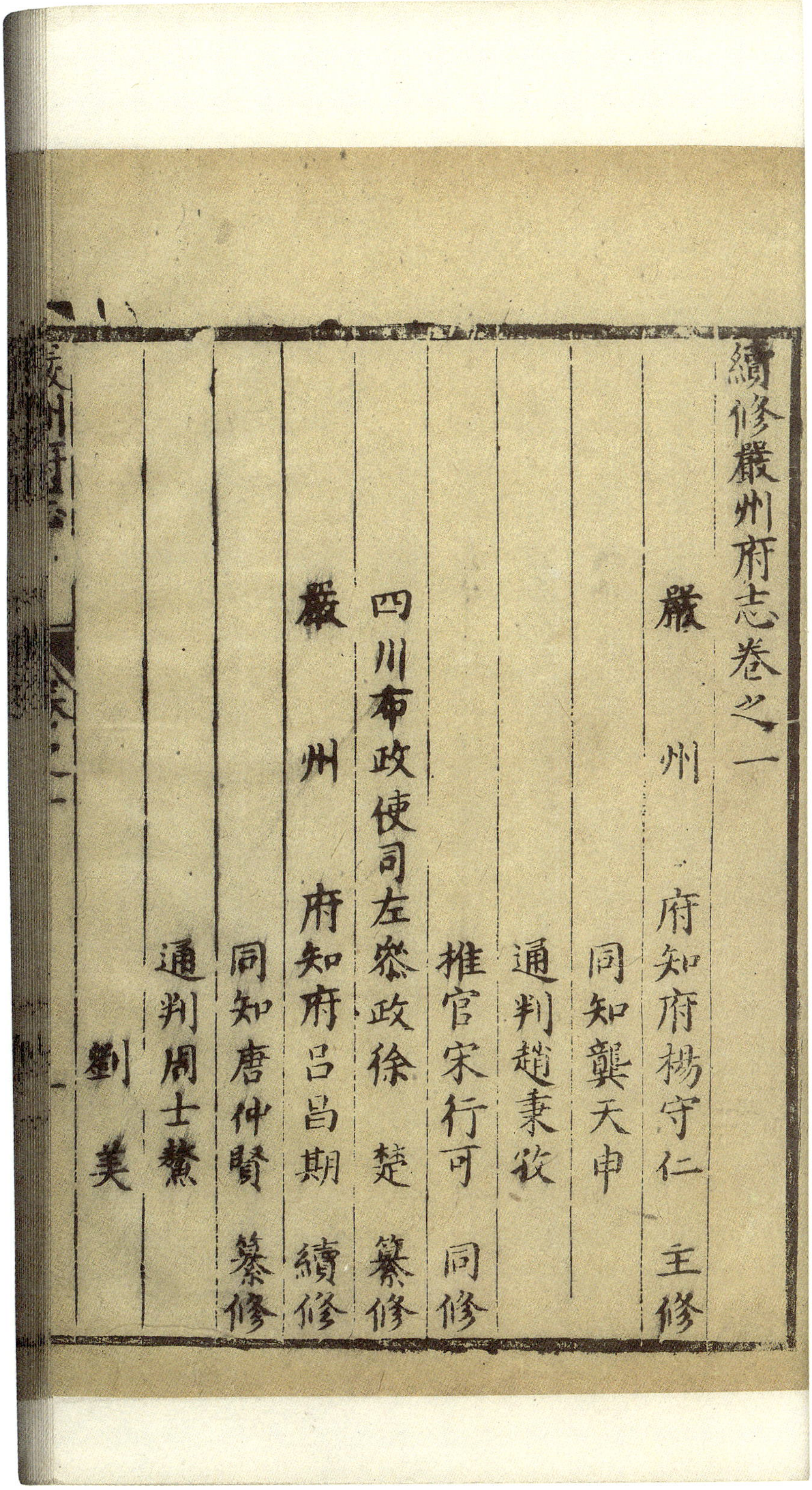

**08016 [萬曆]續修嚴州府志二十四卷** (明)楊守仁 徐楚纂修 (明)呂昌期 余炳然續修 明萬曆刻本

匡高19.5厘米,廣13.7厘米。半葉十行,行二十字,白口,四周單邊。天津圖書館藏。

**08017 江西全省圖説** 明萬曆年間彩繪本

國家圖書館藏。

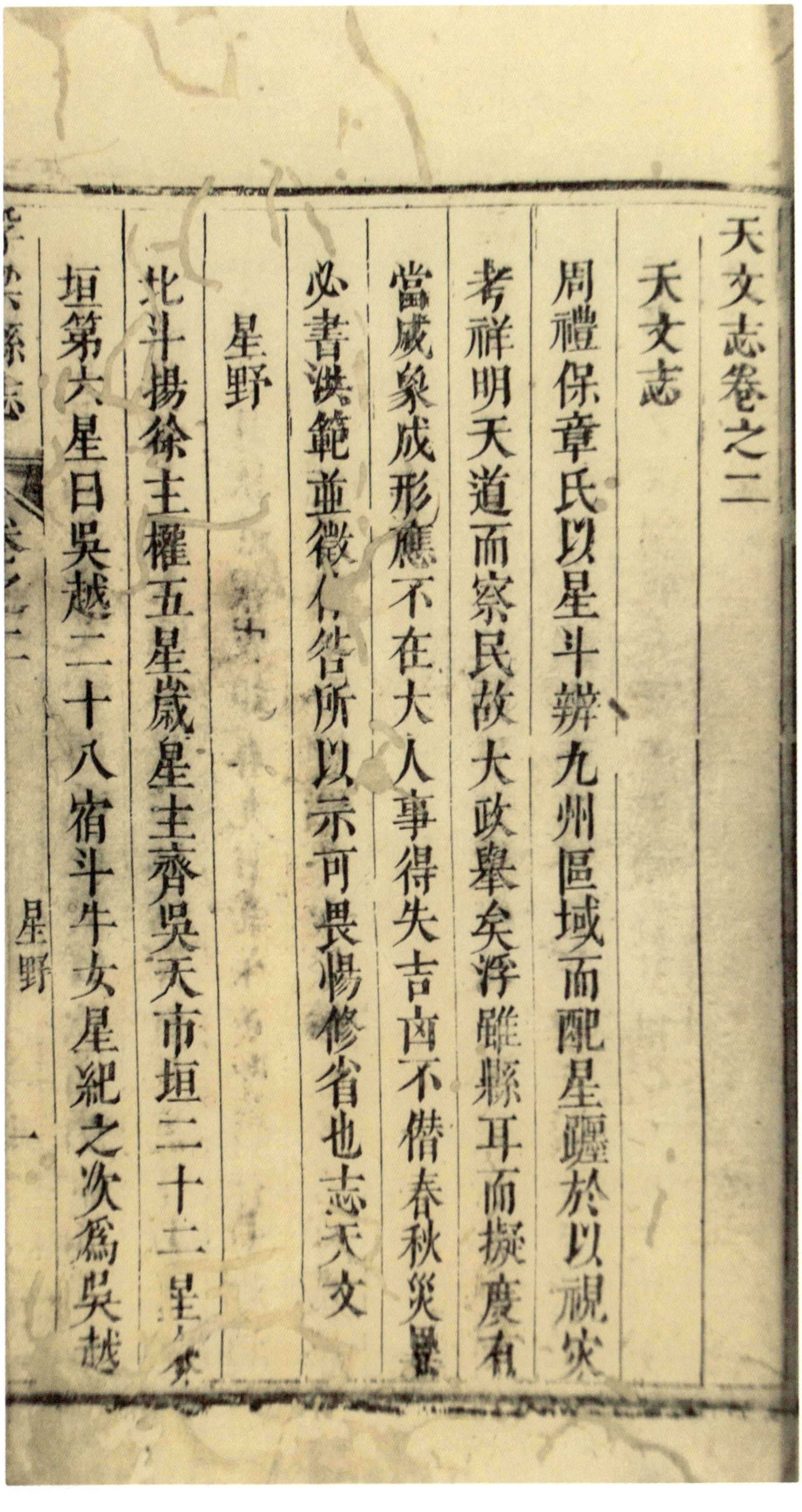

**08018 [康熙]浮梁縣誌九卷** （清）陳淯　鄧𤏲等纂修　清康熙刻本

匡高 22.3 厘米，廣 14.1 厘米。半葉九行，行二十二字，白口，四周雙邊。景德鎮市圖書館藏。

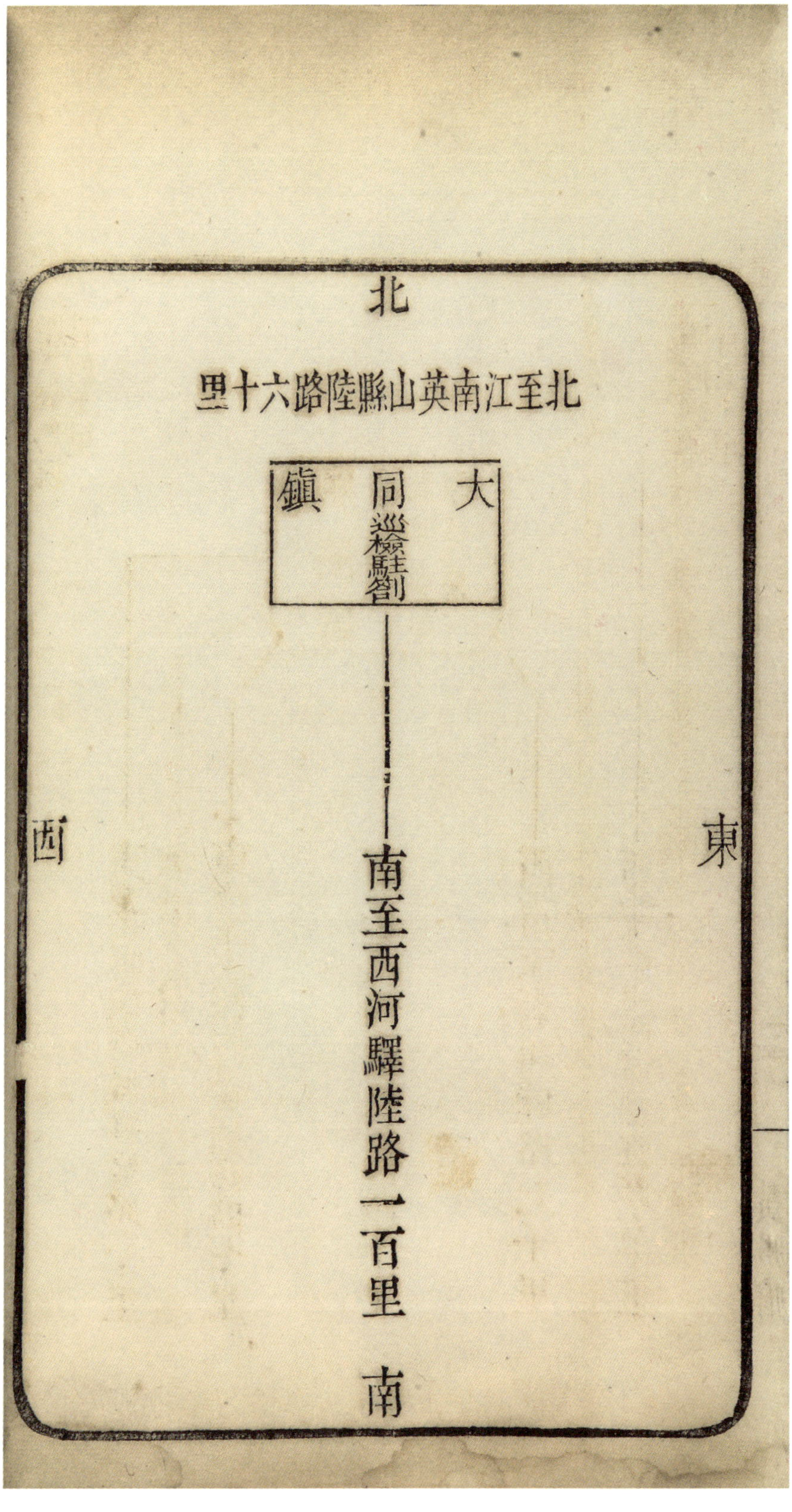
北
北至江南英山縣陸路六十里
大同鎮
巡檢駐劄
西
東
南至西河驛陸路一百里
南

**08019 湖北郡邑道里圖** （清）白禮嘉編 （清）朱椿修訂 清乾隆三十年（1765）刻本

國家圖書館藏。

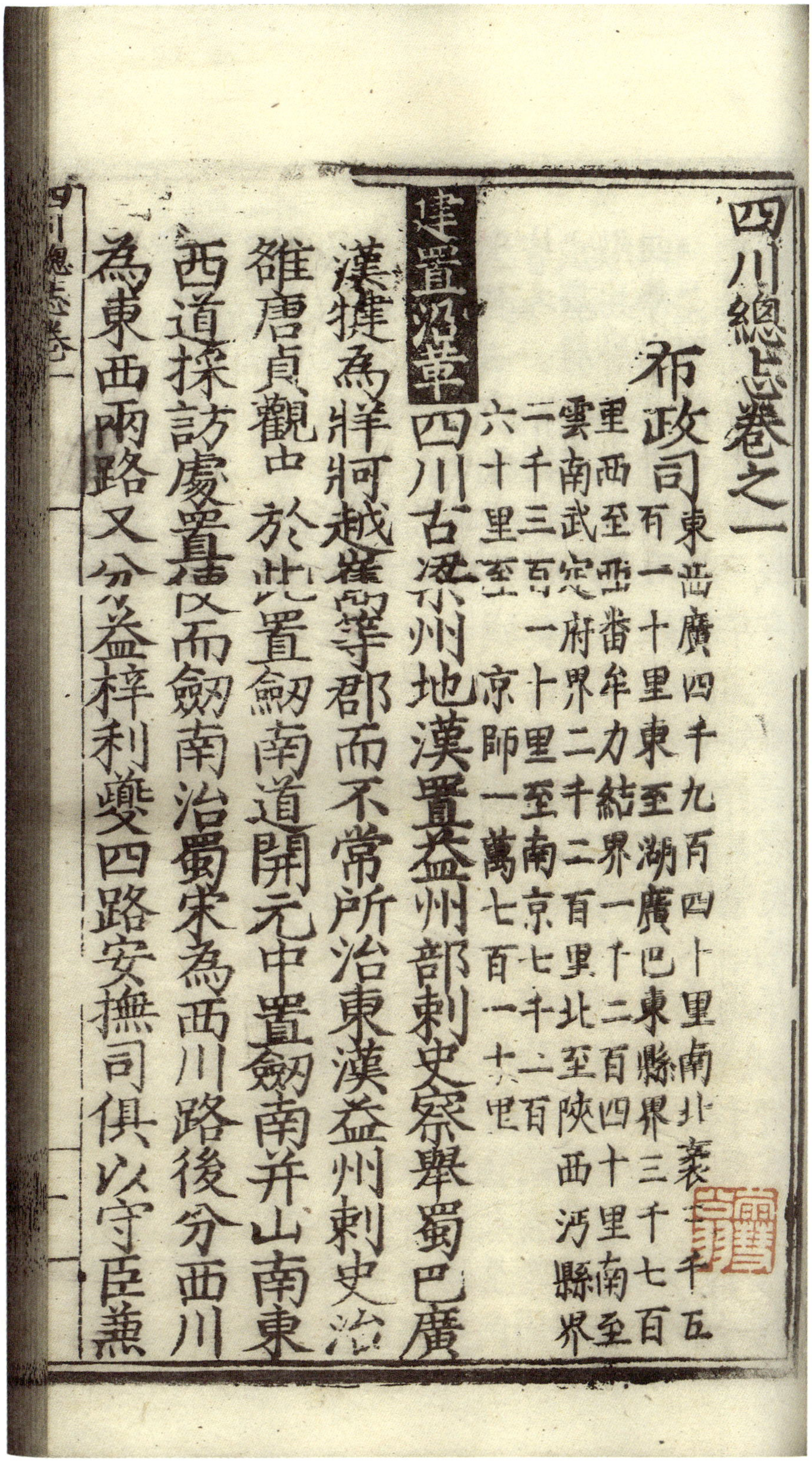

四川總志卷之一

布政司東西廣四千九百四十里南北袤三千五百一十里東至湖廣巴東縣界三千七百里西至西番牟力結界一千二百四十里南至雲南武定府界二千二百里北至陝西沔縣界一千三百一十里至南京七千一百六十里至京師一萬七百一十六里

建置沿革四川古梁州地漢置益州部刺史察舉蜀巴廣漢犍為牂牁越嶲等郡而不常所治東漢益州刺史治雒唐貞觀中於此置劍南道開元中置劍南并山南東西道採訪處置使而劍南治蜀宋為西川路後分西川為東西兩路又分益梓利夔四路安撫司俱以守臣兼

四川總志卷之一

**08020 [嘉靖]四川總志八十卷** （明）劉大謨　王元正等纂修　明嘉靖刻本

匡高24厘米，廣15.3厘米。半葉九行，行二十二字，小字雙行同，白口，四周雙邊。天津圖書館藏。

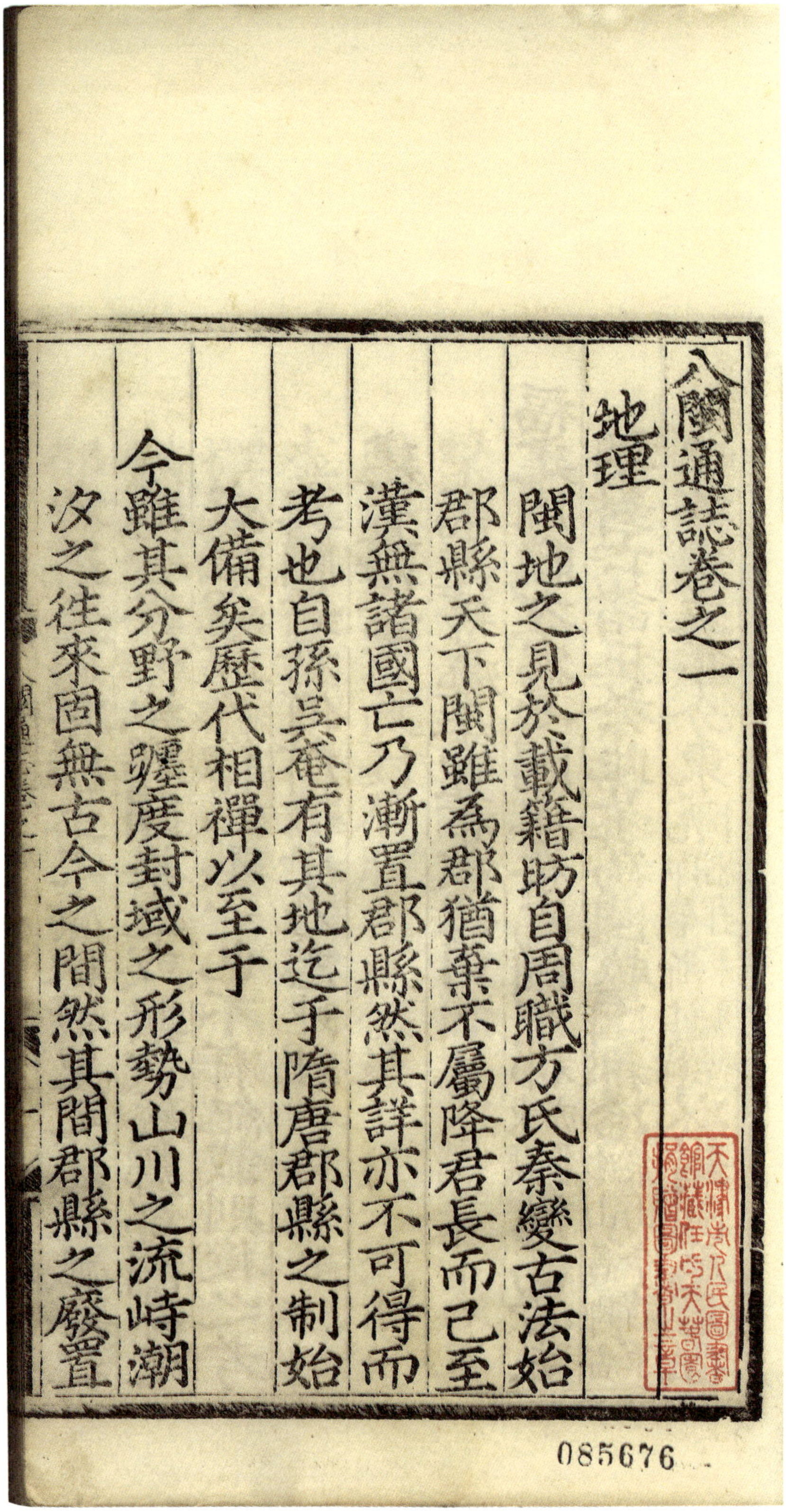
八閩通誌卷之一
地理
閩地之見於載籍昉自周職方氏秦變古法始
郡縣天下閩雖爲郡猶棄不屬降君長而已至
漢無諸國亡乃漸置郡縣然其詳亦不可得而
考也自孫吴奄有其地迄于隋唐郡縣之制始
大備矣歷代相禪以至于
今雖其分野之躔度封域之形勢山川之流峙潮
汐之往來固無古今之間然其間郡縣之廢置


**08021 [弘治]八閩通誌八十七卷** （明）陳道　黄仲昭纂修　明弘治刻本

匡高22厘米，廣14.6厘米。半葉九行，行二十一字，小字雙行同，黑口，四周雙邊。天津圖書館藏。

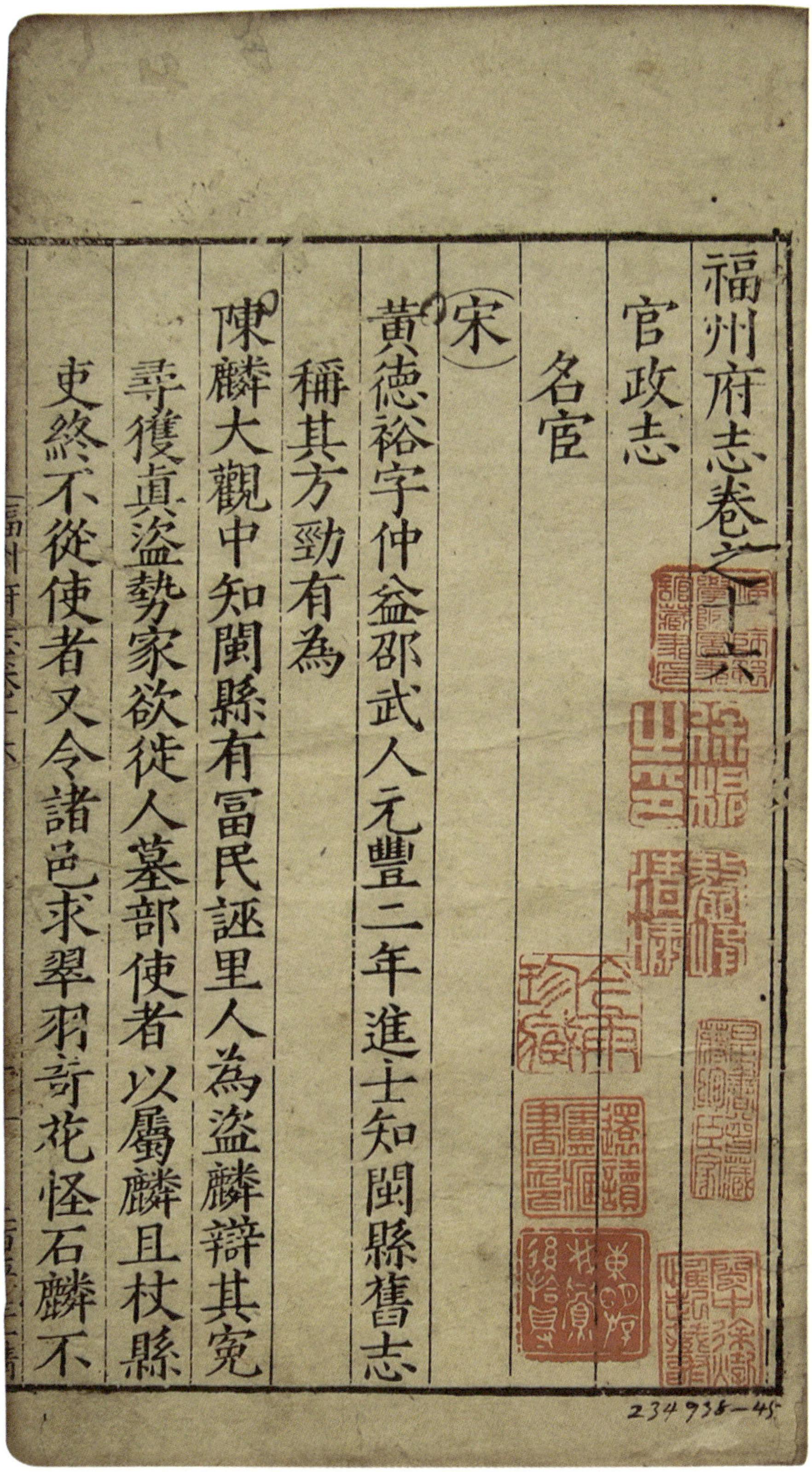
福州府志卷之十六
官政志
名宦
宋
黃德裕字仲益邵武人元豐二年進士知閩縣舊志
稱其方勁有為
陳麟大觀中知閩縣有富民誣里人為盜麟辯其寃
尋獲眞盜勢家欲從人墓部使者以屬麟且杖縣
吏終不從使者又令諸邑求翠羽奇花怪石麟不

**08022 [正德]福州府志四十卷** （明）葉溥　張孟敬纂修　明正德刻本（卷一至十五、三十一至三十四抄配）

匡高20.4厘米，廣13.8厘米。半葉九行，行二十一字，小字雙行同，白口，左右雙邊。有“閩中徐𤊹惟起藏書”、“是書曾藏蔣絢臣家”、“絢臣家藏”、“晉安何氏珍存”、“林少穆珍藏印”、“東明遊峨眉後拾得”、“還讀廬藏書印”等印。徐𤊹、林佶批校。福建師範大學圖書館藏。

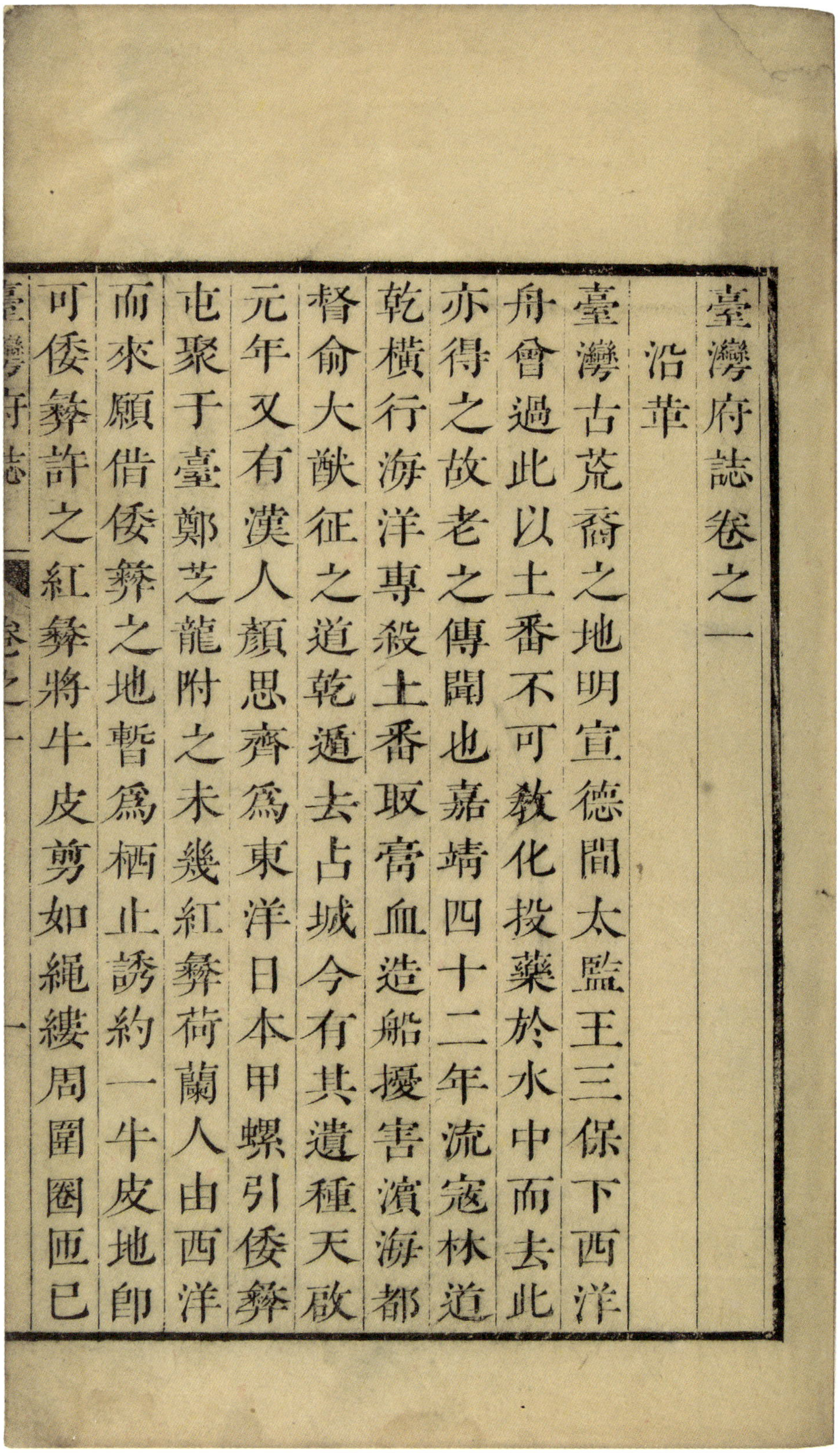

臺灣府誌卷之一

沿革

臺灣古荒裔之地明宣德間太監王三保下西洋舟曾過此以土番不可教化投藥於水中而去此亦得之故老之傳聞也嘉靖四十二年流寇林道乾横行海洋專殺土番取膏血造船擾害濱海都督俞大猷征之道乾遁去占城今有其遺種天啟元年又有漢人顏思齊爲東洋日本甲螺引倭彝屯聚于臺鄭芝龍附之未幾紅彝荷蘭人由西洋而來願借倭彝之地暫爲栖止誘約一牛皮地即可倭彝許之紅彝將牛皮剪如繩縷周圍圈匝已

臺灣府誌　卷之一　一

**08023 [康熙]臺灣府誌十卷**　（清）蔣毓英纂修　清康熙刻本

匡高19.8厘米，廣13.7厘米。半葉十一行，行十九字，小字雙行同，白口，左右雙邊。上海圖書館藏。

**08024 臺灣地理全圖** 清乾隆年間彩繪本

長440厘米，高40.5厘米。國家圖書館藏。

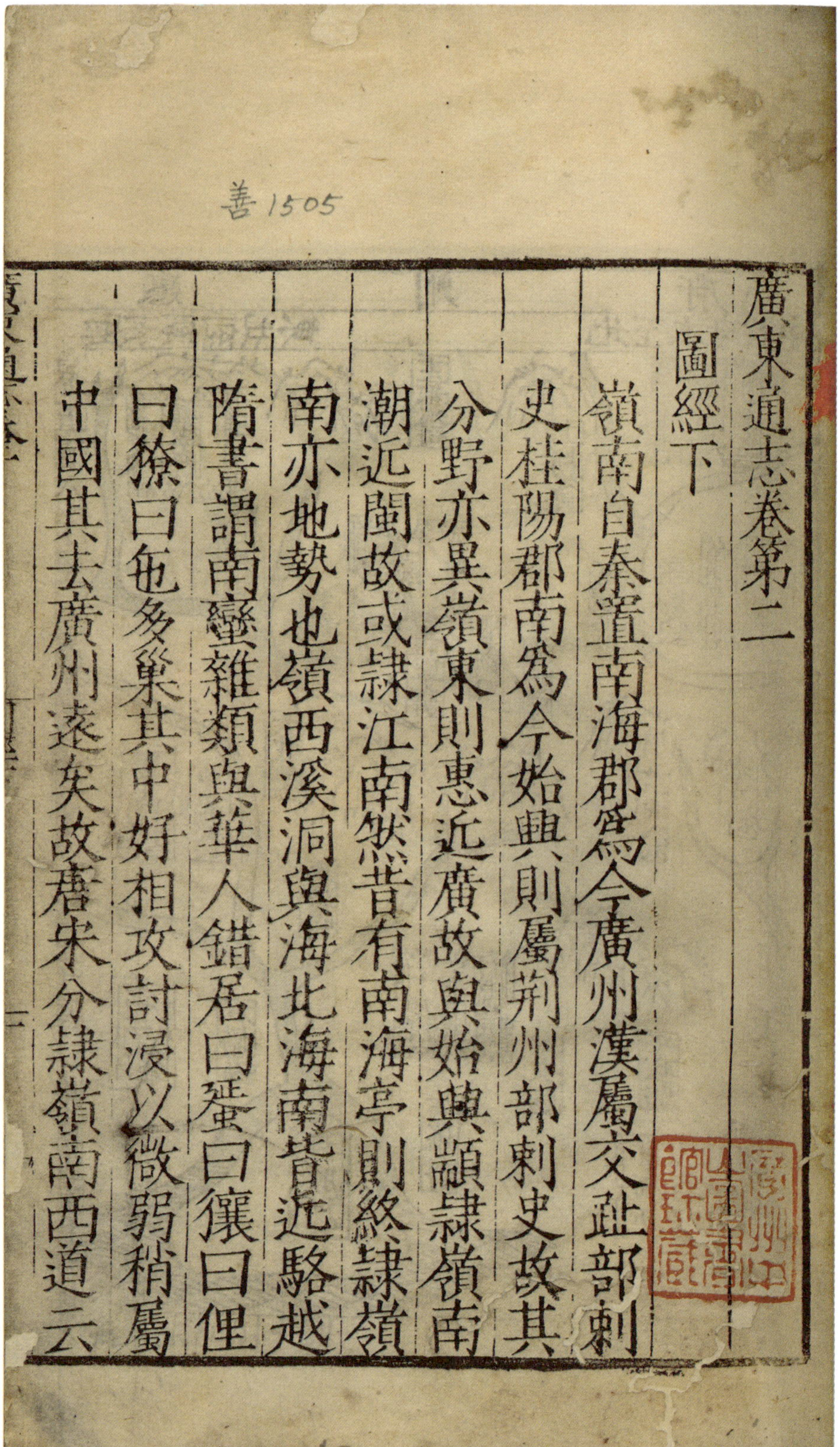
廣東通志卷第二
圖經下
嶺南自秦置南海郡後今廣州漢屬交趾部刺史桂陽郡南爲今始興則屬荆州部刺史故其分野亦異嶺東則惠近廣故與始興顓隸嶺南潮近閩故或隸江南然昔有南海亭則終隸嶺南亦地勢也嶺西溪洞與海北海南背近駱越隋書謂南蠻雜類與華人錯居曰蜑曰獽曰俚曰獠曰㐌多巢其中好相攻討浸以微弱稍屬中國其去廣州遠矣故唐宋分隸嶺南西道云

**08025 [嘉靖]廣東通志七十卷** （明）黄佐纂修　明嘉靖刻本（有抄配）

匡高20.7厘米，廣14.8厘米。半葉十行，行二十字，白口，四周單邊。廣東省立中山圖書館藏。

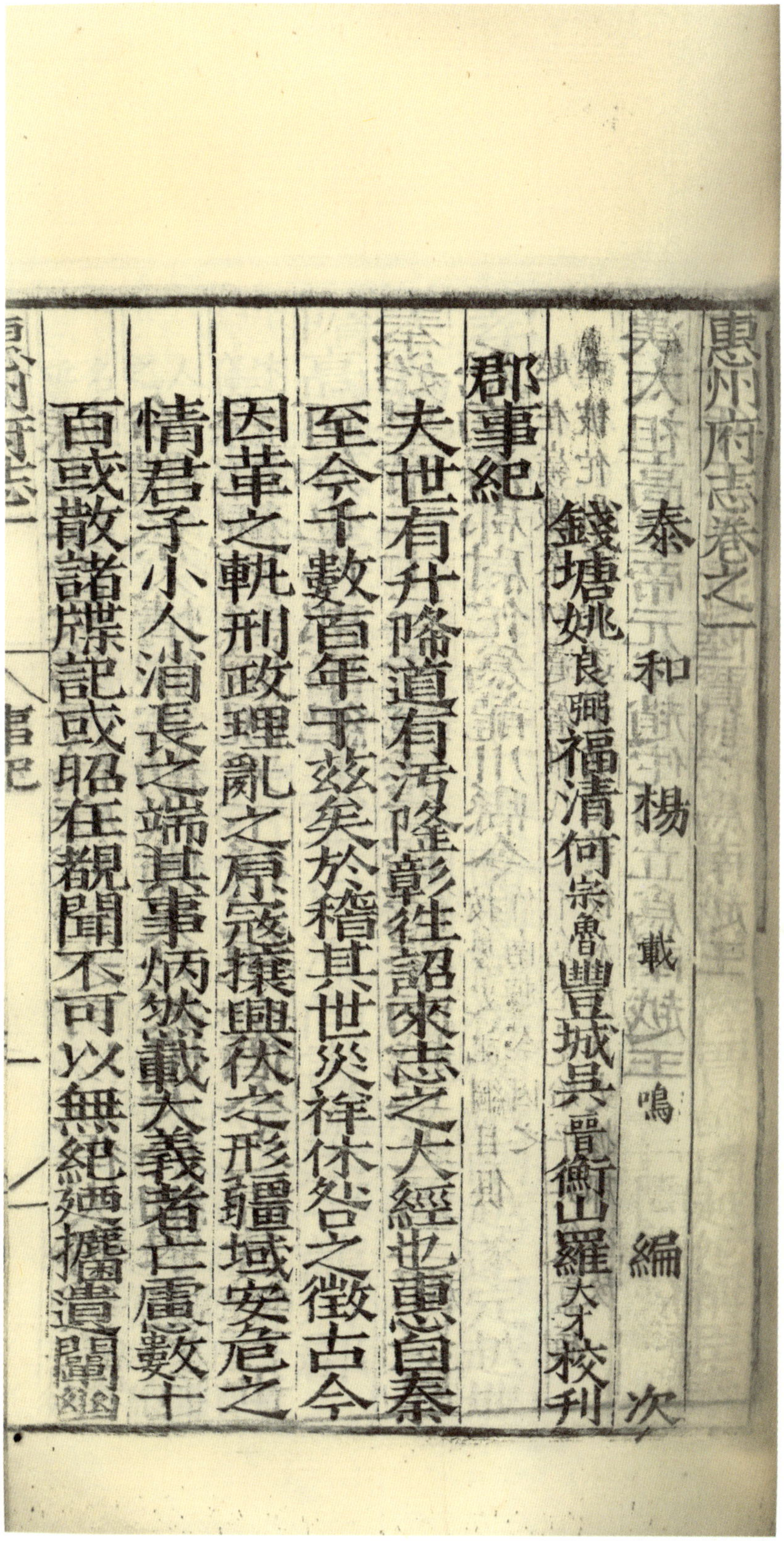
惠州府志卷之一
泰和楊載鳴編次
錢塘姚良弼 福清何宗魯 豐城吳晉 衡山羅大才 校刊
郡事紀
大世有升降道有汚隆彰往詔來志之大經也惠自秦至今千數百年于茲矣於稽其世災祥休咎之徵古今因革之軌刑政理亂之原寇攘興伏之形疆域安危之情君子小人消長之端其事炳然載大義者已廑數十百或散諸牒記或昭在覩聞不可以無紀迺攟遺闕

**08026 [嘉靖]惠州府志十六卷** （明）姚良弼　楊載鳴纂修　明嘉靖刻藍印本

包背裝。匡高22.3厘米，廣15.9厘米。半葉九行，行二十三字，白口，四周單邊。寧波市天一閣博物館藏。

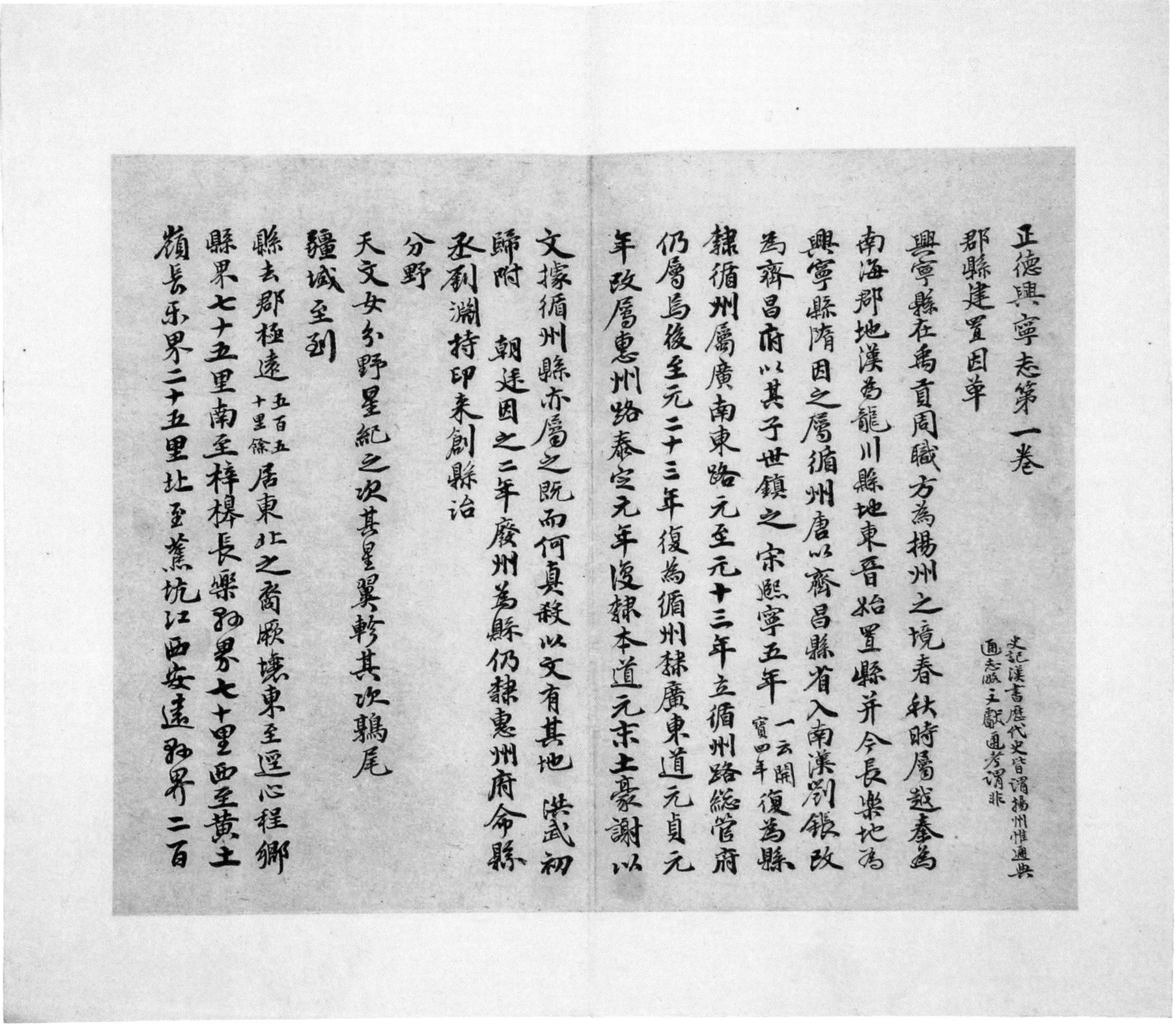
正德興寧志第一卷（史記漢書歷代史皆謂揚州惟通典通志[illegible]文獻通考謂非）
郡縣建置因革
興寧縣在禹貢周職方為揚州之境春秋時屬越秦為
南海郡地漢為龍川縣地東晉始置縣并今長樂地為
興寧縣隋因之屬循州唐以齊昌縣省入南漢劉鋹改
為齊昌府以其子世鎮之 宋熙寧五年（一云開寶四年）復為縣
隸循州屬廣南東路元至元十三年立循州路総管府
仍屬焉後至元二十三年復為循州隸廣東道元貞元
年改屬惠州路泰定元年没隸本道元末土豪謝以
文據循州縣亦屬之既而何真殺以文有其地 洪武初
歸附 朝廷因之二年廢州為縣仍隸惠州府命縣
丞劉淵持印来創縣治
分野
天文女分野星紀之次其星翼軫其次鶉尾
疆域至到
縣去郡極遠（五百五十里餘）居東北之裔厥壤東至逕心程鄉
縣界七十五里南至梓榛長樂縣界七十里西至黄土
嶺長樂界二十五里北至蕉坑江西安遠縣界二百

**08027 正德興寧志四卷** （明）祝允明纂修　稿本

蘇州博物館藏。

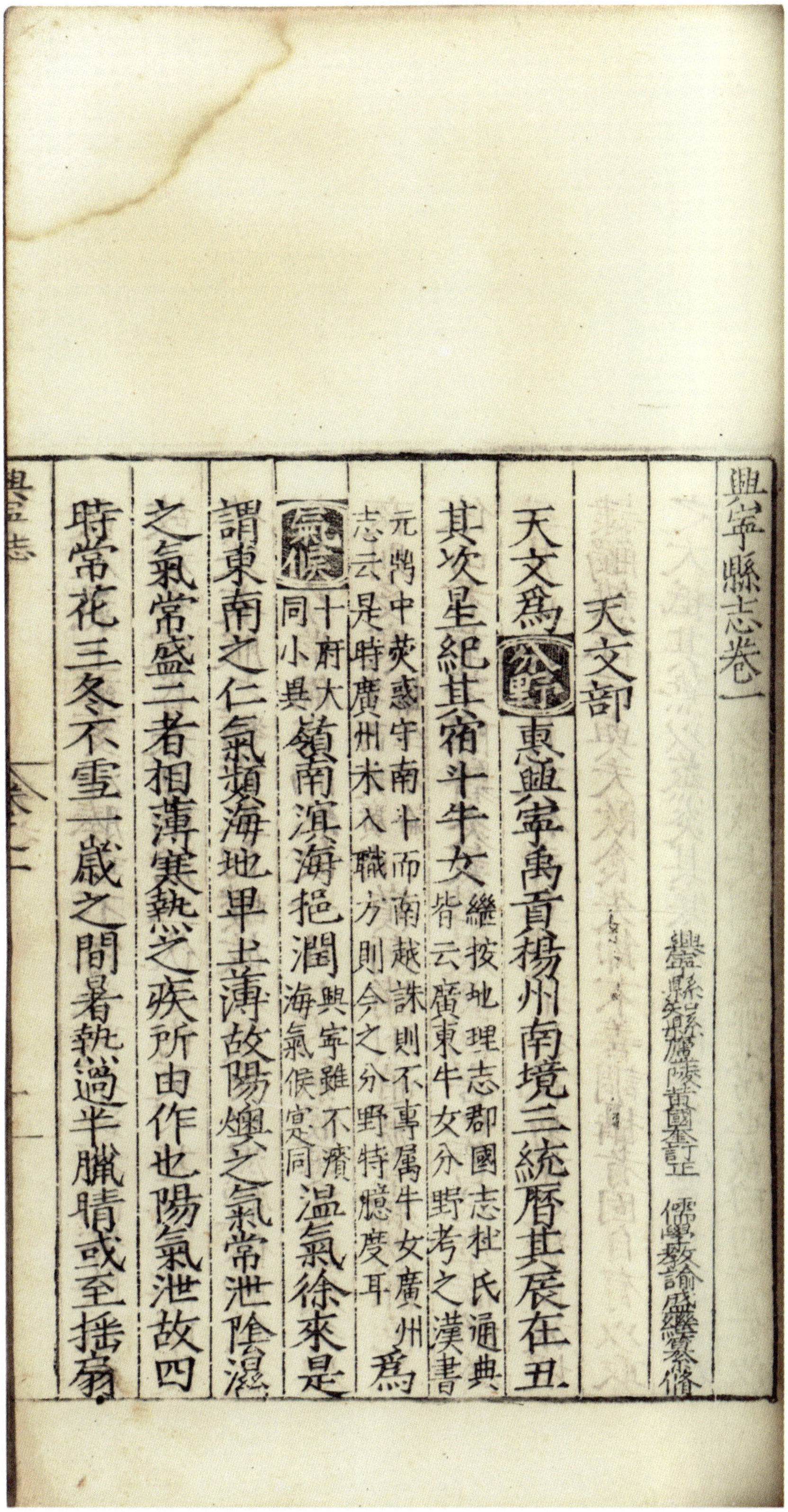
興寧縣志卷一
興寧縣知縣廣陵黃國奎訂正　儒學教諭盛繼纂修
天文部
天文爲分野惠興寧禹貢揚州南境三統曆其辰在丑
其次星紀其宿斗牛女繼按地理志郡國志杜氏通典皆云廣東牛女分野考之漢書
元鼎中熒惑守南斗而南越誅則不專屬牛女廣州爲志云是時廣州未入職方則今之分野特臆度耳
氣候十府大同小異嶺南濵海挹濶興寧雖不濵海氣候寔同温氣徐來是
謂東南之仁氣頻海地卑土薄故陽燠之氣常泄陰濕
之氣常盛二者相薄寒熱之疾所由作也陽氣泄故四
時常花三冬不雪一歲之間暑熱過半臘晴或至揺扇
興寧志　卷一　一

**08028 [嘉靖]興寧縣志四卷**　（明）黃國奎　盛繼纂修　明嘉靖刻藍印本

匡高19.1厘米，廣15.9厘米。半葉十行，行二十二字，白口，四周單邊。寧波市天一閣博物館藏。

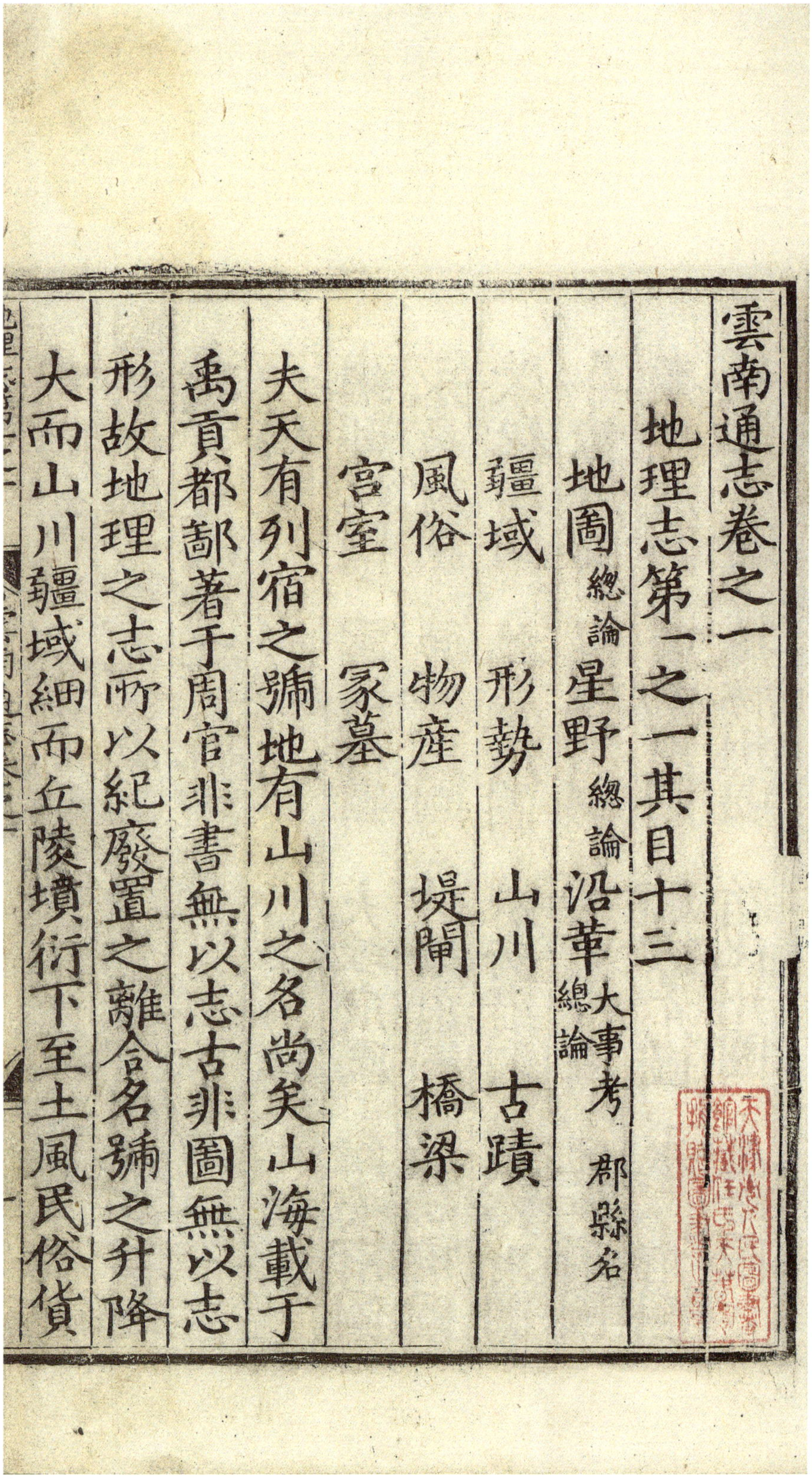

雲南通志卷之一

地理志第一之一其目十三

地圖總論 星野總論 沿革總論 大事考 郡縣名

疆域 形勢 山川 古蹟

風俗 物産 堤閘 橋梁

宮室 冢墓

夫天有列宿之躔地有山川之名尚矣山海載于禹貢都鄙著于周官非書無以志古非圖無以志形故地理之志所以紀廢置之離合名躔之升降大而山川疆域細而丘陵墳衍下至土風民俗貨

**08029 [隆慶]雲南通志十七卷** （明）鄒應龍　李元陽纂修　明萬曆刻本

匡高22.2厘米，廣15.9厘米。半葉十行，行二十字，小字雙行同，白口，四周雙邊。有“任氏振采”、“鳳苞”等印。天津圖書館藏。

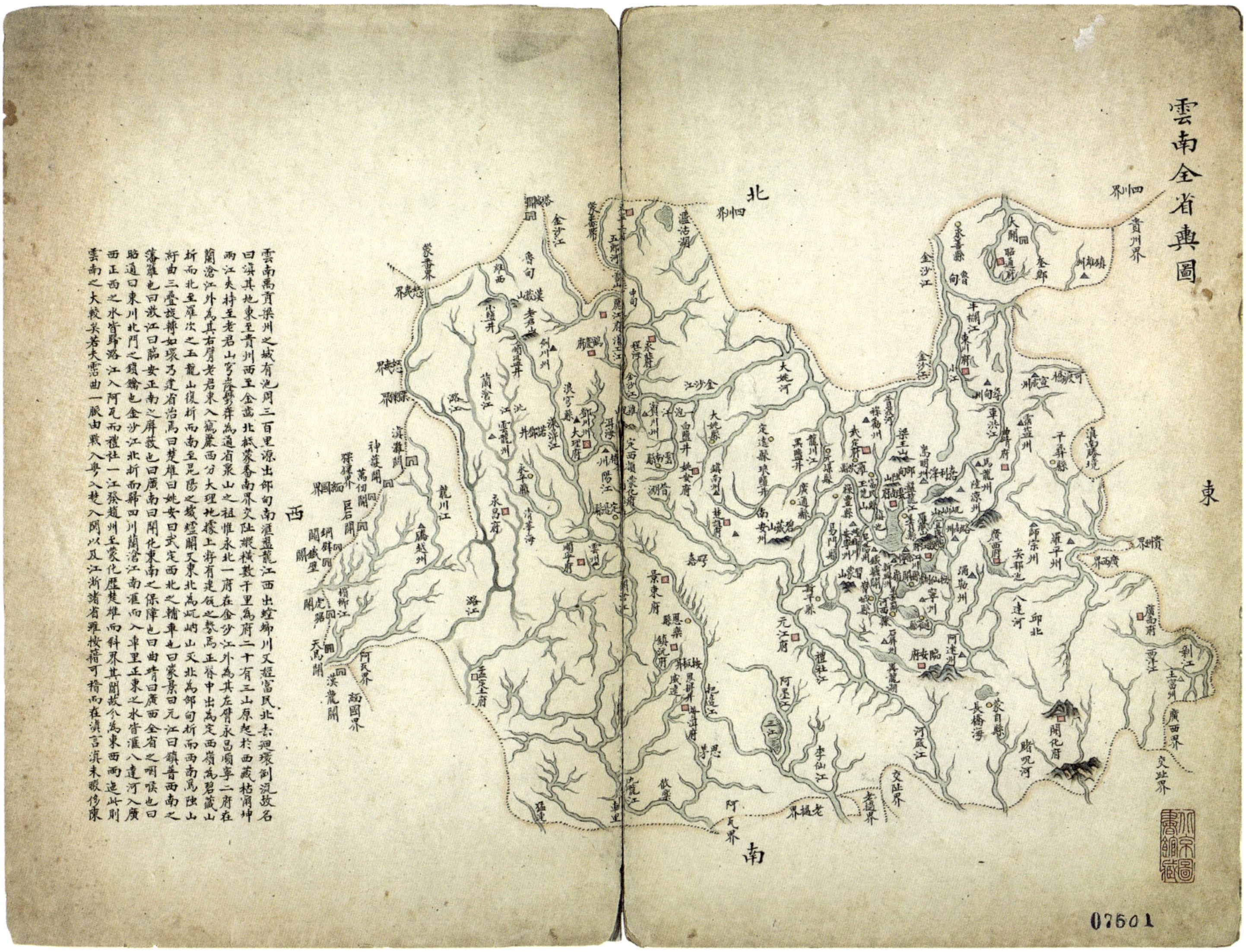


**08030 全滇輿圖** 清乾隆年間彩繪本

國家圖書館藏。

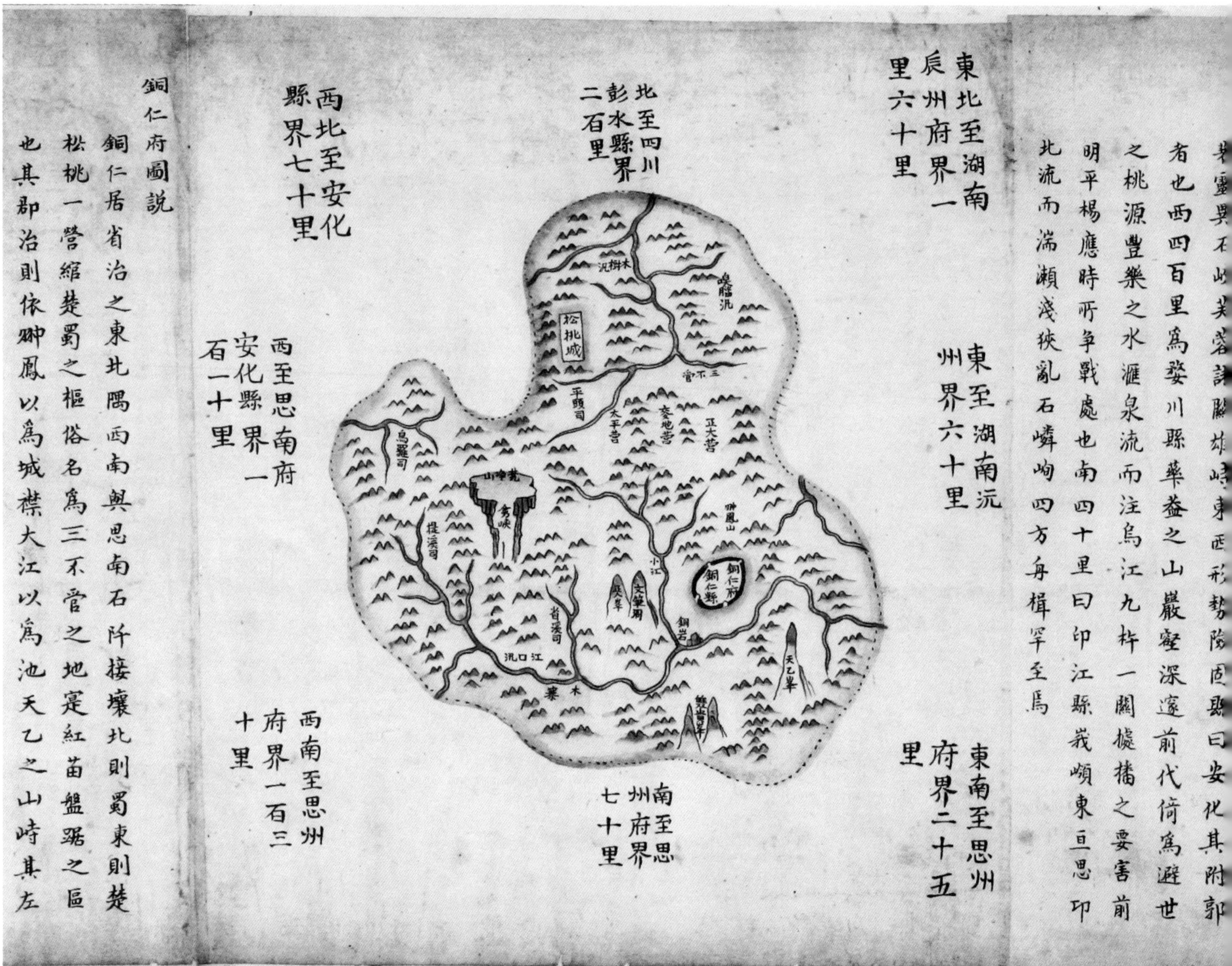
者也西四百里爲婺川縣華蓋之山巖壑深邃前代倚爲避世
之桃源豐樂之水滙泉流而注烏江九杵一關擬播之要害前
明平楊應時所爭戰處也南四十里曰印江縣峩嶺東亘思印
北流而湍瀨淺狹亂石嶙峋四方舟楫罕至焉
東北至湖南辰州府界一里六十里
北至四川彭水縣界二百里
西北至安化縣界七十里
東至湖南沅州界六十里
西至思南府安化縣界一百一十里
東南至思州府界二十五里
南至思州府界七十里
西南至思州府界一百三十里
松桃城
銅仁府
銅仁縣
天乙峯
銅仁府圖說
銅仁居省治之東北隅西南與思南石阡接壤北則蜀東則楚
松桃一營綰楚蜀之樞俗名爲三不管之地寔紅苗盤踞之區
也其郡治則依黝鳳以爲城襟大江以爲池天乙之山峙其左

**08031 貴州全省輿圖說**　清乾隆年間彩繪本

長328厘米，高28厘米。國家圖書館藏。

思南府圖說

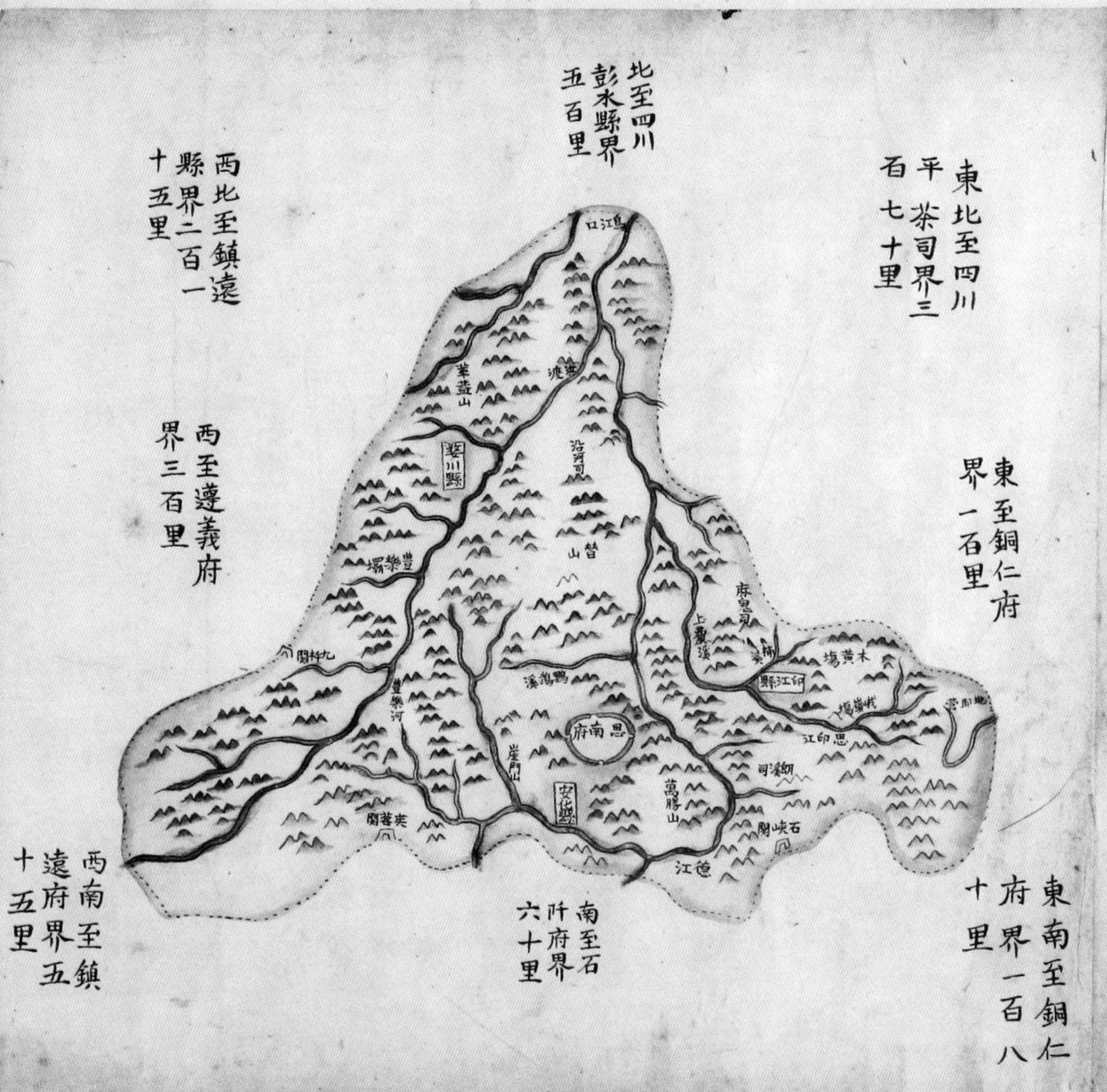
北至四川彭水縣界五百里
東北至四川平茶司界三百七十里
西北至鎮遠縣界二百一十五里
西至遵義府界三百里
東至銅仁府界一百里
西南至鎮遠府界五十五里
南至石阡府界六十里
東南至銅仁府界一百八十里
婺川縣
思南府
安化縣
萬勝山
德江

倚爲巢穴又左爲桐梓之婁山關旋而右者爲綏陽之桑木關正安州之龍硐關皆高出雲表一夫守之千人坐廢所謂天險殆不過是水則烏江界其南迤而東北過思南入四川之彭水縣其西則赤水河限之黔蜀畫疆以此爲界據山臨江廣袤二千餘里田賦關稅抵全黔之半豈非雄郡哉

**08032 自打箭爐至前後藏途程圖** （清）安成繪　清光緒二十七年（1901）絹地彩繪本

長316.3厘米，高41.4厘米。國家圖書館藏。

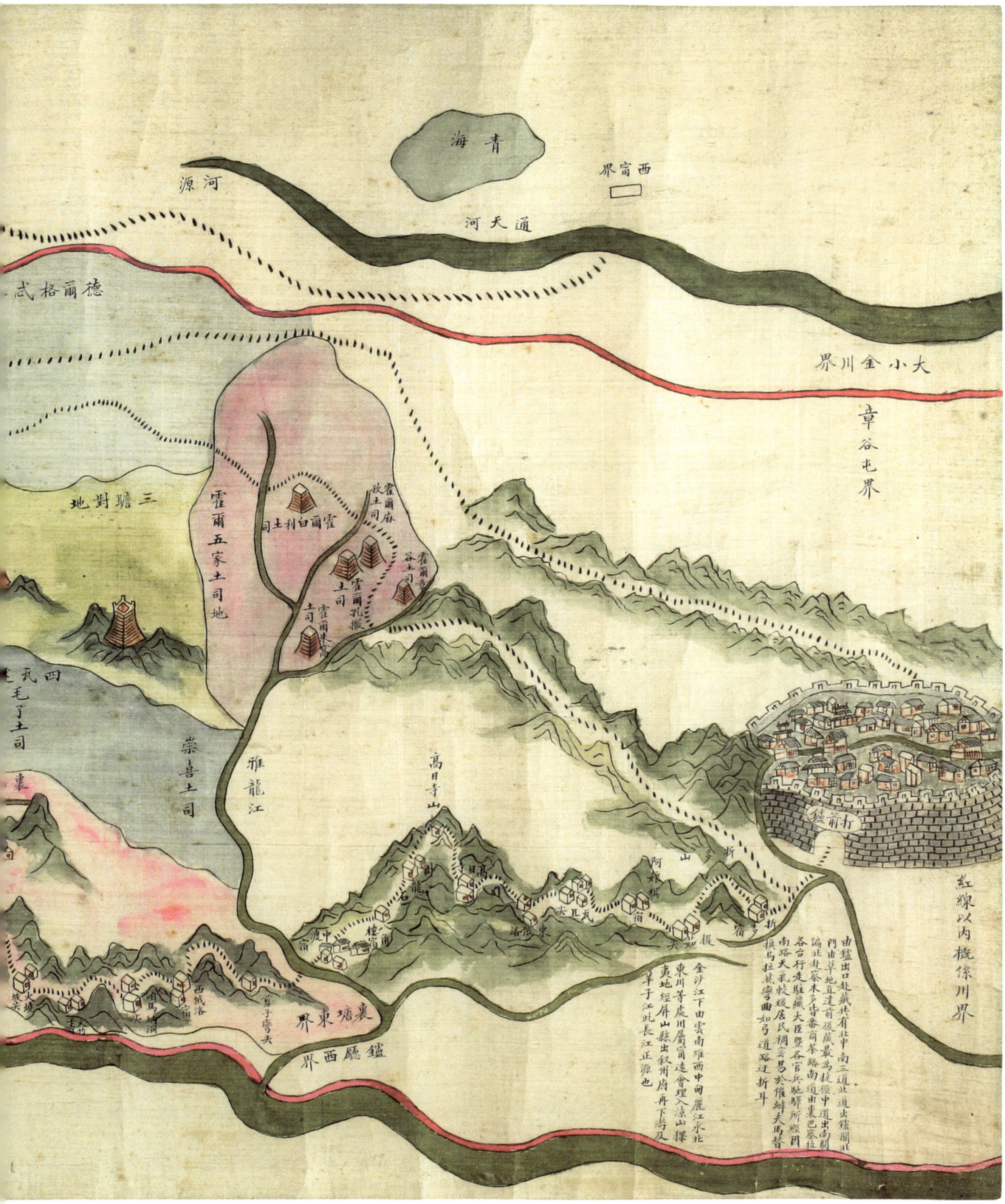
青海
西甯界
河源
通天河
德爾格忒
大小金川界
章谷屯界
三瞻對地
霍爾五家土司地
霍爾白利土司
霍爾麻書土司
霍爾章谷土司
霍爾孔撒土司
霍爾朱窩土司
崇喜土司
雅龍江
高日寺山
打箭鑪
阿娘壩
提茹
折多
裏塘東界
鑪廳西界
紅線以內概係川界
由鑪出口赴藏共有北中南三道北道出鑪關北門由草地直達前後藏最為捷徑中道出南關偏北赴察木多皆番商茶路南道由裏巴察拉各台行走駐藏大臣暨各官兵馳驛所經因南路天氣較暖居民稠密易於催辦夫馬替換烏拉然彎曲如弓道路迂折耳
金沙江下由雲南維西中甸麗江永北東川等處川屬甯遠會理入涼山猓夷地經屏山縣出敘州府再下游及羊子江此長江正源也

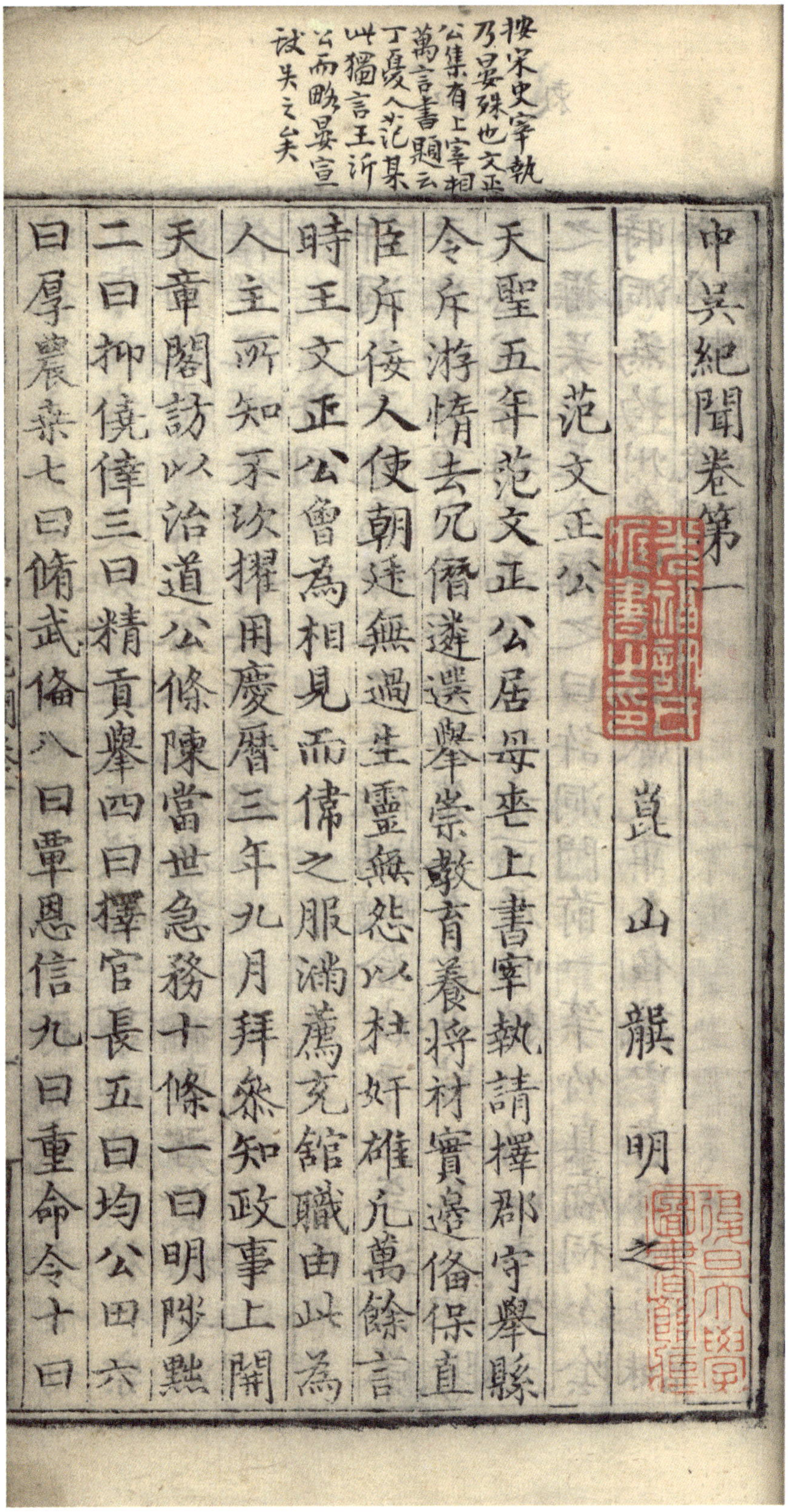
中吳紀聞卷第一
崑山龔明之
范文正公
天聖五年范文正公居母喪上書宰執請擇郡守舉縣
令斥游惰去冗僭遴選舉崇教育養將材實邊備保直
臣斥佞人使朝廷無過生靈無怨以杜奸雄凡萬餘言
時王文正公曾爲相見而偉之服渊薦充館職由此爲
人主所知

**08033 中吳紀聞六卷** （宋）龔明之撰　明弘治七年（1494）嚴春刻本

匡高20.5厘米，廣12.6厘米。半葉十一行，行二十一字，小字雙行同，黑口，四周雙邊。有“光福許氏藏書之印”、“修竹山房”等印。沈欽韓批校。復旦大學圖書館藏。

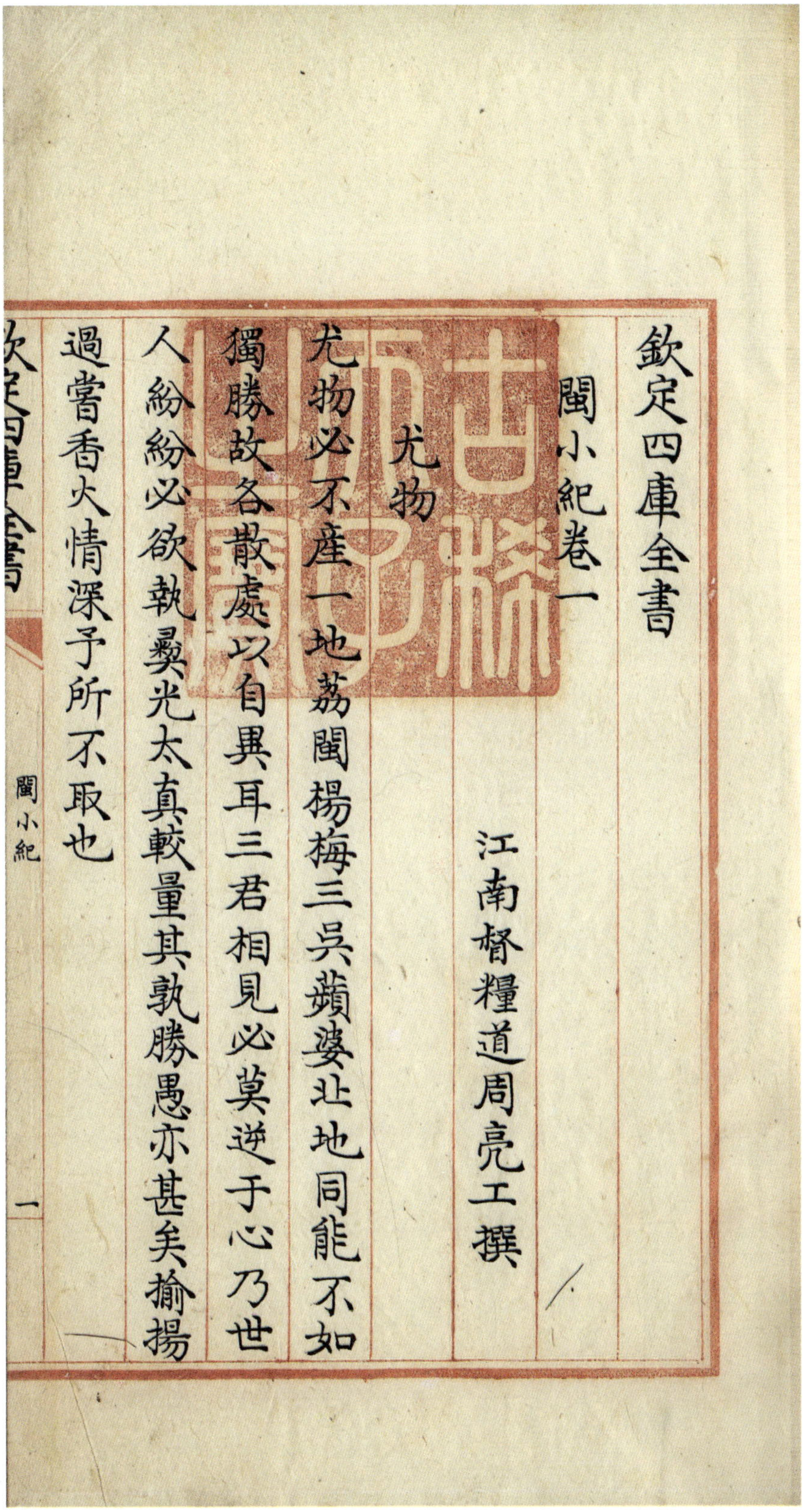

欽定四庫全書

閩小紀卷一

江南督糧道周亮工撰

尤物

尤物必不產一地荔閩楊梅三吳蘋婆北地同能不如獨勝故各散處以自異耳三君相見必莫逆于心乃世人紛紛必欲執夷光太真較量其孰勝愚亦甚矣揄揚過當香火情深予所不取也

欽定四庫全書　閩小紀　一

**08034 閩小紀四卷** （清）周亮工撰　清乾隆内府寫四庫全書本

故宫博物院藏。

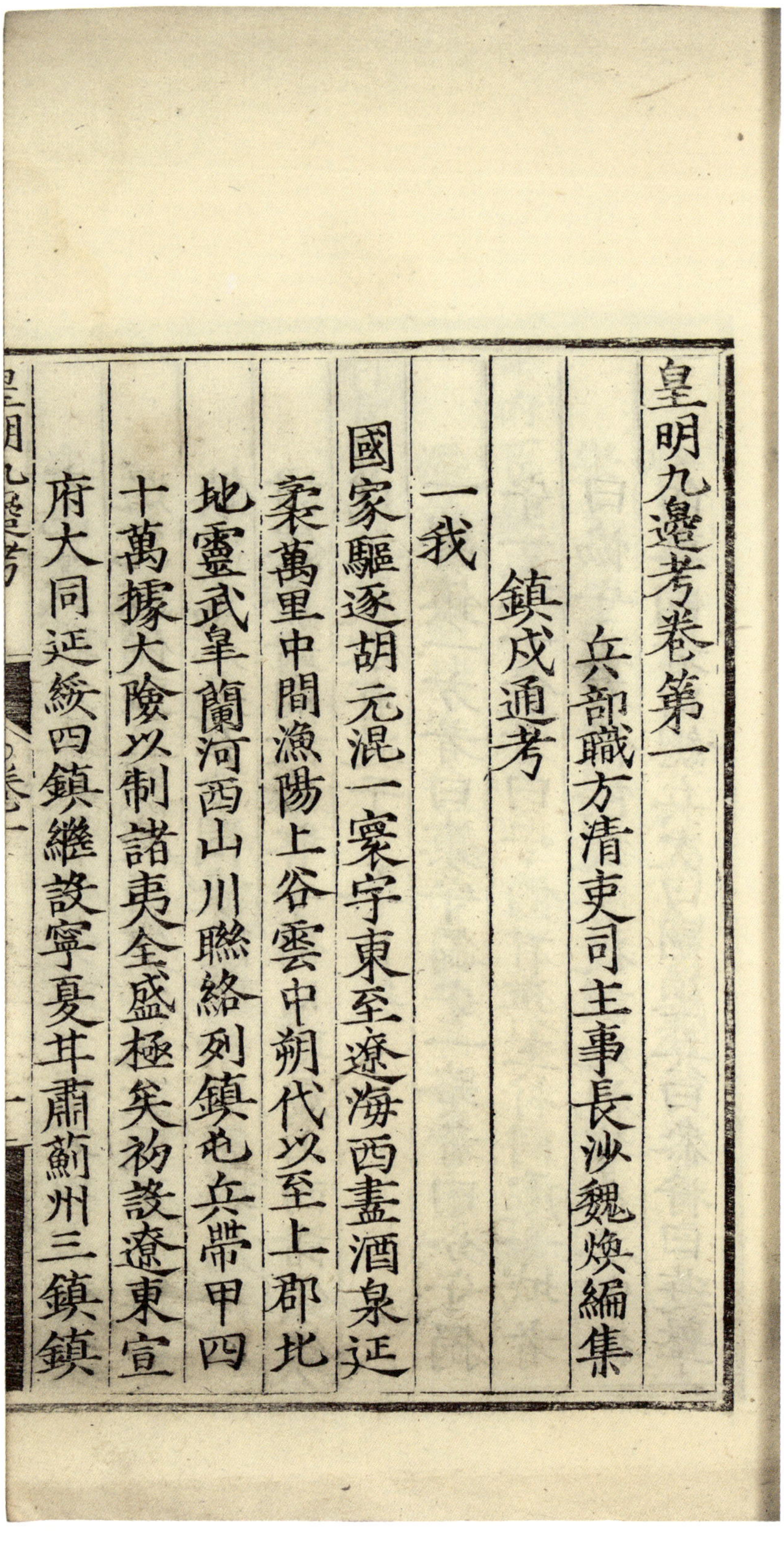
皇明九邊考卷第一
兵部職方清吏司主事長沙魏煥編集
鎮戍通考
一我
國家驅逐胡元混一寰宇東至遼海西盡酒泉延
袤萬里中間漁陽上谷雲中朔代以至上郡北
地靈武皐蘭河西山川聯絡列鎮屯兵帶甲四
十萬據大險以制諸夷全盛極矣初設遼東宣
府大同延綏四鎮繼設寧夏甘肅薊州三鎮鎮
皇明九邊考　卷一

**08035 皇明九邊考十卷**　（明）魏煥撰　明嘉靖四十五年（1566）魏時用刻本

匡高21.2厘米，廣14.4厘米。半葉九行，行二十字，黑口，四周雙邊。浙江圖書館藏。

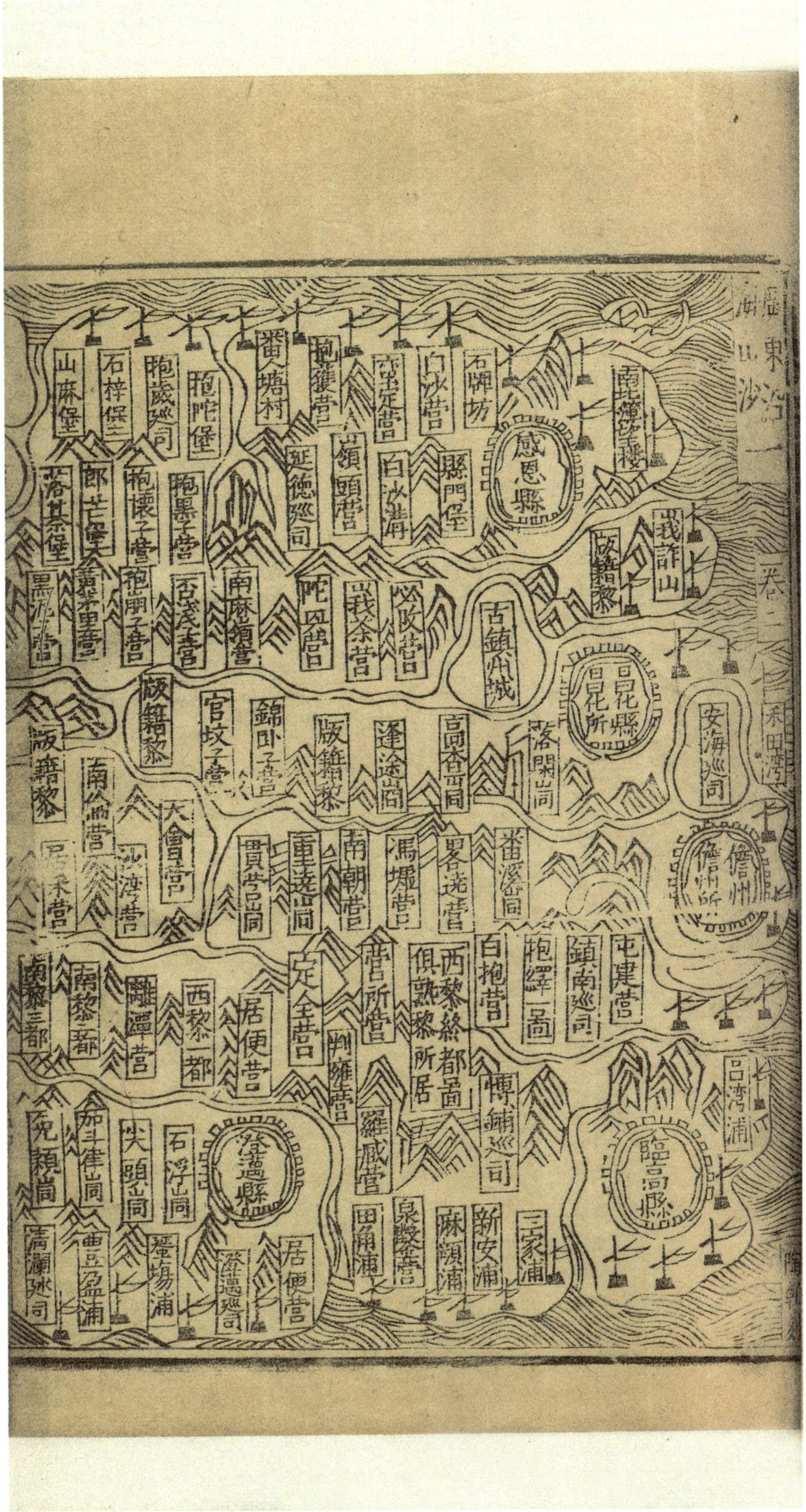


**08036 籌海圖編十三卷** （明）鄭若曾撰　明隆慶六年（1572）刻本

匡高21厘米，廣15.7厘米。半葉十二行，行二十二字，白口，四周雙邊。有“陽湖李氏辯志書塾”、“古潭州袁臥雪廬收藏”等印。清華大學圖書館藏。

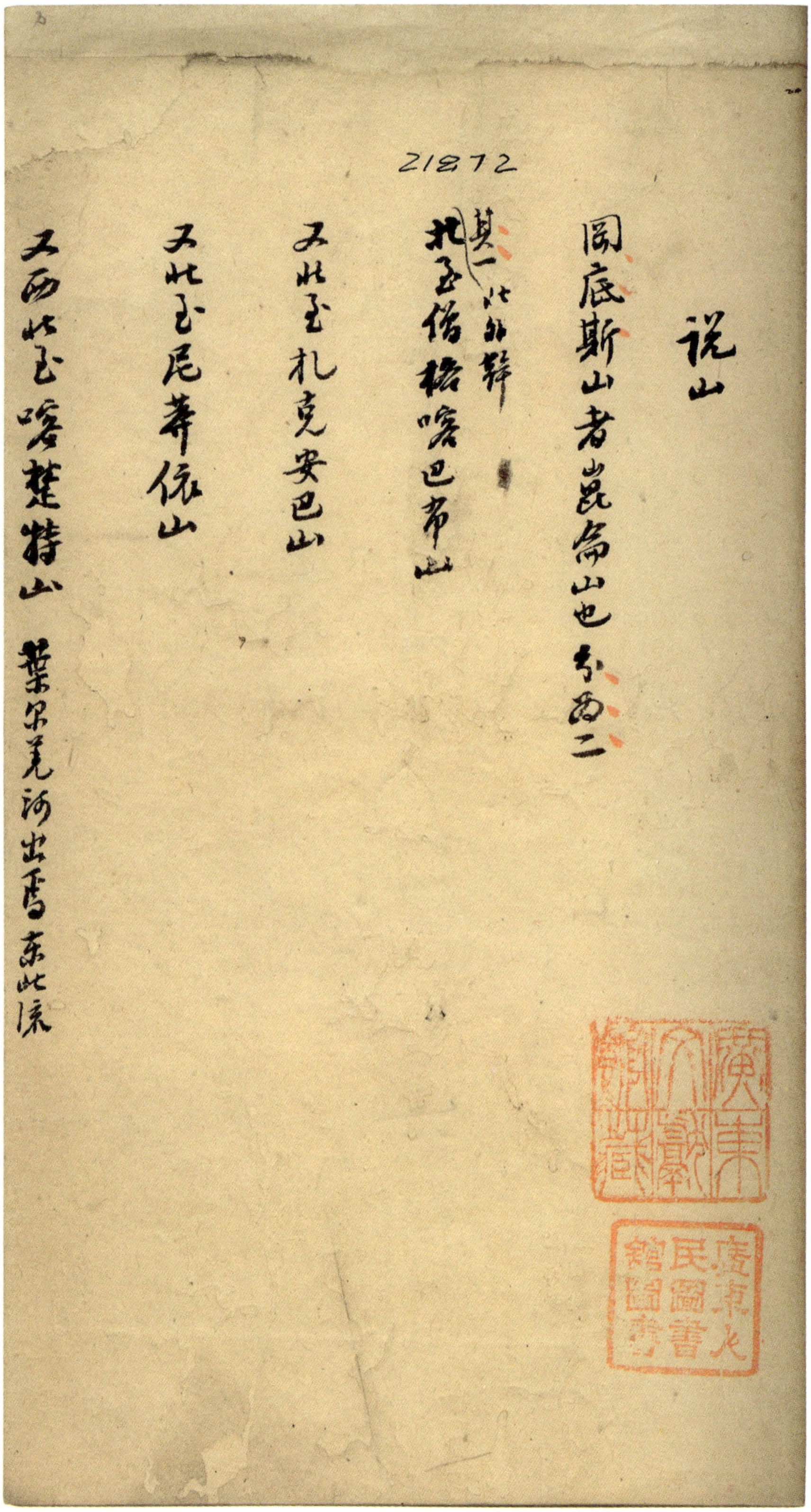

**08037 說山一卷** （清）陳澧撰　手稿本

廣東省立中山圖書館藏。

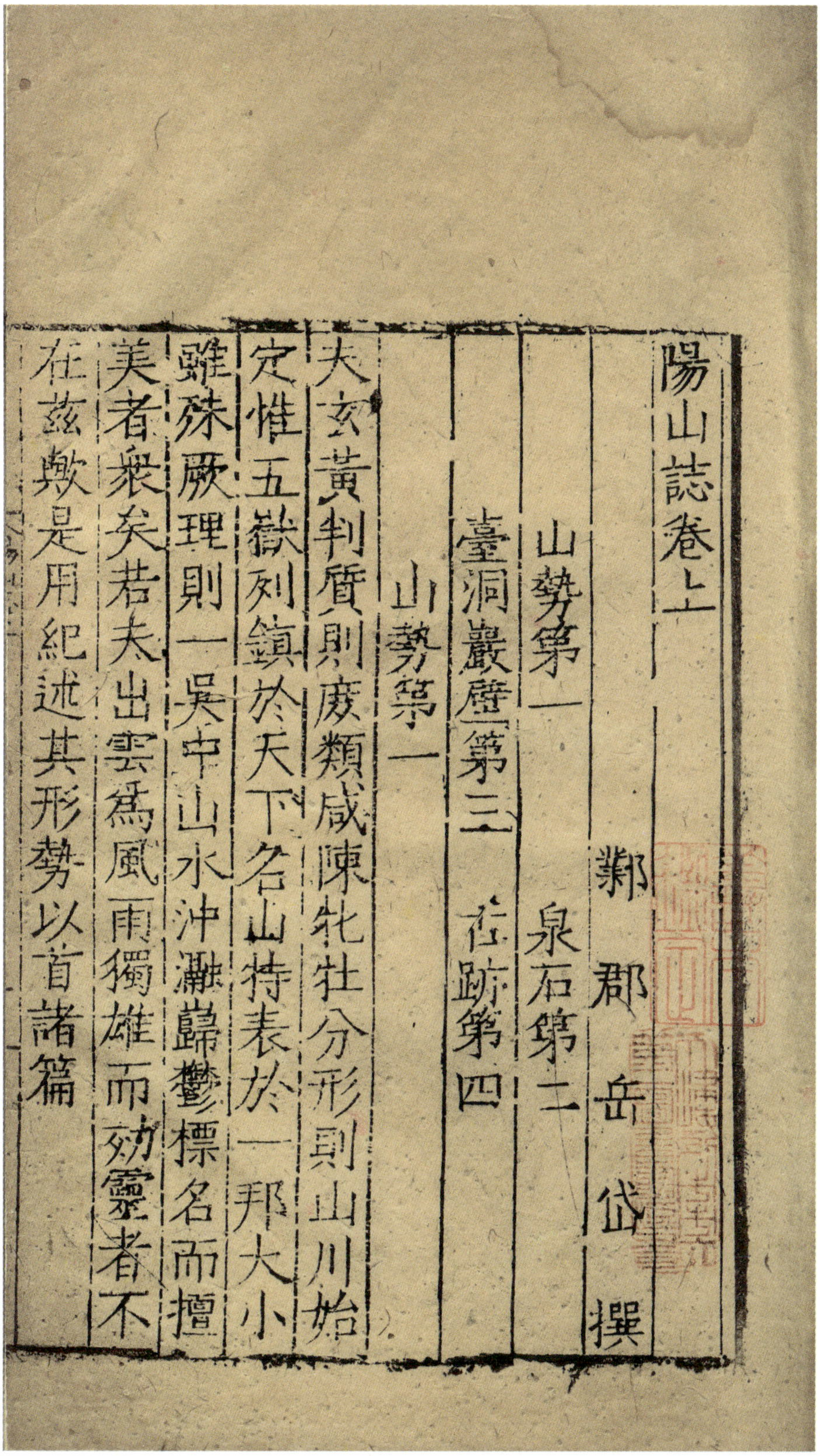
陽山誌卷上
鄴郡岳岱撰
山勢第一　泉石第二
臺洞巖壑第三　古跡第四
山勢第一
天玄黄判質則庶類咸陳牝牡分形則山川始定惟五嶽列鎮於天下名山特表於一邦大小雖殊厥理則一吳中山水沖瀜歸鬱標名而擅美者衆矣若夫出雲爲風雨獨雄而効靈者不在茲歟是用紀述其形勢以首諸篇

**08038 陽山誌三卷**　（明）岳岱撰　明嘉靖九年（1530）顧元慶刻本

匡高17.8厘米，廣12.4厘米。半葉十行，行十八字，白口，左右雙邊。天津圖書館藏。

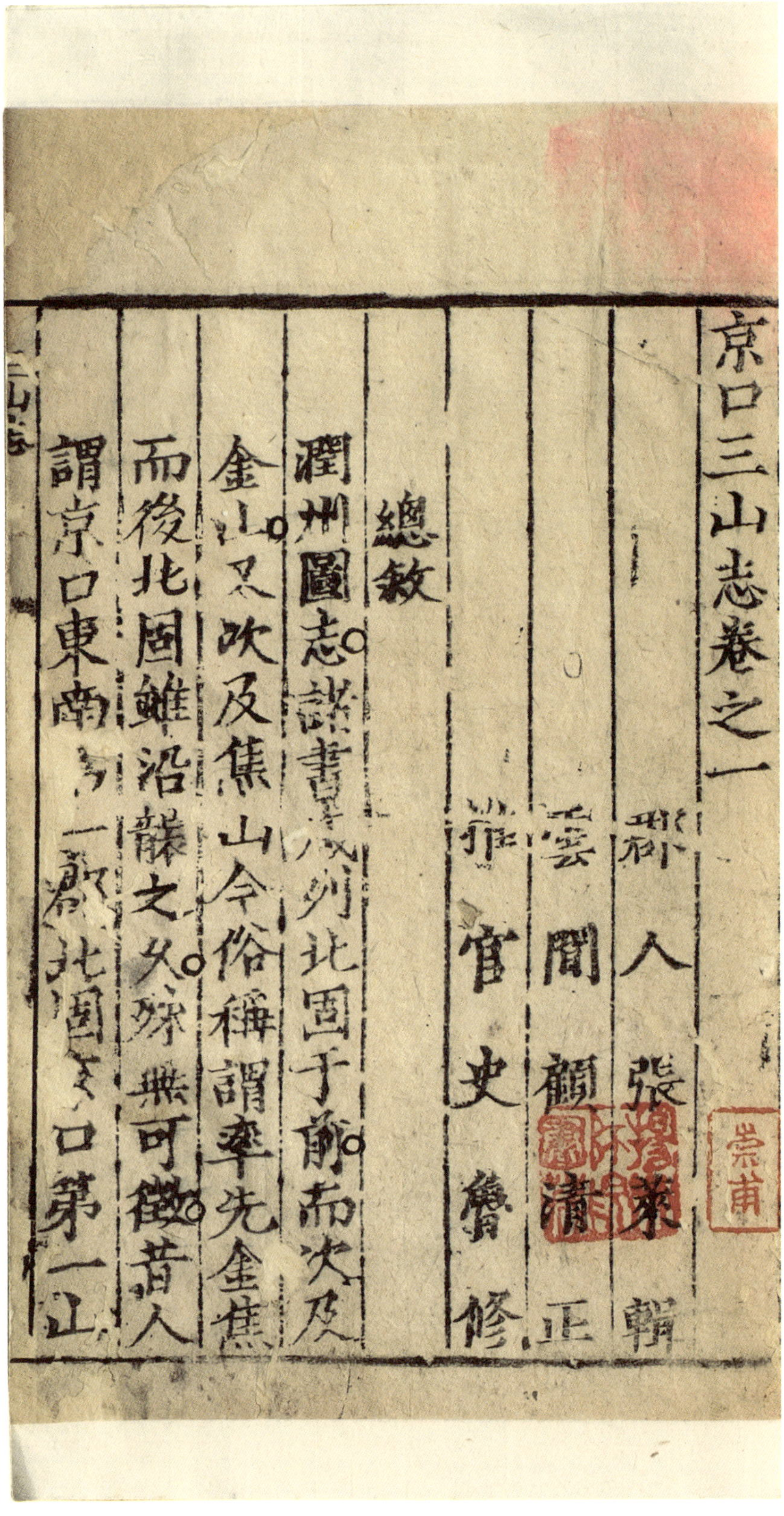
京口三山志卷之一
郡人張萊輯
雲間顧清正
郡官史魯修
總敘
潤州圖志。諸書率次列北固于前。而次及
金山。又次及焦山。今俗稱謂率先金焦
而後北固。雖沿襲之久。殊無可徵。昔人
謂京口東南有一郡北固之口第一山

**08039 京口三山志十卷** （明）張萊撰　明正德七年（1512）刻本

匡高18.5厘米，廣14厘米。半葉九行，行十七字，小字雙行同，白口，四周單邊。揚州大學圖書館藏，存六卷。

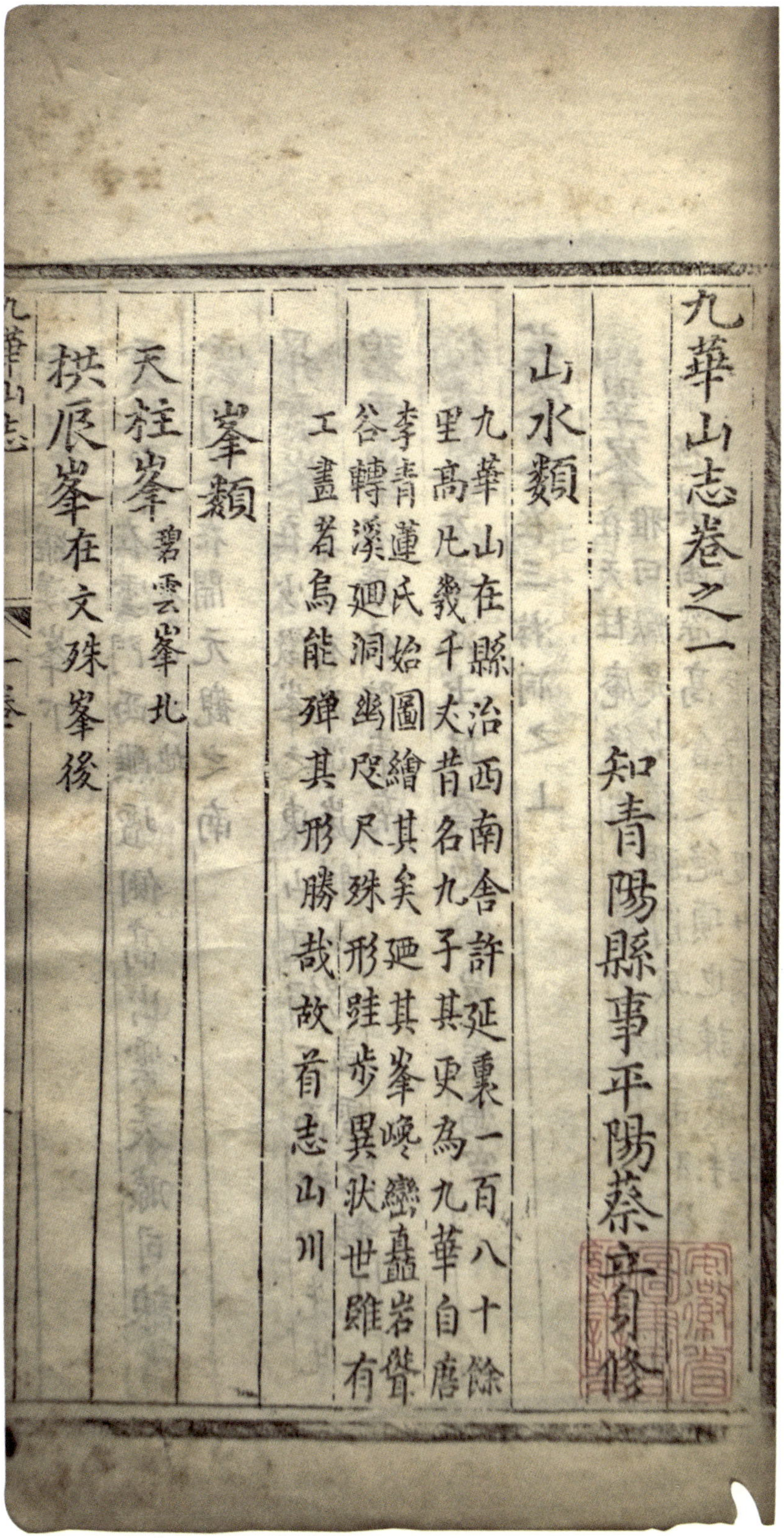

九華山志卷之一
知青陽縣事平陽蔡立身修
山水類
九華山在縣治西南舍許延袤一百八十餘
里高凡幾千丈昔名九子其更為九華自唐
李青蓮氏始圖繪其矣延其峯巒矗岩聳
谷轉溪迴洞幽咫尺殊形跬步異狀世雖有
工畫者烏能殫其形勝哉故首志山川
峯類
天柱峯 碧雲峯北
拱辰峯在文殊峯後

**08040 九華山志六卷** （明）蔡立身纂修　明萬曆二十三年（1595）刻本

匡高21.1厘米，廣14.1厘米。半葉九行，行十九字，小字雙行同，白口，四周雙邊或四周單邊。安徽省圖書館藏。

**08041 五臺山聖境圖** （清）袁瑛繪　清乾隆年間彩繪本

有"乾隆御覽之寶"等印。國家圖書館藏。

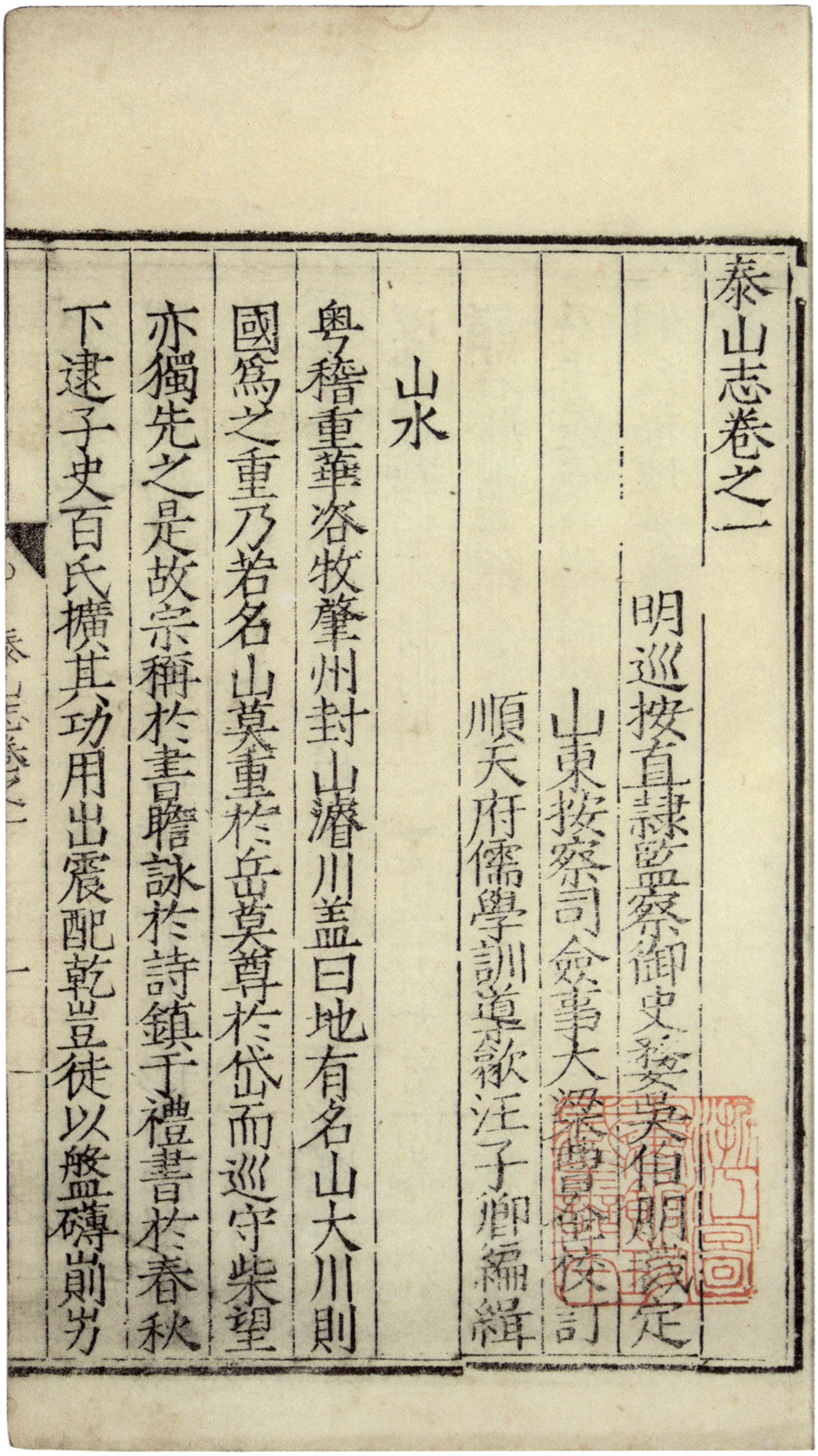
泰山志卷之一

明巡按直隸監察御史婺吳伯朋校定

山東按察司僉事大梁曹金校訂

順天府儒學訓導歙汪子卿編緝

山水

粵稽重華咨牧肇州封山濬川蓋曰地有名山大川則

國爲之重乃若名山莫重於岳莫尊於岱而巡守柴望

亦獨先之是故宗稱於書贍詠於詩鎮于禮書於春秋

下逮子史百氏撗其功用出震配乾豈徒以盤礴崱屴

**08042 泰山志四卷** （明）汪子卿撰　明嘉靖二十三年（1544）項守禮刻本

匡高22.8厘米，廣16.2厘米。半葉九行，行二十二字，細黑口，四周雙邊。浙江圖書館藏。

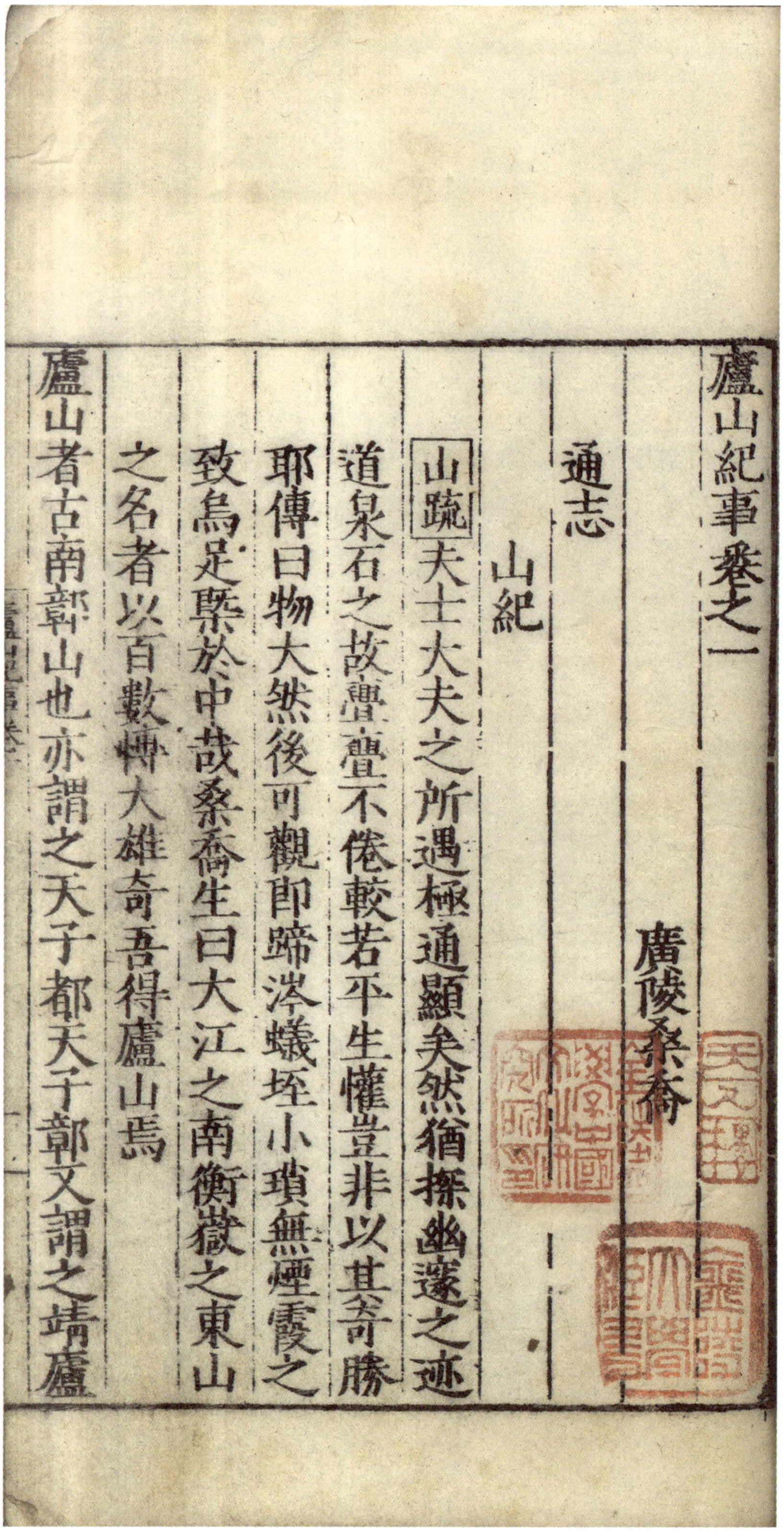
盧山紀事卷之一
廣陵桑喬
通志
山紀
山疏 夫士大夫之所遇極通顯矣然猶探幽邃之迹
道泉石之故疊疊不倦較若平生懽豈非以其奇可勝
耶傳曰物大然後可觀即蹄涔蟻垤小瑣無靈霞之
致烏足槩於中哉桑喬生曰大江之南衡嶽之東山
之名者以百數惟大雄奇吾得盧山焉
盧山者古南鄣山也亦謂之天子都天子鄣又謂之靖盧

**08043-08045 盧山紀事十二卷** （明）桑喬撰　明嘉靖刻本

匡高20.8厘米，廣14.6厘米。半葉十行，行二十二字，白口，四周單邊。南京大學圖書館、浙江圖書館藏；重慶圖書館藏，卷十至十二抄配。

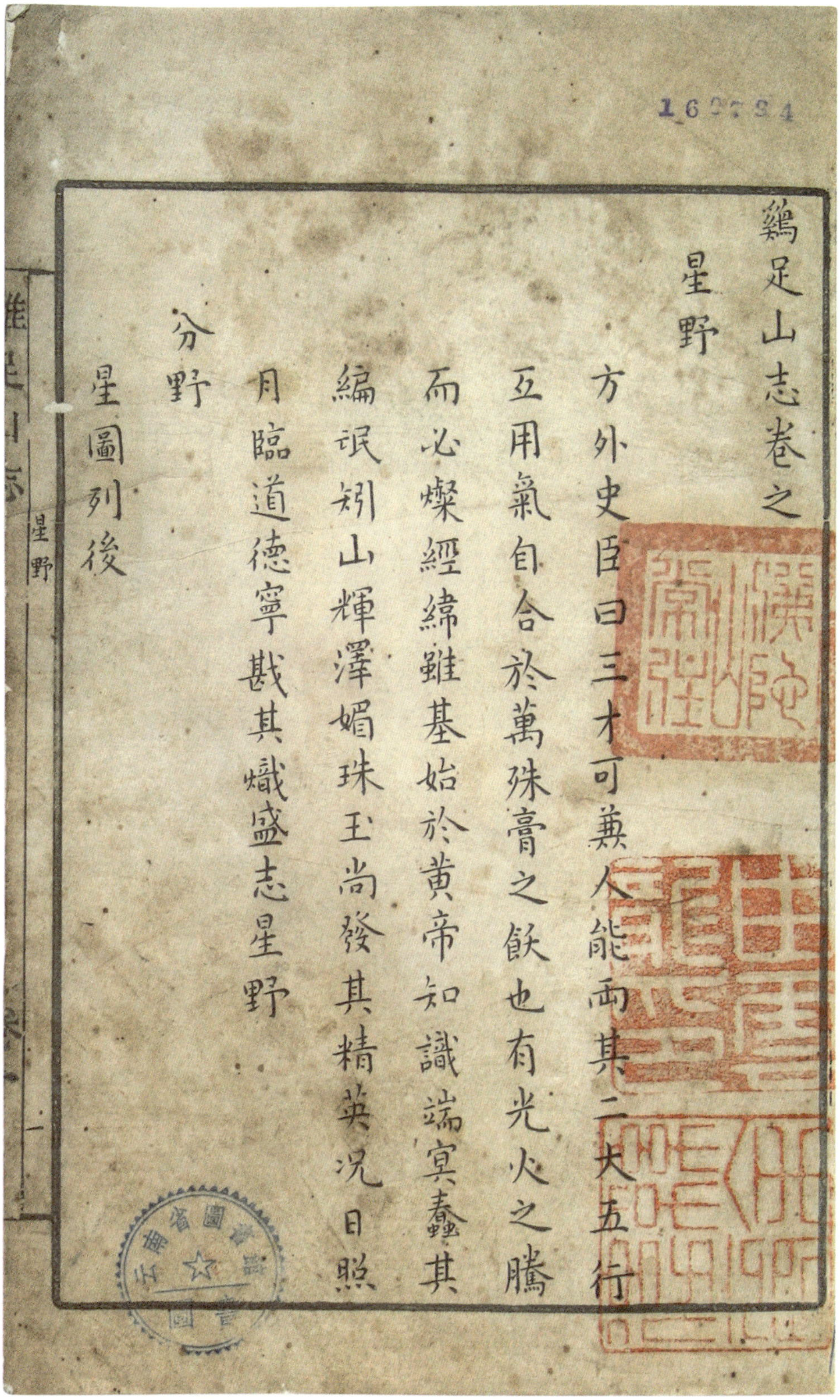

鷄足山志卷之

星野

方外史臣曰三才可兼人能兩其二大五行
互用氣自合於萬殊膏之飫也有光火之騰
而必爍經緯雖基始於黃帝知識端寘蠢其
編珉剡山輝澤媚珠玉尚發其精英況日照
月臨道德寧戡其熾盛志星野

分野

星圖列後

**08046 雞足山志十三卷首一卷** （清）高奣映纂修　稿本

匡高23.7厘米，廣16.2厘米。半葉九行，行二十字，白口，四周單邊。有“佛陀山常住”、“夔舉”、“高奣映印”、“由雲龍印”等印。雲南省圖書館藏。

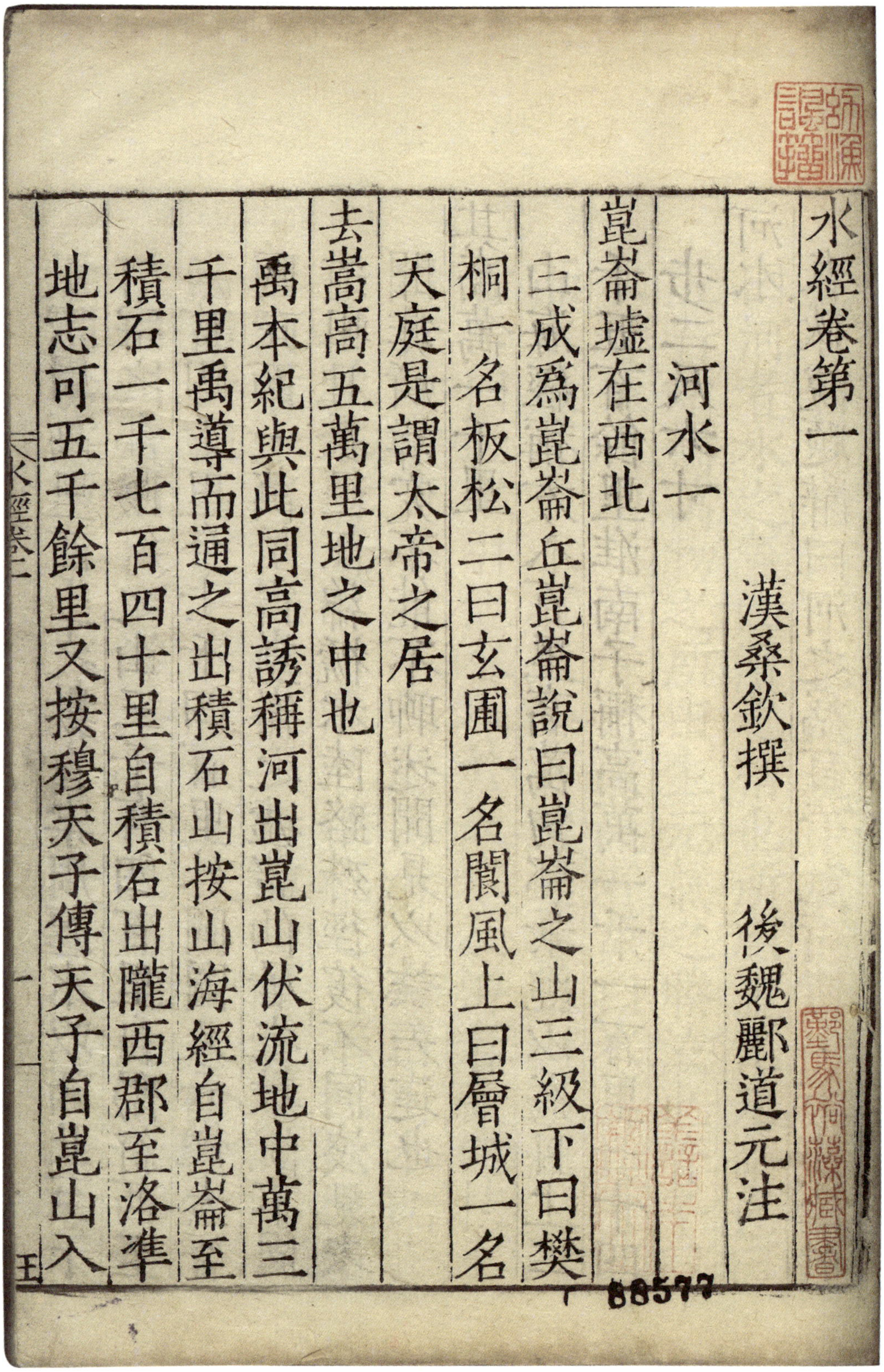
水經卷第一

漢桑欽撰　後魏酈道元注

河水一

崑崙墟在西北

三成爲崑崙丘崑崙説曰崑崙之山三級下曰樊桐一名板松二曰玄圃一名閬風上曰層城一名天庭是謂太帝之居

去嵩高五萬里地之中也

禹本紀與此同高誘稱河出崑山伏流地中萬三千里禹導而通之出積石山按山海經自崑崙至積石一千七百四十里自積石出隴西郡至洛準地志可五千餘里又按穆天子傳天子自崑山入

水經卷一　一　王



**08047-08049　水經注四十卷**　（北魏）酈道元撰　明嘉靖十三年（1534）黄省曾刻本

匡高20.7厘米，廣16 厘米。半葉十二行，行二十字，白口，左右雙邊。天津圖書館、中國書店藏；國家圖書館藏，卷一至三抄配，錢允治校跋，黄丕烈跋，韓應陛校跋並録馮夢禎題識。

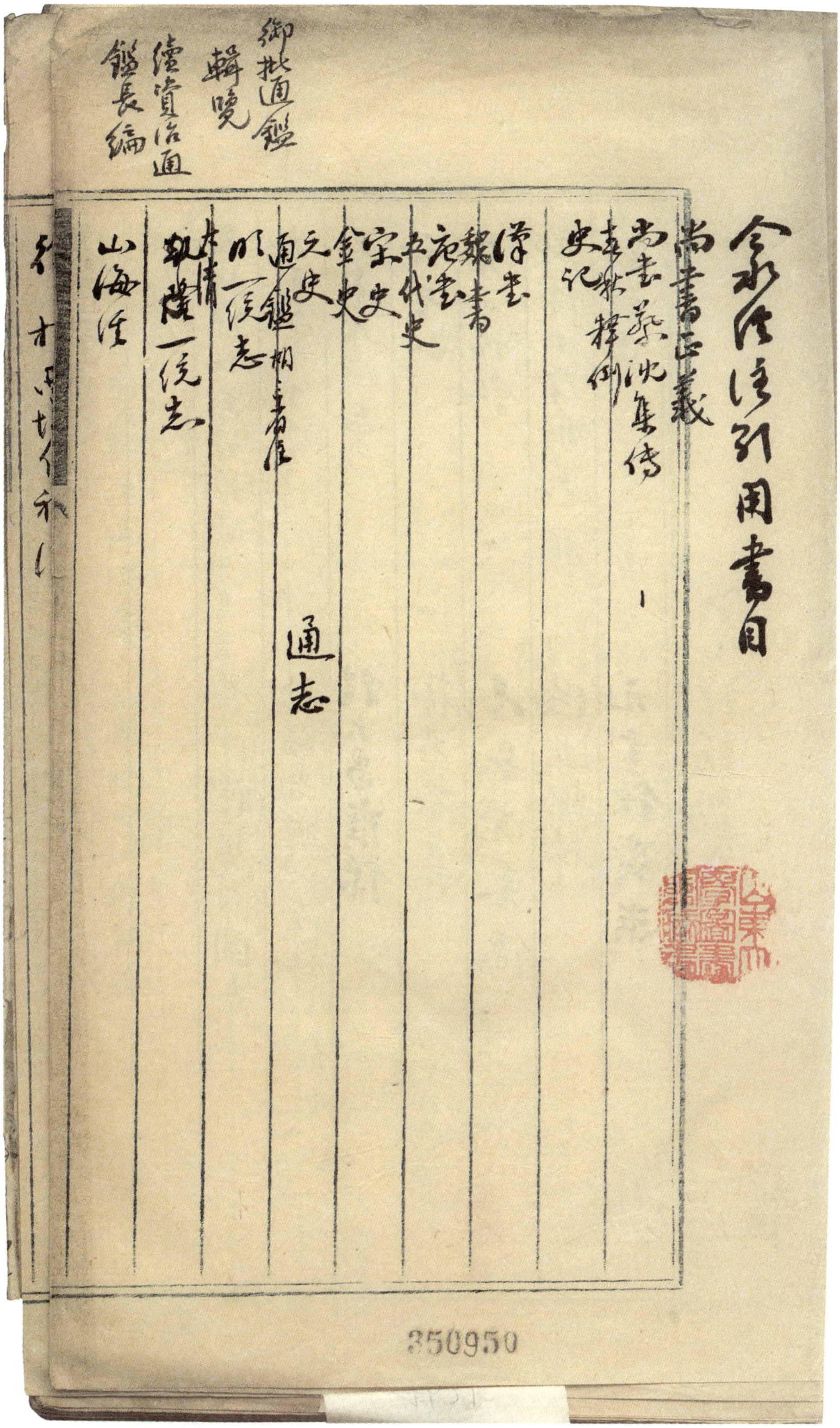
今水經注引用書目
尚書正義
尚書蔡沈集傳
春秋釋例
史記
前漢書
魏書
宋書
五代史
宋史
金史
元史
通鑑綱目前編
明一統志
大清一統志
山海經
通志
御批通鑑輯覽
續資治通鑑長編
350950

**08050 今水經注四卷** （清）吴承志撰　稿本

吴慶坻跋。山東大學圖書館藏。

**08051 河防一覽圖** （明）潘季馴繪　明萬曆十九年（1591）刻石　舊拓本

長2010厘米，高43厘米。國家圖書館藏。

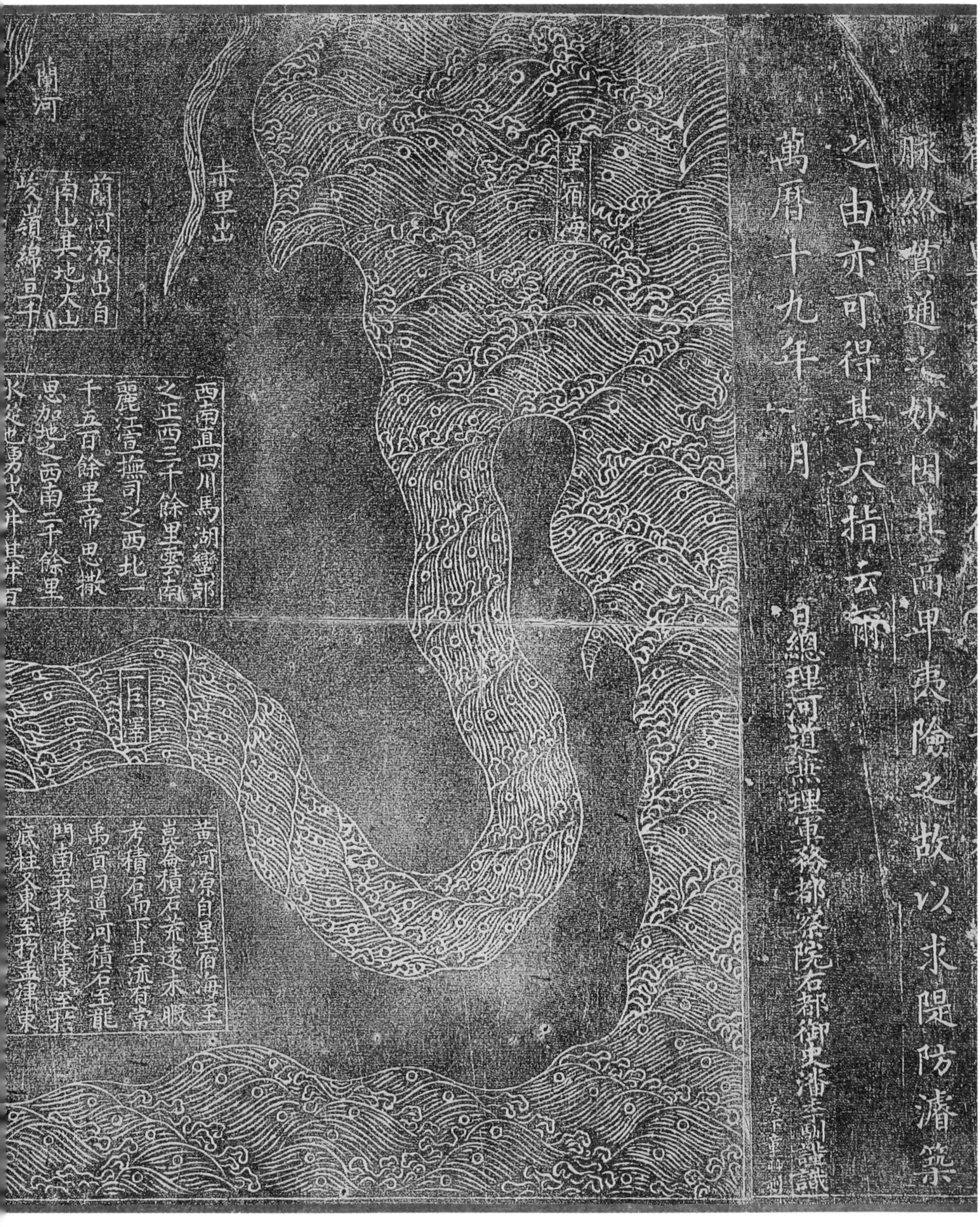
脉絡貫通之妙因其高卑夷險之故以求隄防濬築
之由亦可得其大指云爾
萬曆十九年
月
總理河道兼理軍務都察院右都御史潘季馴識
星宿海
赤里出
蘭河
蘭河源出自南山其地大山
西南直四川馬湖蠻部之正西三千餘里雲南麗江宣撫司之西北一千五百餘里帝思撒思加地之西南二千餘里
星宿海
黄河源自星宿海至崑崙積石流之未暇考積石而下其流有常禹貢曰道河積石至龍門南至於華陰東至於底柱又東至於孟津東

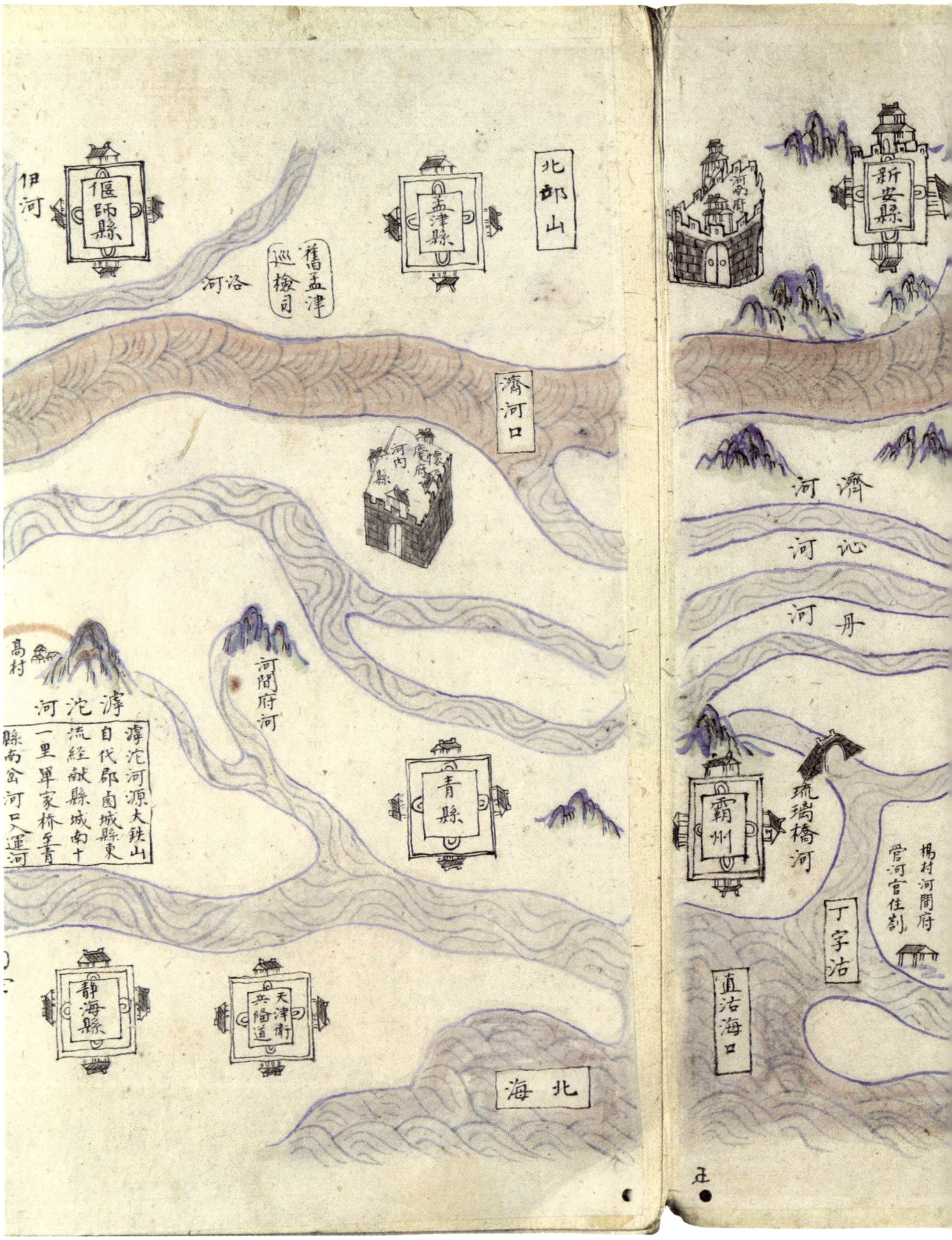


**08052 明治河圖** （明）潘季馴繪　清康熙年間摹繪本

國家圖書館藏。

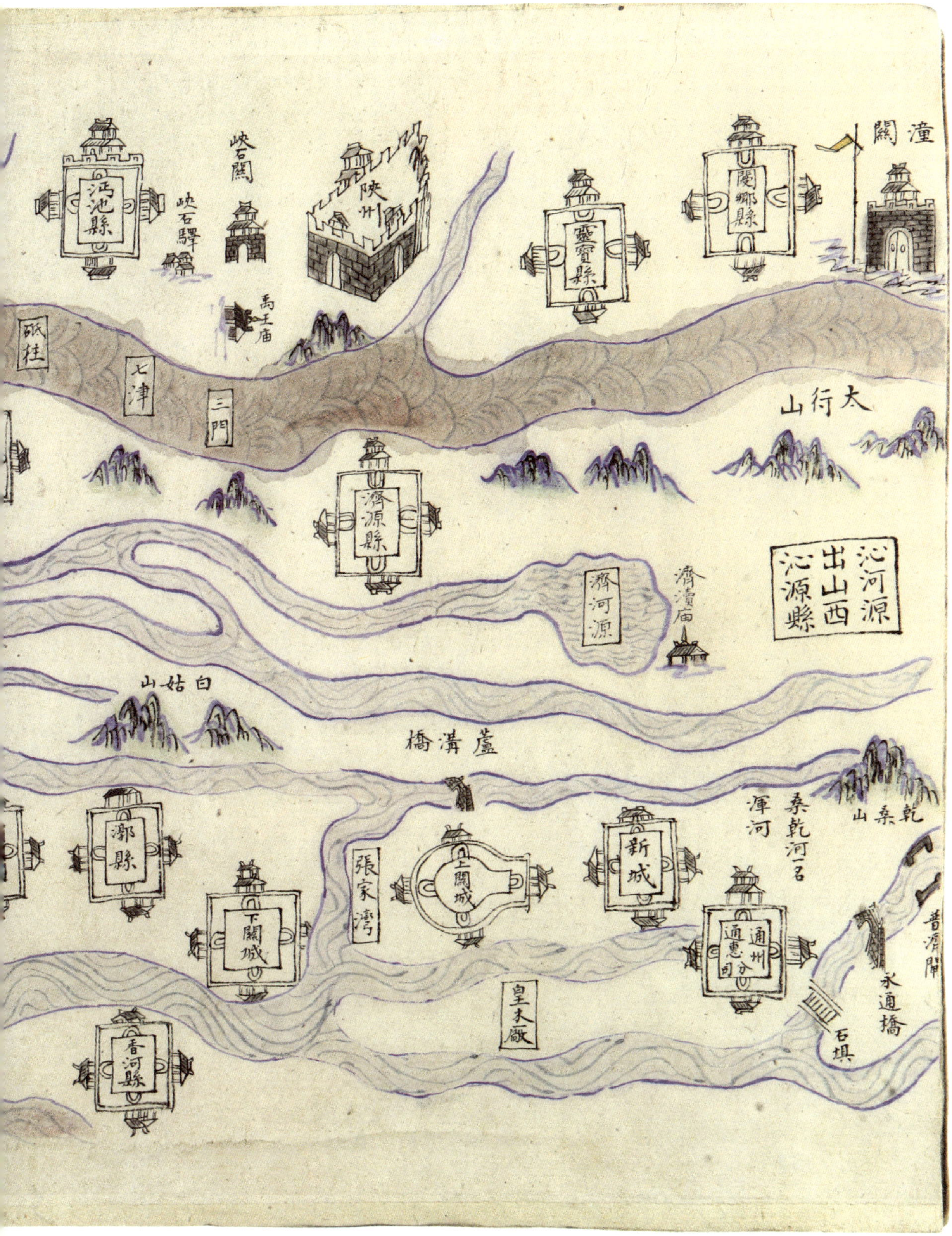
澠池縣
硤石驛
硤石關
陝州
靈寶縣
閿鄉縣
潼關
禹王廟
砥柱
七津
三門
太行山
濟源縣
沁河源出山西沁源縣
濟河源
濟瀆廟
白姑山
盧溝橋
乾桑山
桑乾河一名渾河
漷縣
下關城
張家灣
上關城
新城
通州通惠分司
普濟閘
永通橋
石埧
皇木廠
香河縣

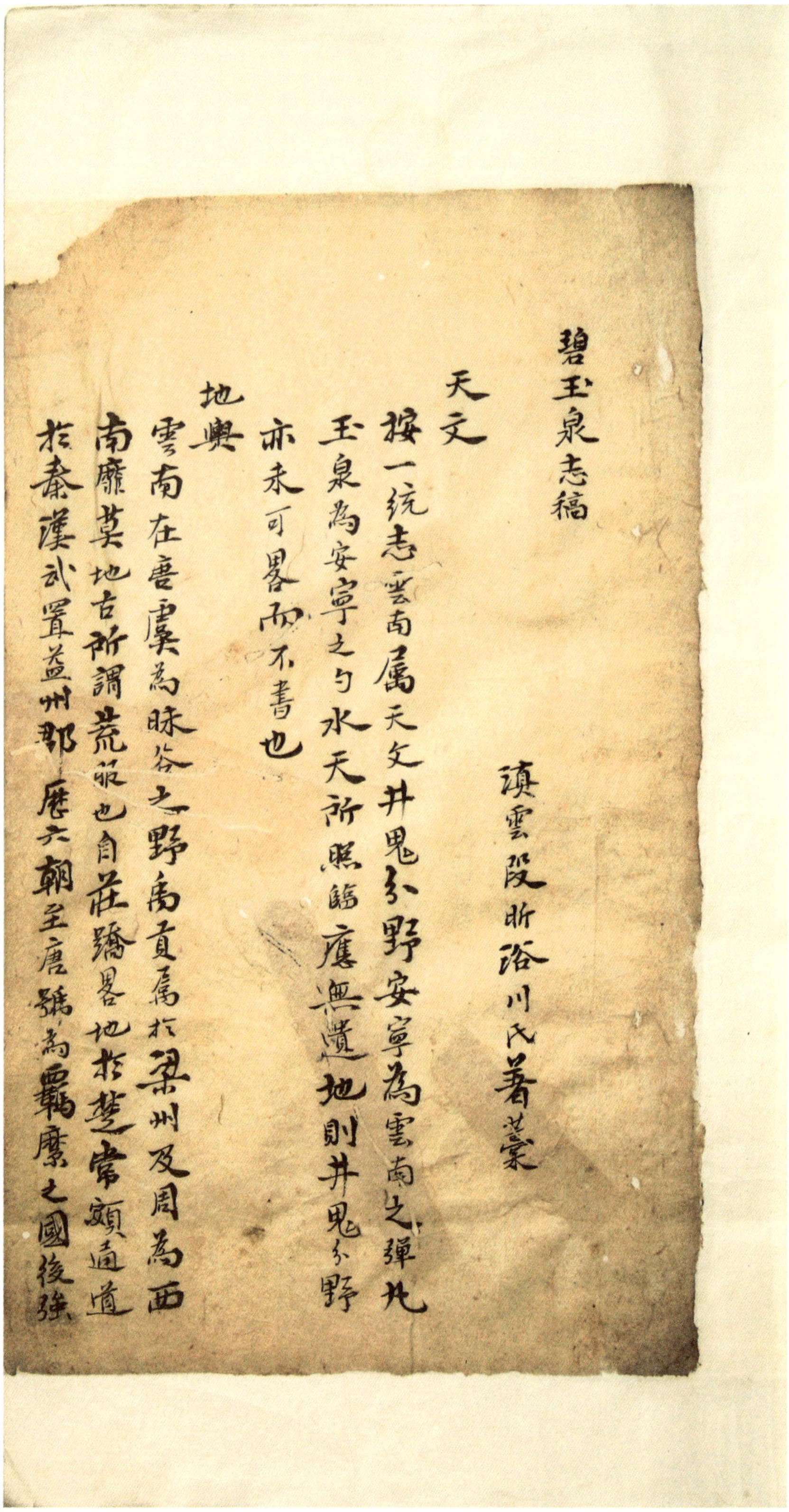

碧玉泉志稿

滇雲段昕浴川氏著纂

天文

按一統志雲南屬天文井鬼分野安寧為雲南之彈丸玉泉為安寧之勺水天所照臨靡無遺地則井鬼分野亦未可畧而不書也

地輿

雲南在唐虞為昧谷之野禹貢屬於梁州及周為西南靡莫地古所謂荒服也自莊蹻畧地於楚常頞通道於秦漢武置益州郡歷六朝至唐號為覊縻之國後強

**08053 碧玉泉志稿不分卷** （清）段昕撰　稿本

雲南省圖書館藏。

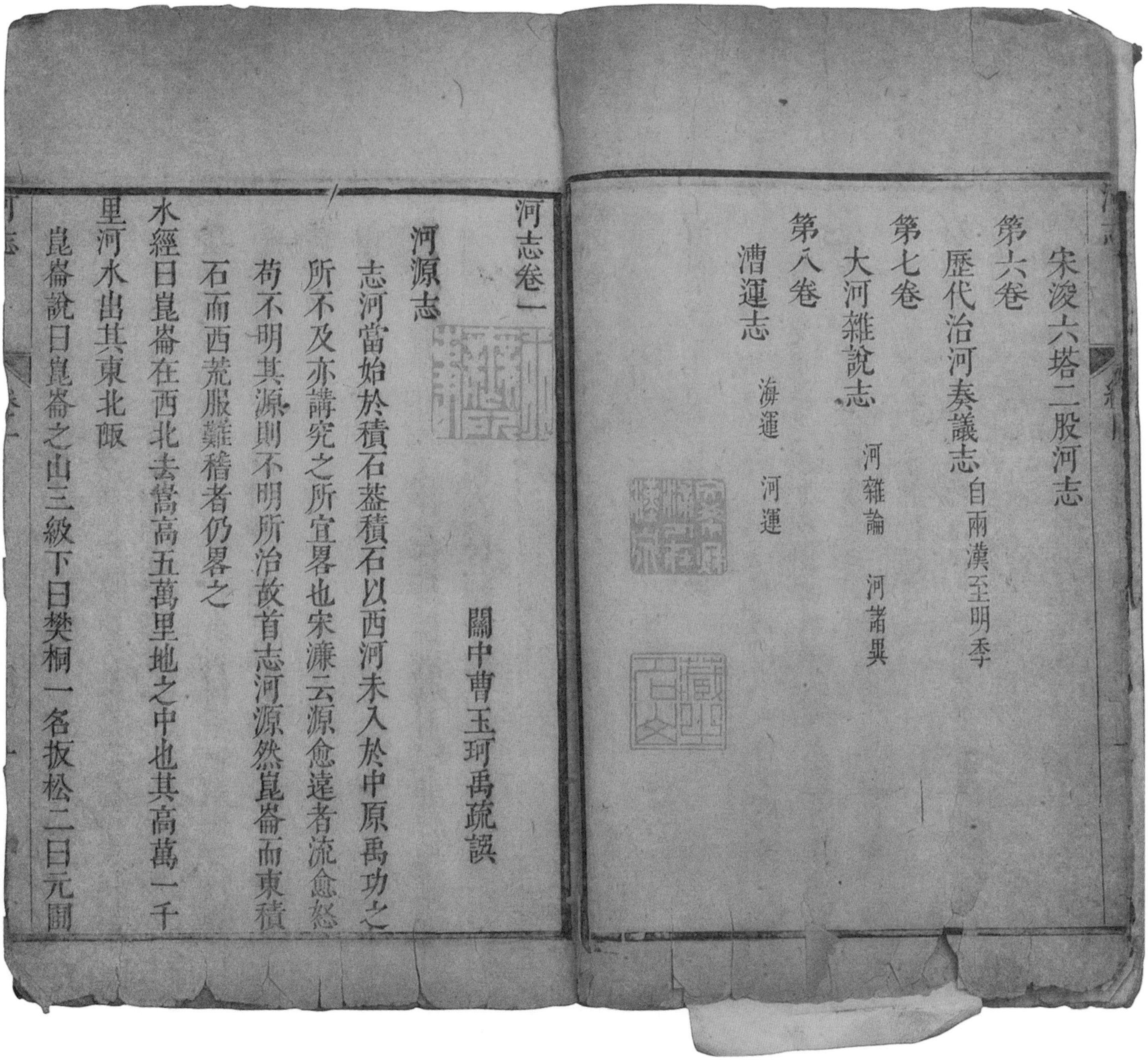
宋浚六塔二股河志
第六卷
歷代治河奏議志 自兩漢至明季
第七卷
大河雜說志 河雜論 河渚異
第八卷
漕運志 海運 河運

河志卷一
河源志
關中曹玉珂禹疏譔
志河當始於積石蓋積石以西河未入於中原禹功之所不及亦講究之所宜畧也宋濂云源愈遠者流愈怒苟不明其源則不明所治故首志河源然崑崙而東積石而西荒服難稽者仍畧之
水經曰崑崙在西北去嵩高五萬里地之中也其高萬一千里河水出其東北陬
崑崙說曰崑崙之山三級下曰樊桐一名板松二曰元圃

**08054 大河志八卷** （清）曹玉珂撰　清康熙刻本

匡高20.3厘米，廣14.5厘米。半葉十行，行二十三字，白口，四周單邊。西安博物院藏。

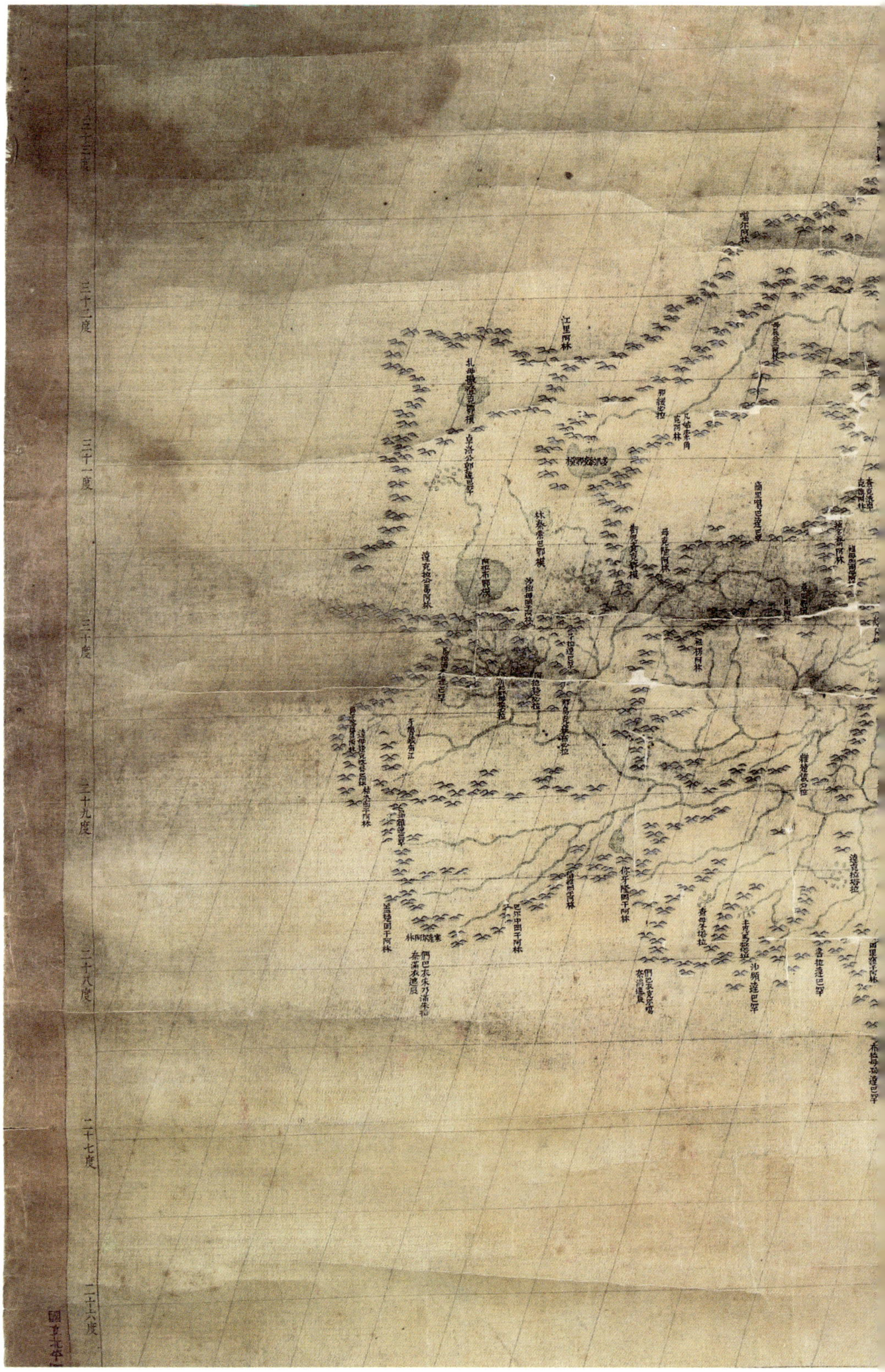


**08055 牙魯藏布江圖** 清康熙年間絹地彩繪本

長56厘米，高59厘米。國家圖書館藏。

三十三度
三十二度
三十一度
三十度
二十九度
二十八度
二十七度
二十六度

**08056 岳陽至長江入海及自江陰沿大運河至北京故宮水道彩色圖** 清中期彩繪本

長945厘米，高31厘米。國家圖書館藏。

天津至通州水程
天津至楊村八十七里
楊村至河西務一百里
河西務至馬頭一百里
馬頭至通州壩一百里
香河縣
薊運河
張灣上閘
張家灣下閘
河西務
寶坻
三岔口
白河水入海處
海口
衛河水入海處
天津府
衛河
北運河
楊村
筐兒港
淺水垻
淀河
望海寺
糧船由此
轉上水上
通州壩白
河淺于最
多糧船防
入套子
武清縣
天津海口為衛河北河入海門户
衛河自河南衛輝府西来從臨清
會汶水直到天津糧船經此俱係
下水
北河即白河又名潞河源出宣化府
赤城縣流經塞外合密雲縣之石塘
嶺過縣西入通州界由武清下天津西
沽凡三百六十里會汶水衛水入海
糧船到此又轉上水上通州壩
天津府到通州壩三百八十七里
俱係上水

**08057 長江名勝圖** （清）馮世基繪　清同治六年（1867）彩繪本

長1120.6厘米，高25.3厘米。國家圖書館藏。

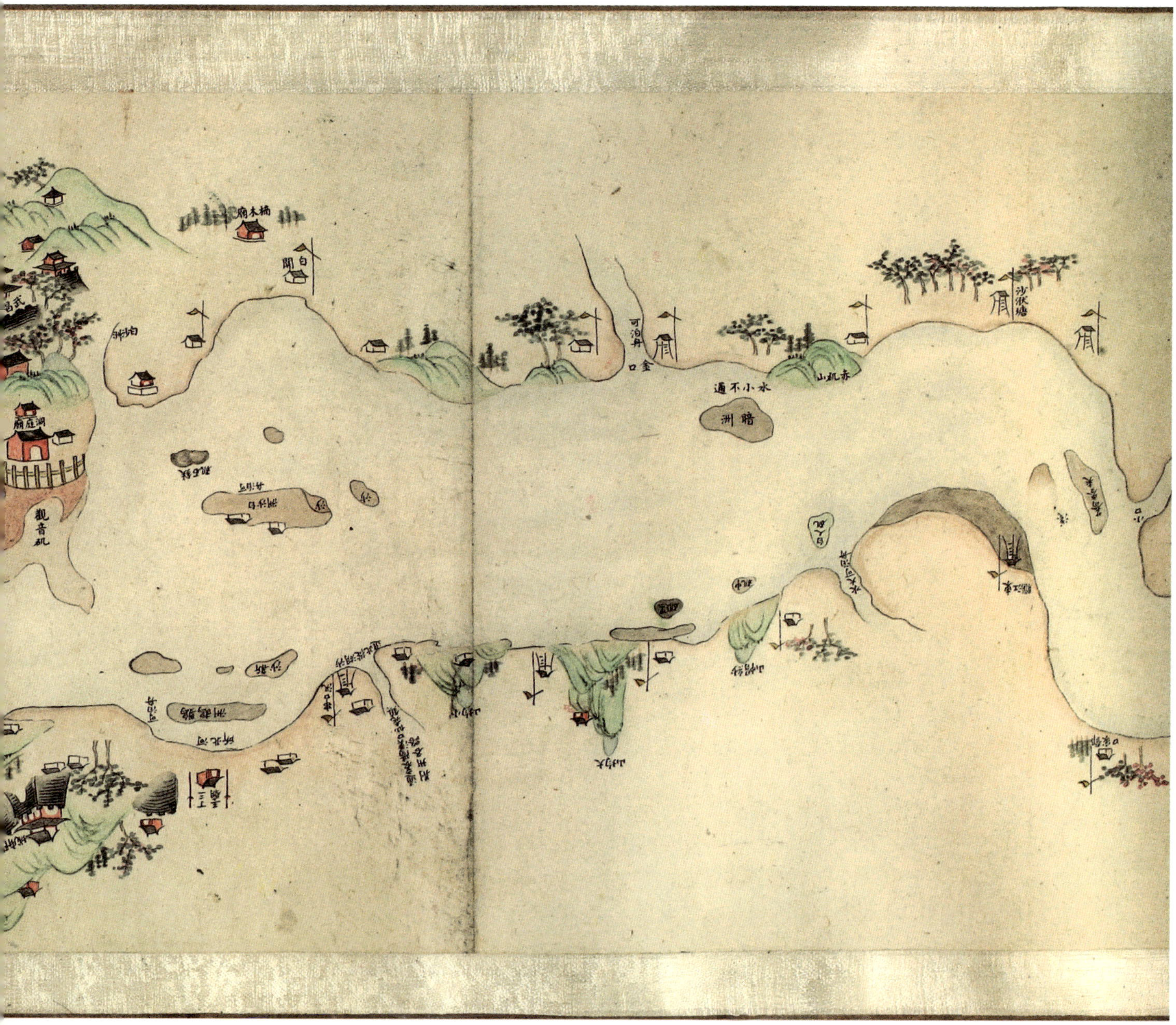
白閘
洞庭廟
觀音磯
水小不通
暗洲
金口
可泊舟

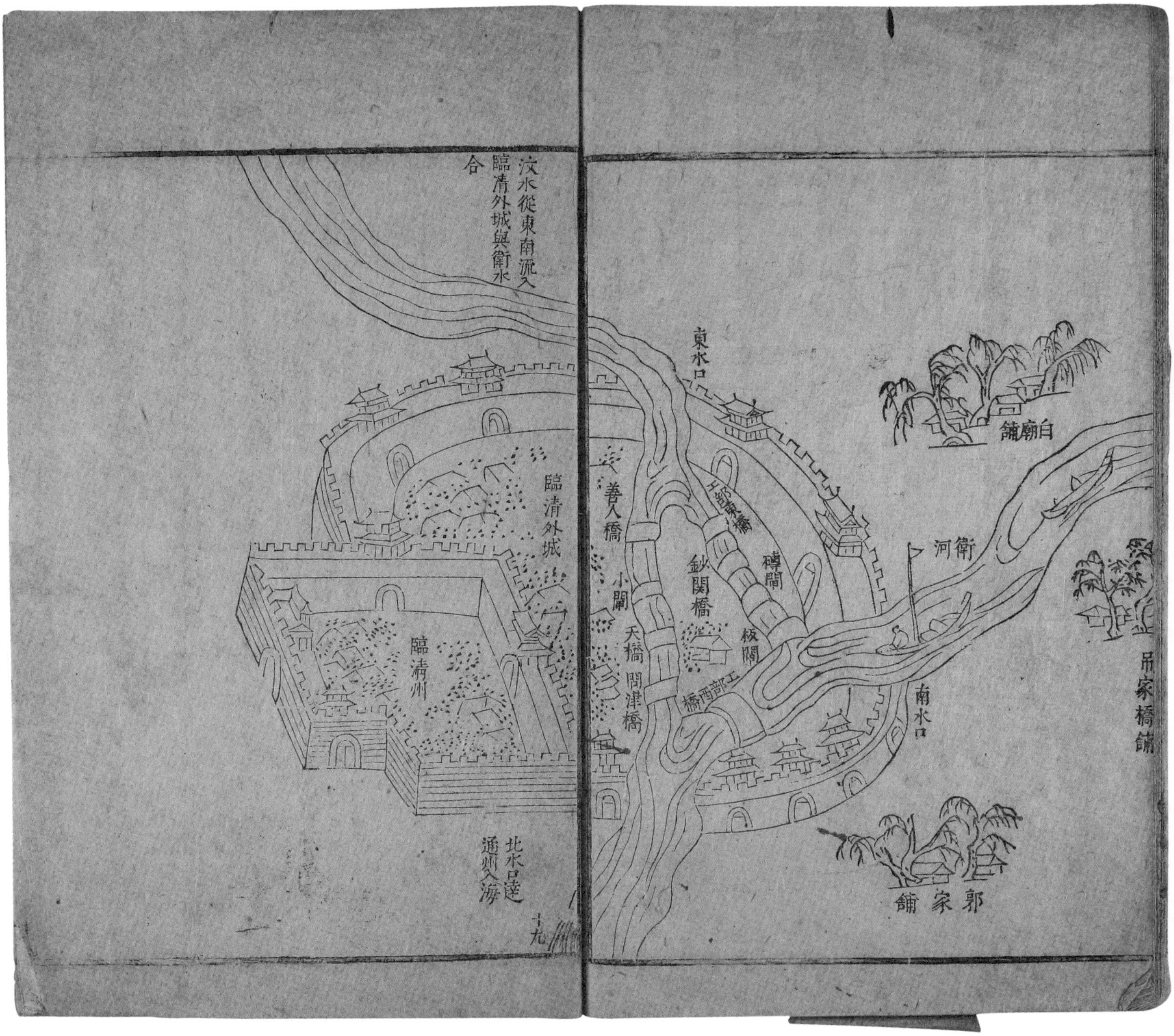


**08058 衛河全覽** （清）馬光裕繪　清順治八年（1651）刻本

國家圖書館藏。

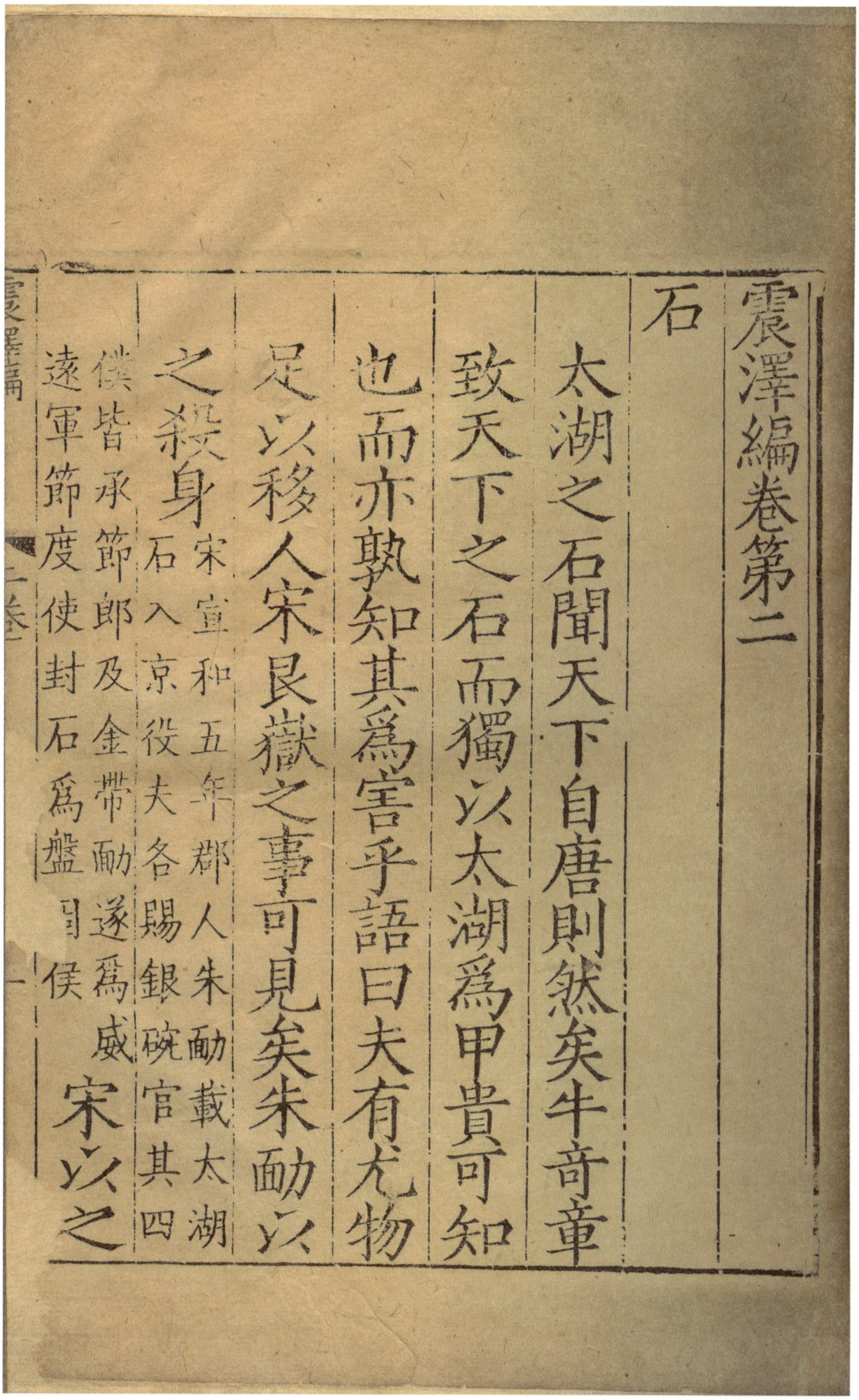
震澤編卷第二
石
太湖之石聞天下自唐則然矣牛奇章致天下之石而獨以太湖爲甲貴可知也而亦孰知其爲害乎語曰夫有尤物足以移人宋艮嶽之事可見矣朱勔以之殺身宋宣和五年郡人朱勔載太湖石入京役夫各賜銀碗官其四僕皆承節郎及金帶勔遂爲威遠軍節度使封石爲盤固侯宋以之

**08059 震澤編八卷**　（明）蔡昇撰　（明）王鏊重修　明弘治十八年（1505）林世遠刻本

匡高18.5厘米，廣14.7厘米。半葉八行，行十六字，小字雙行同，白口，左右雙邊。浙江大學圖書館藏。

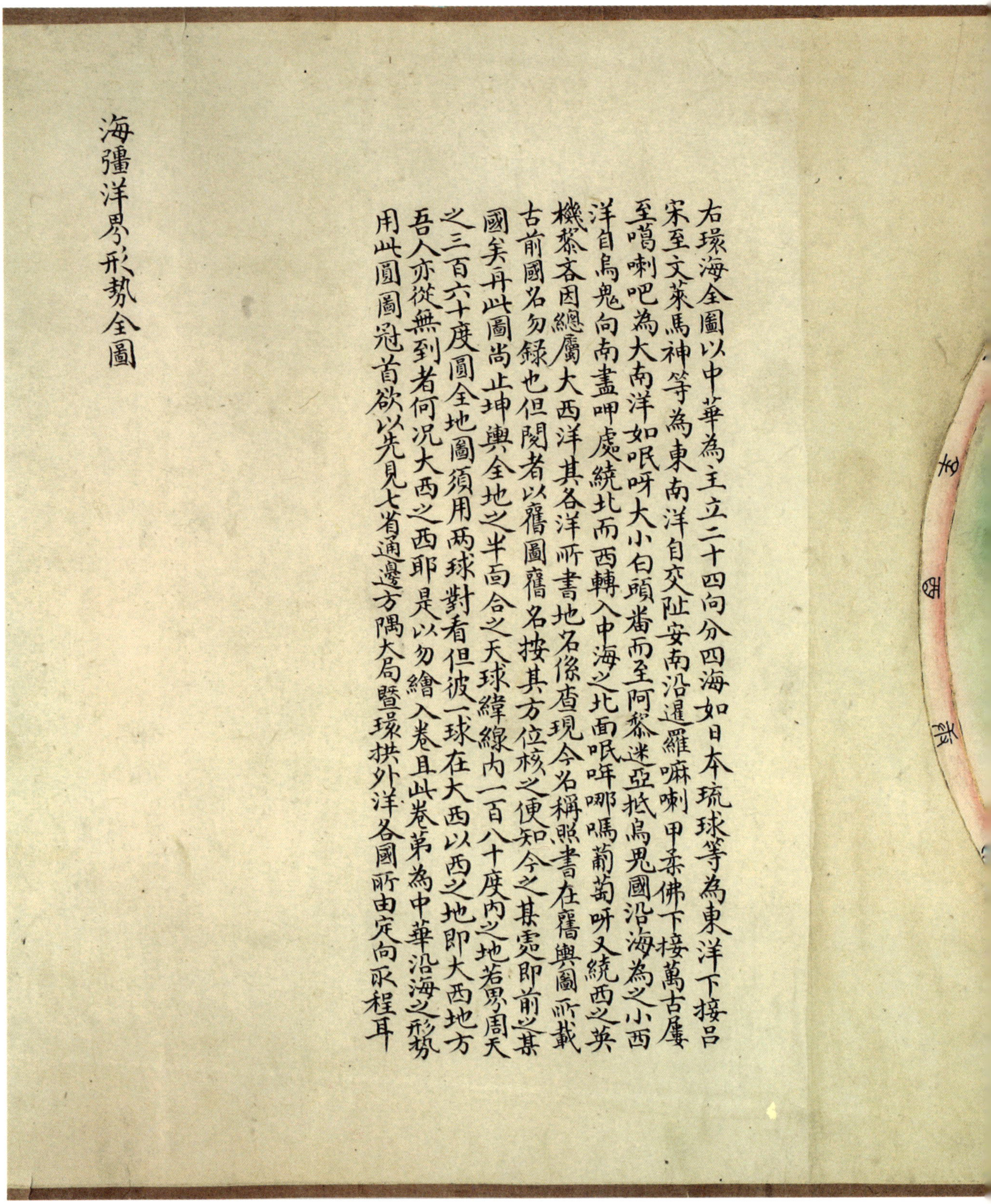

海疆洋界形勢全圖

右環海全圖以中華為主立二十四向分四海如日本琉球等為東洋下接呂宋至文萊馬神等為東南洋自交阯安南沿暹羅嘛喇甲柔佛下接萬古屢至噶喇吧為大南洋如呡呀大小白頭番而至阿黎迷亞抵烏鬼國沿海為之小西洋自烏鬼向南盡岬處繞北而西轉入中海之北面呡哖哪嗎葡萄呀又繞西之英機黎各因總屬大西洋其各洋所書地名係查現今名稱照書在舊輿圖所載古前國名勿録也但閱者以舊圖舊名按其方位核之便知今之某處即前之某國矣再此圖尚止坤輿全地之半面合之天球緯線内一百八十度内之地若畀周天之三百六十度圖全地圖須用兩球對看但彼一球在大西以西之地即大西地方吾人亦從無到者何況大西之西耶是以勿繪入卷且此卷第為中華沿海之形勢用此圓圖冠首欲以先見七省通邊方隅大局暨環拱外洋各國所由定向取程耳

**08060 盛朝七省沿海圖**　清嘉慶三年（1798）彩繪本

長888.9厘米，高29.2厘米。國家圖書館藏。

北極每年六箇月為日六箇月為夜
冰海
俄羅斯
荷蘭
黑海
裏海
地中海
黑龍江
吉林
盛京
朝鮮
日本
京師
山東
山西
河南
江南
浙江
福建
廣東
廣西
湖廣
陝西
四川
雲南
貴州
江西
甘肅
西藏
天竺
安南
交趾
暹羅
琉球
長沙
石塘
呂宋
錫蘭
太平海
無人跡地
每年六箇月為日六箇月為夜北晝而南夜南晝而北夜
此處大石山向北灣內可泊舟

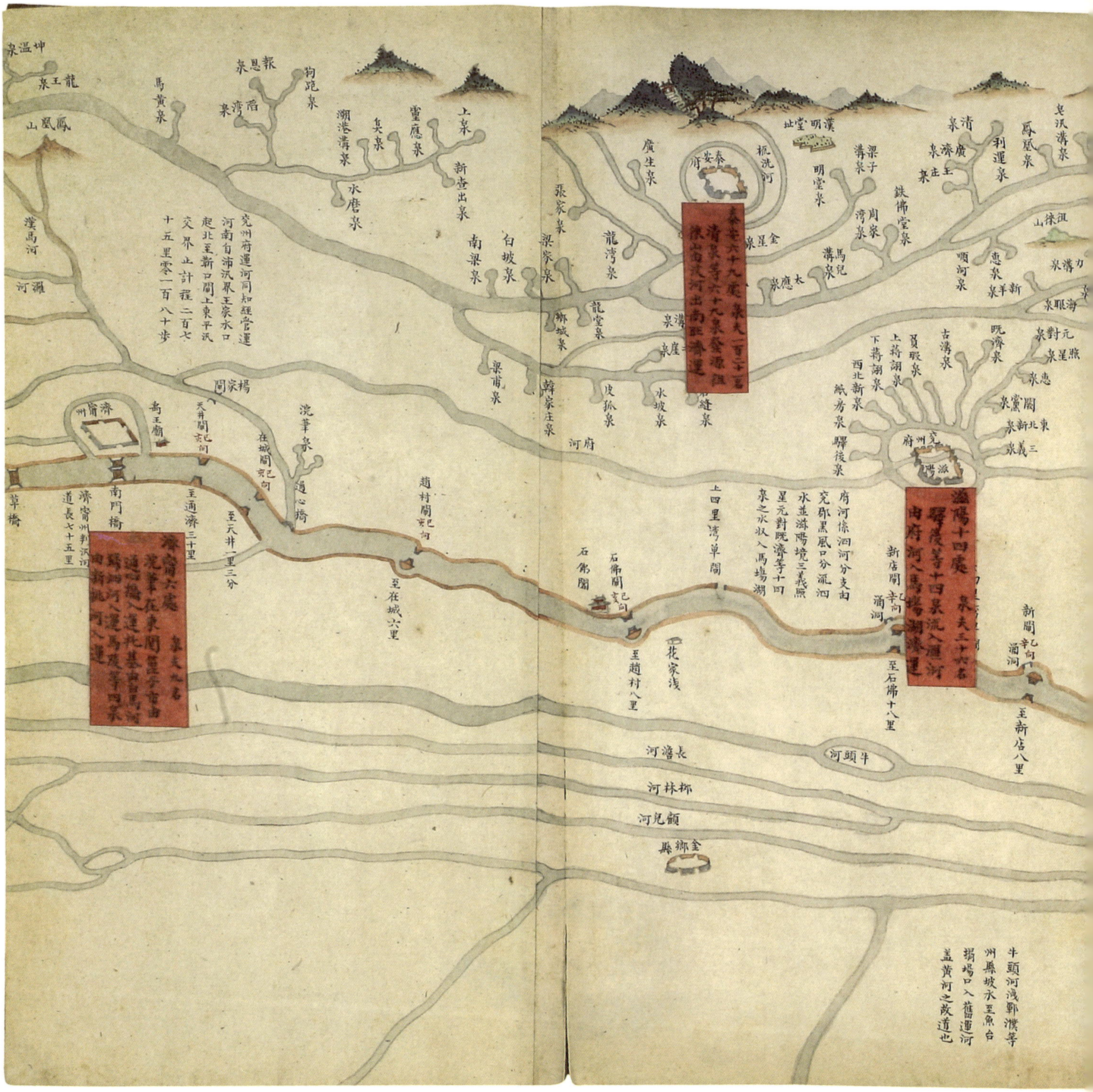

**08061 八省運河泉源水利情形圖** 清乾隆年間彩繪本

經折裝。長900厘米，高23.7厘米。國家圖書館藏。

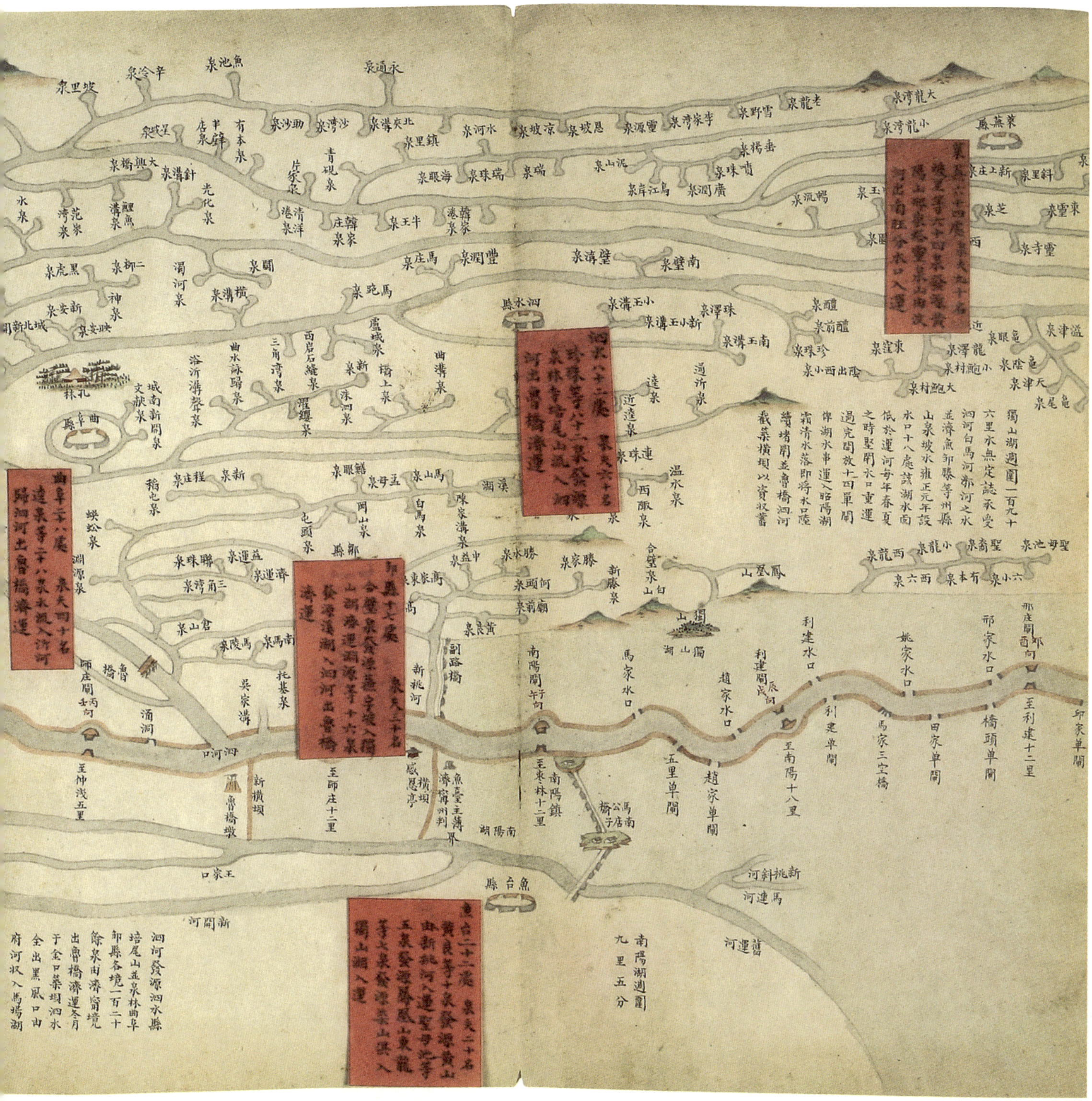
曲阜二十八處 泉大四十名
逵泉等二十八泉水流入沂河
歸泗河出魯橋濟運
泗水八十二處 泉大六十名
珍珠等八十二泉發源
泉林寺培尾山流入泗
河出魯橋濟運
獨山湖週圍一百九十
六里水無定誌承受
泗河白馬河鄒河之水
並濟魚鄒滕等州縣
山泉坡水雍正元年設
水口十八處該湖水面
低於運河每年春夏
之時堅閉水口重運
過完開放十四單閘
俾湖水串運入昭陽湖
霜清水落即將水口陸
續堵閉並魯橋泗河
截築横壩以資收蓄
泗河發源泗水縣
培尾山並泉林曲阜
鄒縣各境一百二十
餘泉由濟甯境
出魯橋濟運冬月
于金口築壩泗水
全出黑風口由
府河收入馬場湖

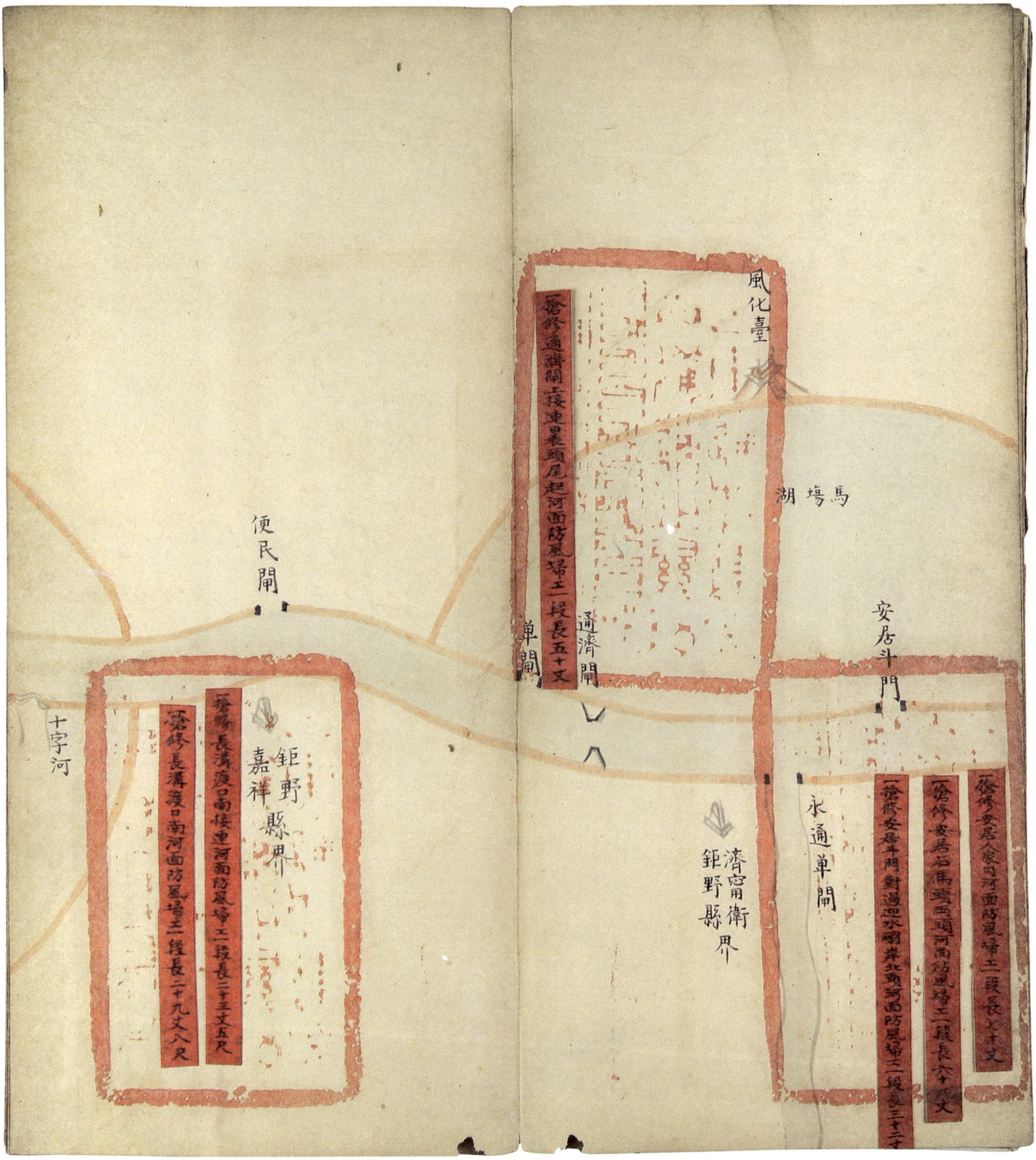


**08062 山東運河河工圖** 清雍正六年（1728）彩繪本

長525厘米，高24厘米。國家圖書館藏。

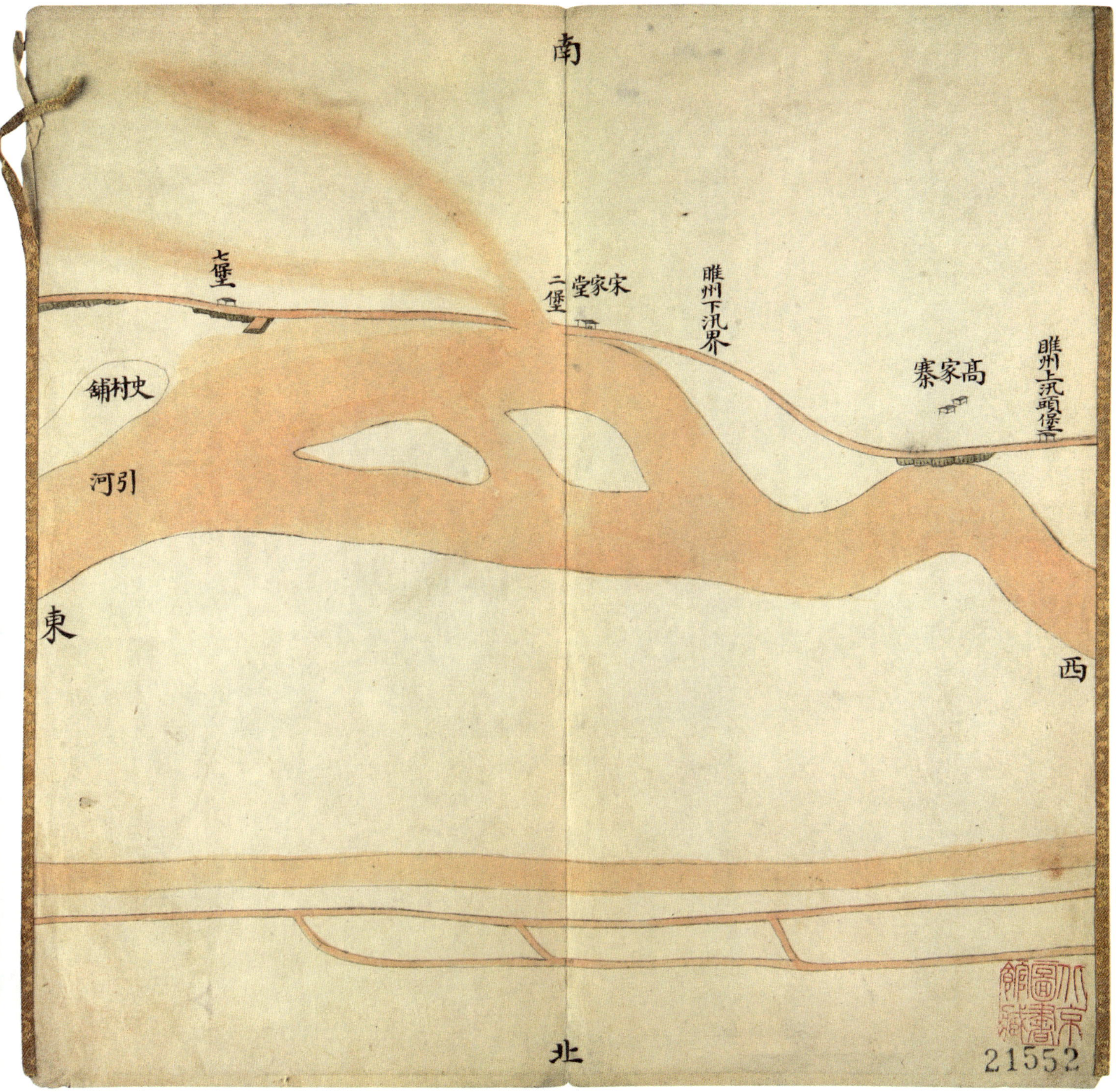


**08063 睢州下汛漫工情形圖** 清乾隆五十二年（1787）彩繪本

長21厘米，高21厘米。國家圖書館藏。

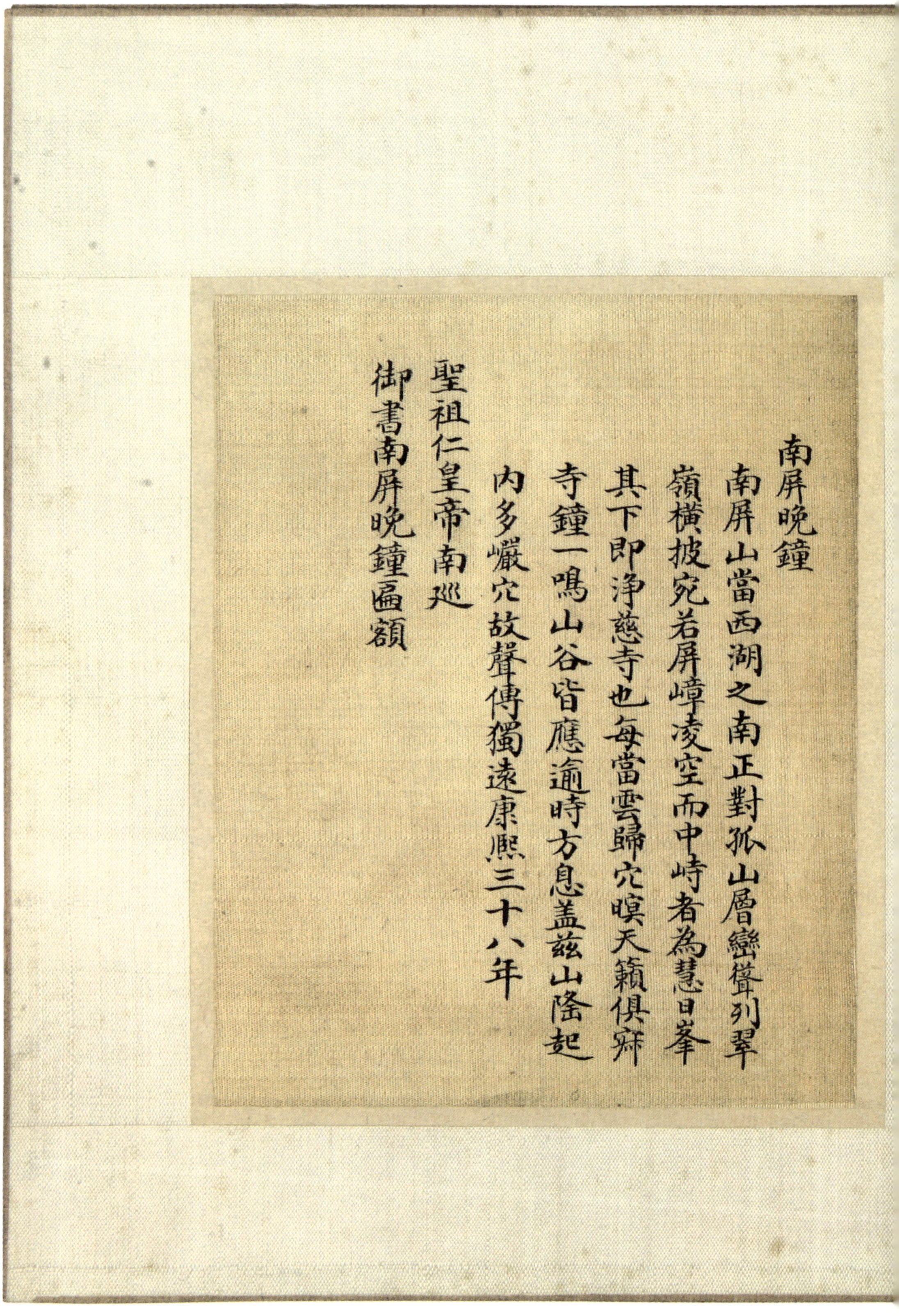
南屏晚鐘
南屏山當西湖之南正對孤山層巒聳列翠嶺横披宛若屏嶂凌空而中峙者為慧日峯其下即淨慈寺也每當雲歸穴暝天籟俱寂寺鐘一鳴山谷皆應逾時方息蓋茲山隆起内多巖穴故聲傳獨遠康熙三十八年
聖祖仁皇帝南巡
御書南屏晚鐘匾額

**08064 西湖三十二景圖** （清）錢維城繪 （清）裘曰修題説 清乾隆三十至三十七年（1765–1772）彩繪本

國家圖書館藏。

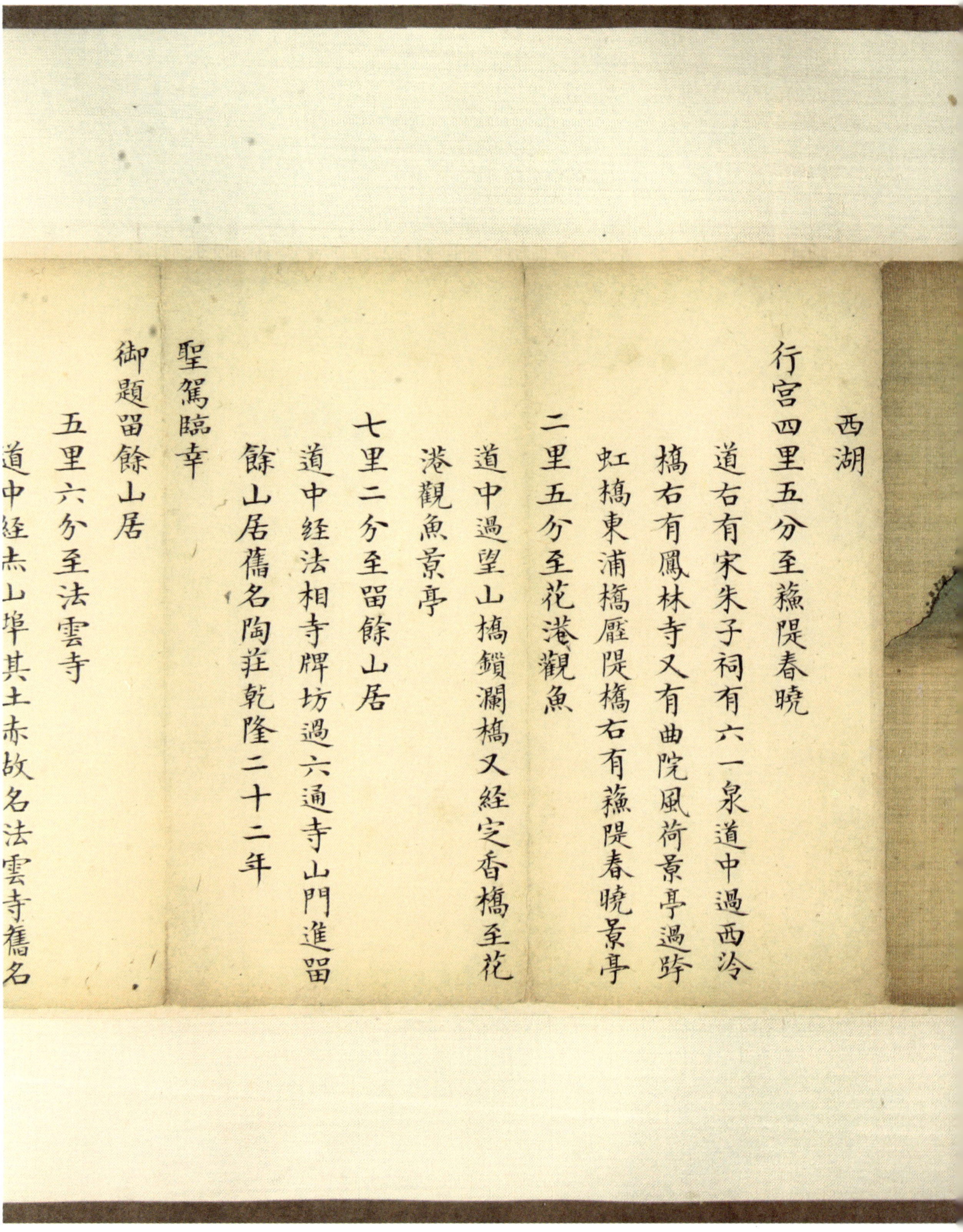
西湖
行宮四里五分至蘇隄春曉
道右有宋朱子祠有六一泉道中過西泠
橋右有鳳林寺又有曲院風荷景亭過跨
虹橋東浦橋壓隄橋右有蘇隄春曉景亭
二里五分至花港觀魚
道中過望山橋鎖瀾橋又経定香橋至花
港觀魚景亭
七里二分至留餘山居
道中経法相寺牌坊過六通寺山門進留
餘山居舊名陶莊乾隆二十二年
聖駕臨幸
御題留餘山居
五里六分至法雲寺
道中経杰山埠其土赤故名法雲寺舊名

**08065 西湖行宮圖** 清乾隆年間彩繪本

長520厘米，高14厘米。國家圖書館藏。

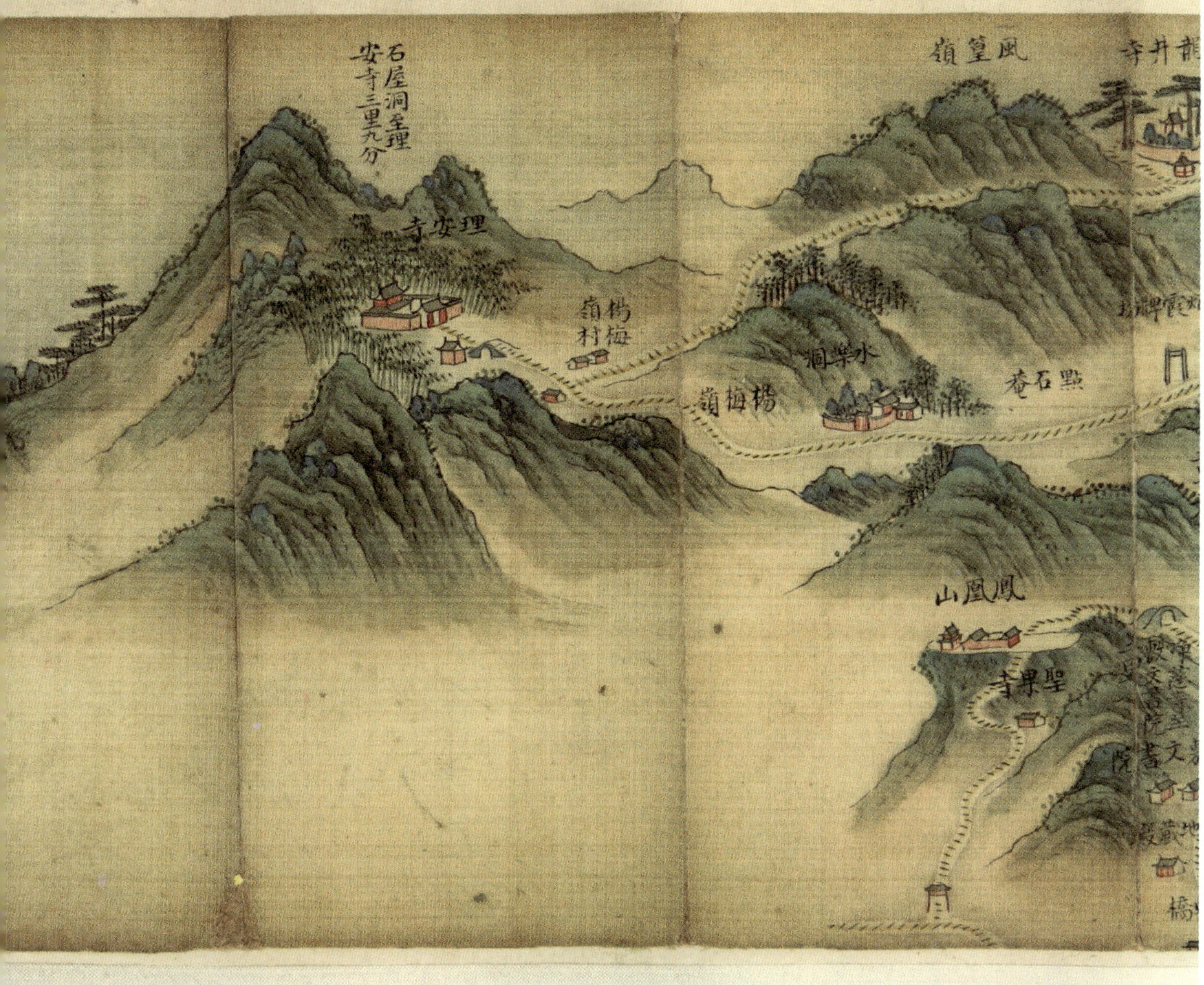
石屋洞至理安寺三里九分
理安寺
楊梅嶺村
楊梅嶺
水樂洞
點石菴
風篁嶺
龍井寺
鳳凰山
聖果寺

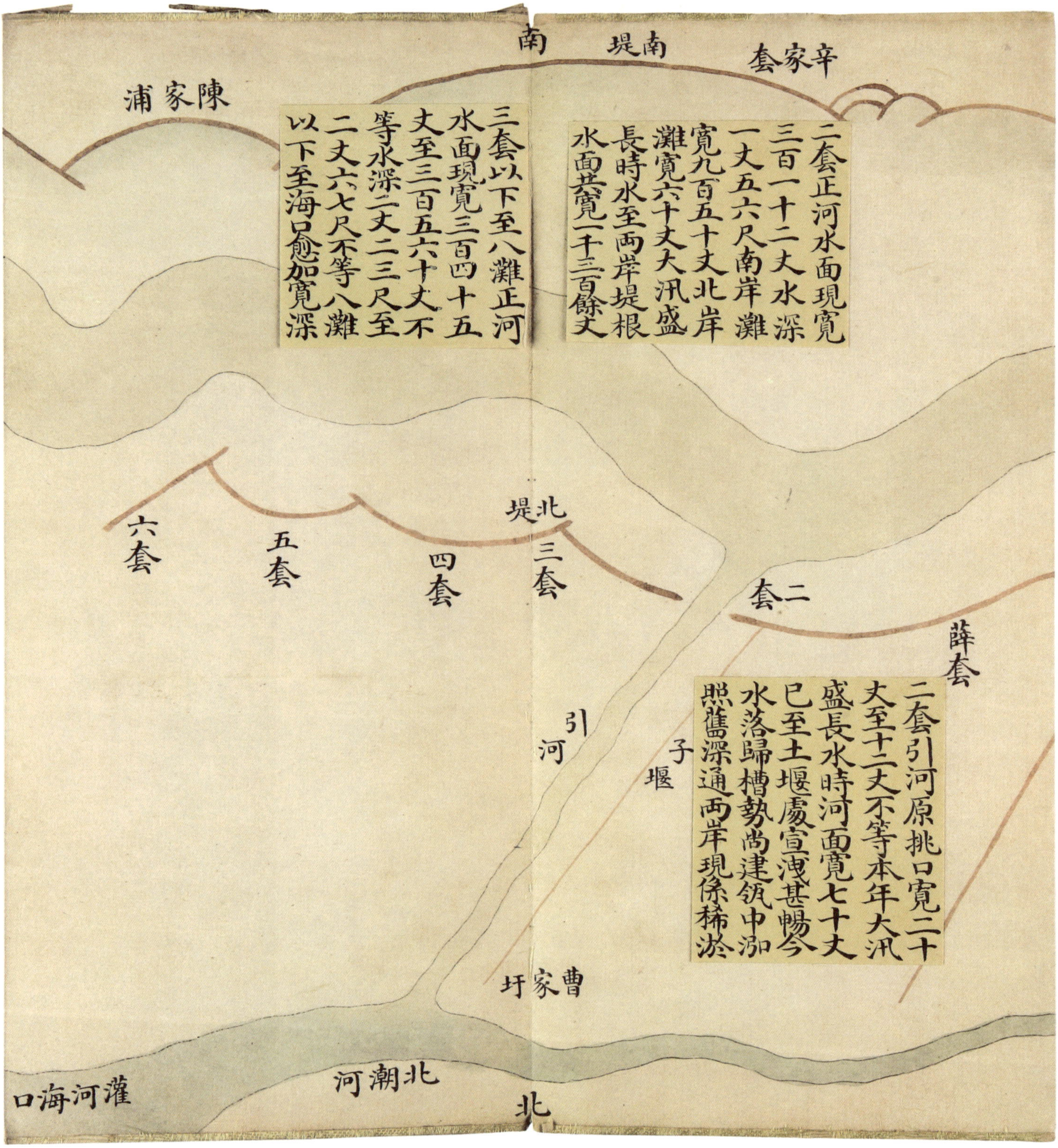
南
南堤
辛家套
陳家浦
二套正河水面現寬三百一十二丈水深一丈五六尺南岸灘寬九百五十丈北岸灘寬六十丈大汛盛長時水至兩岸堤根水面共寬一千三百餘丈
三套以下至八灘正河水面現寬三百四十五丈至三百五六十丈不等水深二丈二三尺至二丈六七尺不等八灘以下至海口愈加寬深
北堤
六套
五套
四套
三套
二套
薛套
二套引河原挑口寬二十丈至十二丈不等本年大汛盛長水時河面寬七十丈已至土堰處宣洩甚暢今水落歸槽勢尚建瓴中泓照舊深通兩岸現係稀淤
引河
子堰
曹家圩
北潮河
灌河海口
北

**08066 二套引河並正河歸海尾閭情形圖** 清乾隆五十二年（1787）彩繪本

長59厘米，高22厘米。國家圖書館藏。

**08067 廣東沿海圖** 清初彩繪本

長800厘米，高72厘米。國家圖書館藏。

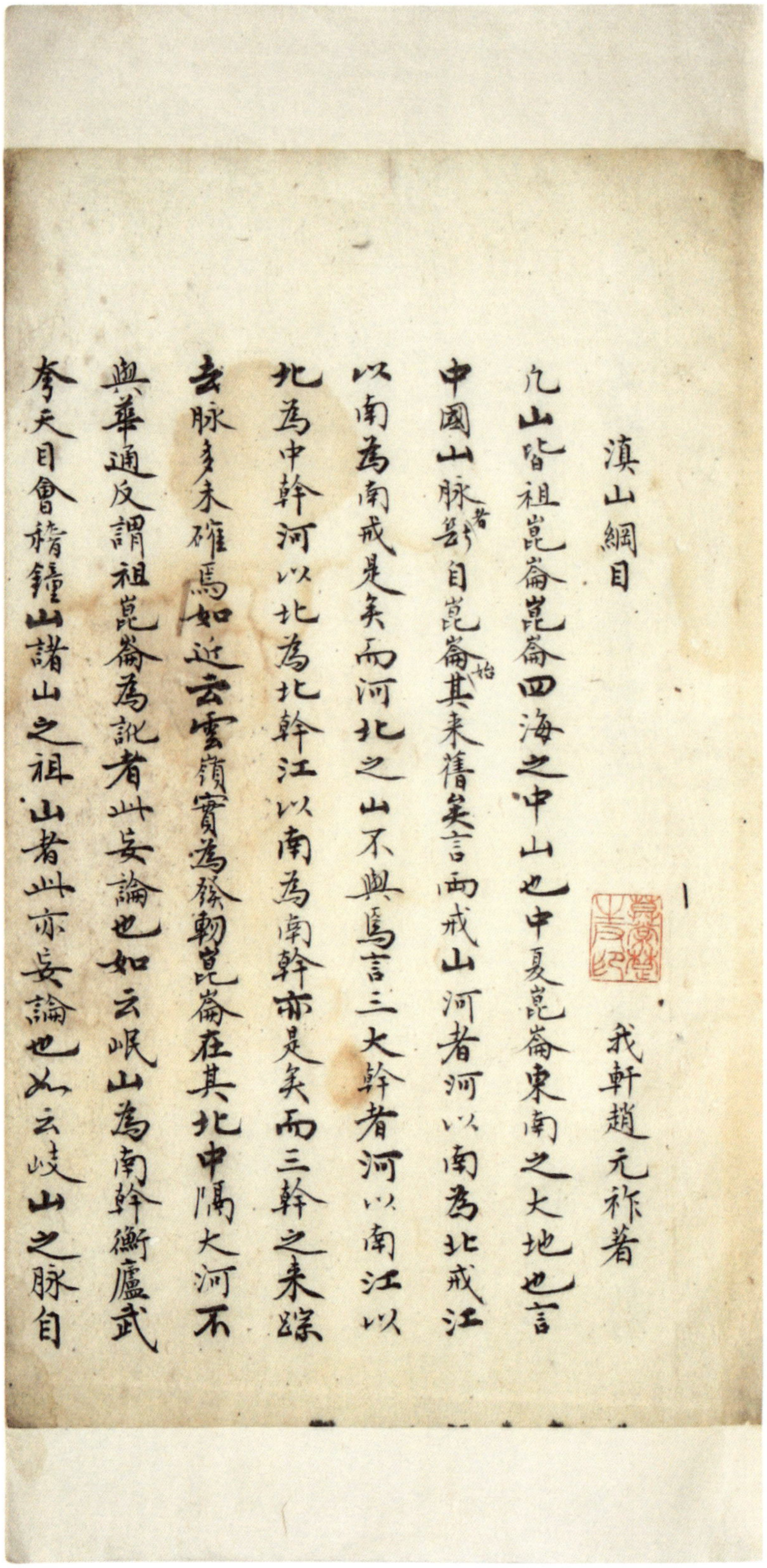
滇山綱目
我軒趙元祚著
凡山皆祖崑崙崑崙四海之中山也中夏崑崙東南之大地也言
中國山脉者皆自崑崙始其來舊矣言兩戒山河者河以南爲北戒江
以南爲南戒是矣而河北之山不與焉言三大幹者河以南江以
北爲中幹河以北爲北幹江以南爲南幹亦是矣而三幹之來蹤
去脉多未確焉如近云雲嶺實爲發軔崑崙在其北中隔大河不
與華通反謂祖崑崙爲訛者此妄論也如云岷山爲南幹衡廬武
夸天目會稽鐘山諸山之祖山者此亦妄論也如云岐山之脉自

**08068 滇南山水綱目二卷** （清）趙元祚撰　清抄本

莫棠跋。雲南省圖書館藏。

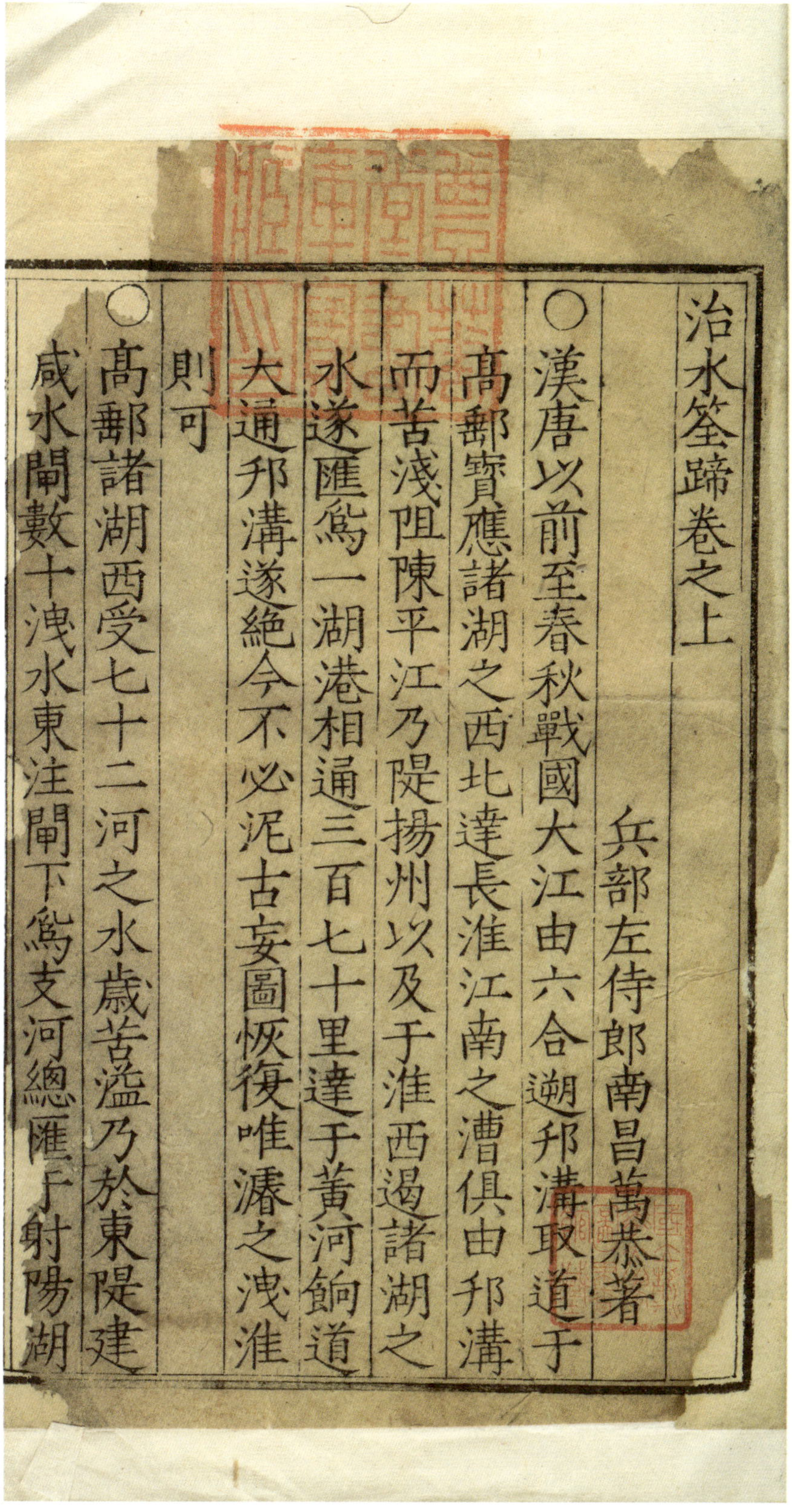

治水筌蹄卷之上
兵部左侍郎南昌萬恭著
○漢唐以前至春秋戰國大江由六合遡邗溝取道于
高郵寳應諸湖之西北達長淮江南之漕俱由邗溝
而苦淺阻陳平江乃隄揚州以及于淮西過諸湖之
水遂匯爲一湖港相通三百七十里達于黃河餉道
大通邗溝遂絶今不必泥古妄圖恢復唯濬之淺淮
則可
○高郵諸湖西受七十二河之水歳苦溢乃於東隄建
減水閘數十洩水東注閘下爲支河總匯于射陽湖

**08069 治水筌蹄二卷** （明）萬恭撰　明南旺公署刻本

匡高22.3厘米，廣14.9厘米。半葉十行，行二十一字，白口，四周雙邊。有“豊華堂書庫寶藏印”等印。清華大學圖書館藏。

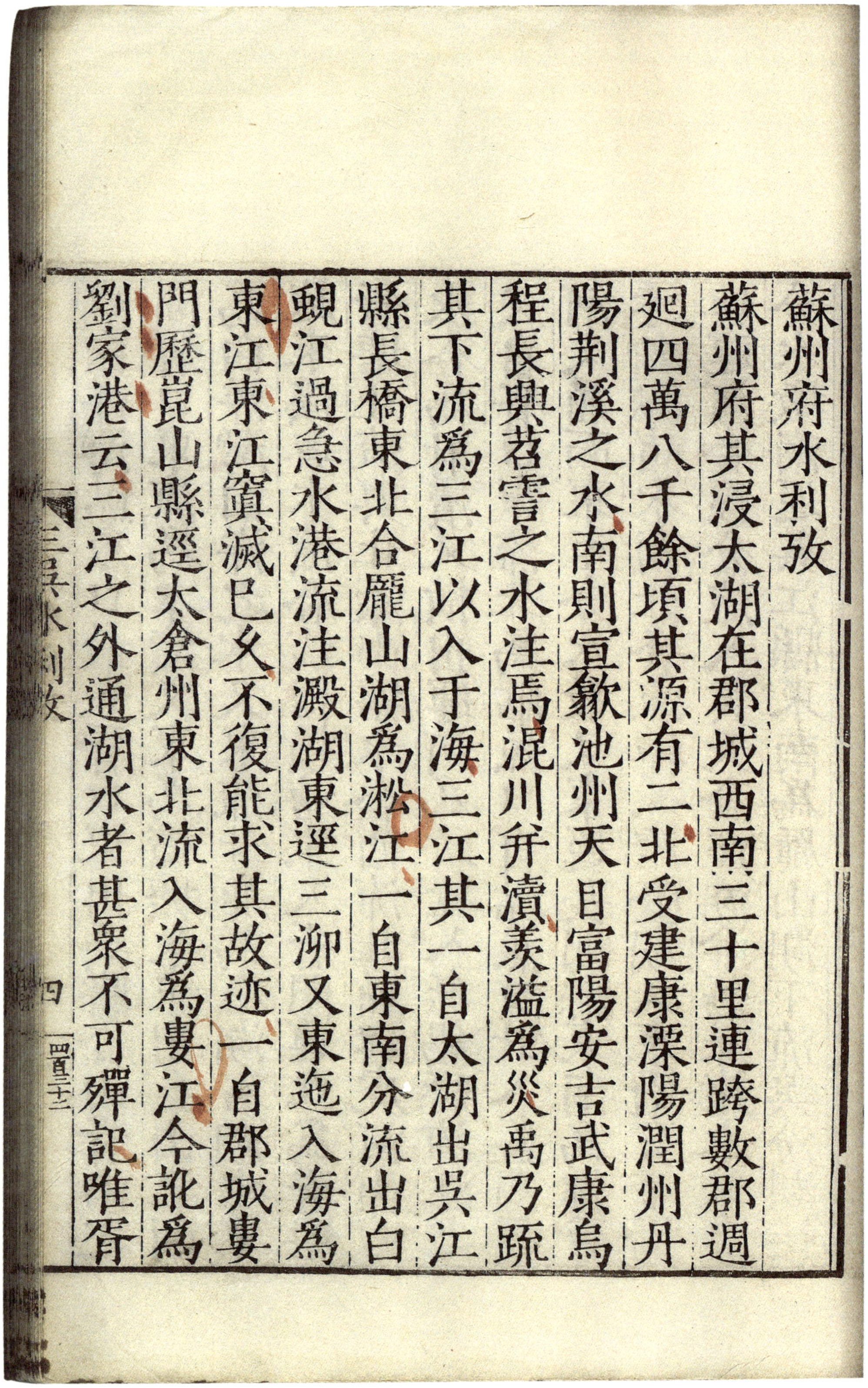
蘇州府水利攷
蘇州府其浸太湖在郡城西南三十里連跨數郡週
廻四萬八千餘頃其源有二北受建康溧陽潤州丹
陽荆溪之水南則宣歙池州天目富陽安吉武康烏
程長興苕霅之水注焉混川弁瀆羡溢爲災禹乃疏
其下流爲三江以入于海三江其一自太湖出吳江
縣長橋東北合龎山湖爲淞江一自東南分流出白
蜆江過急水港流注澱湖東逕三泖又東迤入海爲
東江東江湮滅巳久不復能求其故迹一自郡城婁
門歷崑山縣逕太倉州東北流入海爲婁江今訛爲
劉家港云三江之外通湖水者甚衆不可殫記唯胥
三吳水利攷　四

**08070　三吳水利圖攷四卷蘇松常鎮水利圖一卷**　（明）呂光洵撰　明嘉靖四十年（1561）刻本

匡高23厘米，廣13.5厘米。半葉十一行，行二十字，白口，左右雙邊。天津圖書館藏。

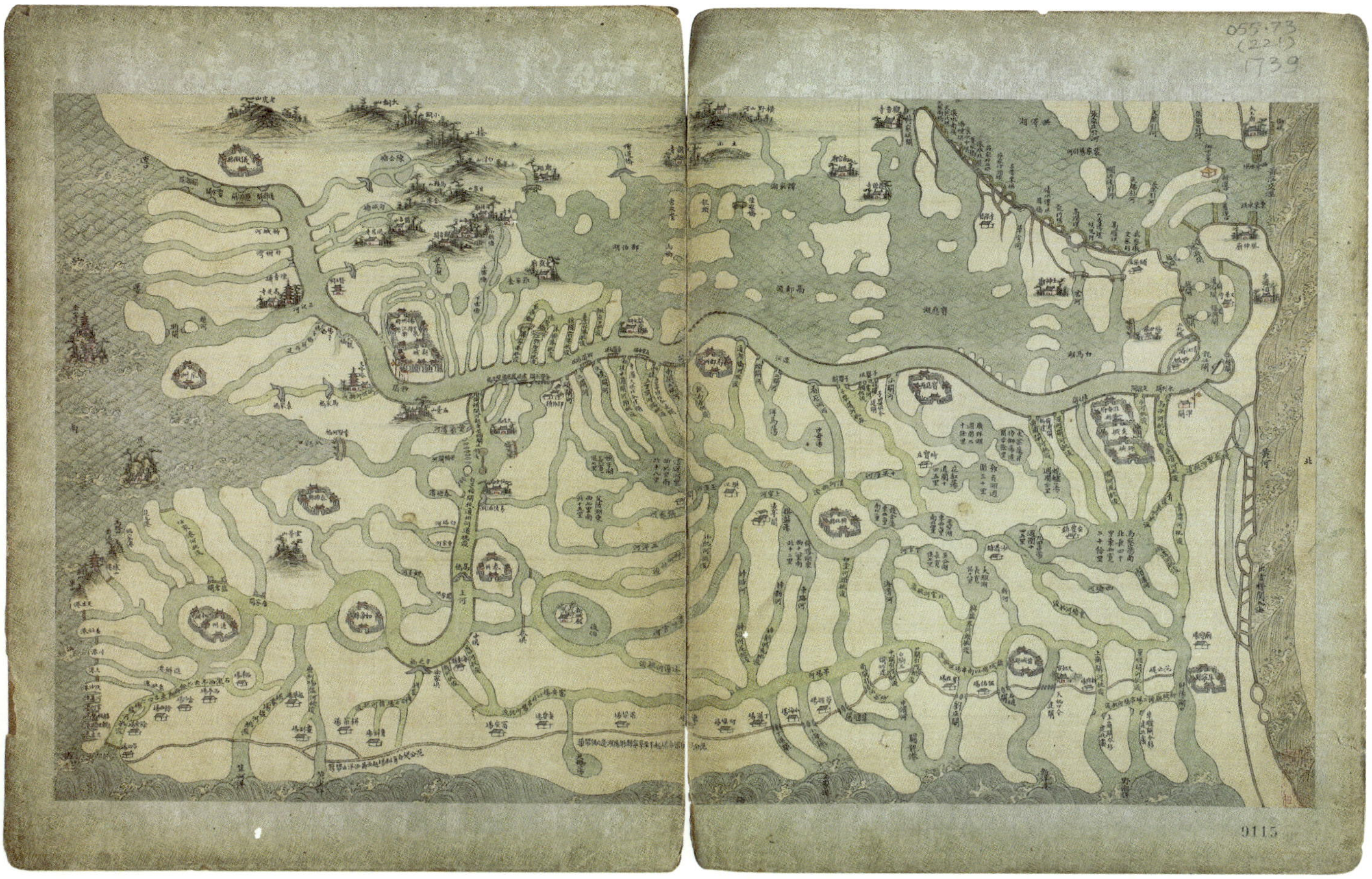

**08071 江南水利河道地形水勢修防圖說** （清）汪德編繪 清乾隆四年（1739）絹地彩繪本

國家圖書館藏。

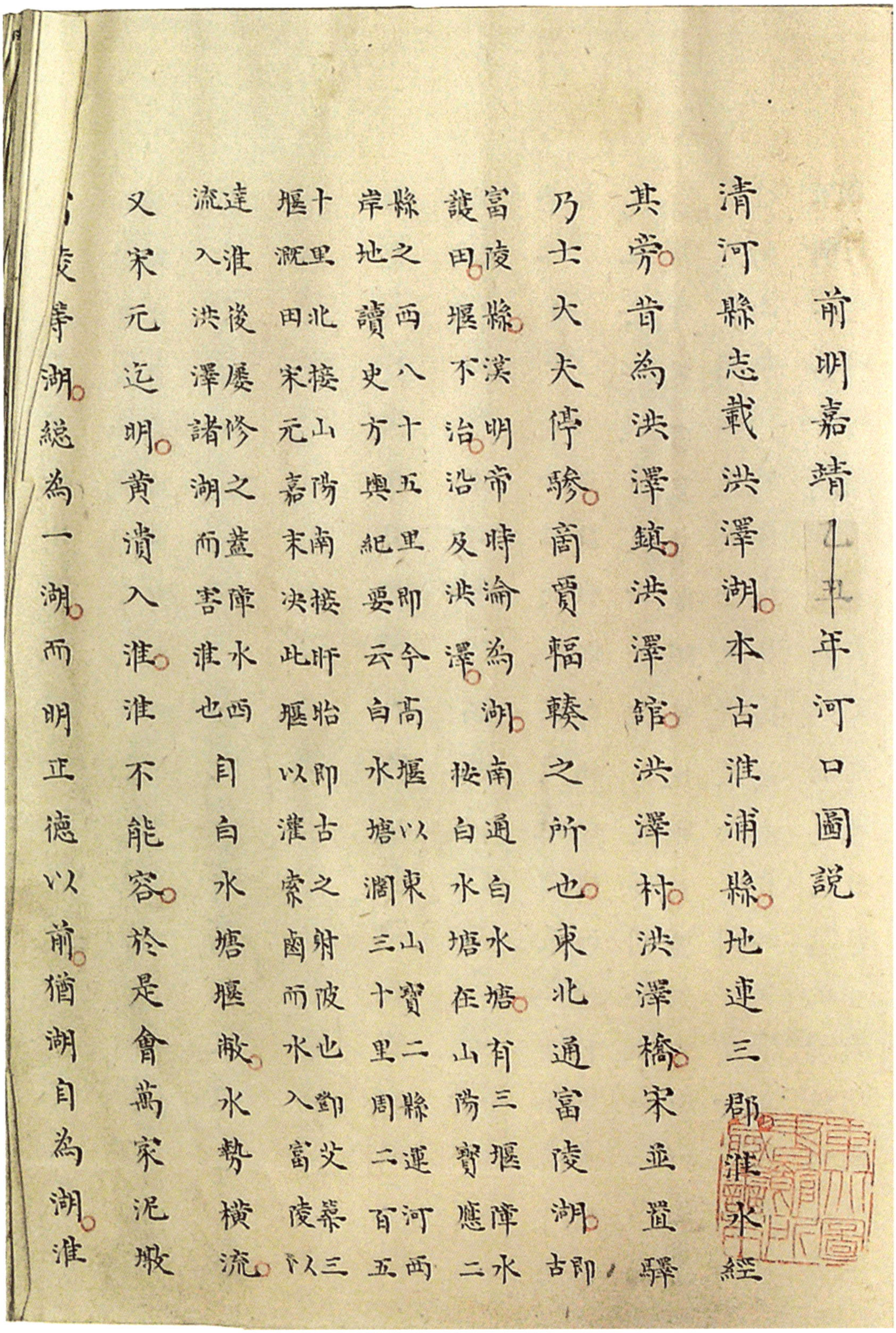
前明嘉靖十年河口圖說
清河縣志載洪澤湖本古淮浦縣地連三郡淮水經
其旁昔為洪澤鎮洪澤館洪澤村洪澤橋宋並置驛
乃士大夫停驂商賈輻輳之所也東北通富陵湖即古
富陵縣漢明帝時淪為湖南通白水塘有三堰障水護田堰下治沿及洪澤　按白水塘在山陽寶應二
縣之西八十五里即今高堰以東山寶二縣運河西岸地讀史方輿紀要云白水塘濶三十里周二百五
十里北接山陽南接盱眙即古之射陂也鄧艾蔡三堰溉田宋元嘉末決此堰以灌索虜而水入富陵下以
達淮後屢修之蓋障水西流入洪澤諸湖而害淮也自白水塘堰敝水勢橫流
又宋元迄明黃潰入淮淮不能容於是會萬家泥墩
陵等湖總為一湖而明正德以前猶湖自為湖淮

**08072 清河縣河口圖說不分卷**　（清）徐仰庭等撰　稿本

遼寧省圖書館藏。

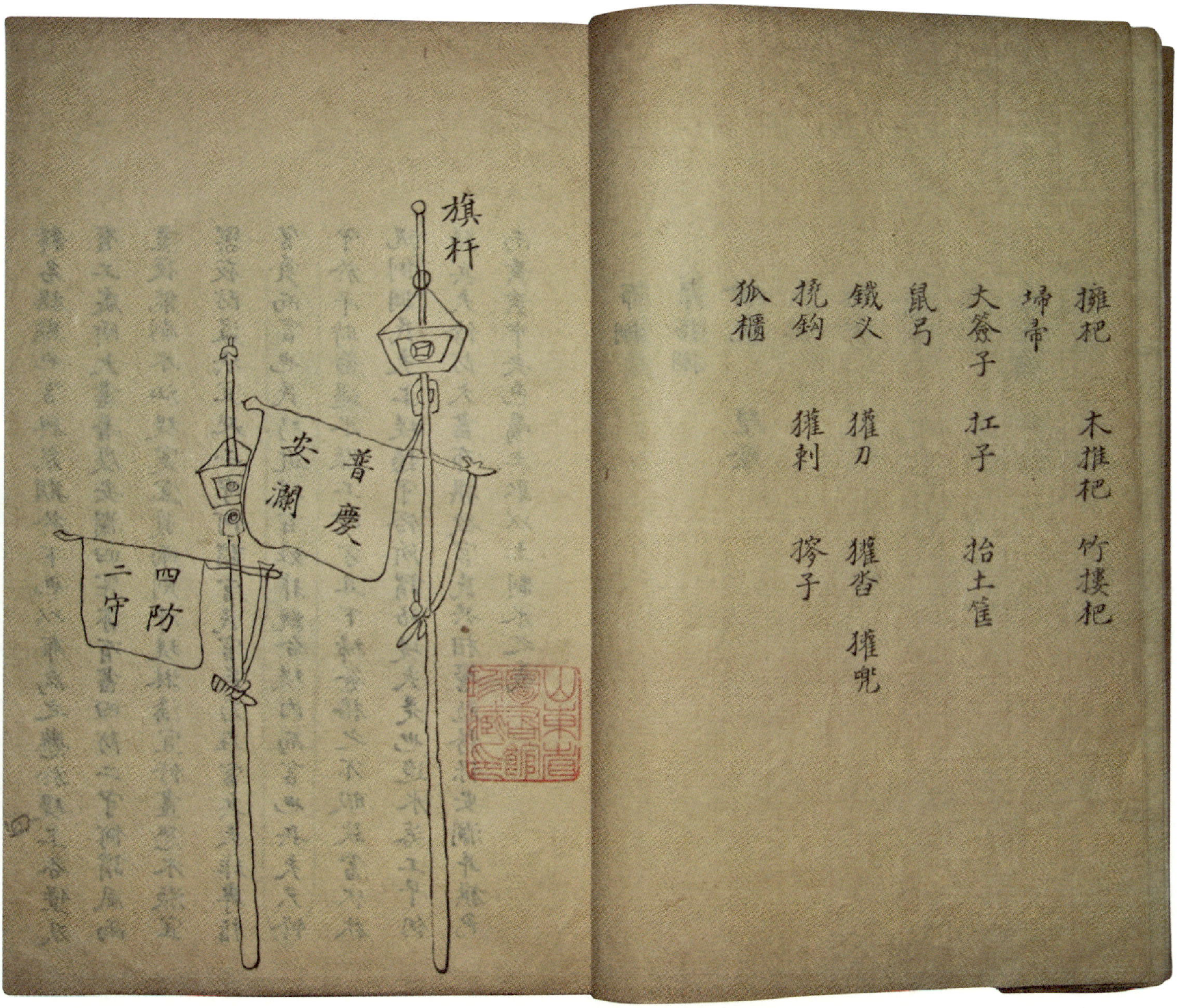


**08073 河工器具圖説四卷** （清）麟慶撰　稿本

有“周郎”、“菊塢讀過”、“毗陵周菊伍收藏書畫印”、“長白麟慶”、“菊伍”等印。周菊伍跋。山東省圖書館藏。

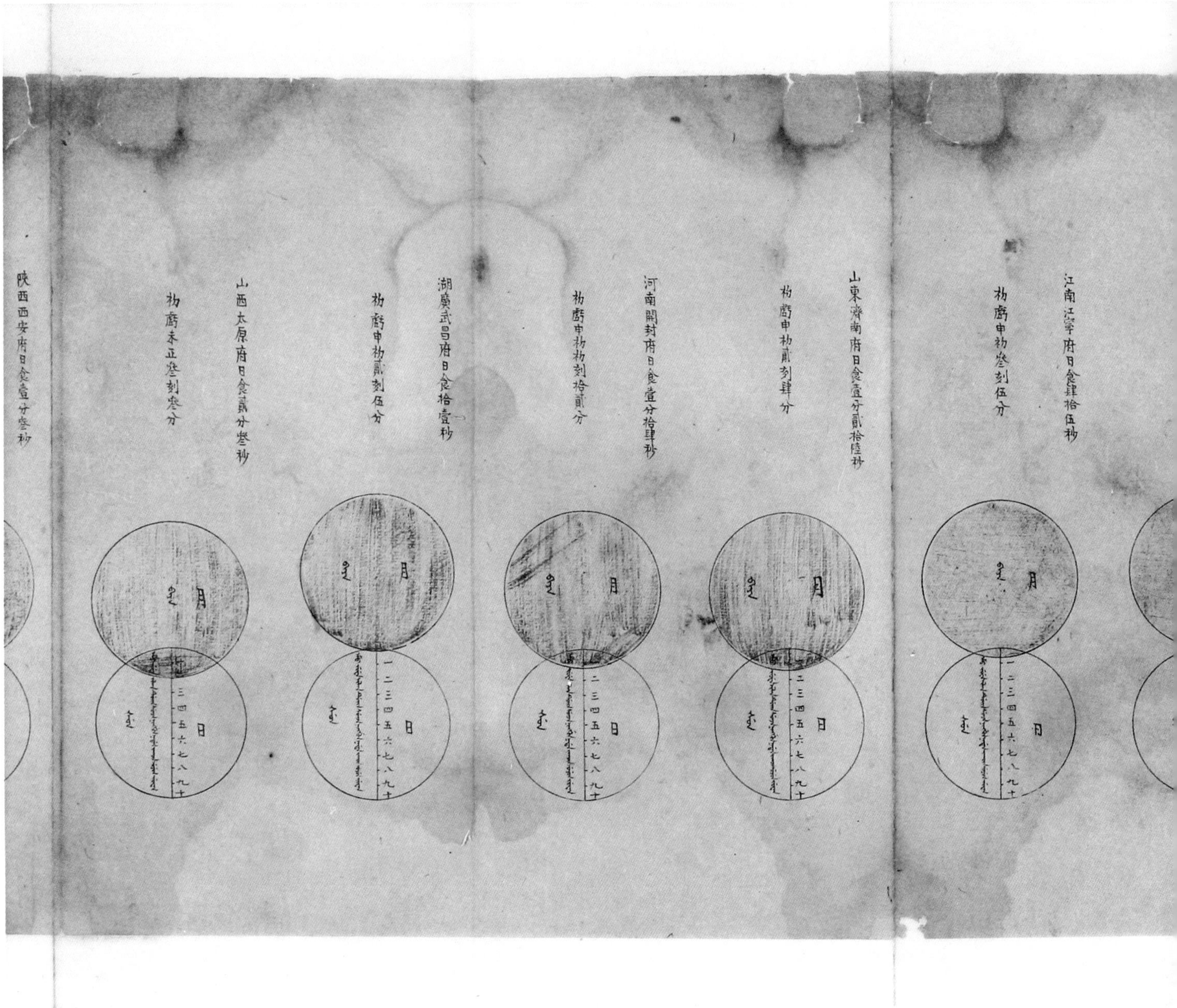
江南江寧府日食肆拾伍秒
初虧申初叁刻伍分
山東濟南府日食壹分貳拾陸秒
初虧申初貳刻肆分
河南開封府日食壹分拾肆秒
初虧申初初刻拾貳分
湖廣武昌府日食拾壹秒
初虧申初貳刻伍分
山西太原府日食貳分叁秒
初虧未正叁刻叁分
陝西西安府日食壹分叁秒
月
日

**08074 日食圖** （清）安泰制　清康熙二十四年（1685）刻本

長270厘米，高25厘米。國家圖書館藏。

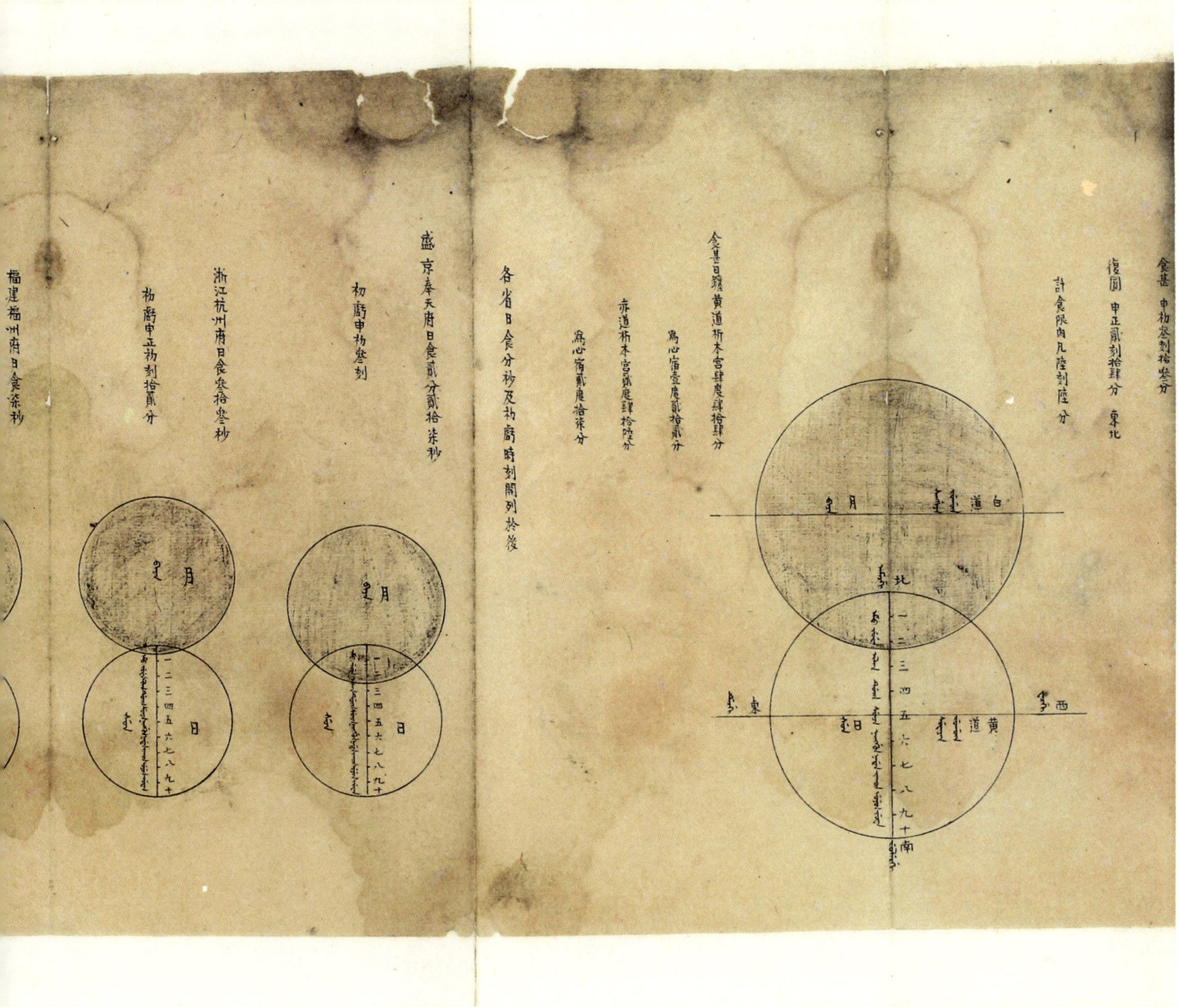
食甚　申初叁刻拾叁分
復圓　申正貳刻拾肆分　東北
計食限內凡陸刻陸分
食甚日躔黃道析木宮肆度肆拾肆分
爲心宿壹度貳拾貳分
赤道析木宮貳度肆拾陸分
爲心宿貳度拾柒分
各省日食分秒及初虧時刻開列於後
盛京奉天府日食貳分貳拾柒秒
初虧申初叁刻
浙江杭州府日食叁拾叁秒
初虧申正初刻拾貳分
福建福州府日食柒秒

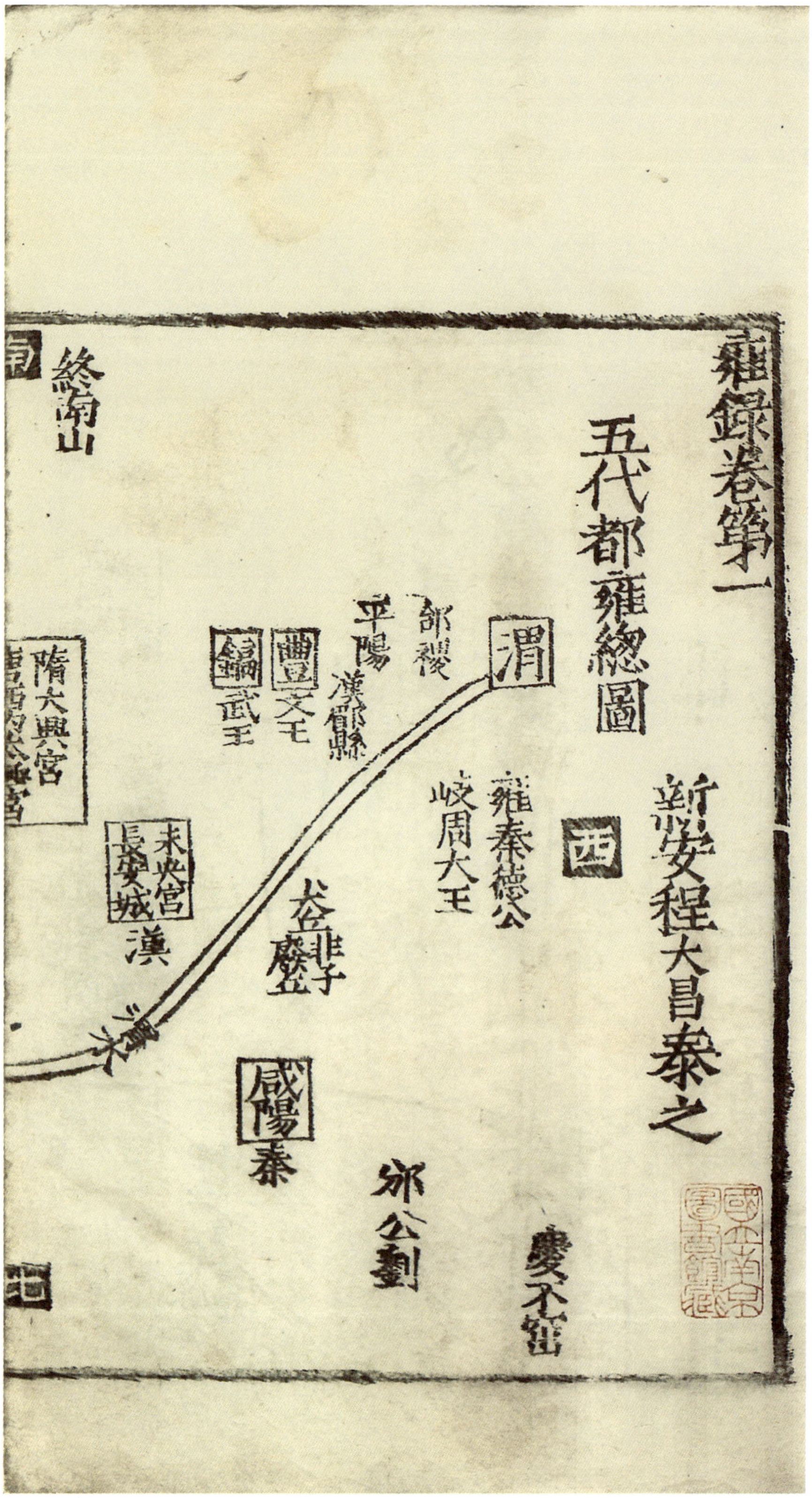
雍録卷第一
五代都雍總圖
新安程大昌泰之
終南山
渭
西
咸陽
秦
未央宮
長安城
漢
隋大興宮
豐
文王
鎬
武王
岐周大王
雍秦德公
平陽

**08075 雍録十卷** （宋）程大昌撰　明嘉靖十一年（1532）李經刻本

匡高18.5厘米，廣13.5厘米。半葉十行，行二十一字，小字雙行同，白口，四周單邊。南京圖書館藏。

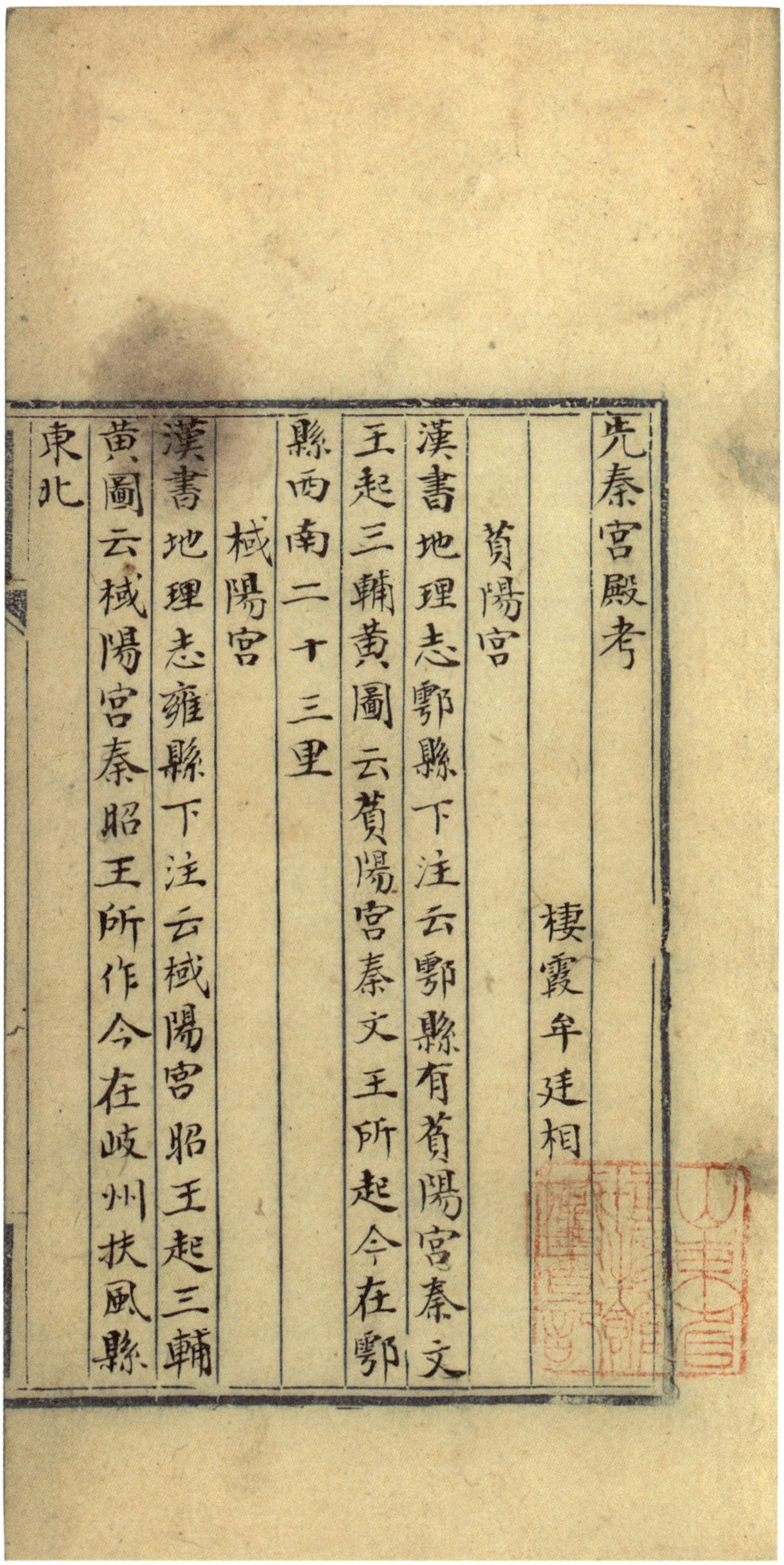

先秦宮殿考

棲霞牟廷相

萯陽宮

漢書地理志鄠縣下注云鄠縣有萯陽宮秦文王起三輔黃圖云萯陽宮秦文王所起今在鄠縣西南二十三里

棫陽宮

漢書地理志雍縣下注云棫陽宮昭王起三輔黃圖云棫陽宮秦昭王所作今在岐州扶風縣東北

**08076 先秦宮殿考一卷** （清）牟庭撰　稿本

匡高14.4厘米，廣9.3厘米。半葉十行，行十八字，藍口，藍格，四周雙邊。王獻唐跋。山東省博物館藏。

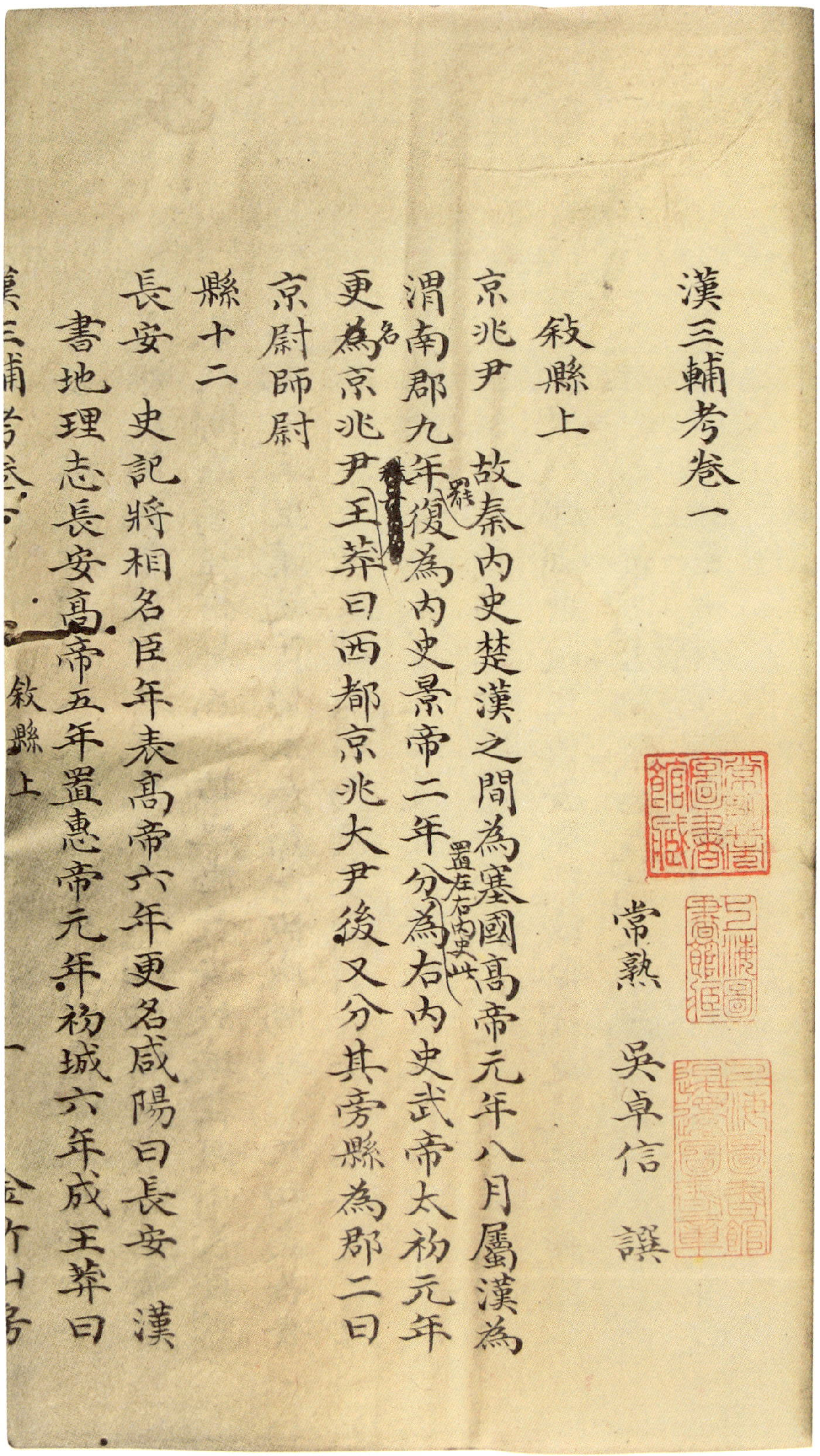
漢三輔考卷一
常熟 吳卓信 譔
敘縣上
京兆尹 故秦內史楚漢之間為塞國高帝元年八月屬漢為
渭南郡九年罷復為內史景帝二年置左右內史分為右內史武帝太初元年
更名為京兆尹王莽曰西都京兆大尹後又分其旁縣為郡二曰
京尉師尉
縣十二
長安 史記將相名臣年表高帝六年更名咸陽曰長安 漢
書地理志長安高帝五年置惠帝元年初城六年成王莽曰

**08077 漢三輔考二十四卷** （清）吳卓信撰　稿本

江蘇省常熟市圖書館藏。

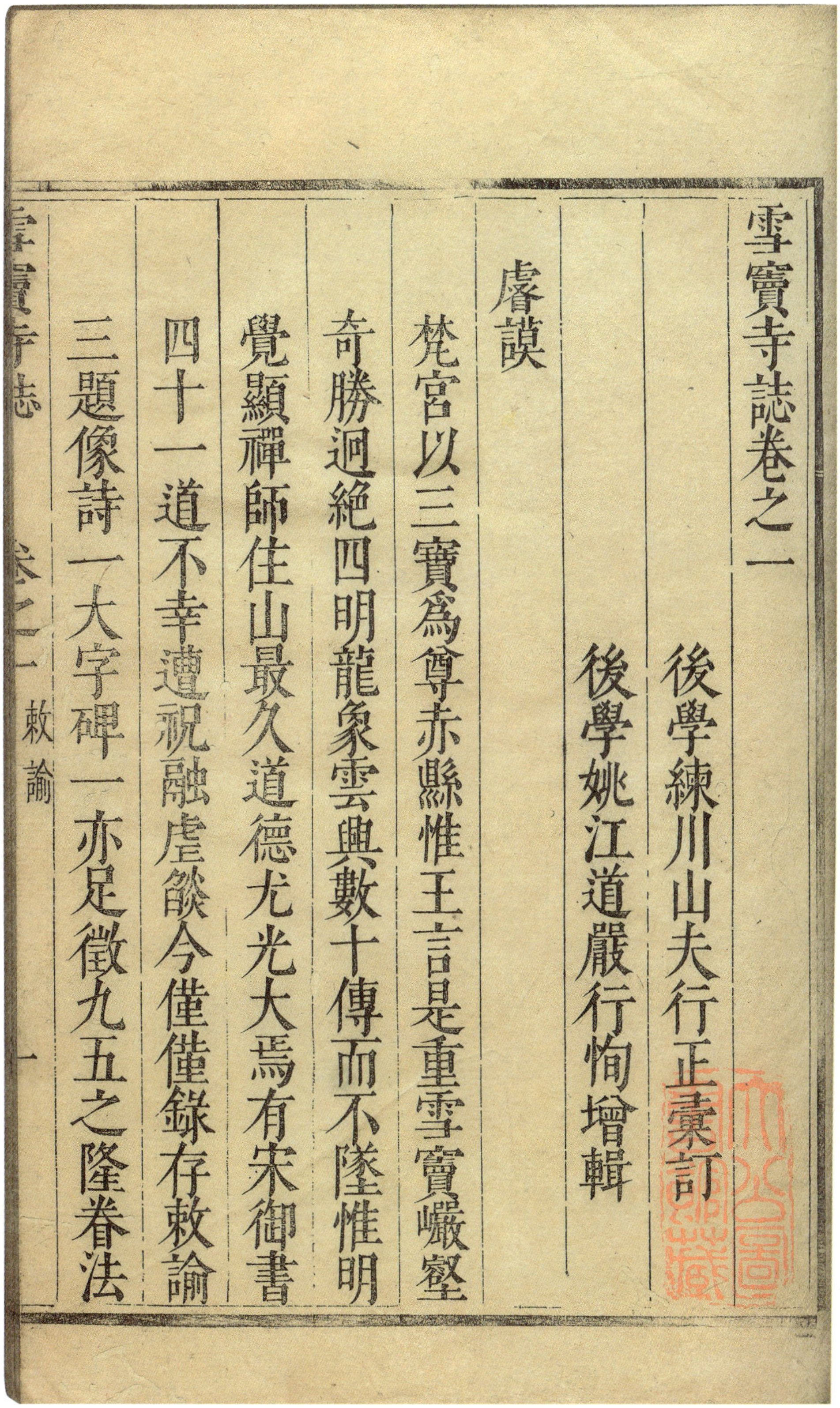
雪竇寺誌卷之一

後學練川山夫行正彙訂

後學姚江道嚴行恂增輯

睿謨

梵宮以三寶爲尊赤縣惟王言是重雪竇巖壑奇勝迥絕四明龍象雲興數十傳而不墜惟明覺顯禪師住山最久道德尤光大焉有宋御書四十一道不幸遭祝融虐燄今僅僅錄存敕諭三題像詩一大字碑一亦足徵九五之隆眷法

雪竇寺志　卷之一　敕諭　一

**08078 雪竇寺誌十卷**　（清）釋行正輯　（清）釋行恂增輯　清初刻本

匡高21.8厘米，廣15.5厘米。半葉九行，行二十字，白口，四周雙邊。無錫市圖書館藏，存四卷。

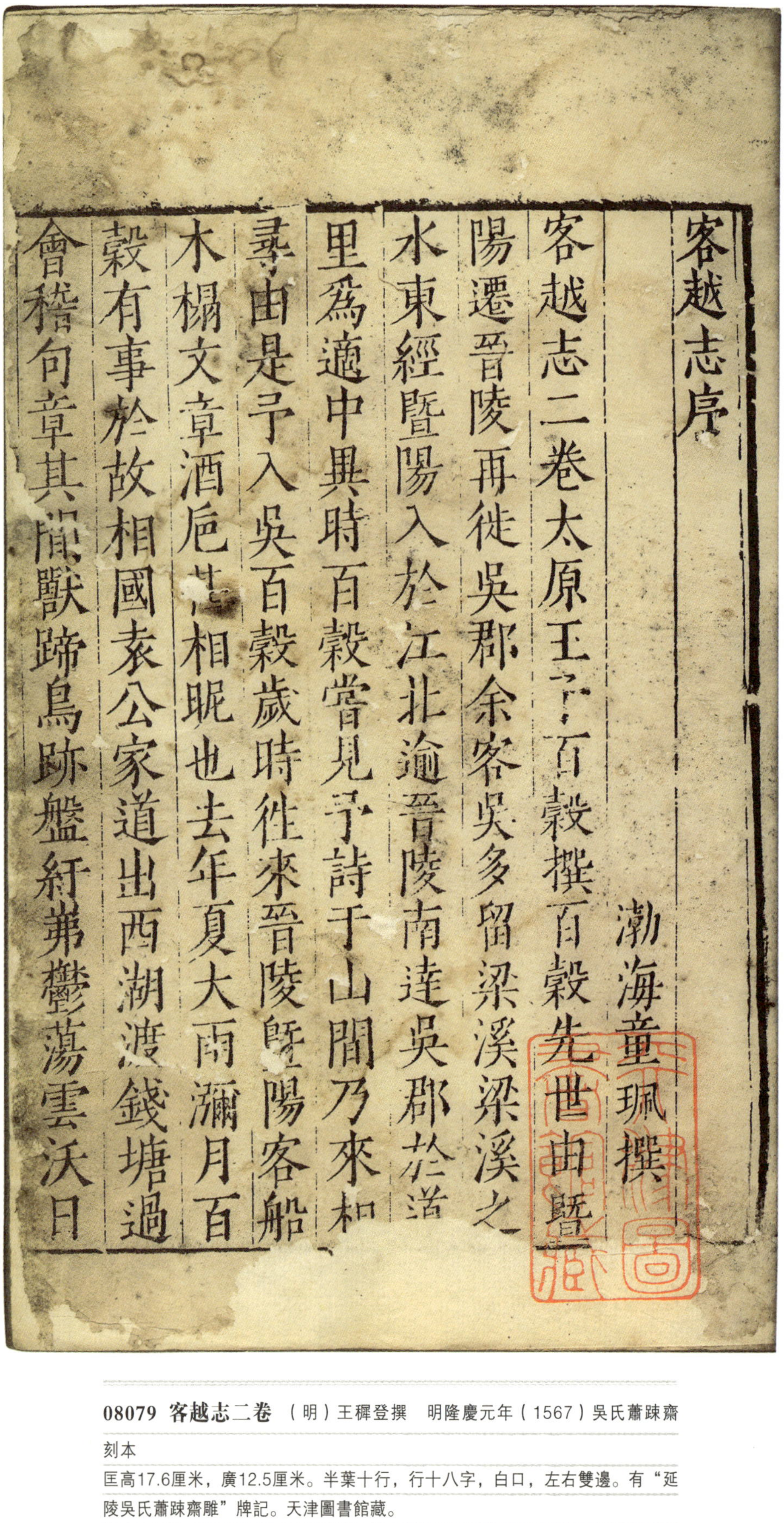
客越志序
渤海童珮撰
客越志二卷太原王子百穀撰百穀先世由暨
陽遷晉陵再徙吳郡余客吳多留梁溪梁溪之
水東經暨陽入於江北逾晉陵南達吳郡於道
里爲適中異時百穀嘗見予詩于山閒乃來和
尋由是予入吳百穀歲時往來晉陵暨陽客船
木榻文章酒卮共相昵也去年夏大雨瀰月百
穀有事於故相國袁公家道出西湖渡錢塘過
會稽句章其閒獸蹄鳥跡盤紆茀鬱蕩雲沃日

**08079 客越志二卷** （明）王穉登撰　明隆慶元年（1567）吳氏蕭踈齋刻本

匡高17.6厘米，廣12.5厘米。半葉十行，行十八字，白口，左右雙邊。有“延陵吳氏蕭踈齋雕”牌記。天津圖書館藏。

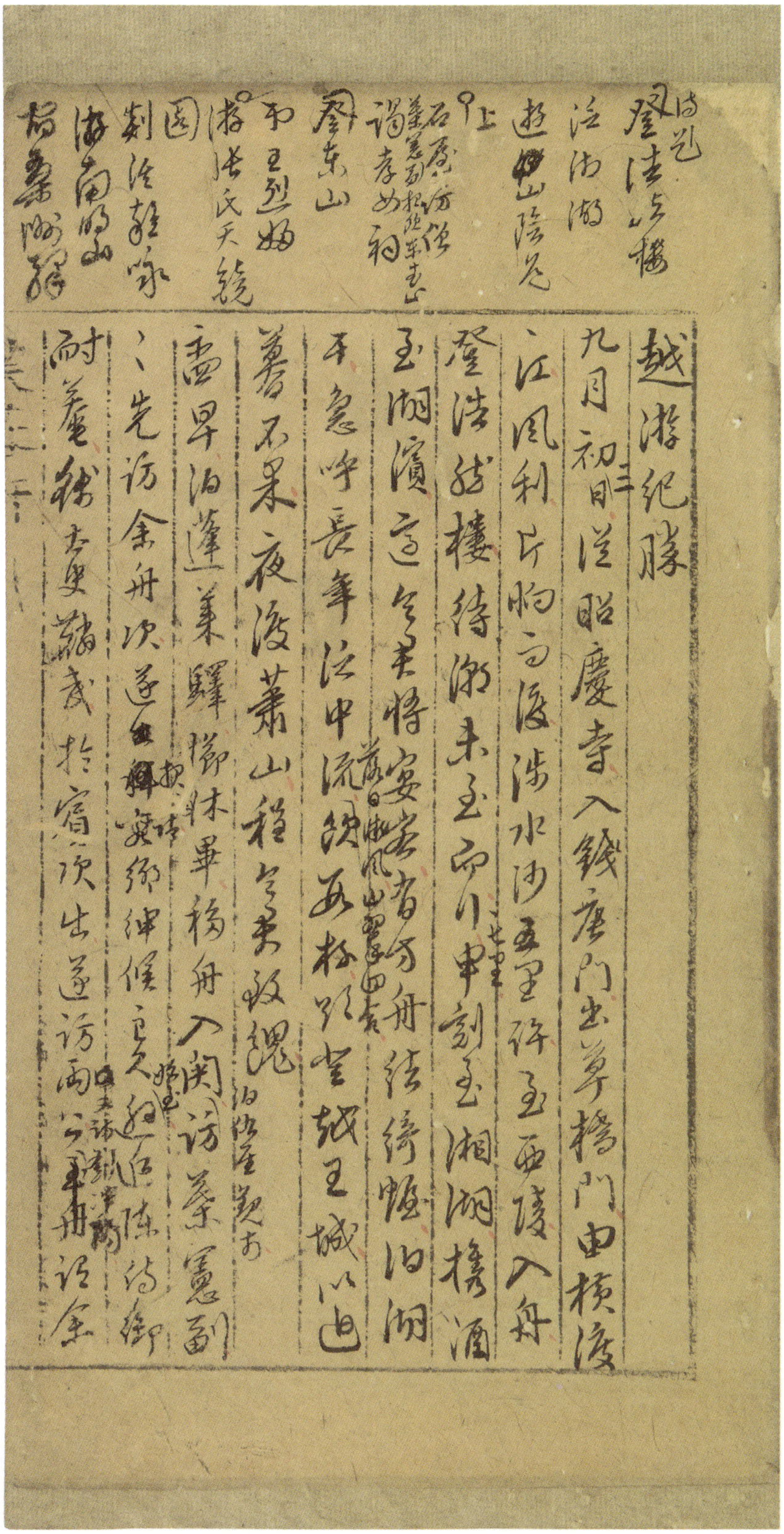

**08080 安希范遊記一卷** （明）安希范撰　手稿本

有"清虛居士"等印。繆荃孫、朱祖謀、孫毓修跋。上海圖書館藏。

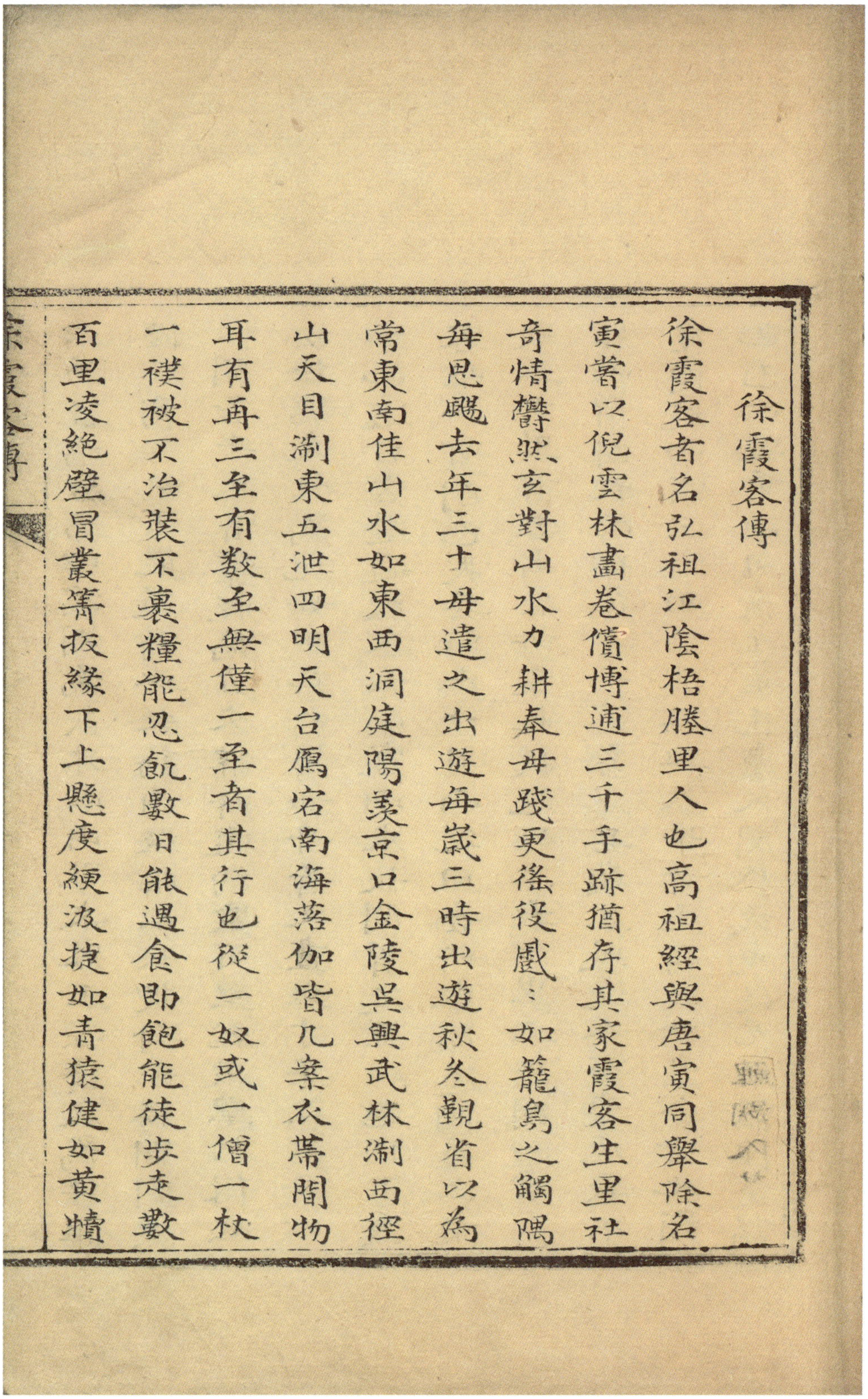

徐霞客傳

徐霞客者名弘祖江陰梧塍里人也高祖經與唐寅同舉除名寅嘗以倪雲林畫卷償博進三千手跡猶存其家霞客生里社奇情鬱然玄對山水力耕奉母踐更徭役蹙蹙如籠鳥之觸隅每思飈去年三十母遣之出遊每歲三時出遊秋冬覲省以為常東南佳山水如東西洞庭陽羡京口金陵吳興武林浙西徑山天目浙東五泄四明天台鴈宕南海落伽皆几案衣帶間物耳有再三至有數至無僅一至者其行也從一奴或一僧一杖一襆被不治裝不裹糧能忍飢數日能遇食即飽能徒步走數百里凌絕壁冒叢箐扳緣下上懸度綆汲捷如青猿健如黃犢

**08081 徐霞客遊記十二卷** （明）徐弘祖撰　清抄本

匡高17.2厘米，廣14.1厘米。半葉十行，行字不等，白口，四周雙邊。有“懷玉億生”、“趙佰子”、“曾在味辛齋中”、“味辛齋”、“宮保世家”等印。趙懷玉跋。河南省圖書館藏。

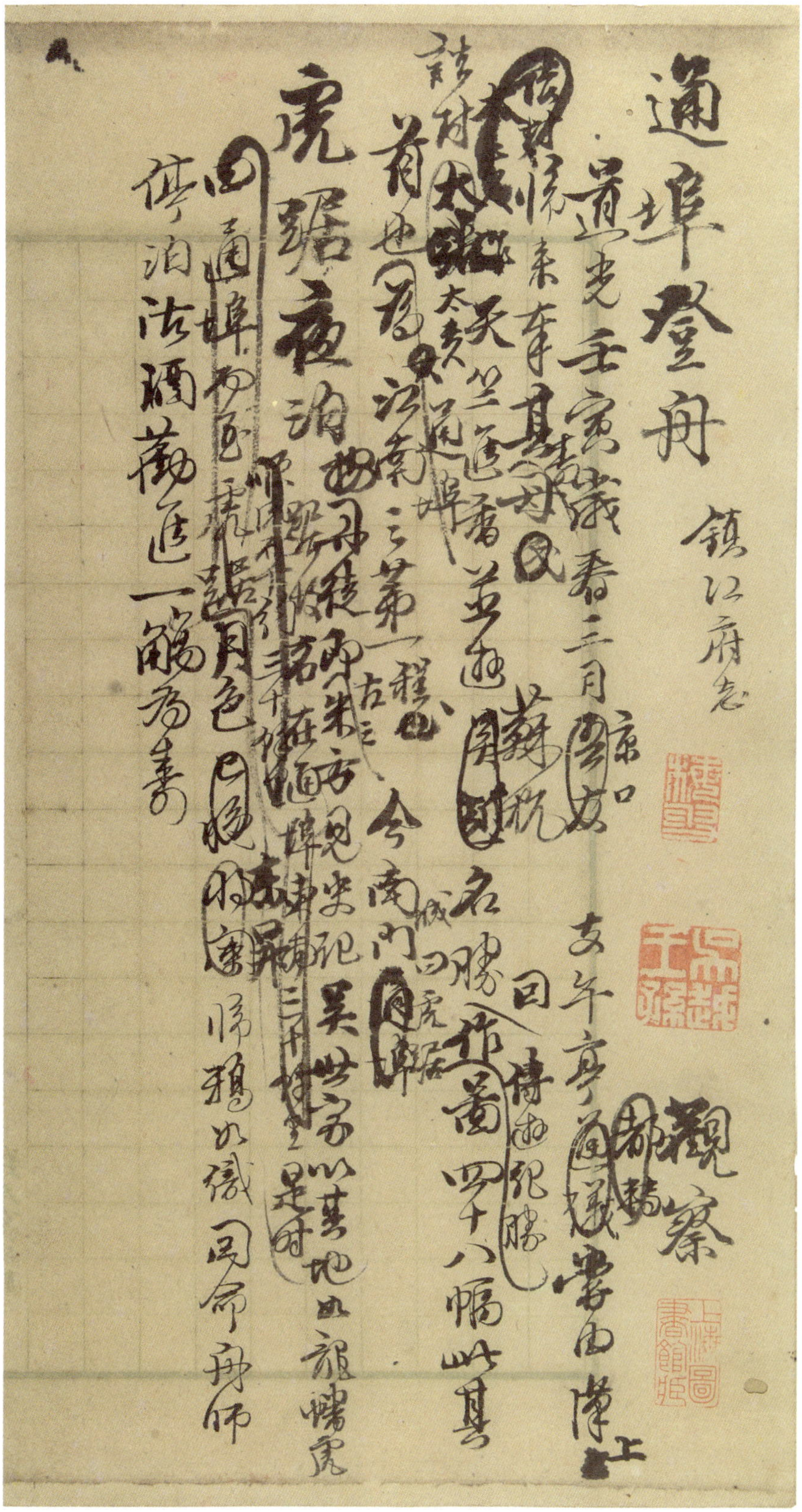

**08082 儔游紀勝不分卷** （清）錢泳撰　手稿本

經折裝。有“錢泳私印”、“吴越王孫”、“梅叟”等印。上海圖書館藏。

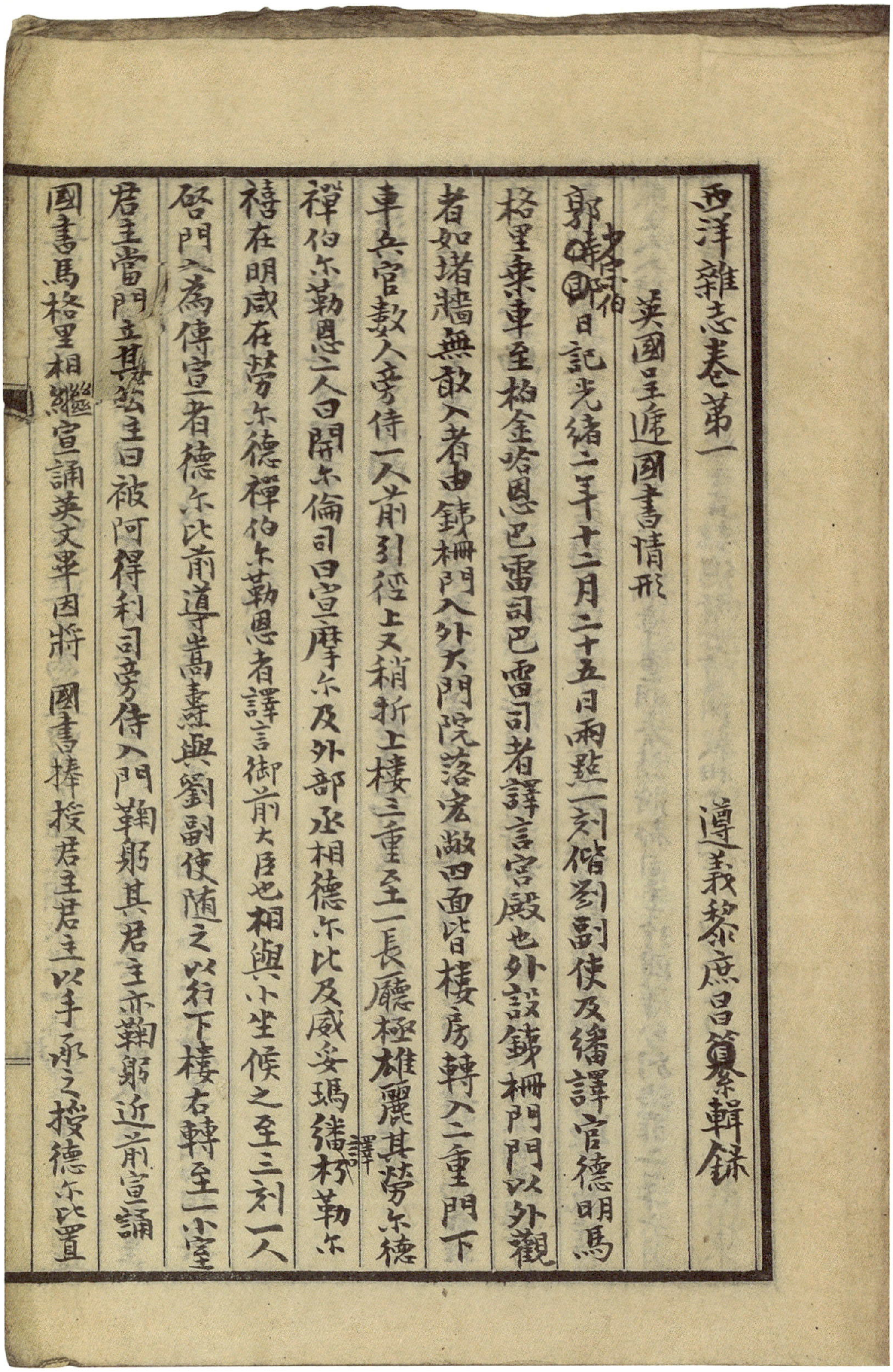

西洋雜志卷第一　遵義黎庶昌纂輯
英國呈遞國書情形
郭少宗伯日記光緒二年十二月二十五日兩點一刻偕劉副使及繙譯官德明馬
格里乘車至柏金哈恩巴雷司巴雷司者譯言宮殿也外設鐵柵門門以外觀
者如堵牆無敢入者由鐵柵門入外大門院落宏敞四面皆樓房轉入二重門下
車兵官數人旁侍一人前引徑上又稍折上樓三重至一長廳極雄麗其勞爾德
禪伯爾勒恩二人曰開爾倫司曰宣摩爾及外部丞相德爾比及威妥瑪繙譯格勒爾
禧在明咸在勞爾德禪伯爾勒恩者譯言御前大臣也相與小坐候之至三刻一人
啓門入為傳宣者德爾比前導嵩燾與劉副使隨之以右下樓右轉至一小室
君主當門立嵩燾至君主曰被阿得利司旁侍入門鞠躬其君主亦鞠躬近前宣誦
國書馬格里相繼宣誦英文畢因將國書捧授君主君主以手承之授德爾比置

**08083　西洋雜志八卷**　（清）黎庶昌撰　手稿本

匡高21.3厘米，廣14.5厘米。半葉十一行，行三十至三十四字，白口，左右雙邊。四川省圖書館藏，存四卷。

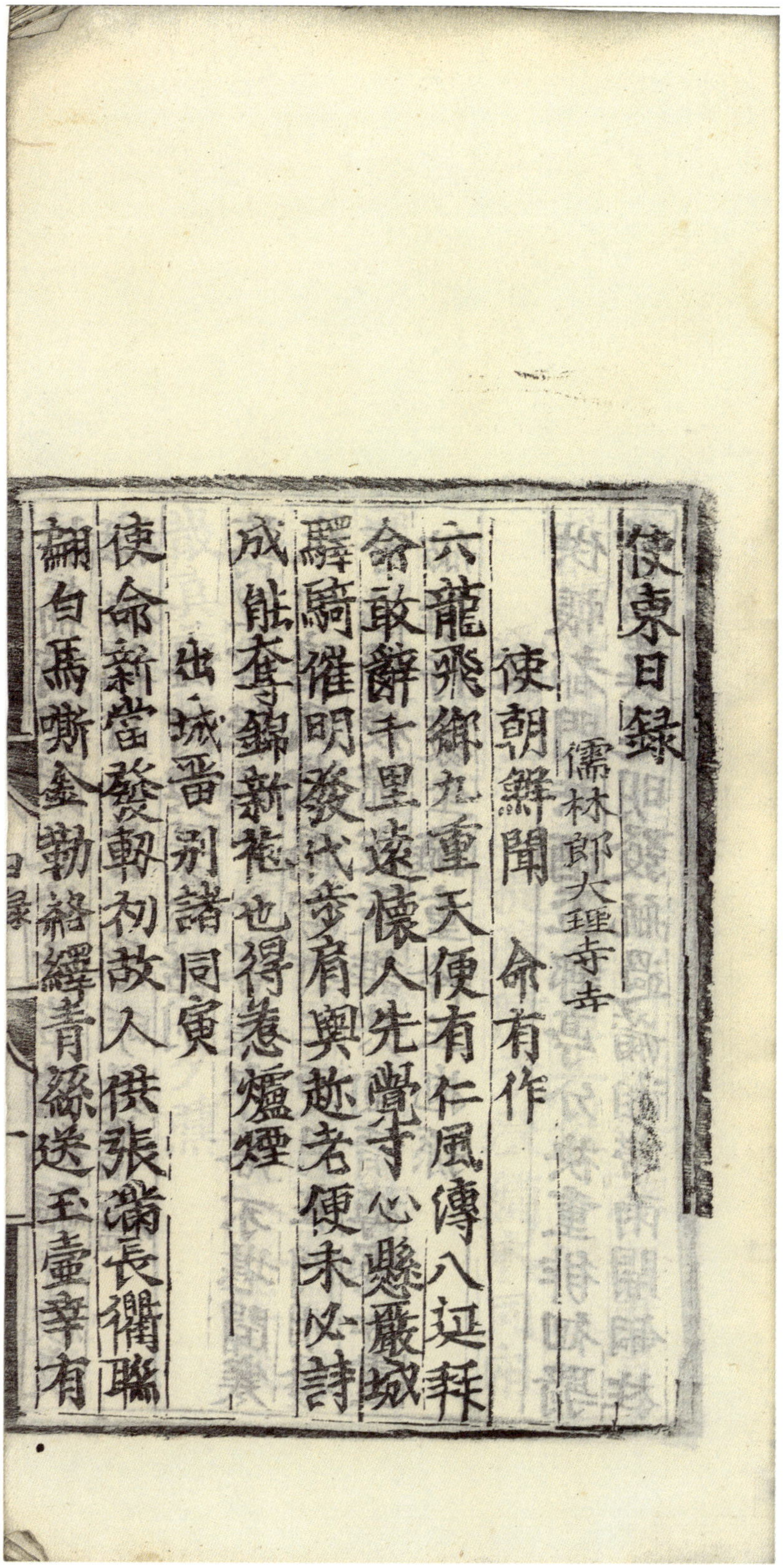

**08084 使東日録一卷** （明）董越撰　明正德九年（1514）刻本

匡高18.5厘米，廣13.5厘米。半葉十行，行十五字，黑口，四周雙邊。寧波市天一閣博物館藏。

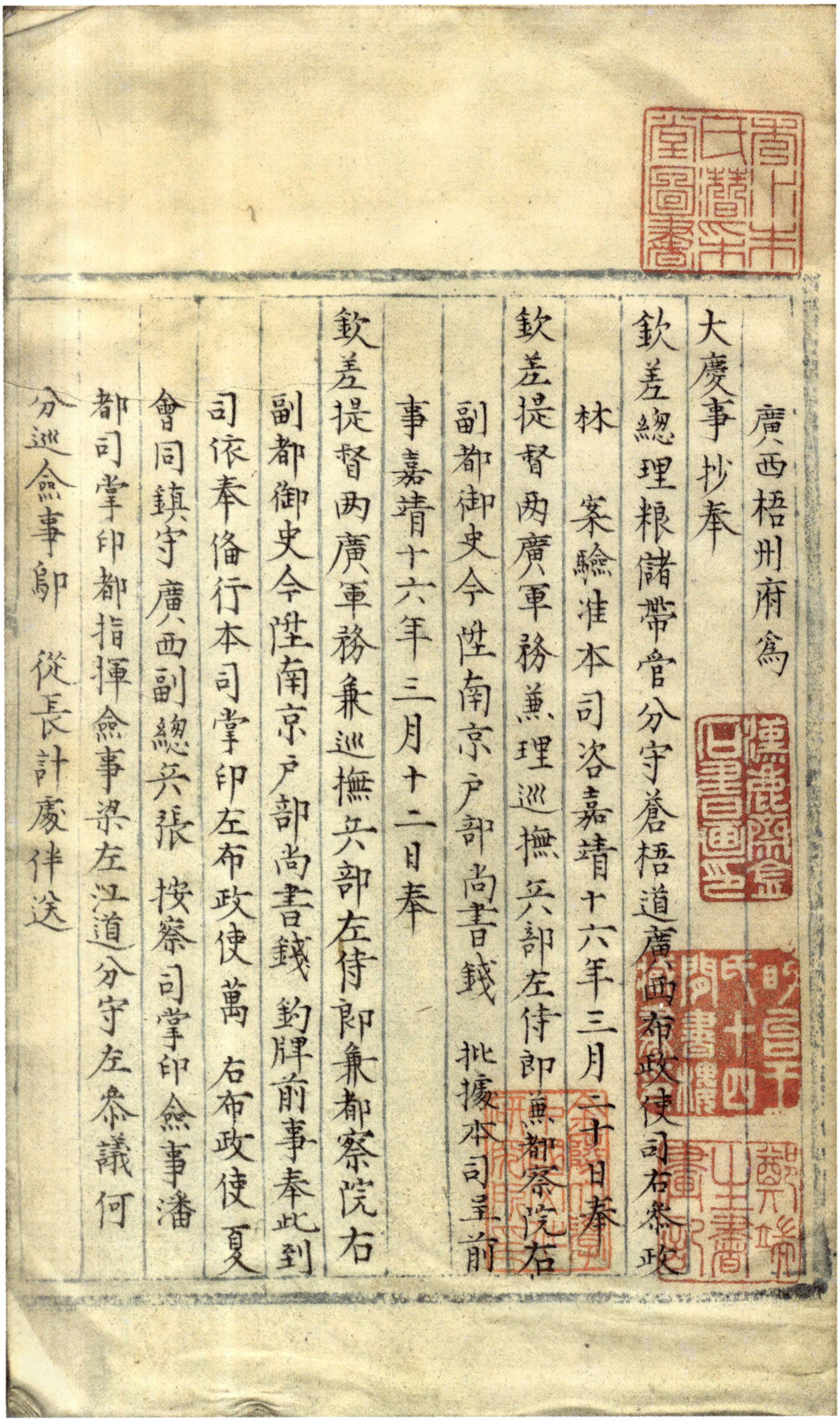
廣西梧州府爲
大慶事抄奉
欽差總理粮儲帶管分守蒼梧道廣西布政使司右參政
林　案驗准本司咨嘉靖十六年三月二十日奉
欽差提督兩廣軍務兼理巡撫兵部左侍郎兼都察院右
副都御史今陞南京户部尚書錢　批據本司呈前
事嘉靖十六年三月十二日奉
欽差提督兩廣軍務兼巡撫兵部左侍郎兼都察院右
副都御史今陞南京户部尚書錢　劄牌前事奉此到
司依奉備行本司掌印左布政使萬　右布政使夏
會同鎮守廣西副總兵張　按察司掌印僉事潘
都司掌印都指揮僉事梁左江道分守左參議何
分巡僉事鄔　從長計處伴送

**08085 審問安南事略不分卷**　明抄本

匡高19.2厘米，廣15.1厘米。半葉十三行，行字不等，白口，四周雙邊。有“秀水朱氏潛采堂圖書”、“朱昆田曾觀是書大略”、“漢鹿齋金石書畫印”、“盱眙王氏十四間書樓藏書印”、“鄭端生書畫記”等印。南京大學圖書館藏。

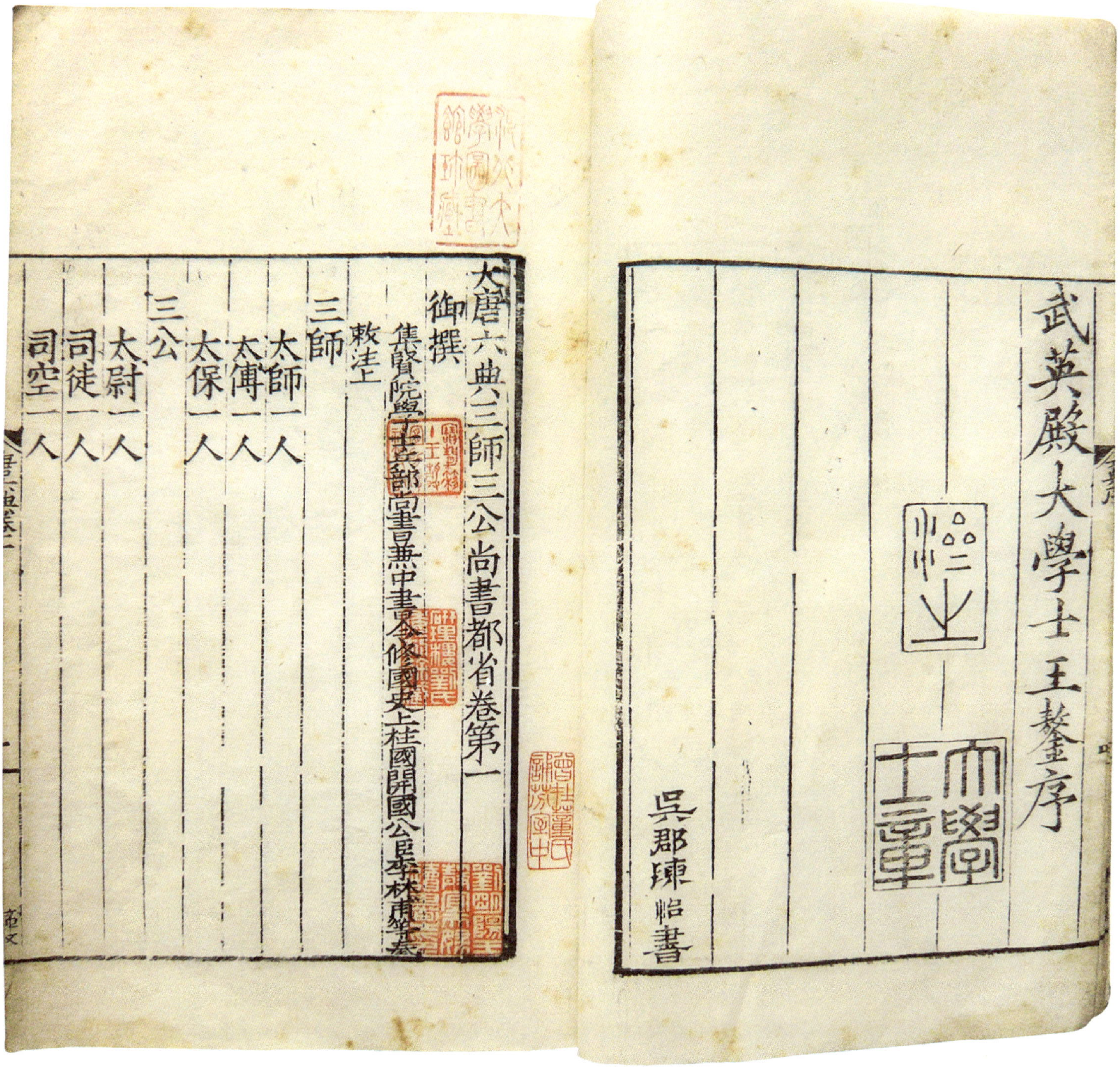
武英殿大學士王鏊序
吳郡陳怡書

大唐六典三師三公尚書都省卷第一
御撰
集賢院學士兼知院事中書令修國史上柱國開國公臣李林甫等奉
敕注
三師
太師一人
太傅一人
太保一人
三公
太尉一人
司徒一人
司空一人

**08086、08087 大唐六典三十卷** （唐）玄宗李隆基撰 （唐）李林甫等注 明正德十年（1515）席書、李承勳刻本

匡高18.6厘米，廣13.6厘米。半葉十二行，行二十字，小字雙行同，白口，左右雙邊。河北大學圖書館藏，有“研理樓劉氏倭劫餘藏”、“劉明陽王靜宜夫婦讀書之印”、“吳陸氏廉石堂圖書印”、“安樂堂藏書記”等印；軍事科學院軍事圖書資料館藏。

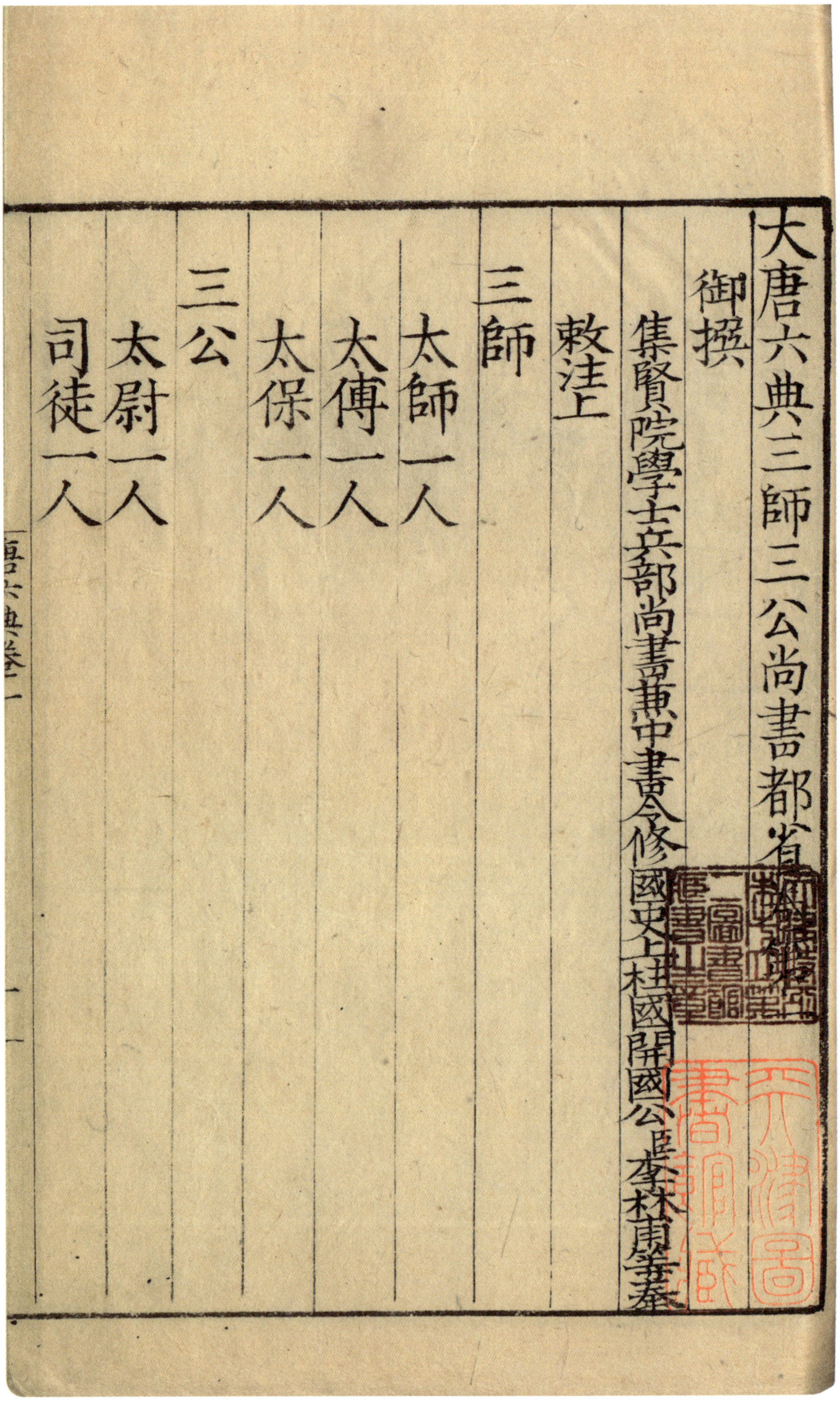

**08088、08089 大唐六典三十卷** （唐）玄宗李隆基撰 （唐）李林甫等注 明嘉靖二十三年（1544）浙江按察司刻本

匡高20.1厘米，廣14.7厘米。半葉十一行，行二十字，白口，四周單邊。天津圖書館、重慶圖書館藏。

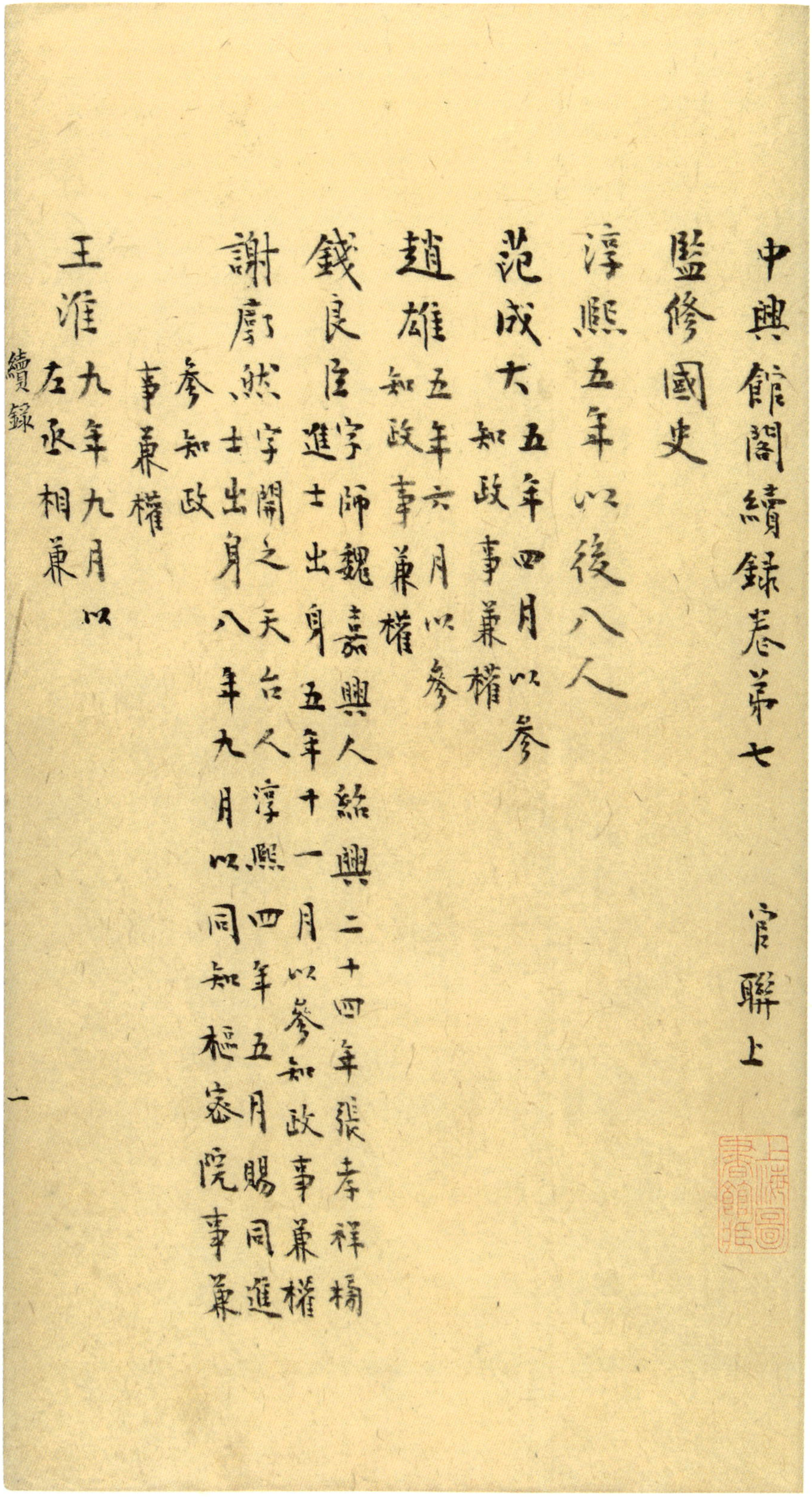
中興館閣續錄卷第七　官聯上
監修國史
淳熙五年以後八人
范成大五年四月以參
知政事兼權
趙雄五年六月以參
知政事兼權
錢良臣字師魏嘉興人紹興二十四年張孝祥榜
進士出身五年十一月以參知政事兼權
謝廓然字開之天台人淳熙四年五月賜同進
士出身八年九月以同知樞密院事兼
參知政
事兼權
王淮九年九月以
左丞相兼
續録　一

**08090 中興館閣録十卷**（宋）陳騤等撰　**續録十卷**　清錢氏潛研堂抄本
程祖慶、楊守敬、葉德輝、于省吾、余嘉錫跋。上海圖書館藏，存十八卷。

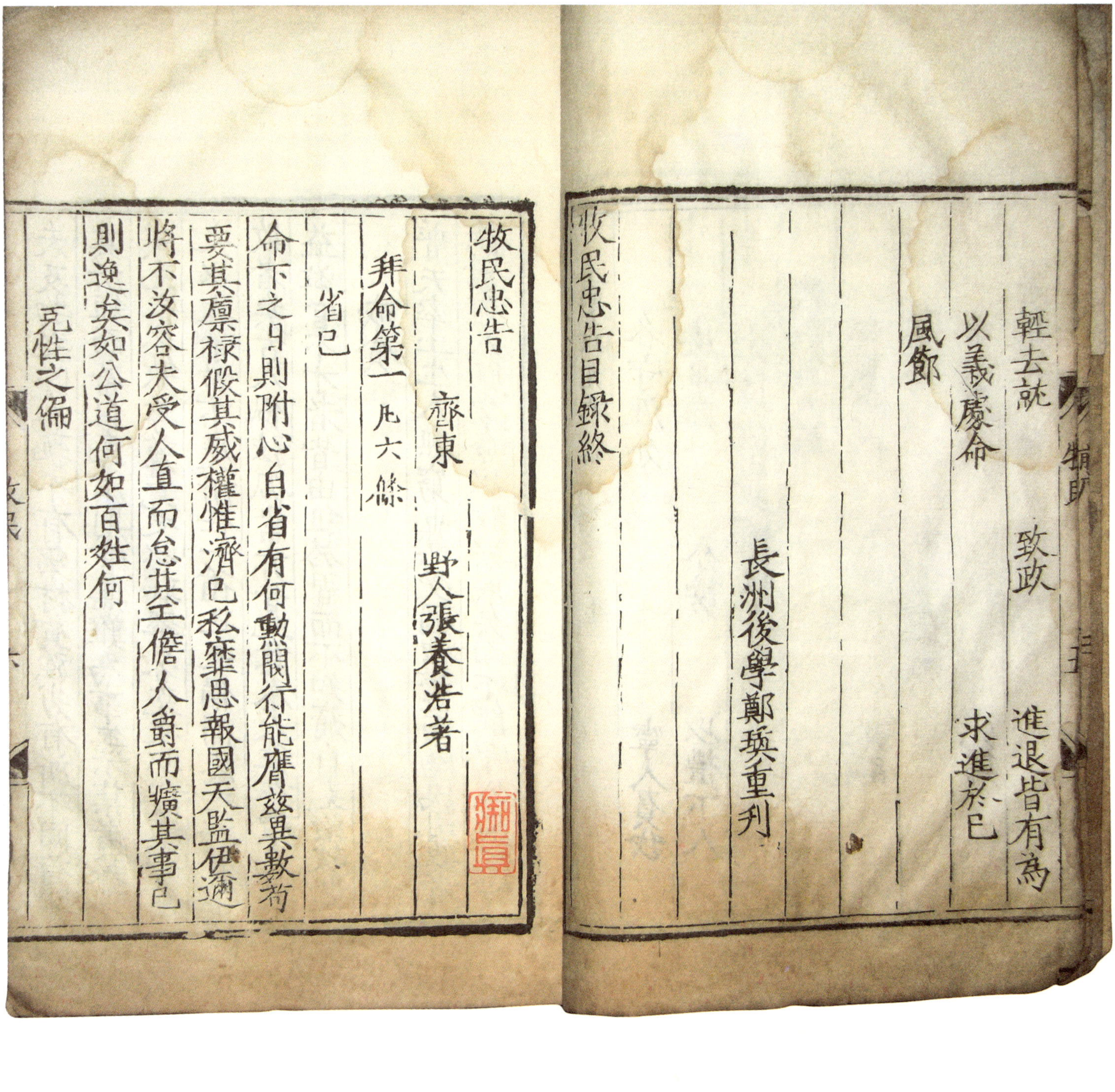

**08091 三事忠告四卷** （元）張養浩撰　明隆慶元年（1567）貢安國刻本

匡高19.7厘米，廣14.1厘米。半葉九行，行二十字，白口，四周雙邊。山東省圖書館藏。

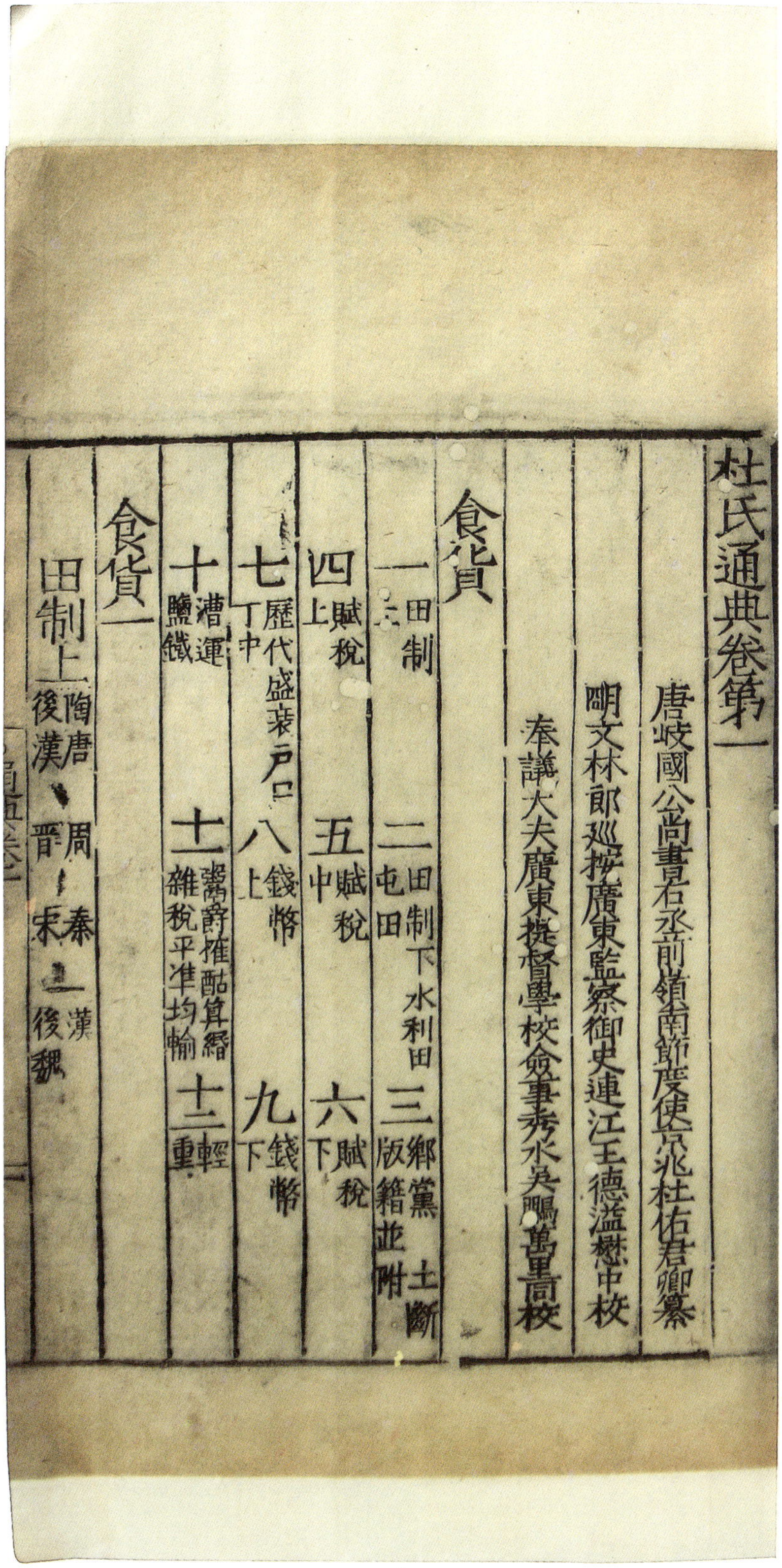
杜氏通典卷第一
唐岐國公尚書右丞前鎮南節度使京兆杜佑君卿纂
明文林郎巡按廣東監察御史連江王德溢懋中校
奉議大夫廣東提督學校僉事秀水吳鵬萬里同校
食貨
一田制上 二田制下水利田屯田 三鄉黨土斷版籍並附
四賦税上 五賦税中 六賦税下
七歷代盛衰戶口丁中 八錢幣上 九錢幣下
十漕運鹽鐵 十一鬻爵榷酤算緡雜税平準均輸 十二輕重
食貨一
田制上 陶唐 周 秦 漢 後漢 晉 宋 後魏

**08092、08093 杜氏通典二百卷** （唐）杜佑撰　明嘉靖十八年（1539）王德溢、吳鵬刻本

匡高18.3厘米，廣15.3厘米。半葉十一行，行二十字，小字雙行同，白口，四周單邊。有“右書計鏤板凡一千七百九十二卷凡二百帙凡四十梓匠凡七十始於嘉靖戊戌仲冬迄于己亥孟冬閲月凡一十有三貯於羊城之崇正書院”刻書署記。廣東省博物館藏，有“韶州府印”、“粵人吳榮光印”、“筠清館印”、“吳氏筠清館所藏書畫”等印；吉林大學圖書館藏，包背裝。

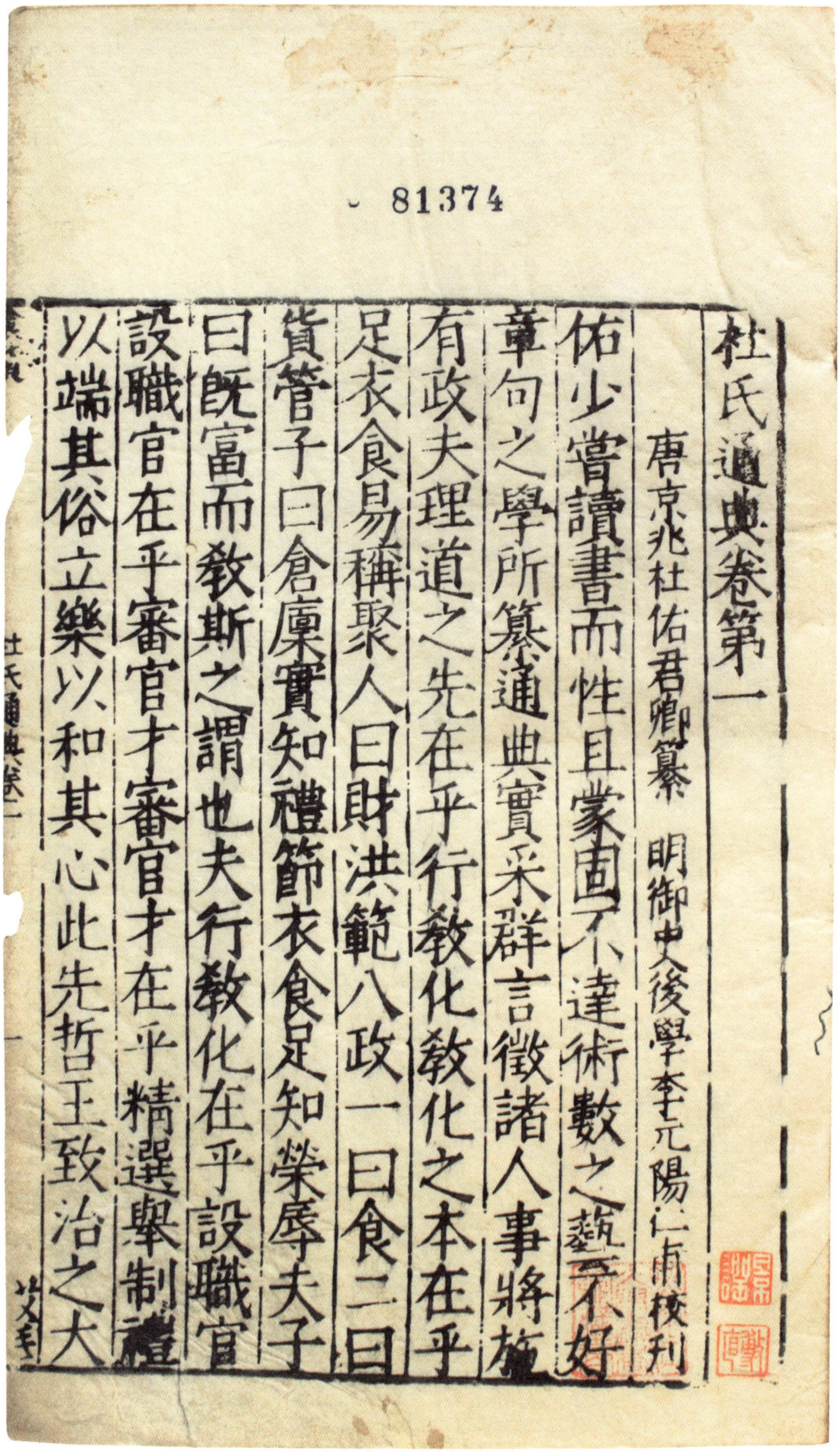

杜氏通典卷第一
唐京兆杜佑君卿纂　明御史後學李元陽仁甫校刊
佑少嘗讀書而性且蒙固不達術數之藝不好
章句之學所纂通典實采群言徵諸人事將施
有政夫理道之先在乎行教化教化之本在乎
足衣食易稱聚人曰財洪範八政一曰食二曰
貨管子曰倉廩實知禮節衣食足知榮辱夫子
曰既富而教斯之謂也夫行教化在乎設職官
設職官在乎審官才審官才在乎精選舉制禮
以端其俗立樂以和其心此先哲王致治之大
杜氏通典卷一　一

**08094、08095　杜氏通典二百卷**　（唐）杜佑撰　明嘉靖李元陽刻本

匡高18.8厘米，廣13.8厘米。半葉十行，行十八字，白口，四周單邊。吉林大學圖書館藏；黑龍江大學圖書館藏，有萬曆補刻，“李氏叔審圖書”、“景之”、“敷直”等印。

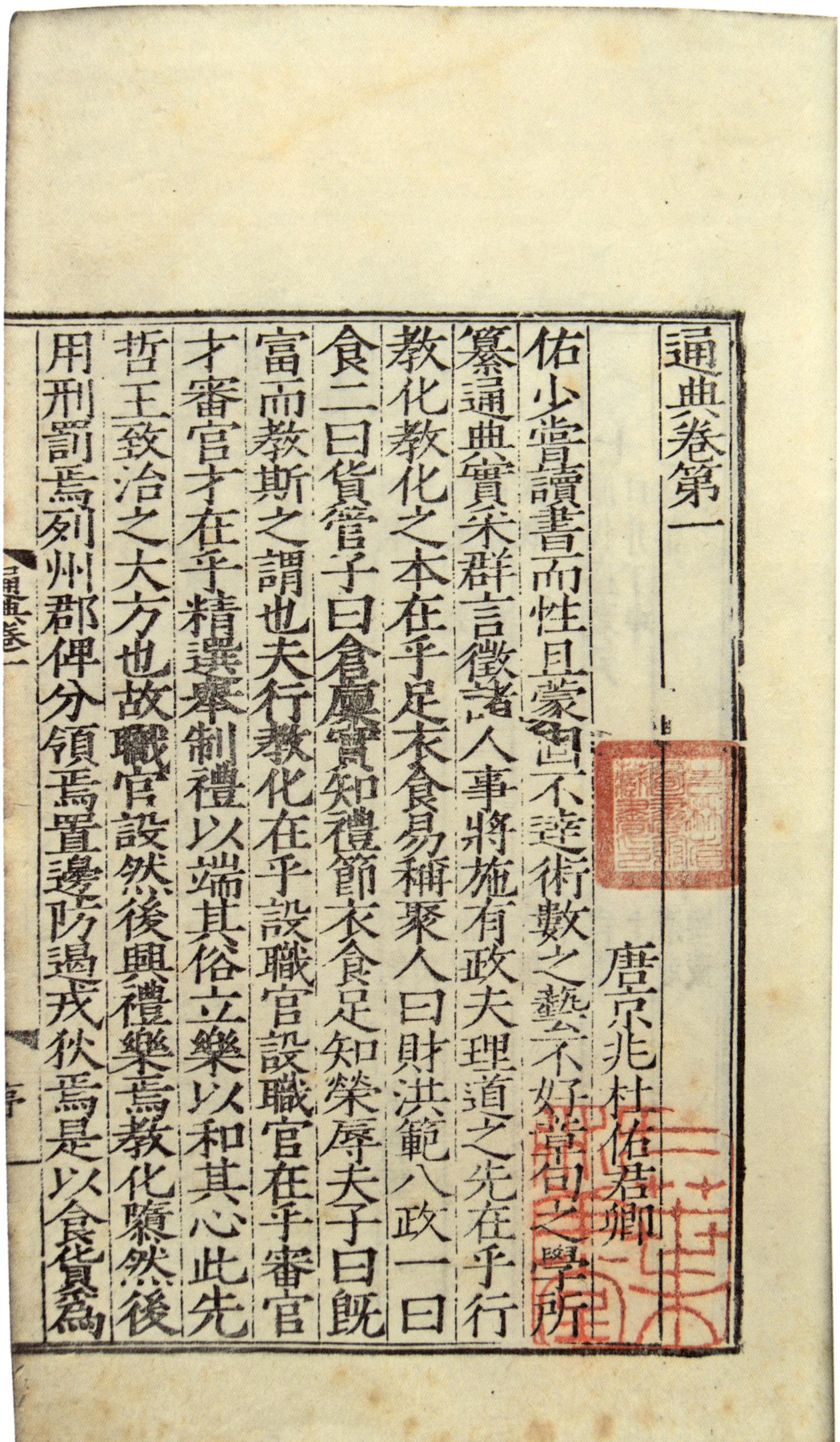
通典卷第一
唐京兆杜佑君卿
佑少嘗讀書而性且蒙固不達術數之藝不好章句之學所纂通典實采群言徵諸人事將施有政夫理道之先在乎行教化教化之本在乎足衣食易稱聚人曰財洪範八政一曰食二曰貨管子曰倉廩實知禮節衣食足知榮辱夫子曰既富而教斯之謂也夫行教化在乎設職官設職官在乎審官才審官才在乎精選舉制禮以端其俗立樂以和其心此先哲王致治之大方也故職官設然後興禮樂焉教化隳然後用刑罰焉列州郡俾分領焉置邊防遏戎狄焉是以食貨爲

**08096-08098 通典二百卷** （唐）杜佑撰　明刻本

匡高21厘米，廣14.2厘米。半葉十行，行二十三字，白口，四周雙邊。吉林省圖書館、山東省圖書館、雲南省圖書館藏。

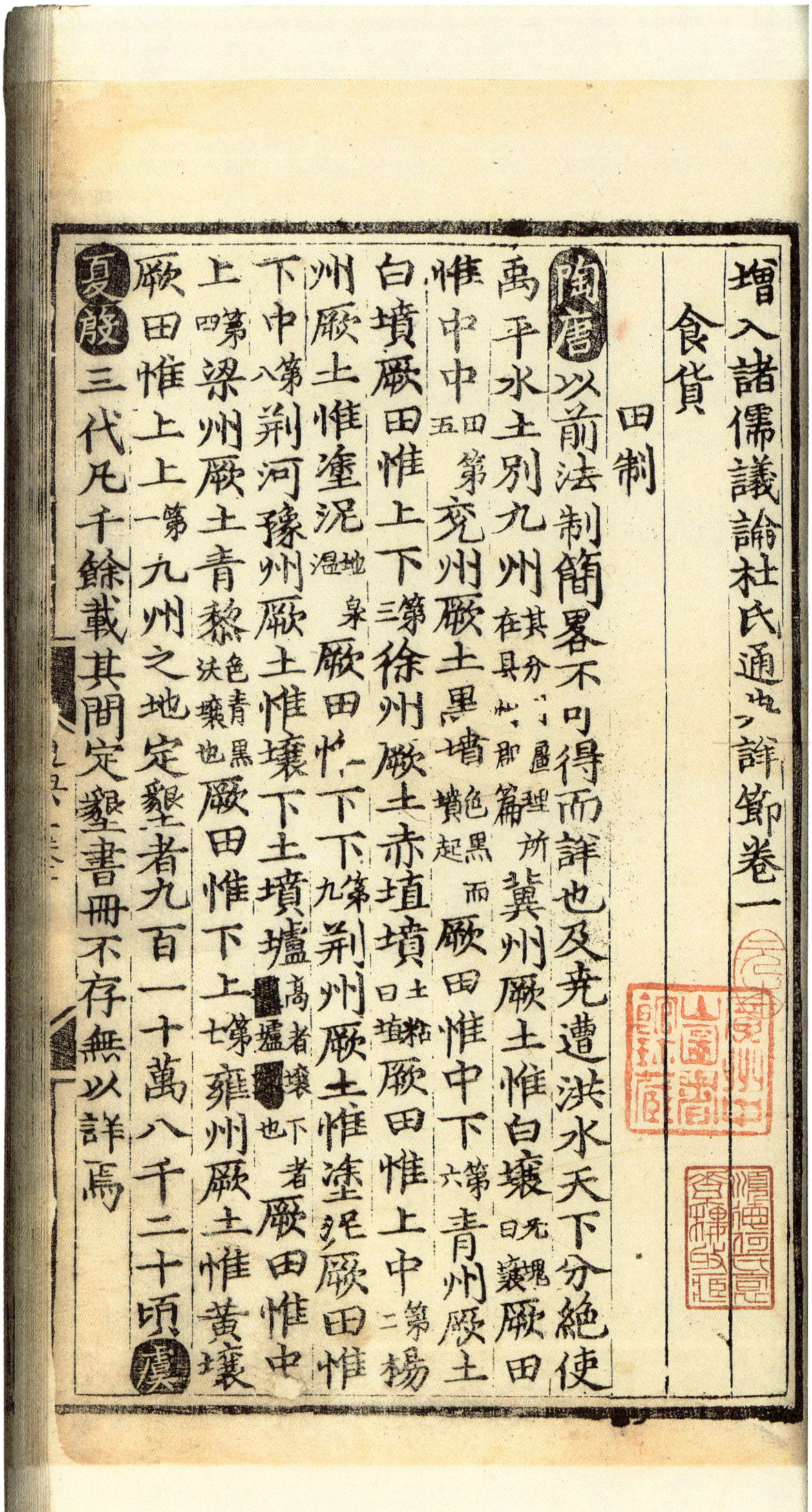
增入諸儒議論杜氏通典詳節卷一
食貨
田制
陶唐以前法制簡畧不可得而詳也及堯遭洪水天下分絶使禹平水土別九州（其分理所在具州郡篇）冀州厥土惟白壤（無塊曰壤）厥田惟中中（田第五）兗州厥土黑墳（色黑而墳起）厥田惟中下（第六）青州厥土白墳厥田惟上下（第三）徐州厥土赤埴墳（土黏曰埴）厥田惟上中（第二）揚州厥土惟塗泥（地泉濕）厥田惟下下（第九）荆州厥土惟塗泥厥田惟下中（第八）荆河豫州厥土惟壤下土墳壚（高者壤下者□壚□也）厥田惟中上（第四）梁州厥土青黎（色青黑沃壤也）厥田惟下上（第七）雍州厥土惟黃壤厥田惟上上（第一）九州之地定墾者九百一十萬八千二十頃虞夏殷三代凡千餘載其間定墾書冊不存無以詳焉

**08099 增入諸儒議論杜氏通典詳節四十二卷圖譜一卷** 明刻本

匡高23.5厘米，廣15厘米。半葉十二行，行二十四字，黑口，四周雙邊。廣東省立中山圖書館藏。

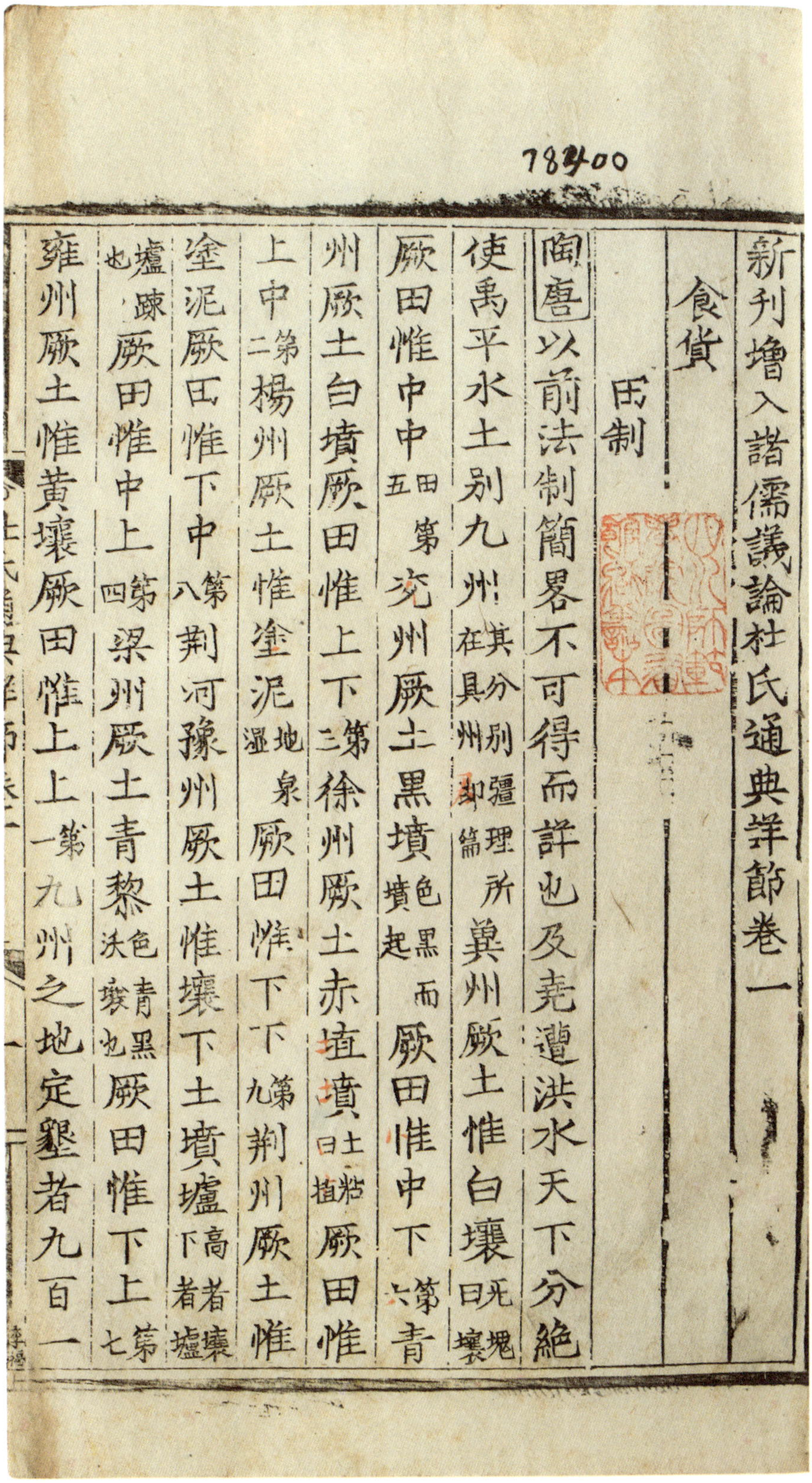
新刊增入諸儒議論杜氏通典詳節卷一
食貨
田制
陶唐以前法制簡畧不可得而詳也及堯遭洪水天下分絕
使禹平水土別九州其分別疆理所在具州郡篇冀州厥土惟白壤無塊曰壤
厥田惟中中田第五兖州厥土黑墳色黑而墳起厥田惟中下第六青
州厥土白墳厥田惟上下第三徐州厥土赤埴墳土粘曰埴厥田惟
上中第二揚州厥土惟塗泥地泉濕厥田惟下下第九荊州厥土惟
塗泥厥田惟下中第八荊河豫州厥土惟壤下土墳壚高者壤下者壚
壚疎也厥田惟中上第四梁州厥土青黎色青黑沃壤也厥田惟下上第七
雍州厥土惟黃壤厥田惟上上第一九州之地定墾者九百一

**08100　新刊增入諸儒議論杜氏通典詳節四十二卷圖譜一卷　明刻本**

匡高22.5厘米，廣16.5厘米。半葉十一行，行二十三字，小字雙行同，黑口，四周雙邊。四川師範大學圖書館藏，存三十四卷。

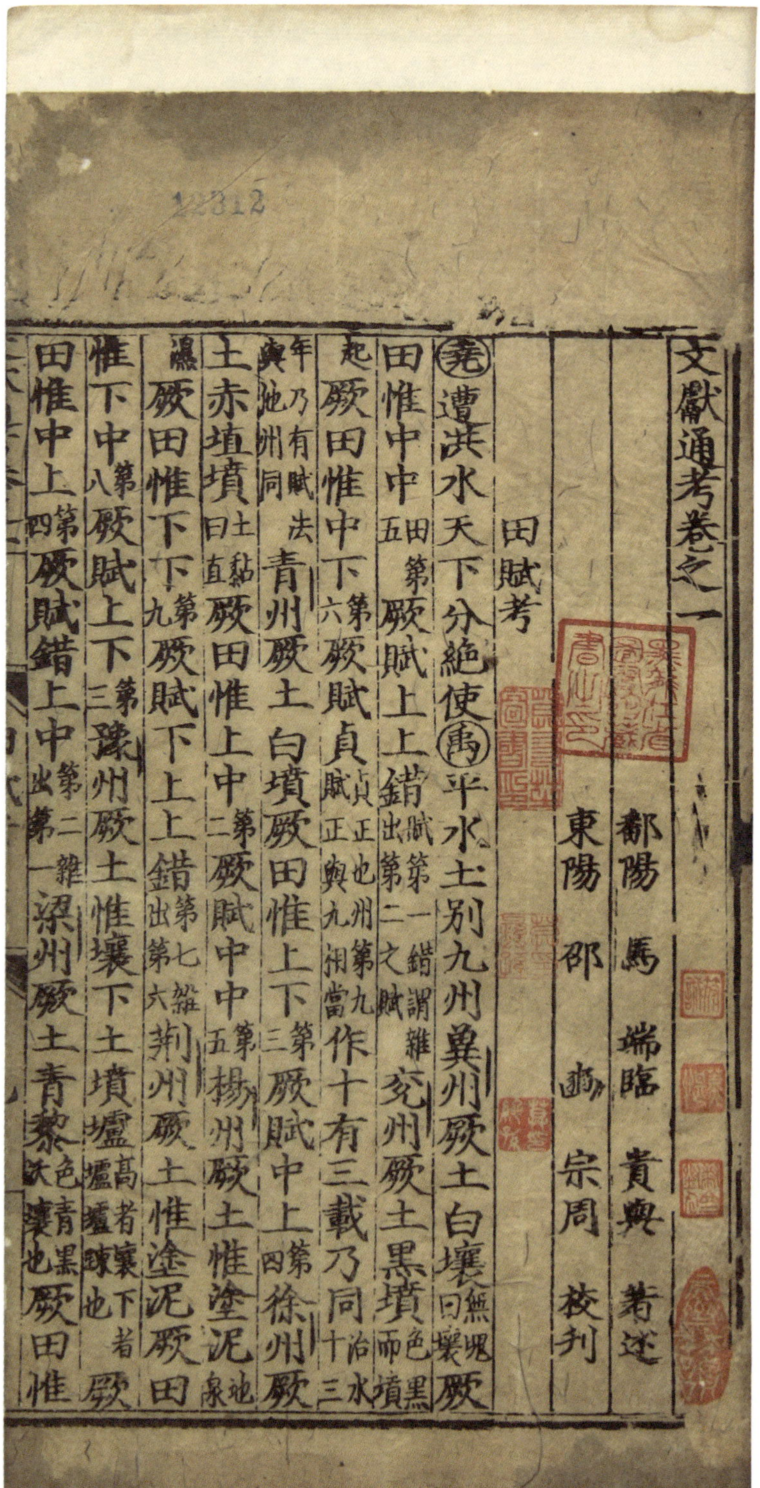
文獻通考卷之一
鄱陽　馬　端臨　貴與　著述
東陽　邵　豳　宗周　校刊
田賦考
堯遭洪水天下分絕使禹平水土別九州冀州厥土白壤（無塊曰壤）厥田惟中中（田第五）厥賦上上錯（賦第一錯謂雜出第二之賦）兖州厥土黑墳（色黑而墳起）厥田惟中下（第六）厥賦貞（貞正也州第九賦正與九相當）作十有三載乃同（治水十三年乃有賦法與他州同）青州厥土白墳厥田惟上下（第三）厥賦中上（第四）徐州厥土赤埴墳（土黏曰埴）厥田惟上中（第二）厥賦中中（第五）揚州厥土惟塗泥（地泉濕）厥田惟下下（第九）厥賦下上上錯（第七出第六）荊州厥土惟塗泥厥田惟下中（第八）厥賦上下（第三）豫州厥土惟壤下土墳壚（高者壤下者壚壚疏也）厥田惟中上（第四）厥賦錯上中（第二雜出第一）梁州厥土青黎（色青黑沃壤也）厥田惟

**08101-08105 文獻通考三百四十八卷**（元）馬端臨撰　明正德十一至十四年（1516-1519）劉洪慎獨齋刻本

匡高19.4厘米，廣12.9厘米。半葉十二行，行二十五字，小字雙行同，細黑口，四周雙邊。浙江大學圖書館藏，有“皇明正德戊寅慎獨書坐刊行”牌記；黑龍江省圖書館藏，為十六年重修本；厦門市圖書館藏，為十六年重修本，有“皇明正德丙子歲慎獨齋刊行”、“皇明正德歲在戊寅慎獨齋刊”牌記；復旦大學圖書館藏，為十六年重修本，有抄配，有“皇明己卯歲眘獨齋刊行”、“皇明正德戊寅慎獨精舍刊行”等牌記；廣東省立中山圖書館藏，為十六年重修本，有抄配。

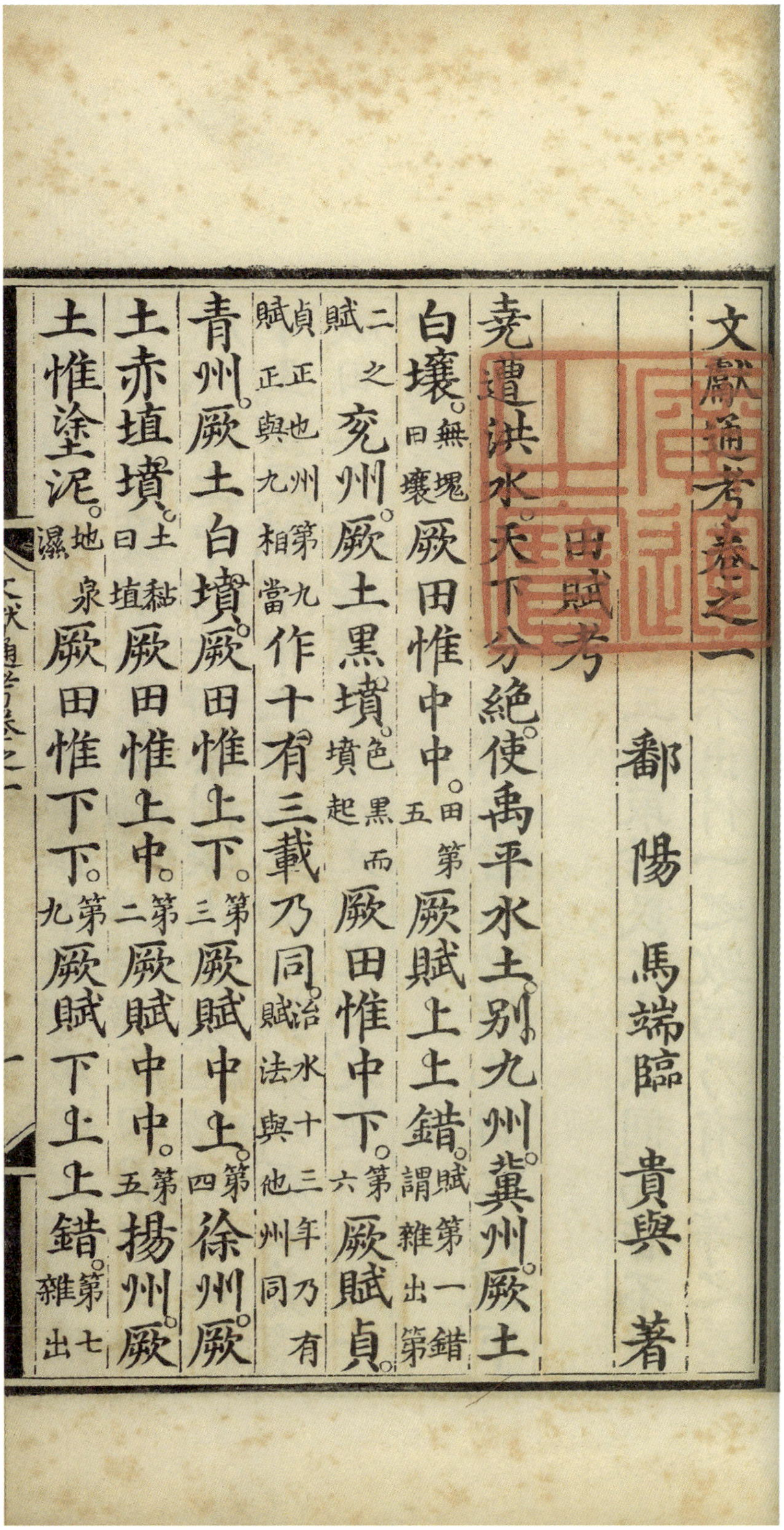


**08106-08110 文獻通考三百四十八卷** （元）馬端臨撰　明嘉靖三年（1524）司禮監刻本

匡高25.5厘米，廣17.5厘米。半葉十行，行二十字，小字雙行同，黑口，四周雙邊。故宫博物院藏；黑龍江大學圖書館藏，“廣運之寶”、“靜齋”、“御史大夫”等印；吉林大學圖書館、上海師範大學圖書館、天津圖書館藏。

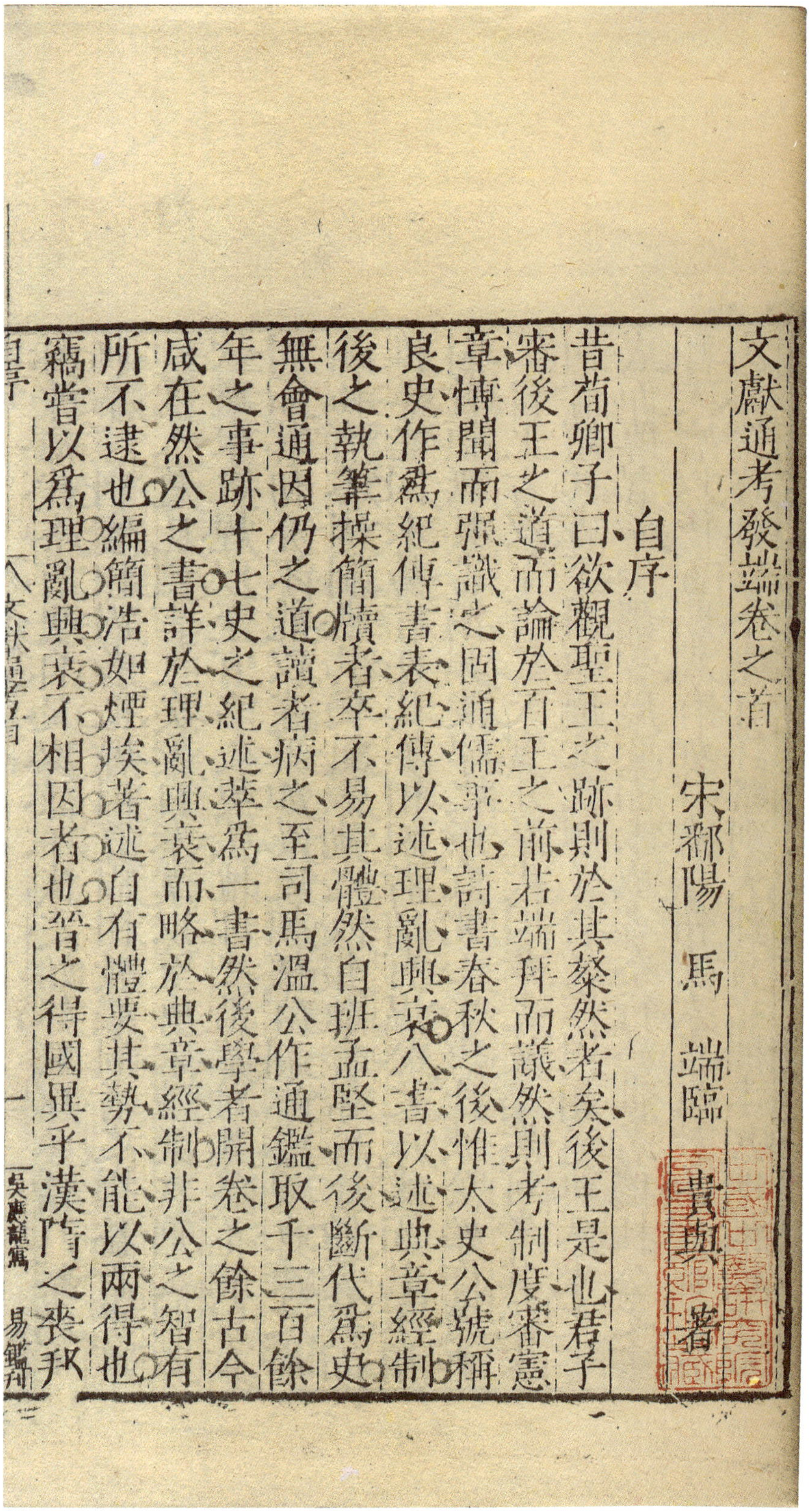
文獻通考發端卷之首

宋鄱陽 馬 端臨

自序

昔荀卿子曰欲觀聖王之跡則於其粲然者矣後王是也君子審後王之道而論於百王之前若端拜而議然則考制度審憲章博聞而强識之固通儒事也詩書春秋之後惟太史公號稱良史作爲紀傳書表紀傳以述理亂興衰八書以述典章經制後之執筆操簡牘者卒不易其體然自班孟堅而後斷代爲史無會通因仍之道讀者病之至司馬温公作通鑑取千三百餘年之事跡十七史之紀述萃爲一書然後學者開卷之餘古今咸在然公之書詳於理亂興衰而略於典章經制非公之智有所不逮也編簡浩如煙埃著述自有體要其勢不能以兩得也竊嘗以爲理亂興衰不相因者也晉之得國異乎漢隋之喪邦

**08111-08113 文獻通考三百四十八卷首一卷** （元）馬端臨撰　明嘉靖馮天馭刻本

匡高19.6厘米，廣14.4厘米。半葉十三行，行二十四字，白口，左右雙邊。北京師範大學圖書館藏，有“瑩如”、“董康秘笈之印”；吉林大學圖書館藏；中國中醫科學院圖書館藏，卷一至五補配。

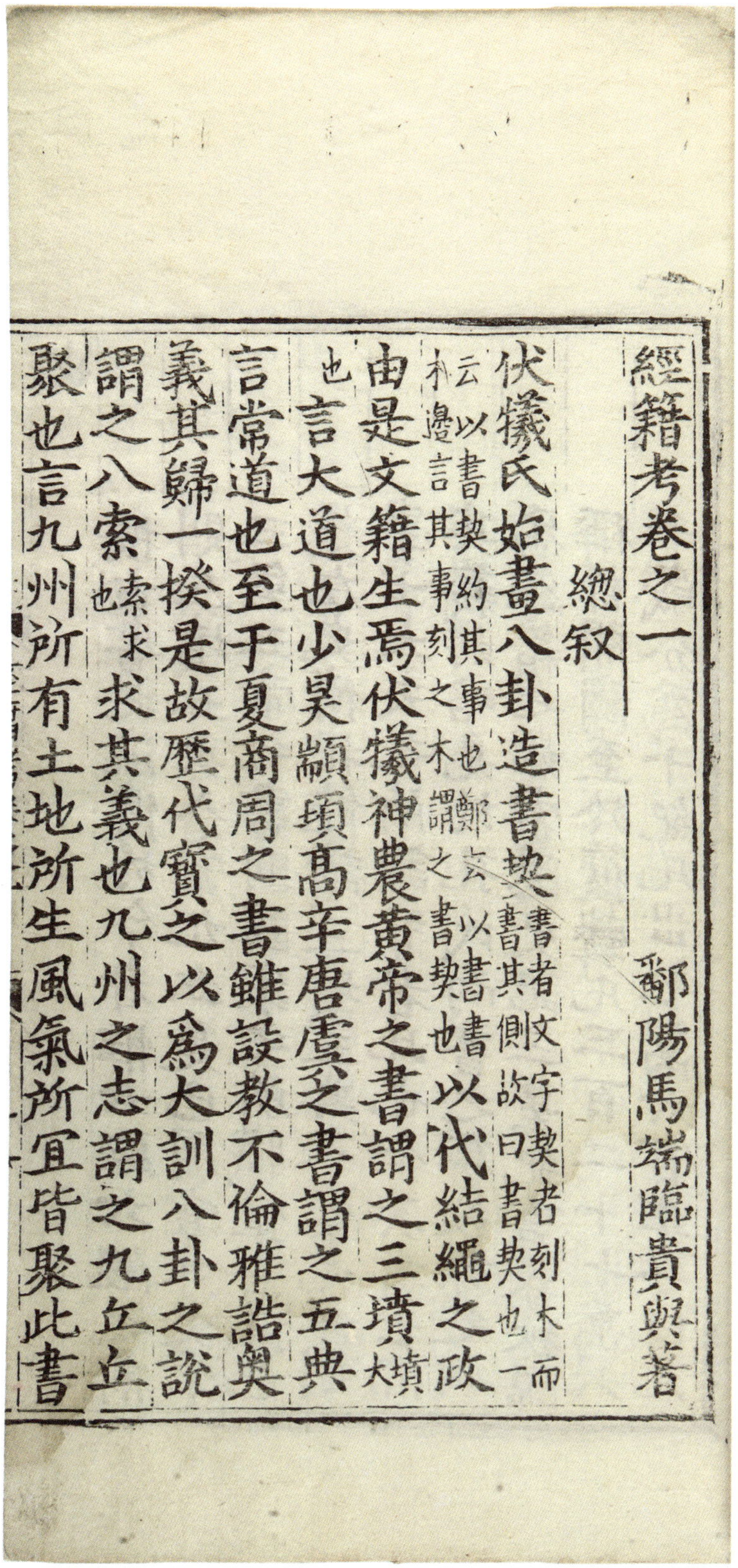
經籍考卷之一
鄱陽馬端臨貴與著
總叙
伏犧氏始畫八卦造書契（書者文字契者刻木而書其側故曰書契也一云以書契約其事也鄭玄云以書書木邊言其事刻之木謂之書契也）以代結繩之政
由是文籍生焉伏犧神農黃帝之書謂之三墳（墳大也）言大道也少昊顓頊高辛唐虞之書謂之五典（典
言常道也至于夏商周之書雖設教不倫雅誥奧
義其歸一揆是故歷代寶之以爲大訓八卦之說
謂之八索（索求也）求其義也九州之志謂之九丘（丘
聚也言九州所有土地所生風氣所宜皆聚此書

**08114、08115 經籍考七十六卷** （元）馬端臨撰　明弘治九年（1496）黃仲昭、張汝舟刻本

匡高19.1厘米，廣12.3厘米。半葉十行，行十九字，小字雙行同，白口，四周雙邊。國家圖書館、華東師範大學圖書館藏。

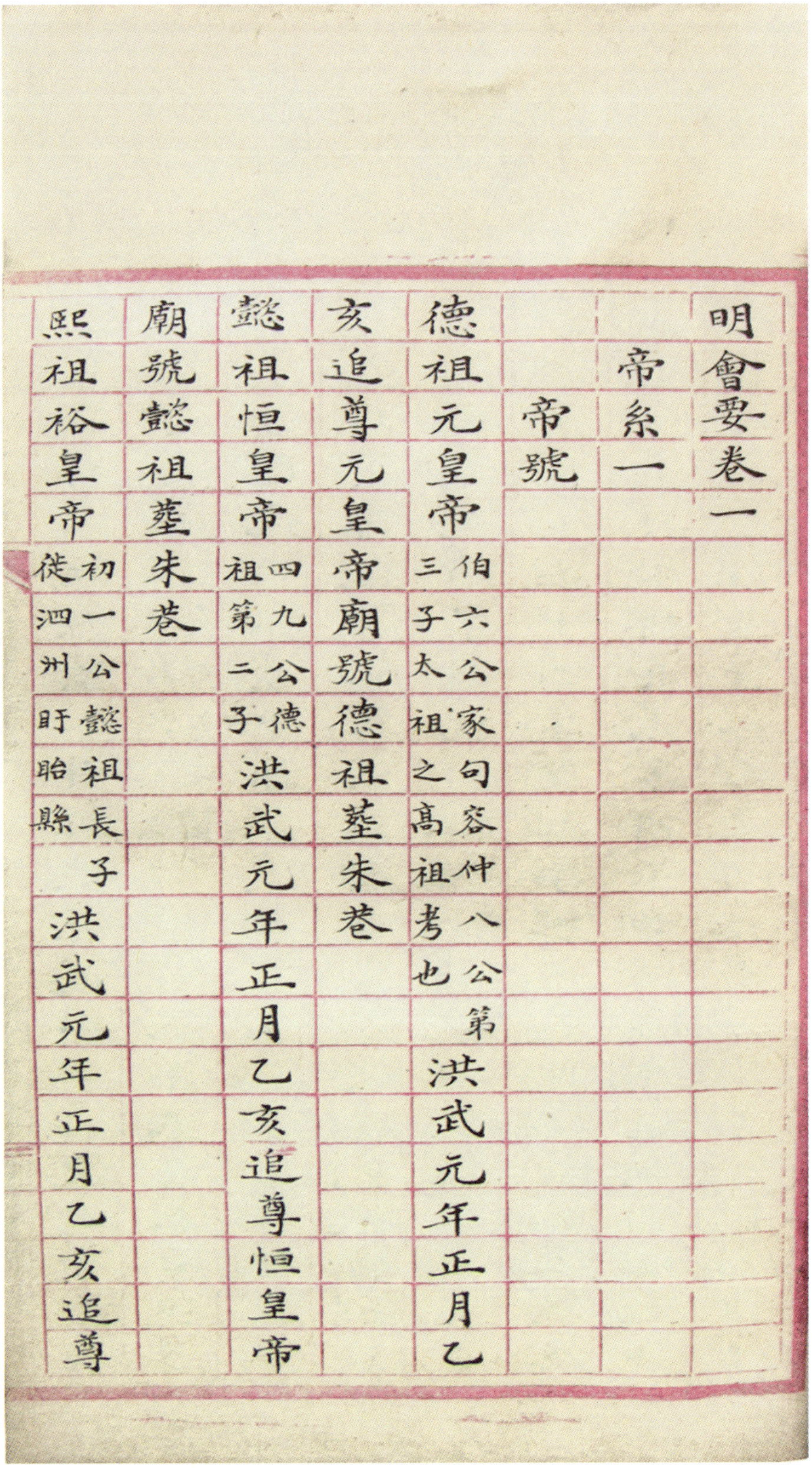
明會要卷一
帝系一
帝號
德祖元皇帝伯六公家句容仲八公第三子太祖之高祖考也洪武元年正月乙
亥追尊元皇帝廟號德祖墓朱巷
懿祖恒皇帝四九公德祖第二子洪武元年正月乙亥追尊恒皇帝
廟號懿祖墓朱巷
熙祖裕皇帝初一公懿祖長子從泗州盱眙縣洪武元年正月乙亥追尊

**08116 明會要八十卷** （清）龍文彬輯　清抄本

匡高17.5厘米，廣10.5厘米。半葉八行，行二十二字，白口，紅格，四周雙邊。貴州師範大學圖書館藏。

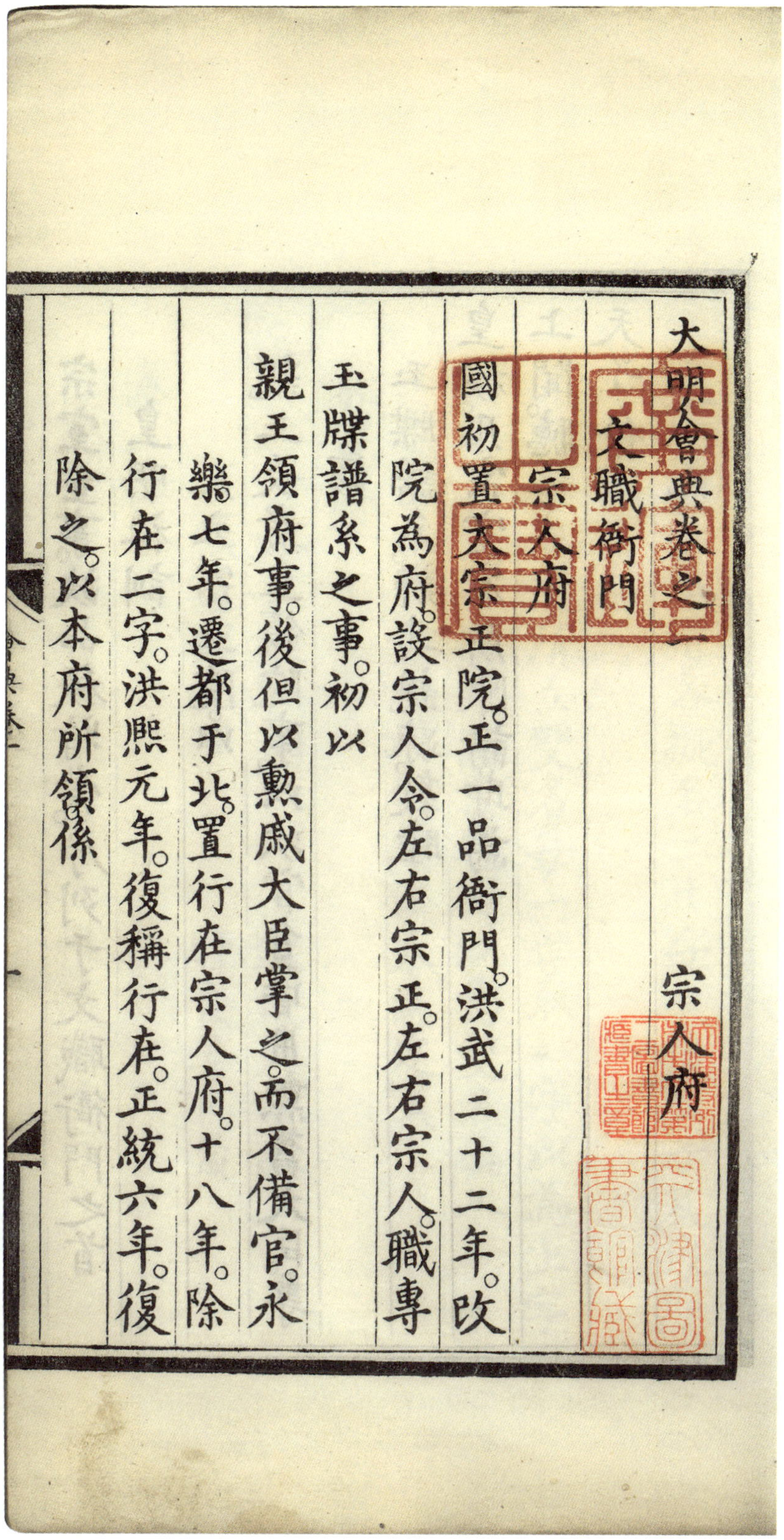
大明會典卷之一　宗人府
文職衙門
宗人府
國初置大宗正院。正一品衙門。洪武二十二年。改
院為府。設宗人令。左右宗正。左右宗人。職專
玉牒譜系之事。初以
親王領府事。後但以勳戚大臣掌之。而不備官。永
樂七年。遷都于北。置行在宗人府。十八年。除
行在二字。洪熙元年。復稱行在。正統六年。復
除之。以本府所領係

**08117、08118 大明會典一百八十卷** （明）徐溥等纂修　明正德六年（1511）司禮監刻本

匡高26厘米，廣18厘米。半葉十行，行二十字，黑口，四周雙邊。遼寧省圖書館藏，“廣運之寶”、“真州吴氏有福讀書堂藏書”；天津圖書館藏。

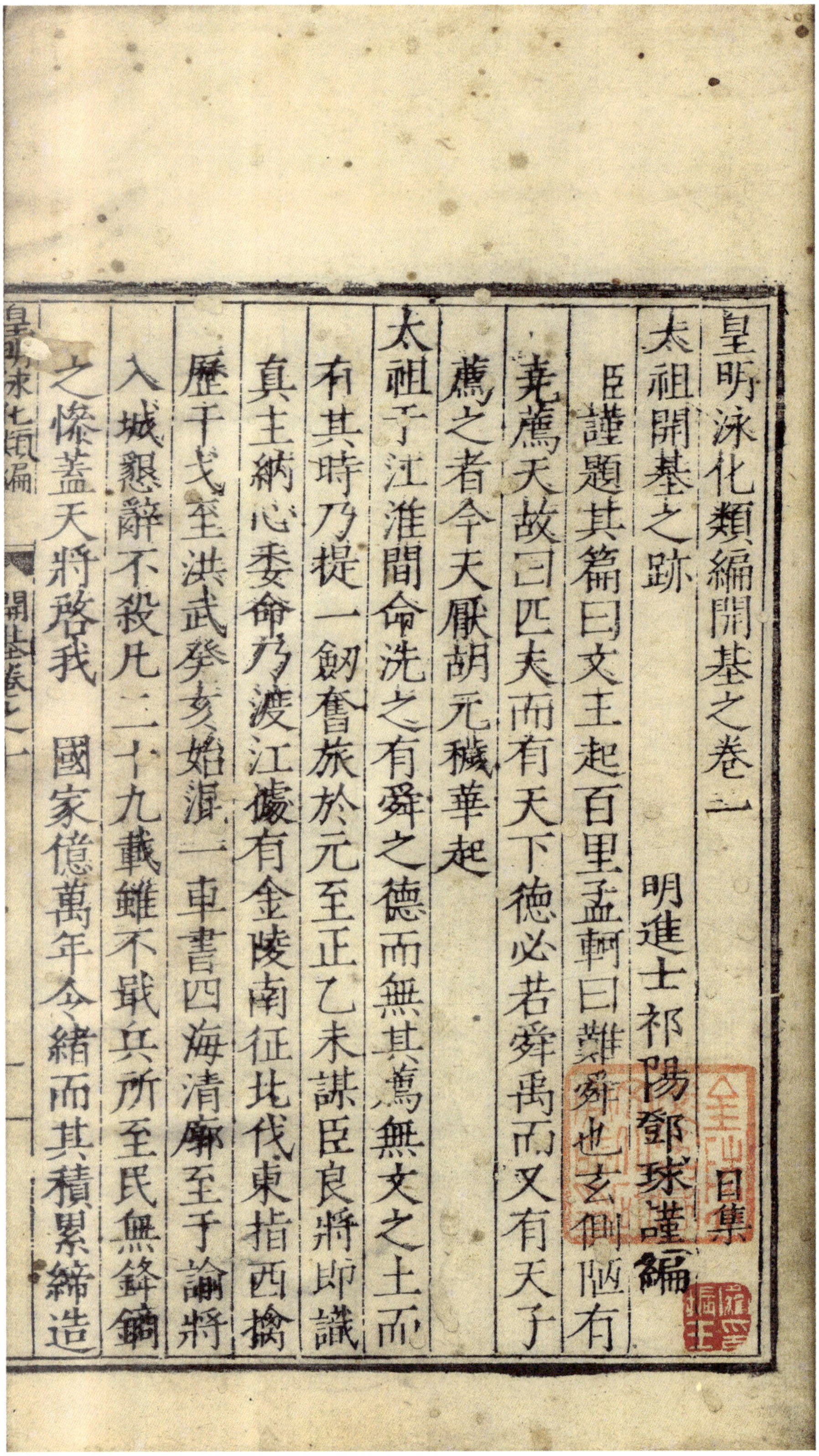

皇明泳化類編開基之卷一　日集
太祖開基之跡　明進士祁陽鄧球謹編
臣謹題其篇曰文王起百里孟軻曰難舜也玄側陋有
堯薦天故曰匹夫而有天下德必若舜禹而又有天子
薦之者今天厭胡元穢華起
太祖于江淮間命洗之有舜之德而無其薦無文之土而
有其時乃提一劍奮旅於元至正乙未謀臣良將郎識
真主納心委命乃渡江據有金陵南征北伐東指西擒
歷干戈至洪武癸亥始混一車書四海清廓至于論將
入城懇辭不殺凡二十九載雖不戰兵所至民無鋒鏑
之慘蓋天將啓我　國家億萬年令緒而其積累締造
皇明泳化類編　開基卷之一　一

**08119-08121　皇明泳化類編一百三十六卷續編十七卷**　（明）鄧球撰　明隆慶刻本

匡高19厘米，廣13.2厘米。半葉十一行，行二十二字，白口，四周雙邊。四川省圖書館藏；南京大學圖書館藏，有“明善堂覽書畫印記”、“安樂堂藏書”等印，羅振玉題識；柳州市圖書館藏，卷一百二十九至一百三十、一百三十四至一百三十六抄配。

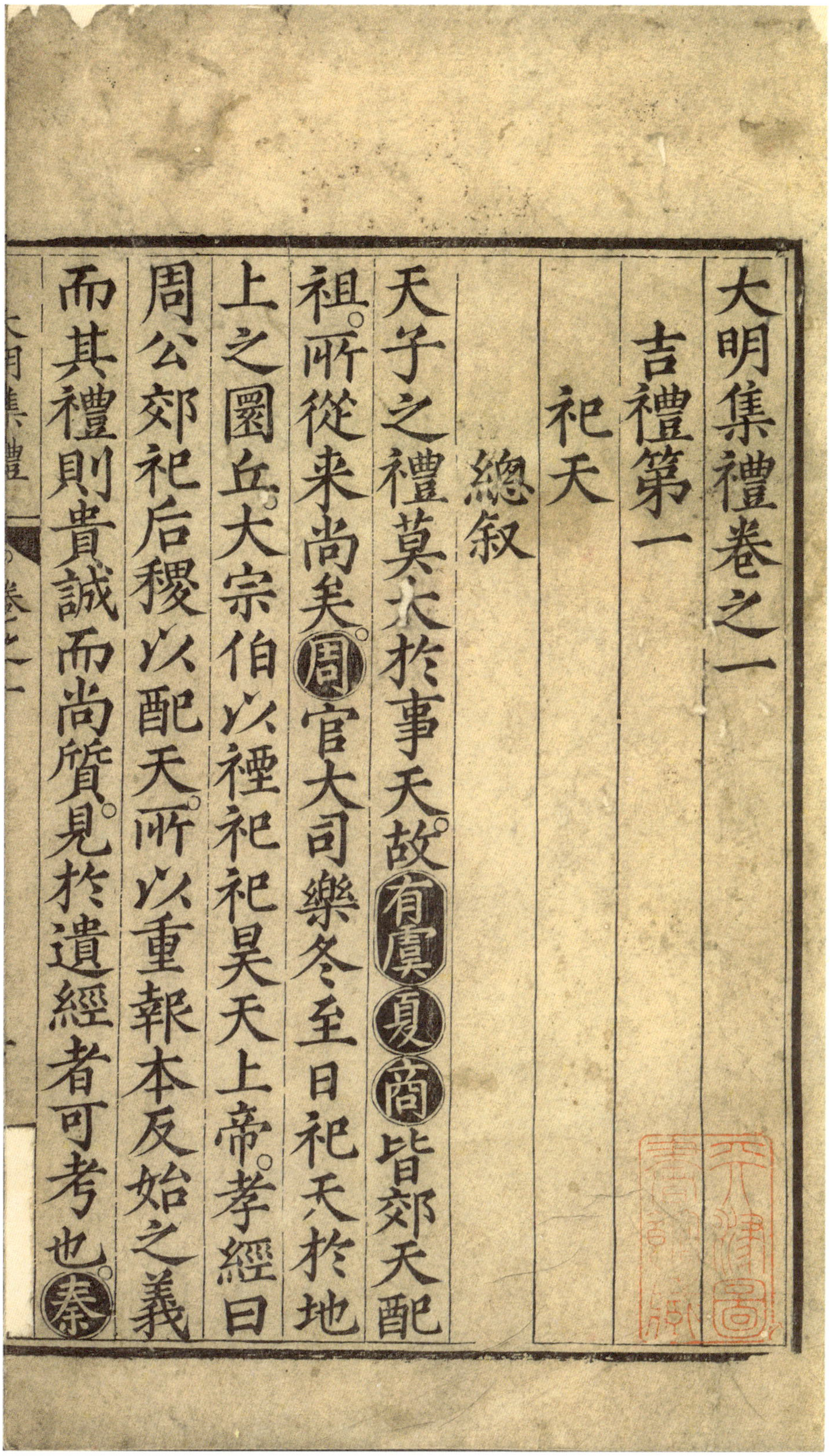
大明集禮卷之一
吉禮第一
祀天
總叙
天子之禮莫大於事天故有虞夏商皆郊天配
祖所從来尚矣周官大司樂冬至日祀天於地
上之圜丘大宗伯以禋祀祀昊天上帝孝經曰
周公郊祀后稷以配天所以重報本反始之義
而其禮則貴誠而尚質見於遺經者可考也秦

**08122-08124 大明集禮五十三卷** （明）徐一夔　梁寅等撰　明嘉靖九年（1530）内府刻本

匡高24.5厘米，廣17厘米。半葉九行，行十八字，白口，四周雙邊。天津圖書館藏；遼寧省圖書館藏，有“眞州吳氏有福讀書堂藏書”；南京圖書館藏，丁丙跋。

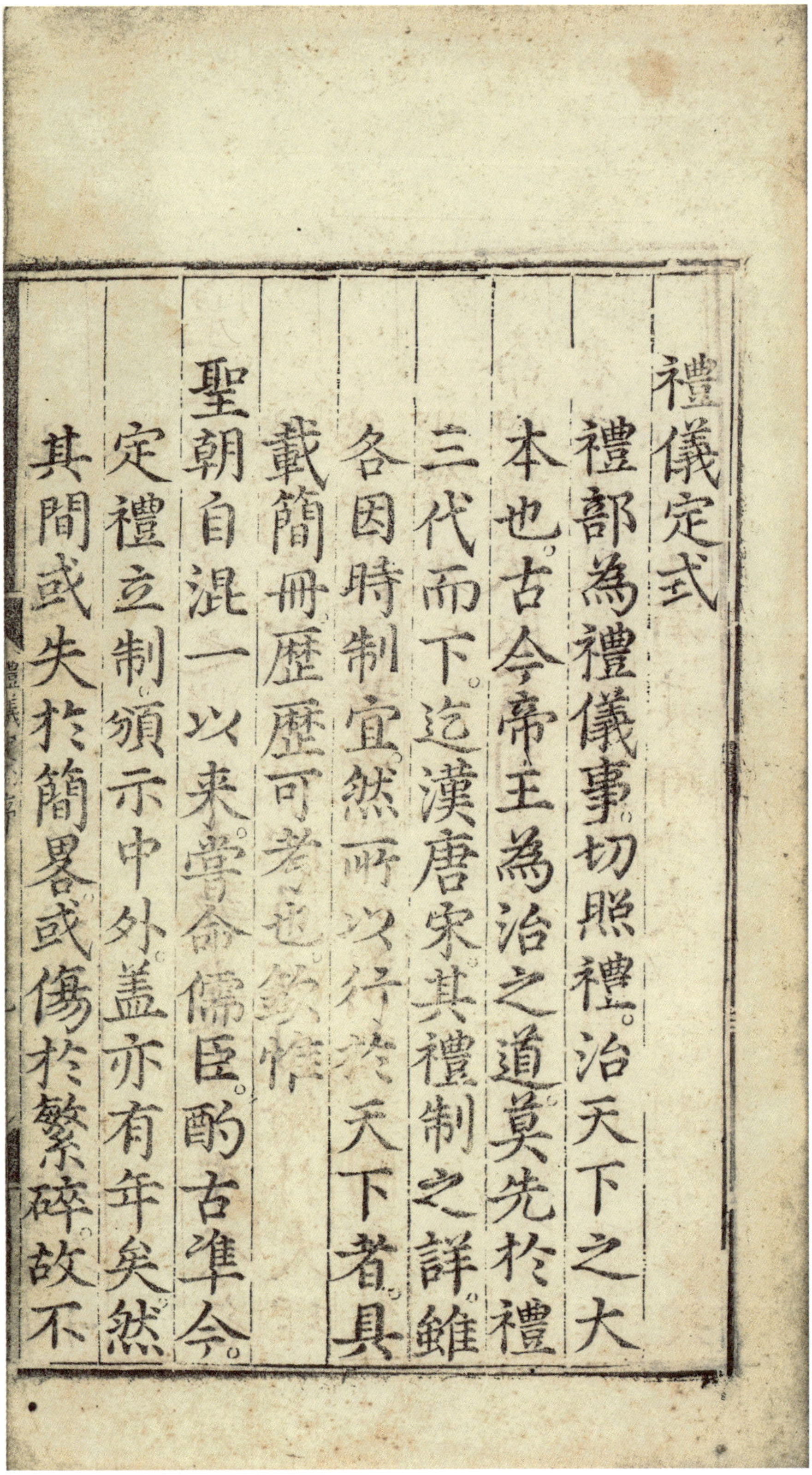

禮儀定式
禮部為禮儀事。切照禮。治天下之大
本也。古今帝王為治之道。莫先於禮
三代而下。迄漢唐宋。其禮制之詳。雖
各因時制宜。然所以行於天下者。具
載簡冊歷歷可考也。欽惟
聖朝自混一以來。嘗命儒臣。酌古準今。
定禮立制。頒示中外。蓋亦有年矣。然
其間或失於簡畧。或傷於繁碎。故不

**08125 禮儀定式一卷** （明）李原名等撰　明嘉靖二十四年（1545）徽藩刻本

包背裝。匡高20.6厘米，廣13.8厘米。半葉九行，行十六字，黑口，四周雙邊。有“嘉靖乙巳歲仲春月徽藩芸窗道人刊”牌記。寧波市天一閣博物館藏。

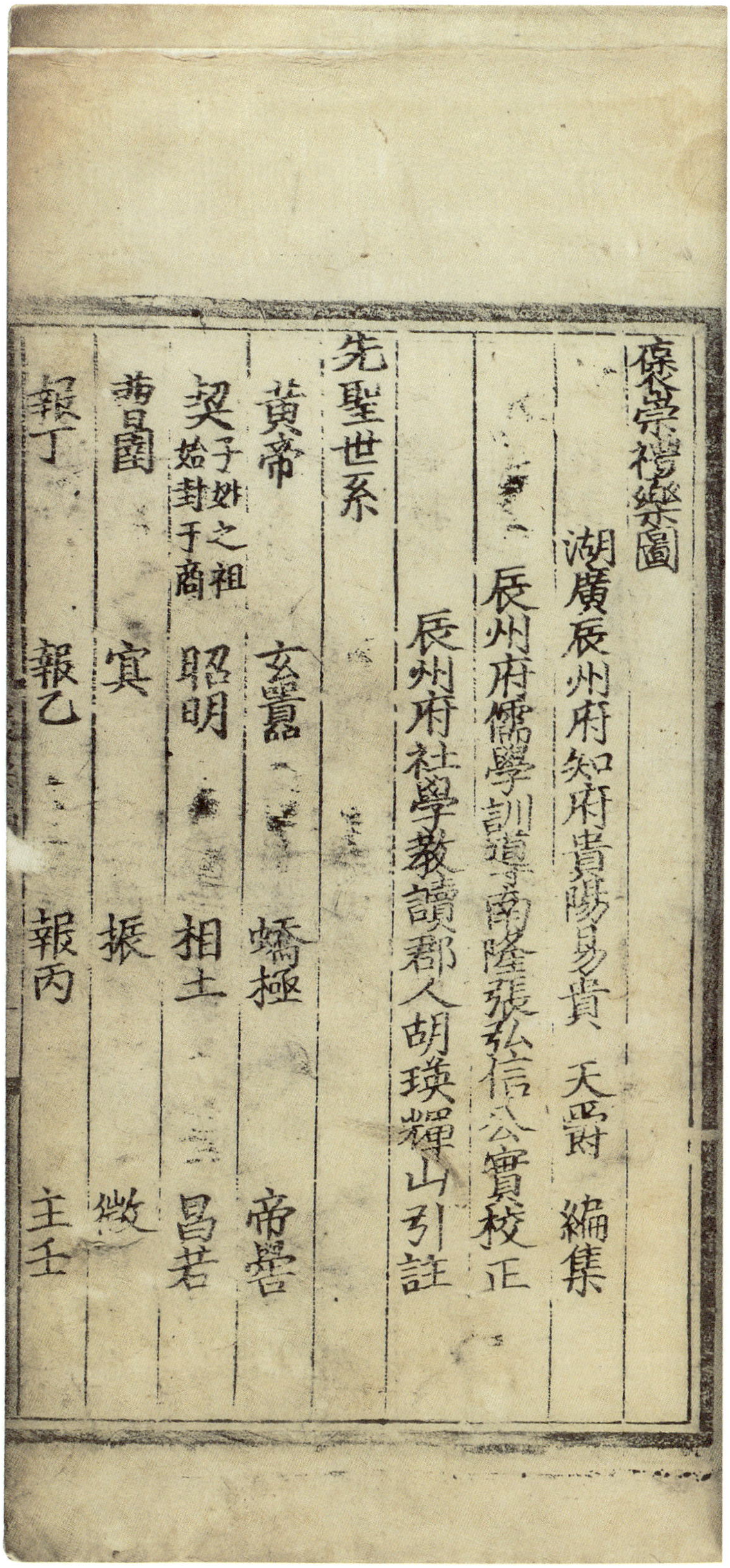

褒崇禮樂圖
湖廣辰州府知府貴陽易貴　天爵　編集
辰州府儒學訓導南隆張弘信　公實　校正
辰州府社學教讀郡人胡瑛　輝山　引註
先聖世系
黄帝　玄囂　蟜極　帝嚳
契子姓之祖始封于商　昭明　相土　昌若
曹圉　冥　振　微
報丁　報乙　報丙　主壬

**08126 褒崇禮樂圖不分卷**　（明）易貴撰　明刻本

匡高21.4厘米，廣13.4厘米。半葉九行，行二十五字，小字雙行同，黑口，四周雙邊。雲南大學圖書館藏。

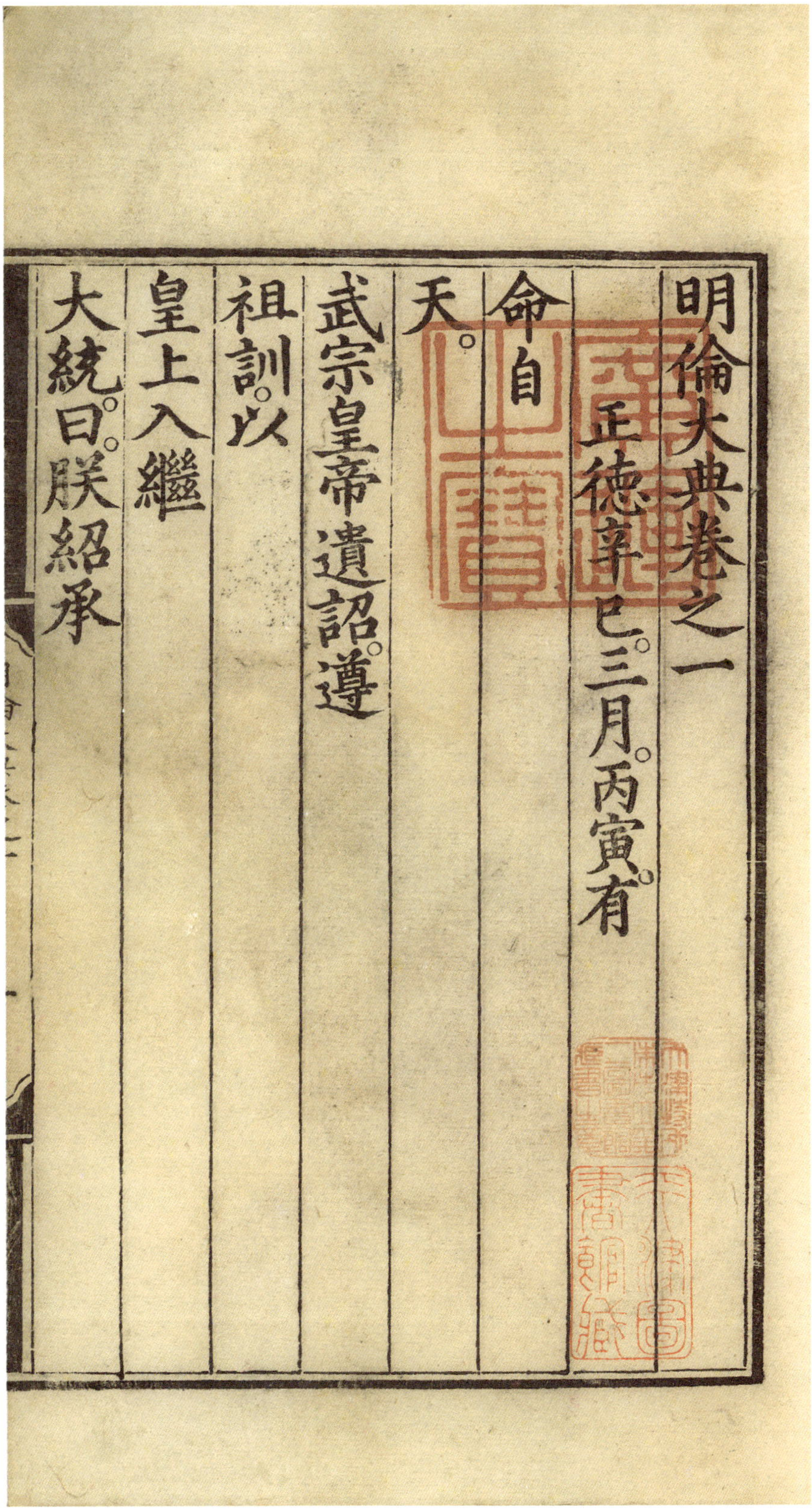
明倫大典卷之一
正德辛巳三月丙寅有
命自
天
武宗皇帝遺詔導
祖訓以
皇上入繼
大統曰朕紹承

**08127、08128 明倫大典二十四卷** （明）楊一清　熊浹等纂修　明嘉靖七年（1528）内府刻本

匡高27.2厘米，廣18.1厘米。半葉八行，行十八字，黑口，四周雙邊。河北大學圖書館藏，有“欽文之璽”、“廣運之寶”、“都門正雅堂經藏書籍印”、“李宗侗藏書”等印；天津圖書館藏。

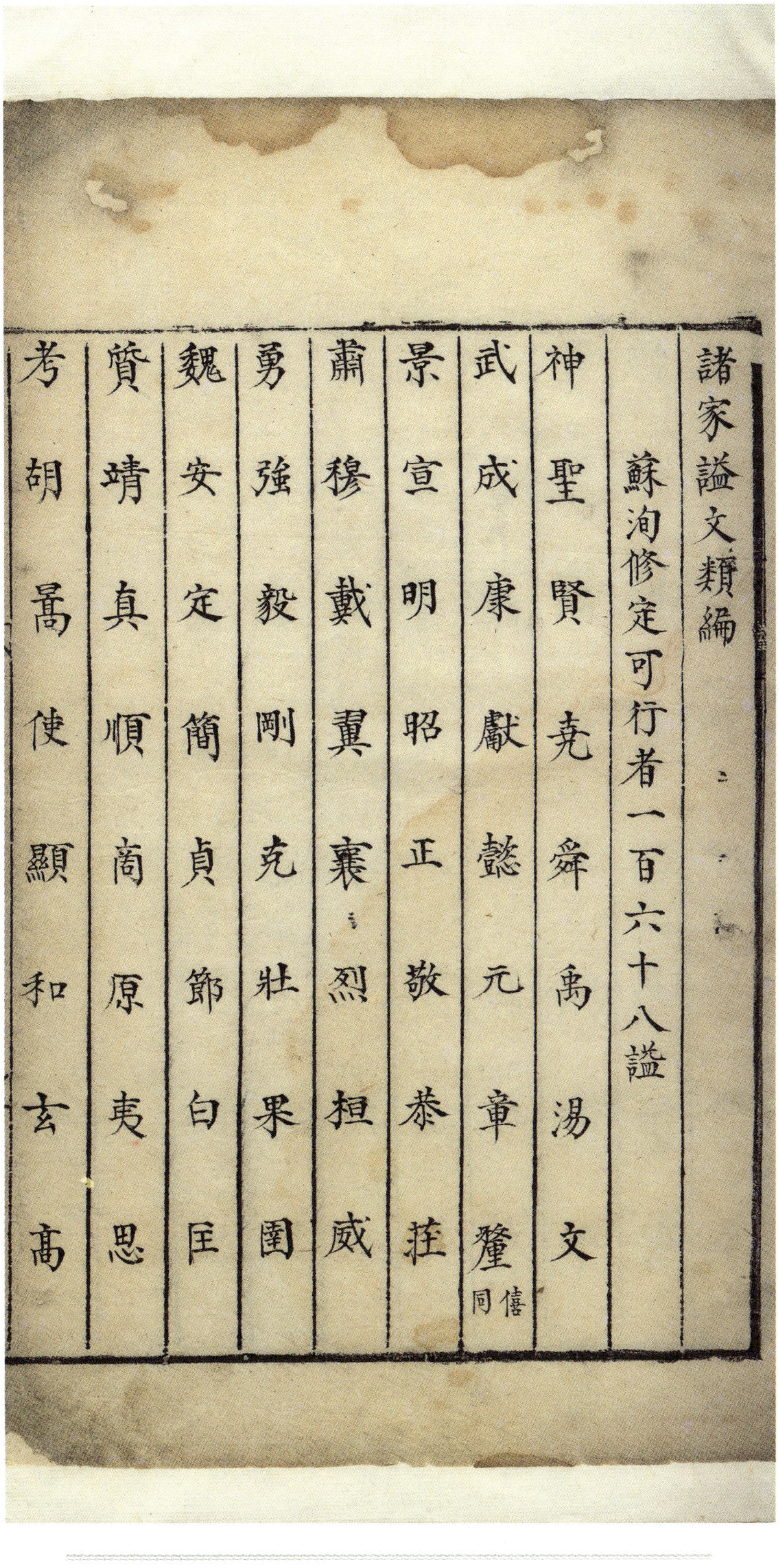
諸家謚文類編
蘇洵修定可行者一百六十八謚
神聖賢堯舜禹湯文
武成康獻懿元章釐僖同
景宣明昭正敬恭莊
肅穆戴翼襄烈桓威
勇強毅剛克壯果圉
魏安定簡貞節白匡
質靖真順商原夷思
考胡暠使顯和玄高

**08129 諸家謚文類編不分卷**　明抄本

匡高24.5厘米，廣17.6厘米。半葉十行，行二十字，白口，四周單邊。大連圖書館藏。

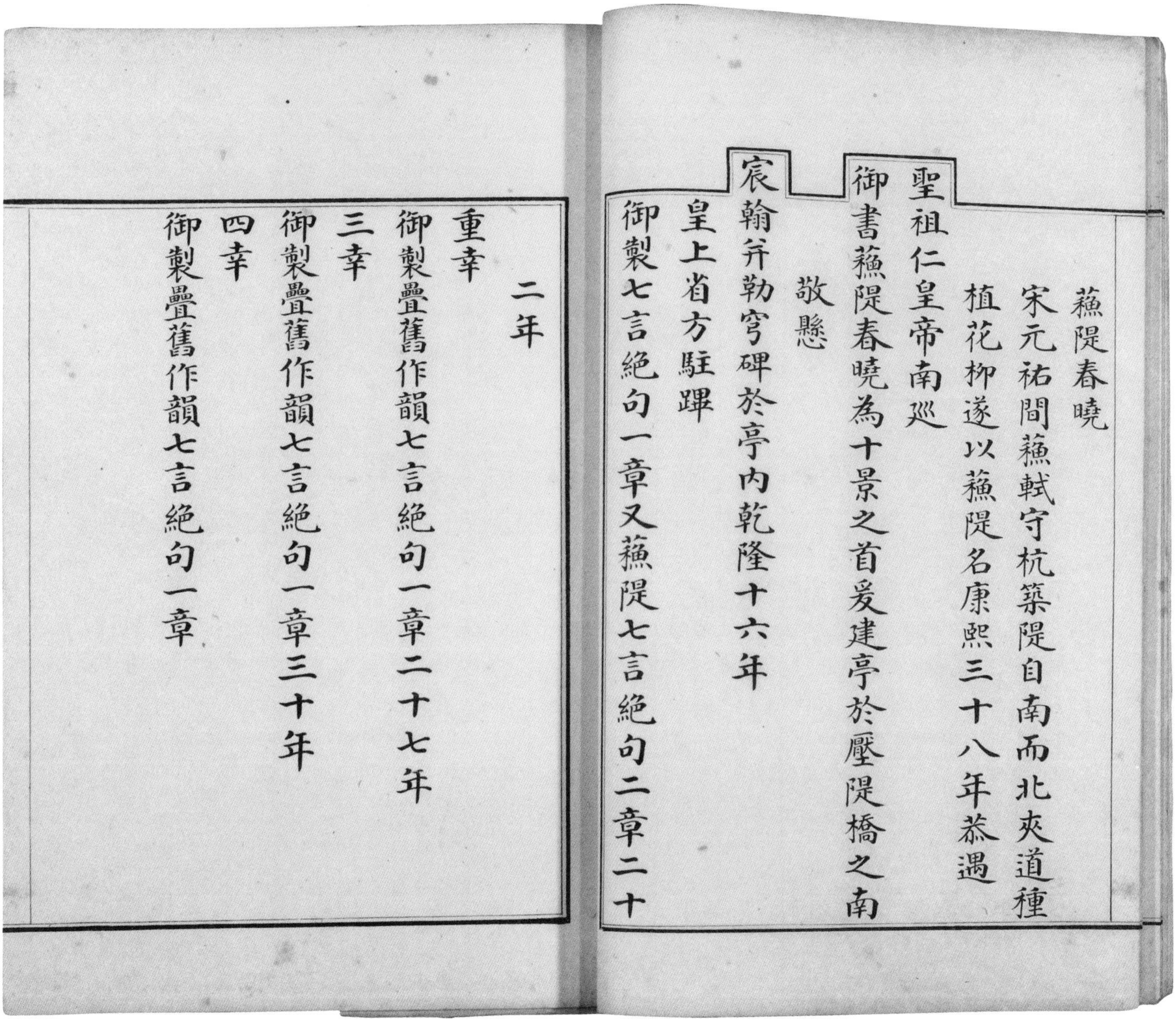

蘓隄春曉
宋元祐間蘓軾守杭築隄自南而北夾道種
植花柳遂以蘓隄名康熙三十八年恭遇
聖祖仁皇帝南巡
御書蘓隄春曉為十景之首爰建亭於壓隄橋之南
敬懸
宸翰并勒穹碑於亭内乾隆十六年
皇上省方駐蹕
御製七言絶句一章又蘓隄七言絶句二章二十
二年
重幸
御製疊舊作韻七言絶句一章二十七年
三幸
御製疊舊作韻七言絶句一章三十年
四幸
御製疊舊作韻七言絶句一章

**08130 幸浙盛典圖説不分卷** （清）熊學鵬等撰　清乾隆内府抄本

匡高21.8厘米，廣17厘米。半葉九行，行二十字，白口，四周雙邊。南京博物院藏。

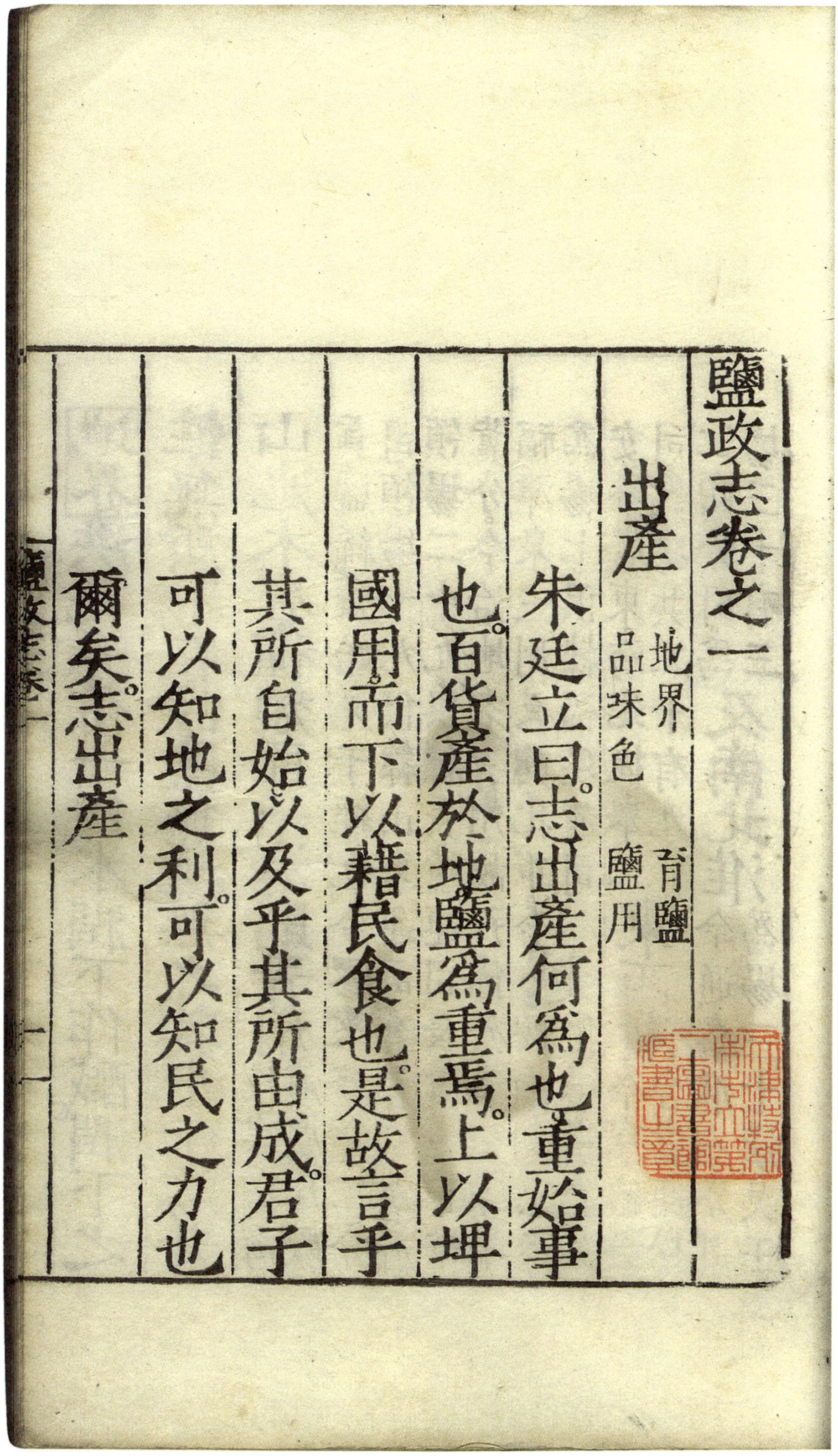
鹽政志卷之一
出產 地界 產鹽 品味色 鹽用
朱廷立曰志出產何爲也重始事
也百貨產於地鹽爲重焉上以埤
國用而下以藉民食也是故言乎
其所自始以及乎其所由成君子
可以知地之利可以知民之力也
爾矣志出產
鹽政志卷一 一

**08131、08132 鹽政志十卷** （明）朱廷立等撰　明嘉靖刻本

匡高18.1厘米，廣14.7厘米。半葉八行，行十七字，小字雙行同，白口，四周單邊。天津圖書館、浙江圖書館藏。

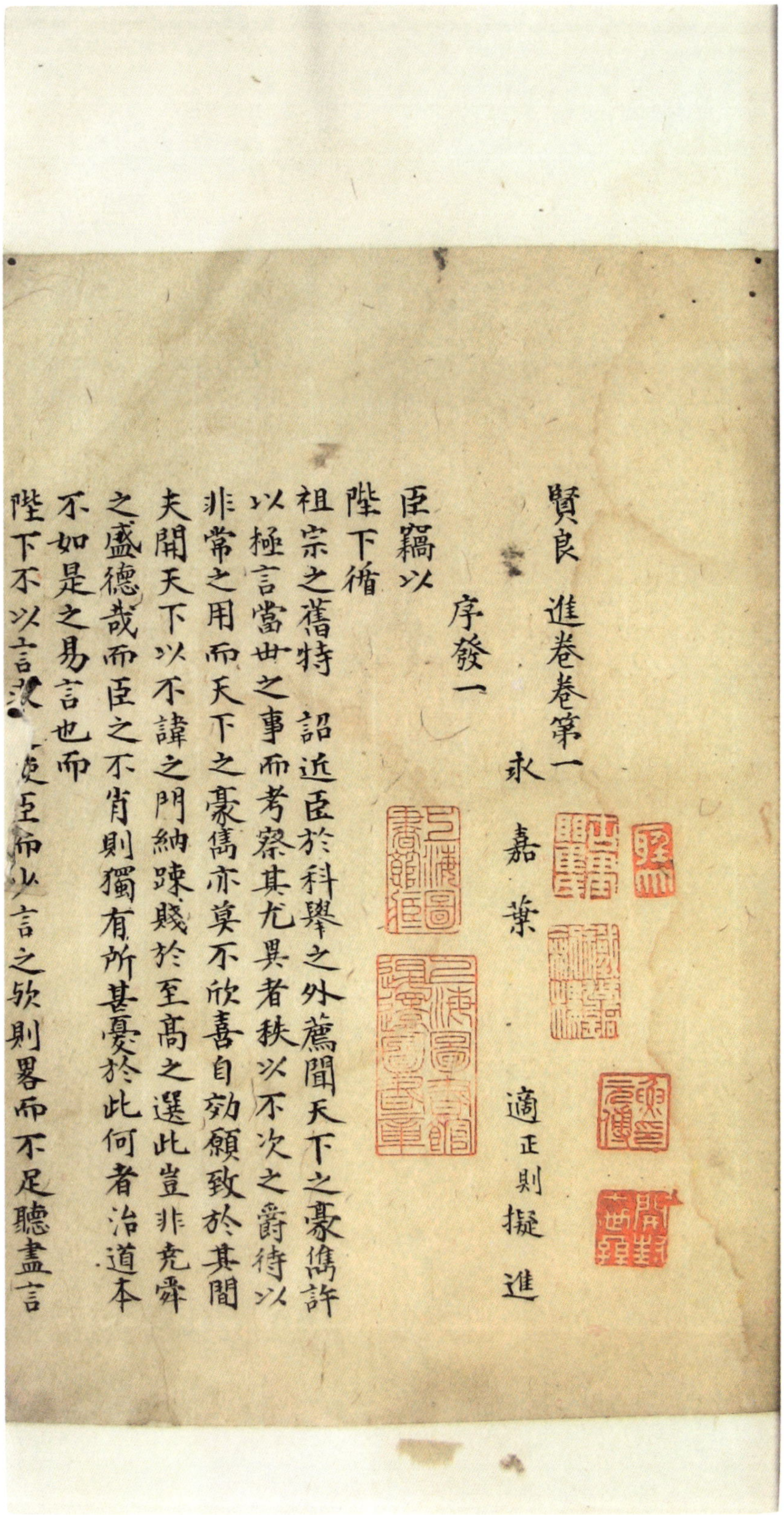
賢良進卷卷第一
永嘉葉　適正則擬進
序發一
臣竊以
陛下循
祖宗之舊特　詔近臣於科舉之外薦聞天下之豪儁許
以極言當世之事而考察其尤異者秩以不次之爵待以
非常之用而天下之豪儁亦莫不欣喜自効願致於其間
夫聞天下以不諱之門納疎賤於至高之選此豈非堯舜
之盛德哉而臣之不肖則獨有所甚憂於此何者治道本
不如是之易言也而
陛下不以言求之至而以言之欵則畧而不足聽盡言

**08133 賢良進卷八卷** （宋）葉適撰　清嘉慶十八年（1813）翁心存抄本

翁心存跋。江蘇省常熟市圖書館藏。

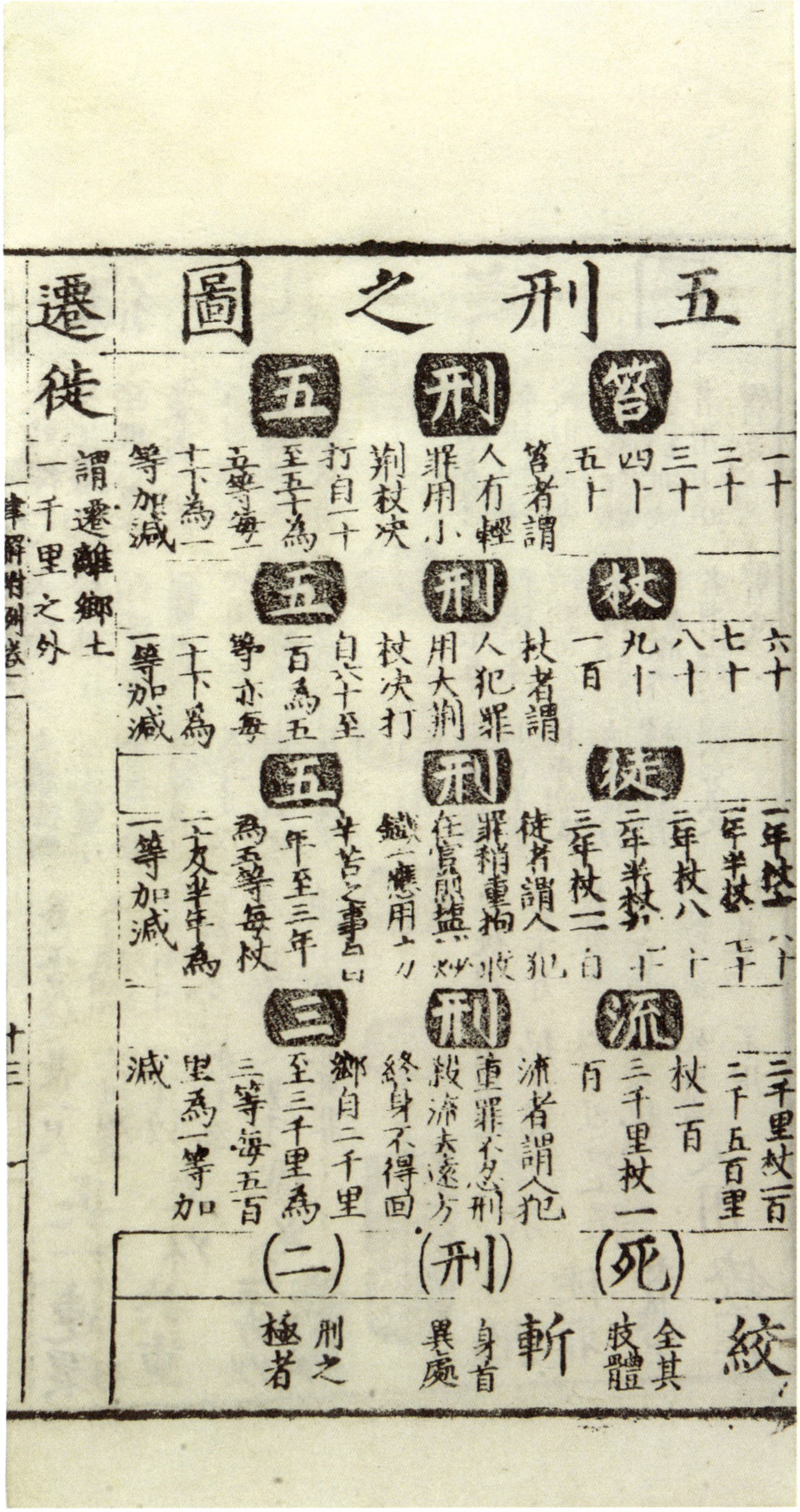
五刑之圖

笞刑五：一十　二十　三十　四十　五十
笞者謂人有輕罪用小荊杖決打自一十至五十為五等每一十為一等加減

杖刑五：六十　七十　八十　九十　一百
杖者謂人犯罪用大荊杖決打自六十至一百為五等亦每一十為一等加減

徒刑五：一年杖六十　一年半杖七十　二年杖八十　二年半杖九十　三年杖一百
徒者謂人犯罪稍重拘收在官煎鹽炒鐵一應用力辛苦之事自一年至三年為五等每杖一十及半年為一等加減

流刑三：二千里杖一百　二千五百里杖一百　三千里杖一百
流者謂人犯重罪不忍刑殺流去遠方終身不得回鄉自二千里至三千里為三等每五百里為一等加減

死刑二：絞　全其肢體　斬　身首異處　刑之極者

遷徒　謂遷離鄉土一千里之外

律解附例卷一　十三

**08134 大明律三十卷**　（明）胡瓊集解　明正德十六年（1521）刻本

匡高19.9厘米，廣13.9厘米。半葉十行，行二十二字，小字雙行同，白口，四周單邊。國家圖書館藏。

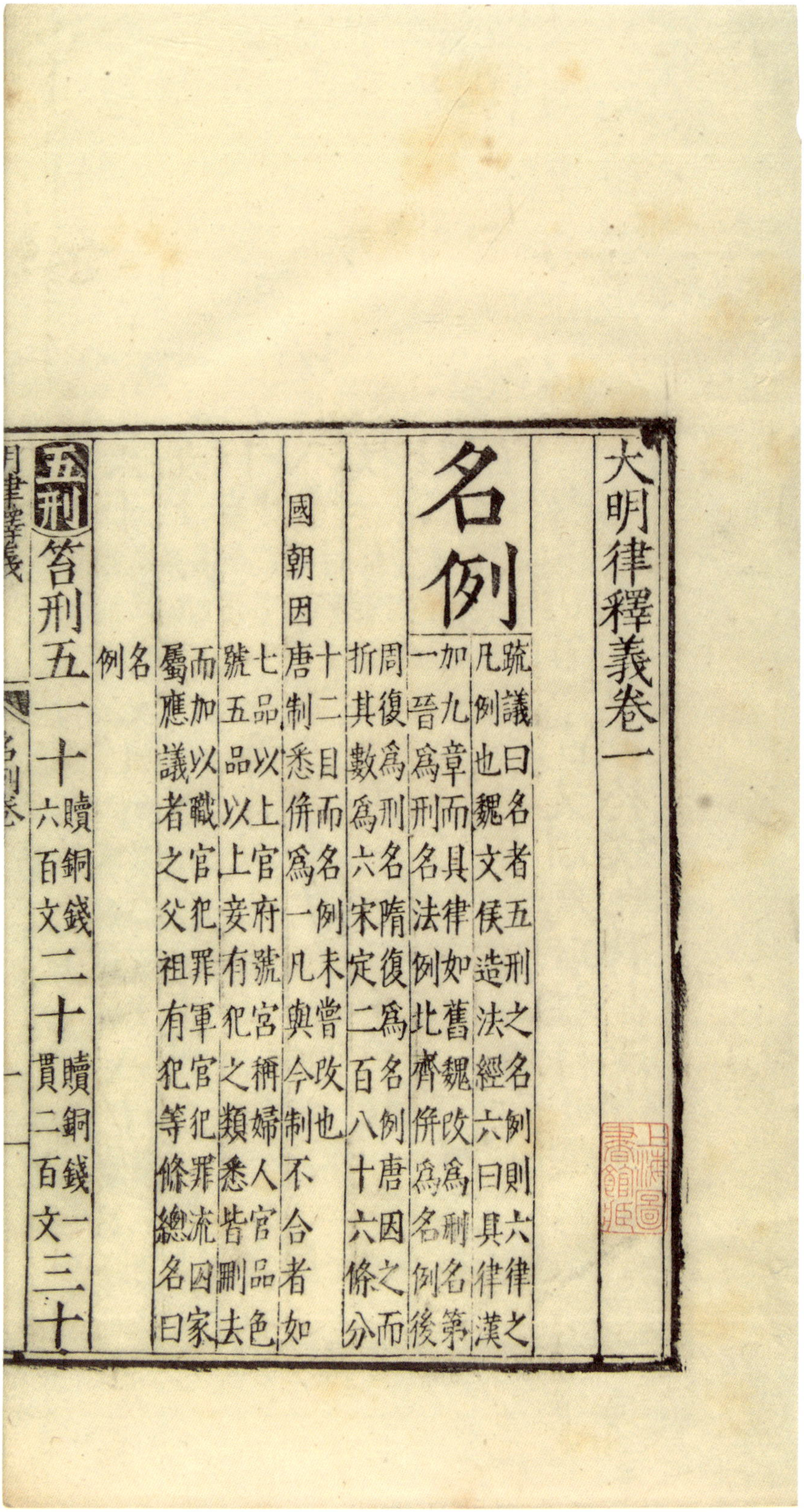
大明律釋義卷一

名例

疏議曰名者五刑之名例則六律之凡例也魏文侯造法經六曰具律漢之加九章而具律如舊魏改爲刑名第一晉爲刑名法例北齊併爲名例後周復爲刑名隋復爲名例唐因之而折其數爲六宋定二百八十六條分十二目而名例未嘗改也國朝因唐制悉併爲一凡與今制不合者如七品以上官府號宮稱婦人官品色號五品以上妾有犯之類悉皆刪去而加以職官犯罪軍官犯罪流囚家屬應議者之父祖有犯等條總名曰名例

五刑

笞刑五 一十贖銅錢六百文 二十贖銅錢一貫二百文 三十

**08135 大明律釋義三十卷** （明）應檟輯　明嘉靖三十一年（1552）廣東布政使司刻本

匡高19.5厘米，廣13.1厘米。半葉十行，行十八字，小字雙行同，白口，四周雙邊。有“赫舍裡氏如山之章”等印。上海圖書館藏。

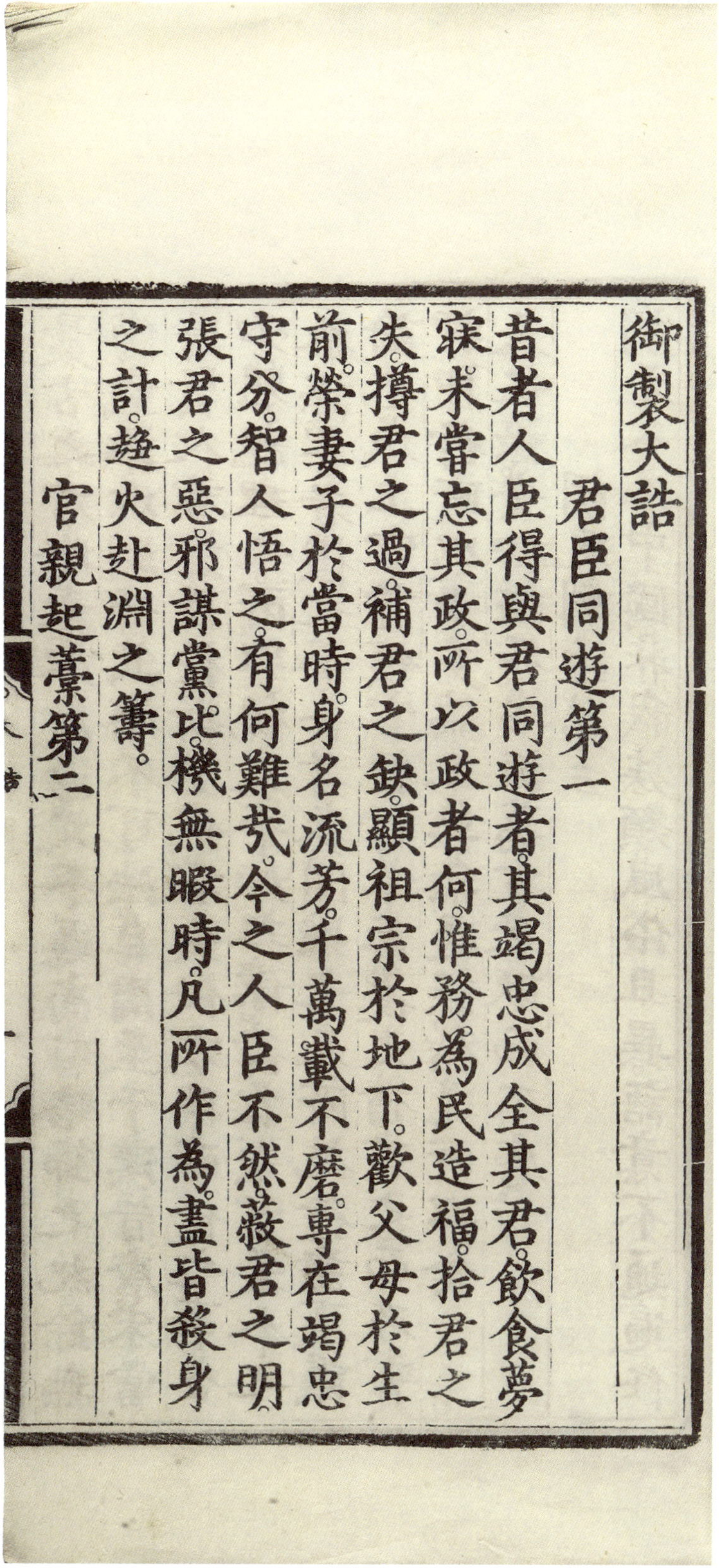
御製大誥
君臣同遊第一
昔者人臣得與君同遊者其竭忠成全其君飲食夢寐未嘗忘其政所以政者何惟務為民造福拾君之失撙君之過補君之缺顯祖宗於地下歡父母於生前榮妻子於當時身名流芳千萬載不磨專在竭忠守分智人悟之有何難哉今之人臣不然蔽君之明張君之惡邪謀黨比機無暇時凡所作為盡皆殺身之計趍火赴淵之籌
官親起稾第二

**08136 御製大誥一卷** （明）太祖朱元璋撰　明洪武十八年（1385）内府刻本

包背裝。匡高30厘米，廣18.1厘米。半葉十行，行二十字，黑口，四周雙邊。有“海鹽張元濟經收”、“涵芬樓”等印。國家圖書館藏。

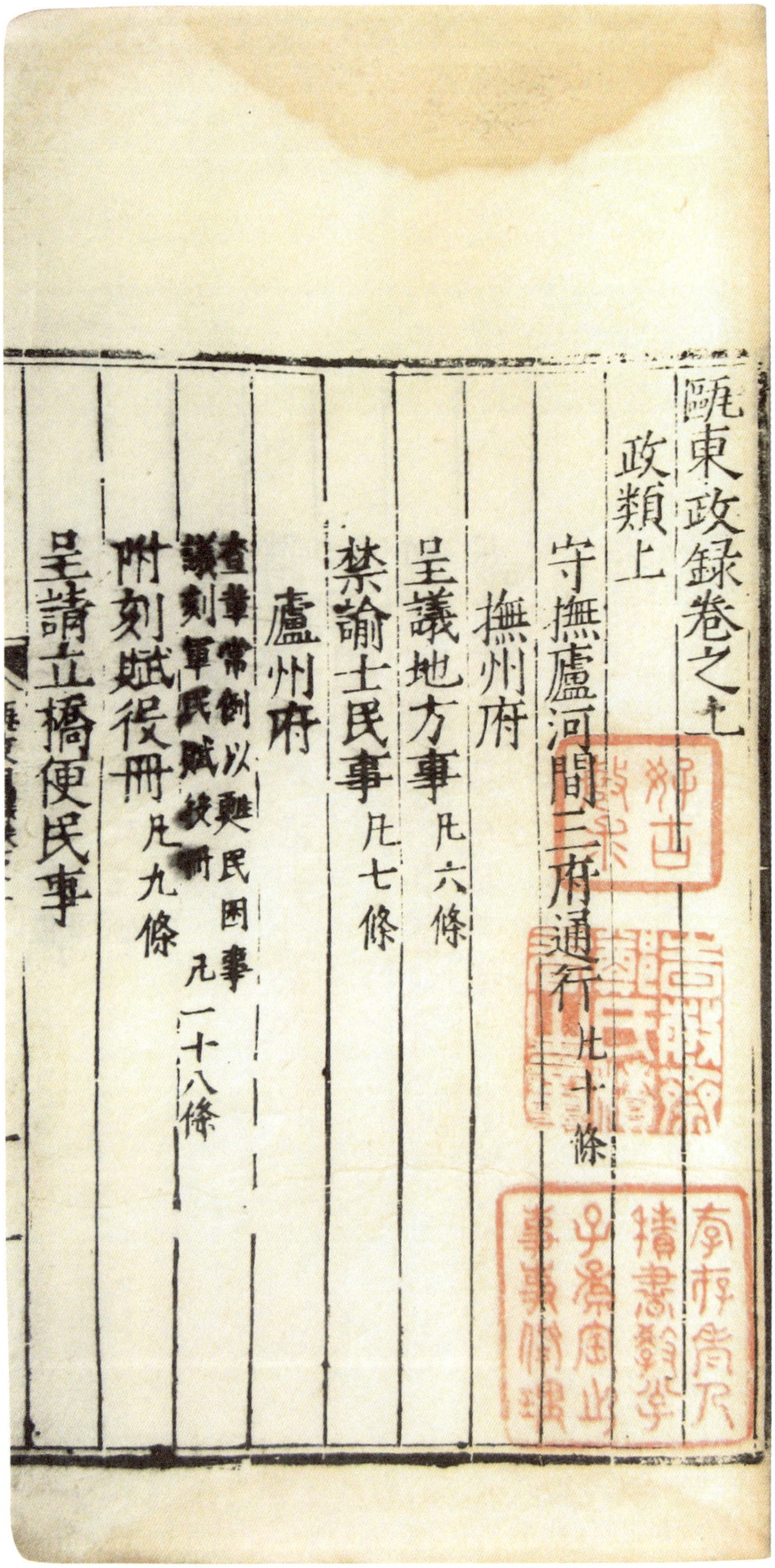

甌東政録卷之七
政類上
守撫廬河間三府通行凡十條
撫州府
呈議地方事凡六條
禁諭士民事凡七條
廬州府
查革常例以甦民困事凡一十八條
附刻賦役冊凡九條
呈請立橋便民事

**08137 甌東政録□卷** （明）項喬撰　明嘉靖刻本

匡高20.4厘米，廣13.9厘米。半葉十行，行二十字，白口，四周雙邊。江蘇省常熟市圖書館藏，存二卷。

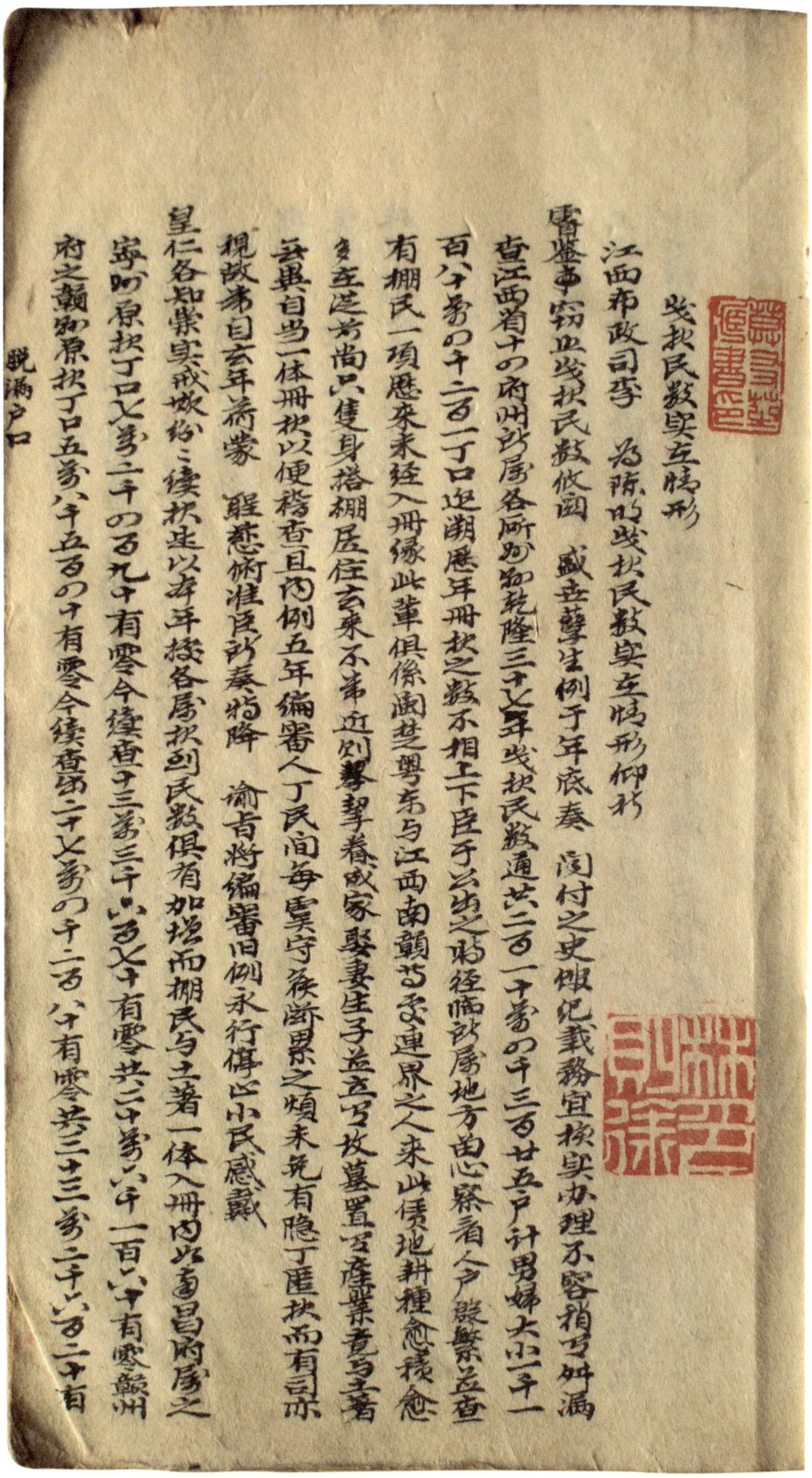

戶口民數實在情形

江西布政司李　為陳明戶口民數實在情形仰祈
睿鑒事竊照戶口民數欽奉　盛世滋生例于年底奏　聞付之史館記載務宜核實辦理不容稍有舛漏
查江西省十四府州所屬各廳州縣乾隆三十七年戶口民數通共二百一十萬四千三百廿五戶計男婦大小一千一
百八十萬四千二百一丁口迺溯歷年冊收之數不相上下臣于公出之時經臨所屬地方留心察看人戶殷繁并查
有棚民一項歷來未經入冊緣此輩俱係閩楚粵東與江西南贛等處連界之人來此賃地耕種愈積愈
多至若尚只隻身搭棚居住去來不常近則挈眷成家娶妻生子並立有墳墓置有產業竟與土著
無異自當一体冊收以便稽查且向例五年編審人丁民間每虞守候需索之煩未免有隱丁匿收而有司亦
視故常自去年荷蒙　聖慈俯准臣所奏將降　諭旨將編審舊例永行停止小民感戴
皇仁各知崇實戒欺紛紛續收是以本年據各屬收到民數俱有加增而棚民與土著一体入冊內如南昌府屬之
寧州原收丁口七萬二千四百九十有零今續查十三萬三千六百七十有零共二十萬六千一百六十有零贛州
府之贛縣原收丁口五萬八千五百四十有零今續查出二十七萬四千二百八十有零共三十三萬二千六百二十有
脫漏戶口

**08138 豫章憲典不分卷**　清抄本

有"林印則徐"、"莫友芝藏書印"、"影山草堂"等印。湖南省社會科學院圖書館藏。

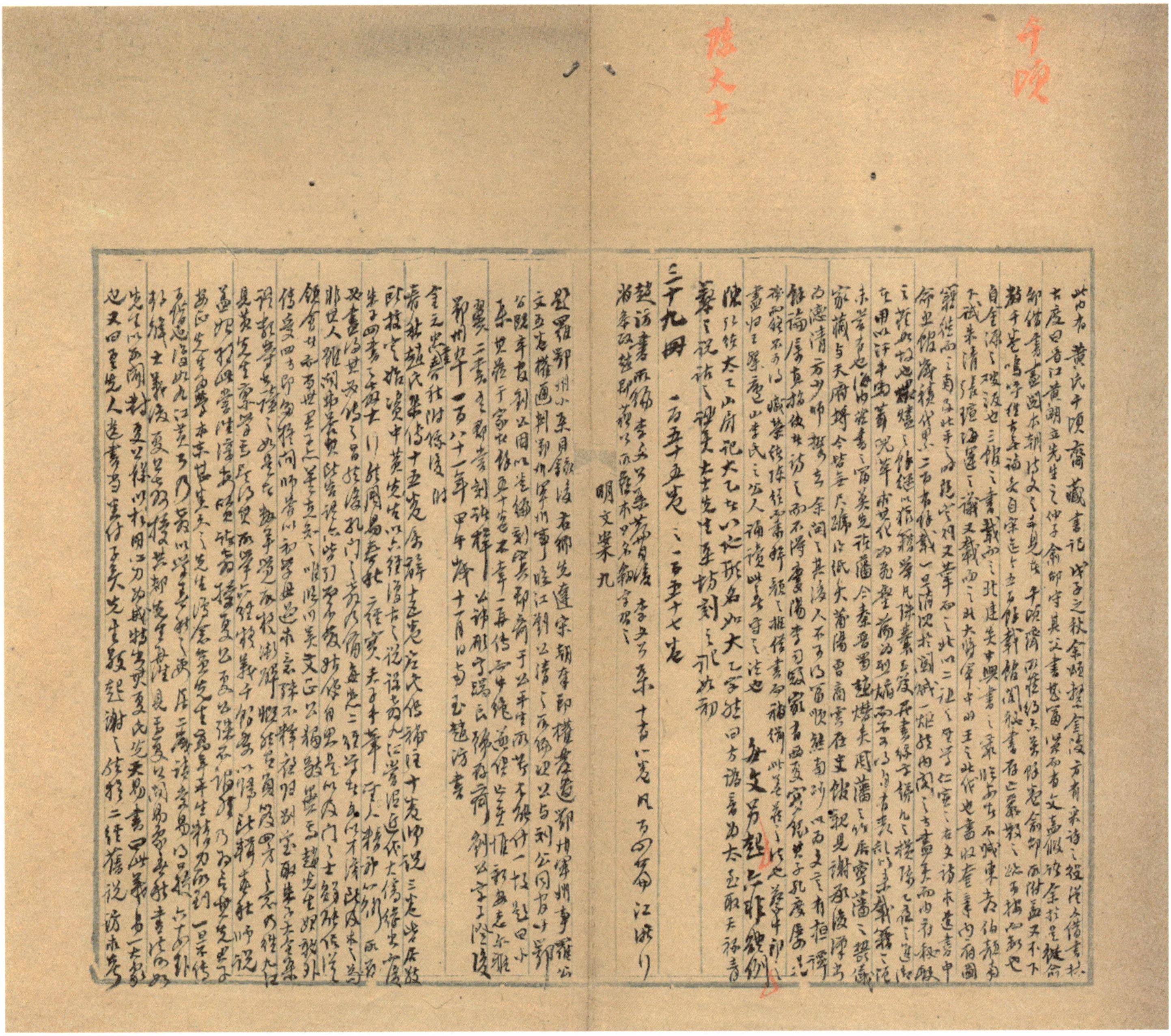

**08139 四庫全書提要稿不分卷** （清）翁方綱撰　手稿本

經折裝。有“文淵閣校理印”、“張叔平”、“朱嘉賓”、“貴池劉子”、“世珩審定”、“劉蔥石藏”等印。澳門中央圖書館藏。

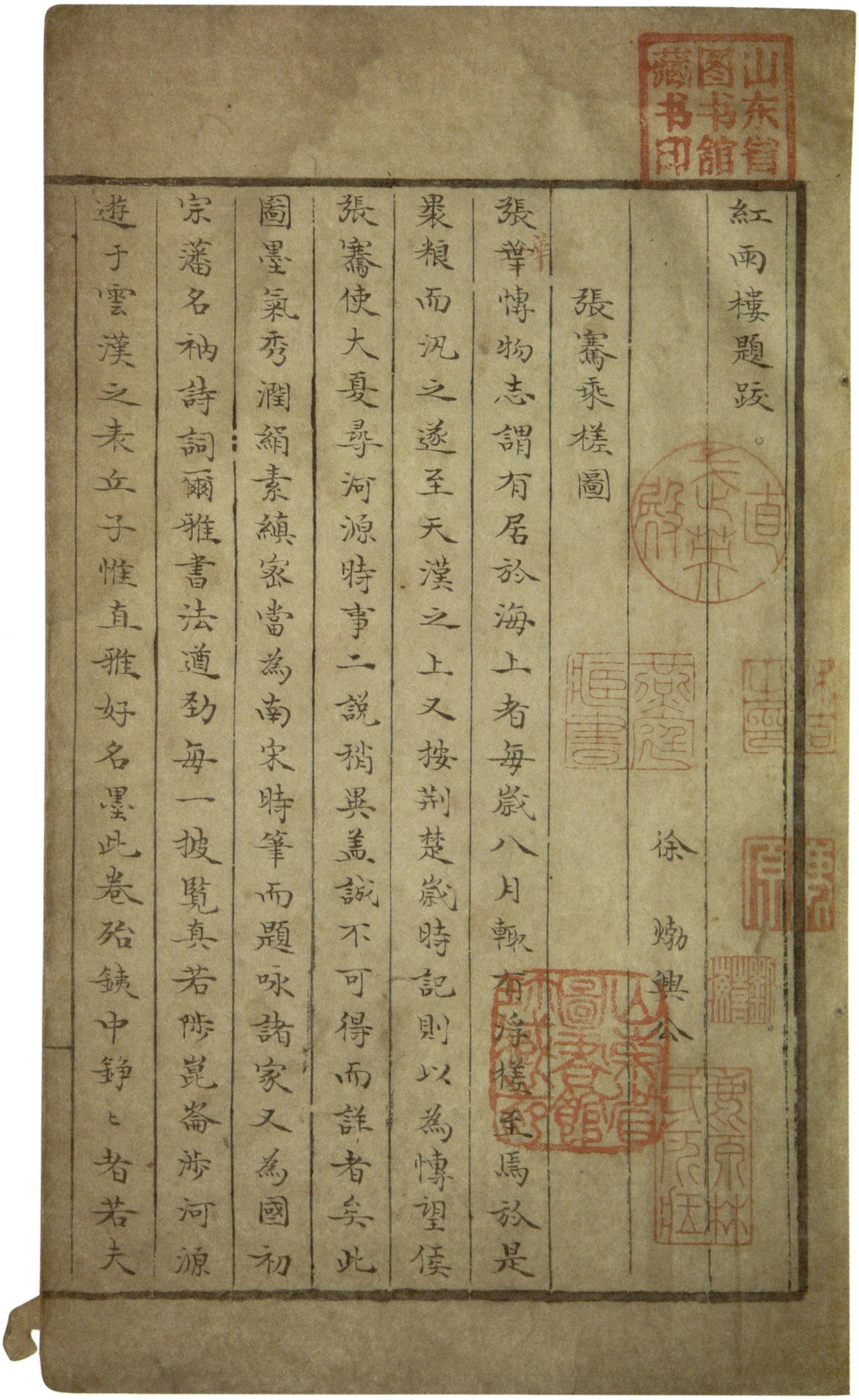

紅雨樓題跋。

徐𤊹興公

張騫乘槎圖

張華博物志謂有居於海上者每歲八月輒有浮槎至焉於是裹粮而汎之遂至天漢之上又按荆楚歲時記則以為博望侯張騫使大夏尋河源時事二說稍異蓋誕不可得而詳者矣此圖墨氣秀潤絹素縝密當為南宋時筆而題咏諸家又為國初宗藩名衲詩詞爾雅書法遒勁每一披覽真若陟崑崙涉河源遊于雲漢之表立子惟直雅好名墨此卷殆篋中錚錚者若夫

**08140 紅雨樓題跋一卷** （明）徐𤊹撰　清康熙五十八年（1719）林佶蘭語堂抄本

匡高21.3厘米，廣14.4厘米。半葉九行，行二十四字，白口，左右雙邊。有“鹿原”、“林佶之印”、“劉喜海”、“燕庭藏書”、“光熙之印”、“光熙所藏”、“裕如秘笈”等印。林佶、劉喜海跋。山東省圖書館藏。

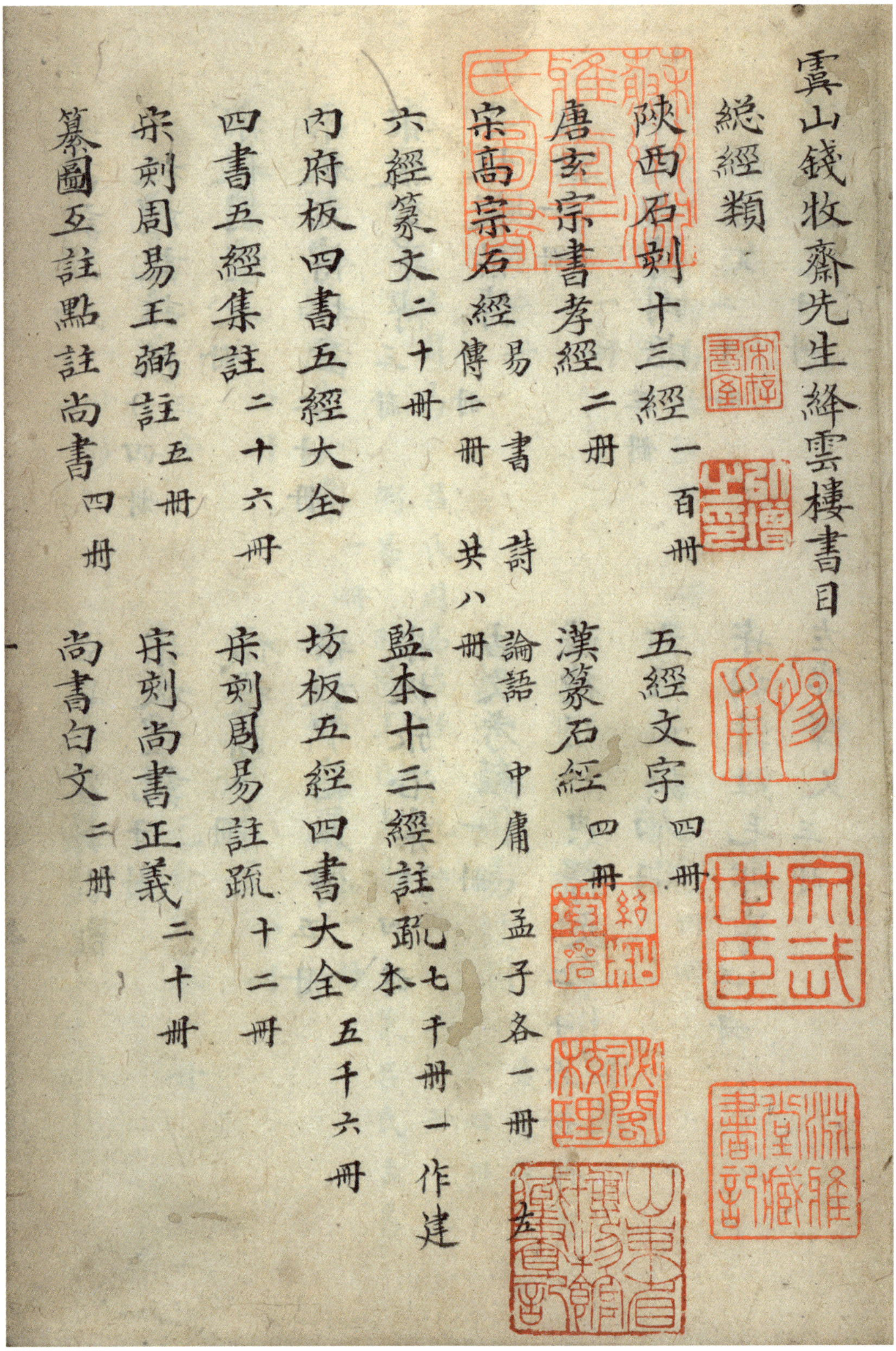
虞山錢牧齋先生絳雲樓書目
總經類
陝西石刻十三經一百冊　五經文字四冊
唐玄宗書孝經二冊　漢篆石經四冊
宋高宗石經易　書　詩　論語　中庸　孟子各一冊　左傳二冊　共八冊
六經篆文二十冊　監本十三經註疏本七十冊一作建
內府板四書五經大全　坊板五經四書大全五十六冊
四書五經集註二十六冊　宋刻周易註疏十二冊
宋刻周易王弼註五冊　宋刻尚書正義二十冊
纂圖互註點註尚書四冊　尚書白文二冊

**08141 虞山錢牧齋絳雲樓書目不分卷**　（清）錢謙益藏　清抄本

有“蘇州淵雅堂王氏圖書”、“楊甫”、“以增之印”、“王鐵夫閱過”、“東邑楊氏鑒藏金石書畫”等印。王苣孫跋。山東省博物館藏。

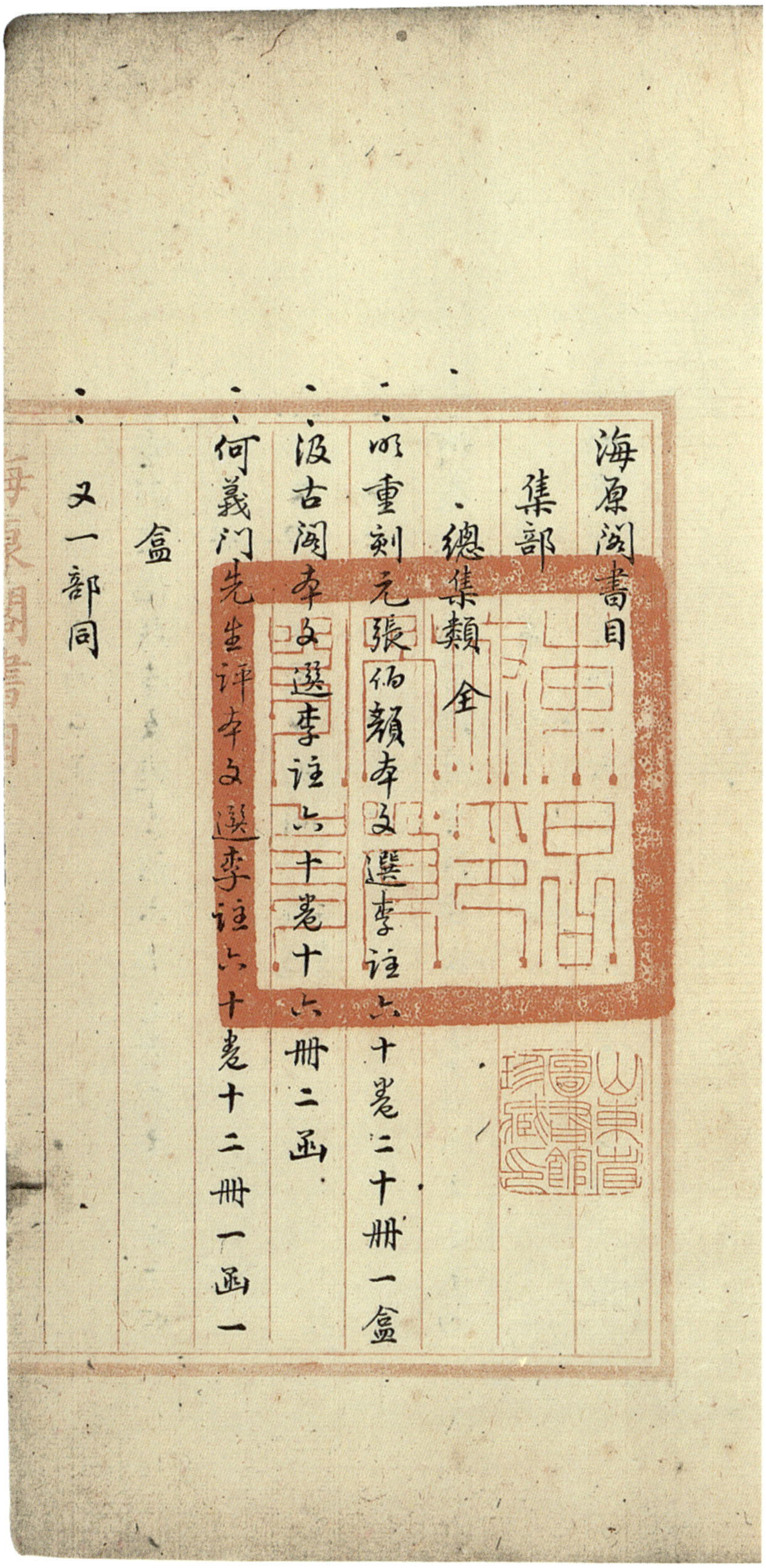
海原閣書目
集部
總集類 全
明重刻元張伯顏本文選李注六十卷二十冊一盒
汲古閣本文選李注六十卷十六冊二函
何義門先生評本文選李注六十卷十二冊一函一
盒
又一部同

**08142 海原閣書目不分卷** （清）楊保彝藏並撰　稿本

半葉八行，行字不等，白口，紅格，四周雙邊。山東省圖書館藏。

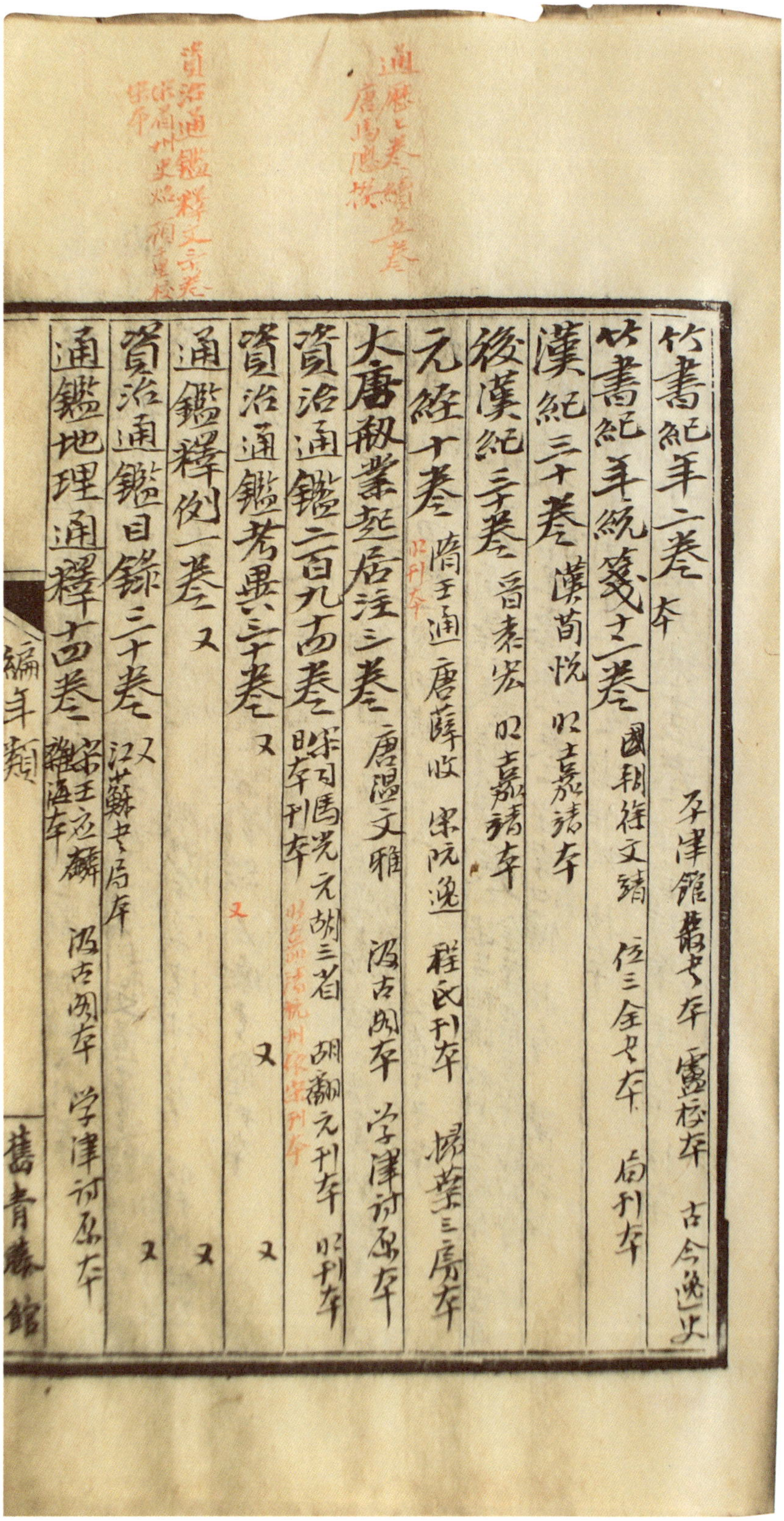

**08143 板本匯查舊青藤館藏書目不分卷** （清）丁丙編　稿本

湖南省社會科學院圖書館藏。

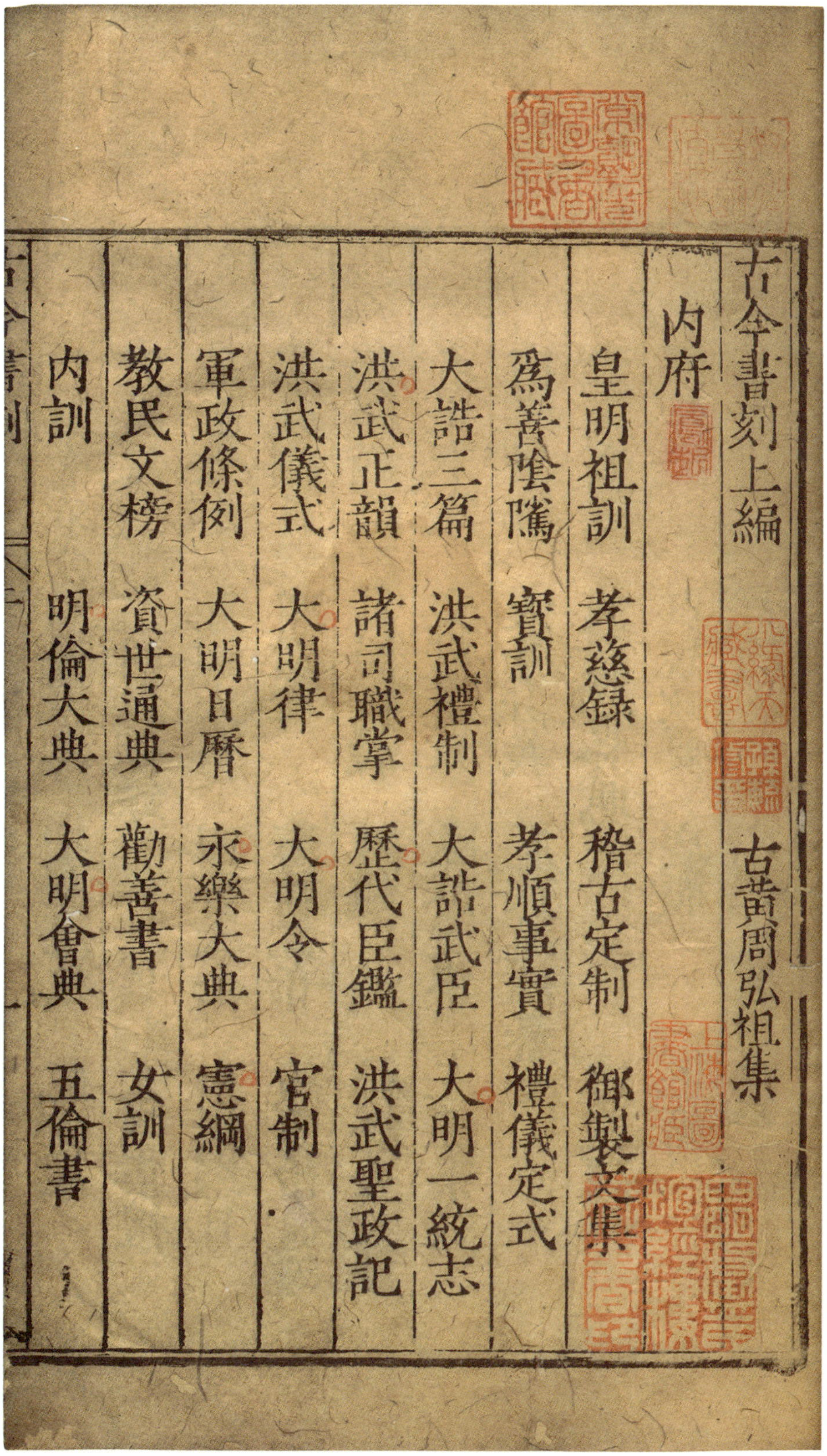
古今書刻上編　　古黄周弘祖集

内府

皇明祖訓　孝慈録　稽古定制　御製文集
爲善陰隲　寳訓　孝順事實　禮儀定式
大誥三篇　洪武禮制　大誥武臣　大明一統志
洪武正韻　諸司職掌　歷代臣鑑　洪武聖政記
洪武儀式　大明律　大明令　官制
軍政條例　大明日曆　永樂大典　憲綱
教民文榜　資世通典　勸善書　女訓
内訓　明倫大典　大明會典　五倫書

**08144 古今書刻二卷**　（明）周弘祖撰　明刻本

匡高20.1厘米，廣14.4厘米。半葉十行，行二十三字，小字雙行同，白口，四周雙邊。有“孫毓修印”、“四明盧氏抱經樓藏書印”、“小綠天藏書”、“鳳起”等印。江蘇省常熟市圖書館藏。

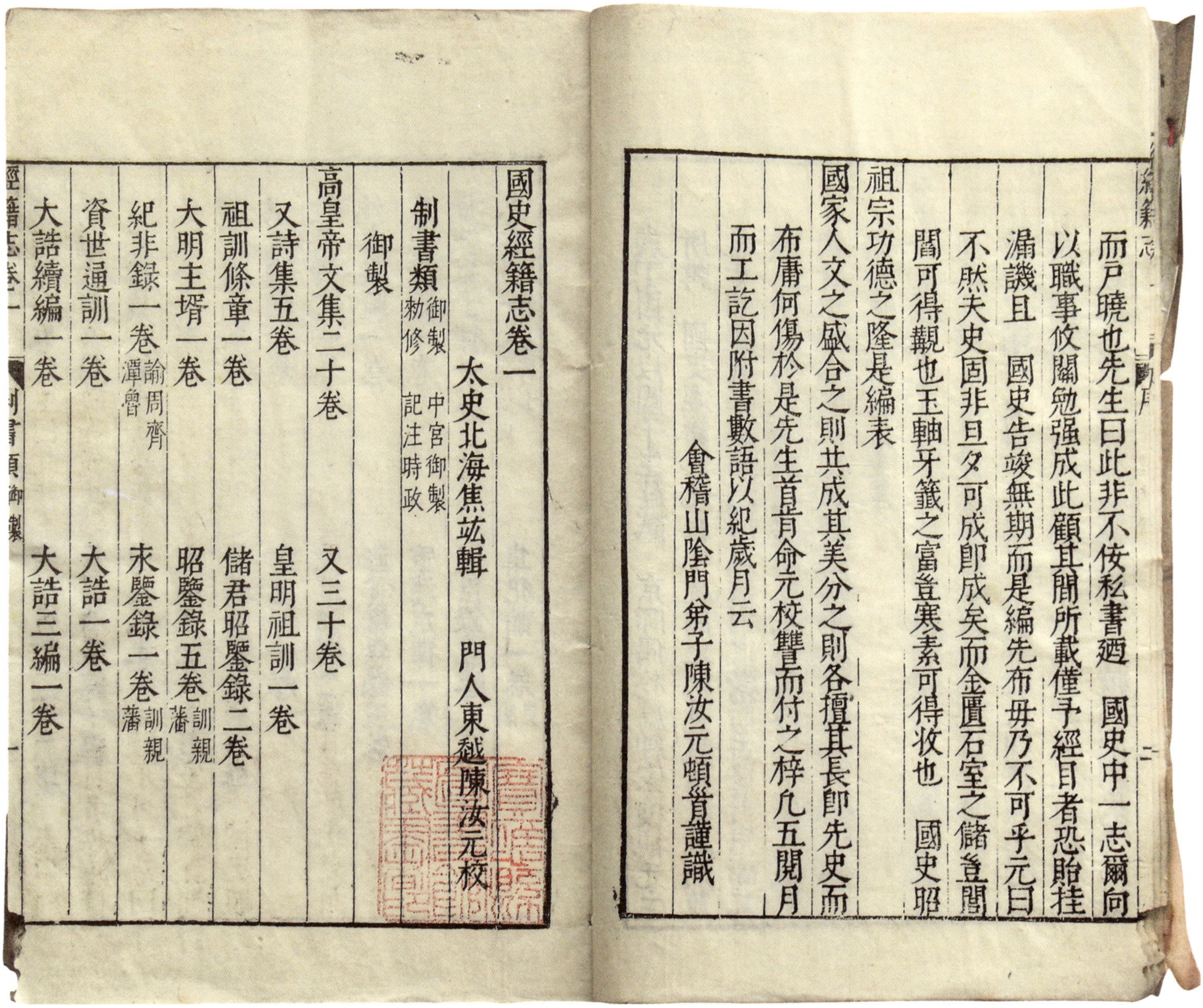

而尸曉也先生曰此非不佞私書迺　國史中一志爾向以職事攸關勉强成此顧其閒所載僅予經目者恐貽挂漏譏且　國史告竣無期而是編先布毋乃不可乎元曰不然夫史固非旦夕可成即成矣而金匱石室之儲豈閭閻可得覯也玉軸牙籤之富豈寒素可得收也　國史昭
祖宗功德之隆是編表
國家人文之盛合之則共成其美分之則各擅其長即先史而布庸何傷於是先生首肯命元校讐而付之梓凡五閱月而工訖因附書數語以紀歲月云

會稽山陰門弟子陳汝元頓首謹識

國史經籍志卷一

太史北海焦竑輯　門人東越陳汝元校

制書類 御製 敕修 中宮御製 記注時政

御製

高皇帝文集二十卷　又三十卷

又詩集五卷　皇明祖訓一卷

祖訓條章一卷　儲君昭鑒錄二卷

大明主埒一卷　昭鑒錄五卷 訓親藩

紀非錄一卷 諭周齊潭魯　永鑒錄一卷 訓親藩

資世通訓一卷　大誥一卷

大誥續編一卷　大誥三編一卷

**08145　國史經籍志六卷**　（明）焦竑撰　明萬曆三十年（1602）陳汝元函三館刻本

匡高21.8厘米，廣14.8厘米。半葉十一行，行二十四字，白口，四周單邊。

江蘇省寶應縣圖書館藏。

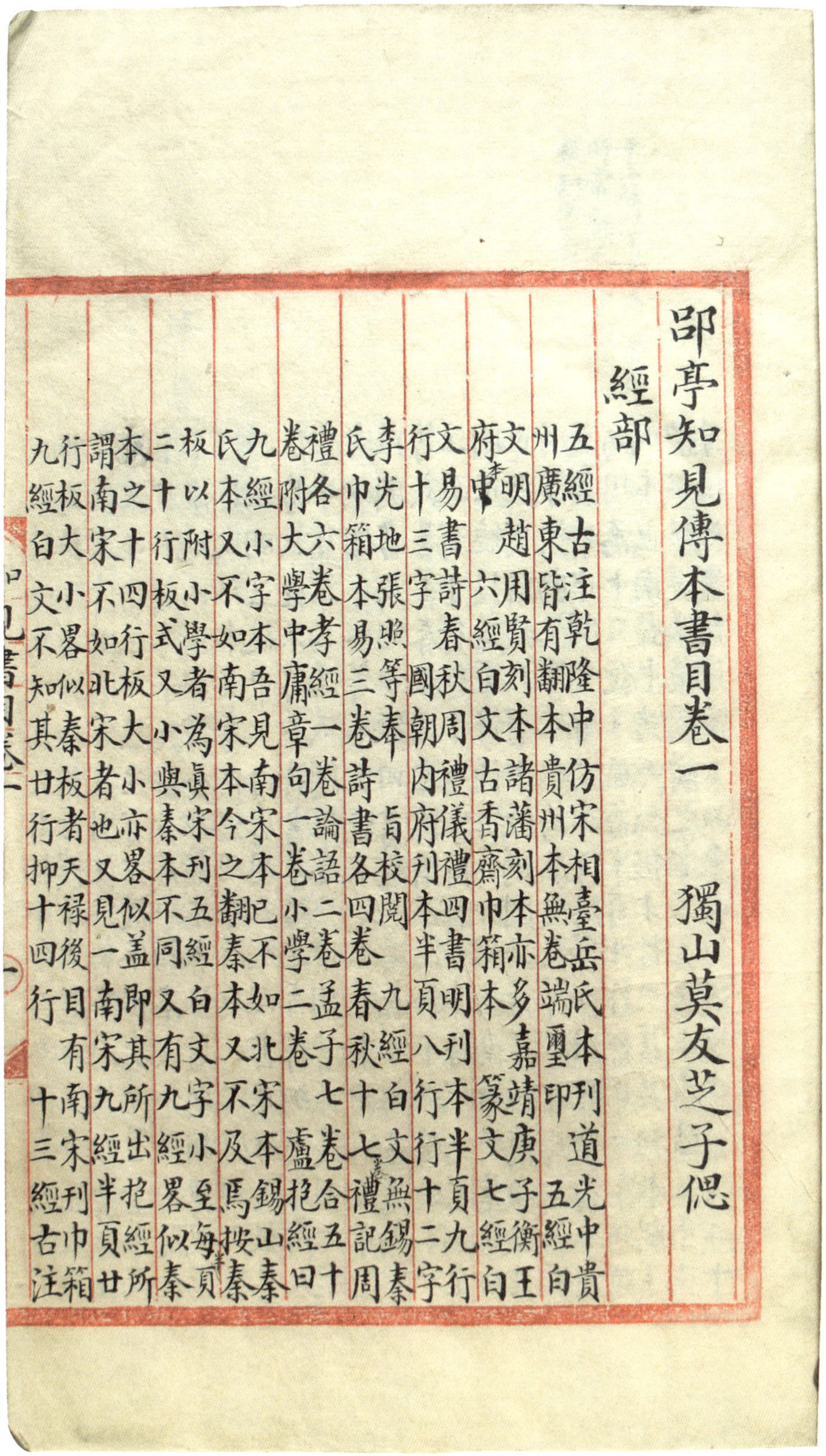
邵亭知見傳本書目卷一　獨山莫友芝子偲
經部
五經古注乾隆中仿宋相臺岳氏本刊　道光中貴州廣東皆有翻本　貴州本無卷端璽印　五經白文　明　趙用賢刻本諸藩刻本亦多　嘉靖庚子衡王府中六經白文古香齋巾箱本　篆文七經白文易書詩春秋周禮儀禮四書明刊本半頁九行行十三字　國朝內府刊本半頁八行十二字李光地張照等奉旨校閱　九經白文無錫秦氏巾箱本易三卷詩書各四卷春秋十七禮記周禮各六卷孝經一卷論語二卷孟子七卷合五十卷附大學中庸章句一卷小學二卷　盧抱經曰九經小字本吾見南宋本已不如北宋本錫山秦氏本又不如南宋本今之翻秦本又不及馬按秦板以附小學者為真宋刊五經白文字小至每頁二十行附板式又小與秦本不同又有九經小畧似秦本之十四行板大小亦畧似蓋即其所出抱經所謂南宋不如北宋者也又見一南宋九經半頁廿行板大小畧似秦板者天祿後目有南宋刊巾箱九經白文不知其廿行抑十四行　十三經古注

**08146　邵亭知見傳本書目十六卷**　（清）莫友芝撰　清莫繩孫抄本

匡高18.3厘米，廣13厘米。半葉十一行，行二十一字，小字雙行同，細紅口，紅格，左右雙邊。莫繩孫批校。黑龍江大學圖書館藏。

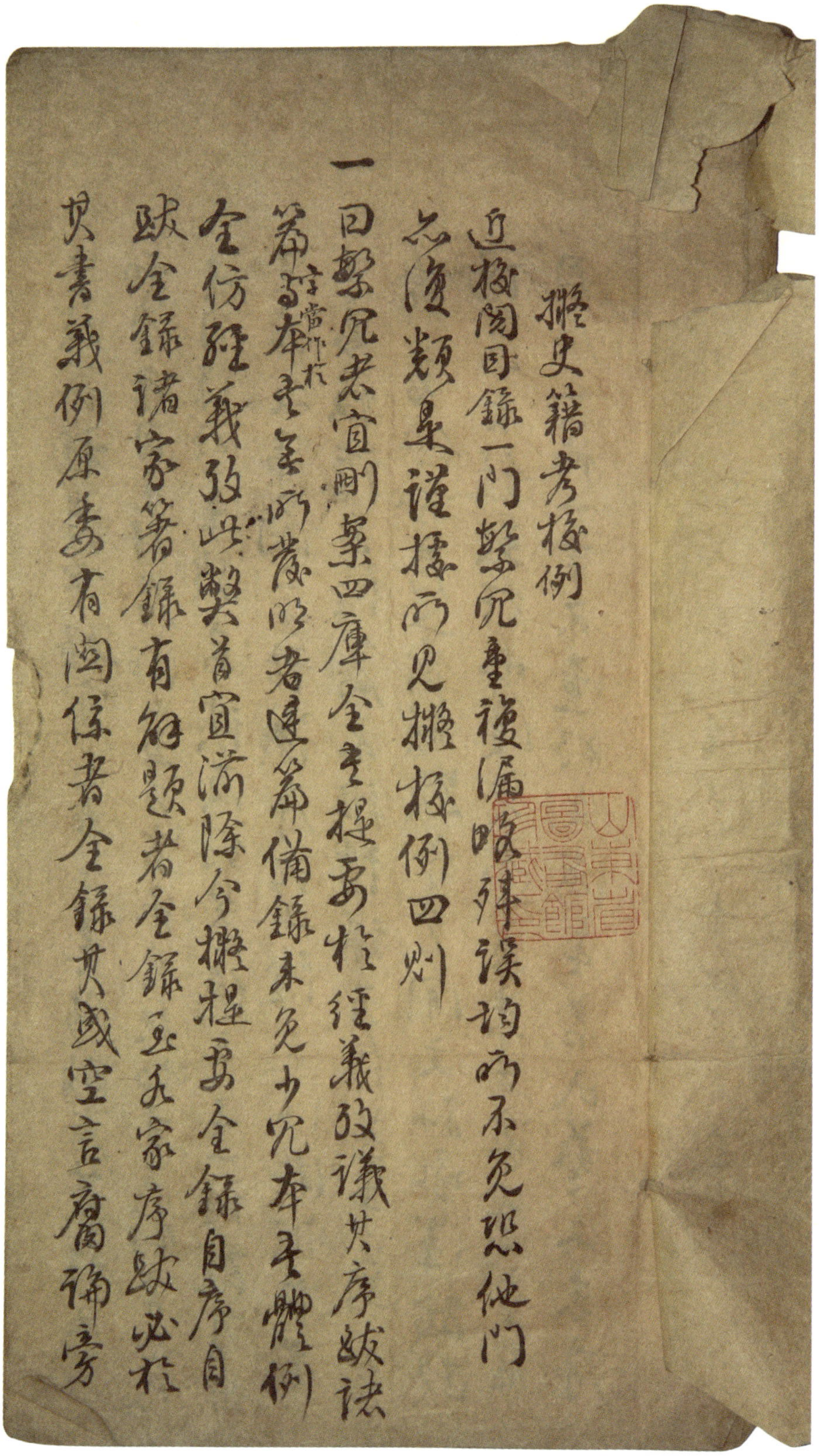
擬史籍考校例
近校閱目錄一門繫究重複漏略殊誤均所不免恐他門
亦復類是謹摽所見擬校例四則

**08147 擬史籍考校例一卷** （清）許瀚撰　稿本

王獻唐跋。山東省圖書館藏。

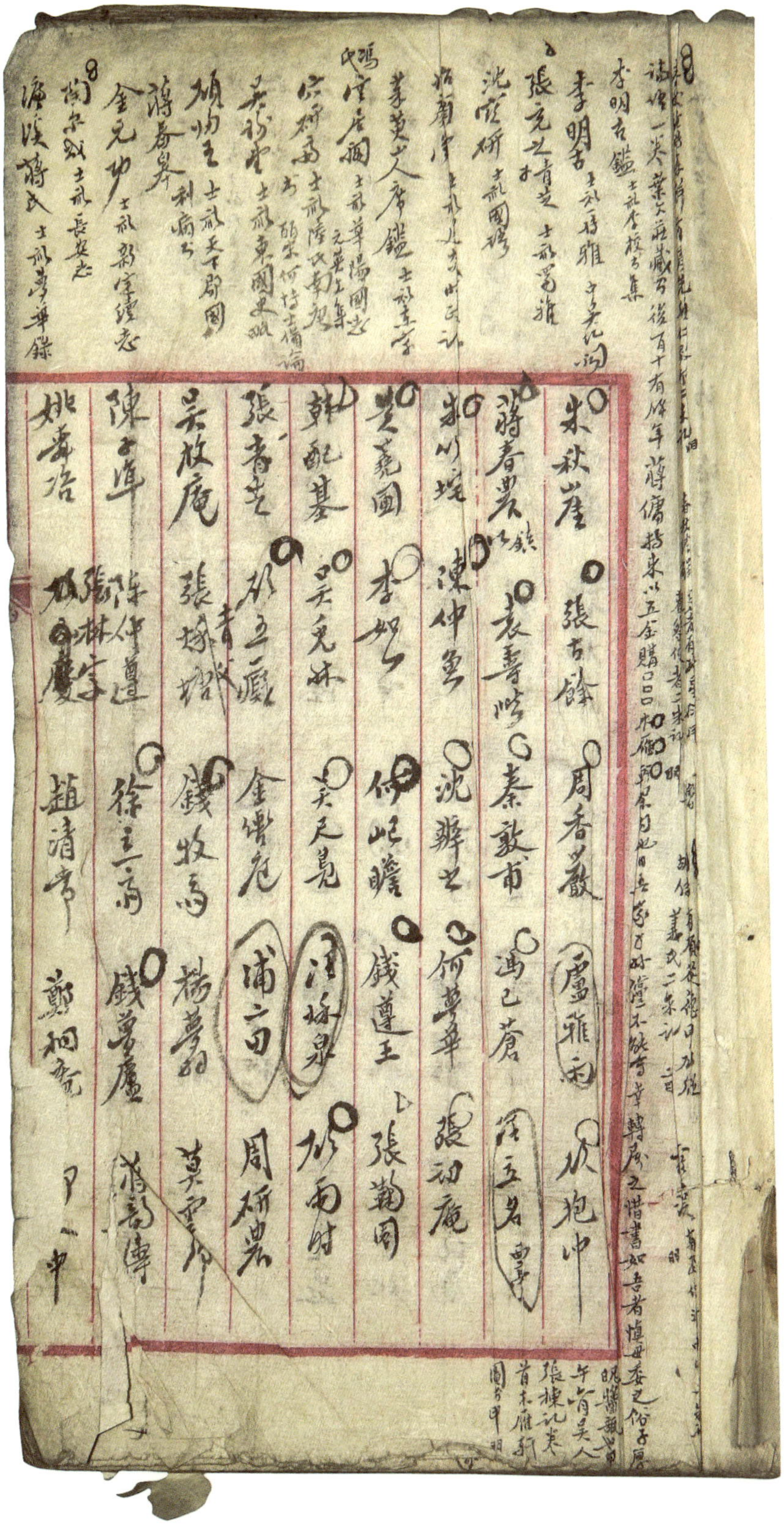

**08148 藏書紀事詩殘帙不分卷** （清）葉昌熾撰　稿本

蘇州博物館藏。

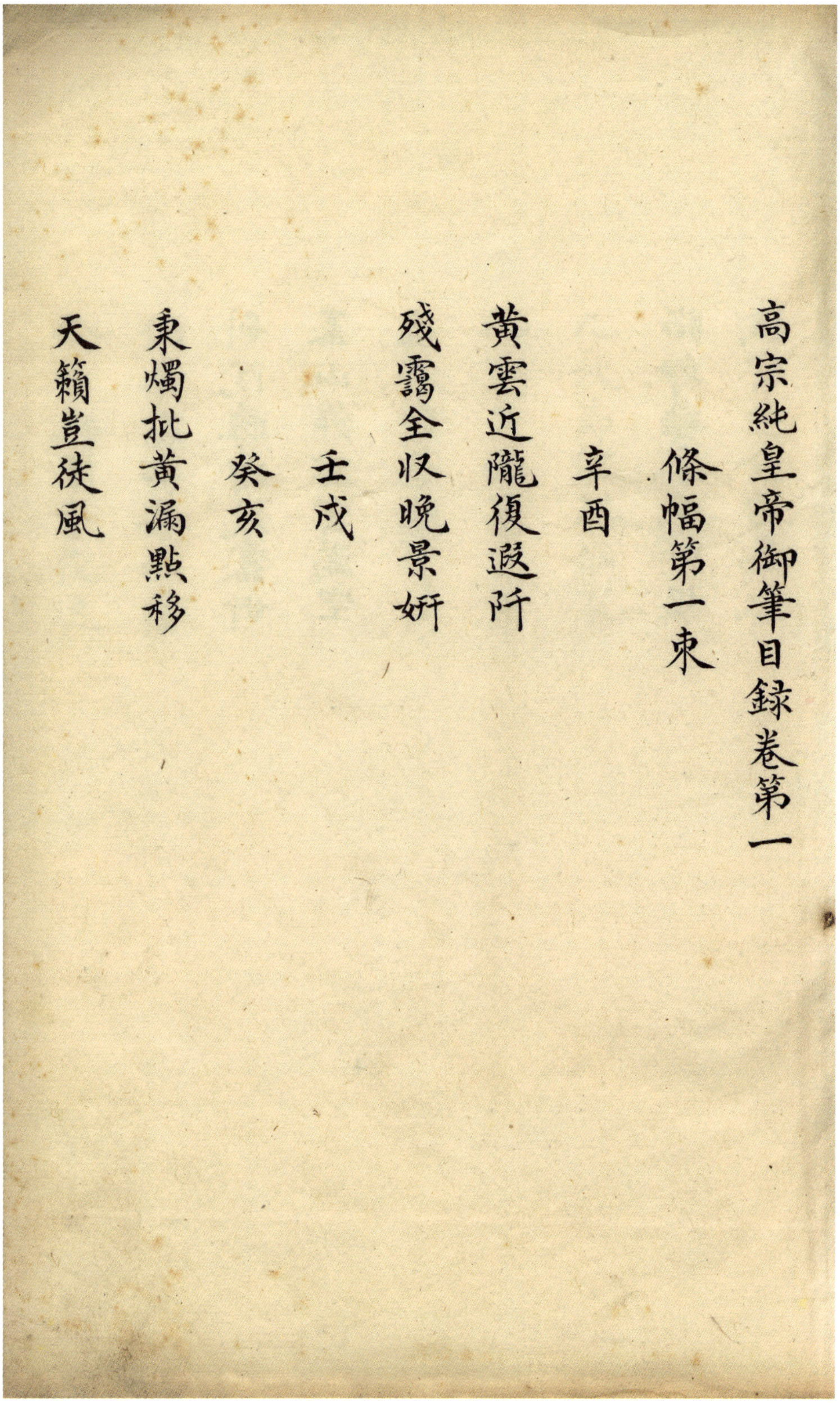
高宗純皇帝御筆目録卷第一
條幅第一束
辛酉
黄雲近隴復遐阡
殘靄全收晚景妍
壬戌
癸亥
秉燭批黄漏點移
天籟豈徒風

**08149 高宗純皇帝御筆目録六卷** 清内府抄本

山東大學圖書館藏。

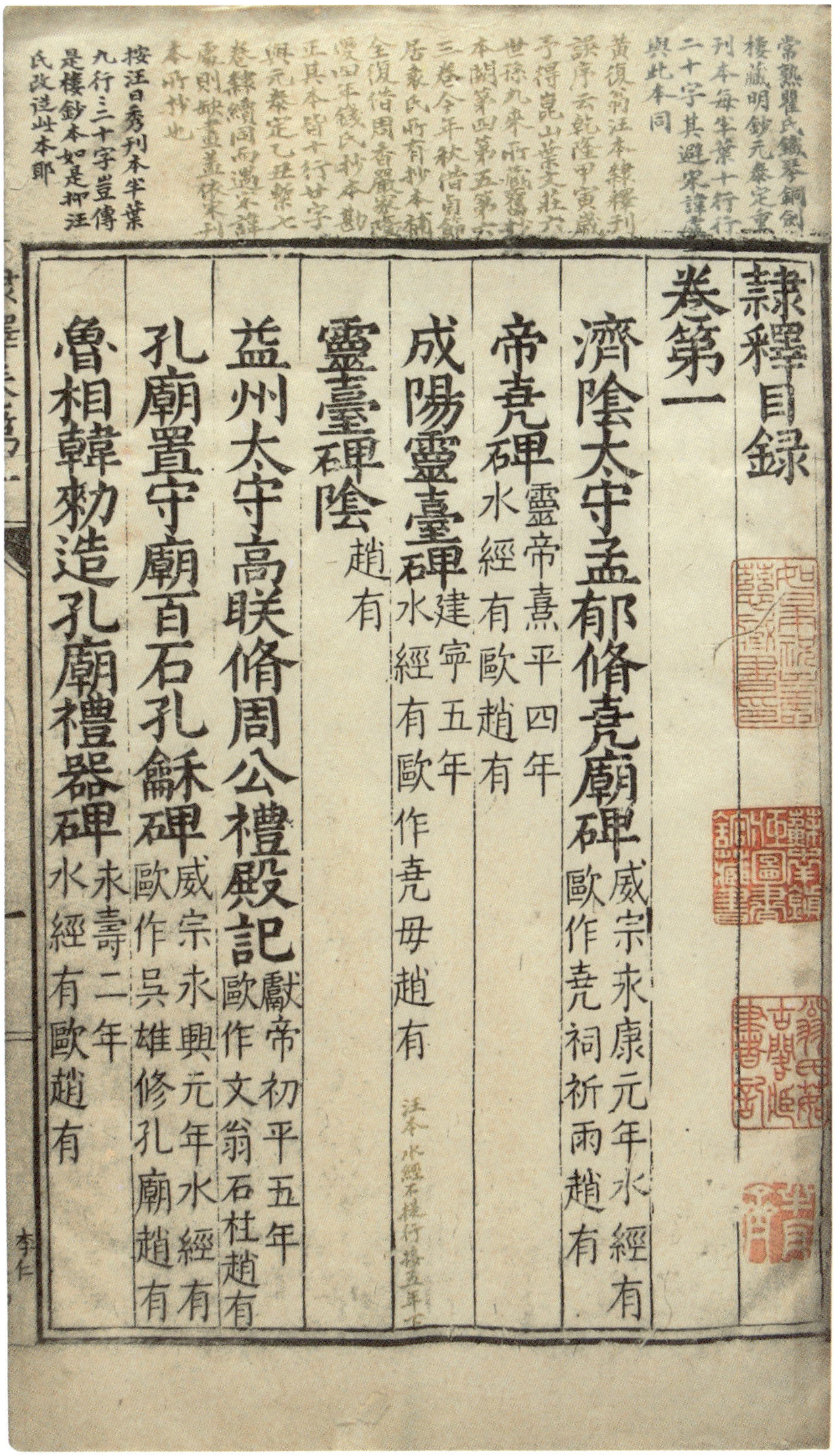

**08150 隸釋二十七卷** （宋）洪适撰　明萬曆十六年（1588）王雲鷺刻本

匡高21.9厘米，廣15.9厘米。半葉九行，行二十字，小字雙行字不等，白口，四周雙邊。翁思益校並跋。鎮江市圖書館藏。

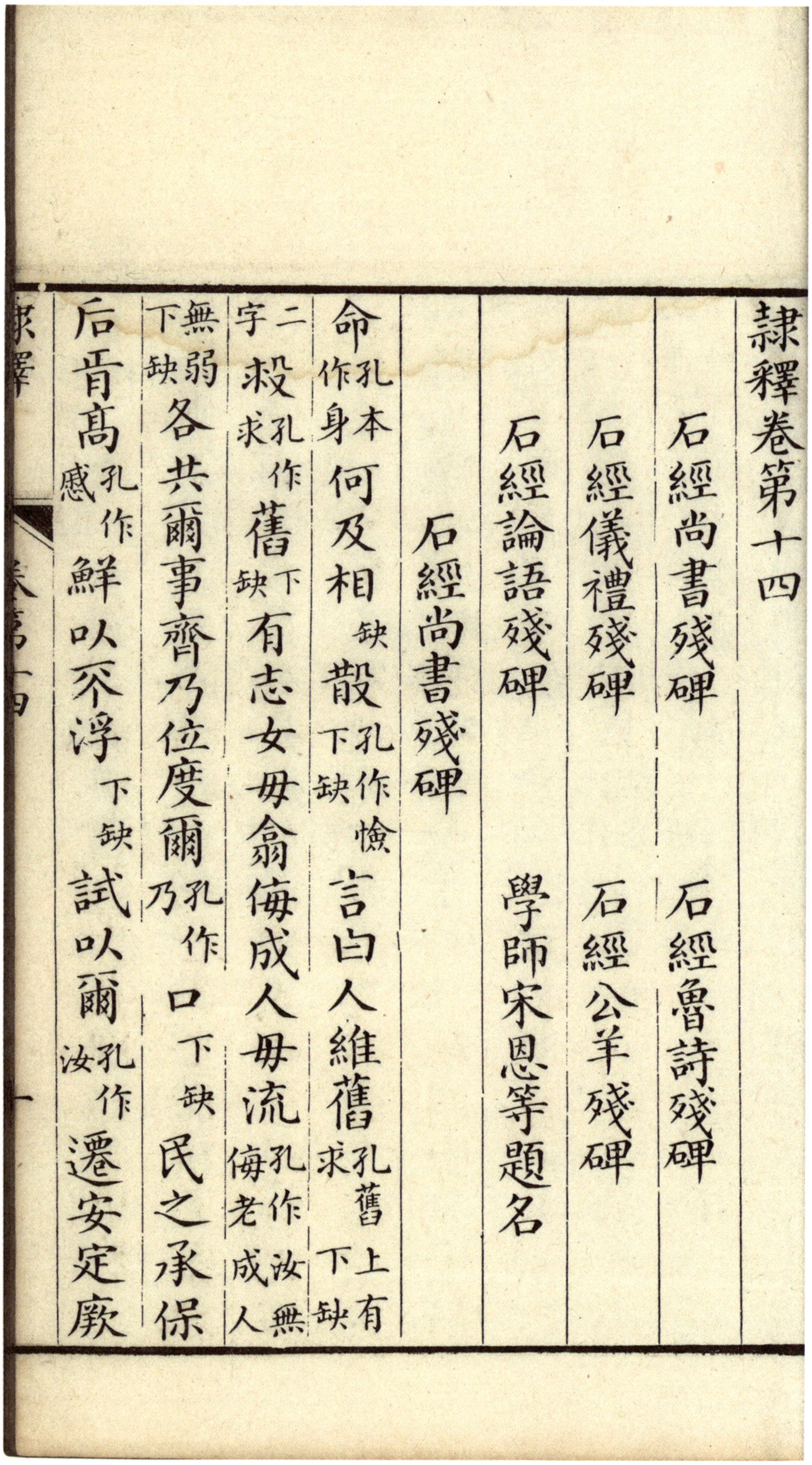
隸釋卷第十四
石經尚書殘碑　石經魯詩殘碑
石經儀禮殘碑　石經公羊殘碑
石經論語殘碑　學師宋恩等題名
石經尚書殘碑
命孔本作身何及相缺散孔作憸下缺言白人維舊孔舊求上有下缺
二字殺孔作求舊下缺有志女毋翕侮成人毋流孔作汝無侮老成人
無弱下缺各共爾事齊乃位度爾孔作乃口下缺民之承保
后胥高孔作感鮮以丕浮下缺試以爾孔作汝遷安定厥

**08151　隸釋二十七卷**　（宋）洪適撰　清乾隆四十二至四十三年（1777-1778）汪日秀樓松書屋刻本

匡高21.3厘米，廣15.9厘米。半葉九行，行二十至二十一字不等，白口，四周單邊。桂馥、陸繩夫批校並跋。山東省博物館藏。

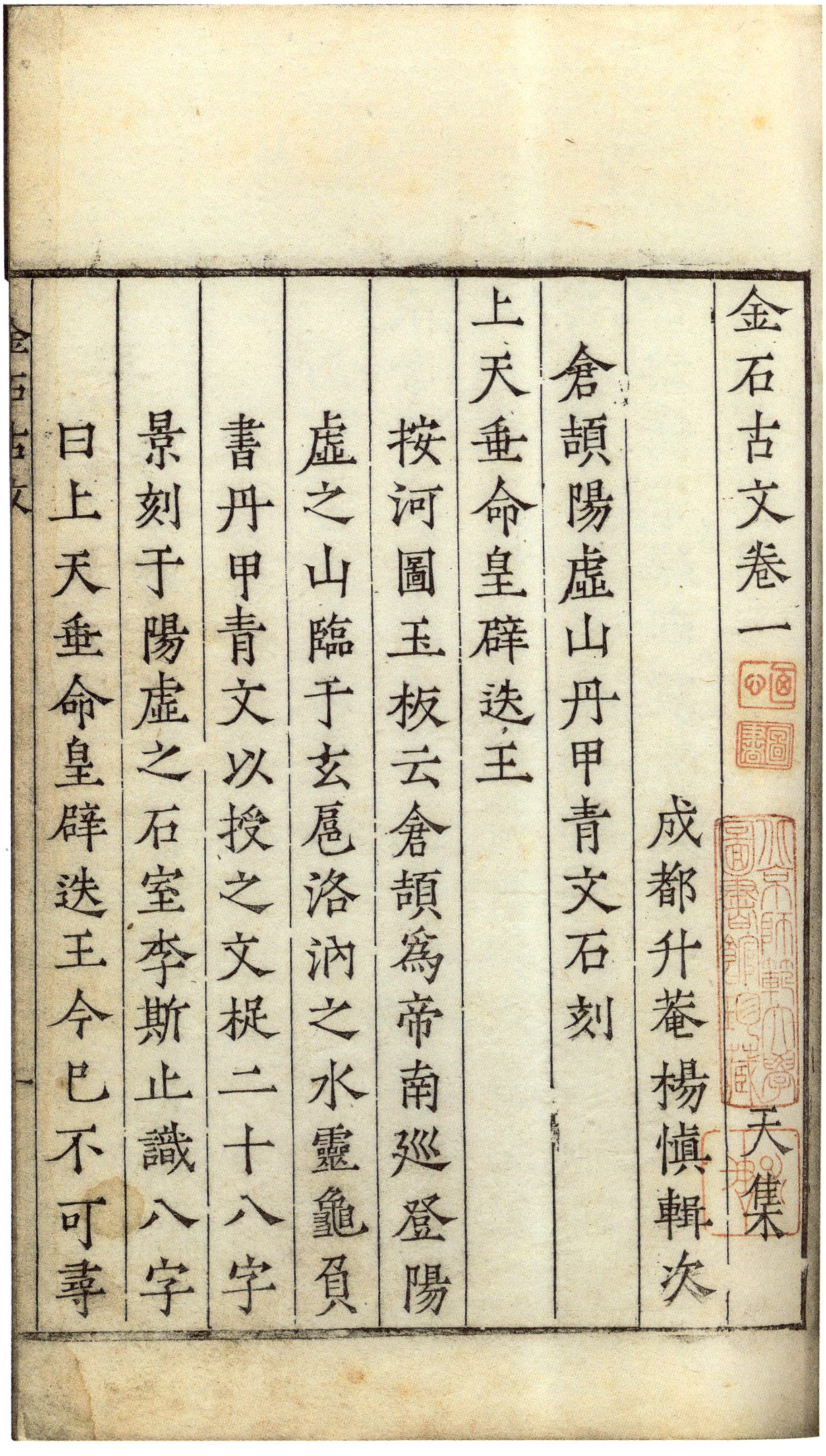
金石古文卷一
成都升菴楊愼輯次
倉頡陽虚山丹甲青文石刻
上天垂命皇辟迭王
按河圖玉板云倉頡爲帝南廵登陽
虚之山臨于玄扈洛汭之水靈龜負
書丹甲青文以授之文[illegible]二十八字
景刻于陽虚之石室李斯止識八字
曰上天垂命皇辟迭王令巳不可尋

**08152 金石古文十四卷** （明）楊愼輯　明嘉靖三十四年（1555）孫昭、李懿刻本

匡高20.1厘米，廣14.6厘米。半葉九行，行十六字，白口，四周單邊。有“藏之名山傳之其人”、“郘陽康乃心”、“研易樓藏書印”、“沈氏粹芬閣所得善本書”等印。北京師範大學圖書館藏。

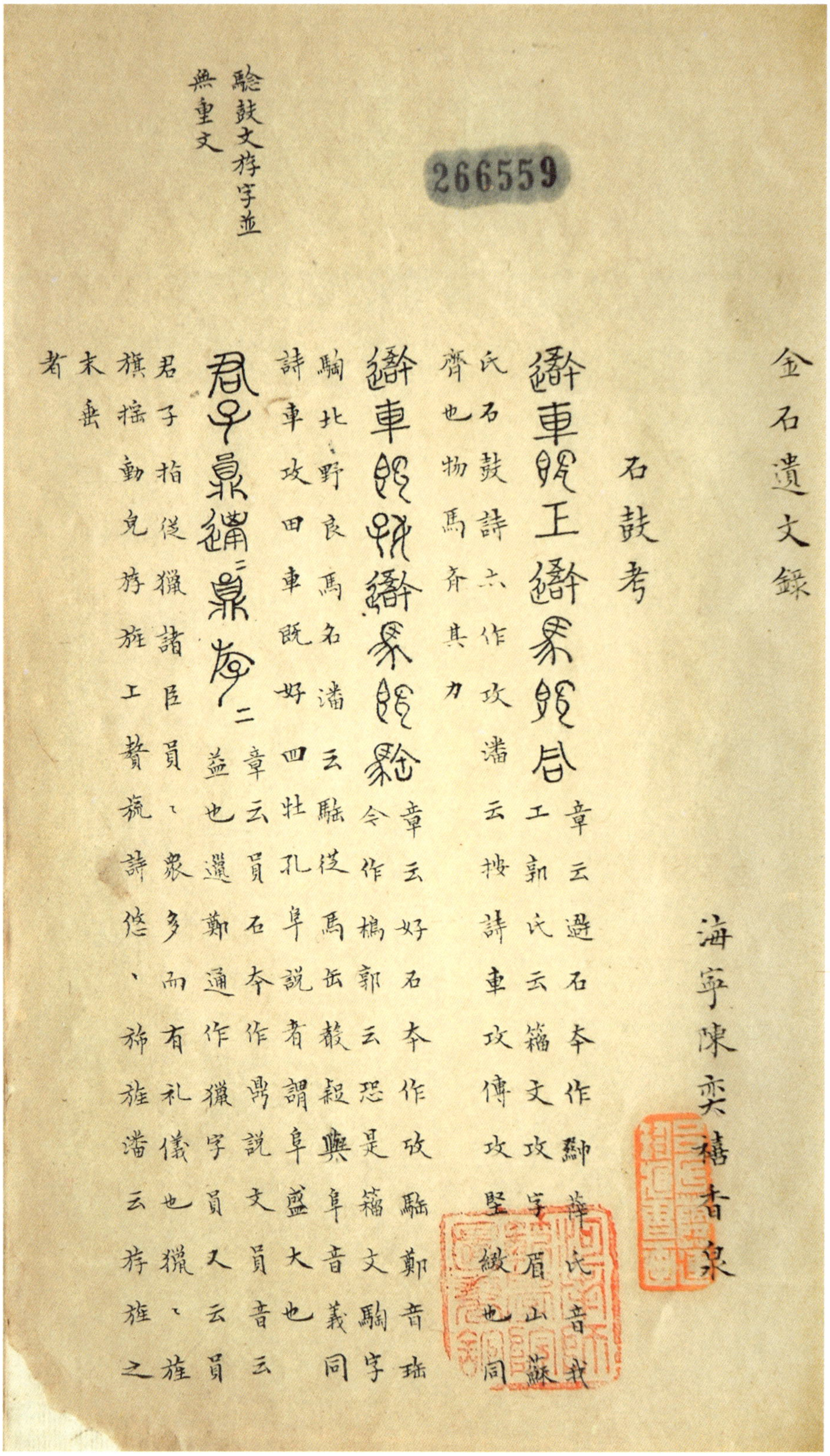
金石遺文錄

海寧陳奕禧香泉

石鼓考

𨏈車既工𨏈馬既同章云避石本作鄜薛氏音我工鄭氏云籀文攻字眉山蘇氏石鼓詩亦作攻潘云按詩車攻傳攻堅緻也同齊也物馬齊其力

𨏈車既好𨏈馬既駱章云好石本作攸駱鄭音琺令作槗郭云恐是籀文騧字騧北野良馬名潘云騂從馬岳敊敊興阜音義同詩車攻田車既好四牡孔阜說者謂阜盛大也

君子員邋員邋員斿章云員石本作蓋說文員音云益也邋鄭通作獵字員又云員君子指從獵諸臣員員眾多而有礼儀也獵獵旌旗搖動見斿旌工贊疏詩悠悠旆旌潘云斿旌之未垂者

驗鼓文存字並無重文

266559

**08153 石刻叢考十二卷**　（清）林侗等撰　清雍正抄本

有“呂氏蔭蓮珍藏書畫”等印。河南大學圖書館藏。

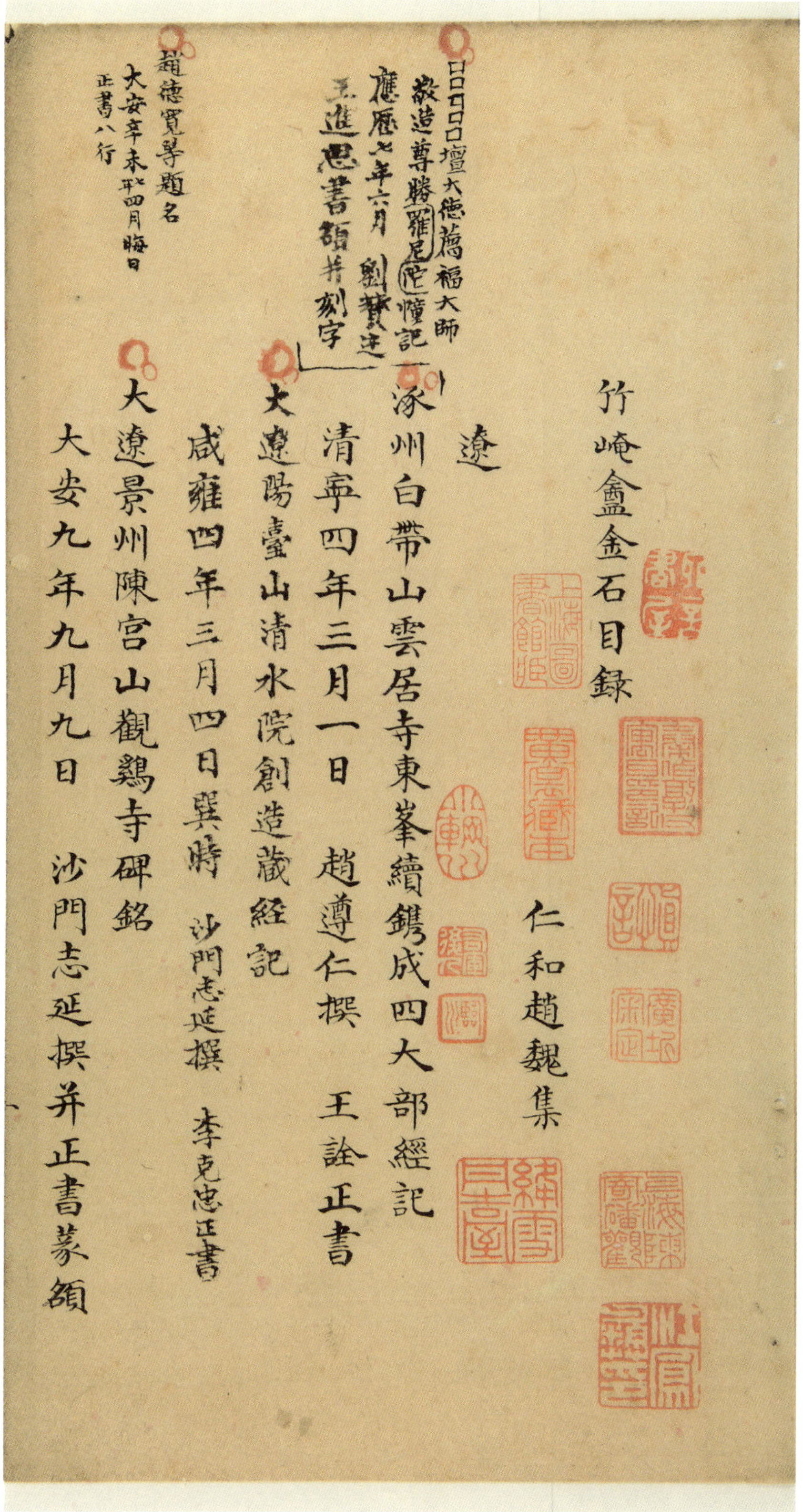
竹崦盦金石目録
仁和趙魏集
遼
涿州白帶山雲居寺東峯續鐫成四大部經記
清寧四年三月一日　趙遵仁撰　王詮正書
□□□□□壇大德薦福大師
敕造尊勝陀羅尼幢記
應歷七年六月　劉贊造
王進思書頌并刻字
大遼陽臺山清水院創造藏經記
咸雍四年三月四日巽時　沙門志延撰　李克忠正書
大遼景州陳宮山觀鷄寺碑銘
大安九年九月九日　沙門志延撰并正書篆額
趙德寬等題名
大安辛未秋四月晦日
正書八行

**08154 竹崦盦金石目録不分卷**　（清）趙魏藏並撰　手稿本

江鳳彝校並跋。上海圖書館藏。

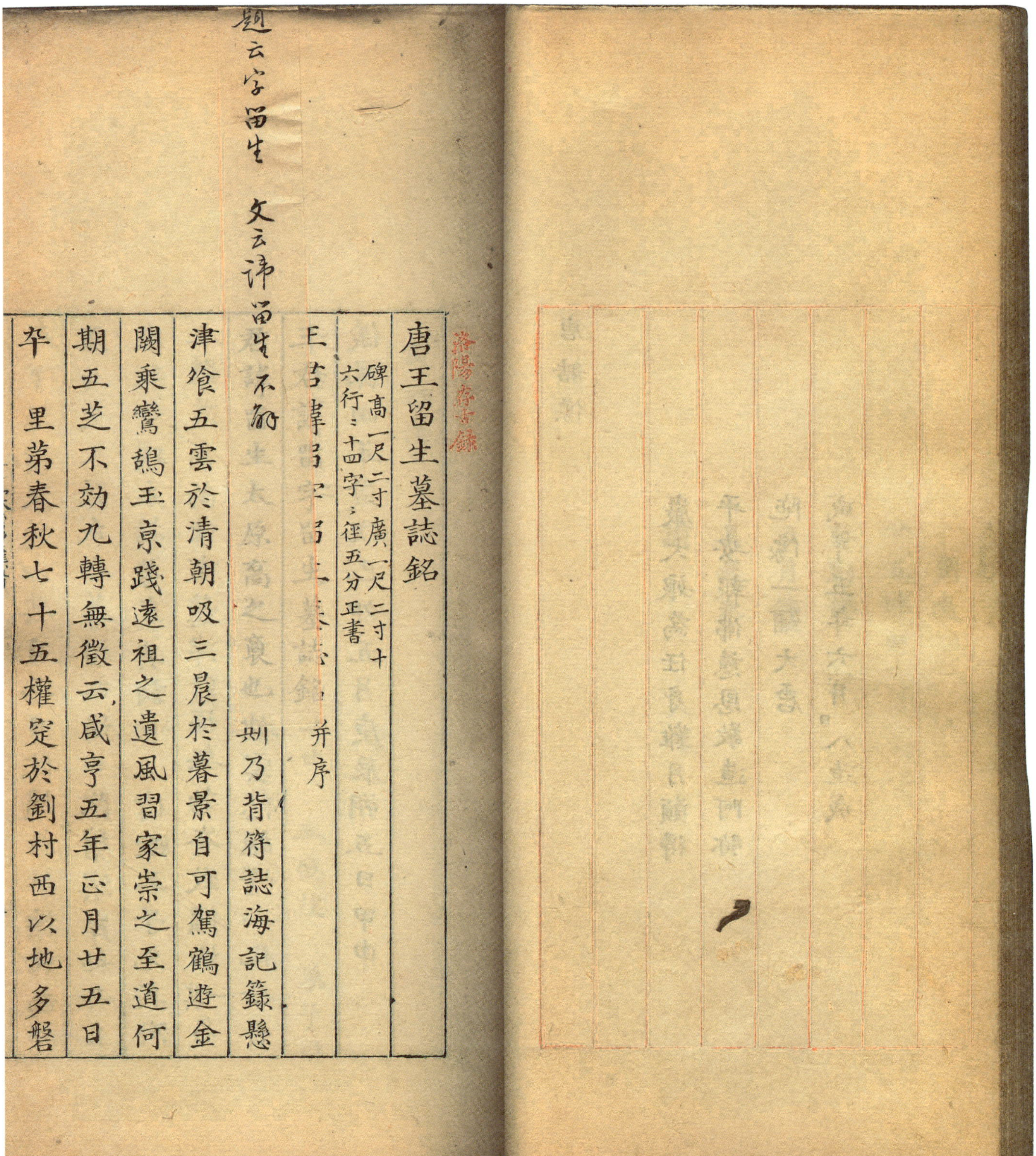
洛陽存古録
唐王留生墓誌銘
碑高一尺二寸廣一尺二寸十六行〻十四字〻徑五分正書
王君諱留字留生墓誌銘 并序
題云字留生 文云諱留生不符
則乃背符誌海記籙懸
津倉五雲於清朝吸三晨於暮景自可駕鶴遊金
闕乘鸞鵠玉京踐遠祖之遺風習家崇之至道何
期五芝不効九轉無徵云咸亨五年正月廿五日
卒 里第春秋七十五權定於劉村西以地多磐

**08155 金石苑不分卷** （清）劉喜海輯　稿本

有“吳興劉氏嘉業堂藏”、“劉喜海采定洛陽新得金石文字之印記”、“燕庭著録”等印。北京師範大學圖書館藏。

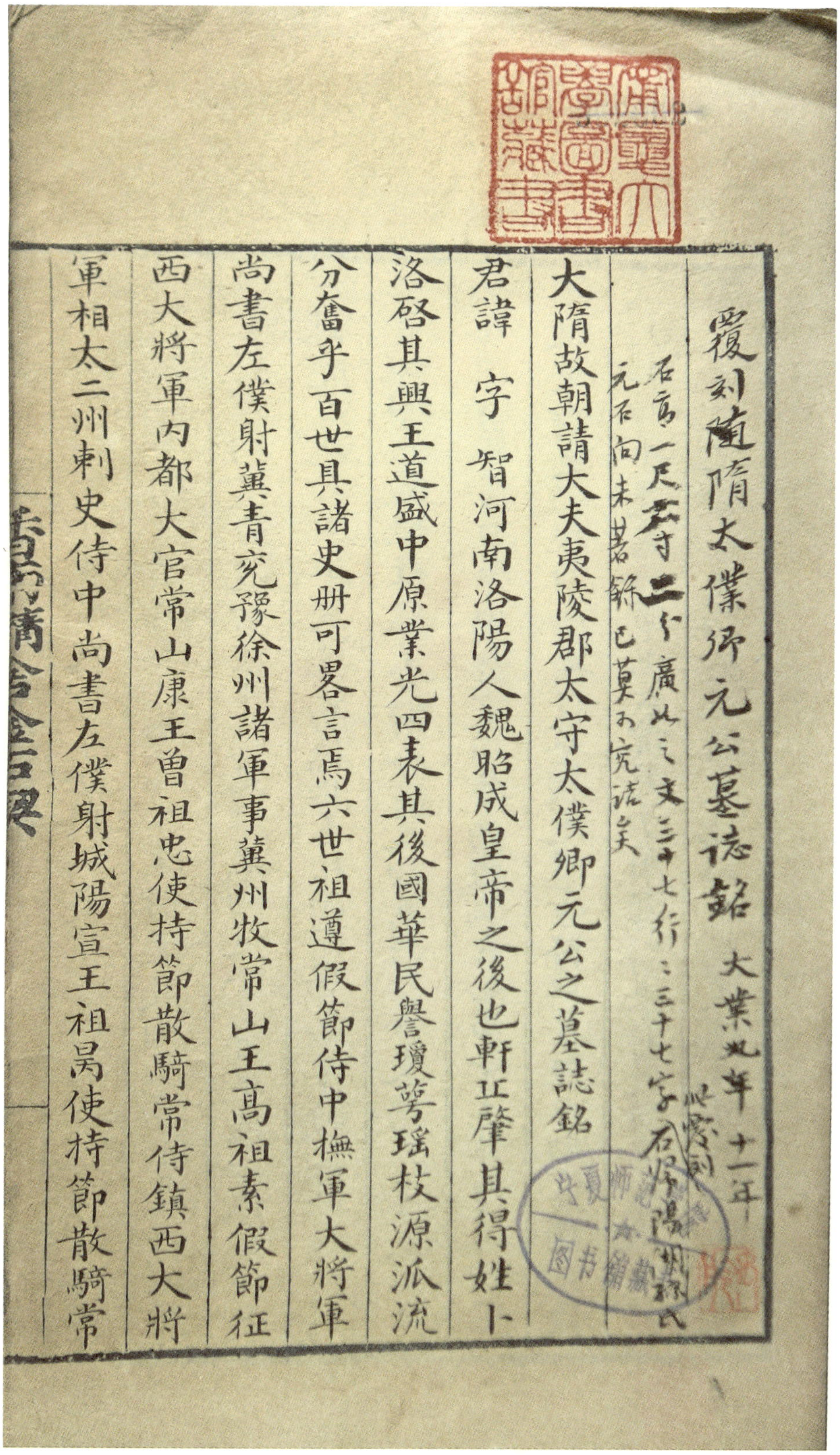
覆刻隨隋太僕卿元公墓誌銘　大業九年十一月
大隋故朝請大夫夷陵郡太守太僕卿元公之墓誌銘
君諱　字　智河南洛陽人魏昭成皇帝之後也軒丘肇其得姓上
洛啓其興王道盛中原業光四表其後國華民譽瓊萼瑶枝源派流
分奮乎百世具諸史冊可畧言焉六世祖遵假節侍中撫軍大將軍
尚書左僕射冀青兗豫徐州諸軍事冀州牧常山王高祖素假節征
西大將軍內都大官常山康王曽祖忠使持節散騎常侍鎮西大將
軍相太二州刺史侍中尚書左僕射城陽宣王祖曷使持節散騎常
香南精舍金石契

**08156 香南精舍金石契不分卷**　（清）崇恩撰　稿本

匡高18.9厘米，廣13.2厘米。半葉九行，行二十六字，小字雙行同，白口，四周單邊。有“崇恩”等印。寧夏大學圖書館藏。

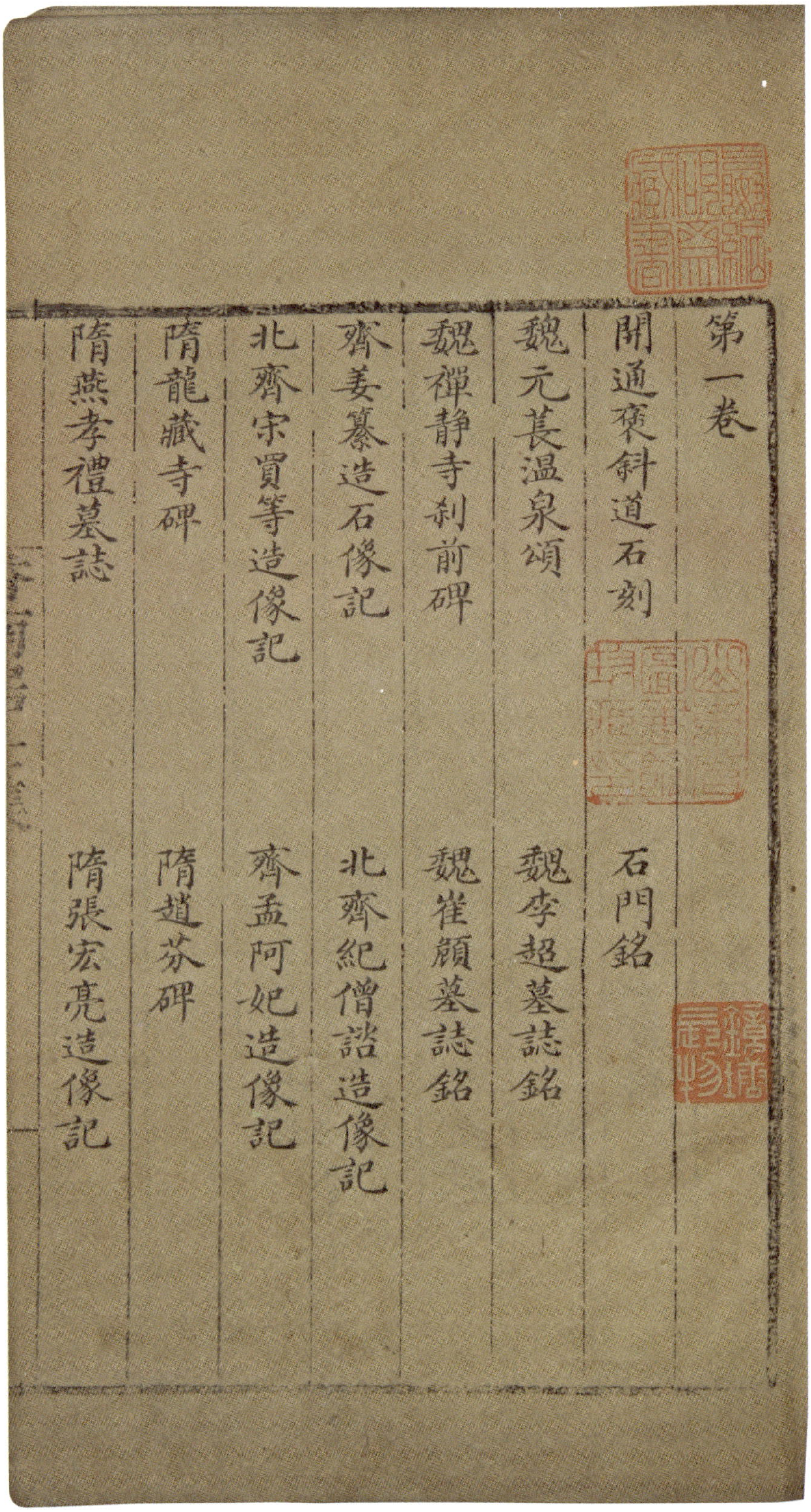
第一卷
開通褒斜道石刻
石門銘
魏元萇温泉頌
魏李超墓誌銘
魏禪静寺刹前碑
魏崔頠墓誌銘
齊姜纂造石像記
北齊紀僧諮造像記
北齊宋買等造像記
齊孟阿妃造像記
隋龍藏寺碑
隋趙芬碑
隋燕孝禮墓誌
隋張宏亮造像記

**08157 金石玉銘二十卷** （清）崇恩輯　稿本

匡高18.7厘米，廣14.4厘米。半葉九行，行十八字，白口，四周單邊。有“嬴縮硯齋藏書”、“鏡塘藏物”等印。山東省圖書館藏。

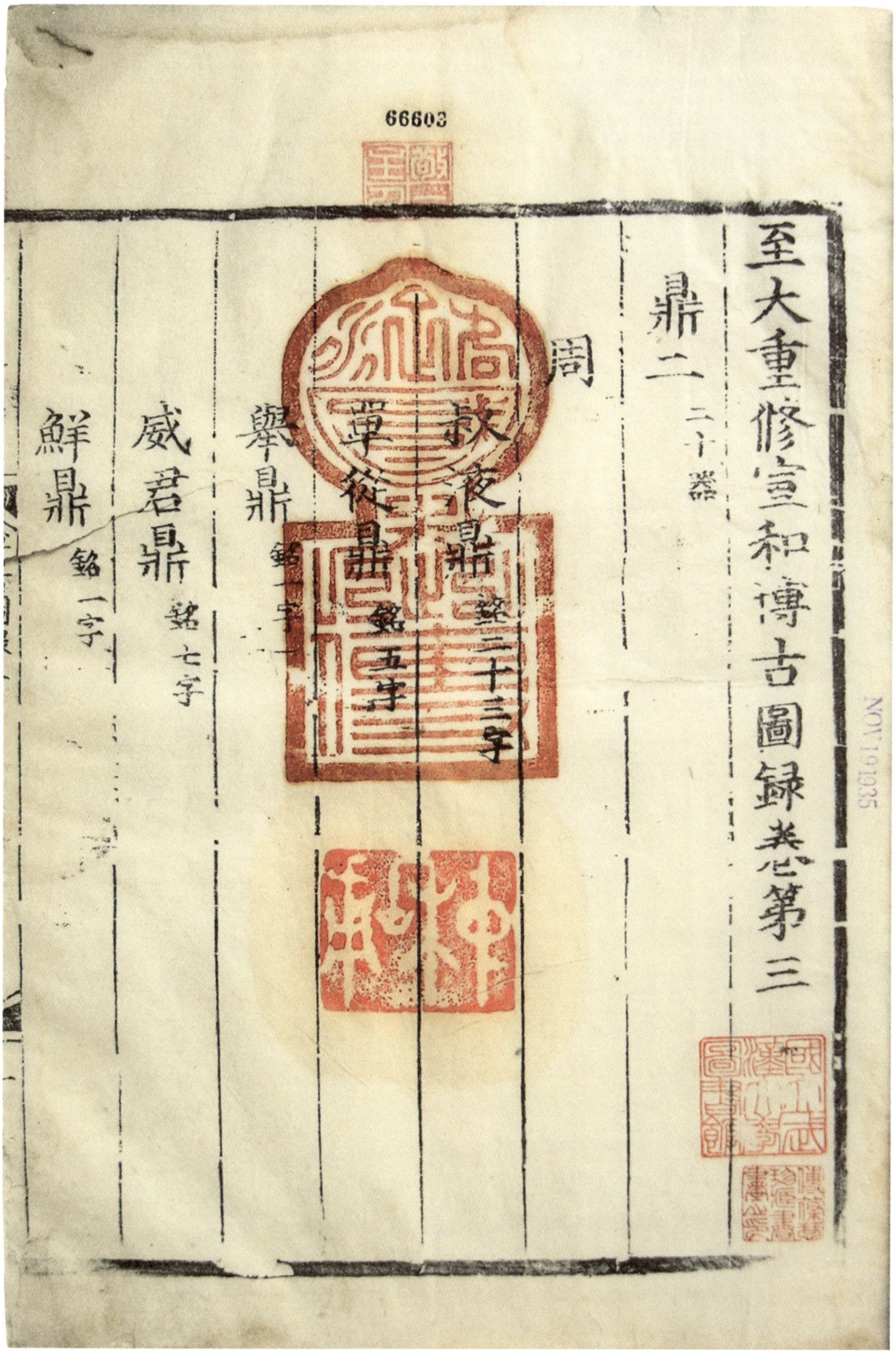

至大重修宣和博古圖録卷第三
鼎二　二十器
周
叔夜鼎　銘三十三字
單從鼎　銘五字
舉鼎　銘一字
威君鼎　銘七字
鮮鼎　銘一字

**08158　至大重修宣和博古圖録三十卷**　（宋）王黼等撰　明嘉靖七年（1528）蔣暘刻本

匡高30.4厘米，廣23.6厘米。半葉八行，行十七字，白口，左右雙邊。有“敬一主人”、“中和甫”、“潞國世傳”等印。武漢大學圖書館藏。

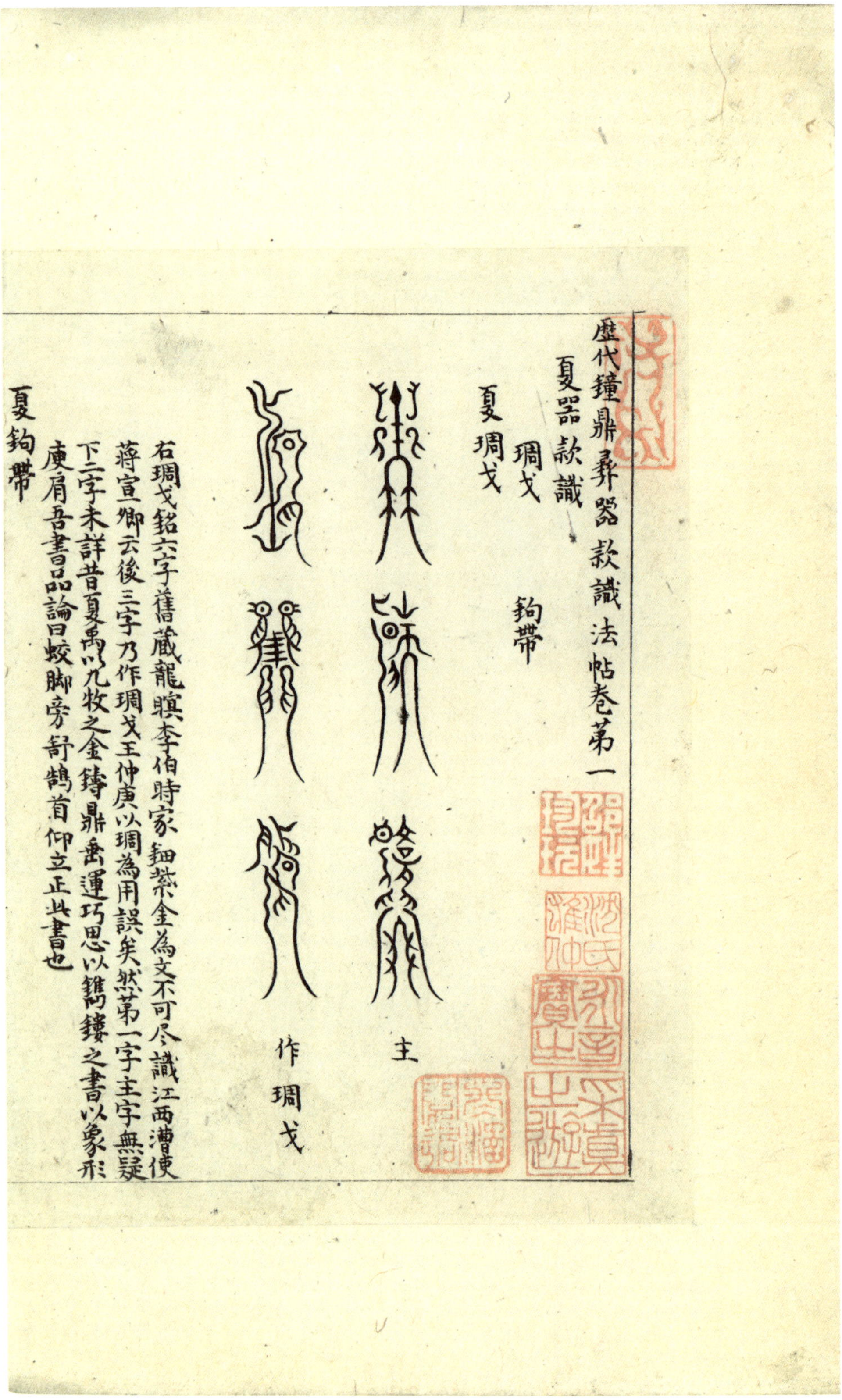
歷代鐘鼎彝器款識法帖卷第一

夏器款識

琱戈　鉤帶

夏琱戈

主

作琱戈

右琱戈銘六字舊藏龍瞑李伯時家鈿紫金爲文不可尽識江西漕使蔣宣卿云後三字乃作琱戈王仲庚以琱爲用誤矣然第一字主字無疑下二字未詳昔夏禹以九牧之金鑄鼎垂運巧思以鐫鏤之書以象形庚肩吾書品論曰蛟脚旁舒鵠首仰立正此書也

夏鉤帶

**08159 歷代鐘鼎彝器款識法帖二十卷**　（宋）薛尚功撰　明抄本

經折裝。山東省博物館藏。

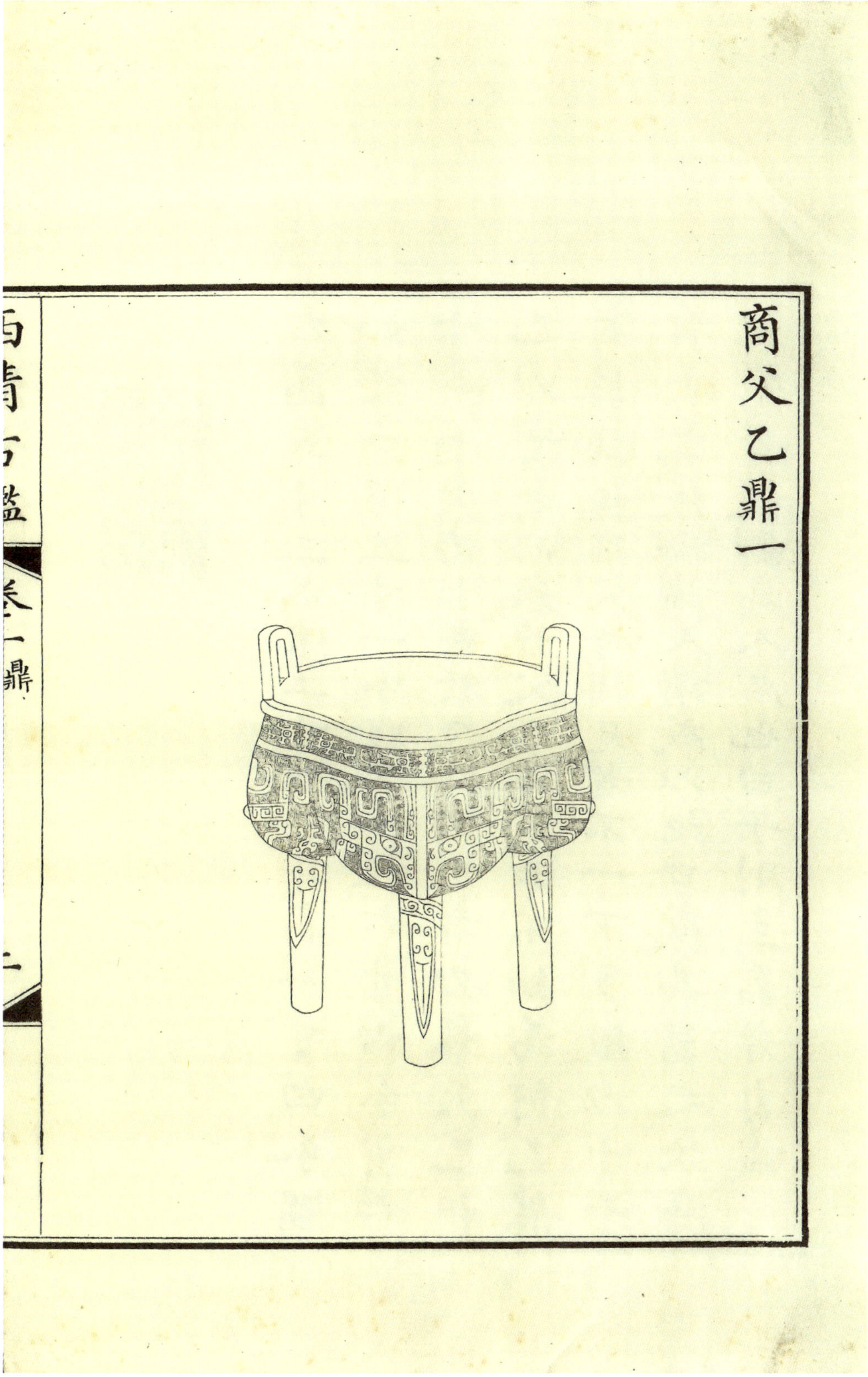


**08160-08162 西清古鑑四十卷錢録十六卷** （清）梁詩正 蔣溥等纂修 清乾隆十六年（1751）武英殿刻本

匡高28.6厘米，廣22.7厘米。半葉十行，行十八字，白口，四周雙邊。遼寧省圖書館、南京圖書館、山東省圖書館藏。

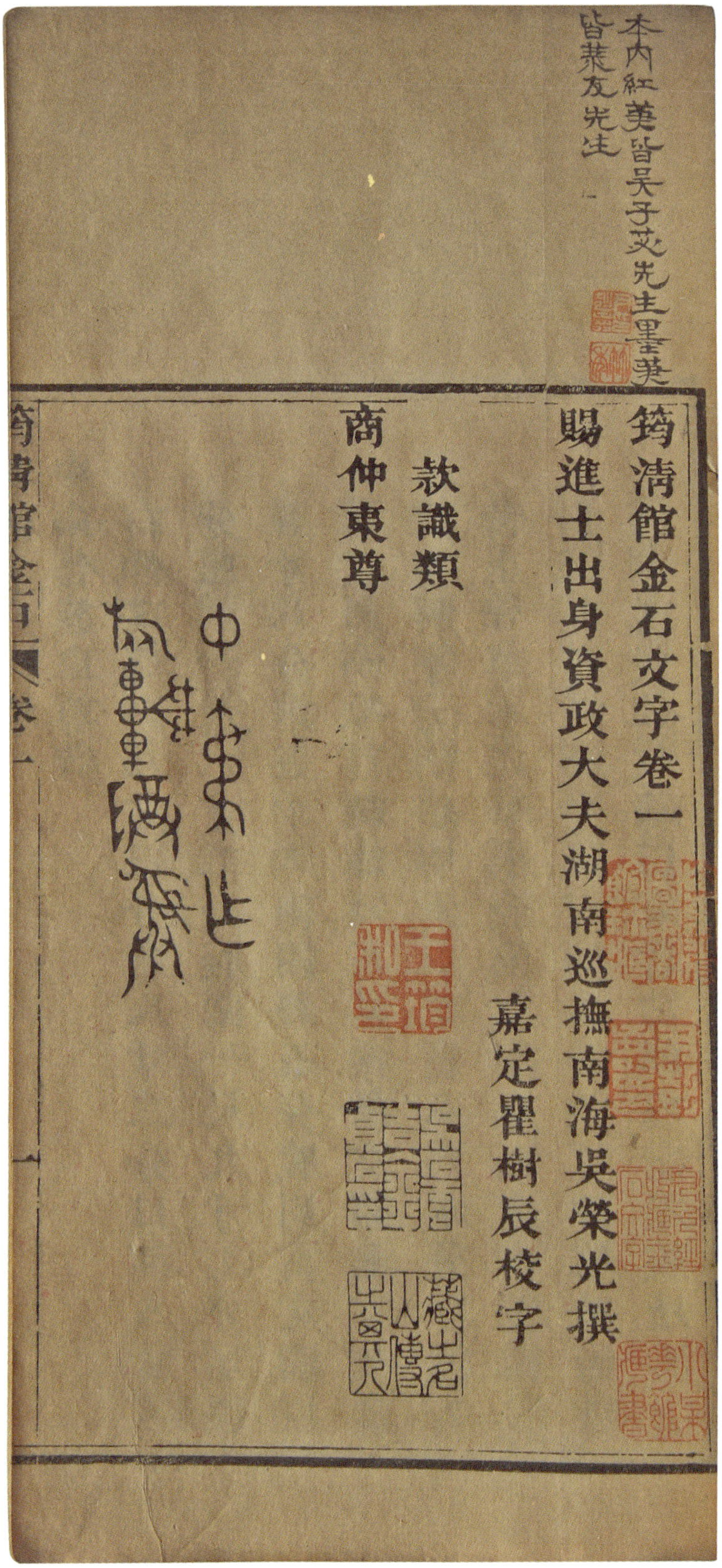

**08163 筠清館金石文字五卷** （清）吴榮光撰　清道光二十二年（1842）吴氏筠清館刻本

匡高19.6厘米，廣13.9厘米。行字不等，白口，四周雙邊。有“王筠私印”、“尹彭壽印”、“彭壽私印”、“尹元經收藏金石文字”等印。王筠、吴式芬批校，尹彭壽跋。山東省圖書館藏。

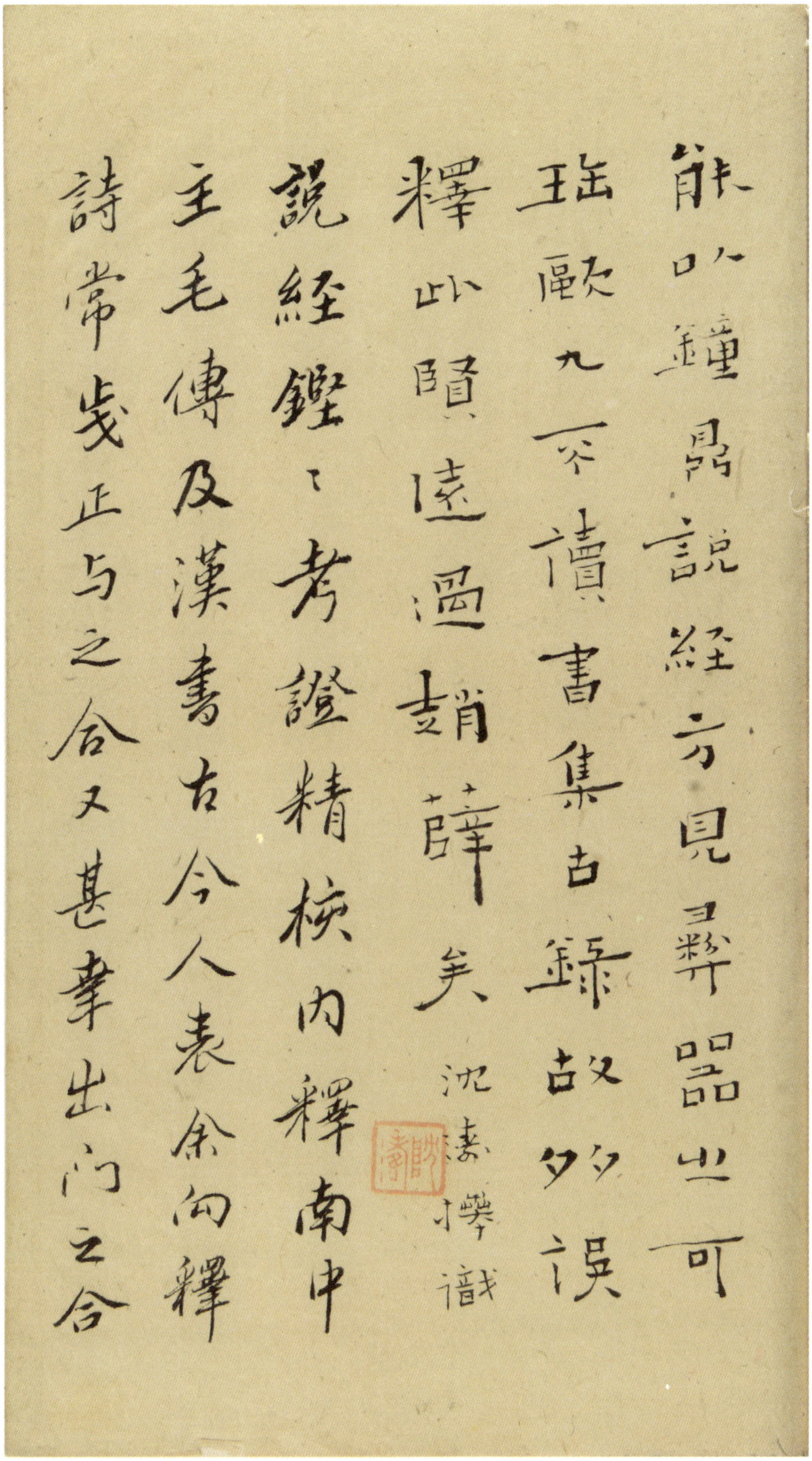

能以鐘鼎説經方見彝器之可
珍歟九丏讀書集古録故多誤
釋此頤遠過趙薛矣
説經鑒〻考證精核內釋南中
主毛傳及漢書古今人表余向釋
詩常戔正与之合又甚幸出門之合
沈濤撰識

**08164 焦山周鼎解不分卷** （清）徐同柏撰　手稿本

有“沈濤”印。沈濤、馬瑞辰跋。上海圖書館藏。

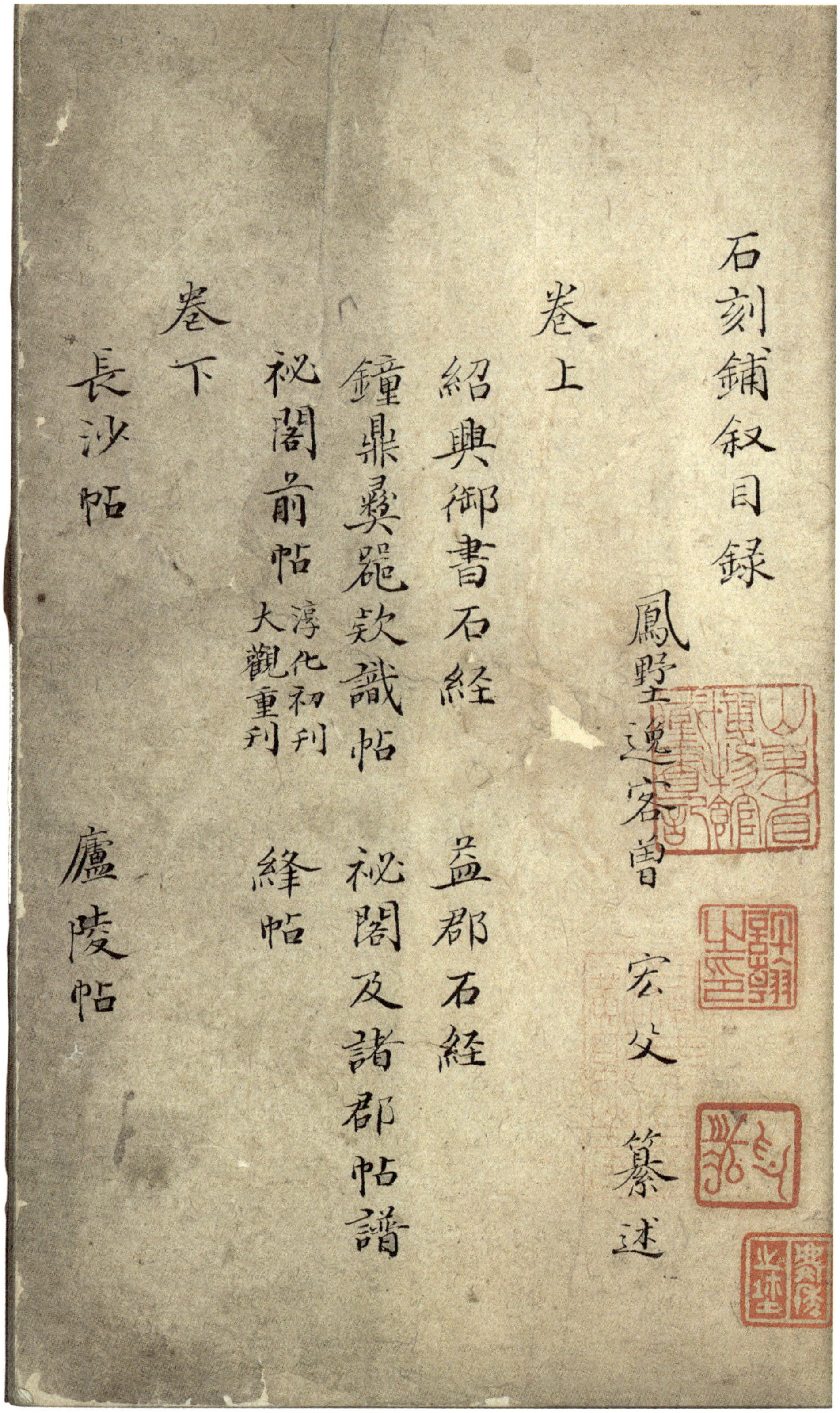

石刻鋪叙目録

鳳墅逸客曾宏父纂述

卷上

紹興御書石経　益郡石経

鍾鼎彝器款識帖　祕閣及諸郡帖譜

祕閣前帖 淳化初刊 大觀重刊　絳帖

卷下

長沙帖　廬陵帖

**08165 石刻鋪敘二卷** （宋）曾宏父撰　清朱彝尊抄本

有“曠視山房藏書印”、“許翰之印”等印。朱彝尊、丁杰、許瀚跋。山東省博物館藏。

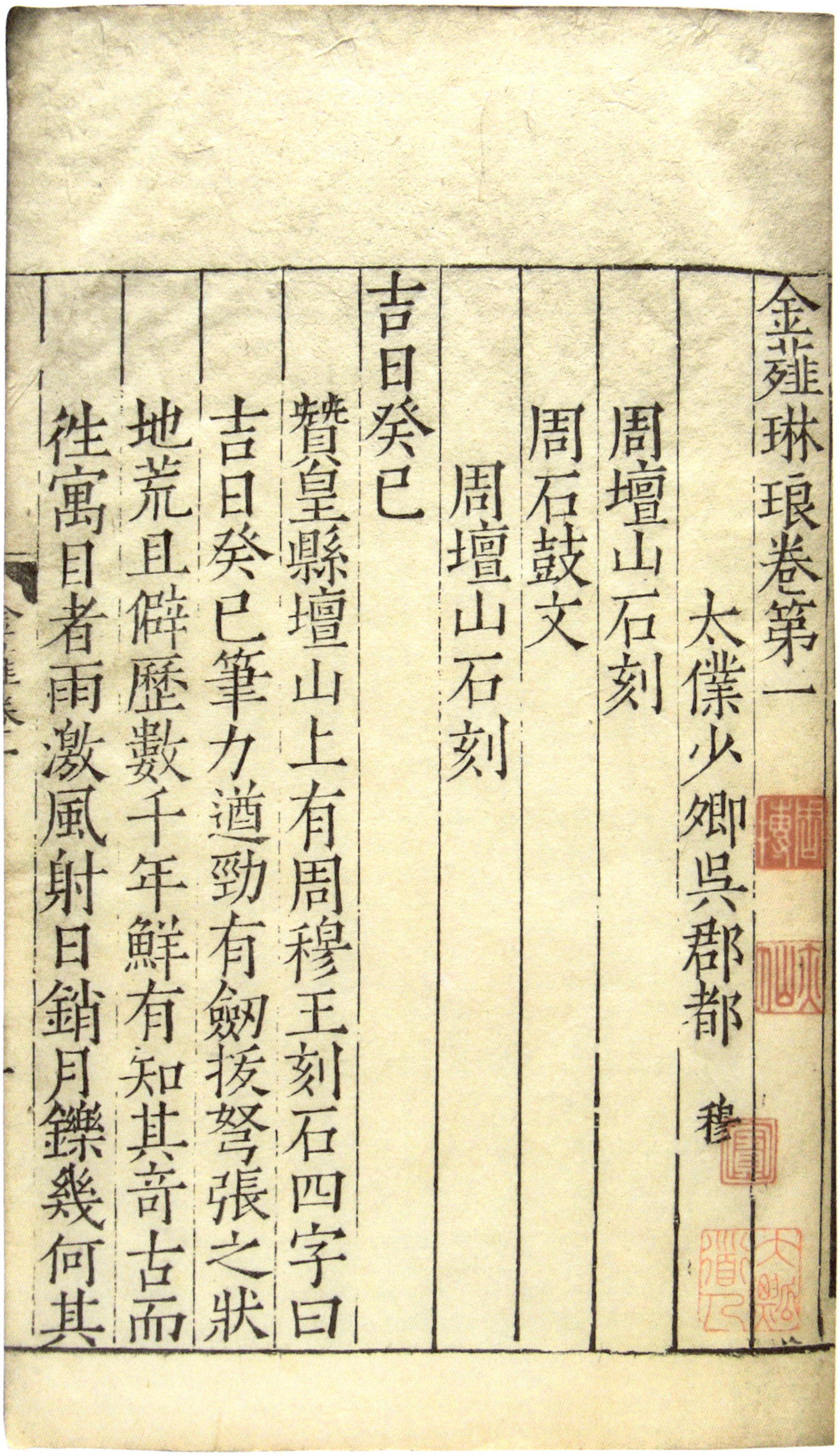
金薤琳琅卷第一
太僕少卿吳郡都　穆
周壇山石刻
周石鼓文
周壇山石刻
吉日癸巳
贊皇縣壇山上有周穆王刻石四字曰
吉日癸巳筆力遒勁有劍拔弩張之狀
地荒且僻歷數千年鮮有知其奇古而
往寓目者雨激風射日銷月鑠幾何其

**08166 金薤琳琅二十卷** （明）都穆撰　明刻本

匡高19.6厘米，廣14.6厘米。半葉十行，行十七字，白口，左右雙邊。鎮江市圖書館藏。

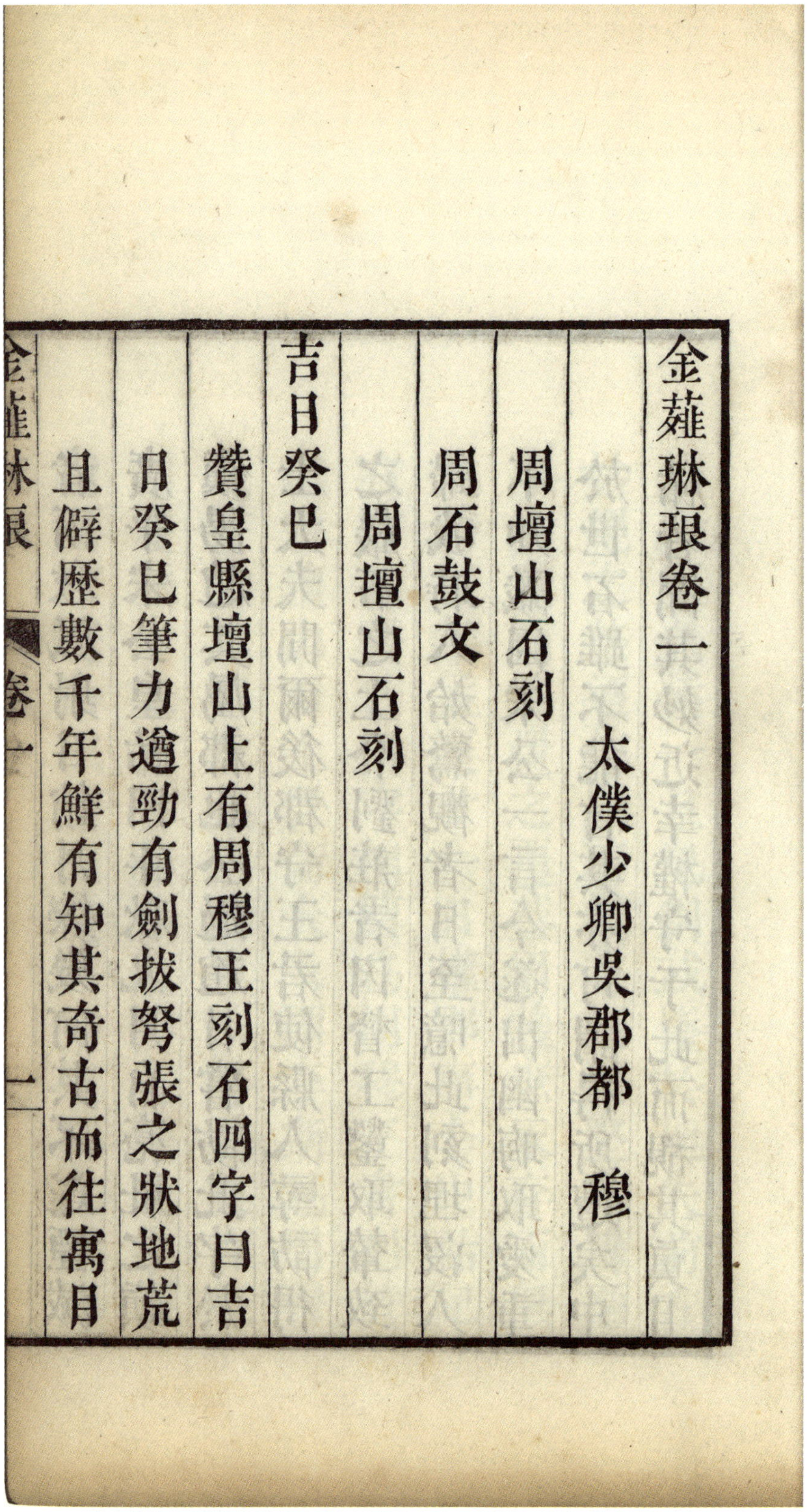
金薤琳琅卷一
太僕少卿吳郡都　穆
周壇山石刻
周石鼓文
周壇山石刻
吉日癸巳
贊皇縣壇山上有周穆王刻石四字曰吉
日癸巳筆力遒勁有劍拔弩張之狀地荒
且僻歷數千年鮮有知其奇古而往寓目
金薤琳琅　卷一　一

**08167 金薤琳琅二十卷**（明）都穆撰　**補遺一卷**（清）宋振譽撰　清乾隆四十三年（1778）汪荻洲刻本

匡高19.2厘米，廣13.5厘米。半葉九行，行十八字，白口，四周單邊。吳式芬跋，何焯批校。山東省博物館藏。

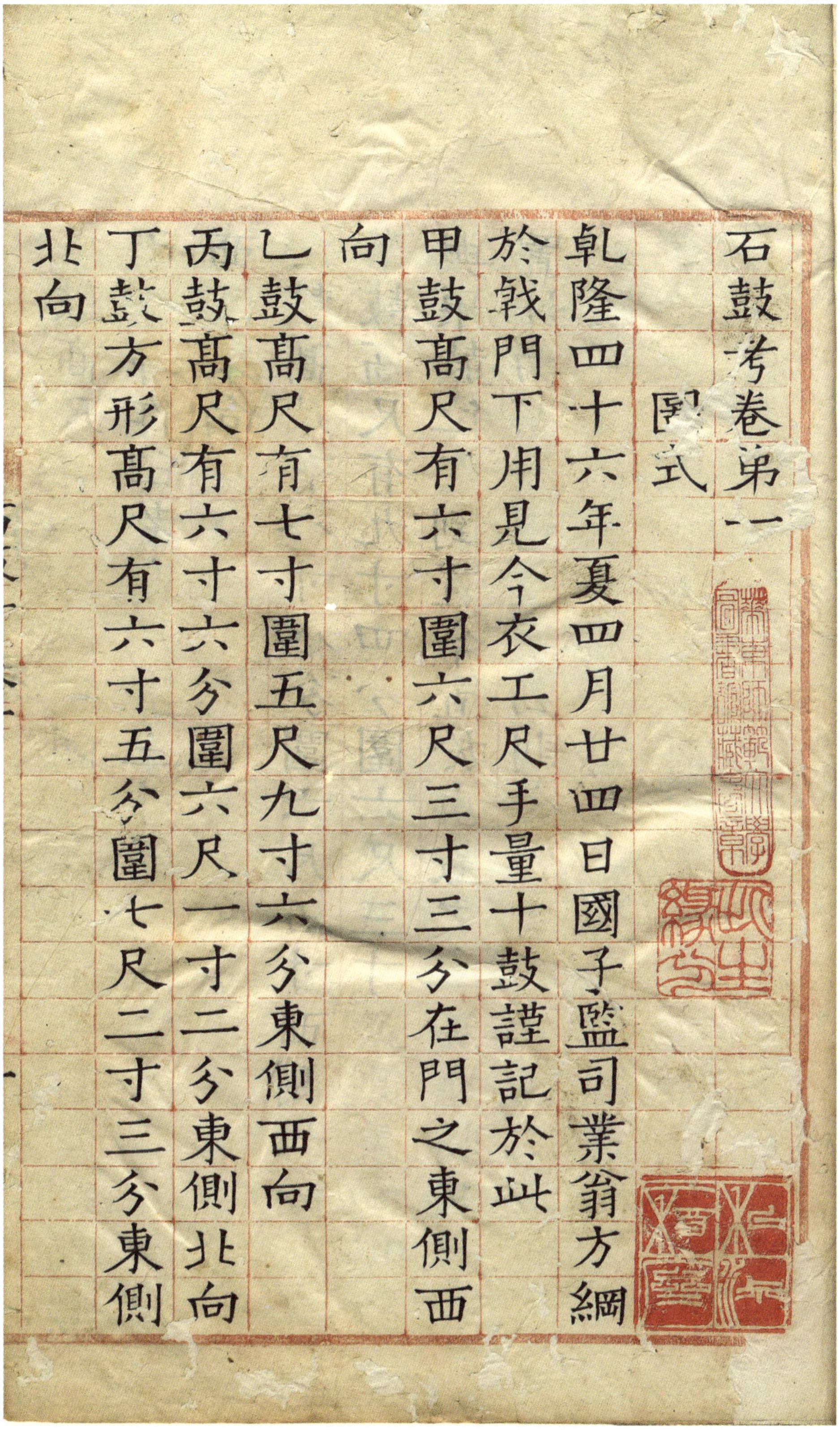
石鼓考卷第一
圖式
乾隆四十六年夏四月廿四日國子監司業翁方綱
於戟門下用見今衣工尺手量十鼓謹記於此
甲鼓高尺有六寸圍六尺三寸三分在門之東側西
向
乙鼓高尺有七寸圍五尺九寸六分東側西向
丙鼓高尺有六寸六分圍六尺一寸二分東側北向
丁鼓方形高尺有六寸五分圍七尺二寸三分東側
北向

**08168 石鼓考六卷附一卷** （清）翁方綱撰　稿本

匡高21.4厘米，廣15.3厘米。行字不等，白口，紅格，左右雙邊。華東師範大學圖書館藏。

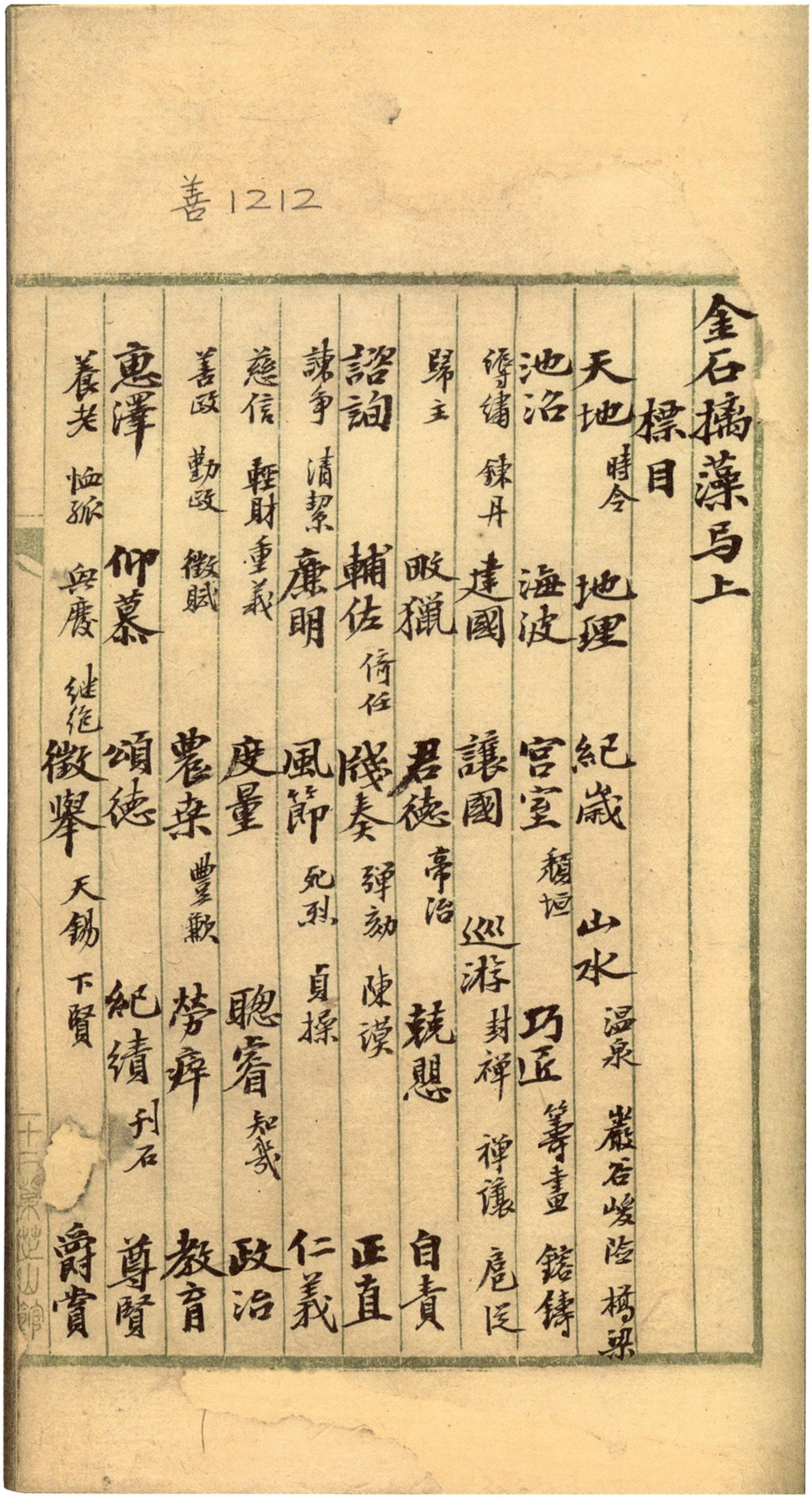


金石摛藻卷上

標目

天地 時令 地理 紀歲 山水 溫泉 巖石峻隘 橋梁

池沼 海波 宮室 頹垣 巧匠 籌畫 鎔鑄

修繕 鍊丹 建國 讓國 巡游 封禪 禪讓 扈從

歸主 畋獵 君德 帝治 兢懇 自責

諮詢 輔佐 倚任 機奏 彈劾 陳謨 正直

諫爭 清絜 廉明 風節 死烈 貞操 仁義

慈信 輕財重義 度量 聰睿 知幾 政治

善政 勤政 徵賦 農桑 豐歉 勞瘁 教育

惠澤 仰慕 頌德 紀績 刊石 尊賢

養老 恤孤 興廢 繼絕 徵舉 天錫 下賢 爵賞

**08169 金石摛藻二卷** （清）李宗顥撰　稿本

匡高15.3厘米，廣10.4厘米。半葉十二行，行字不等，白口，四周單邊。廣東省立中山圖書館藏。

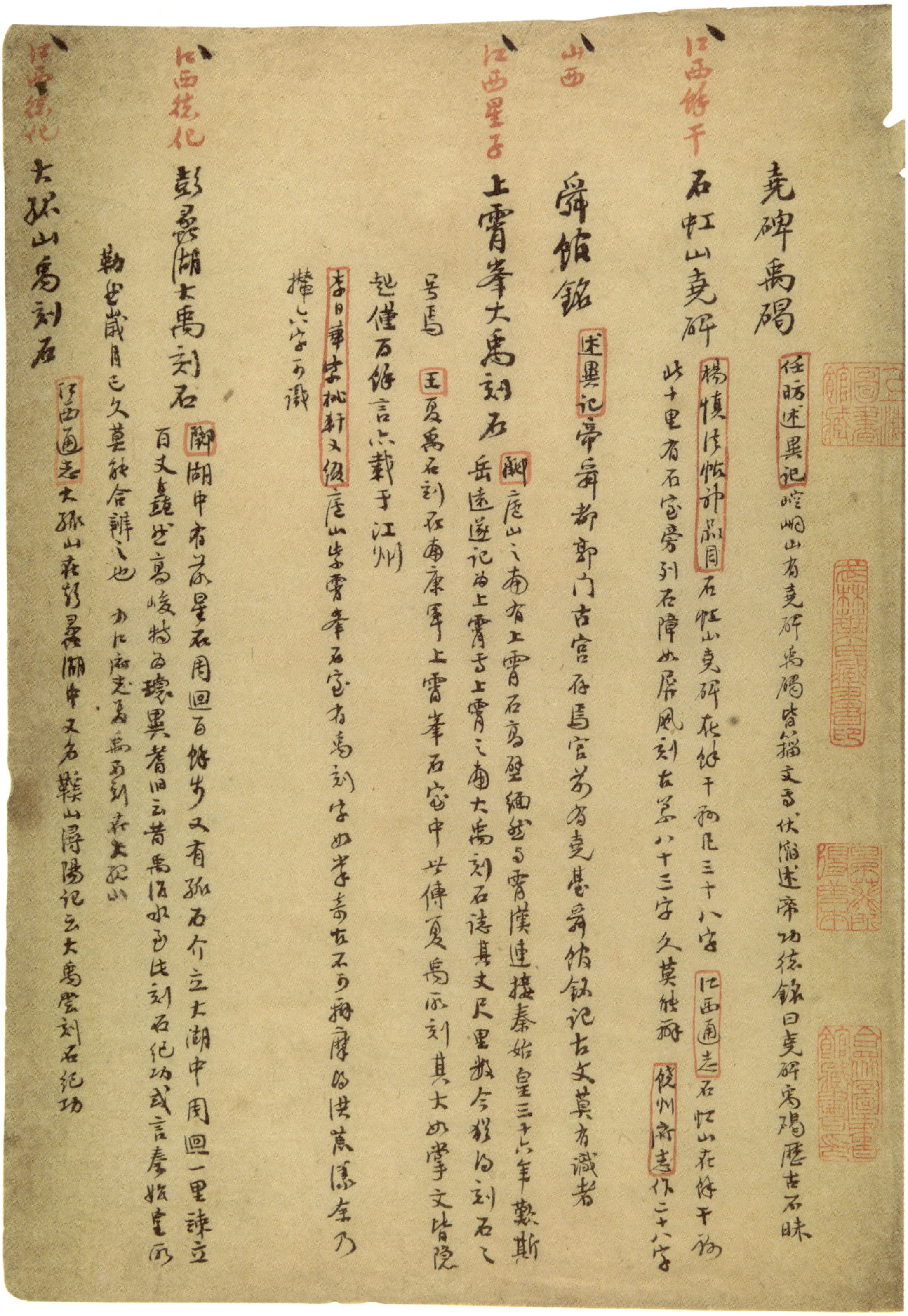

**08170 待訪碑目不分卷** （清）吳式芬撰　手稿本

有“武林葉氏藏書印”、“景葵所得善本”等印。吳重熹題識。上海圖書館藏。

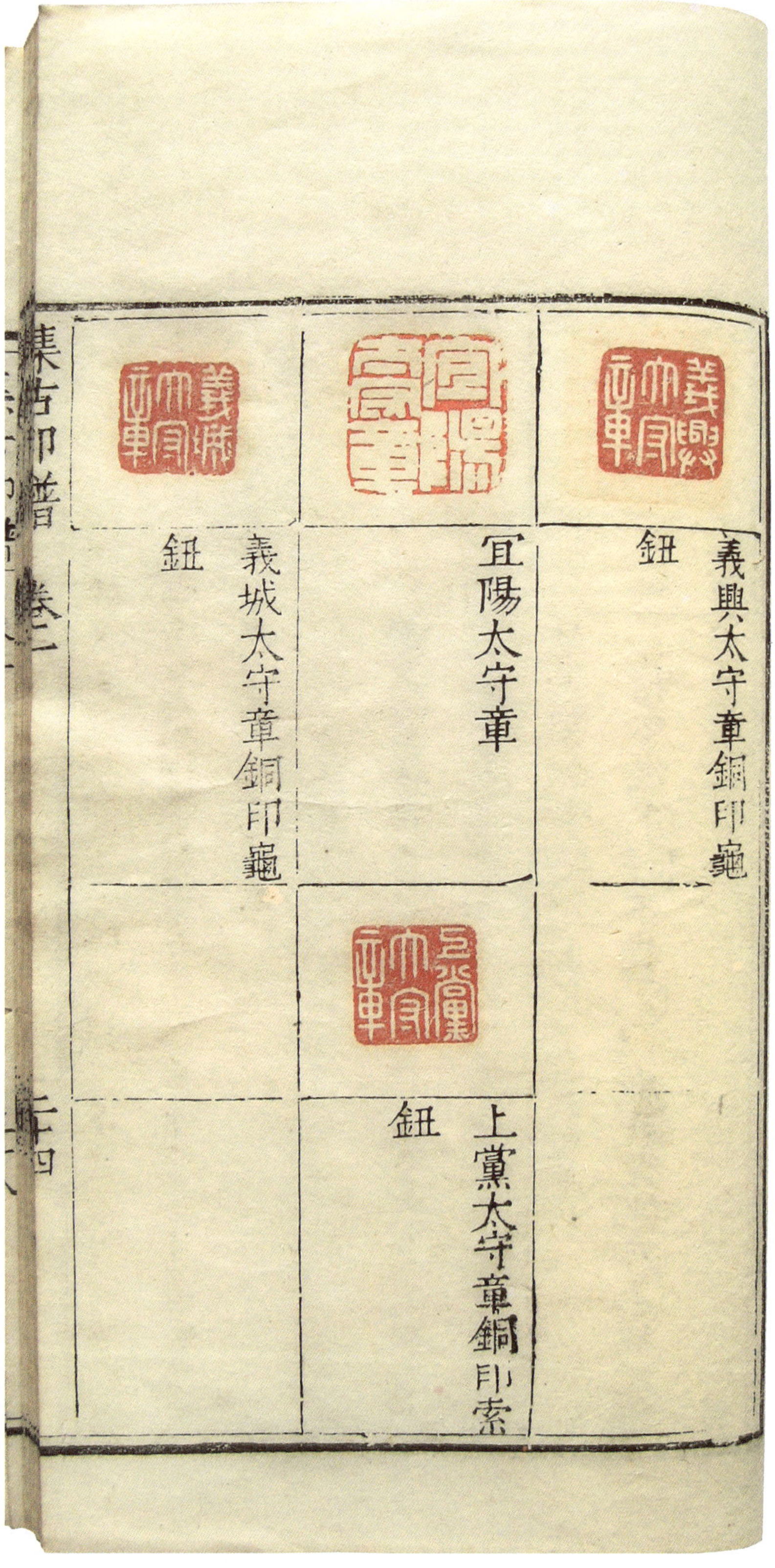

**08171 集古印譜五卷** （明）甘暘輯 **印正附說一卷** （明）甘暘撰 明萬曆二十四年（1596）自刻鈐印本

有“魯庵珍藏”、“望雲草堂所藏”、“慈溪張魯庵珍藏書畫金石文字”等印。鎮江市圖書館藏。

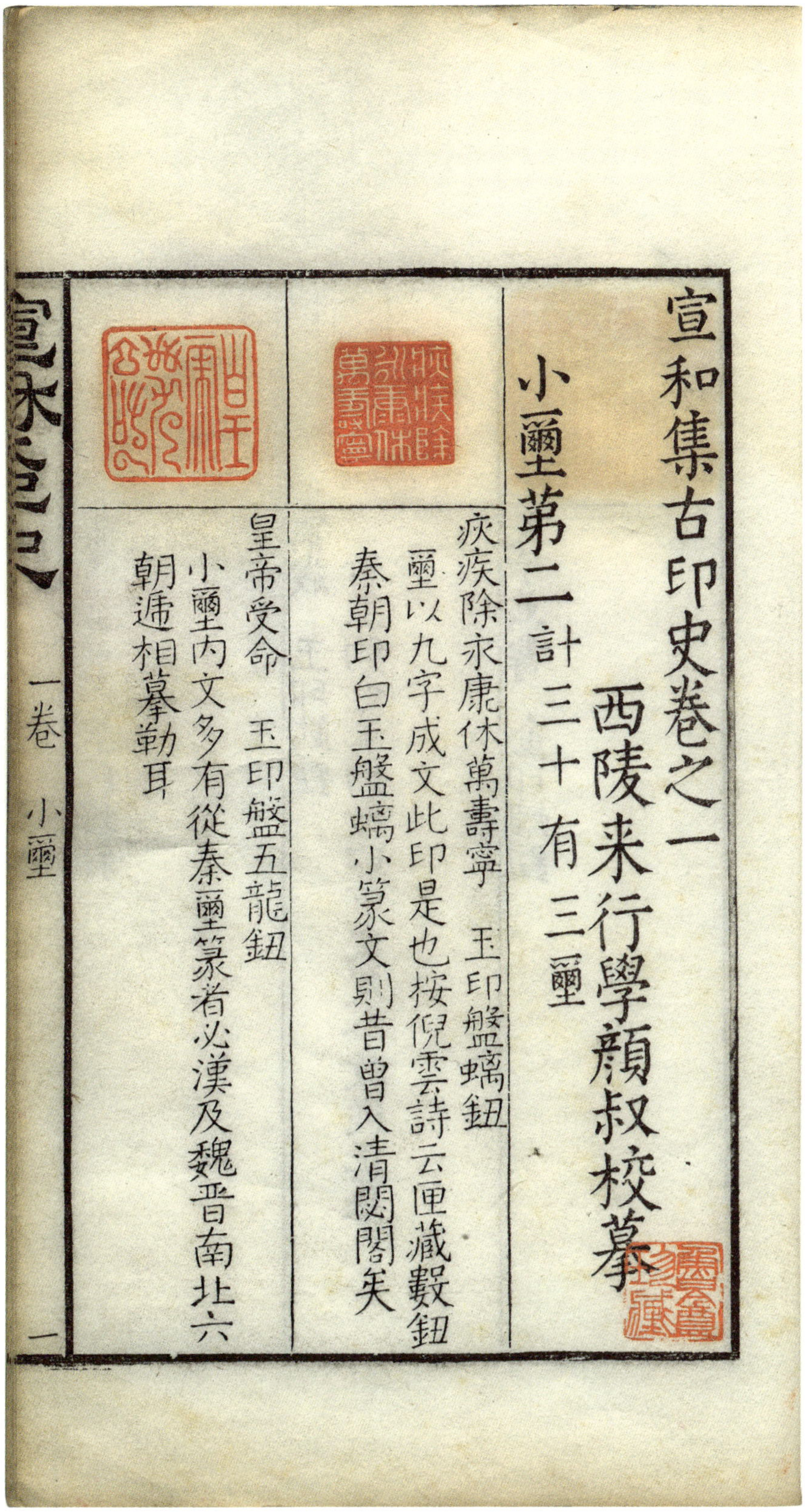
宣和集古印史卷之一
西陵来行學顏叔校摹
小璽第二 計三十有三璽
疢疾除永康休萬壽寧　玉印盤螭鈕
璽以九字成文此印是也按倪雲詩云匣藏穀鈕
秦朝印白玉盤螭小篆文則昔曾入清閟閣矣
皇帝受命　玉印盤五龍鈕
小璽內文多有從秦璽篆者必漢及魏晉南北六
朝遞相摹勒耳

**08172 宣和集古印史八卷**（明）來行學輯　明萬曆二十四年（1596）

來氏寶印齋刻鈐印本

西泠印社藏。

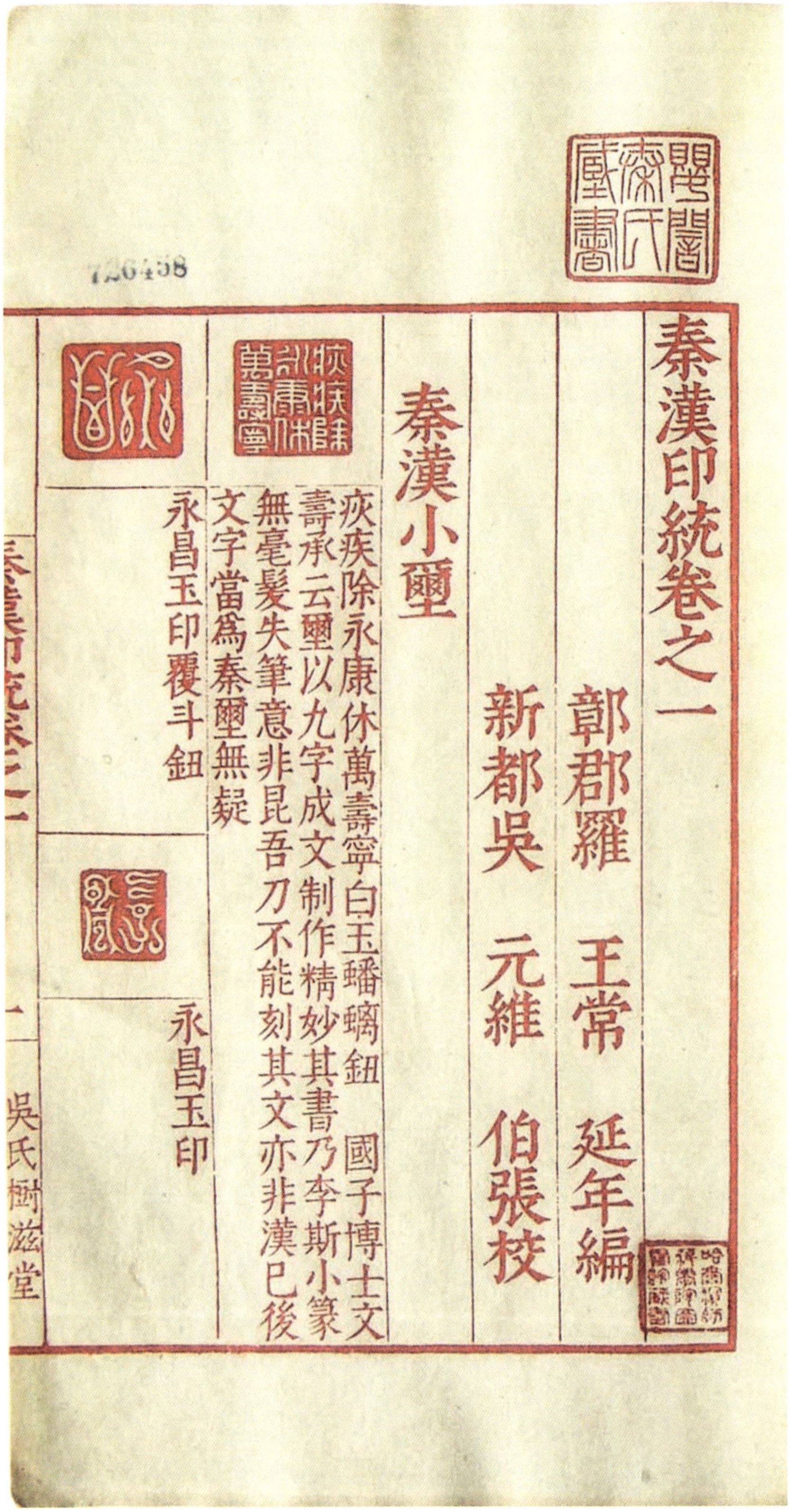
726458
秦漢印統卷之一
鄣郡羅　王常　延年編
新都吳　元維　伯張校
秦漢小璽
疢疾除永康休萬壽寧白玉蟠螭鈕　國子博士文
壽承云璽以九字成文制作精妙其書乃李斯小篆
無毫髮失筆意非昆吾刀不能刻其文亦非漢巳後
文字當爲秦璽無疑
永昌玉印覆斗鈕
永昌玉印
秦漢印統卷之一
一
吳氏樹滋堂

**08173 秦漢印統八卷** （明）羅王常編　明萬曆三十四年（1606）吳氏樹滋堂刻朱印本

秦更年跋。哈爾濱師範大學圖書館藏。

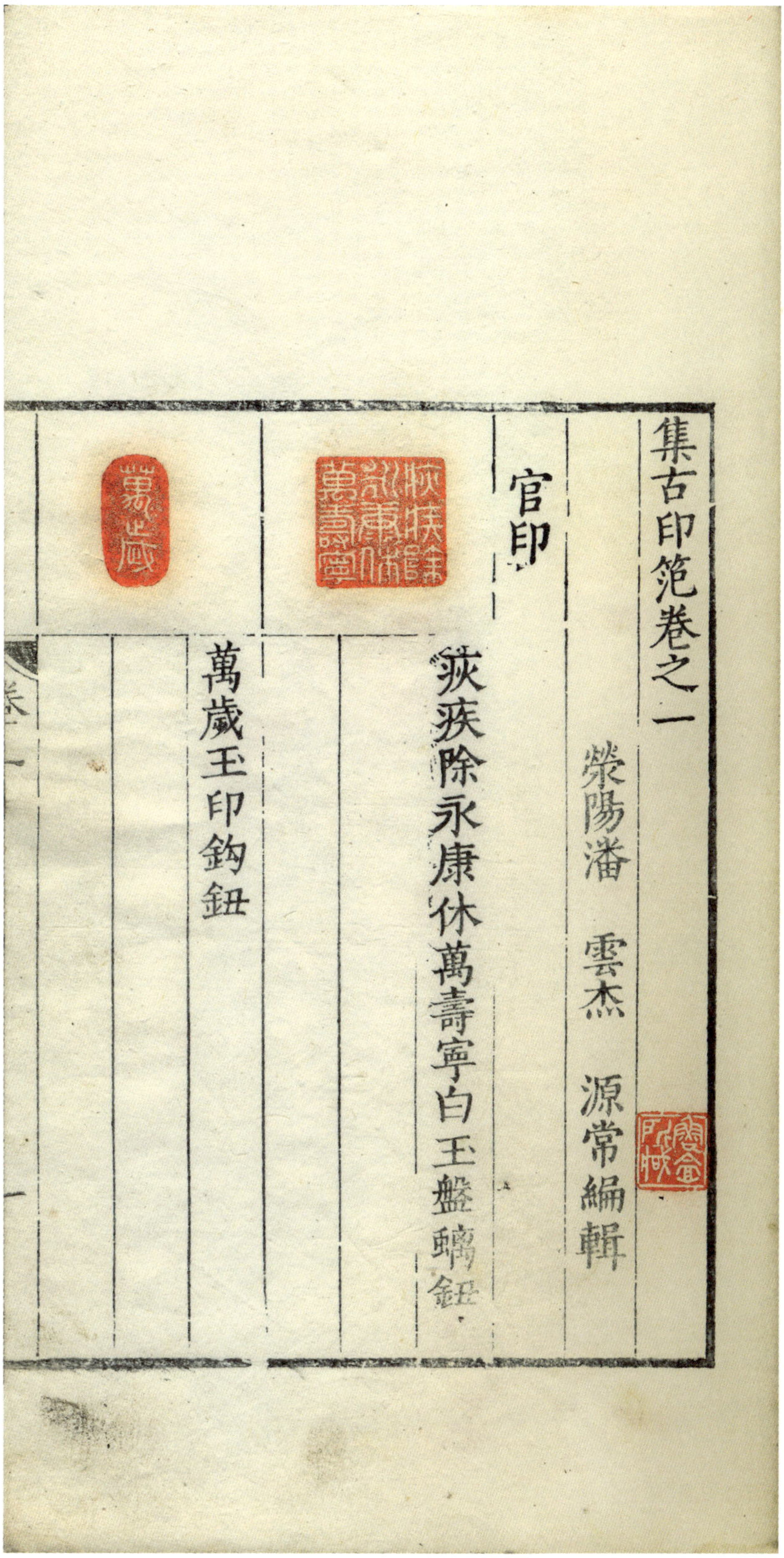

**08174 集古印范十卷** （明）潘雲杰輯　明萬曆三十五年（1607）刻鈐印本

有“魯庵所藏”等印。西泠印社藏。

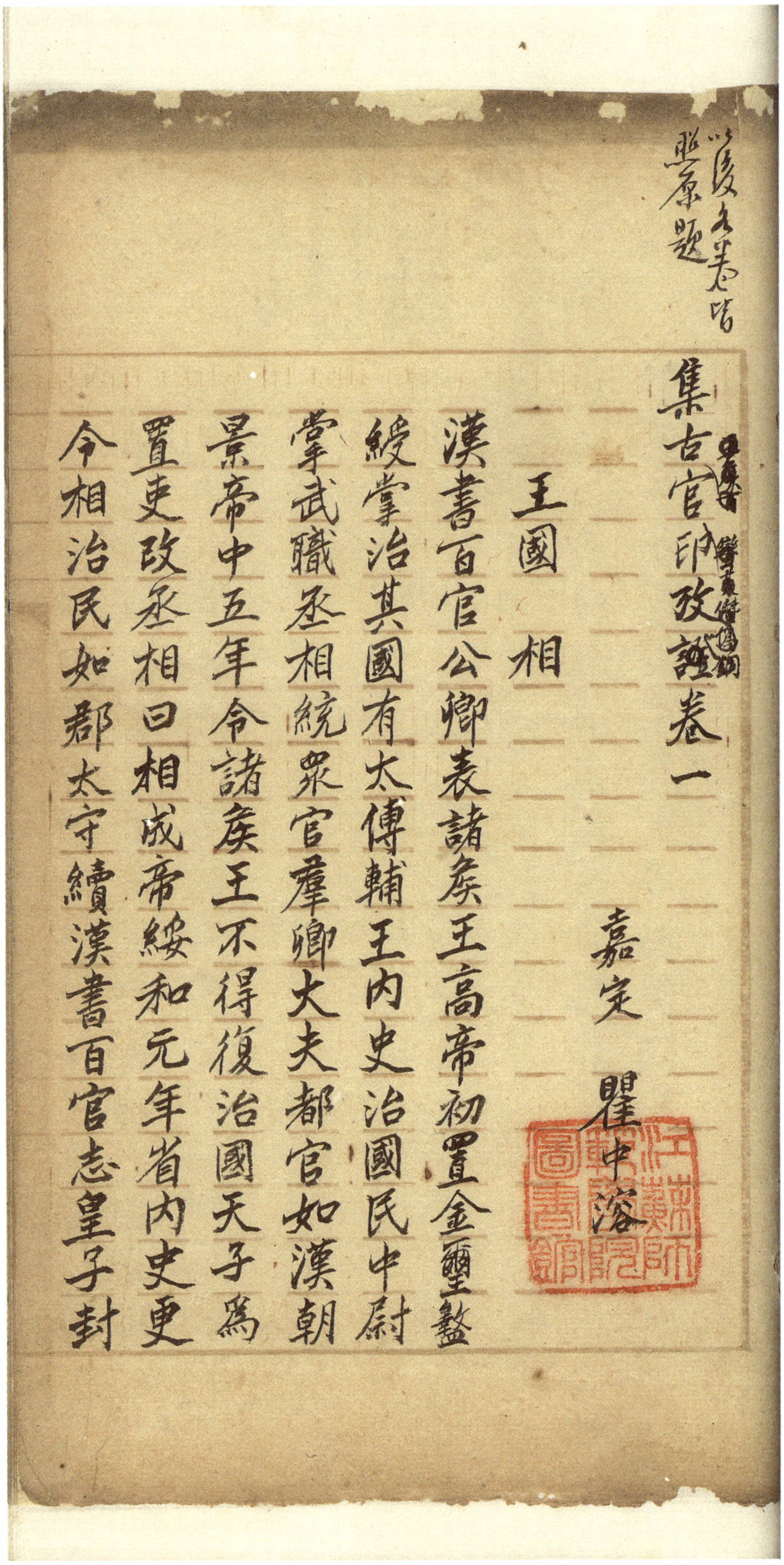
以後各卷皆照原題

集古官印攷證卷一

嘉定 瞿中溶

王國 相

漢書百官公卿表諸矦王高帝初置金璽盭綬掌治其國有太傅輔王内史治國民中尉掌武職丞相統衆官羣卿大夫都官如漢朝景帝中五年令諸矦王不得復治國天子爲置吏改丞相曰相成帝綏和元年省内史更令相治民如郡太守續漢書百官志皇子封

**08175 集古官印攷十七卷集古虎符魚符攷一卷** （清）瞿中溶撰　稿本

翁大年校並跋。蘇州大學圖書館藏，存七卷。

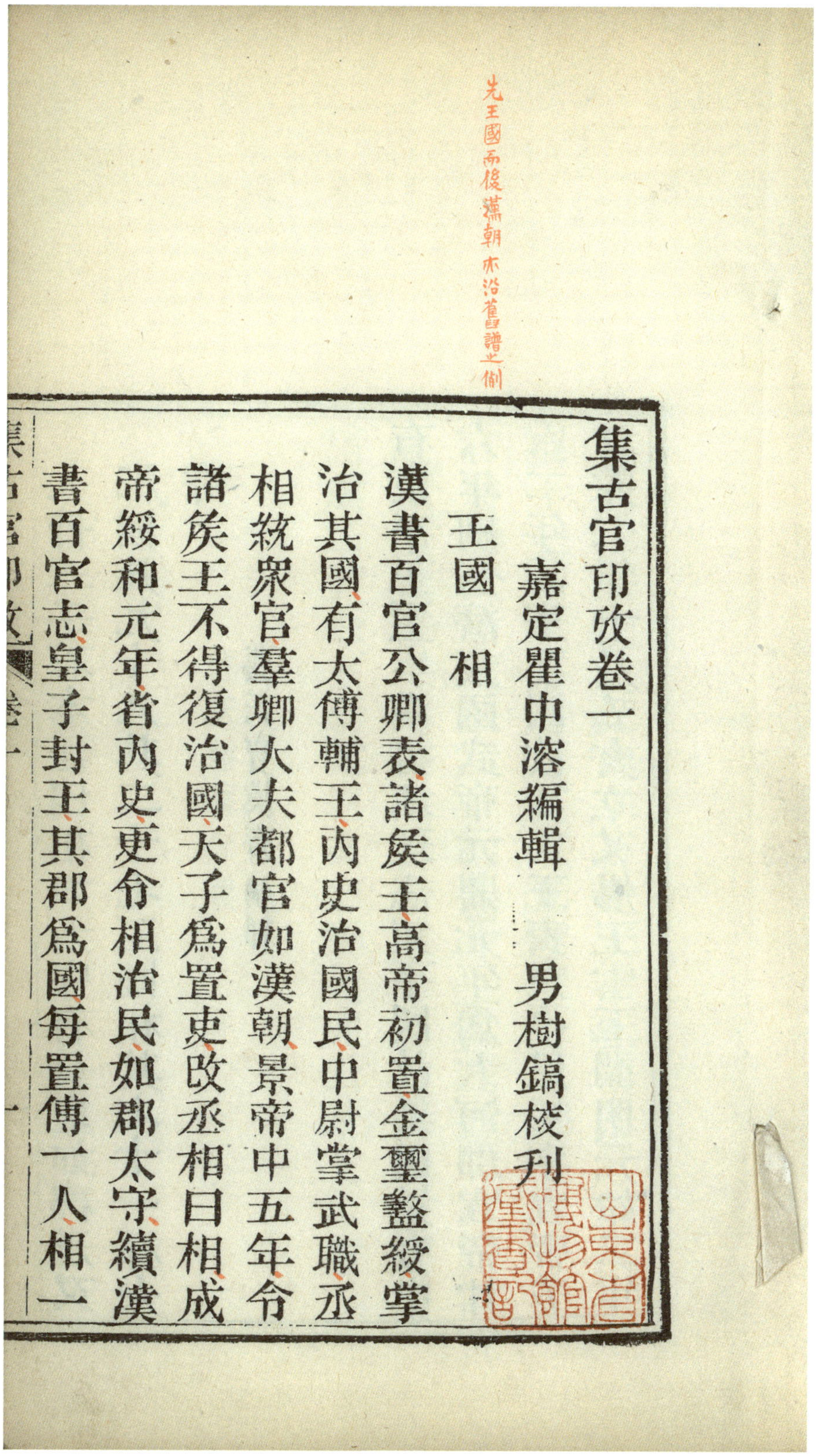
先王國而後漢朝不沿舊譜之例

集古官印攷卷一
嘉定瞿中溶編輯　男樹鎬校刊
王國　相
漢書百官公卿表諸矦王高帝初置金璽盭綬掌
治其國有太傅輔王內史治國民中尉掌武職丞
相統衆官羣卿大夫都官如漢朝景帝中五年令
諸矦王不得復治國天子爲置吏改丞相曰相成
帝綏和元年省內史更令相治民如郡太守續漢
書百官志皇子封王其郡爲國每置傅一人相一

集古官印攷　卷一

**08176　集古官印攷十七卷集古虎符魚符攷一卷**　（清）瞿中溶撰　清同治十三年（1874）瞿樹鎬刻本

匡高17厘米，廣12.3厘米。半葉九行，行二十字，白口，四周雙邊。陳介祺批校。山東省博物館藏。

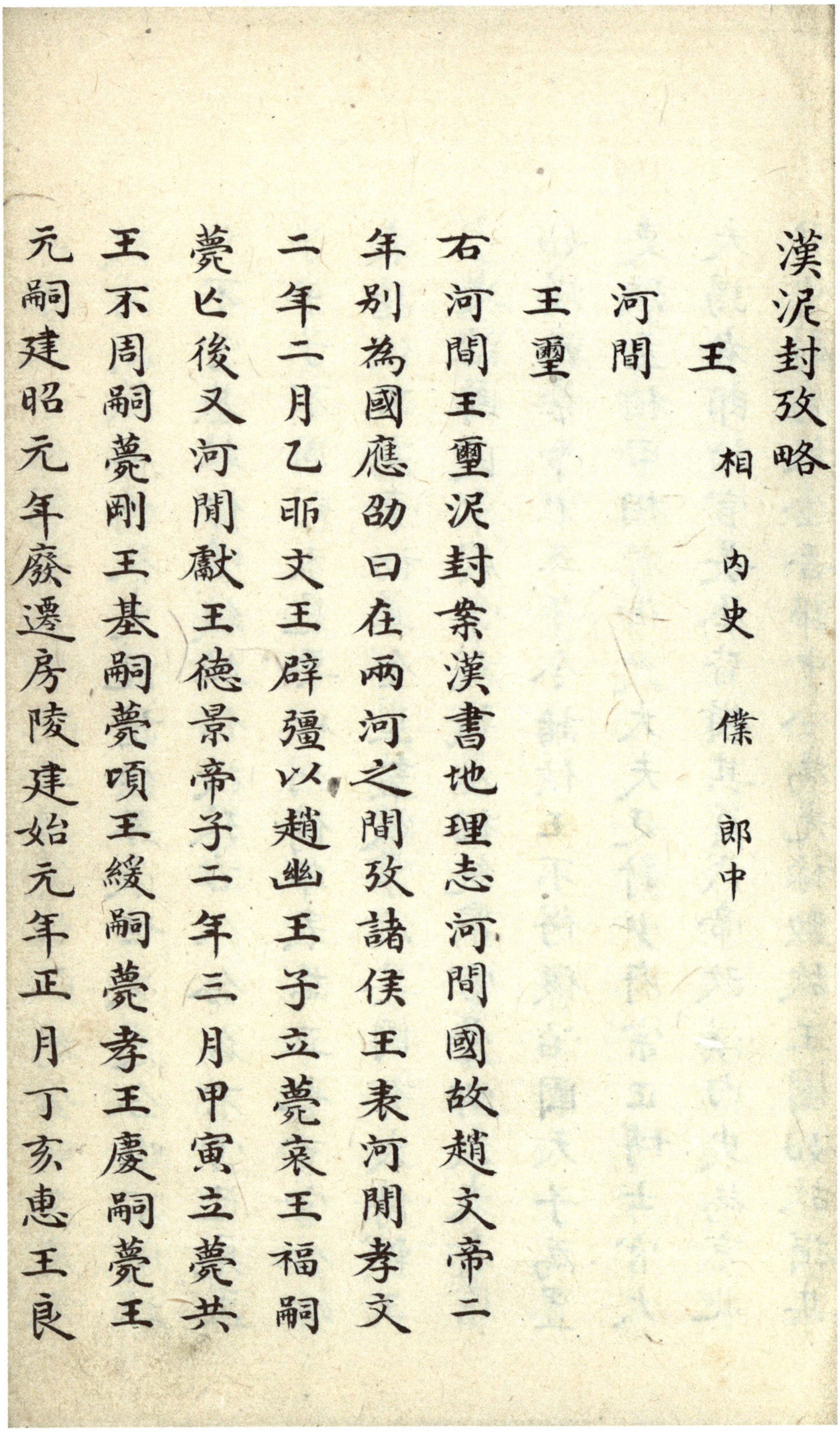
漢泥封攷略
王　相　內史　僕　郎中
河間
王璽
右河間王璽泥封案漢書地理志河間國故趙文帝二
年別為國應劭曰在兩河之間攷諸侯王表河間孝文
二年二月乙卯文王辟彊以趙幽王子立薨哀王福嗣
薨亡後又河間獻王德景帝子二年三月甲寅立薨共
王不周嗣薨剛王基嗣薨頃王緩嗣薨孝王慶嗣薨王
元嗣建昭元年廢遷房陵建始元年正月丁亥惠王良

**08177 漢泥封攷略二卷**　（清）吴式芬　陳介祺藏並輯　（清）翁大年考編　清抄本

陳介祺校並跋。山東省博物館藏。

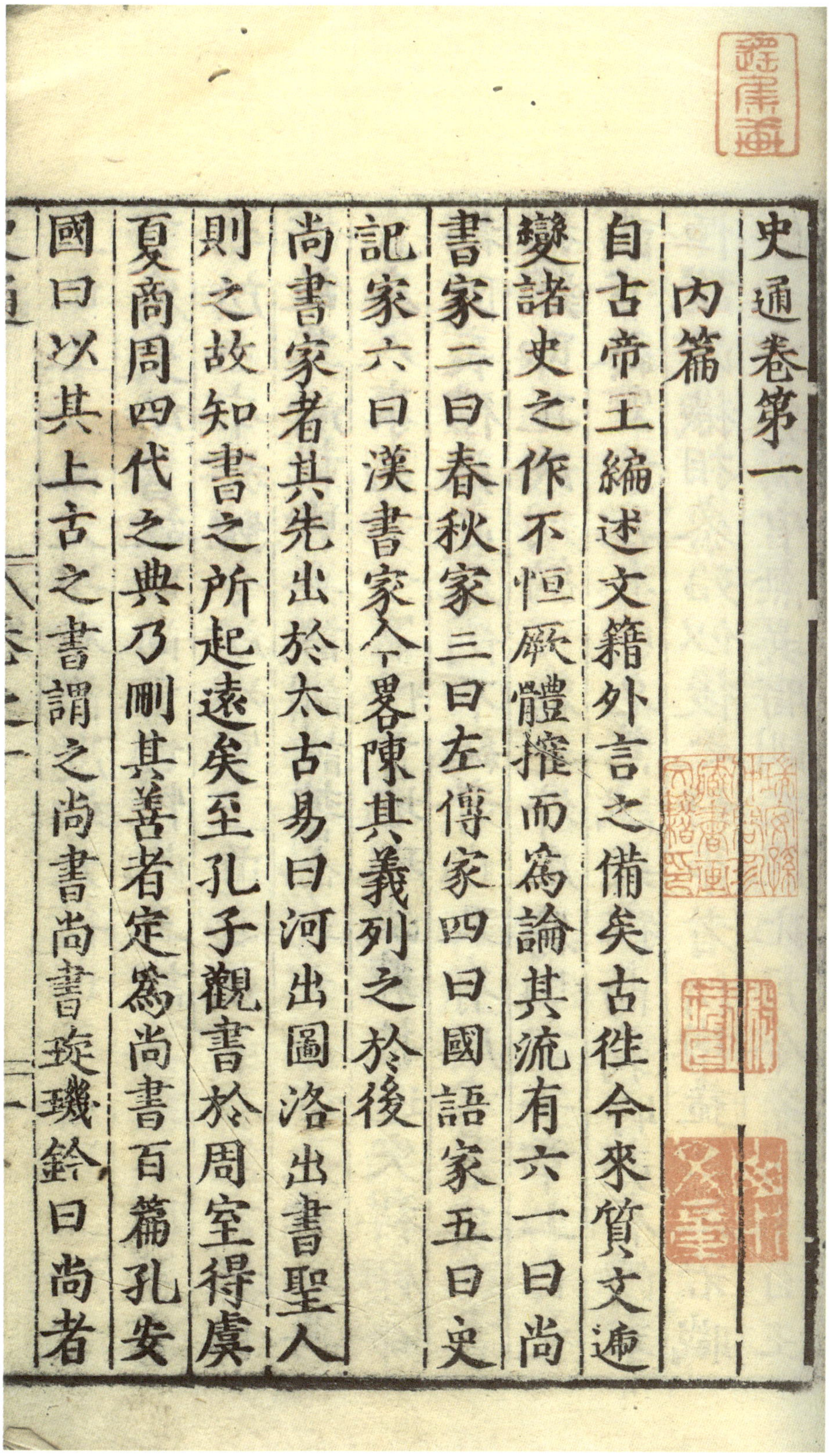
史通卷第一
内篇
自古帝王編述文籍外言之備矣古往今來質文遞
變諸史之作不恒厥體搉而爲論其流有六一曰尚
書家二曰春秋家三曰左傳家四曰國語家五曰史
記家六曰漢書家今畧陳其義列之於後
尚書家者其先出於太古易曰河出圖洛出書聖人
則之故知書之所起遠矣至孔子觀書於周室得虞
夏商周四代之典乃删其善者定爲尚書百篇孔安
國曰以其上古之書謂之尚書尚書璇璣鈐曰尚者

**08178 史通二十卷** （唐）劉知幾撰　明嘉靖十四年（1535）陸深刻本

匡高20.8厘米，廣14.4厘米。半葉十行，行二十字，小字雙行同，白口，四周單邊。浙江大學圖書館藏。

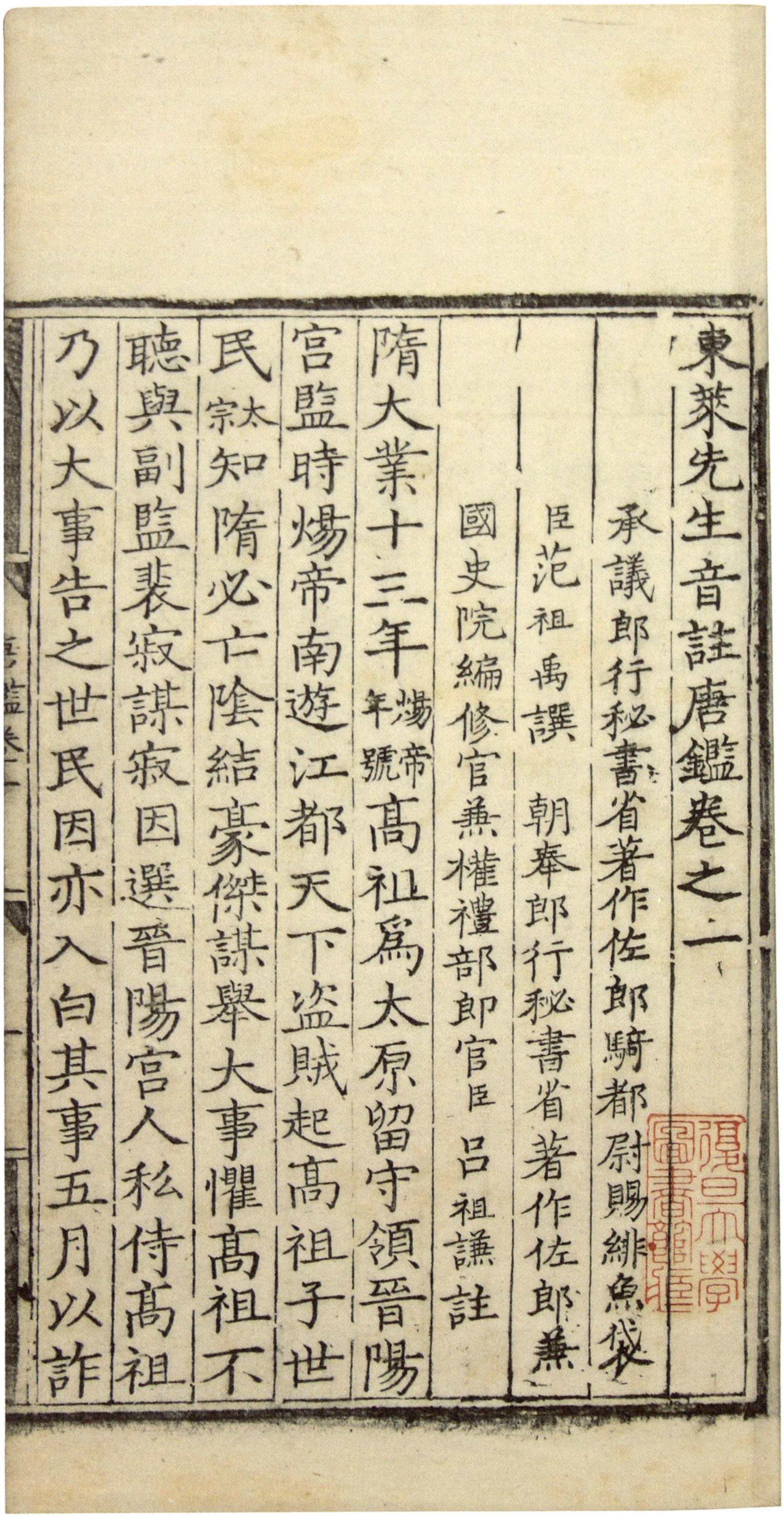
東萊先生音註唐鑑卷之一
承議郎行秘書省著作佐郎騎都尉賜緋魚袋
臣范祖禹譔　朝奉郎行秘書省著作佐郎兼
國史院編修官兼權禮部郎官臣　吕祖謙註
隋大業十三年煬帝年號高祖爲太原留守領晉陽
宫監時煬帝南遊江都天下盗賊起高祖子世
民太宗知隋必亡陰結豪傑謀舉大事懼高祖不
聽與副監裴寂謀寂因選晉陽宫人私侍高祖
乃以大事告之世民因亦入白其事五月以詐

**08179 東萊先生音註唐鑑二十四卷** （宋）范祖禹撰 （宋）吕祖謙注 明弘治十年（1497）吕鏜刻本

匡高19.8厘米，廣12.6厘米。半葉九行，行十八字，黑口，四周雙邊。復旦大學圖書館藏。

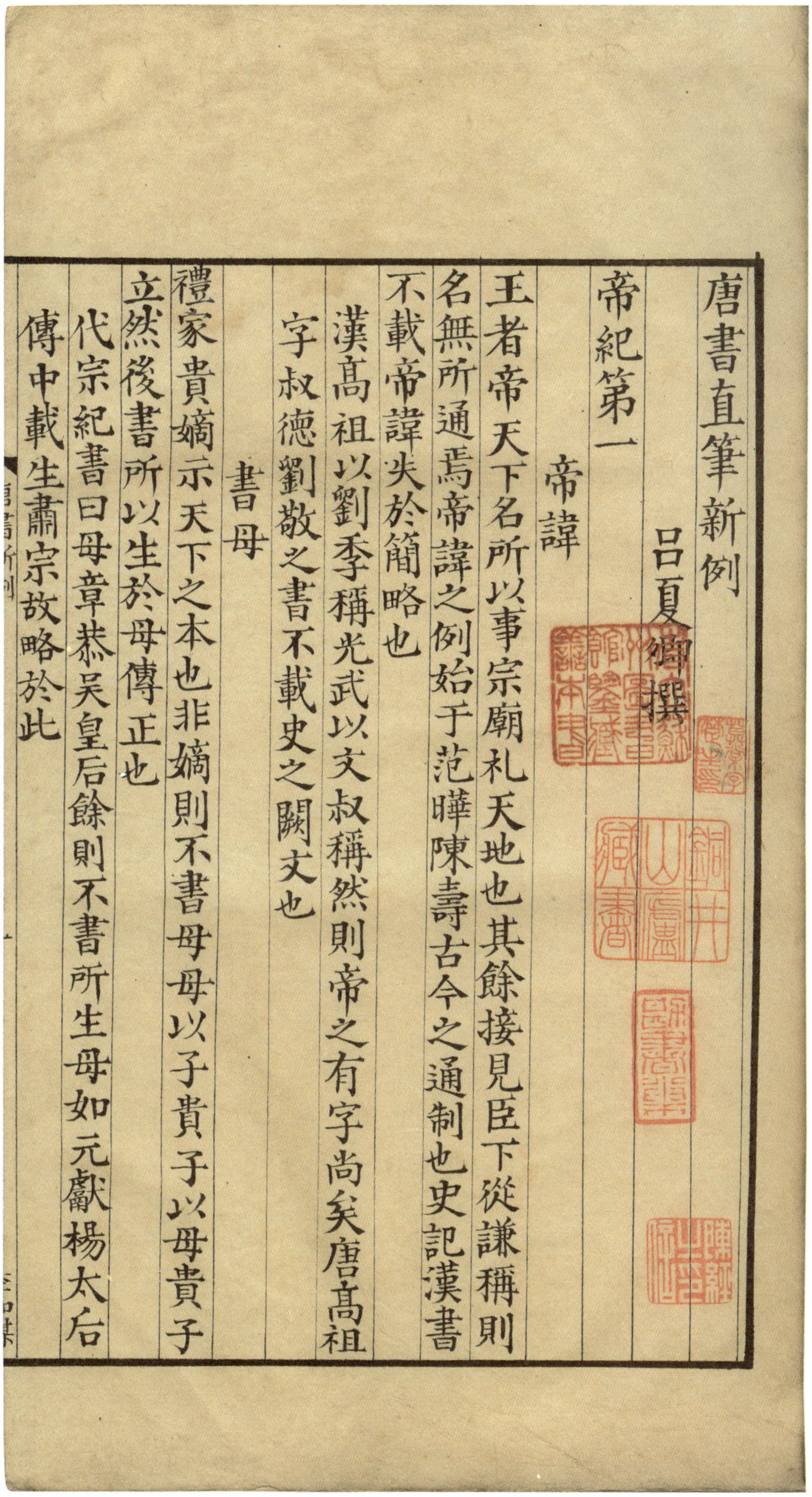
唐書直筆新例
呂夏卿撰
帝紀第一
帝諱
王者帝天下名所以事宗廟礼天地也其餘接見臣下從謙稱則
名無所通焉帝諱之例始于范曄陳壽古今之通制也史記漢書
不載帝諱失於簡略也
漢高祖以劉季稱光武以文叔稱然則帝之有字尚矣唐高祖
字叔德劉敬之書不載史之闕文也
書母
禮家貴嫡示天下之本也非嫡則不書母母以子貴子以母貴子
立然後書所以生於母傳正也
代宗紀書曰母章恭吴皇后餘則不書所生母如元獻楊太后
傳中載生肅宗故略於此
唐書新例

**08180 唐書直筆新例四卷新例須知一卷** （宋）呂夏卿撰　清影宋抄本

匡高21.4厘米，廣14.5厘米。半葉十四行，行二十五字，白口，左右雙邊。

蘇州圖書館藏。

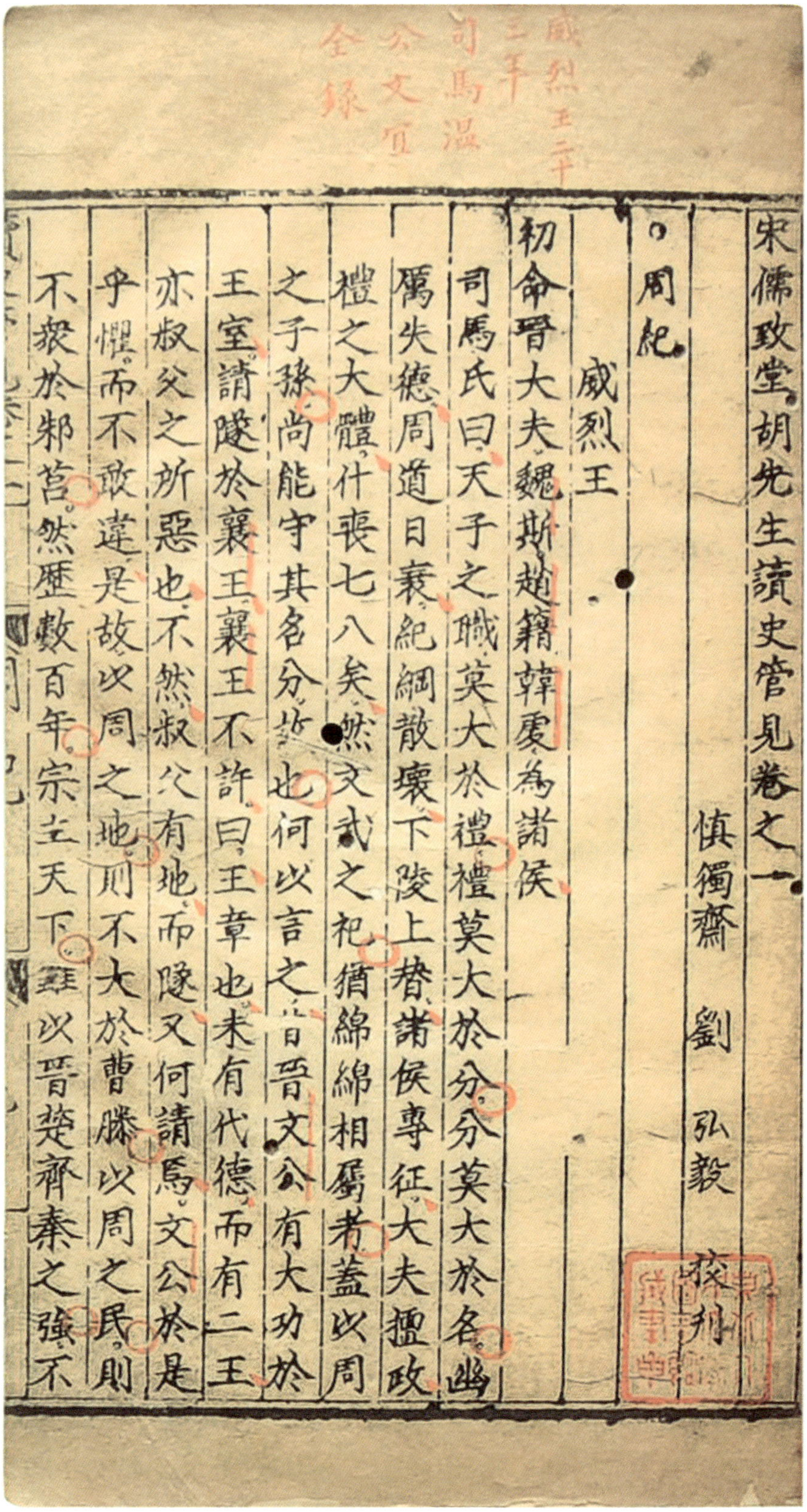

宋儒致堂胡先生讀史管見卷之一

慎獨齋　劉　弘毅　校刊

○周紀

威烈王

初命晉大夫魏斯趙籍韓虔為諸侯

司馬氏曰天子之職莫大於禮禮莫大於分分莫大於名幽厲失德周道日衰紀綱散壞下陵上替諸侯專征大夫擅政禮之大體什喪七八矣然文武之祀猶綿綿相屬者蓋以周之子孫尚能守其名分故也何以言之昔晉文公有大功於王室請隧於襄王襄王不許曰王章也未有代德而有二王亦叔父之所惡也不然叔父有地而隧又何請焉文公於是乎懼而不敢違是故以周之地則不大於曹滕以周之民則不衆於邾莒然歷數百年宗主天下雖以晉楚齊秦之強不

**08181 宋儒致堂胡先生讀史管見三十卷** （宋）胡寅撰　明正德劉弘毅慎獨齋刻本

匡高16.2厘米，廣11厘米。半葉十三行，行二十四字，白口，四周雙邊。有“慎獨齋劉弘毅校刊”、“慎獨齋木石山人校刊”牌記。佚名批校。吉林大學圖書館藏。

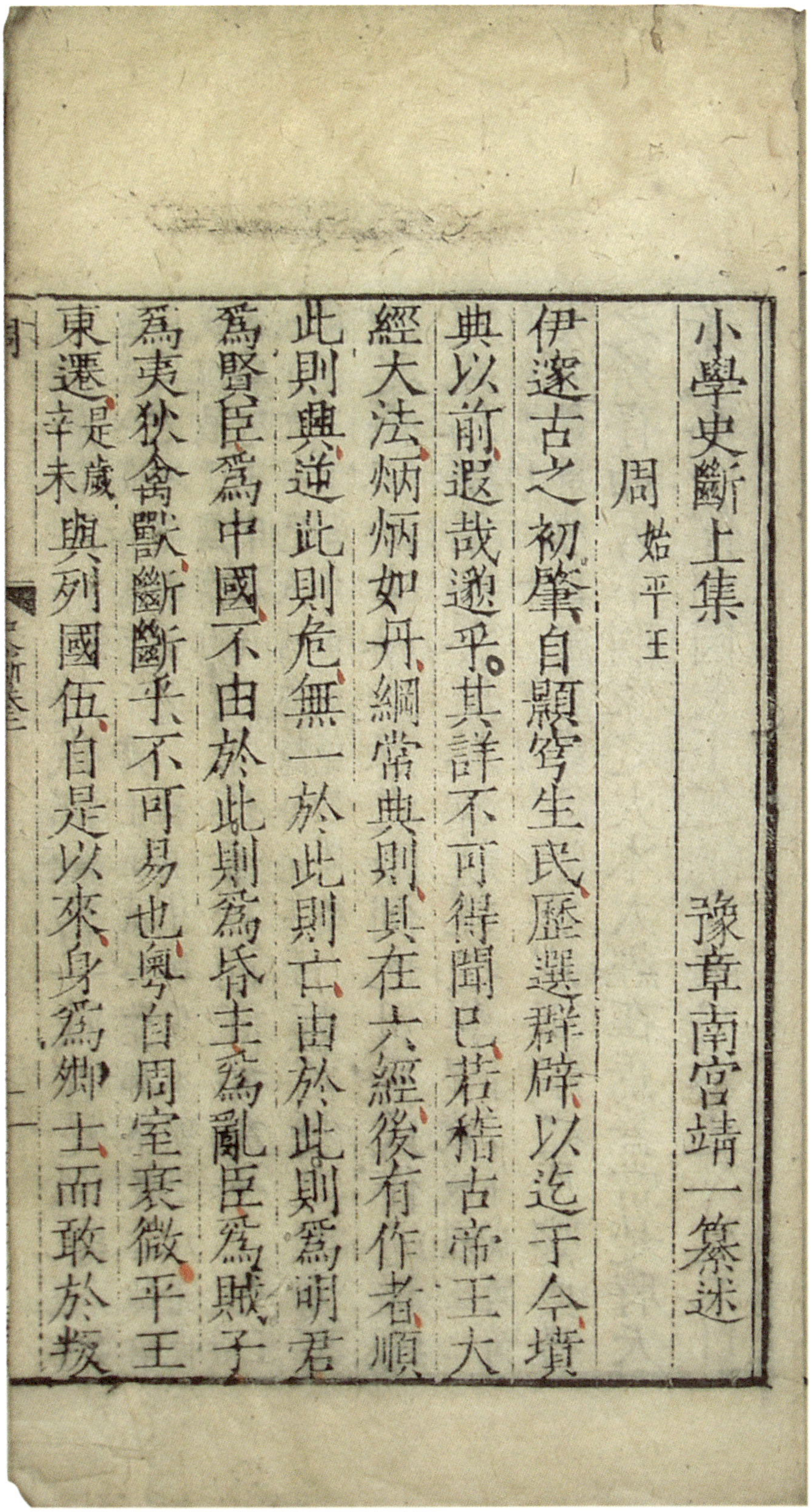
小學史斷上集　豫章南宮靖一纂述
周　始平王
伊遂古之初肇自顯穹生民歷選群辟以迄于今墳
典以前遐哉邈乎其詳不可得聞已若稽古帝王大
經大法炳炳如丹綱常典則具在六經後有作者順
此則興逆此則危無一於此則亡由於此則爲明君
爲賢臣爲中國不由於此則爲昏主爲亂臣爲賊子
爲夷狄禽獸斷斷乎不可易也粵自周室衰微平王
東遷是歲辛未與列國伍自是以來身爲卿士而敢於叛

**08182 小學史斷二卷**（宋）南宮靖一撰　**續一卷**（明）晏彦文撰　**資治通鑑總要通論一卷**（元）潘榮撰　明嘉靖二十六年（1547）趙瀛刻本（有抄配）

匡高18.4厘米，廣13厘米。半葉九行，行二十字，小字雙行同，白口，左右雙邊。溫州市圖書館藏。

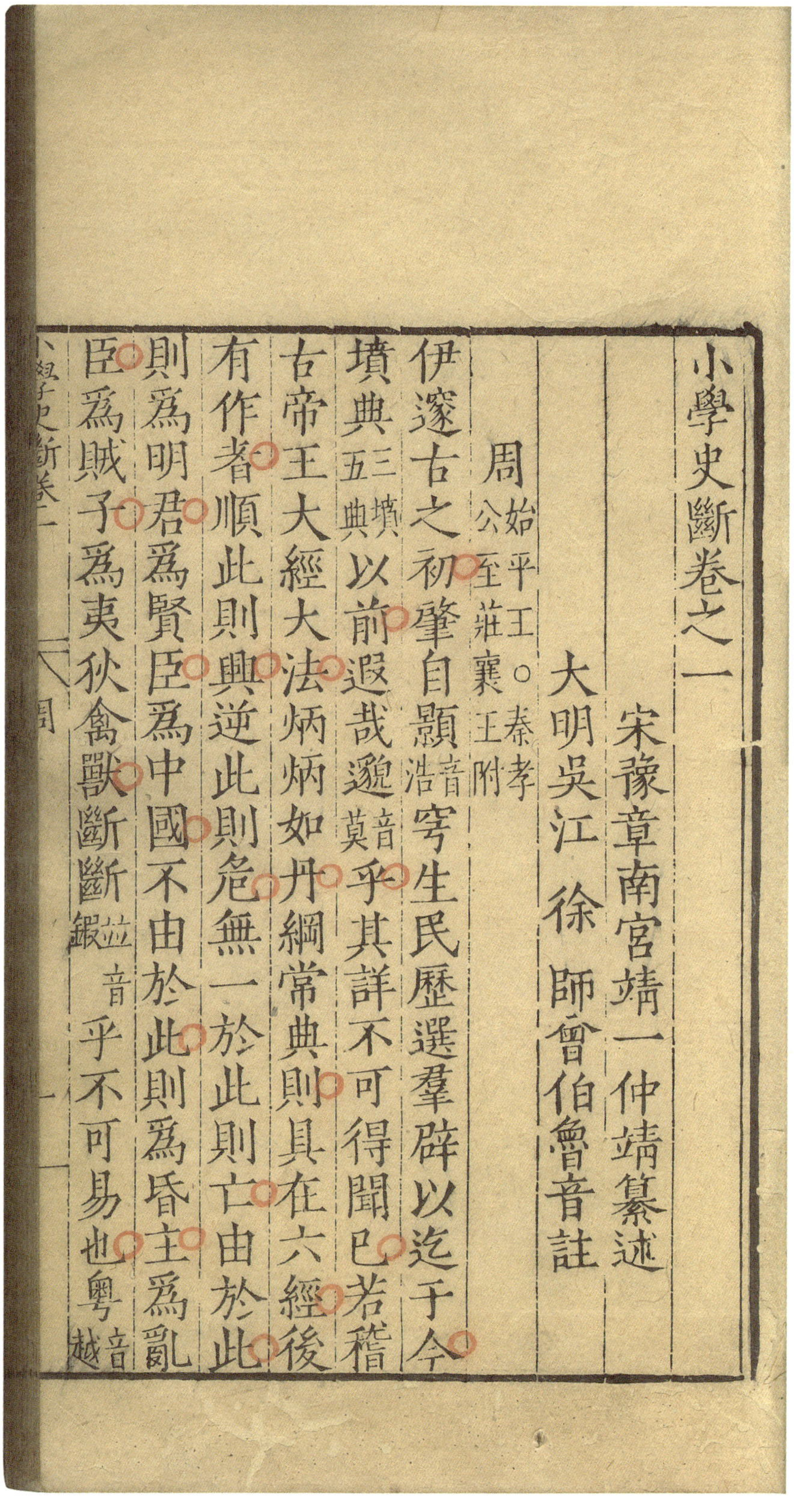
小學史斷卷之一
宋豫章南宫靖一仲靖纂述
大明吳江 徐 師曾伯魯音註
周（始平王〇秦孝公至莊襄王附）
伊邃古之初肇自顥（音浩）穹生民歷選羣辟以迄于今
墳典（三墳五典）以前遐哉邈（音莫）乎其詳不可得聞已若稽
古帝王大經大法炳炳如丹綱常典則具在六經後
有作者順此則興逆此則危無一於此則亡由於此
則爲明君爲賢臣爲中國不由於此則爲昏主爲亂
臣爲賊子爲夷狄禽獸斷斷（並音鍛）乎不可易也粵（音越）
小學史斷卷之一　周　一

**08183 小學史斷四卷** （宋）南宫靖一撰 **前編一卷續編一卷** （明）徐師曾撰 明嘉靖刻本

匡高18厘米，廣12.3厘米。半葉十行，行二十字，小字雙行同，白口，左右雙邊。天津圖書館藏。

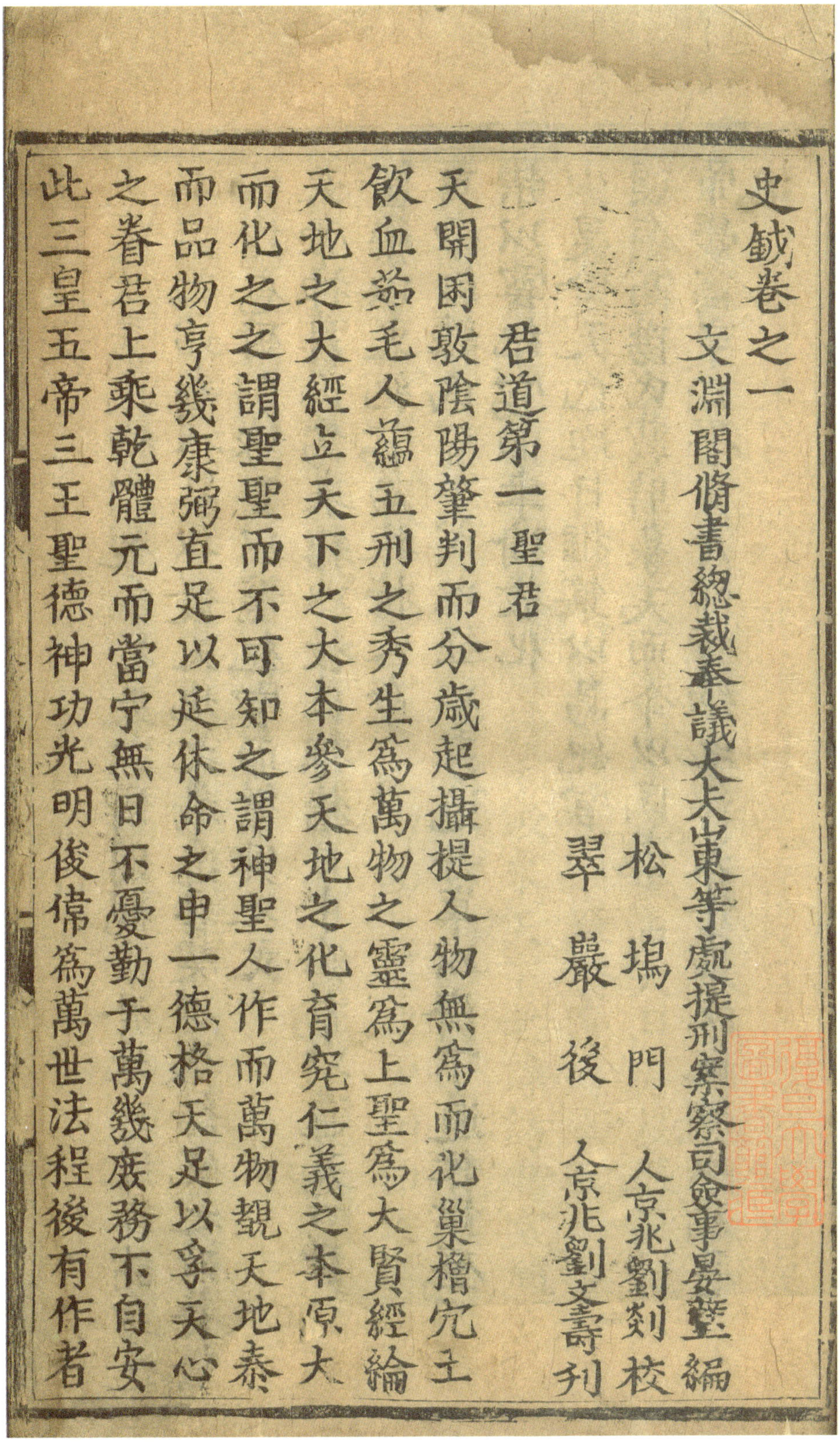
史鉞卷之一
文淵閣脩書總裁奉議大夫山東等處提刑按察司僉事晏璧編
松塢門人京兆劉刻校
翠巖後人京兆劉文壽刊
君道第一 聖君
天開困敦陰陽肇判而分歲起攝提人物無爲而化巢橧穴土
飲血茹毛人禀五刑之秀生爲萬物之靈爲上聖爲大賢經綸
天地之大經立天下之大本參天地之化育究仁義之本原大
而化之之謂聖聖而不可知之之謂神聖人作而萬物覩天地泰
而品物亨幾康弼直足以延休命之申一德格天足以孚天心
之眷君上乘乾體元而當宁無日不憂勤于萬幾庶務下自安
此三皇五帝三王聖德神功光明俊偉爲萬世法程後有作者

**08184 史鉞二十卷** （明）晏璧撰　明弘治十五年（1502）劉祥刻本

匡高23.2厘米，廣14.6厘米。半葉十二行，行二十四字，黑口，四周雙邊。復旦大學圖書館藏。

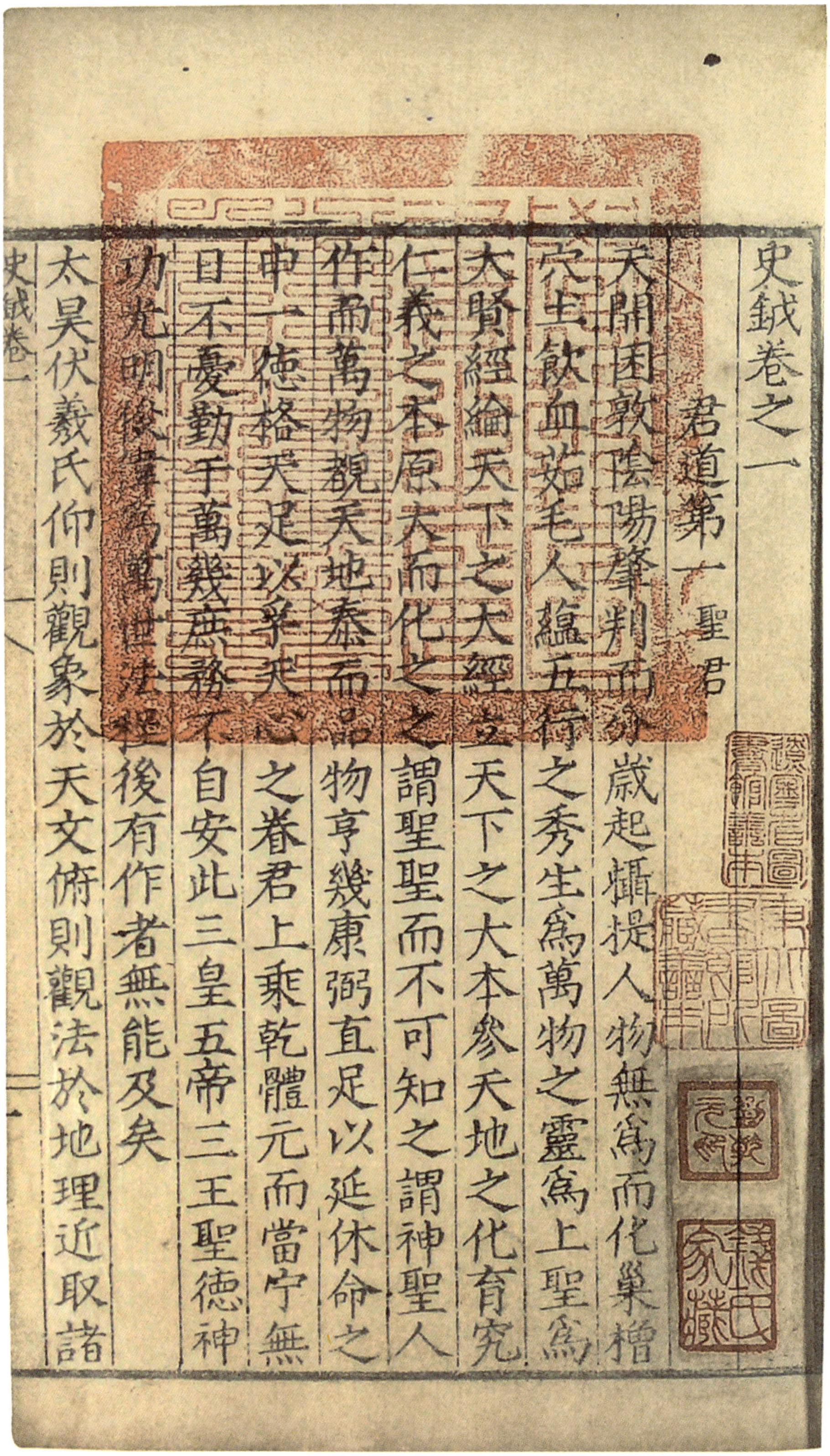

**08185 史鉞二十卷** （明）晏璧撰　明嘉靖二十七年（1548）刻本

匡高20.7厘米，廣14.7厘米。半葉十一行，行二十二字，白口，四周單邊。"學部圖書之印"、"明善堂所見書畫印記"、"劉乾元印"、"錢氏家藏"等印。遼寧省圖書館藏。

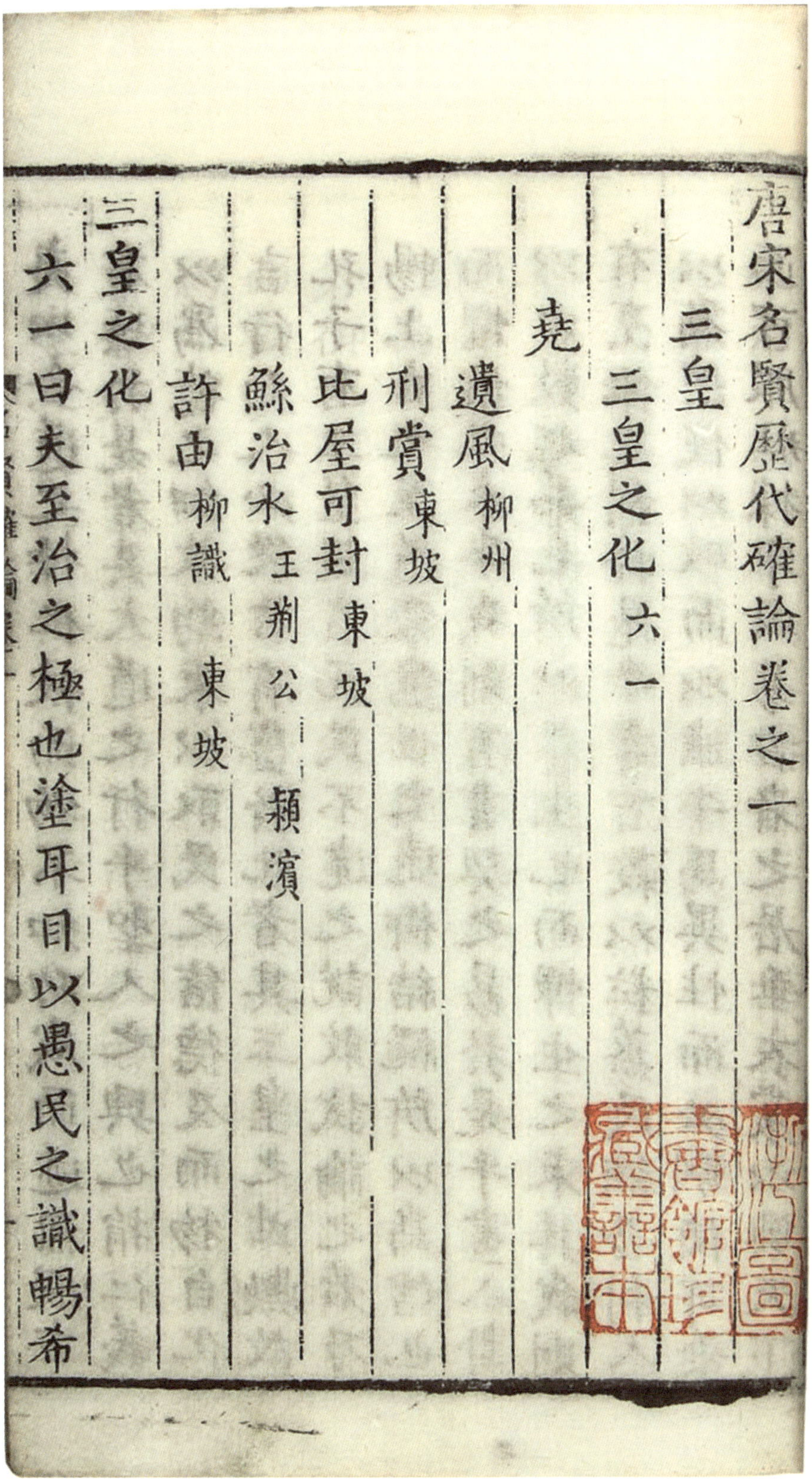
唐宋名賢歷代確論卷之一
三皇
三皇之化 六一
堯
遺風 柳州
刑賞 東坡
比屋可封 東坡
鯀治水 王荊公 穎濱
許由 柳識 東坡
三皇之化
六一曰夫至治之極也塗耳目以愚民之識暢希

**08186 唐宋名賢歷代確論一百卷** 明弘治十七年（1504）錢孟濬刻本

匡高22.1厘米，廣15厘米。半葉十一行，行二十字，白口，左右雙邊。浙江圖書館藏，存五十六卷。

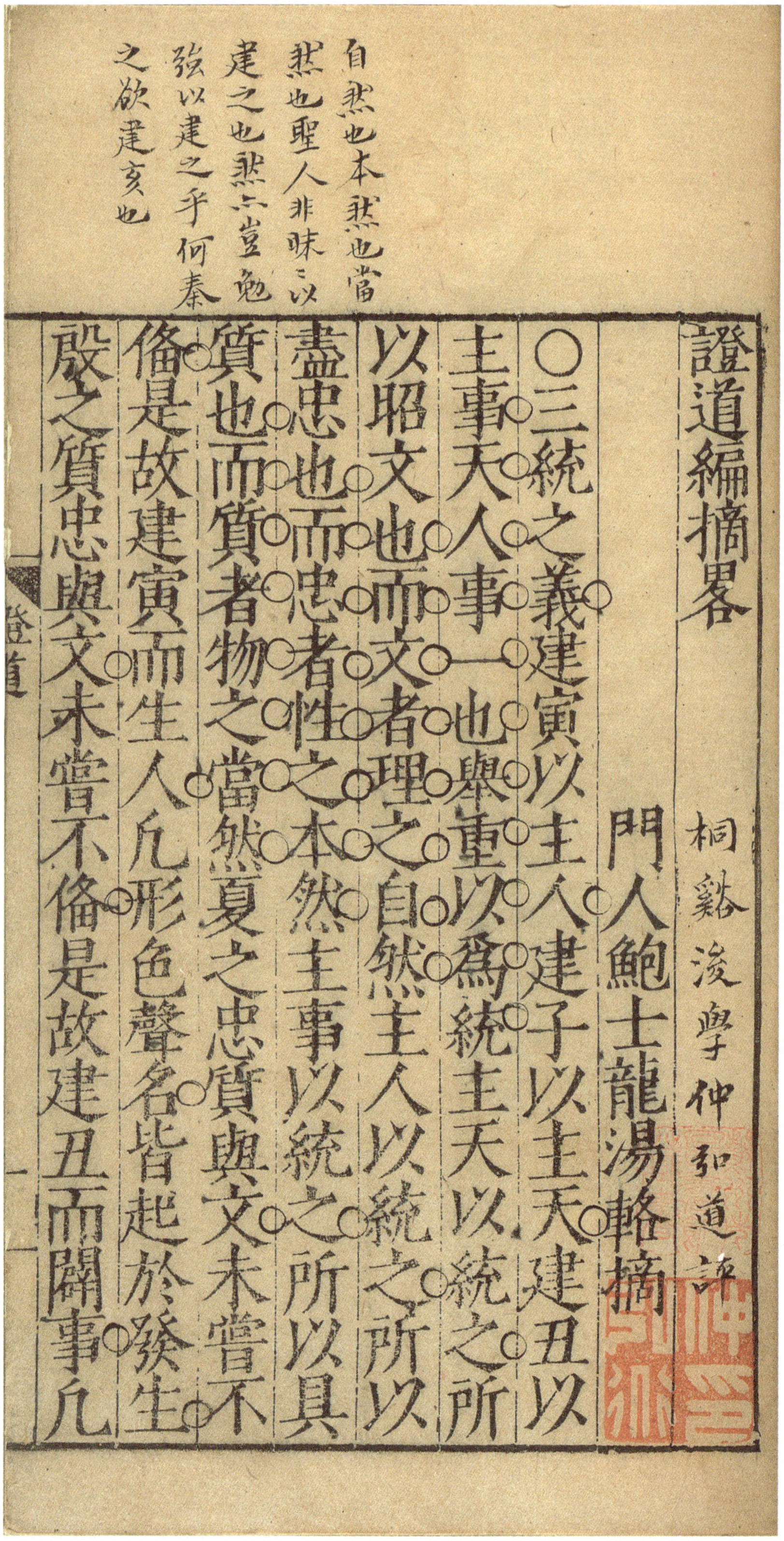
自然也本然也當
然也聖人非昧昧以
建之也然亦豈勉
強以建之乎何秦
之欲建亥也

證道編摘畧
桐谿後學仲弘道評
門人鮑士龍湯輅摘
○三統之義建寅以主人建子以主天建丑以
主事天人事一也舉重以爲統主天以統之所
以昭文也而文者理之自然主人以統之所以
盡忠也而忠者性之本然主事以統之所以具
質也而質者物之當然夏之忠質與文未嘗不
備是故建寅而生人凡形色聲名皆起於發生
殷之質忠與文未嘗不備是故建丑而闢事凡

**08187 證道編摘畧不分卷** （明）唐樞撰 （明）鮑士龍 湯輅輯 明隆慶刻本

匡高18.8厘米，廣12.6厘米。半葉九行，行十八字，白口，四周單邊。陳其榮跋。蘇州圖書館藏。

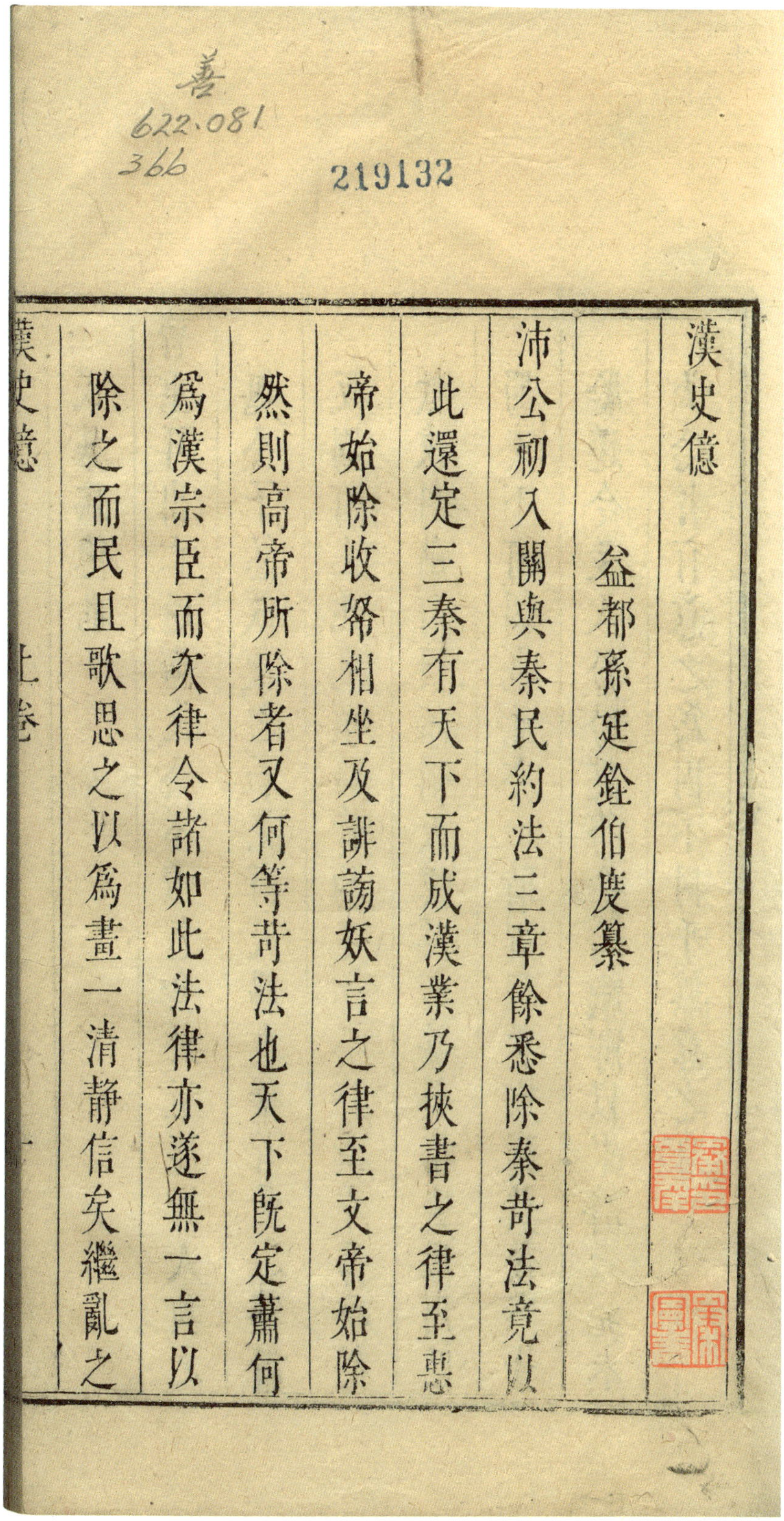
善
622.081
366
219132
漢史億
益都孫廷銓伯度纂
沛公初入關與秦民約法三章餘悉除秦苛法竟以
此還定三秦有天下而成漢業乃挾書之律至惠
帝始除收帑相坐及誹謗妖言之律至文帝始除
然則高帝所除者又何等苛法也天下既定蕭何
爲漢宗臣而次律令諸如此法律亦遂無一言以
除之而民且歌思之以爲畫一清靜信矣繼亂之
漢史億 上卷 一

**08188 漢史億二卷** （清）孫廷銓撰　清康熙刻本

匡高17.5厘米，廣11厘米。半葉八行，行二十字，白口，四周雙邊。閻若璩跋。南開大學圖書館藏。

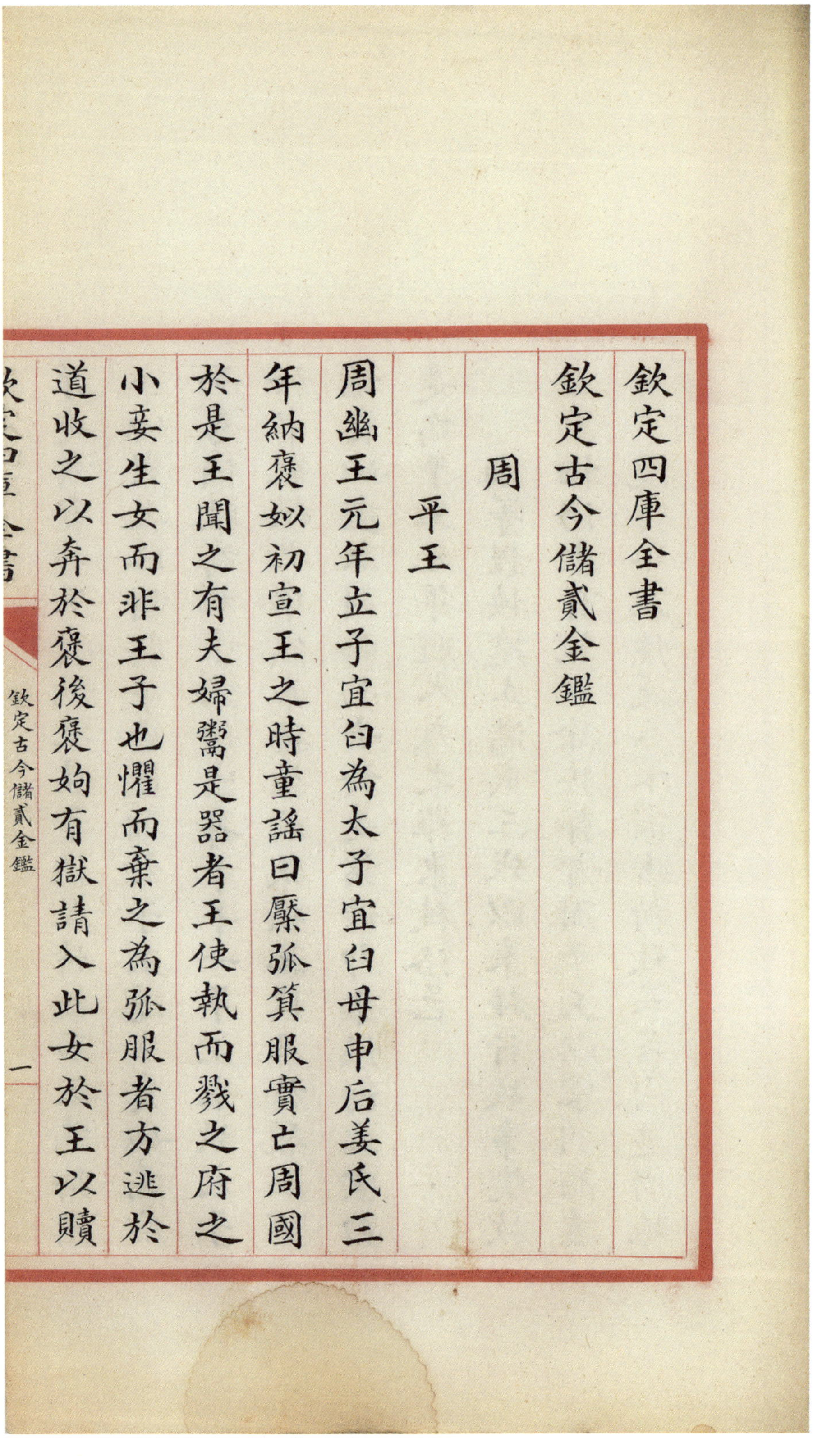

欽定四庫全書

欽定古今儲貳金鑑

周

平王

周幽王元年立子宜臼為太子宜臼母申后姜氏三年納褒姒初宣王之時童謡曰檿弧箕服實亡周國於是王聞之有夫婦鬻是器者王使執而戮之府之小妾生女而非王子也懼而棄之為弧服者方逃於道收之以奔於褒後褒姁有獄請入此女於王以贖

欽定四庫全書

欽定古今儲貳金鑑　一

**08189 欽定古今儲貳金鑑六卷**　清乾隆五十一年（1786）内府寫四庫全書本

匡高21.9厘米，廣16.2厘米。半葉九行，行二十字，白口，紅格，四周雙邊。北京師範大學圖書館藏。

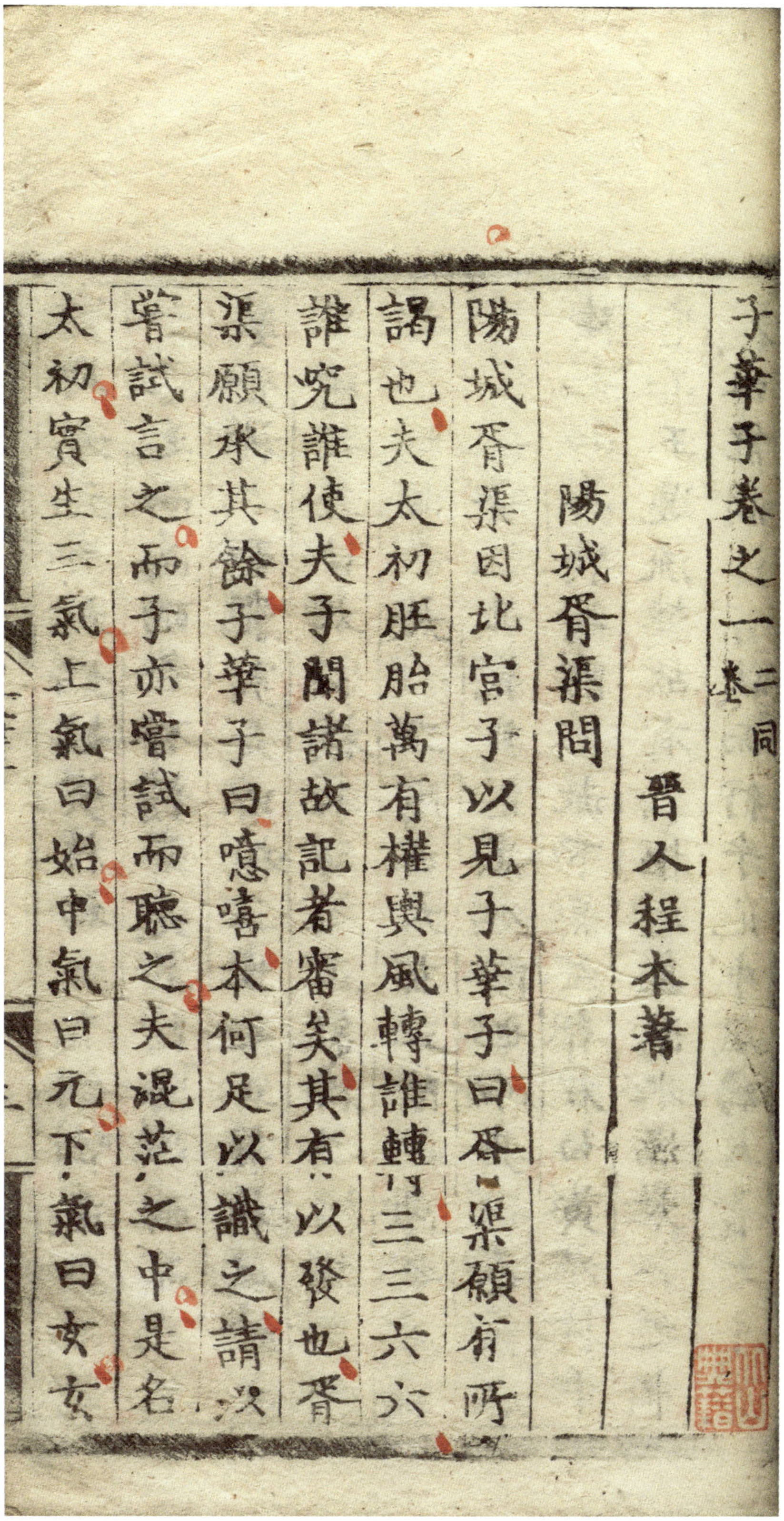
子華子卷之一　卷二同
晉人程本著
陽城胥渠問
陽城胥渠因北宫子以見子華子曰胥渠願有所
謁也夫太初胚胎萬有權輿風轉誰轉三三六六
誰究誰使夫子閱諸故記者審矣其有以發也胥
渠願承其餘子華子曰噫嘻本何足以識之請以
嘗試言之而子亦嘗試而聽之夫混茫之中是名
太初實生三氣上氣曰始中氣曰元下氣曰玄玄

**08190、08191　新刊五子書二十卷**　（明）李瀚編　明弘治九年（1496）李瀚刻本

匡高20.5厘米，廣13.7厘米。半葉九行，行十九字，小字雙行同，黑口，四周雙邊。北京大學圖書館、國家圖書館藏。

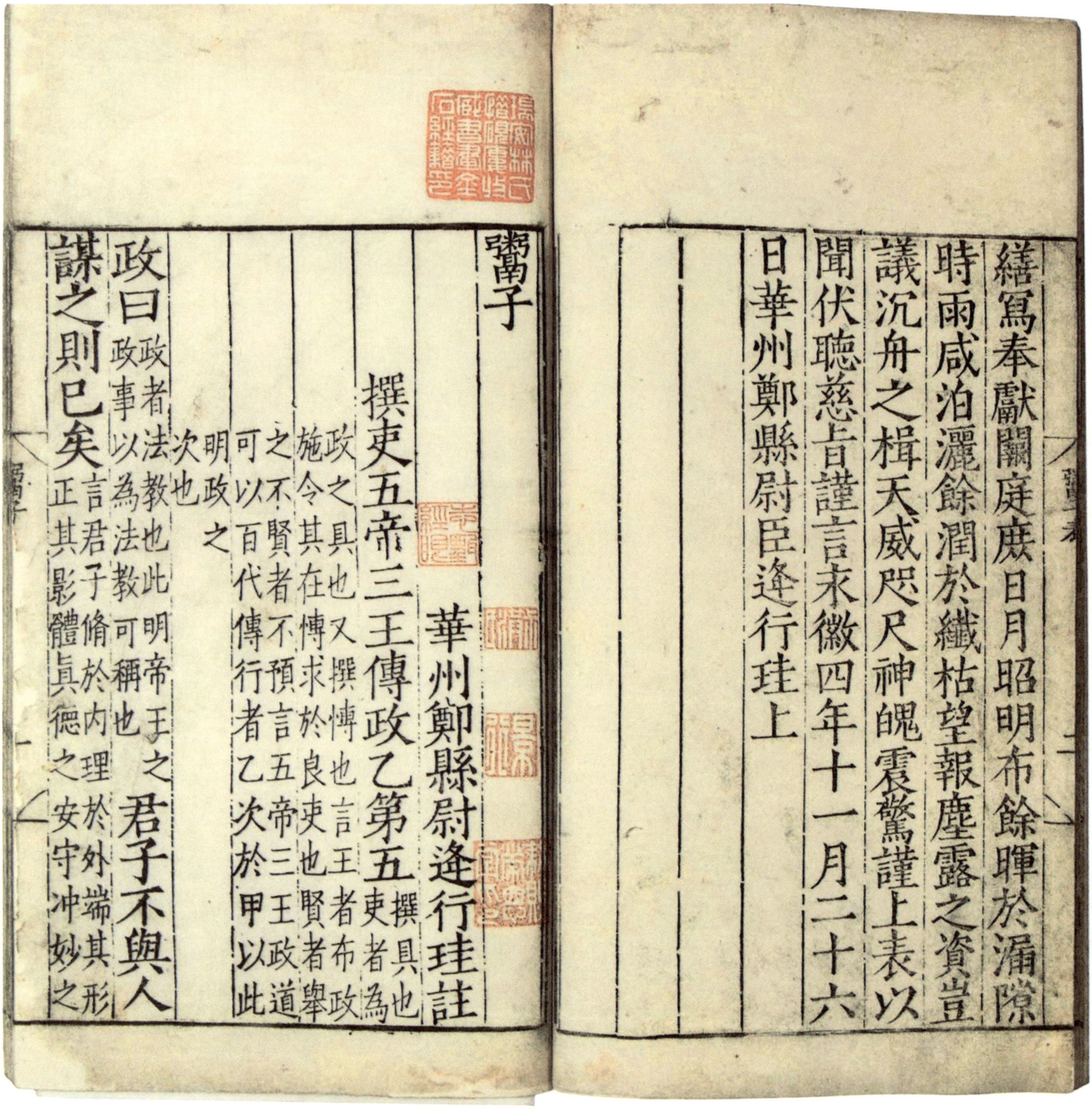

**08192 五子書八卷** （明）歐陽清編　明嘉靖二十三年（1544）歐陽清刻本

匡高20.4厘米，廣14厘米。半葉八行，行十七字，小字雙行同，黑口，左右雙邊。浙江省瑞安市文物館藏。

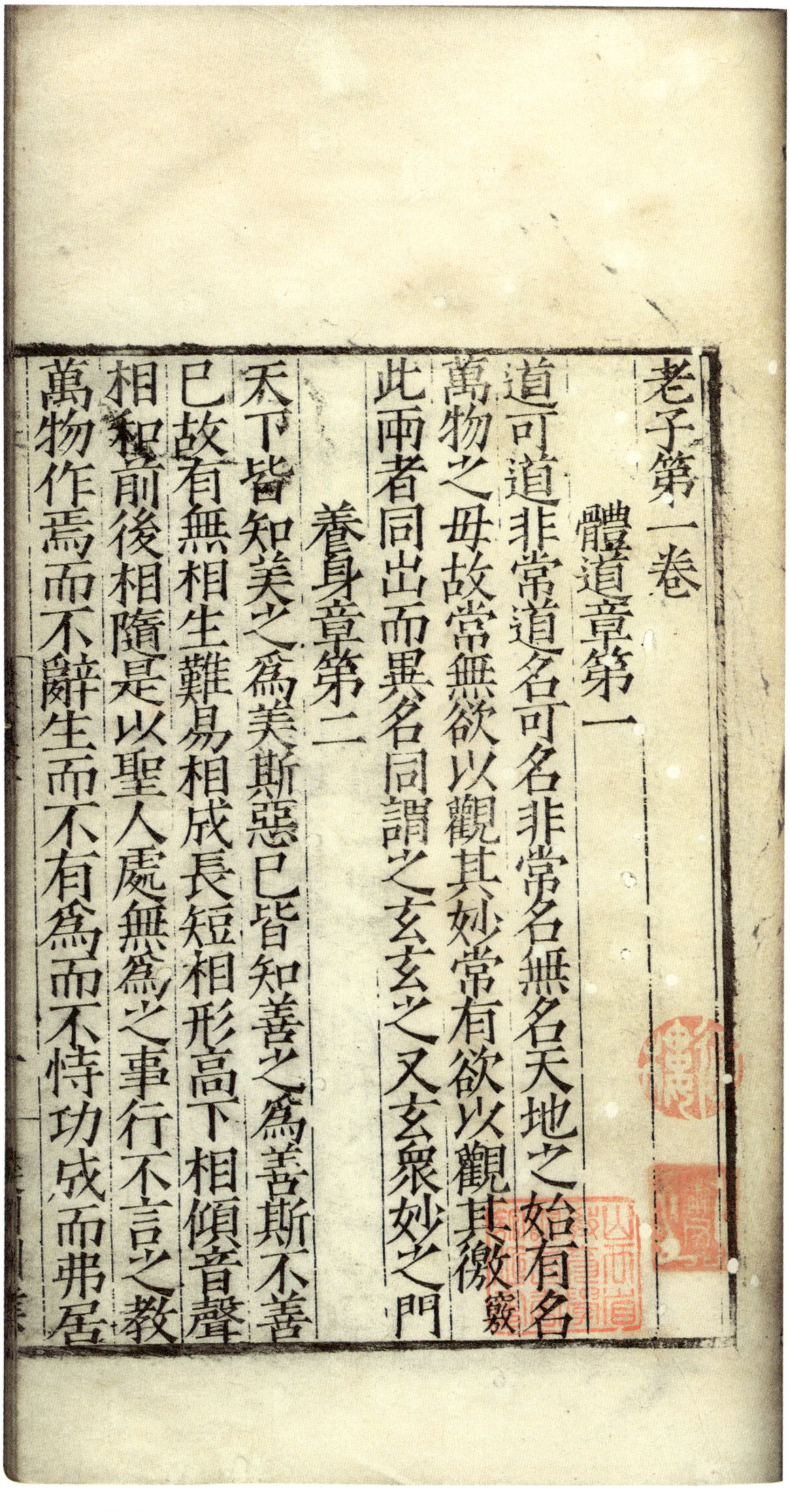

老子第一卷
體道章第一
道可道非常道名可名非常名無名天地之始有名
萬物之母故常無欲以觀其妙常有欲以觀其徼竅
此兩者同出而異名同謂之玄玄之又玄衆妙之門
養身章第二
天下皆知美之爲美斯惡已皆知善之爲善斯不善
已故有無相生難易相成長短相形高下相傾音聲
相和前後相隨是以聖人處無爲之事行不言之教
萬物作焉而不辭生而不有爲而不恃功成而弗居

**08193 六子書六十二卷** （明）許宗魯編　明嘉靖六年（1527）樊川別業刻本

匡高18.5厘米，廣13厘米。半葉十行，行二十字，小字雙行同，白口，左右雙邊。山西師範大學圖書館藏。

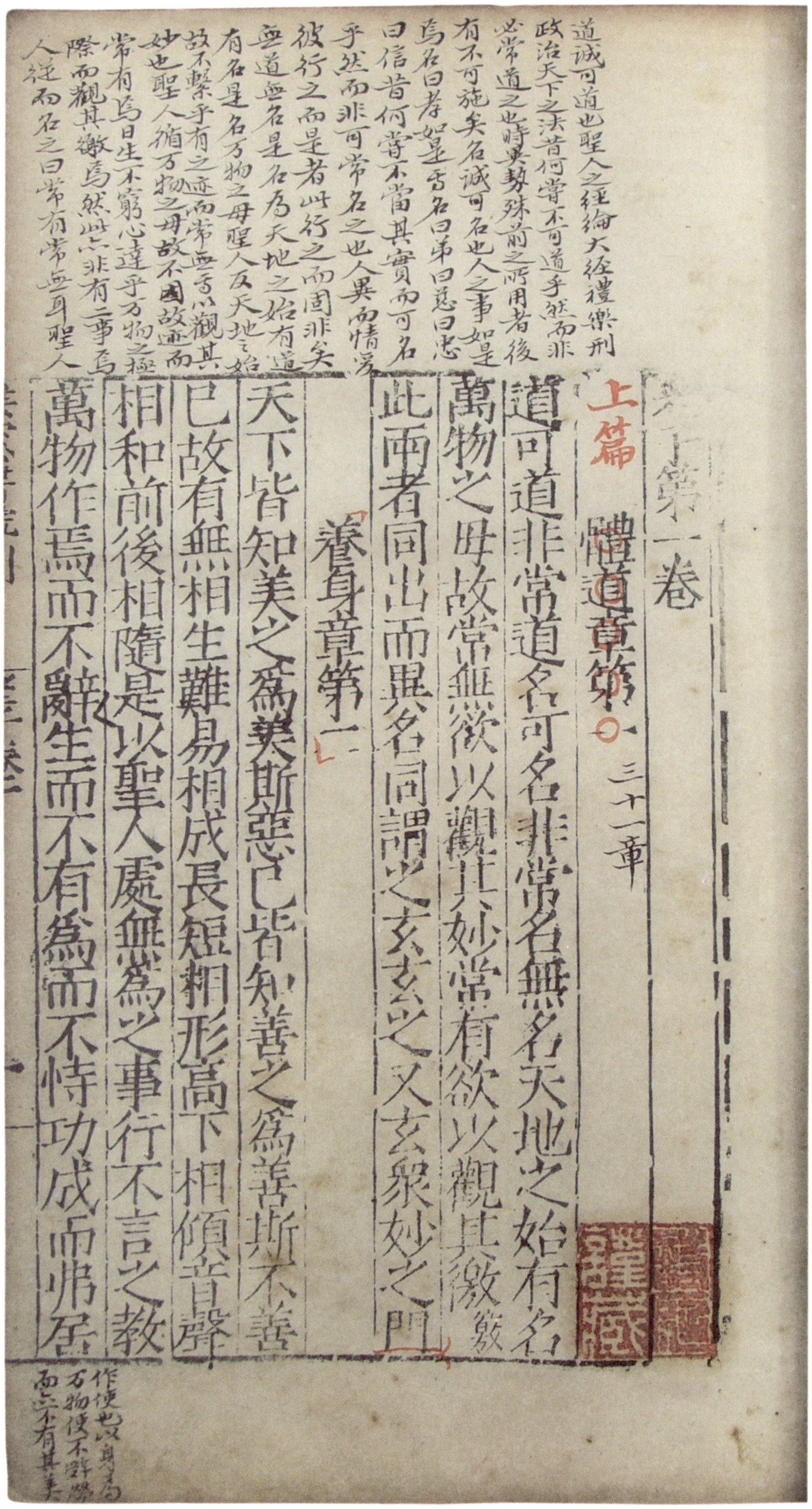

**08194 六子書六十二卷** （明）許宗魯編　明芸窗書院刻本

匡高18.4厘米，廣13.4厘米。半葉十行，行二十字，小字雙行同，白口，左右雙邊。重慶市北碚圖書館藏。

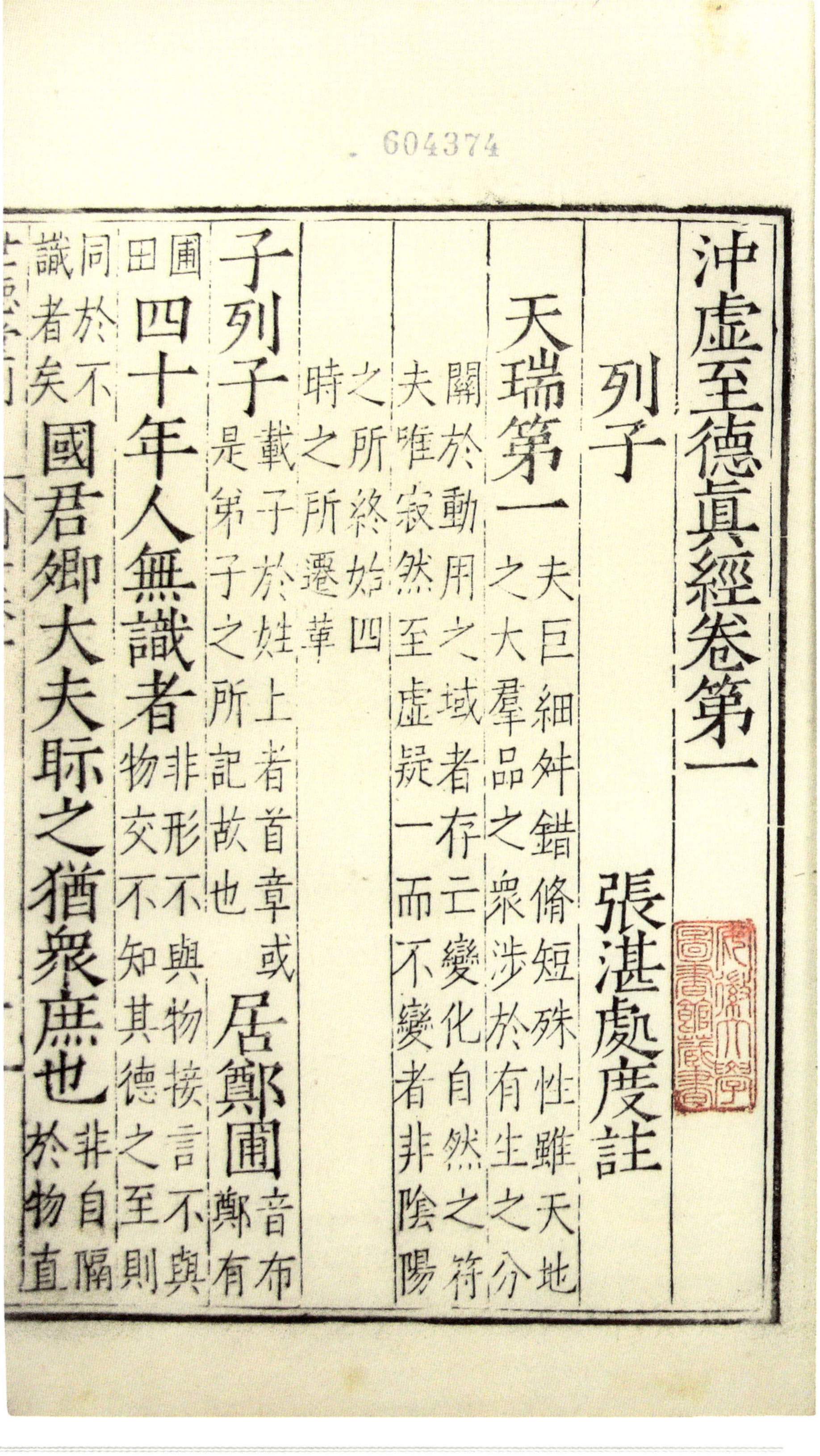
604374
沖虛至德眞經卷第一
列子
張湛處度註
天瑞第一

**08195-08204 六子書六十卷** （明）顧春編　明嘉靖十二年（1533）顧春世德堂刻本

匡高20.2厘米，廣14.5厘米。半葉八行，行十七字，小字雙行同，白口，四周雙邊。北京師範大學圖書館、首都師範大學圖書館、中共北京市委圖書館、華東師範大學圖書館、吉林省圖書館、陝西省圖書館、安徽大學圖書館、江西省圖書館、廣西壯族自治區圖書館、重慶市北碚圖書館藏。

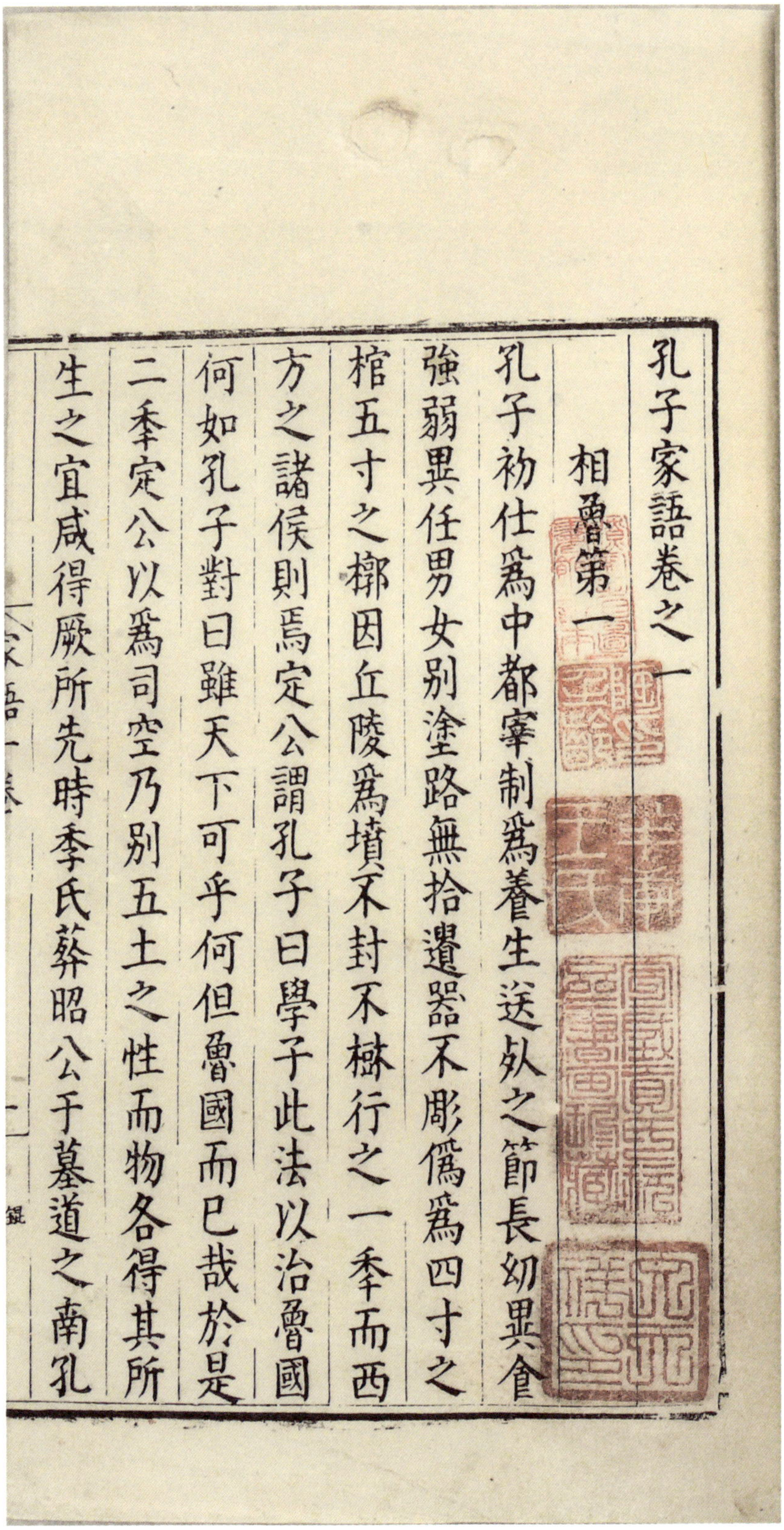
孔子家語卷之一
相魯第一
孔子初仕爲中都宰制爲養生送死之節長幼異食
強弱異任男女別塗路無拾遺器不彫僞爲四寸之
棺五寸之槨因丘陵爲墳不封不樹行之一秊而西
方之諸侯則焉定公謂孔子曰學子此法以治魯國
何如孔子對曰雖天下可乎何但魯國而已哉於是
二秊定公以爲司空乃別五土之性而物各得其所
生之宜咸得厥所先時季氏葬昭公于墓道之南孔

**08205 孔子家語十卷** 明刻本

匡高20.8厘米，廣13.8厘米。半葉九行，行二十字，白口，四周雙邊。遼寧省圖書館藏。

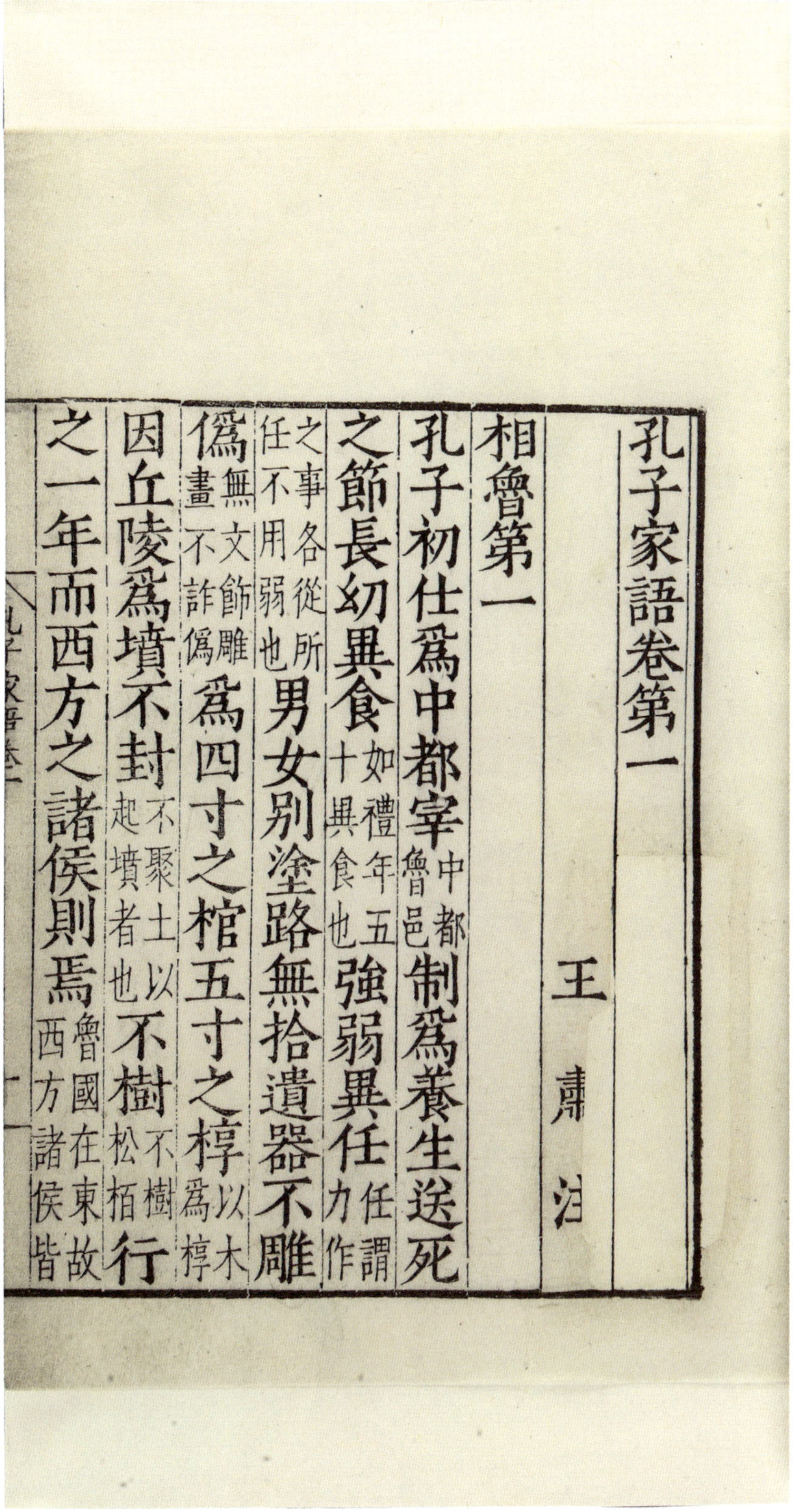
孔子家語卷第一　王肅注

相魯第一

孔子初仕爲中都宰（中都魯邑）制爲養生送死之節長幼異食（如禮年五十異食也）强弱異任（任謂力作之事各從所任不用弱也）男女別塗路無拾遺器不雕僞（無文飾雕畫不詐僞）爲四寸之棺五寸之椁（以木爲椁）因丘陵爲墳不封（不聚土以起墳者也）不樹（不樹松栢）行之一年而西方之諸侯則焉（魯國在東故西方諸侯皆）

**08206 孔子家語十卷**　題（魏）王肅注　明嘉靖三十三年（1554）黃魯曾刻本

匡高17.3厘米，廣13.6厘米。半葉九行，行十六字，小字雙行同，白口，左右雙邊。國家圖書館藏。

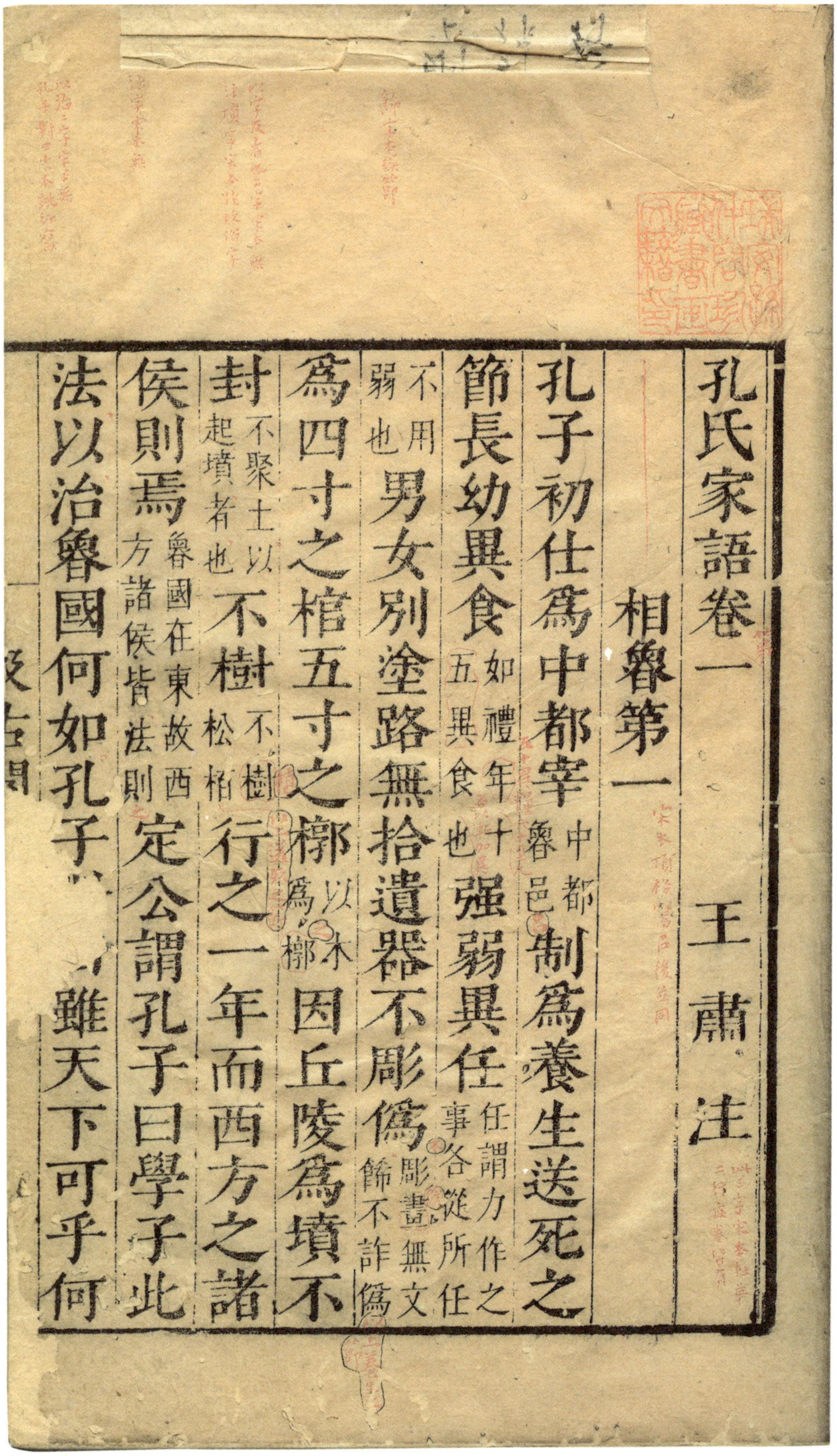
孔氏家語卷一
相魯第一　王肅注
孔子初仕爲中都宰中都魯邑制爲養生送死之節長幼異食如禮年十五異食也强弱異任任謂力作之事各從所任不用弱也男女別塗路無拾遺器不彫僞彫畫無文飾不詐僞爲四寸之棺五寸之槨以木爲槨因丘陵爲墳不封不聚土以起墳者也不樹不樹松柏行之一年而西方之諸侯則焉魯國在東故西方諸侯皆法則之定公謂孔子曰學子此法以治魯國何如孔子[illegible]雖天下可乎何

**08207、08208　孔子家語十卷**　題（魏）王肅注　明崇禎毛氏汲古閣刻本

匡高17.7厘米，廣13.6厘米。半葉九行，行十七字，小字雙行同，白口，左右雙邊。浙江大學圖書館藏，孫詒讓校並跋；南開大學圖書館藏，葉德輝跋。

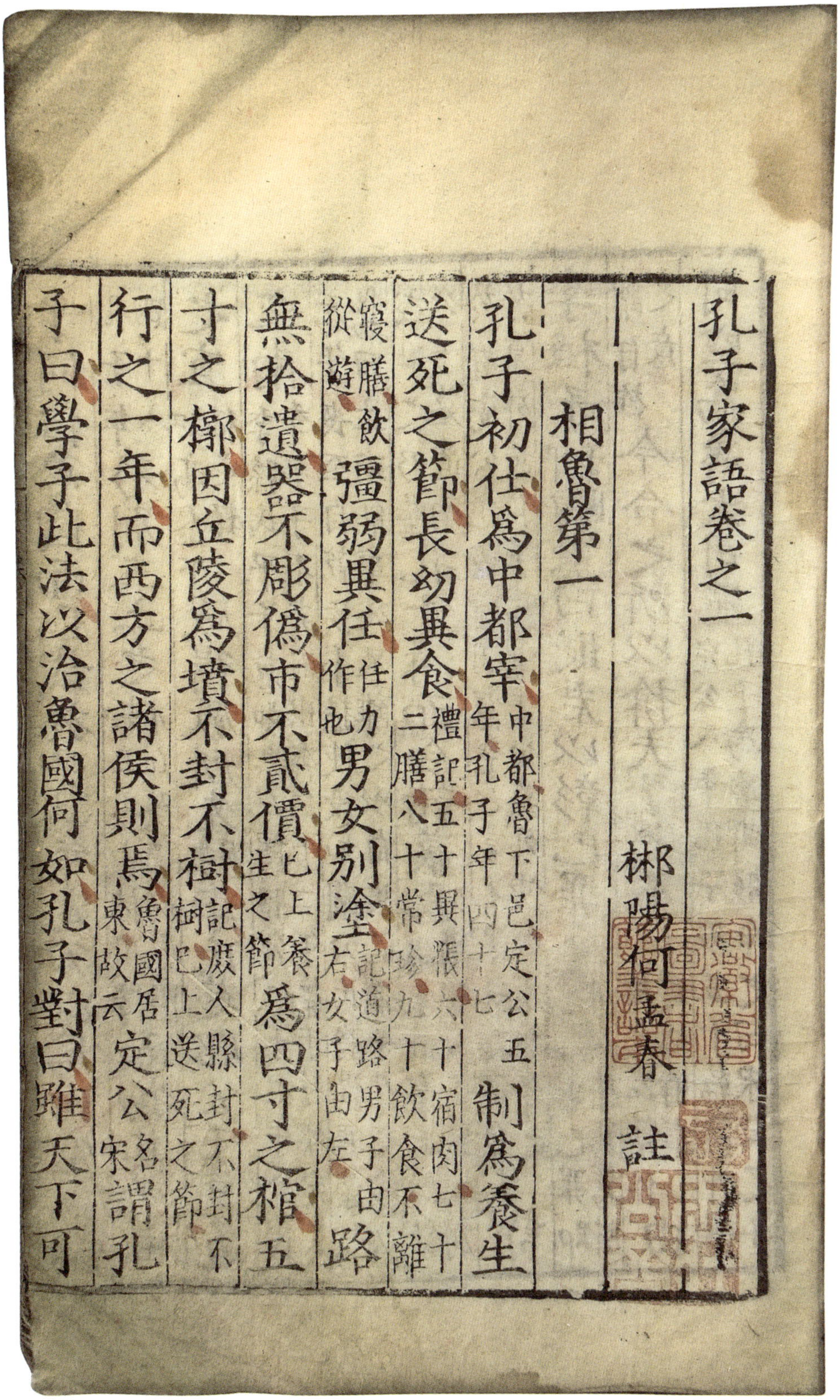
孔子家語卷之一

郴陽何孟春　註

相魯第一

孔子初仕爲中都宰中都魯下邑定公五年孔子年四十七制爲養生送死之節長幼異食禮記五十異粻六十宿肉七十二膳八十常珍九十飲食不離寢膳飲從遊彊弱異任任力作也男女別塗記道路男子由右女子由左路無拾遺器不彫僞市不貳價已上養生之節爲四寸之棺五寸之槨因丘陵爲墳不封不樹記庶人縣封不封不樹已上送死之節行之一年而西方之諸侯則焉魯國居東故云定公名宋謂孔子曰學子此法以治魯國何如孔子對曰雖天下可

**08209 孔子家語八卷**　（明）何孟春注　明正德十六年（1521）張公瑞刻本

匡高19.3厘米，廣14.2厘米。半葉十行，行二十字，小字雙行同，白口，四周單邊。安徽省圖書館藏。

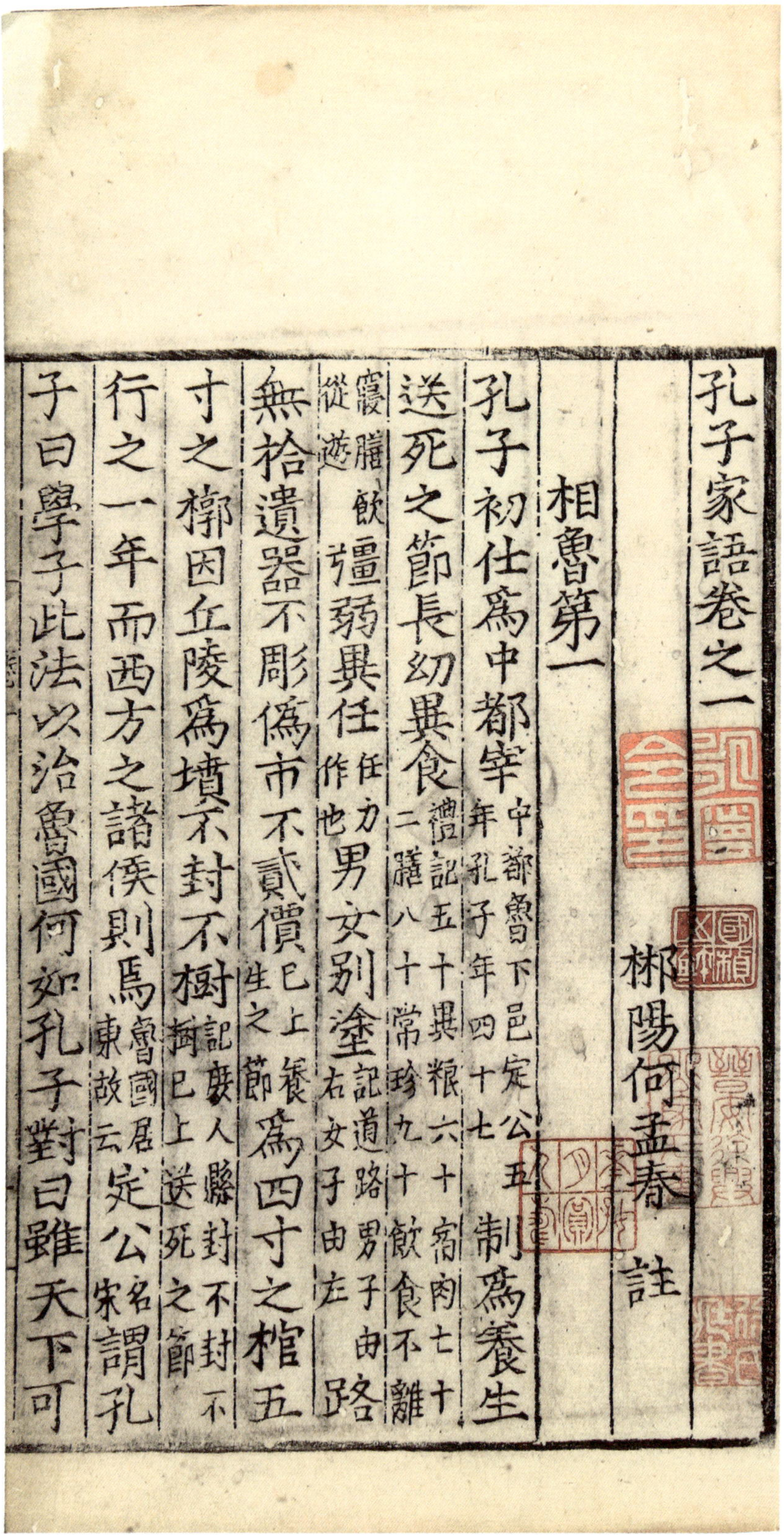

孔子家語卷之一

郴陽何孟春註

相魯第一

孔子初仕爲中都宰中都魯下邑定公五年孔子年四十七制爲養生送死之節長幼異食禮記五十異粮六十宿肉七十二膳八十常珍九十飲食不離寢膳飲從遊彊弱異任任力作也男女別塗記道路男子由右女子由左路無拾遺器不彫僞市不貳價已上養生之節爲四寸之棺五寸之槨因丘陵爲墳不封不樹記葬人縣封不封不樹已上送死之節行之一年而西方之諸侯則焉魯國居東故云定公名宋謂孔子曰學子此法以治魯國何如孔子對曰雖天下可

**08210 孔子家語八卷** （明）何孟春注　明嘉靖二年（1523）高應禎刻本

匡高19.3厘米，廣14.2厘米。半葉十行，行二十字，小字雙行同，白口，四周單邊。徐𤒹跋。國家圖書館藏。

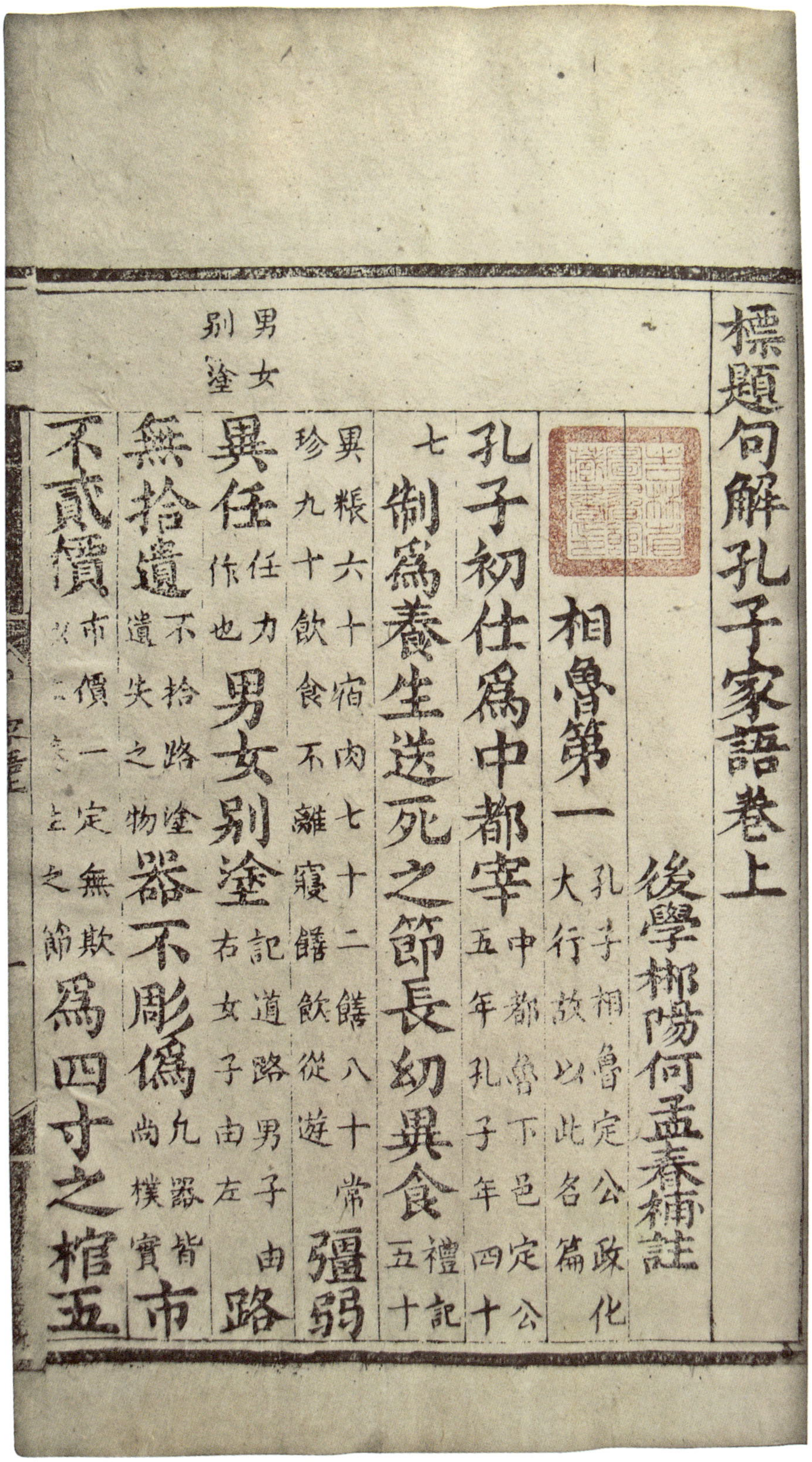

**08211 標題句解孔子家語三卷** （明）何孟春撰　明刻本

匡高22.8厘米，廣15.4厘米。半葉九行，行十五字，小字雙行同，黑口，四周雙邊。吉林省圖書館藏。

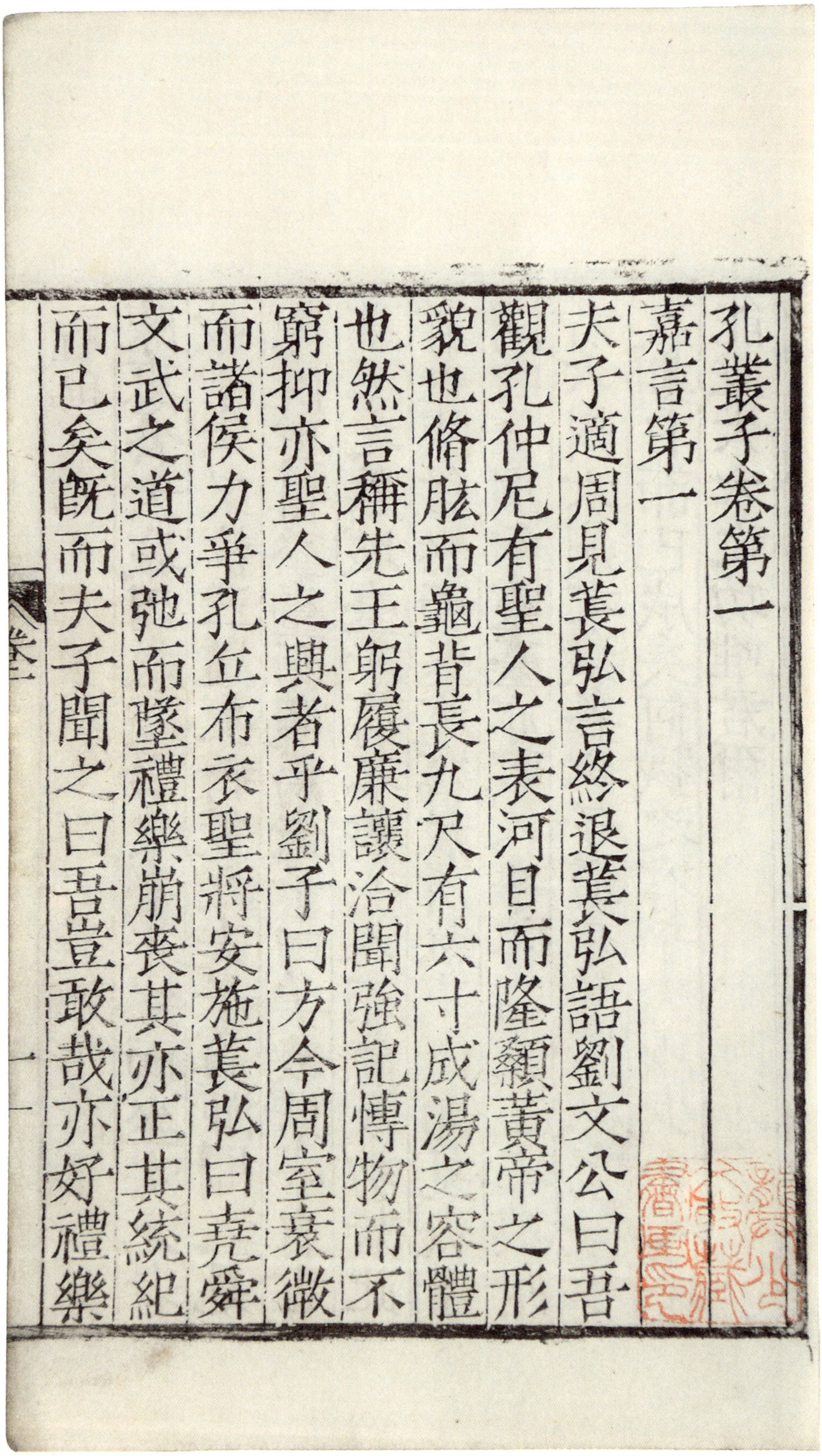
孔叢子卷第一
嘉言第一
夫子適周見萇弘言終退萇弘語劉文公曰吾
觀孔仲尼有聖人之表河目而隆顙黃帝之形
貌也脩肱而龜背長九尺有六寸成湯之容體
也然言稱先王躬履廉讓洽聞強記博物而不
窮抑亦聖人之興者乎劉子曰方今周室衰微
而諸侯力爭孔丘布衣聖將安施萇弘曰堯舜
文武之道或弛而墜禮樂崩喪其亦正其統紀
而已矣既而夫子聞之曰吾豈敢哉亦好禮樂

**08212 孔叢子七卷** 題（漢）孔鮒撰 明嘉靖二十九年（1550）蔡宗堯刻本

匡高18.5厘米，廣14厘米。半葉十行，行十八字，白口，左右雙邊。福建省圖書館藏。

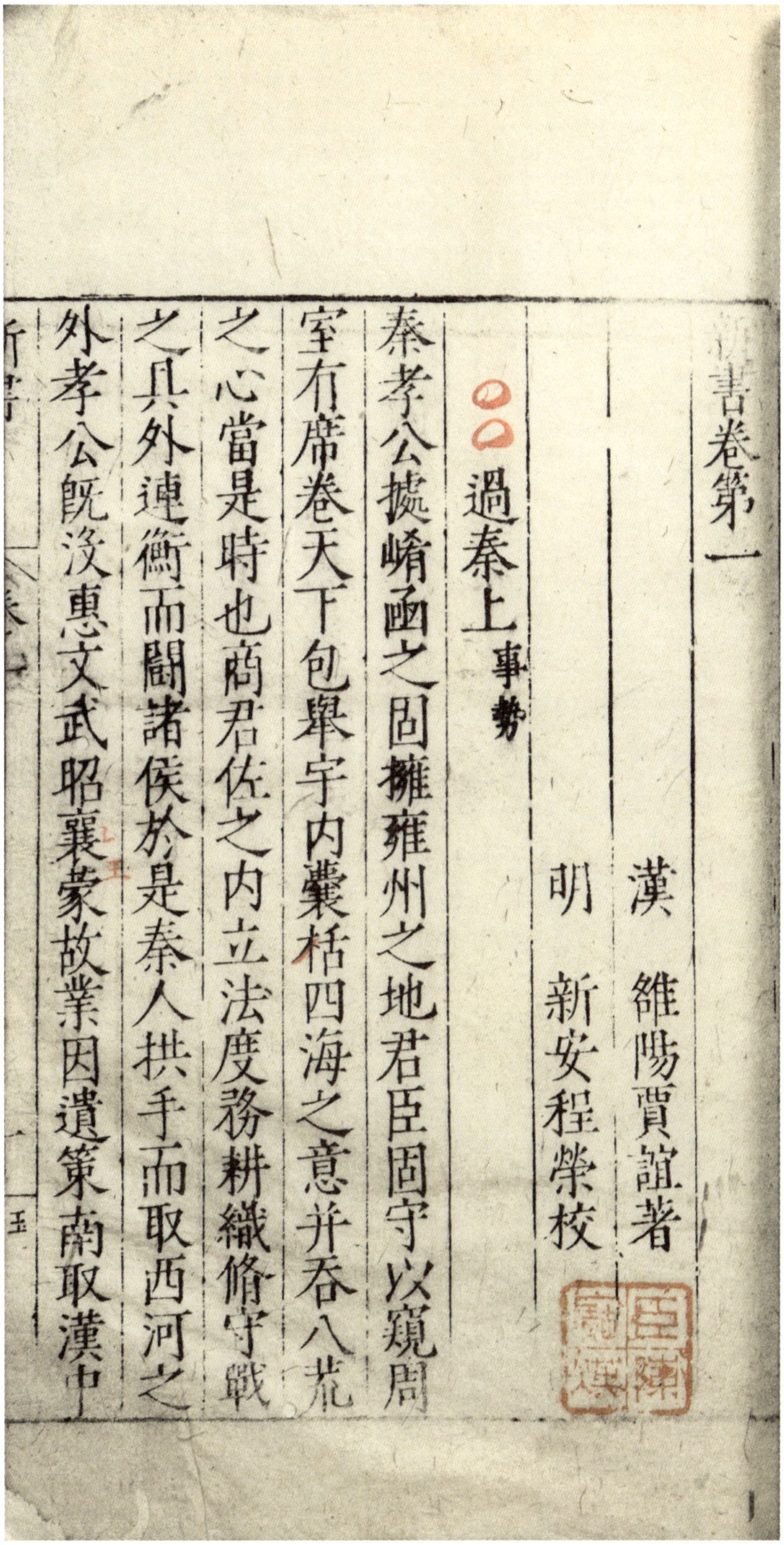
新書卷第一
漢　雒陽賈誼著
明　新安程榮校
過秦上 事勢
秦孝公據崤函之固擁雍州之地君臣固守以窺周
室有席卷天下包舉宇内囊栝四海之意并吞八荒
之心當是時也商君佐之内立法度務耕織脩守戰
之具外連衡而鬬諸侯於是秦人拱手而取西河之
外孝公既沒惠文武昭襄蒙故業因遺策南取漢中

**08213 新書十卷** （漢）賈誼撰 **附錄一卷** 明萬曆程榮刻漢魏叢書本

匡高19.6厘米，廣13.9厘米。半葉九行，行二十字，白口，左右雙邊。孫志祖校並跋。揚州大學圖書館藏。

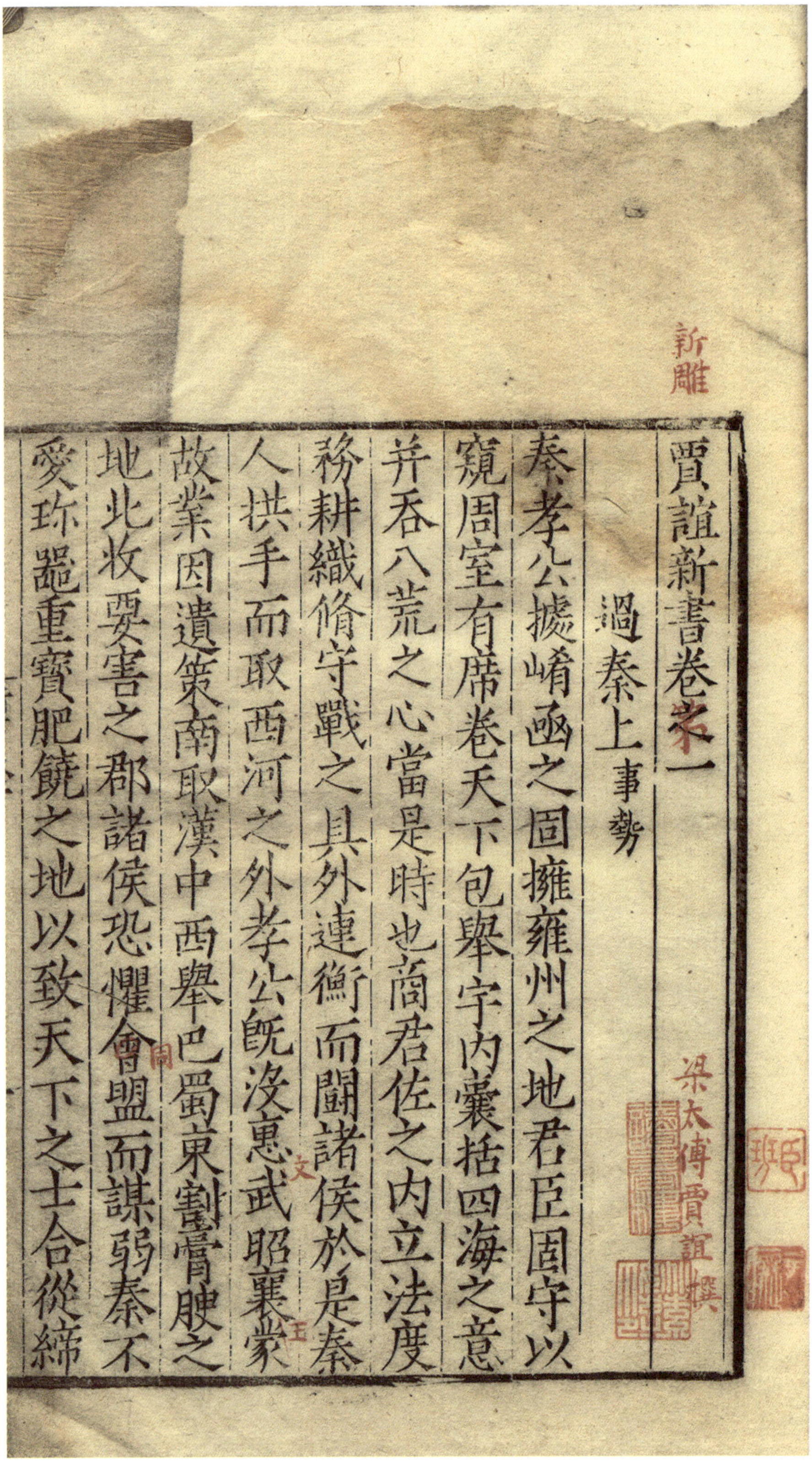
賈誼新書卷之一
過秦上 事勢　　梁太傅賈誼撰
秦孝公據殽函之固擁雍州之地君臣固守以
窺周室有席卷天下包舉宇内囊括四海之意
并吞八荒之心當是時也商君佐之内立法度
務耕織脩守戰之具外連衡而鬭諸侯於是秦
人拱手而取西河之外孝公既没惠武昭襄蒙
故業因遺策南取漢中西舉巴蜀東割膏腴之
地北收要害之郡諸侯恐懼會盟而謀弱秦不
愛珎器重寶肥饒之地以致天下之士合從締

**08214 賈誼新書十卷** （漢）賈誼撰　明弘治十八年（1505）沈頡刻本

匡高17厘米，廣13.5厘米。半葉十行，行十八字，白口，左右雙邊。馮班校。蘇州市吴中區圖書館藏。

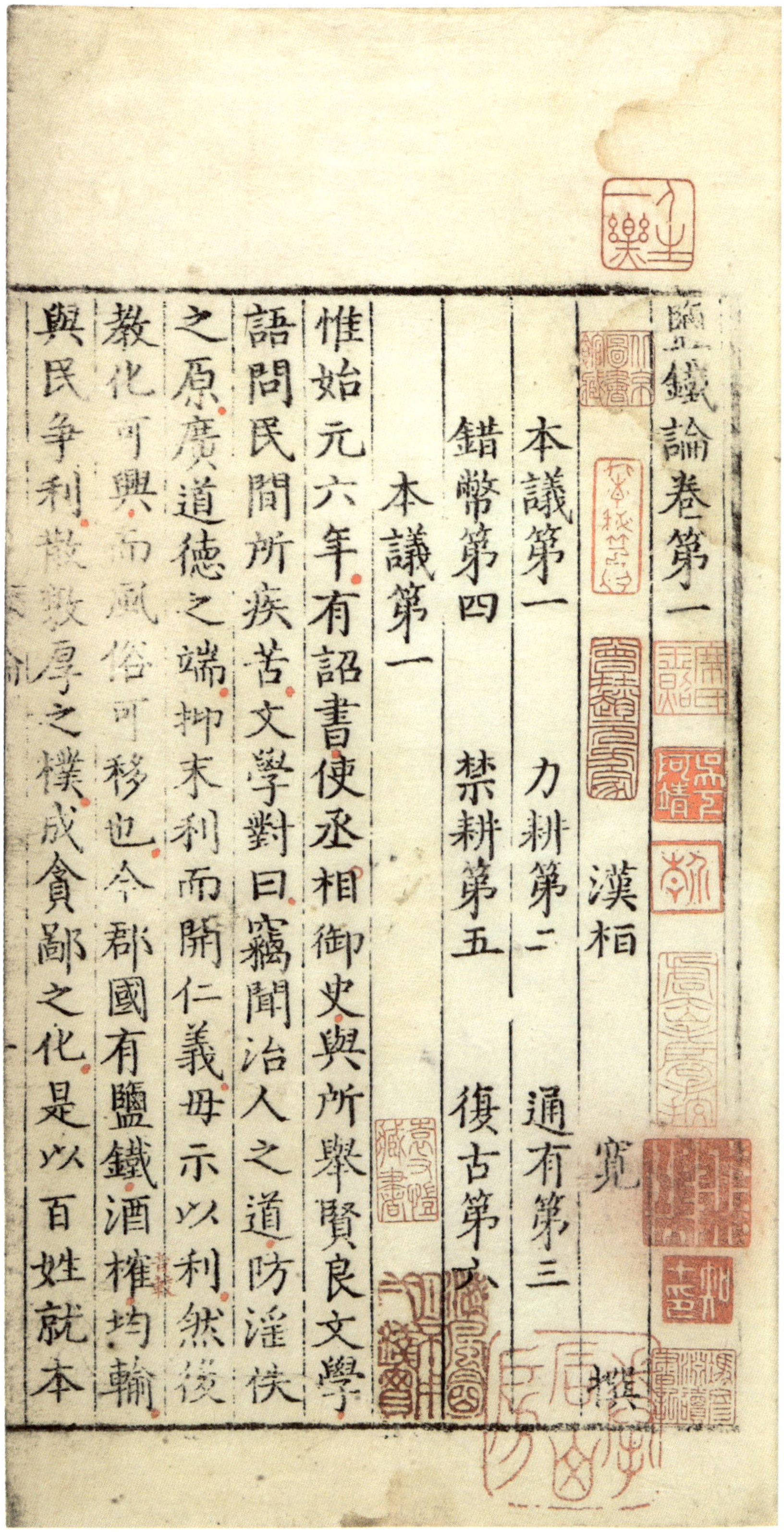

鹽鐵論卷第一

漢桓　寬　撰

本議第一　力耕第二　通有第三

錯幣第四　禁耕第五　復古第六

本議第一

惟始元六年有詔書使丞相御史與所舉賢良文學語問民間所疾苦文學對曰竊聞治人之道防淫佚之原廣道德之端抑末利而開仁義毋示以利然後教化可興而風俗可移也今郡國有鹽鐵酒榷均輸與民爭利散敦厚之樸成貪鄙之化是以百姓就本

**08215 鹽鐵論十卷** （漢）桓寬撰　明弘治十四年（1501）涂禎刻本

匡高20.4厘米，廣13.2厘米。半葉十行，行二十字，白口，左右雙邊。毛扆校並跋，馮知十跋，馮武抄補並跋。國家圖書館藏。

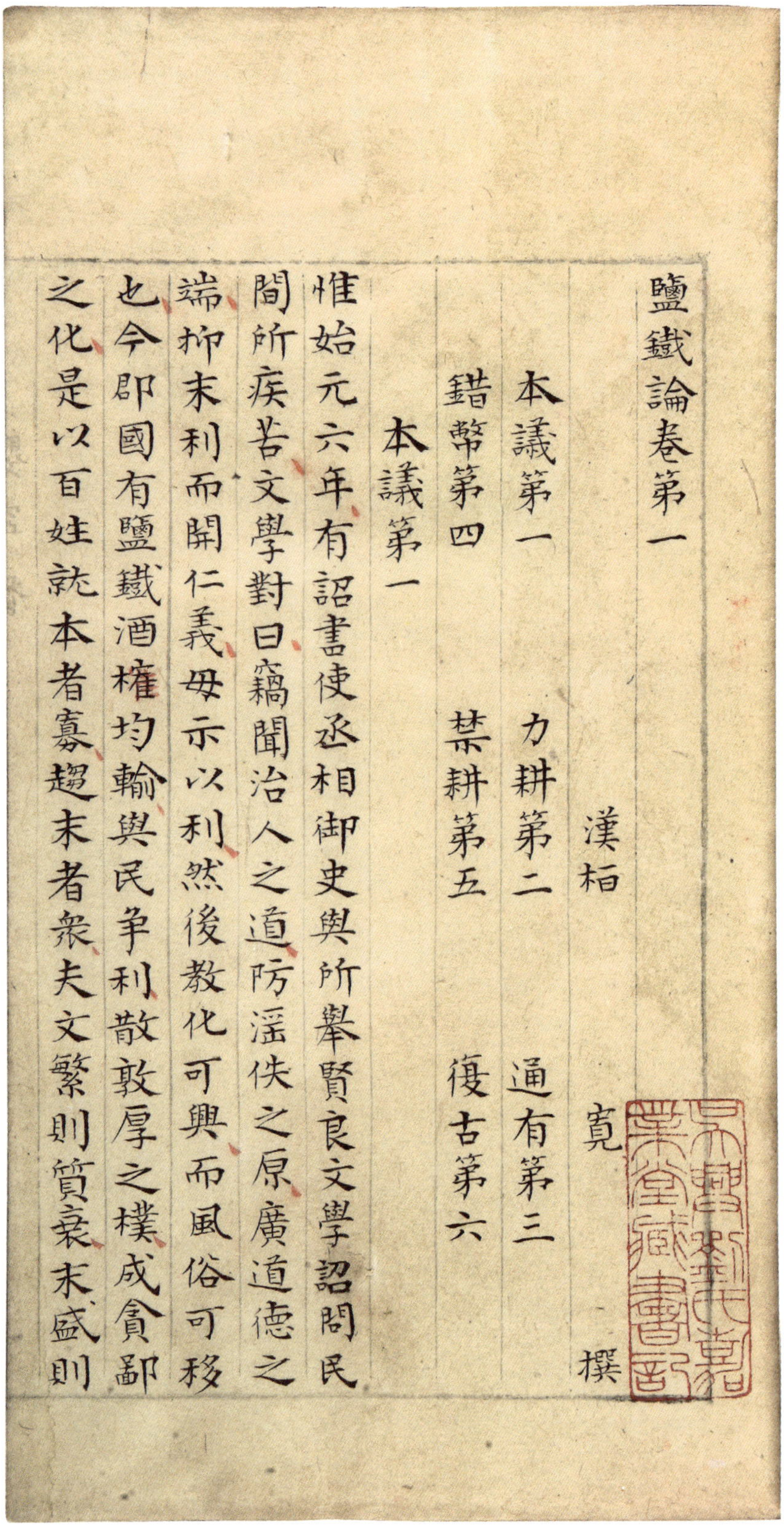
鹽鐵論卷第一
漢桓　寬　撰
本議第一　力耕第二　通有第三
錯幣第四　禁耕第五　復古第六
本議第一
惟始元六年有詔書使丞相御史與所舉賢良文學詔問民間所疾苦文學對曰竊聞治人之道防淫佚之原廣道德之端抑末利而開仁義毋示以利然後教化可興而風俗可移也今郡國有鹽鐵酒榷均輸與民爭利散敦厚之樸成貪鄙之化是以百姓就本者寡趨末者衆夫文繁則質衰末盛則

**08216 鹽鐵論十卷**（漢）桓寬撰　明櫻寧齋抄本

匡高20.3厘米，廣12.5厘米。半葉十行，行二十三字，白口，四周單邊。有“吳興劉氏嘉業堂藏書記”等印。黄丕烈、葉昌熾、吳郁生跋。國家圖書館藏。

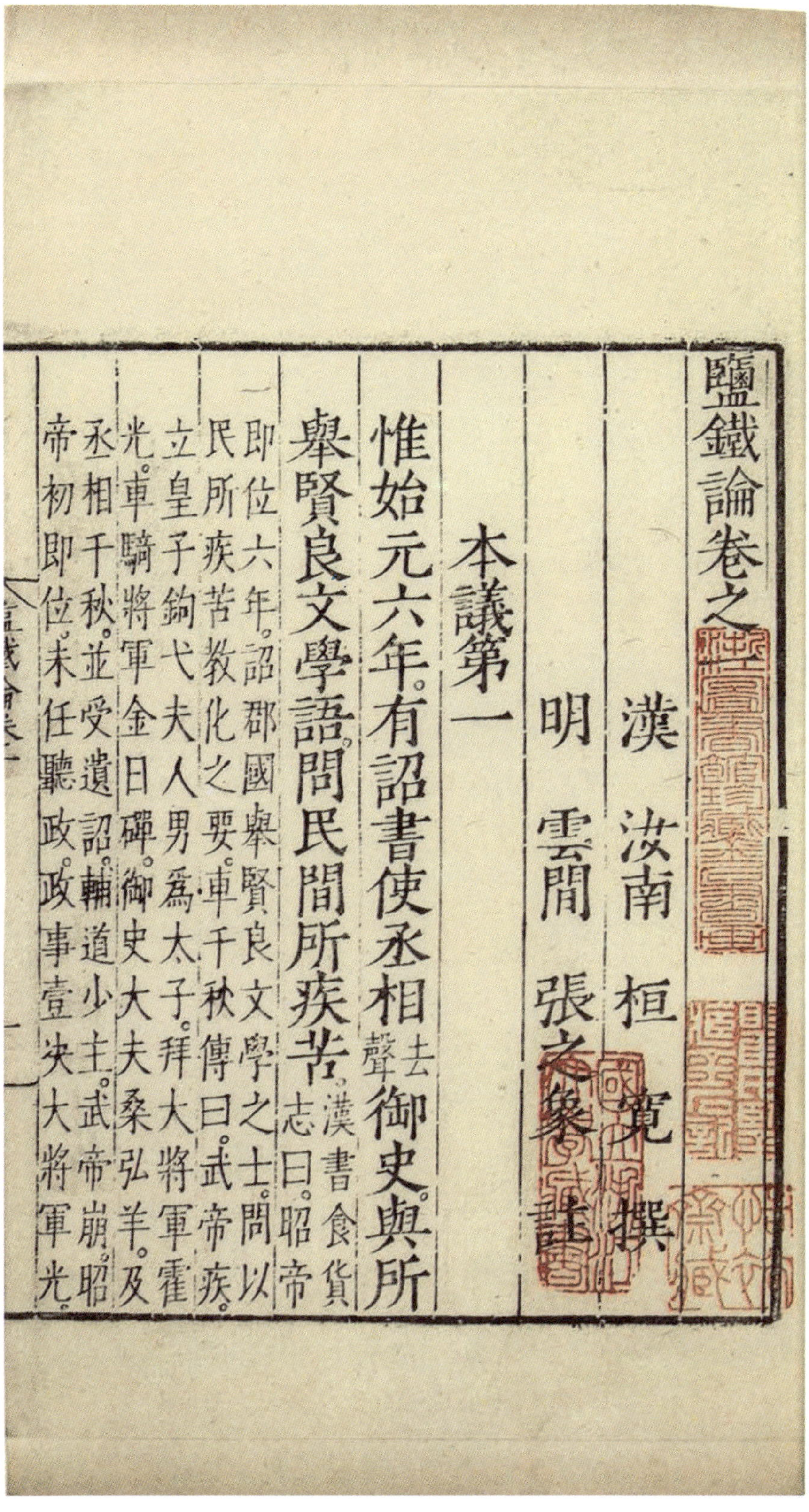
鹽鐵論卷之一
漢 汝南 桓寬 撰
明 雲間 張之象 註
本議第一
惟始元六年。有詔書使丞相[去聲]御史與所
舉賢良文學語。問民間所疾苦。漢書食貨
志曰。昭帝
即位六年。詔郡國舉賢良文學之士。問以
民所疾苦教化之要。車千秋傳曰。武帝疾。
立皇子鉤弋夫人男爲太子。拜大將軍霍
光車騎將軍金日磾御史大夫桑弘羊。及
丞相千秋。並受遺詔。輔道少主。武帝崩。昭
帝初即位。未任聽政。政事壹決大將軍光。

**08217-08224 鹽鐵論十二卷** （漢）桓寬撰 （明）張之象注 明嘉靖三十三年（1554）張氏猗蘭堂刻本

匡高18.2厘米，廣14.4厘米。半葉九行，行十七字，小字雙行同，細黑口，左右雙邊。吉林省圖書館、吉林大學圖書館、遼寧省圖書館、山東省圖書館、浙江圖書館、溫州市圖書館、福建省圖書館、湖南師範大學圖書館藏。

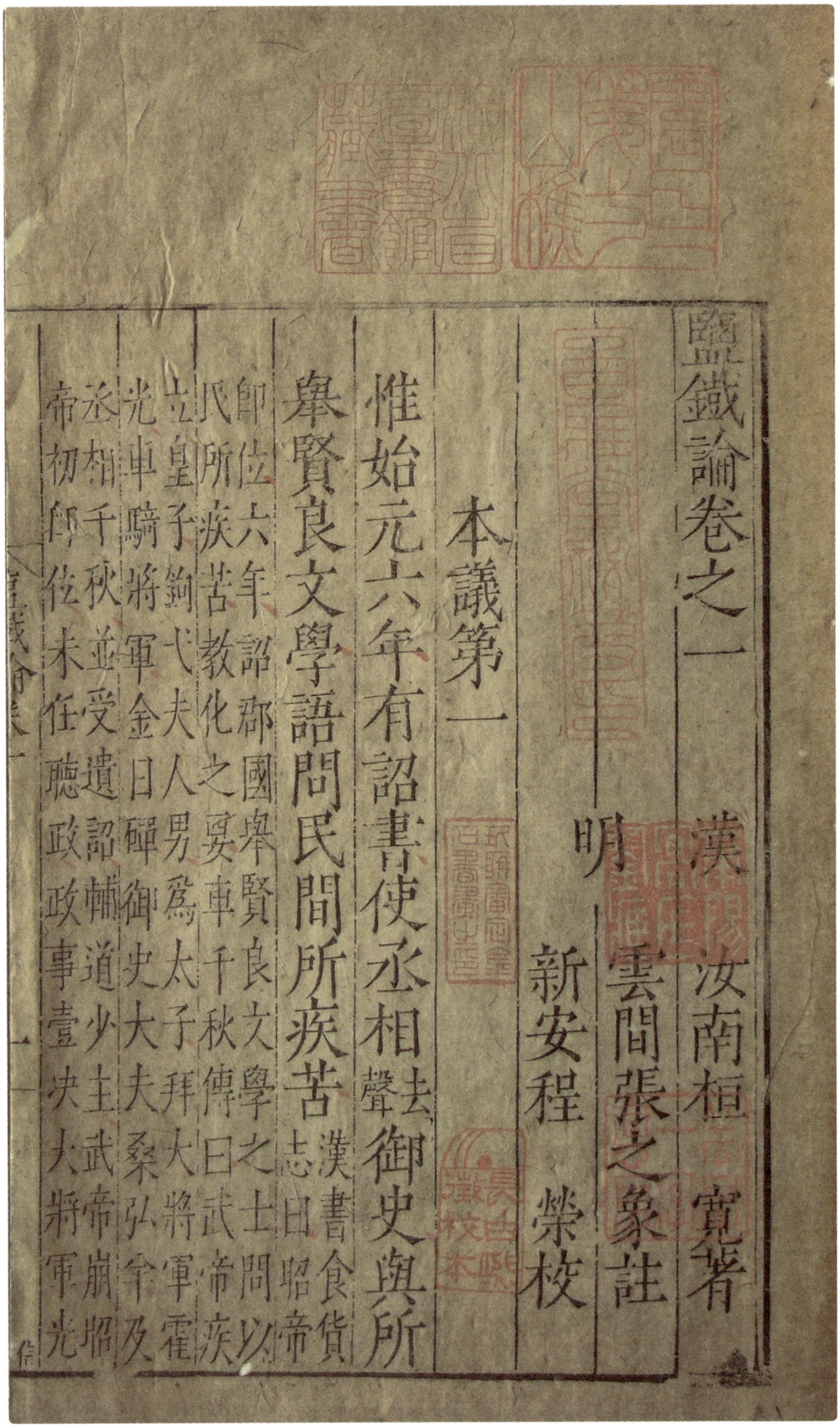
鹽鐵論卷之一
漢　汝南桓　寬著
明　雲間張之象註
新安程　榮校
本議第一
惟始元六年有詔書使丞相去聲御史與所舉賢良文學語問民間所疾苦漢書食貨志曰昭帝卽位六年詔郡國舉賢良文學之士問以民所疾苦教化之要車千秋傳曰武帝疾立皇子鉤弋夫人男爲太子拜大將軍霍光車騎將軍金日磾御史大夫桑弘羊及丞相千秋並受遺詔輔道少主武帝崩昭帝初卽位未任聽政政事壹决大將軍光

**08225 鹽鐵論十二卷**　（漢）桓寬撰　（明）張之象注　明嘉靖三十三年（1554）張氏猗蘭堂刻明程榮重修本

匡高19.5厘米，廣14.4厘米。半葉九行，行十七字，小字雙行同，細黑口，左右雙邊。有“長白熙徵校本”等印。熙徵校。湖北省圖書館藏。

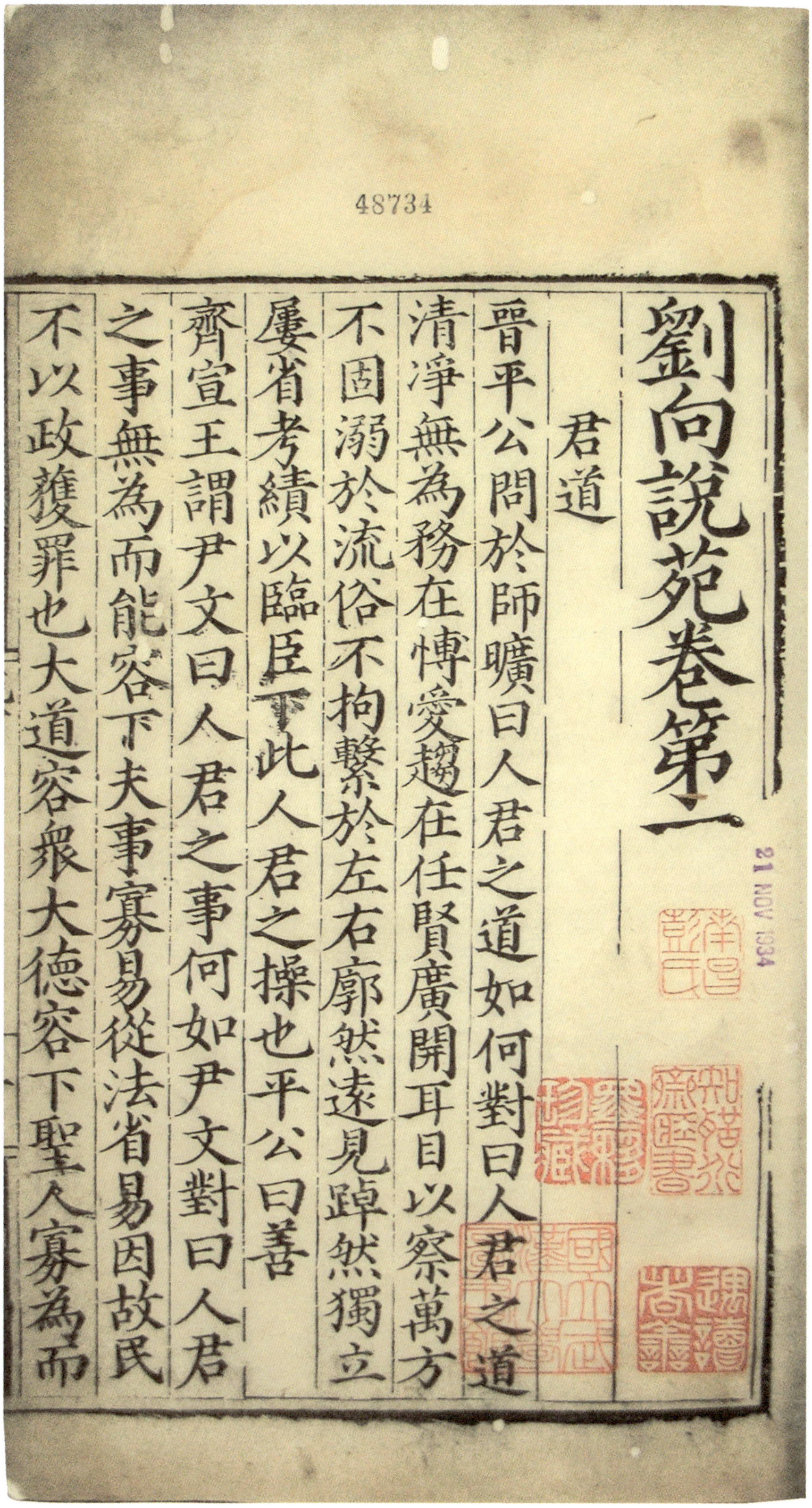
48734

劉向說苑卷第一

君道

晉平公問於師曠曰人君之道如何對曰人君之道清淨無為務在博愛趨在任賢廣開耳目以察萬方不固溺於流俗不拘繫於左右廓然遠見踔然獨立屢省考績以臨臣下此人君之操也平公曰善

齊宣王謂尹文曰人君之事何如尹文對曰人君之事無為而能容下夫事寡易從法省易因故民不以政獲罪也大道容衆大德容下聖人寡為而



**08226、08227 劉氏二書三十卷** （漢）劉向撰　明嘉靖十四年（1535）楚藩崇本書院刻本

匡高24厘米，廣16.5厘米。半葉十行，行十九字，黑口，四周雙邊。上海社會科學院圖書館藏；武漢大學圖書館藏，存二十卷。

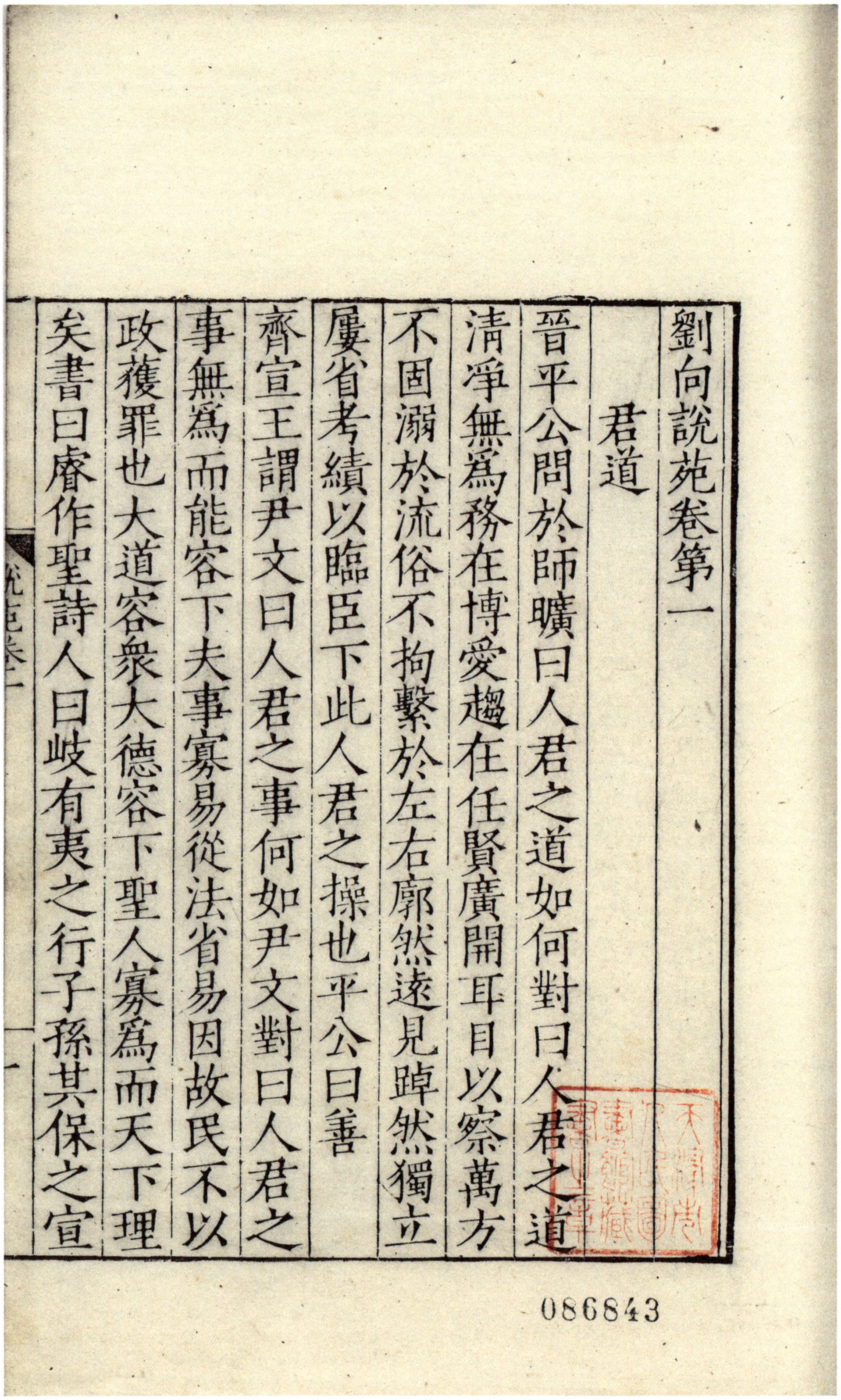
劉向說苑卷第一

君道

晉平公問於師曠曰人君之道如何對曰人君之道清淨無爲務在博愛趨在任賢廣開耳目以察萬方不固溺於流俗不拘繫於左右廓然遠見踔然獨立屢省考績以臨臣下此人君之操也平公曰善

齊宣王謂尹文曰人君之事何如尹文對曰人君之事無爲而能容下夫事寡易從法省易因故民不以政獲罪也大道容衆大德容下聖人寡爲而天下理矣書曰睿作聖詩人曰岐有夷之行子孫其保之宣

說苑卷一　一



**08228 重刻說苑新序三十卷** （漢）劉向撰　明嘉靖二十六年（1547）何良俊刻本

匡高19.2厘米，廣14.5厘米。半葉十行，行二十字，白口，左右雙邊。天津圖書館藏。

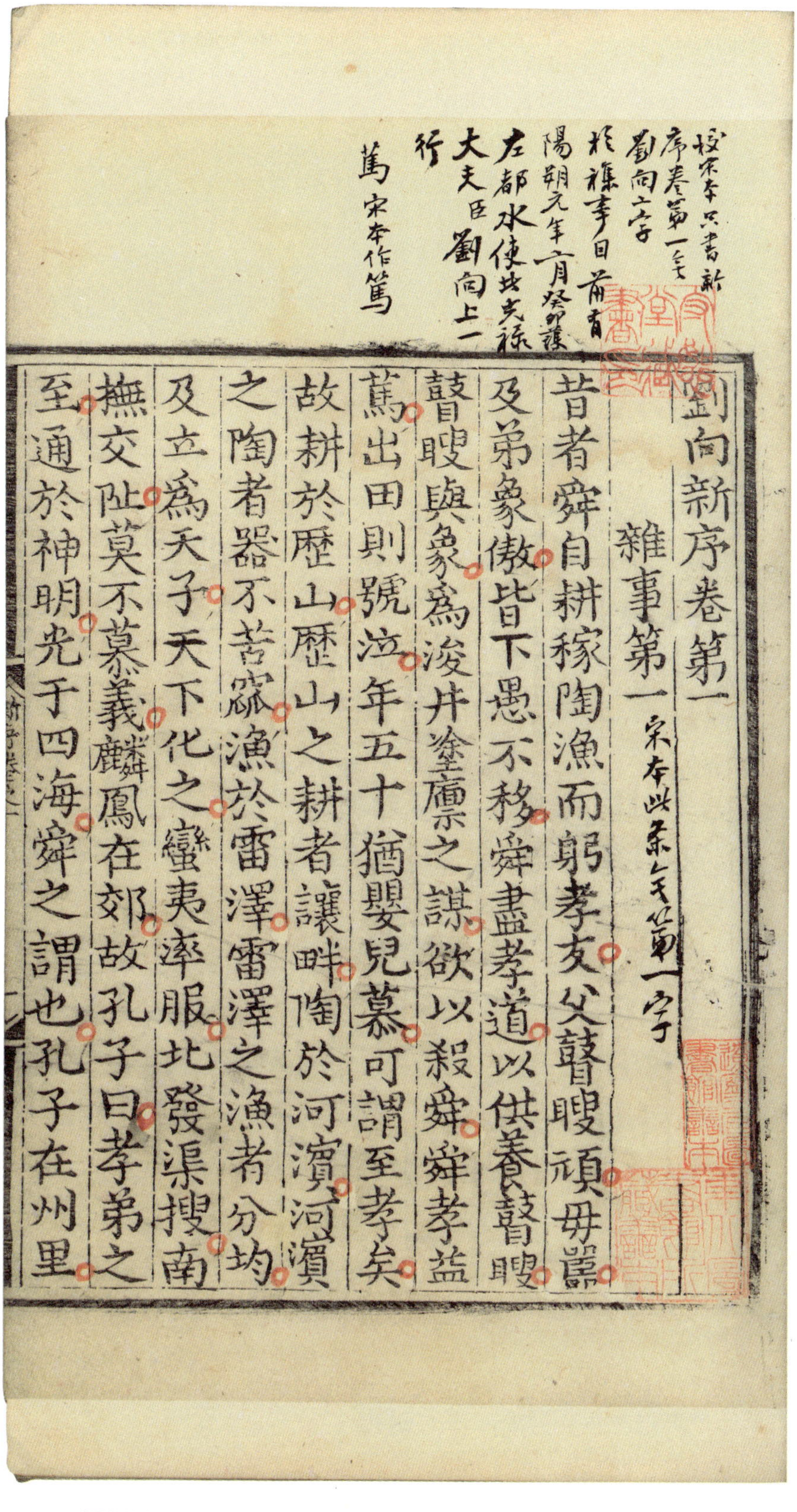
校宋本只書新
序卷第一無
劉向二字
於雜事目前有
陽朔元年二月癸卯護
左都水使者光祿
大夫臣劉向上一
行
篤　宋本作篤
劉向新序卷第一
雜事第一　宋本此条下无第一字
昔者舜自耕稼陶漁而躬孝友父瞽瞍頑母嚚
及弟象傲皆下愚不移舜盡孝道以供養瞽瞍
瞽瞍與象爲浚井塗廩之謀欲以殺舜舜孝益
篤出田則號泣年五十猶嬰兒慕可謂至孝矣
故耕於歷山歷山之耕者讓畔陶於河濱河濱
之陶者器不苦窳漁於雷澤雷澤之漁者分均
及立爲天子天下化之蠻夷率服北發渠搜南
撫交阯莫不慕義麟鳳在郊故孔子曰孝弟之
至通於神明光于四海舜之謂也孔子在州里

**08229、08230　劉向新序十卷**　（漢）劉向撰　明正德五年（1510）楚府正心書院刻本

匡高20.1厘米，廣15.5厘米。半葉十一行，行十八字，黑口，四周雙邊。國家圖書館藏，陳揆校並跋；遼寧省圖書館藏，存七卷。

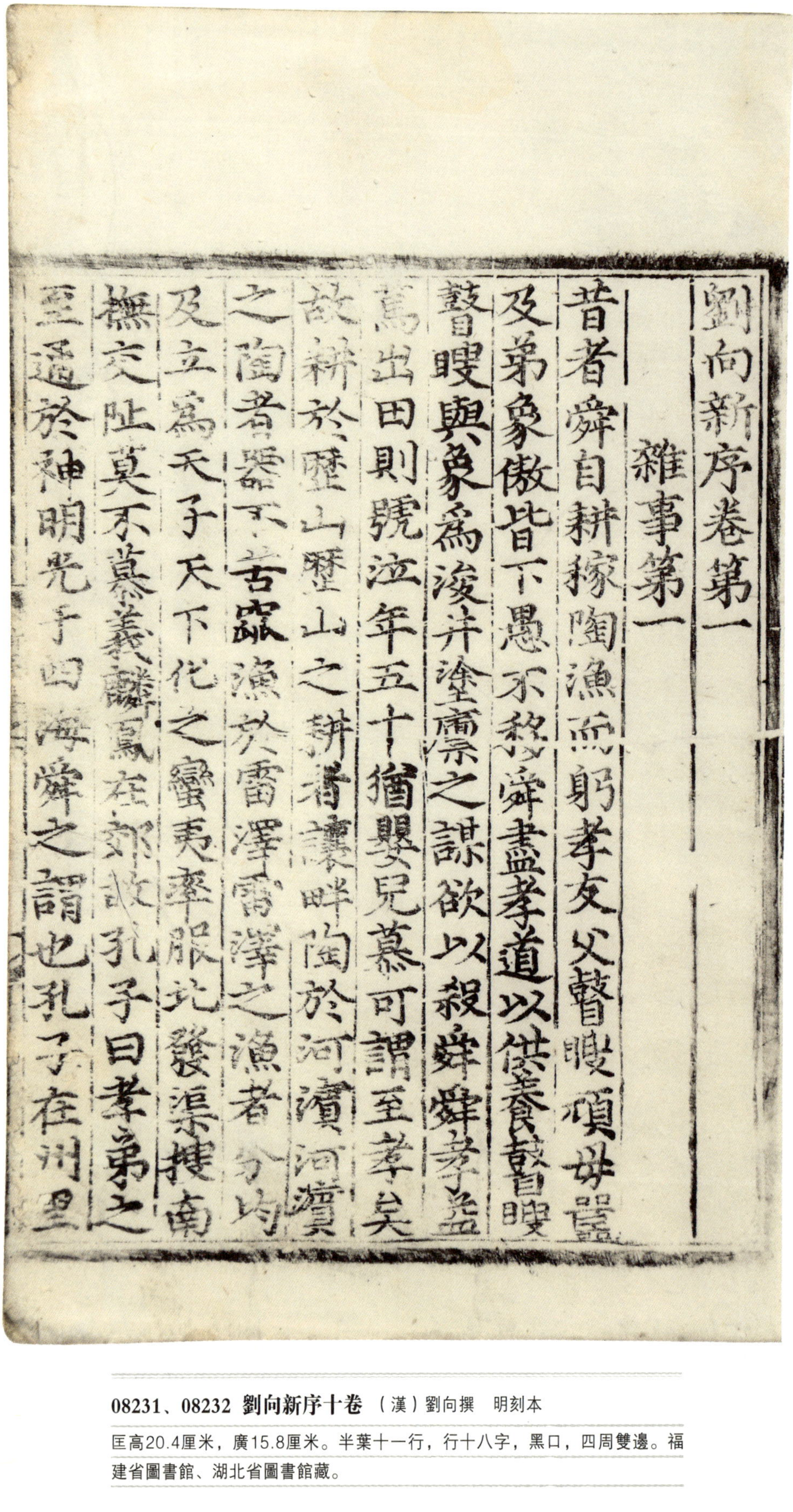
劉向新序卷第一
雜事第一
昔者舜自耕稼陶漁而躬孝友父瞽瞍頑母嚚及弟象傲皆下愚不移舜盡孝道以供養瞽瞍瞽瞍與象爲浚井塗廩之謀欲以殺舜舜孝益篤出田則號泣年五十猶嬰兒慕可謂至孝矣故耕於歷山歷山之耕者讓畔陶於河濱河濱之陶者器不苦窳漁於雷澤雷澤之漁者分均及立爲天子天下化之蠻夷率服北發渠搜南撫交阯莫不慕義麟鳳在郊故孔子曰孝弟之至通於神明光于四海舜之謂也孔子在州里

**08231、08232 劉向新序十卷** （漢）劉向撰　明刻本

匡高20.4厘米，廣15.8厘米。半葉十一行，行十八字，黑口，四周雙邊。福建省圖書館、湖北省圖書館藏。

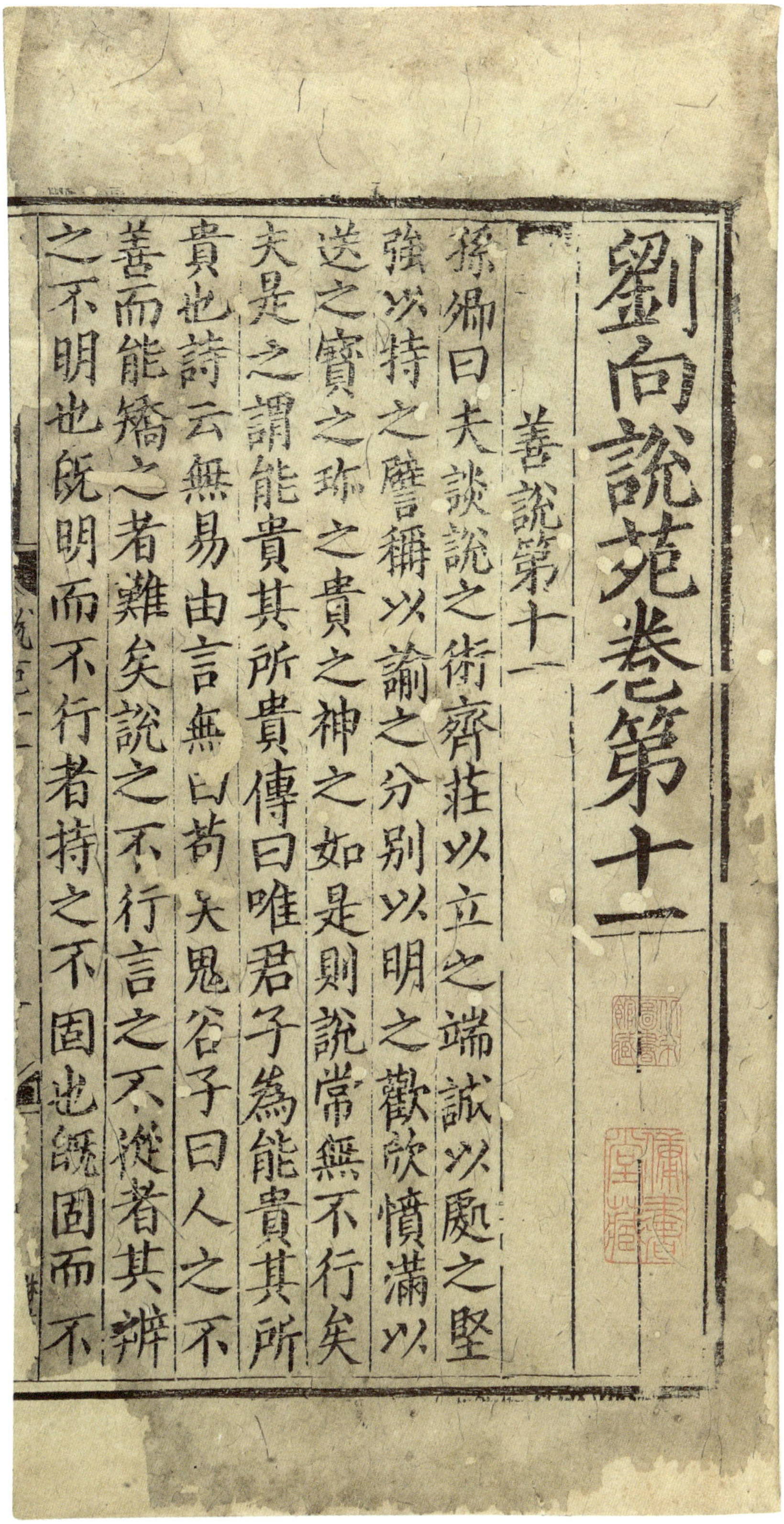
劉向説苑卷第十一
善説第十一
孫卿曰夫談説之術齊莊以立之端誠以處之堅強以持之譬稱以諭之分別以明之歡欣憤滿以送之寶之珍之貴之神之如是則説常無不行矣夫是之謂能貴其所貴傳曰唯君子為能貴其所貴也詩云無易由言無曰苟矣鬼谷子曰人之不善而能矯之者難矣説之不行言之不從者其辨之不明也既明而不行者持之不固也既固而不

**08233 劉向説苑二十卷** （漢）劉向撰　明建文四年（1402）錢古訓刻本

匡高27.1厘米，廣16.6厘米。半葉十行，行十九字，黑口，四周雙邊。有“傭書堂藏”等印。國家圖書館藏，存十卷。

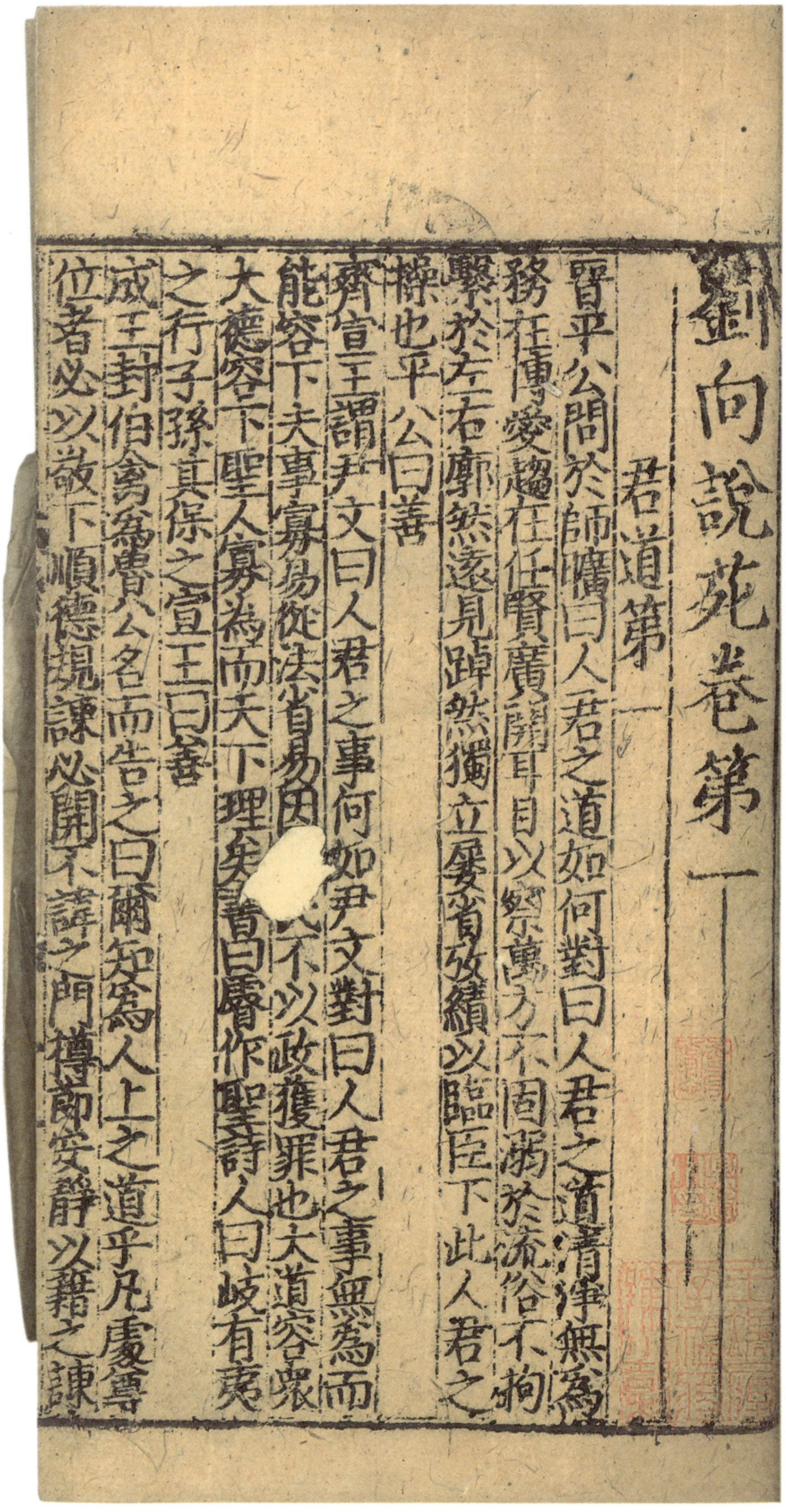

劉向說苑卷第一

君道第一

晉平公問於師曠曰人君之道如何對曰人君之道清淨無爲務在博愛趨在任賢廣開耳目以察萬方不固溺於流俗不拘繫於左右廓然遠見踔然獨立屢省考績以臨臣下此人君之操也平公曰善

齊宣王謂尹文曰人君之事何如尹文對曰人君之事無爲而能容下夫事寡易從法省易因故不以政獲罪也大道容衆大德容下聖人寡爲而天下理矣書曰睿作聖詩人曰岐有夷之行子孫其保之宣王曰善

成王封伯禽爲魯公召而告之曰爾知爲人上之道乎凡處尊位者必以敬下順德規諫必開不諱之門撙節安靜以藉之諫

**08234 劉向說苑二十卷** （漢）劉向撰　明初刻本

匡高19.4厘米，廣12.5厘米。半葉十三行，行二十四字，細黑口，四周雙邊。有“王端履字福將號小穀”等印。王端履跋。寧波市天一閣博物館藏，存五卷。

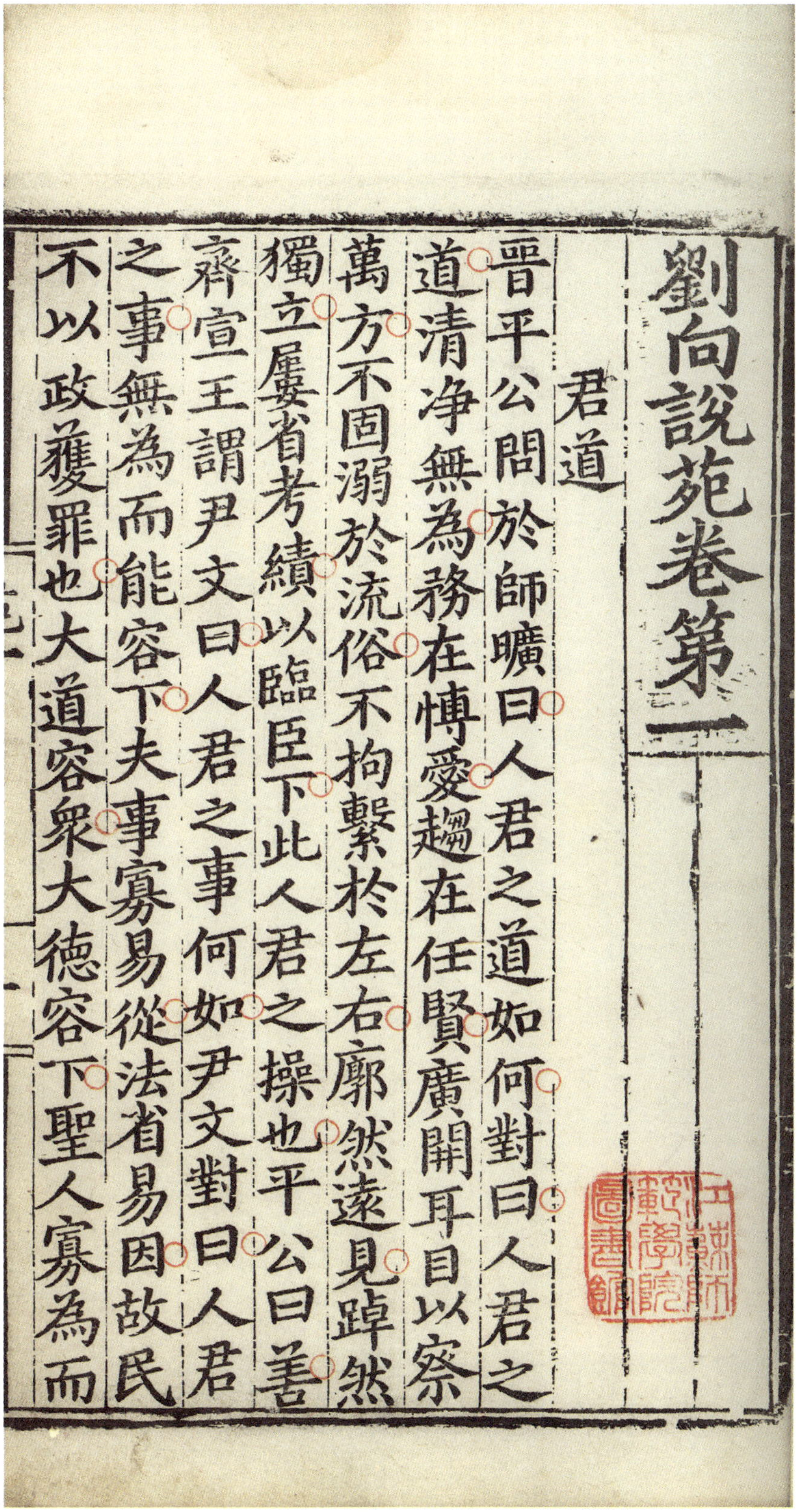
劉向說苑卷第一

君道

晉平公問於師曠曰人君之道如何對曰人君之道清淨無為務在博愛趨在任賢廣開耳目以察萬方不固溺於流俗不拘繫於左右廓然遠見踔然獨立屢省考績以臨臣下此人君之操也平公曰善

齊宣王謂尹文曰人君之事何如尹文對曰人君之事無為而能容下夫事寡易從法省易因故民不以政獲罪也大道容衆大德容下聖人寡為而

**08235、08236 劉向說苑二十卷** （漢）劉向撰　明刻本

匡高26.3厘米，廣17.2厘米。半葉十行，行十九字，黑口，四周雙邊。廣東省立中山圖書館、蘇州大學圖書館藏。

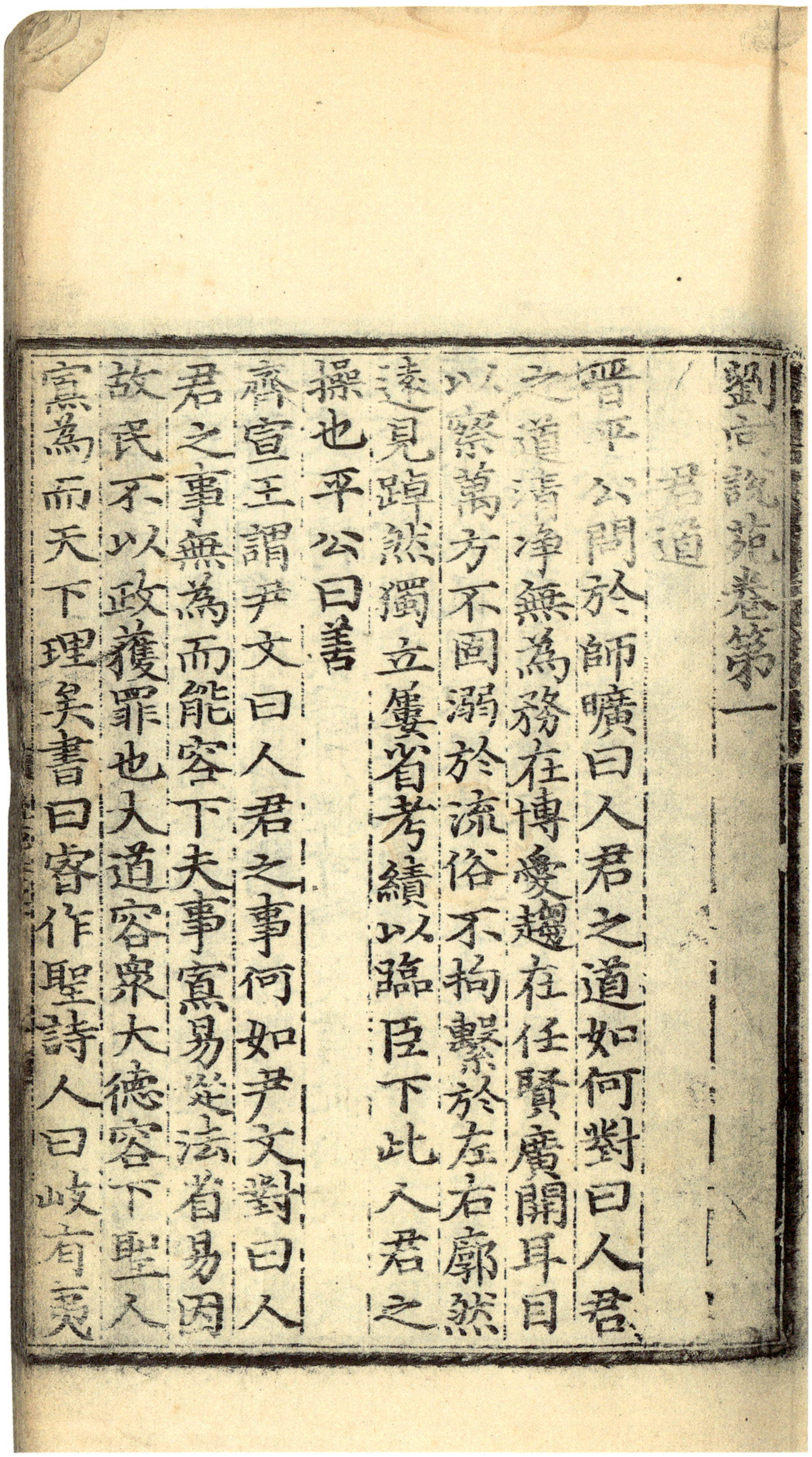

劉向說苑卷第一

君道

晉平公問於師曠曰人君之道如何對曰人君之道清淨無為務在博愛趨在任賢廣開耳目以察萬方不固溺於流俗不拘繫於左右廓然遠見踔然獨立屢省考績以臨臣下此人君之操也平公曰善

齊宣王謂尹文曰人君之事何如尹文對曰人君之事無為而能容下夫事寡易從法省易因故民不以政獲罪也大道容眾大德容下聖人寡為而天下理矣書曰睿作聖詩人曰岐有夷

**08237 劉向說苑二十卷** （漢）劉向撰　明刻本

匡高20.5厘米，廣15.5厘米。半葉十一行，行十八字，黑口，四周雙邊。安徽省圖書館藏。

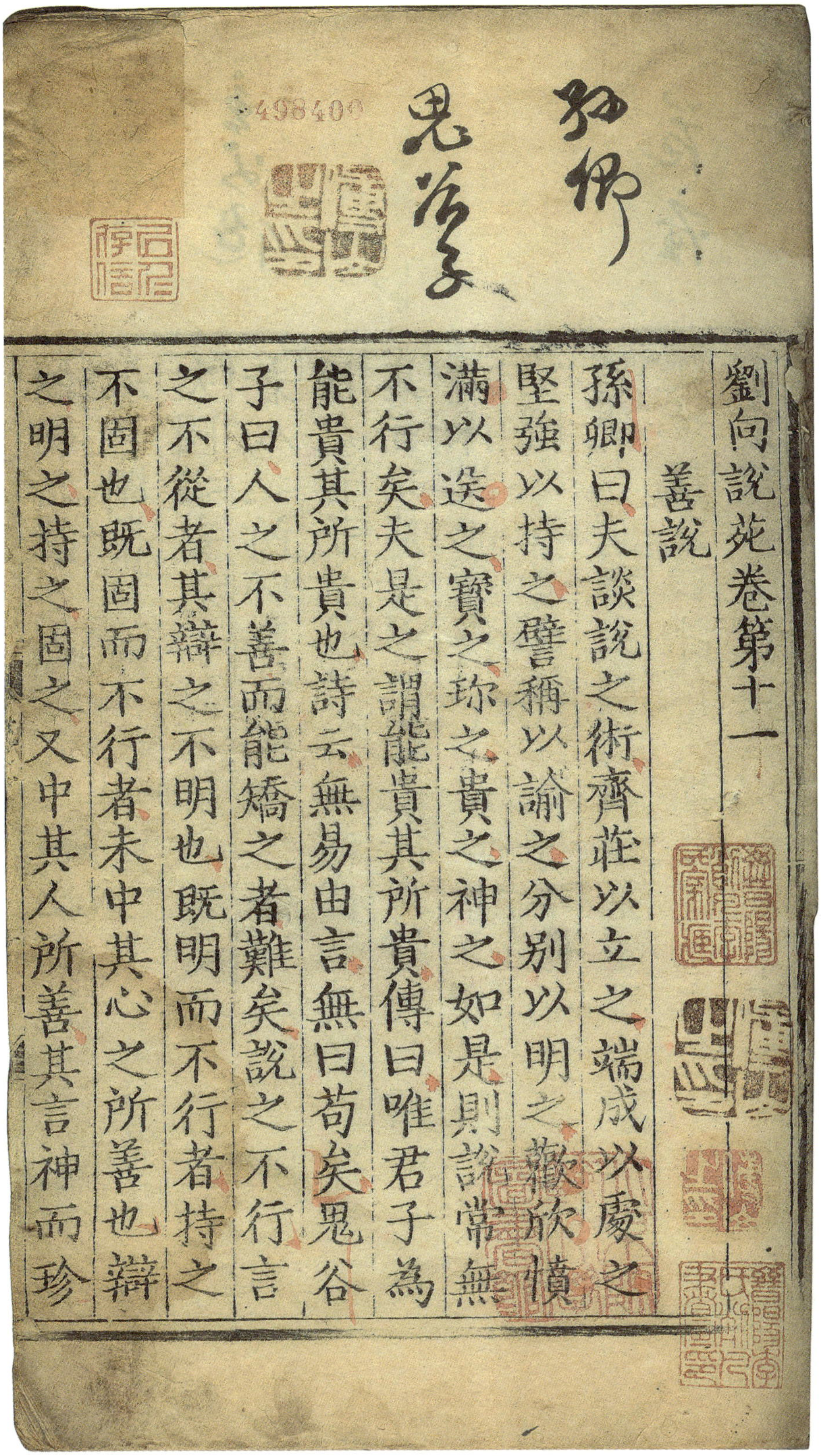
劉向說苑卷第十一
善說
孫卿曰夫談說之術齊莊以立之端成以處之堅強以持之譬稱以諭之分別以明之歡欣憤滿以送之寶之珍之貴之神之如是則說常無不行矣夫是之謂能貴其所貴傳曰唯君子為能貴其所貴也詩云無易由言無曰苟矣鬼谷子曰人之不善而能矯之者難矣說之不行言之不從者其辯之不明也既明而不行者持之不固也既固而不行者未中其心之所善也辯之明之持之固之又中其人所善其言神而珍

**08238 劉向說苑二十卷** （漢）劉向撰　明刻本

匡高20厘米，廣15.3厘米。半葉十一行，行十八字，白口，四周雙邊。有“傅山之印”等印。傅山批。北京師範大學圖書館藏，存十卷。

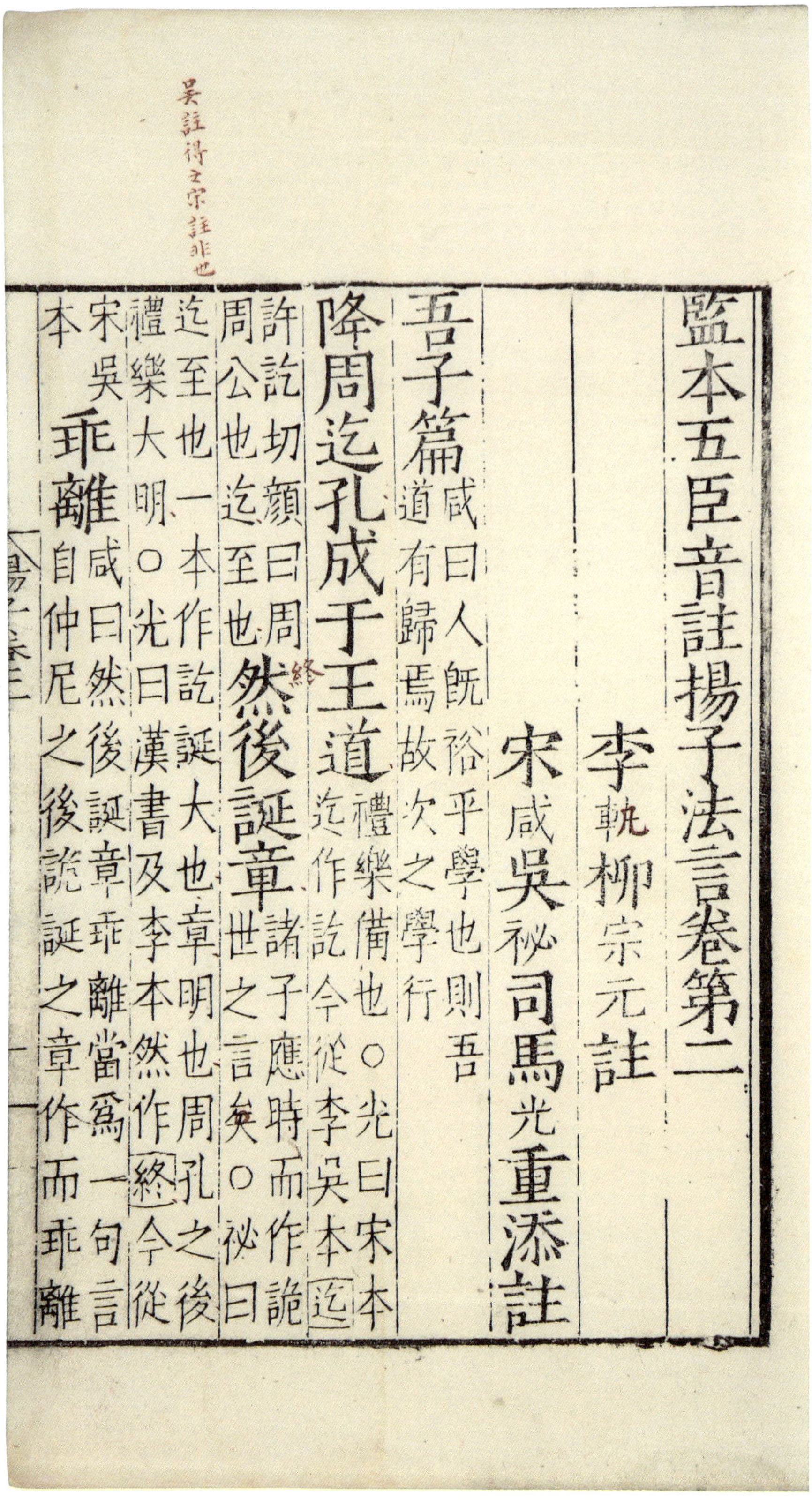
吴註得之宋註非也

監本五臣音註揚子法言卷第二
李軌　柳宗元　註
宋咸　吳祕　司馬光重添註
吾子篇咸曰人既裕乎學也則吾道有歸焉故次之學行
降周迄孔成于王道禮樂備也○光曰宋本迄作訖今從李吳本迄許訖切顏曰周周公也迄至也然後誕章諸子應時而作詭世之言矣○祕曰迄至也一本作訖誕大也章明也周孔之後禮樂大明○光曰漢書及李本然作終今從宋吳本乖離咸曰然後誕章乖離當爲一句言自仲尼之後詭誕之章作而乖離

**08239 新纂門目五臣音註揚子法言十卷** （漢）揚雄撰 （晉）李軌（唐）柳宗元 （宋）宋咸 吳祕 司馬光注 明刻六子書本

匡高20.3厘米，廣14.1厘米。半葉八行，行十七字，小字雙行同，白口，左右雙邊。王振聲批校並跋。蘇州博物館藏。

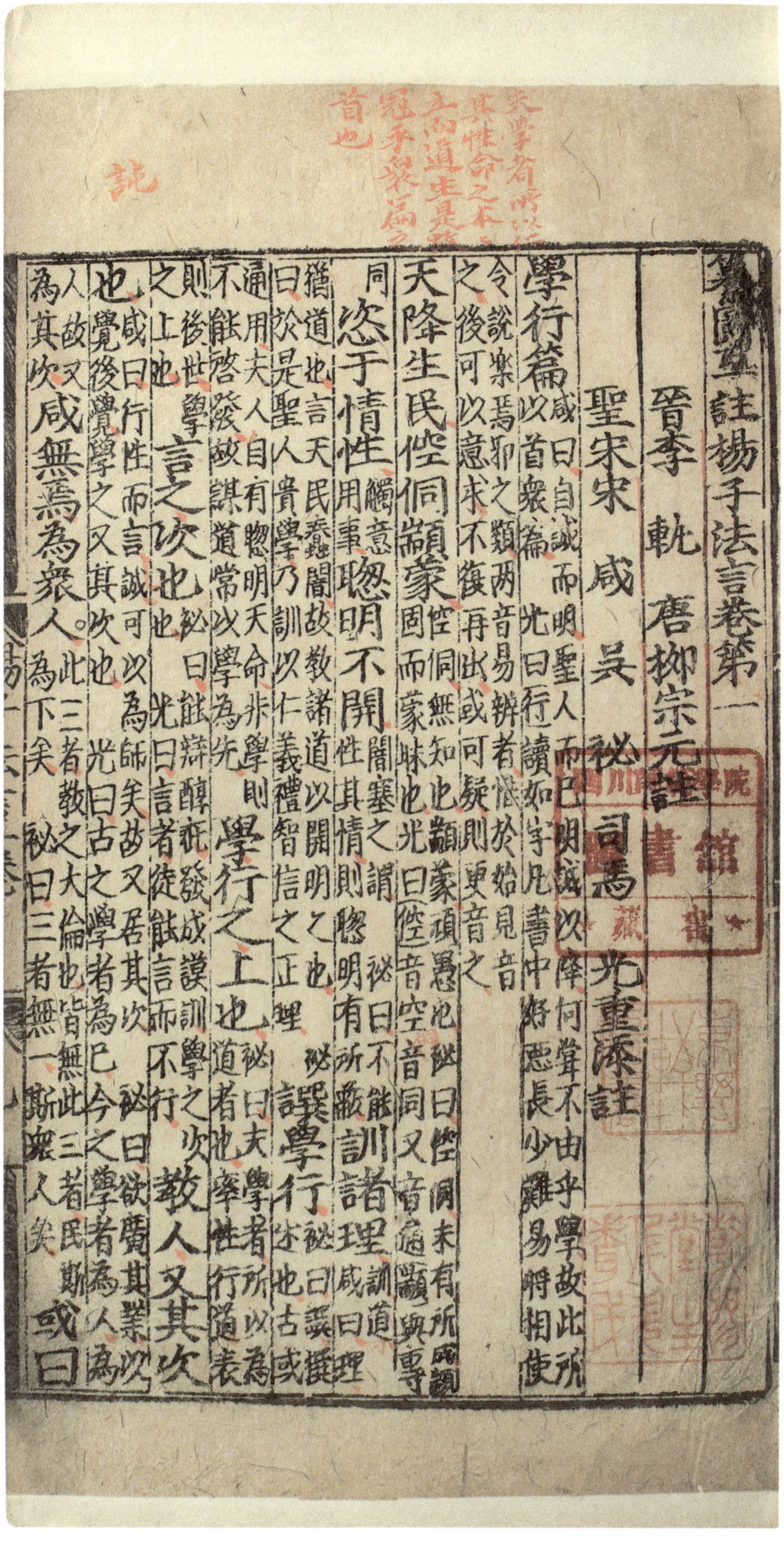
纂圖互註揚子法言卷第一
晉李軌 唐柳宗元註
宋宋咸 吳祕 司馬光重添註
學行篇
天降生民倥侗顓蒙
恣于情性聰明不開
訓諸理
譔學行
學行之上也言之次也教人又其次
咸無焉為衆人

**08240 纂圖互註揚子法言十卷** （漢）揚雄撰 （晉）李軌 （唐）柳宗元 （宋）宋咸 吳祕 司馬光注 明刻本

匡高19.8厘米，廣13.3厘米。半葉十二行，行二十六字，小字雙行同，黑口，四周雙邊。四川師範大學圖書館藏。

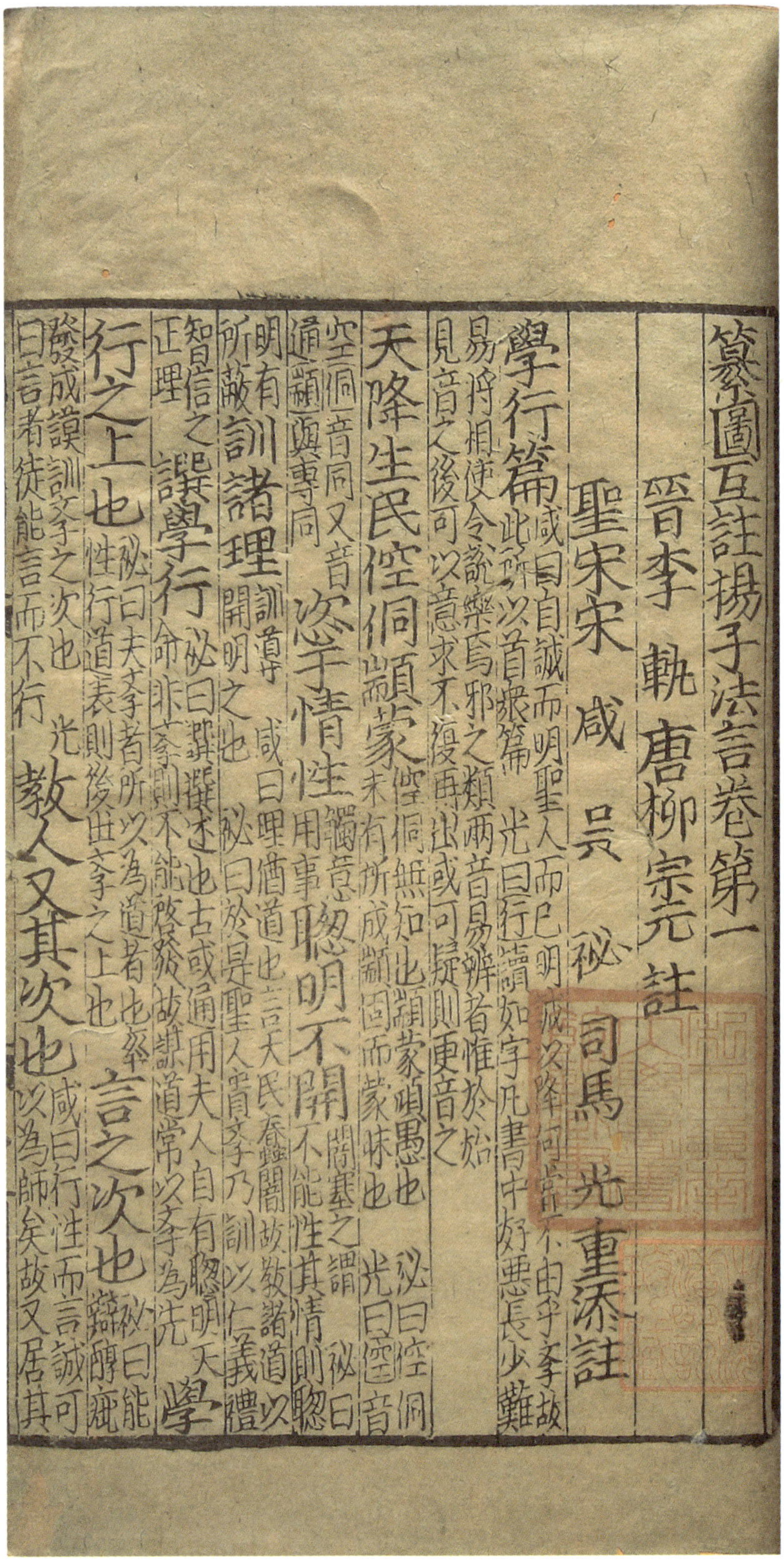

纂圖互註揚子法言卷第一
晉李軌 唐柳宗元註
聖宋宋咸 吳祕 司馬光重添註
學行篇

**08241 纂圖互註揚子法言十卷** （漢）揚雄撰 （晉）李軌 （唐）柳宗元 （宋）宋咸 吳祕 司馬光注 明刻本

匡高18厘米，廣12.1厘米。半葉十一行，行二十一字，小字雙行二十五字，黑口，左右雙邊。有“南海潘明訓珍藏”等印。中山大學圖書館藏。

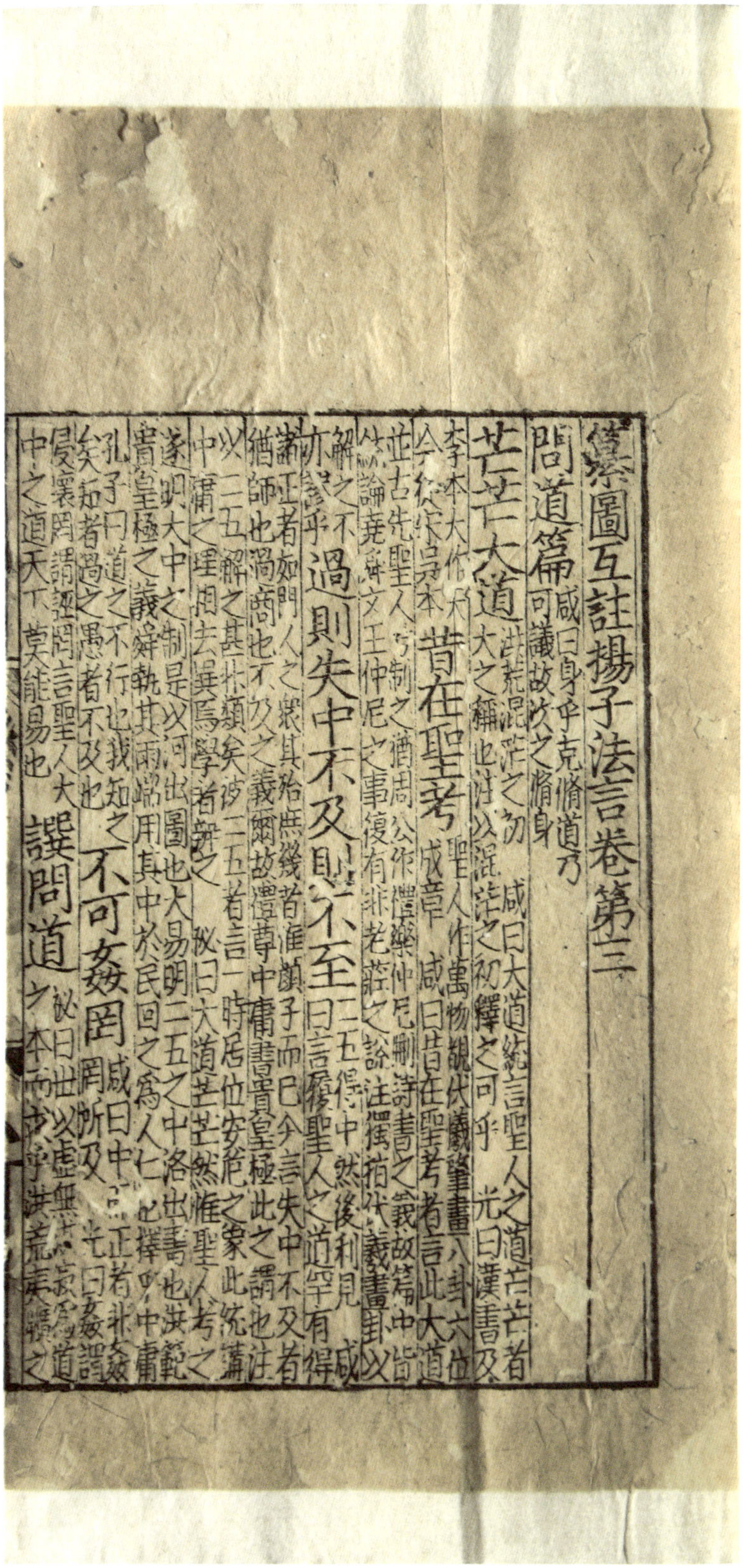
纂圖互註揚子法言卷第三
問道篇
芒芒大道 昔在聖考
過則失中不及則不至
不可姦罔
譔問道

**08242 纂圖互註揚子法言十卷** （漢）揚雄撰 （晉）李軌 （唐）柳宗元 （宋）宋咸 吴祕 司馬光注 明刻本

匡高18.5厘米，廣11.8厘米。半葉十一行，行二十一字，小字雙行二十五字，黑口，左右雙邊。河北省博物館藏，存八卷。

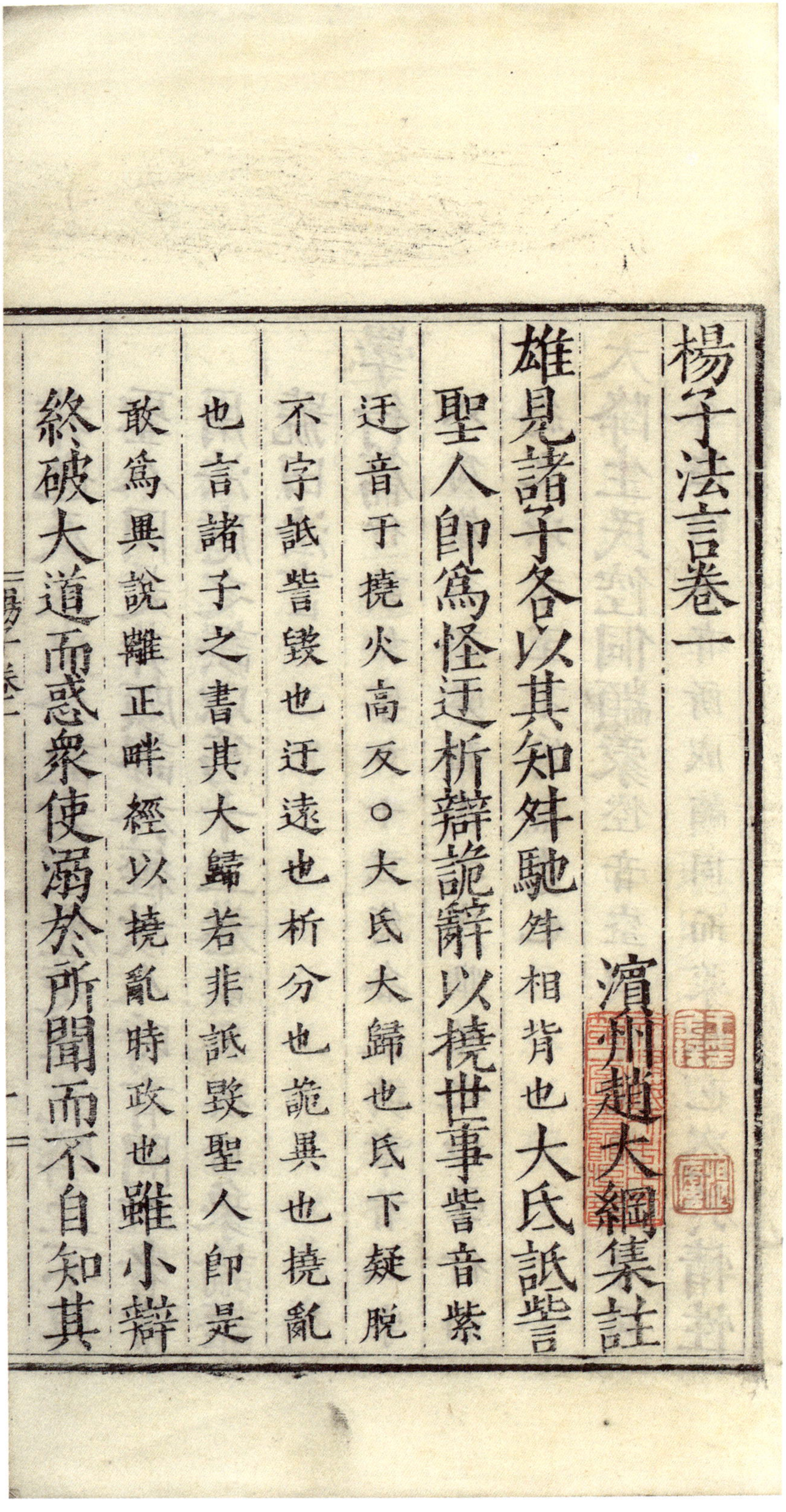

**08243 揚子法言十卷** （漢）揚雄撰 （明）趙大綱集注 明隆慶二年（1568）崔近思刻本

匡高20.9厘米，廣14.8厘米。半葉九行，行十七至十八字，白口，四周雙邊。天津圖書館藏。

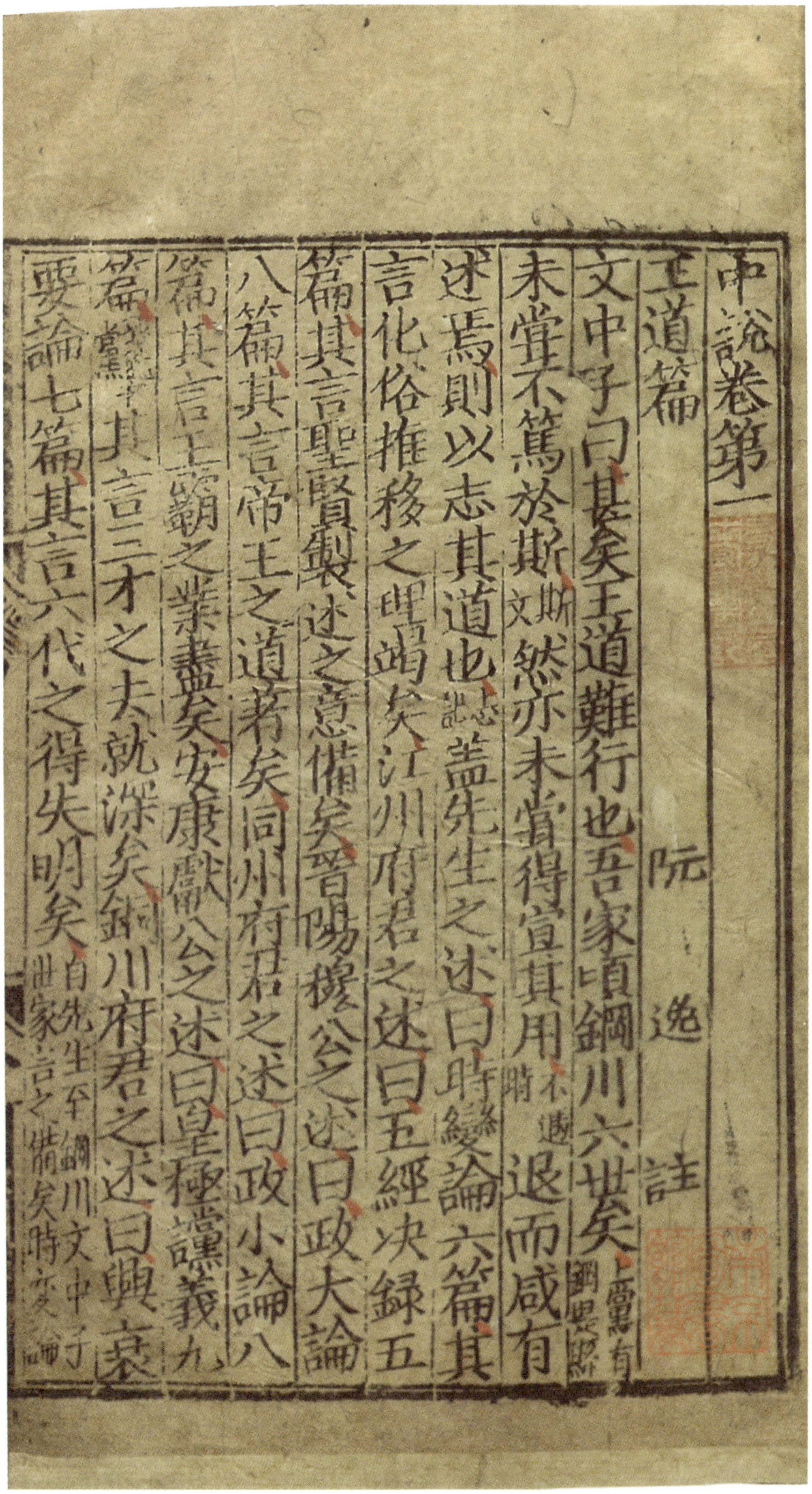
中說卷第一

王道篇　　阮逸註

文中子曰甚矣王道難行也吾家頃銅川六世矣

未嘗不篤於斯然亦未嘗得宜其用退而咸有

述焉則以志其道也蓋先生之述曰時變論六篇其

言化俗推移之理竭矣江州府君之述曰五經決録五

篇其言聖賢製述之意備矣晉陽穆公之述曰政大論

八篇其言帝王之道著矣同州府君之述曰政小論八

篇其言王霸之業盡矣安康獻公之述曰皇極讜義九

篇其言三才之去就深矣銅川府君之述曰興衰

要論七篇其言六代之得失明矣

**08244 中說十卷**　題（隋）王通撰　（宋）阮逸注　明初刻本

匡高17.7厘米，廣12.3厘米。半葉十一行，行二十一字，小字雙行同，黑口，四周雙邊。南京圖書館藏。

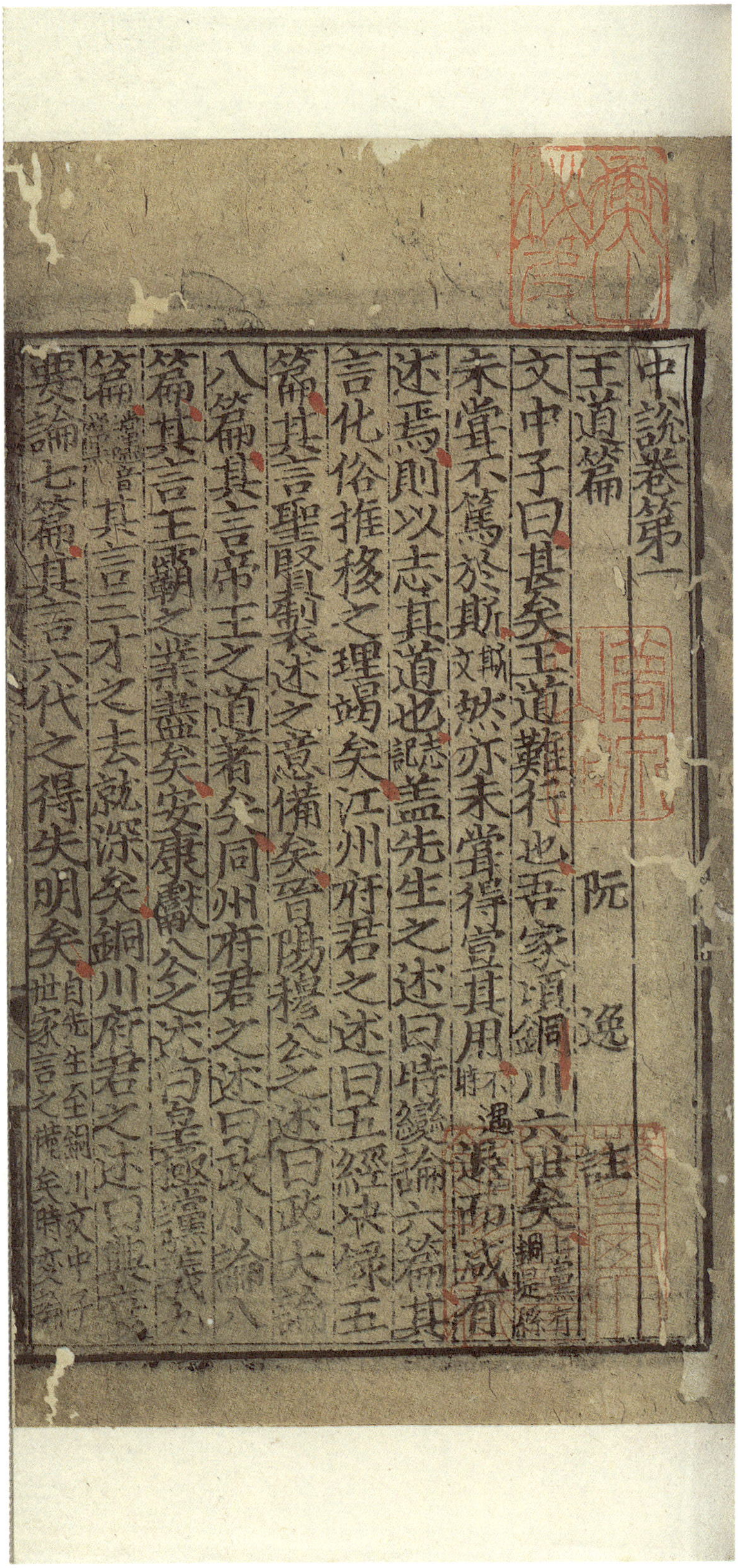

中說卷第一
王道篇　阮逸註
文中子曰甚矣王道難行也吾家頃銅川六世矣
未嘗不篤於斯文然亦未嘗得宣其用時不遇退而咸有
述焉則以志其道也志記蓋先生之述曰時變論六篇其
言化俗推移之理竭矣江州府君之述曰五經决録五
篇其言聖賢制述之意備矣晉陽穆公之述曰政大論
八篇其言帝王之道著矣同州府君之述曰政小論八
篇其言王霸之業盡矣安康獻公之述曰皇極讜義九
篇其言三才之去就深矣銅川府君之述曰興衰
要論七篇其言六代之得失明矣自先生至銅川文中子世家言之備矣時變論

**08245 中說十卷**　題（隋）王通撰　（宋）阮逸注　明初刻本

匡高17.6厘米，廣12厘米。半葉十一行，行二十一字，小字雙行二十五字，黑口，四周雙邊。四川大學圖書館藏。

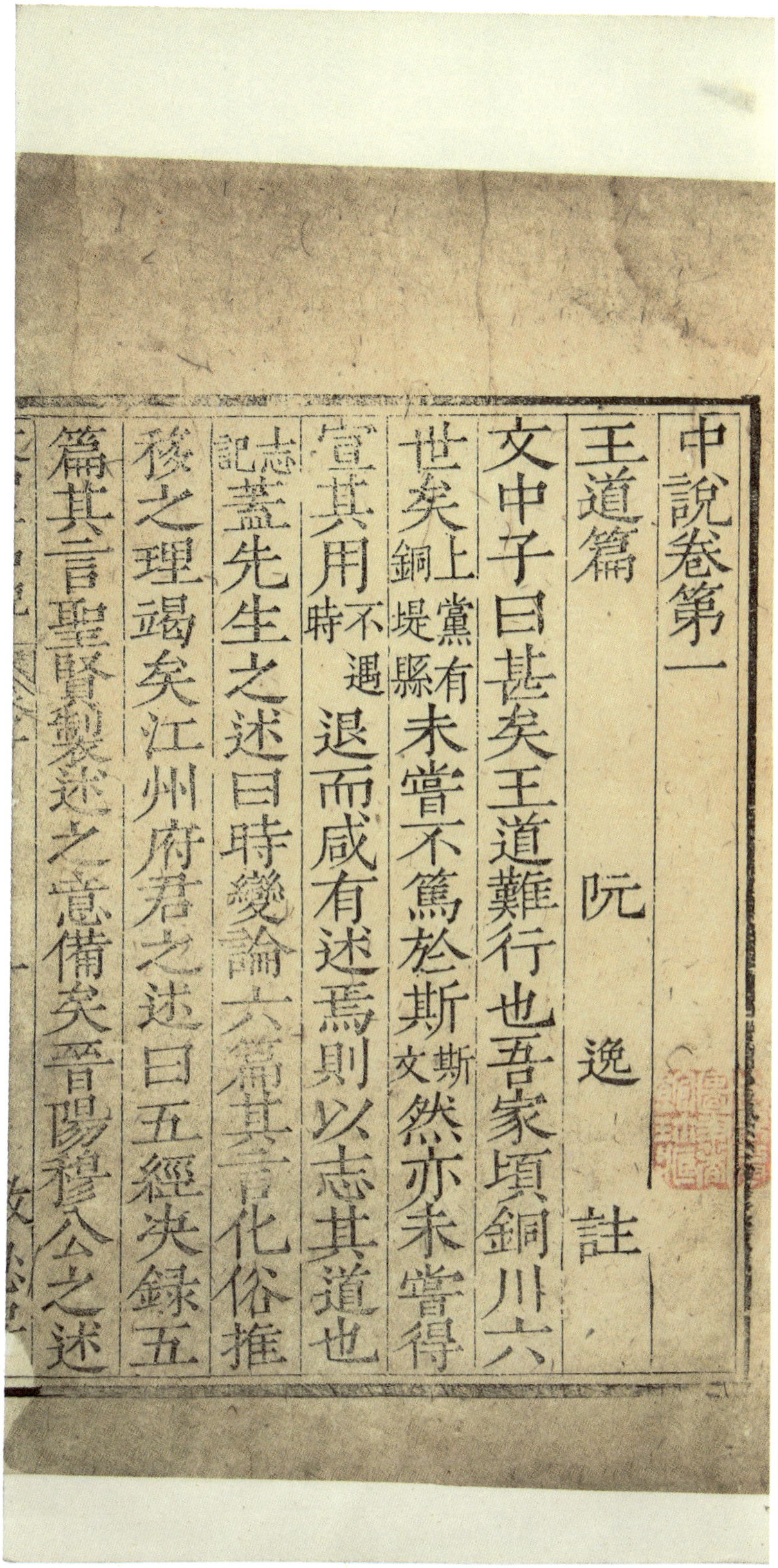
中說卷第一
王道篇　　阮逸註
文中子曰甚矣王道難行也吾家頃銅川六
世矣上黨有銅鞮縣未嘗不篤於斯斯文然亦未嘗得
宣其用不遇時退而咸有述焉則以志其道也
志記蓋先生之述曰時變論六篇其言化俗推
移之理竭矣江州府君之述曰五經決録五
篇其言聖賢制述之意備矣晉陽穆公之述

**08246 中說十卷**　題（隋）王通撰　（宋）阮逸注　明敬忍居刻本

匡高19厘米，廣14.1厘米。半葉八行，行十七字，小字雙行同，白口，四周雙邊。王獻唐跋並録方功惠校。山東省圖書館藏。

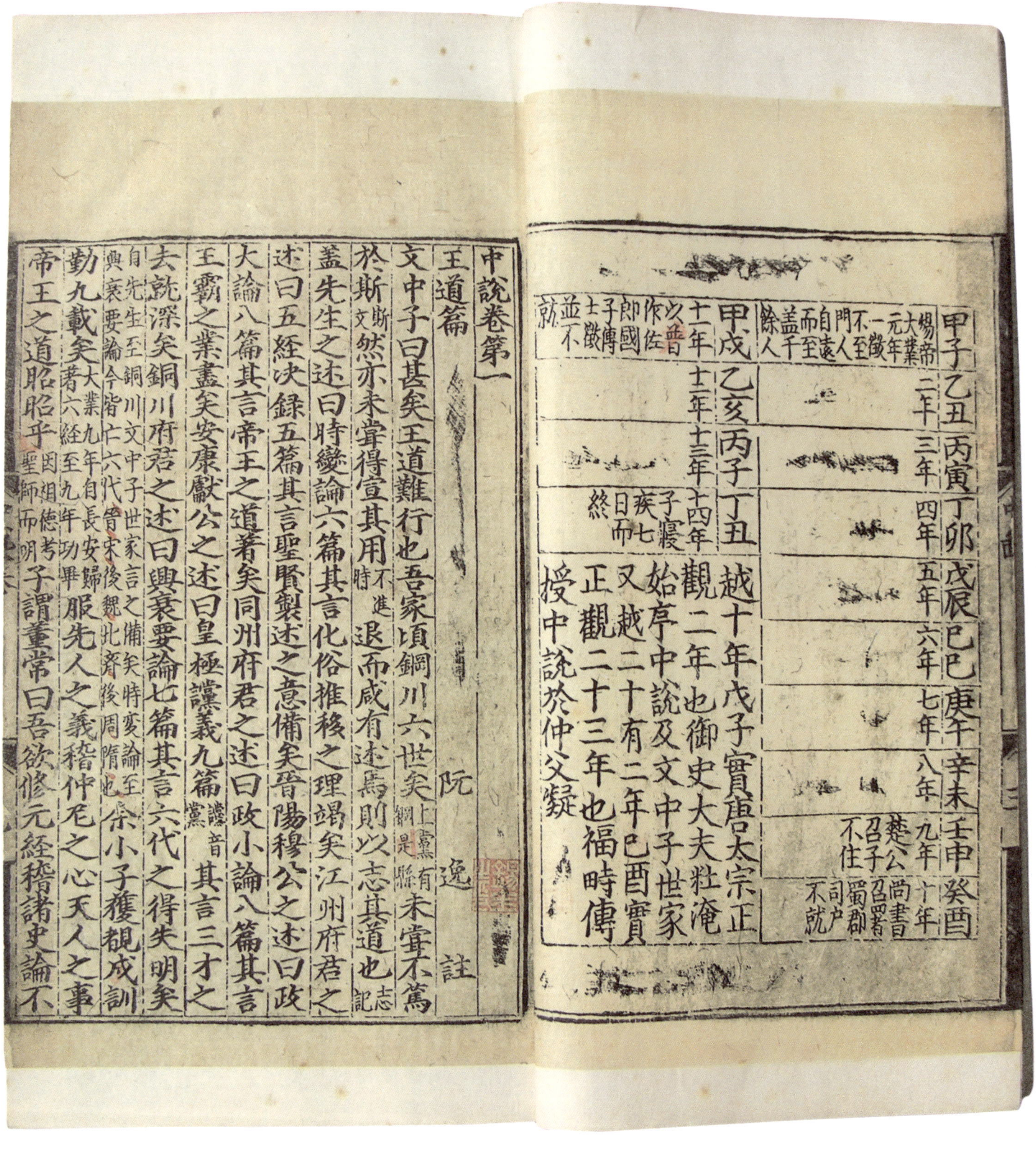
甲子　煬帝大業元年一徵不至門人自遠而至蓋千餘人
乙丑　二年
丙寅　三年
丁卯　四年
戊辰　五年
己巳　六年
庚午　七年
辛未　八年
壬申　九年　楚公召子不住
癸酉　十年　尚書召署蜀郡司户不就
甲戌　十一年　以著作佐郎國子博士徵並不就
乙亥　十二年
丙子　十三年
丁丑　十四年　子寢疾七日而終
越十年戊子實唐太宗正觀二年也御史大夫杜淹始序中說及文中子世家又越二十有二年己酉實正觀二十三年也福時傳授中說於仲父凝

中說卷第一
王道篇　阮逸註
文中子曰甚矣王道難行也吾家頃銅川六世矣上黨有銅鞮縣未嘗不篤於斯斯文然亦未嘗得宣其用時不進退而咸有述焉則以志其道也志記蓋先生之述曰時變論六篇其言化俗推移之理竭矣江州府君之述曰五經決録五篇其言聖賢製述之意備矣晉陽穆公之述曰政大論八篇其言帝王之道著矣同州府君之述曰政小論八篇其言王霸之業盡矣安康獻公之述曰皇極讜義九篇讜音黨其言三才之去就深矣銅川府君之述曰興衰要論七篇其言六代之得失明矣自先生至銅川文中子世家言之備矣時變論至興衰要論今皆亡六代晉宋後魏北齊後周隋也余小子獲覩成訓勤九載矣大業九年自長安歸著六經至九年功畢服先人之義稽仲尼之心天人之事帝王之道昭昭乎因祖德考聖師而明子謂董常曰吾欲修元經稽諸史論不

**08247 中說十卷**　題（隋）王通撰　（宋）阮逸注　明刻本

匡高20厘米，廣13.5厘米。半葉十二行，行二十六字，小字雙行同，黑口，四周雙邊。西北大學圖書館藏。

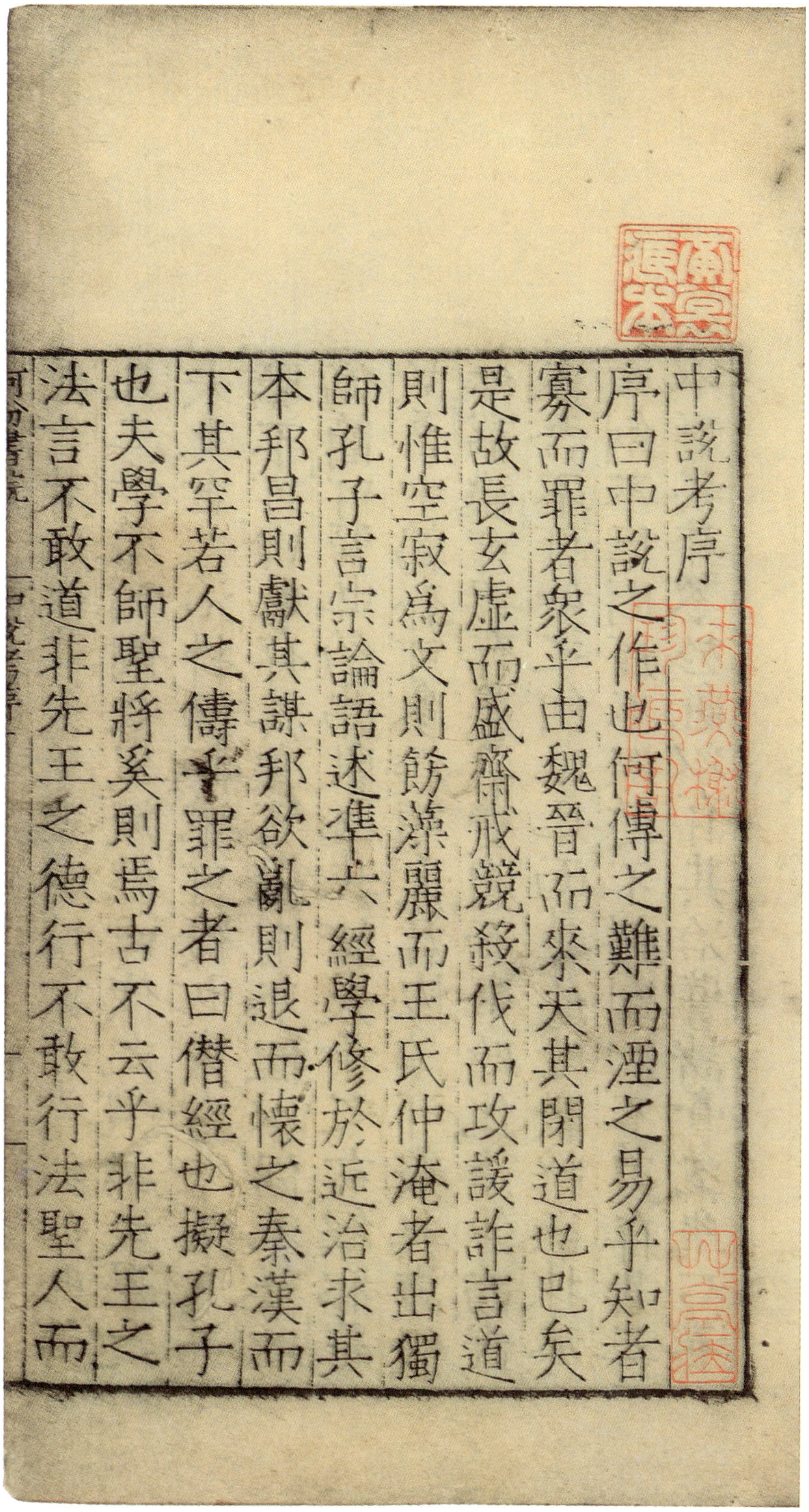
中說考序
序曰中說之作也何傳之難而湮之易乎知者寡而罪者衆乎由魏晉而來天其閉道也已矣是故長玄虛而盛齋戒競殺伐而攻譏詐言道則惟空寂爲文則飭藻麗而王氏仲淹者出獨師孔子言宗論語述準六經學修於近治求其本邦昌則獻其謀邦欲亂則退而懷之秦漢而下其罕若人之儔乎罪之者曰僭經也擬孔子也夫學不師聖將奚則焉古不云乎非先王之法言不敢道非先王之德行不敢行法聖人而
河汾書院　中說考序　一

**08248 中說考七卷** （明）崔銑撰　明河汾書院刻本

匡高18.5厘米，廣12.5厘米。半葉十行，行十八字，白口，四周單邊。有"黃裳藏本"等印。上海圖書公司藏。

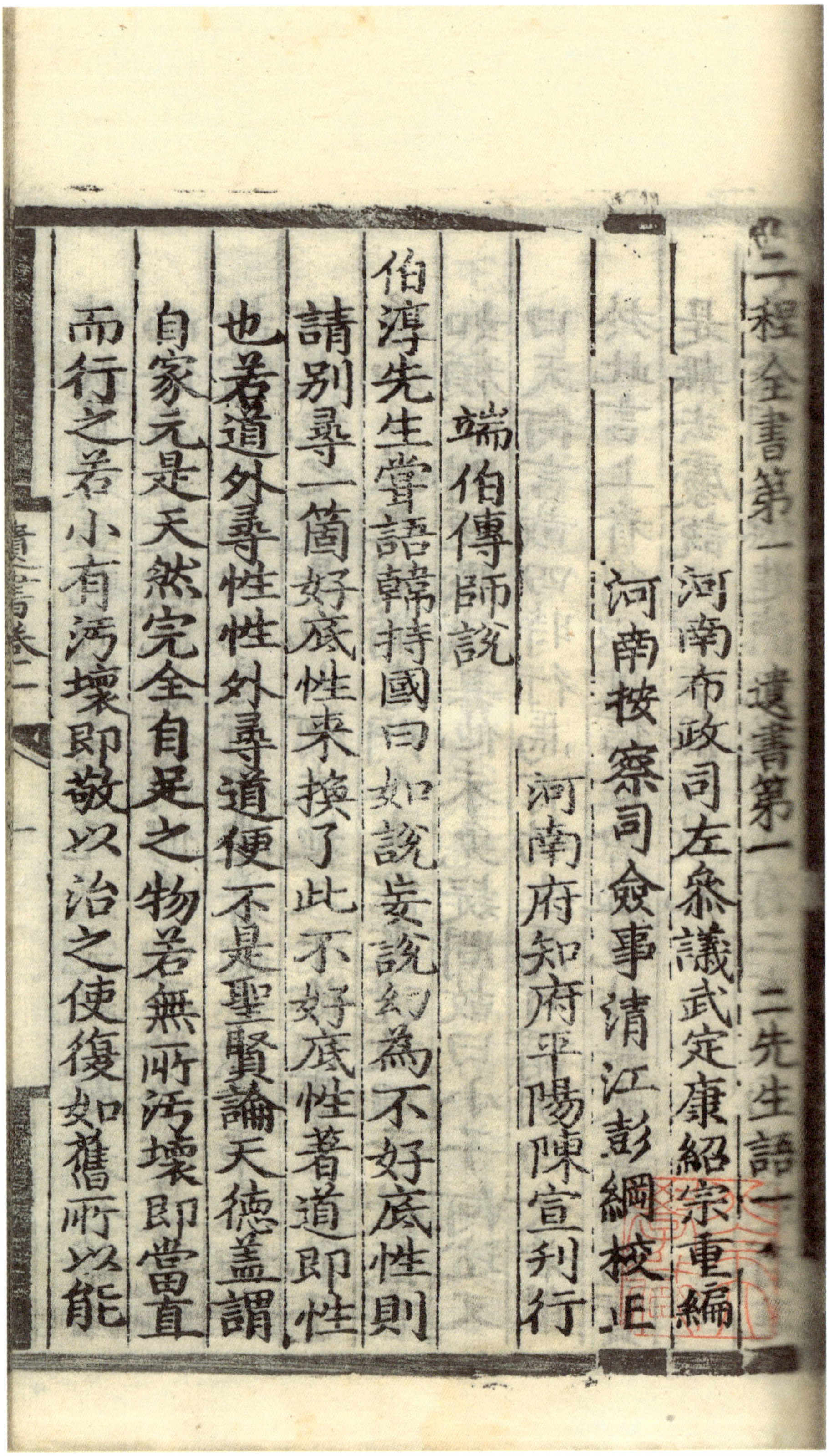
二程全書第一　遺書第一　二先生語一
河南布政司左叅議武定康紹宗重編
河南按察司僉事清江彭綱校正
河南府知府平陽陳宣刊行
端伯傳師說
伯淳先生嘗語韓持國曰如說妄說幻為不好底性則請別尋一箇好底性來換了此不好底性著道即性也若道外尋性性外尋道便不是聖賢論天德蓋謂自家元是天然完全自足之物若無所汚壞即當直而行之若小有汚壞即敬以治之使復如舊所以能
遺書卷一　一

**08249-08251　二程全書六十五卷**　（宋）程顥　程頤撰　明弘治十一年（1498）陳宣刻本

匡高21.7厘米，廣15.4厘米。半葉十行，行二十一字，黑口，四周單邊。北京大學圖書館、中國書店、浙江圖書館藏。

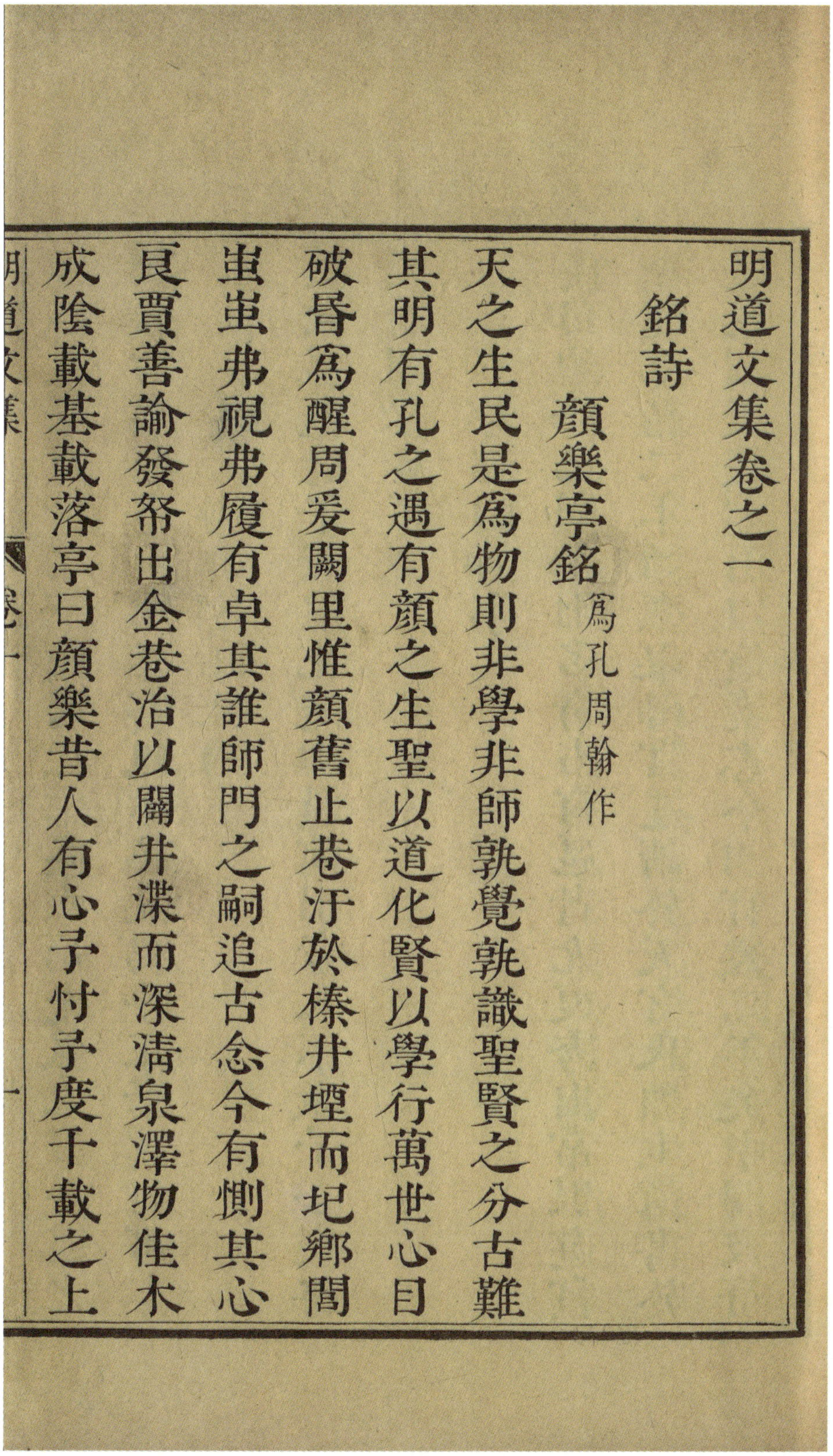
明道文集卷之一
銘詩
顏樂亭銘 爲孔周翰作
天之生民是爲物則非學非師孰覺孰識聖賢之分古難
其明有孔之遇有顏之生聖以道化賢以學行萬世心目
破昏爲醒周爰闕里惟顏舊止巷汙於榛井堙而圯鄉閭
蚩蚩弗視弗履有卓其誰師門之嗣追古念今有惻其心
良賈善諭發帑出金巷治以闢井渫而深清泉澤物佳木
成陰載基載落亭曰顏樂昔人有心予忖予度千載之上
明道文集 卷一 一

**08252 二程全書六十四卷** （宋）朱熹輯　清康熙内府寫本

匡高20.2厘米，廣15厘米。半葉九行，行二十二字，白口，四周雙邊。故宫博物院藏。

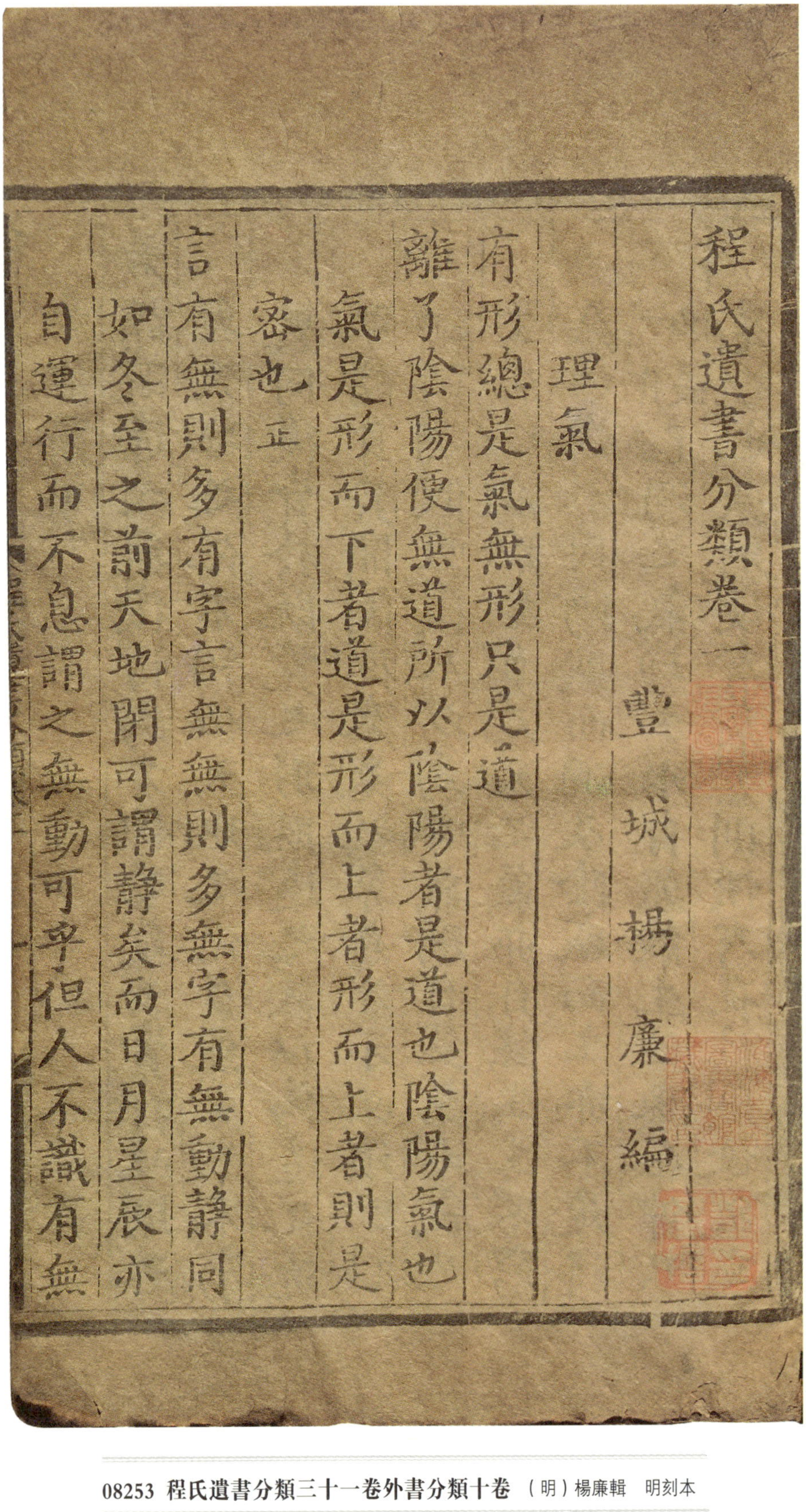
程氏遺書分類卷一
豐城楊廉編
理氣
有形總是氣無形只是道
離了陰陽便無道所以陰陽者是道也陰陽氣也
氣是形而下者道是形而上者形而上者則是
密也 正
言有無則多有字言無無則多無字有無動靜同
如冬至之前天地閉可謂靜矣而日月星辰亦
自運行而不息謂之無動可乎但人不識有無

**08253 程氏遺書分類三十一卷外書分類十卷** （明）楊廉輯　明刻本

匡高22.8厘米，廣16.2厘米。半葉十行，行十九字，黑口，四周雙邊。徐州市圖書館藏。

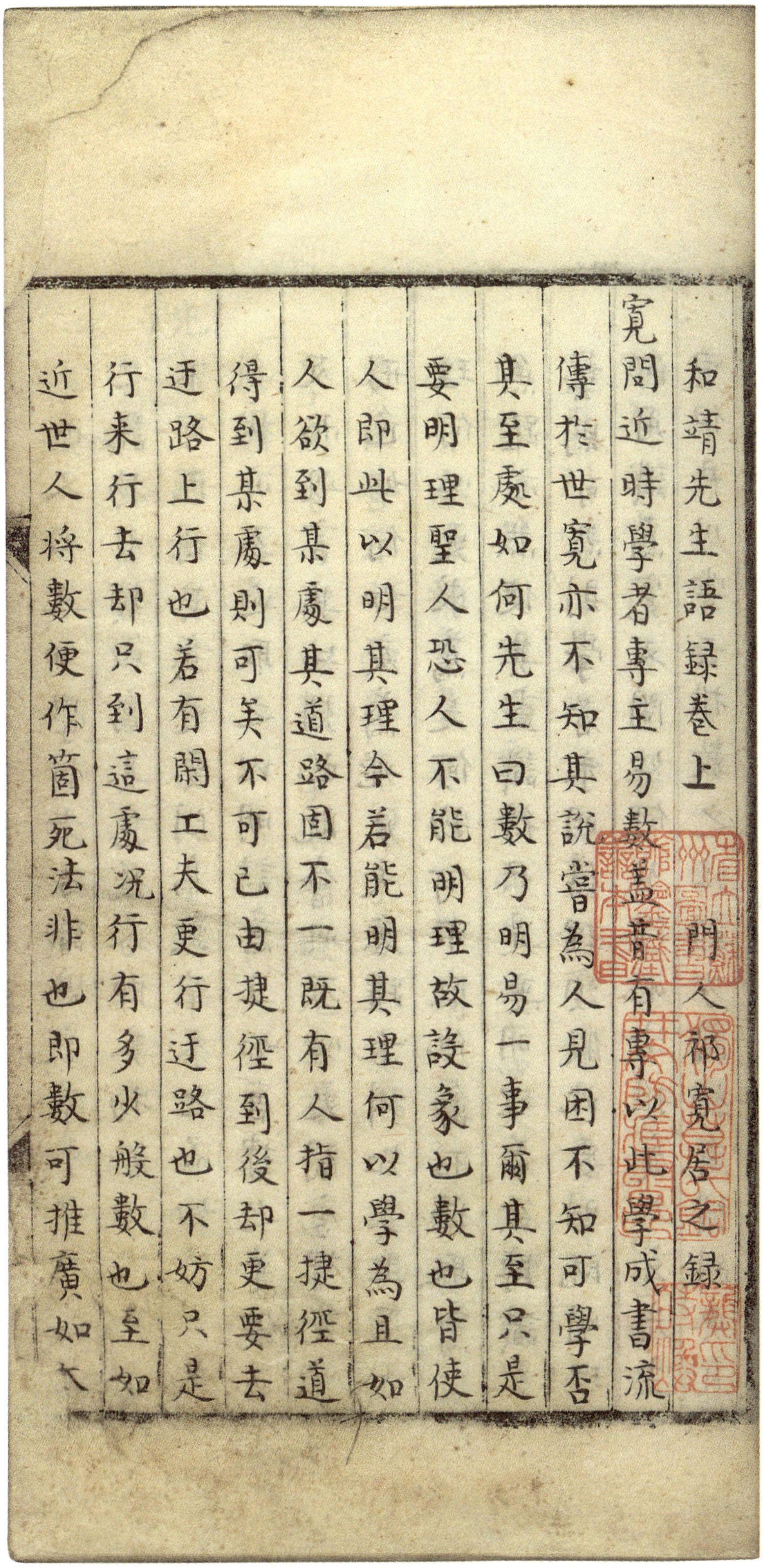

和靖先生語録卷上
門人祁寛居之録
寛問近時學者專主易數蓋有專以此學成書流傳於世寛亦不知其説嘗為人見困不知可學否其至處如何先生曰數乃明易一事爾其至只是要明理聖人恐人不能明理故設象也數也皆使人即此以明其理今若能明其理何以學為且如人欲到某處其道路固不一既有人指一捷徑道得到某處則可矣不可已由捷徑到後却更要去迂路上行也若有闕工夫更行迂路也不妨只是行來行去却只到這處况行有多少般數也至如近世人將數便作箇死法非也即數可推廣如大

**08254 和靖先生語録三卷**　（宋）尹焞撰　（宋）祁寛輯　明抄本

匡高20厘米，廣13.3厘米。半葉十一行，行二十字，白口，左右雙邊。有“獨山莫氏銅井文房藏書印”等印。蘇州圖書館藏。

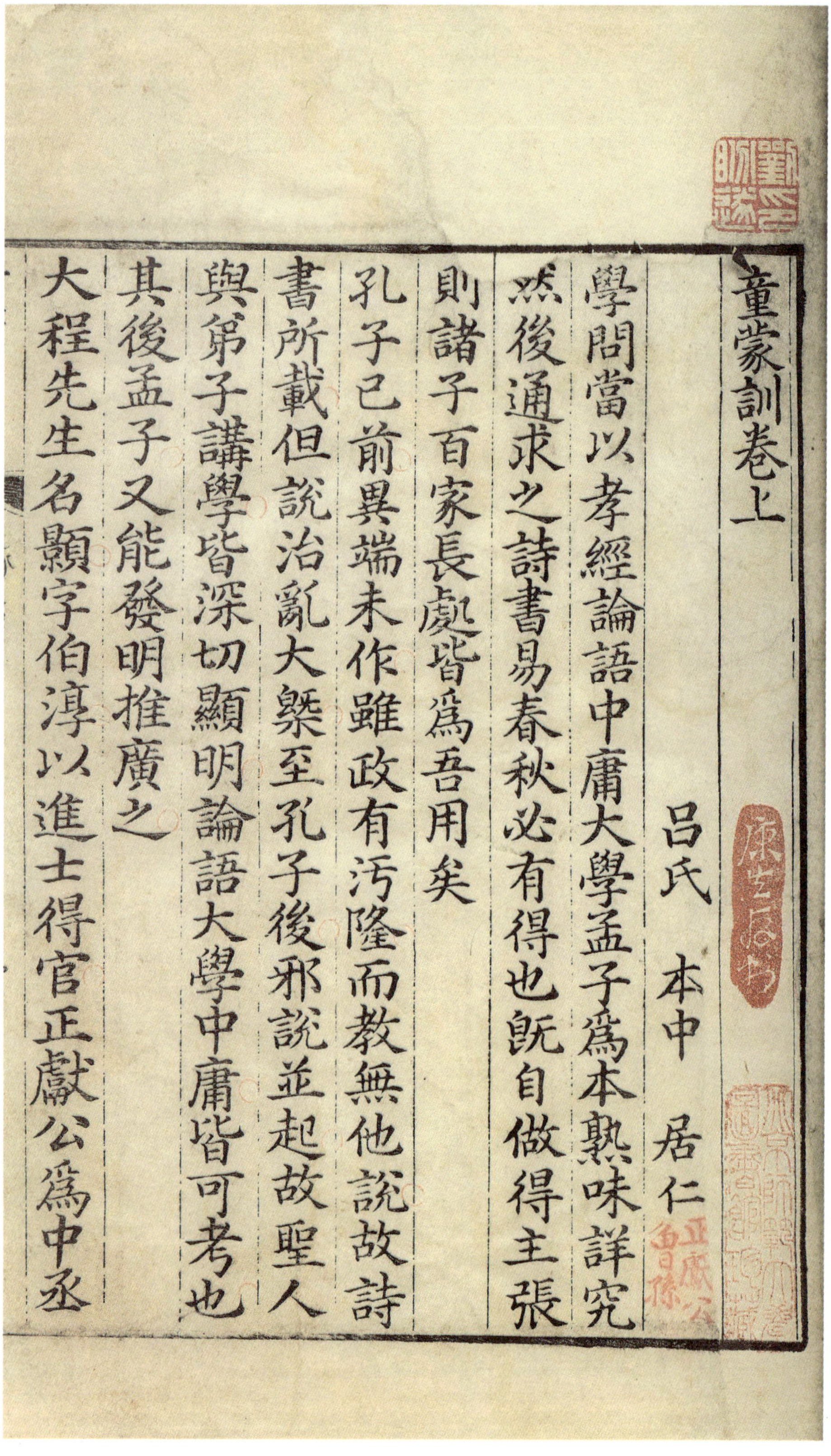

童蒙訓卷上
呂氏　本中　居仁
學問當以孝經論語中庸大學孟子爲本熟味詳究
然後通求之詩書易春秋必有得也既自做得主張
則諸子百家長處皆爲吾用矣
孔子已前異端未作雖政有汚隆而教無他說故詩
書所載但說治亂大槩至孔子後邪說並起故聖人
與弟子講學皆深切顯明論語大學中庸皆可考也
其後孟子又能發明推廣之
大程先生名顥字伯淳以進士得官正獻公爲中丞

**08255 童蒙訓三卷** （宋）吕本中撰　明刻本

匡高22.5厘米，廣16.8厘米。半葉十行，行二十字，白口，左右雙邊。有“劉印盼遂”等印。北京師範大學圖書館藏。

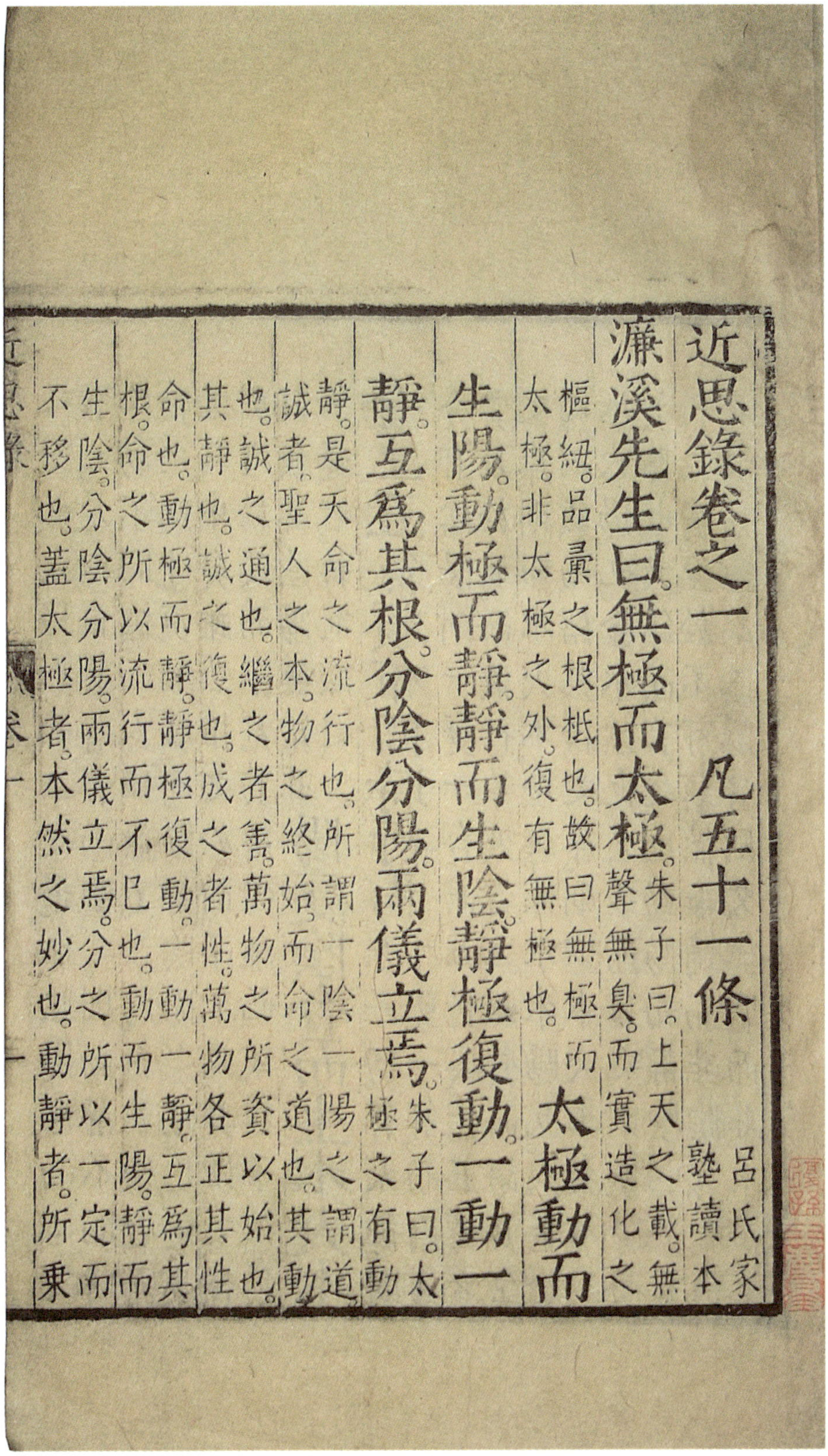

近思錄卷之一　凡五十一條　呂氏家塾讀本

濂溪先生曰。無極而太極。朱子曰。上天之載。無聲無臭。而實造化之樞紐。品彙之根柢也。故曰無極而太極。非太極之外。復有無極也。太極動而生陽。動極而靜。靜而生陰。靜極復動。一動一靜。互爲其根。分陰分陽。兩儀立焉。朱子曰。太極之有動靜。是天命之流行也。所謂一陰一陽之謂道。誠者。聖人之本。物之終始。而命之道也。其動也。誠之通也。繼之者善。萬物之所資以始也。其靜也。誠之復也。成之者性。萬物各正其性命也。動極而靜。靜極復動。一動一靜。互爲其根。命之所以流行而不已也。動而生陽。靜而生陰。分陰分陽。兩儀立焉。分之所以一定而不移也。蓋太極者。本然之妙也。動靜者。所乘

**08256 近思錄十四卷**　（宋）朱熹　呂祖謙撰　明刻本

匡高17.2厘米，廣13.7厘米。半葉九行，行十八字，小字雙行同，白口，左右雙邊。沈叔埏跋。江蘇省吴江市圖書館藏。

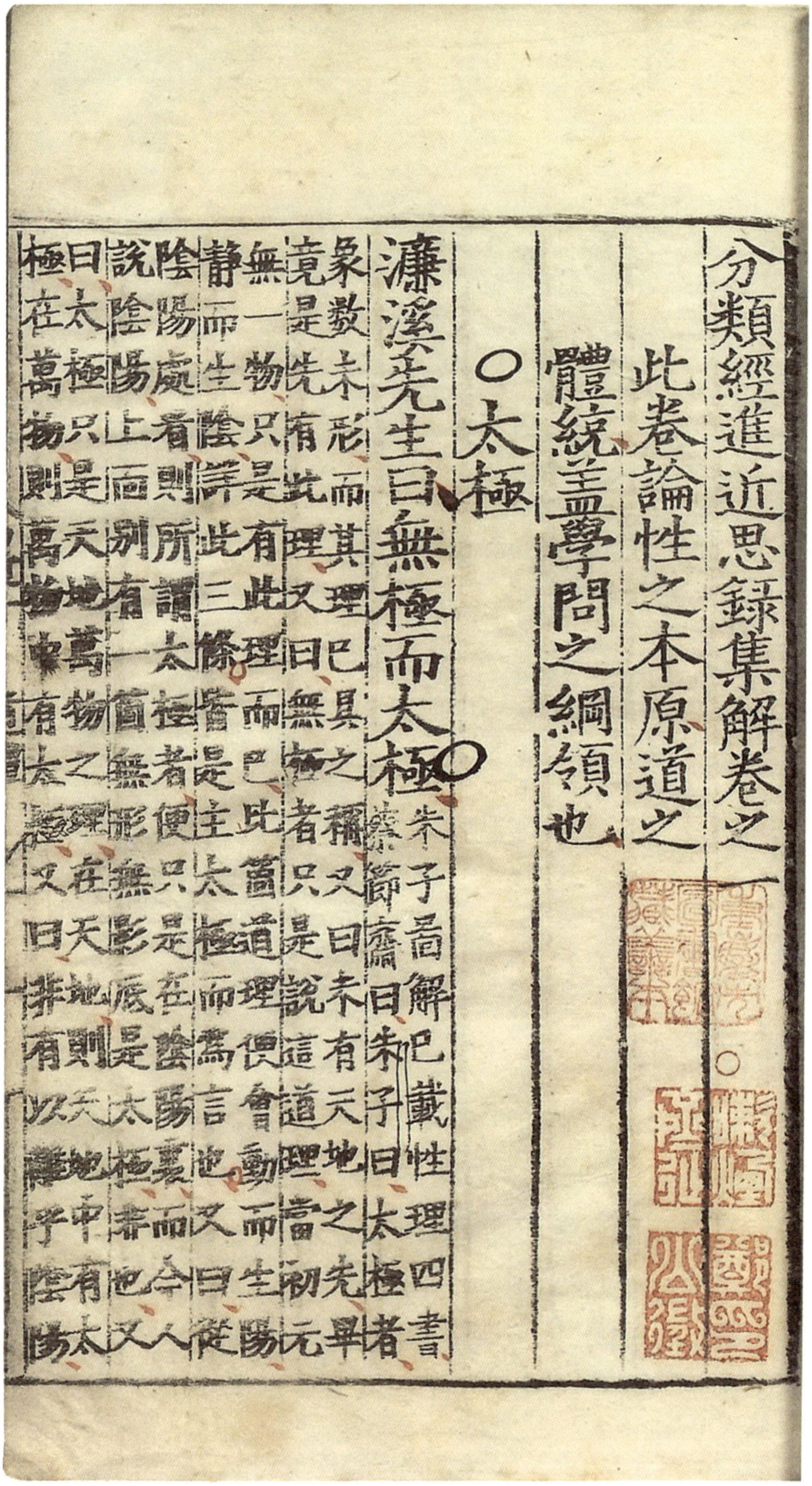
分類經進近思錄集解卷之一
此卷論性之本原道之
體統蓋學問之綱領也
○太極
濂溪先生曰無極而太極○朱子爲解已載性理四書蔡節齋曰朱子曰太極者
象數未形而其理已具之稱又曰未有天地之先畢
竟是先有此理又曰無極者只是說這道理當初元
無一物只是有此理而已此箇道理便會動而生陽
靜而生陰詳此三條皆是主太極而爲言也又曰從
陰陽處看則所謂太極者便只是在陰陽裏面而今人
說陰陽上面別有一箇無形無影底是太極者也又
曰太極只是天地萬物之理在天地則天地中有太
極在萬物則萬物中各有太極又曰非有以[illegible]乎陰陽

**08257-08259 分類經進近思錄集解十四卷** （宋）葉采撰　明嘉靖十七年（1538）劉仕賢刻本

匡高17.2厘米，廣13.7厘米。半葉九行，行二十字，小字雙行同，黑口，四周單邊。天津圖書館、大連圖書館、重慶圖書館藏。

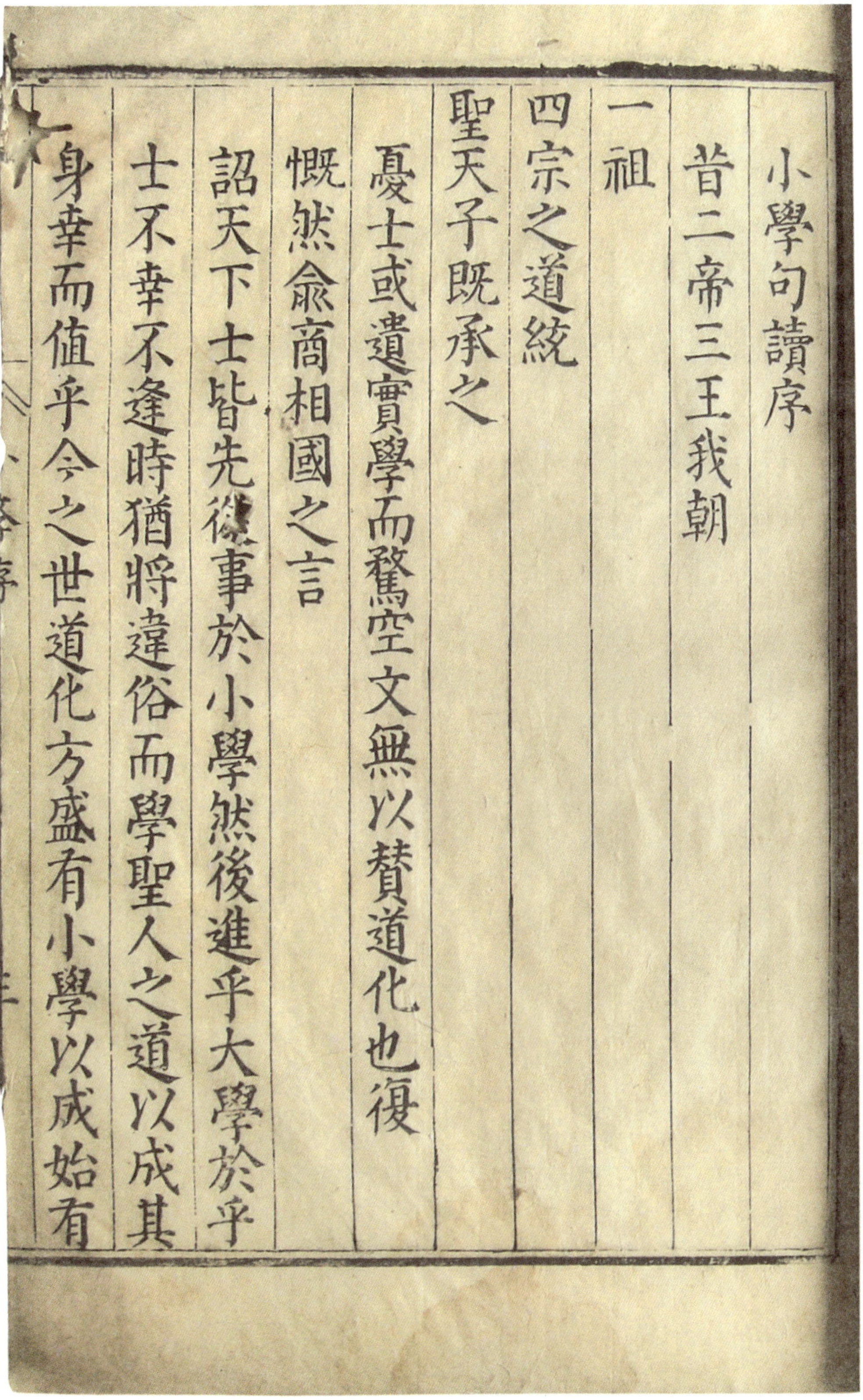
小學句讀序
昔二帝三王我朝
一祖
四宗之道統
聖天子既承之
憂士或遺實學而騖空文無以賛道化也復
慨然僉商相國之言
詔天下士皆先從事於小學然後進乎大學於乎
士不幸不逢時猶將違俗而學聖人之道以成其
身幸而值乎今之世道化方盛有小學以成始有

**08260 小學句讀十卷** （宋）朱熹撰 （明）吴訥集解 （明）陳選增注 （明）王雲鳳輯 明刻本

匡高20.8厘米，廣14厘米。半葉十行，行二十字，小字雙行同，白口，四周雙邊。中山大學圖書館藏。

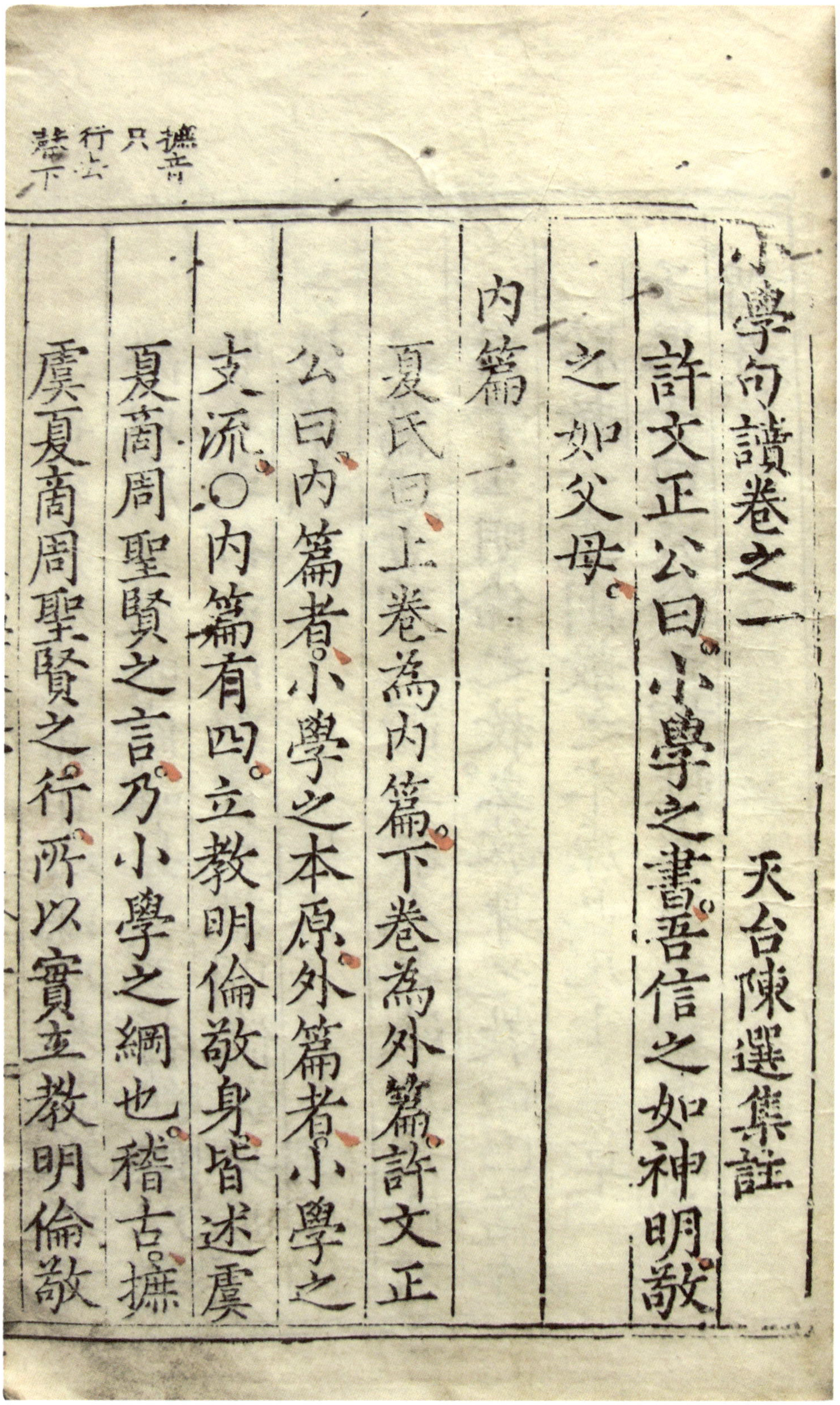

摭音只行去聲下

小學句讀卷之一　　天台陳選集註

許文正公曰小學之書吾信之如神明敬之如父母

内篇

夏氏曰上卷為内篇下卷為外篇許文正公曰内篇者小學之本原外篇者小學之支流○内篇有四立教明倫敬身皆述虞夏商周聖賢之言乃小學之綱也稽古摭虞夏商周聖賢之行所以實立教明倫敬

**08261 小學句讀六卷** （宋）朱熹撰　（明）陳選集注　明弘治十八年（1505）王鏌刻本

匡高20.9厘米，廣14.8厘米。半葉九行，行十八字，白口，上下雙邊。中國人民大學圖書館藏。

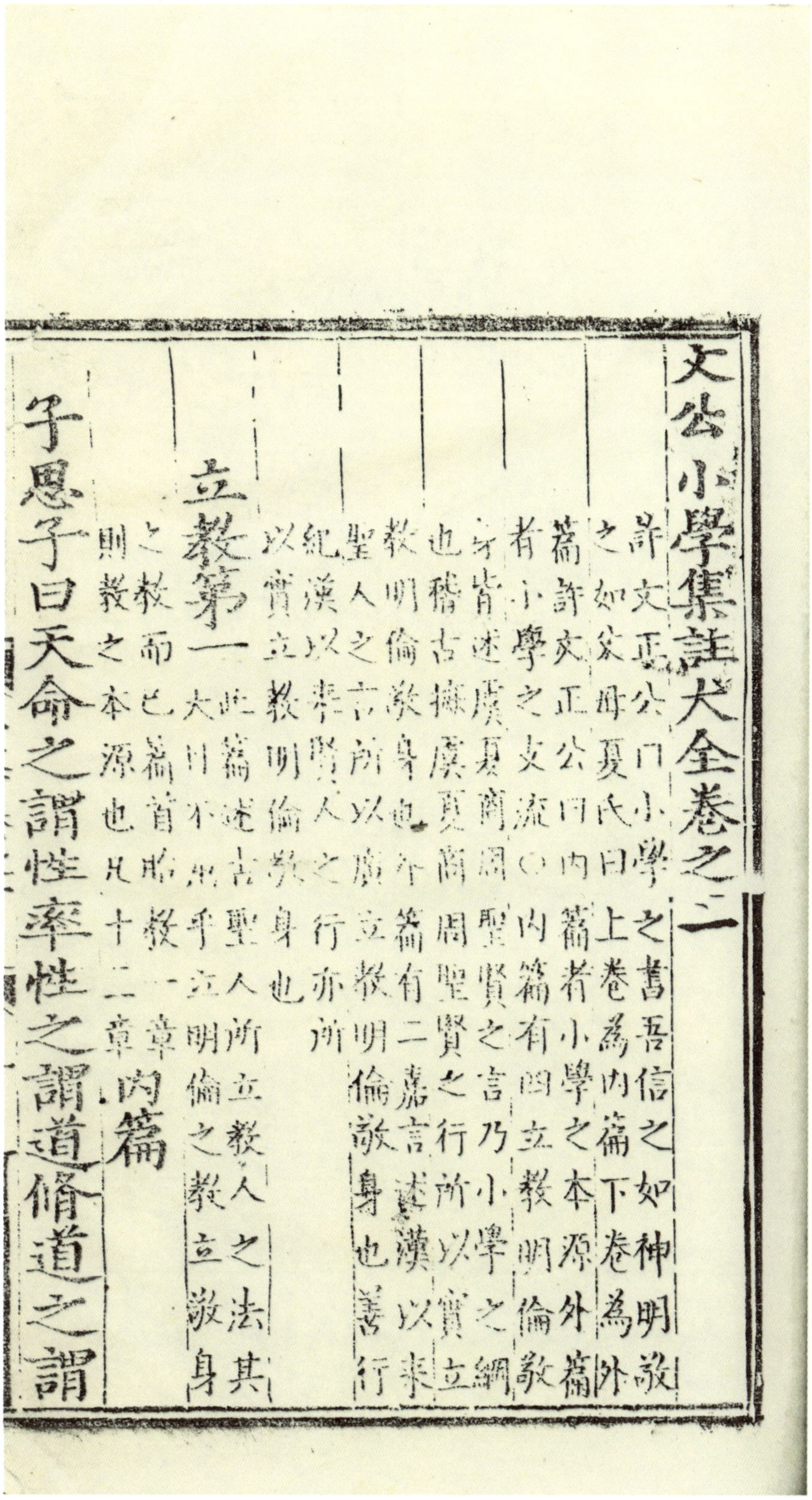
文公小學集註大全卷之二
許文正公曰小學之書吾信之如神明敬之如父母夏氏曰上卷爲內篇下卷爲外篇許文正公曰內篇者小學之本源外篇者小學之支流○內篇有四立教明倫敬身皆述虞夏商周聖賢之言乃小學之綱也稽古摭虞夏商周聖賢之行所以實立教明倫敬身也外篇有二嘉言述漢以來聖人之言所以廣立教明倫敬身也善行紀漢以來賢人之行亦所以實立教明倫敬身也
立教第一此篇述古聖人所立教人之法其大目不出乎立明倫之教立敬身之教而已篇首胎教一章則教之本源也凡十二章內篇
子思子曰天命之謂性率性之謂道脩道之謂

**08262 文公小學集註大全六卷** （明）陳選撰　明刻本

匡高20.5厘米，廣14.3厘米。半葉九行，行十九字，小字雙行同，黑口，四周雙邊。北京師範大學圖書館藏。

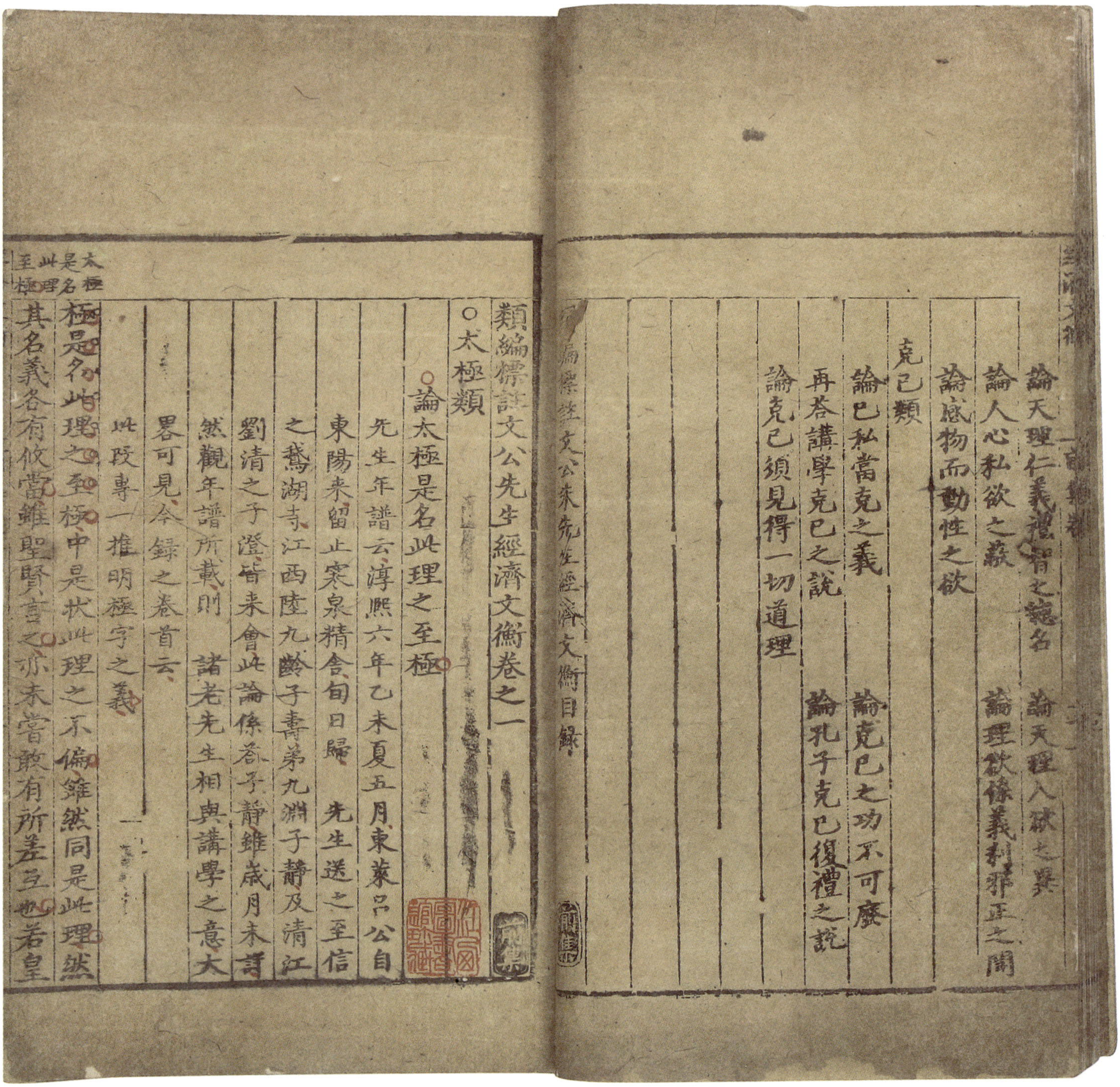

**08263、08264 類編標註文公先生經濟文衡前集二十五卷後集二十五卷續集二十二卷** （宋）滕珙輯　明正德四年（1509）趙俊刻本

匡高19.9厘米，廣14.6厘米。半葉十二行，行二十三字，小字雙行同，白口，四周單邊。東北師範大學圖書館、江西省圖書館藏。

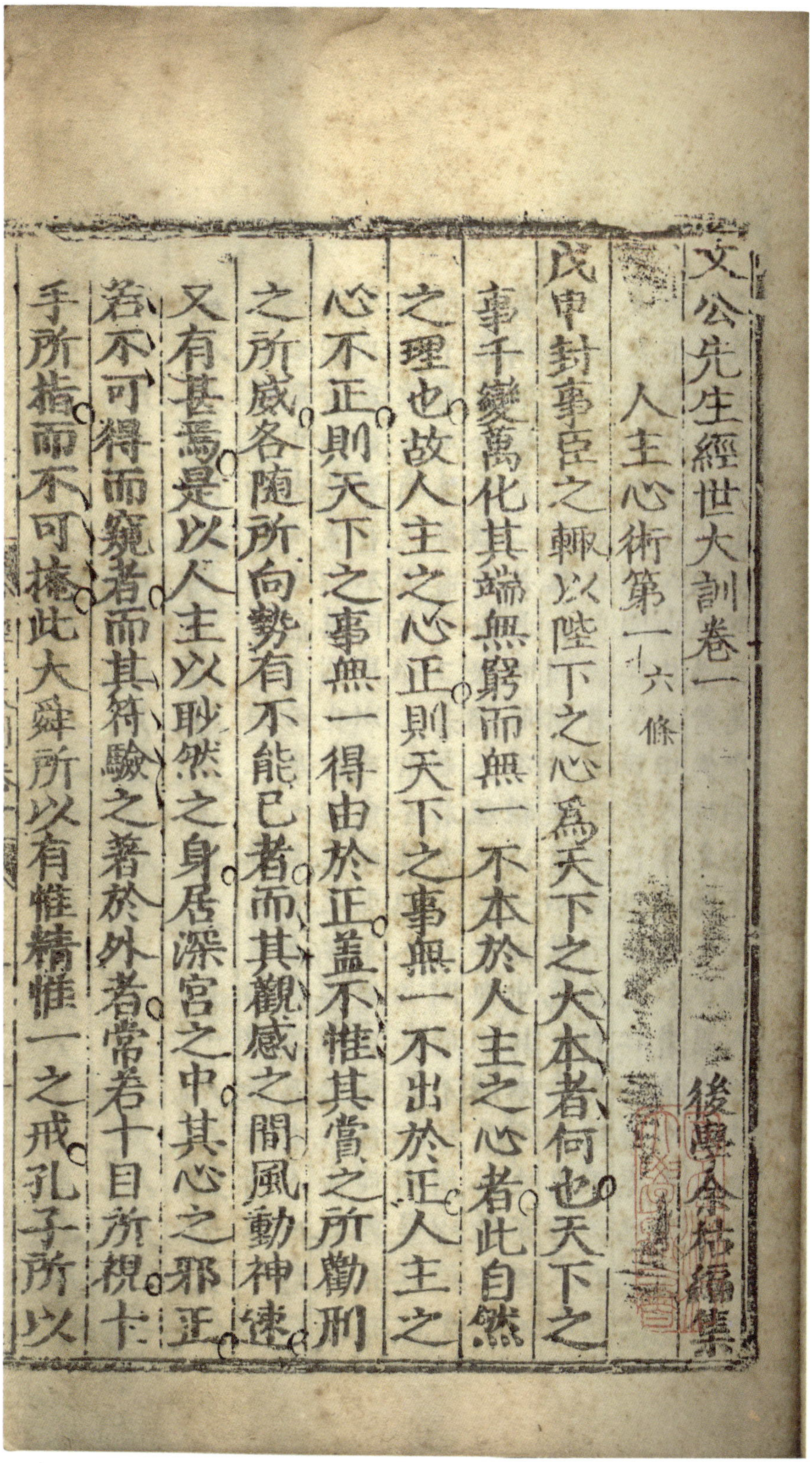
文公先生經世大訓卷一
人主心術第一十六條　　後學余祐編集
戊申封事臣之輒以陛下之心爲天下之大本者何也天下之
事千變萬化其端無窮而無一不本於人主之心者此自然
之理也故人主之心正則天下之事無一不出於正人主之
心不正則天下之事無一得由於正蓋不惟其賞之所勸刑
之所威各隨所向勢有不能已者而其觀感之間風動神速
又有甚焉是以人主以眇然之身居深宮之中其心之邪正
若不可得而窺者而其符驗之著於外者常若十目所視十
手所指而不可揜此大舜所以有惟精惟一之戒孔子所以

**08265 文公先生經世大訓十六卷** （明）余祐輯　明嘉靖元年（1522）河南按察司刻本

匡高21厘米，廣12.5厘米。半葉十行，行二十四字，小字雙行同，白口，四周雙邊。有“嘉靖元年河南按察司刊”牌記。浙江大學圖書館藏。

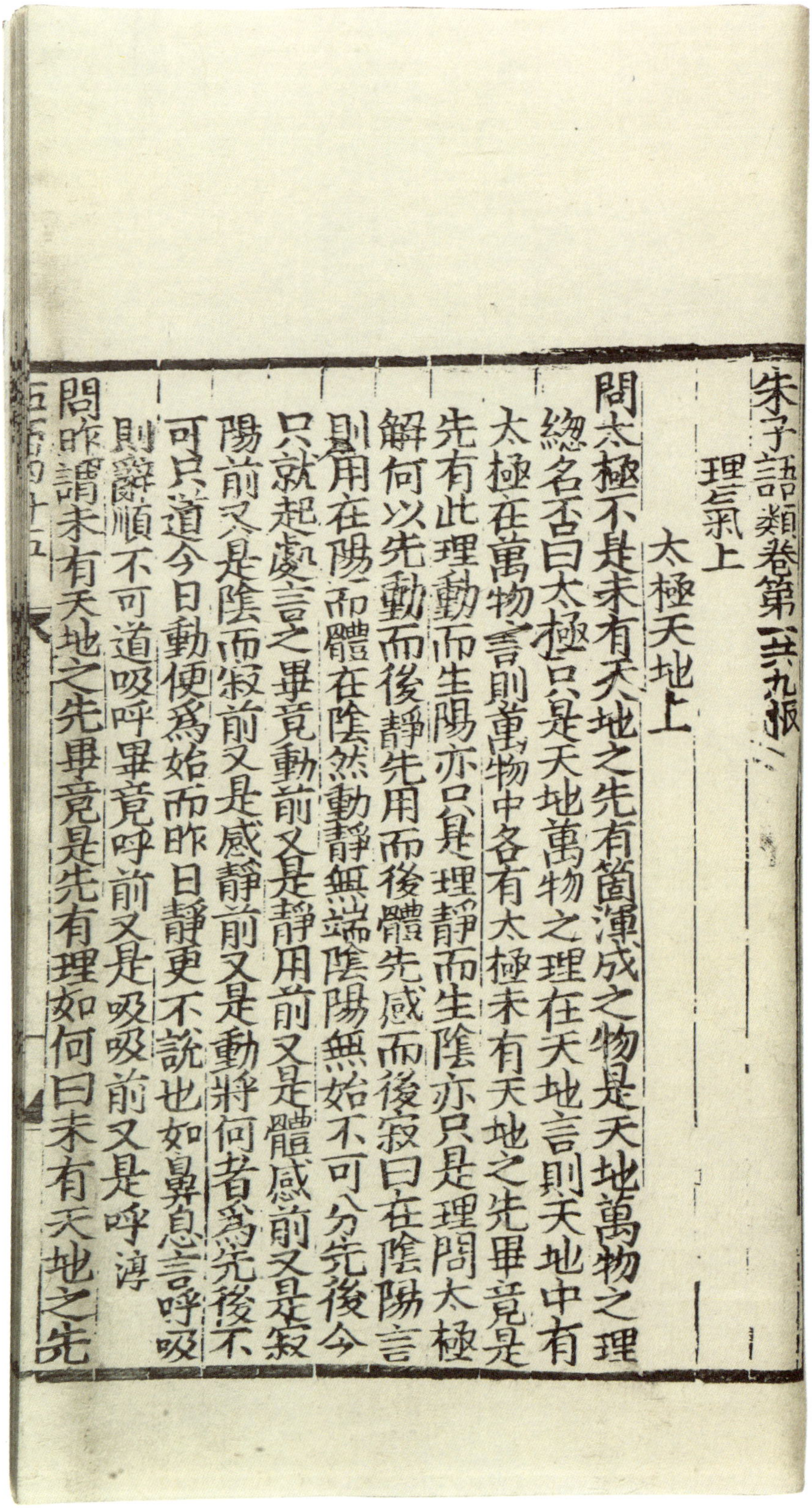
朱子語類卷第一　共九張
理氣上
太極天地上
問太極不是未有天地之先有箇渾成之物是天地萬物之理總名否曰太極只是天地萬物之理在天地言則天地中有太極在萬物言則萬物中各有太極未有天地之先畢竟是先有此理動而生陽亦只是理靜而生陰亦只是理問太極解何以先動而後靜先用而後體先感而後寂曰在陰陽言則用在陽而體在陰然動靜無端陰陽無始不可分先後今只就起處言之畢竟動前又是靜用前又是體感前又是寂陽前又是陰而寂前又是感靜前又是動將何者為先後不可只道今日動便為始而昨日靜更不說也如鼻息言呼吸則辭順不可道吸呼畢竟呼前又是吸吸前又是呼淳
問昨謂未有天地之先畢竟是先有理如何曰未有天地之先

**08266、08267　朱子語類一百四十卷**　（宋）黎靖德輯　明成化九年（1473）陳煒刻本

匡高20.1厘米，廣15.8厘米。半葉十四行，行二十四字，小字雙行同，白口，左右雙邊。國家圖書館、天津圖書館藏。

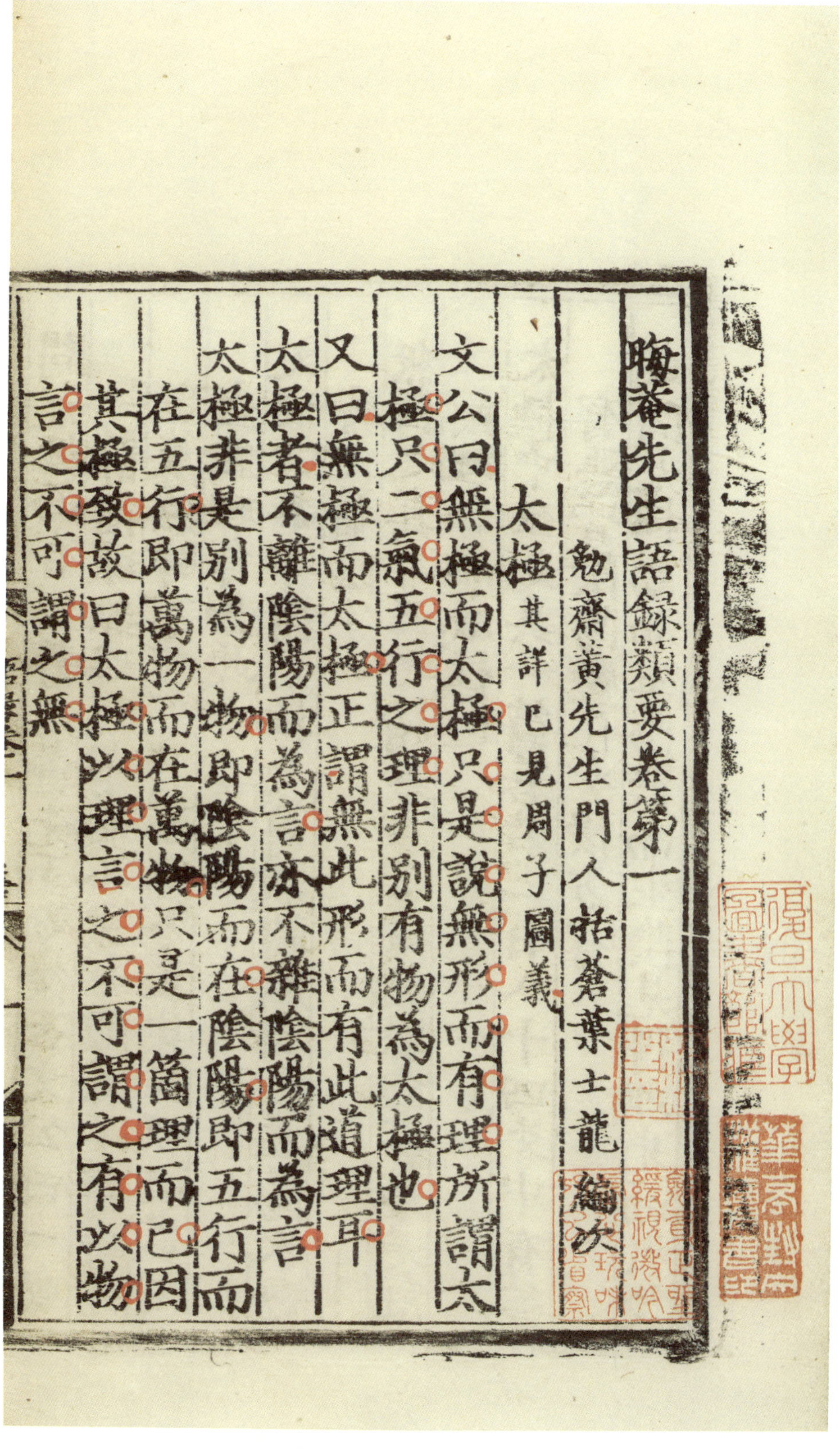

晦菴先生語録類要卷第一
勉齋黄先生門人括蒼葉士龍編次
太極 其詳已見周子圖義
文公曰無極而太極只是說無形而有理所謂太
極只二氣五行之理非别有物為太極也
又曰無極而太極正謂無此形而有此道理耳
太極者不離陰陽而為言亦不雜陰陽而為言
太極非是别為一物即陰陽而在陰陽即五行而
在五行即萬物而在萬物只是一箇理而已因
其極致故曰太極以理言之不可謂之有以物
言之不可謂之無

**08268 晦菴先生語録類要十八卷**（宋）葉士龍輯　明成化六年（1470）韓儼刻本

匡高18.4厘米，廣11.7厘米。半葉十一行，行二十字，黑口，四周雙邊。復旦大學圖書館藏。

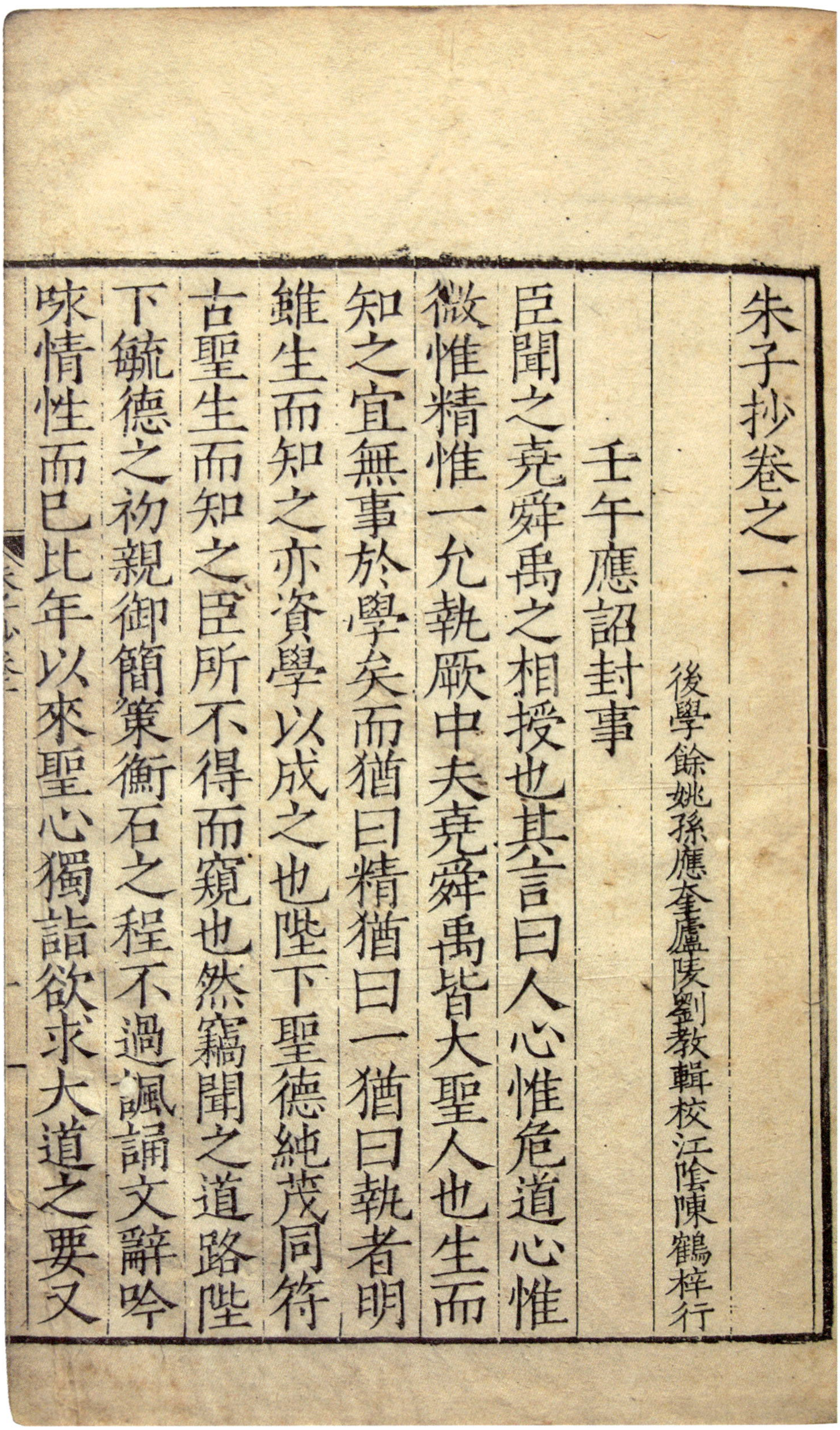
朱子抄卷之一
後學餘姚孫應奎廬陵劉教輯校江陰陳鶴梓行
壬午應詔封事
臣聞之堯舜禹之相授也其言曰人心惟危道心惟
微惟精惟一允執厥中夫堯舜禹皆大聖人也生而
知之宜無事於學矣而猶曰精猶曰一猶曰執者明
雖生而知之亦資學以成之也陛下聖德純茂同符
古聖生而知之臣所不得而窺也然竊聞之道路陛
下毓德之初親御簡策衡石之程不過諷誦文辭吟
咏情性而已比年以來聖心獨詣欲求大道之要又

**08269 朱子抄十卷** （明）孫應奎　劉教輯　明嘉靖十八年（1539）陳鶴刻本

匡高18.7厘米，廣14.2厘米。半葉十行，行二十字，白口，左右雙邊。天津師範大學圖書館藏。

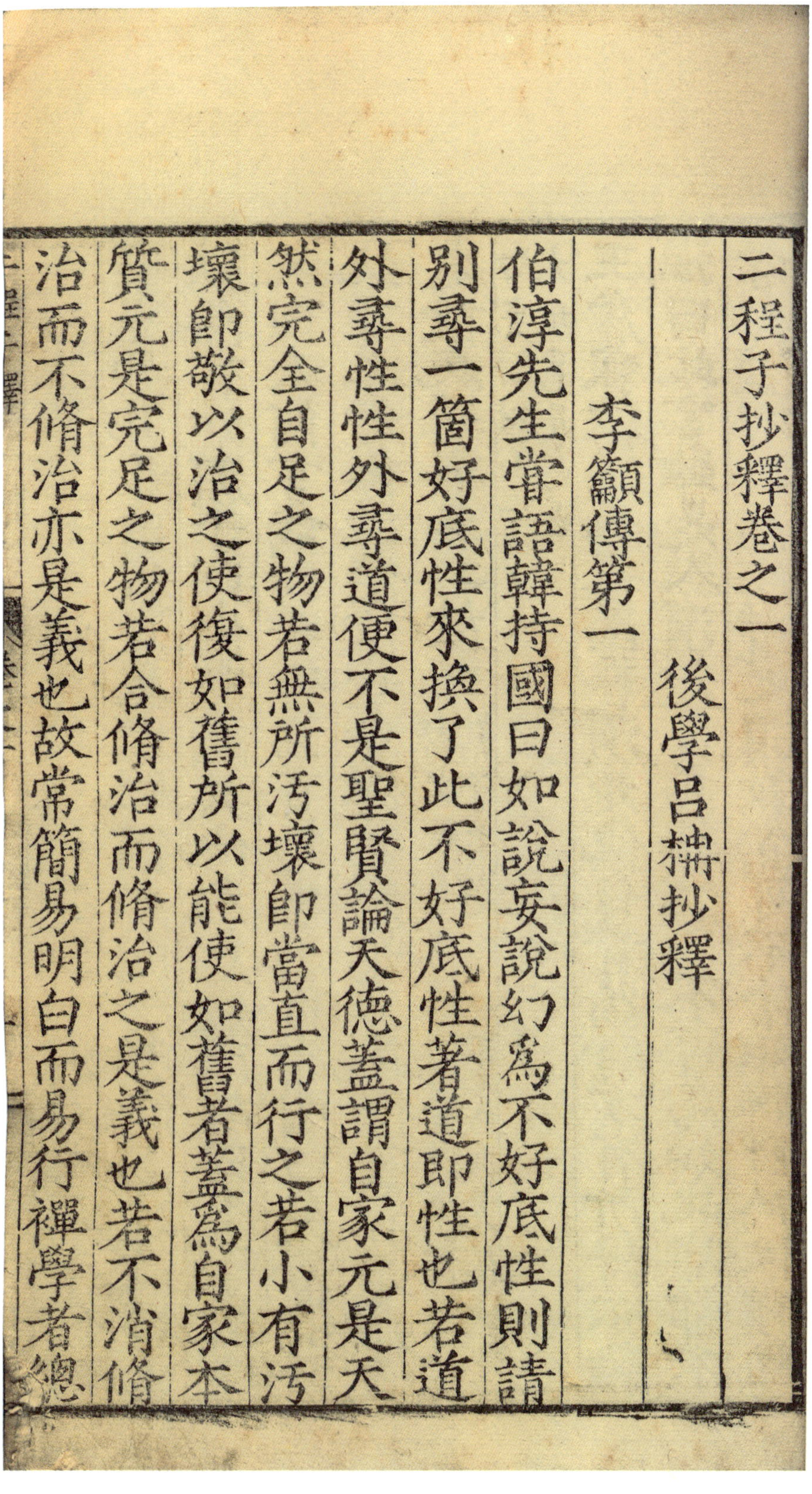
二程子抄釋卷之一
後學呂柟抄釋
李籲傳第一
伯淳先生嘗語韓持國曰如說妄說幻爲不好底性則請
別尋一箇好底性來換了此不好底性著道即性也若道
外尋性性外尋道便不是聖賢論天德蓋謂自家元是天
然完全自足之物若無所汙壞卽當直而行之若小有汙
壞卽敬以治之使復如舊所以能使如舊者蓋爲自家本
質元是完足之物若合脩治而脩治之是義也若不消脩
治而不脩治亦是義也故常簡易明白而易行禪學者總

**08270 宋四子抄釋二十一卷** （明）呂柟撰　明嘉靖十六年（1537）汪克儉等刻本

匡高21.3厘米，廣14.9厘米。半葉十行，行二十二字，小字雙行同，白口，四周單邊。萍鄉市圖書館藏，存十八卷。

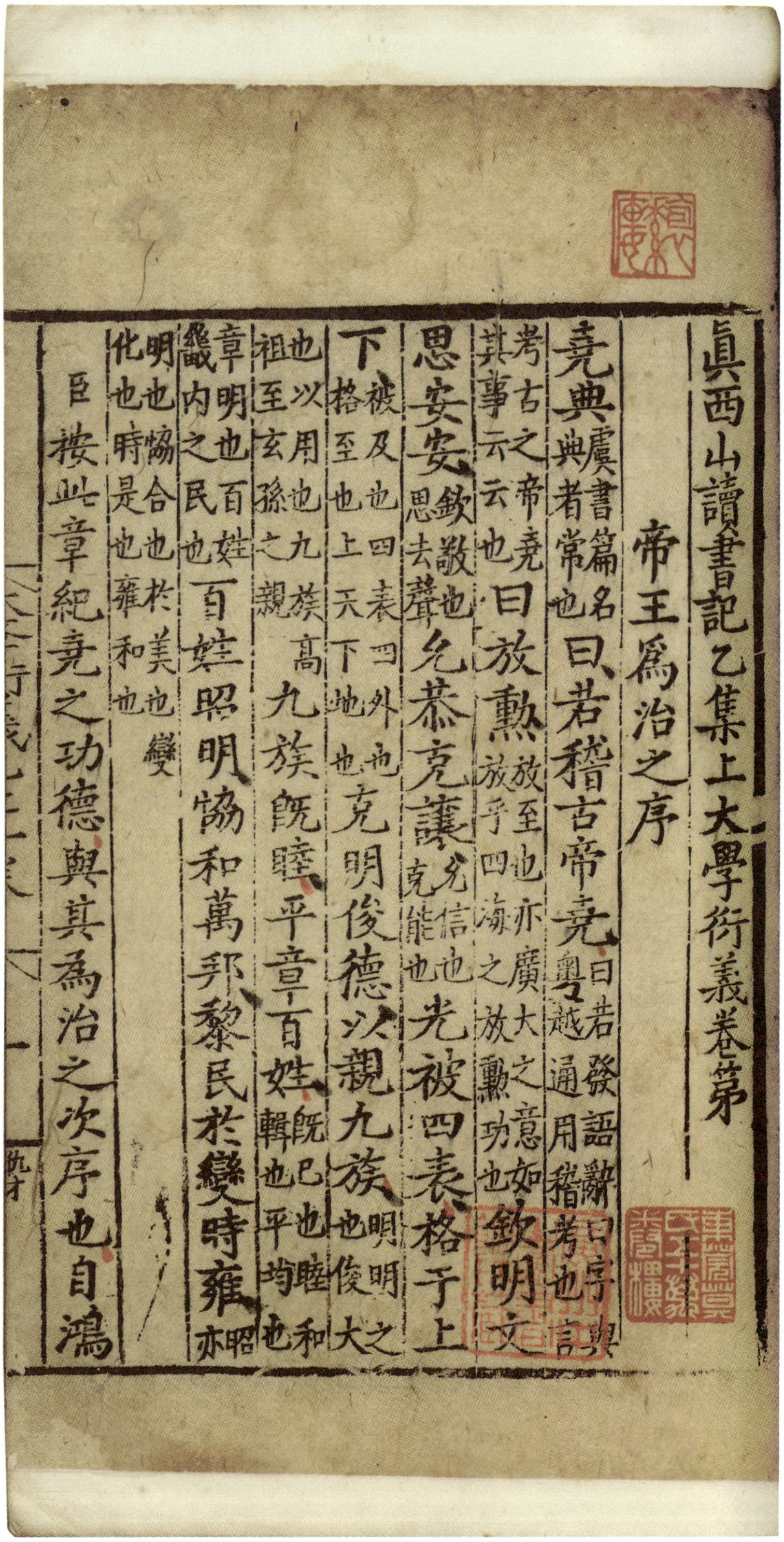

眞西山讀書記乙集上大學衍義卷第一

帝王爲治之序

堯典虞書篇名典者常也曰若稽古帝堯曰若發語辭曰粵越通用稽考也言考古之帝堯其事云云也曰放勳放至也亦廣大之意如放乎四海之放勳功也欽明文思安安欽敬也思去聲允恭克讓允信也克能也光被四表格于上下被及也四表四外也格至也上天下地也克明俊德以親九族明明之也俊大也以用也九族高祖至玄孫之親九族既睦平章百姓既已也睦和也平均也章明也百姓畿內之民也百姓昭明協和萬邦黎民於變時雍昭亦明也協合也於美也變化也時是也雍和也

臣按此章紀堯之功德與其爲治之次序也自鴻

**08271、08272 真西山讀書記乙集上大學衍義四十三卷** （宋）真德秀撰　明刻本

匡高21.3厘米，廣14.9厘米。半葉九至十行，行十七至二十字，白口，四周單邊。廣東省立中山圖書館藏，有“東莞莫氏五十萬卷樓”、“抱素樓”等印；山東省博物館藏。

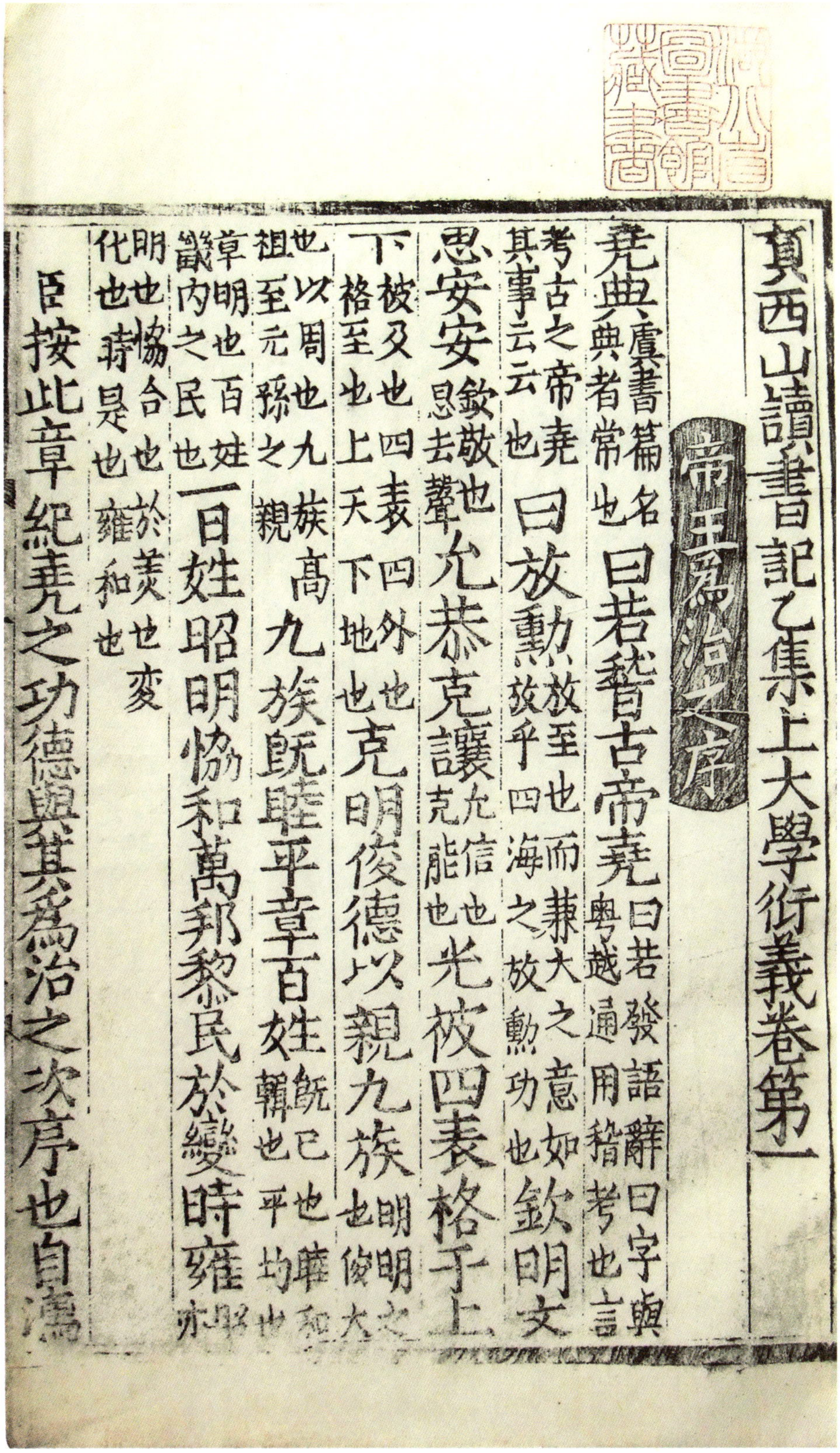
真西山讀書記乙集上大學衍義卷第一
帝王爲治之序
堯典虞書篇名曰若稽古帝堯曰若發語辭曰字與粵越通用稽考也言
考古之帝堯其事云云也曰放勳放至也而兼大之意如放乎四海之放勳功也欽明文
思安安欽敬也思去聲允恭克讓允信也克能也光被四表格于上
下被及也四表四外也格至也上天下地也克明俊德以親九族明明之也俊大
也以周也九族高祖至元孫之親九族既睦平章百姓既已也睦和[illegible]也平均也
草明也百姓畿內之民也百姓昭明協和萬邦黎民於變時雍昭亦
明也協合也於美也變化也時是也雍和也
臣按此章紀堯之功德與其爲治之次序也自濂

**08273 真西山讀書記乙集上大學衍義四十三卷** （宋）真德秀撰　明刻本

匡高23.4厘米，廣17.1厘米。半葉十行，行二十字，黑口，四周雙邊。湖北省圖書館藏。

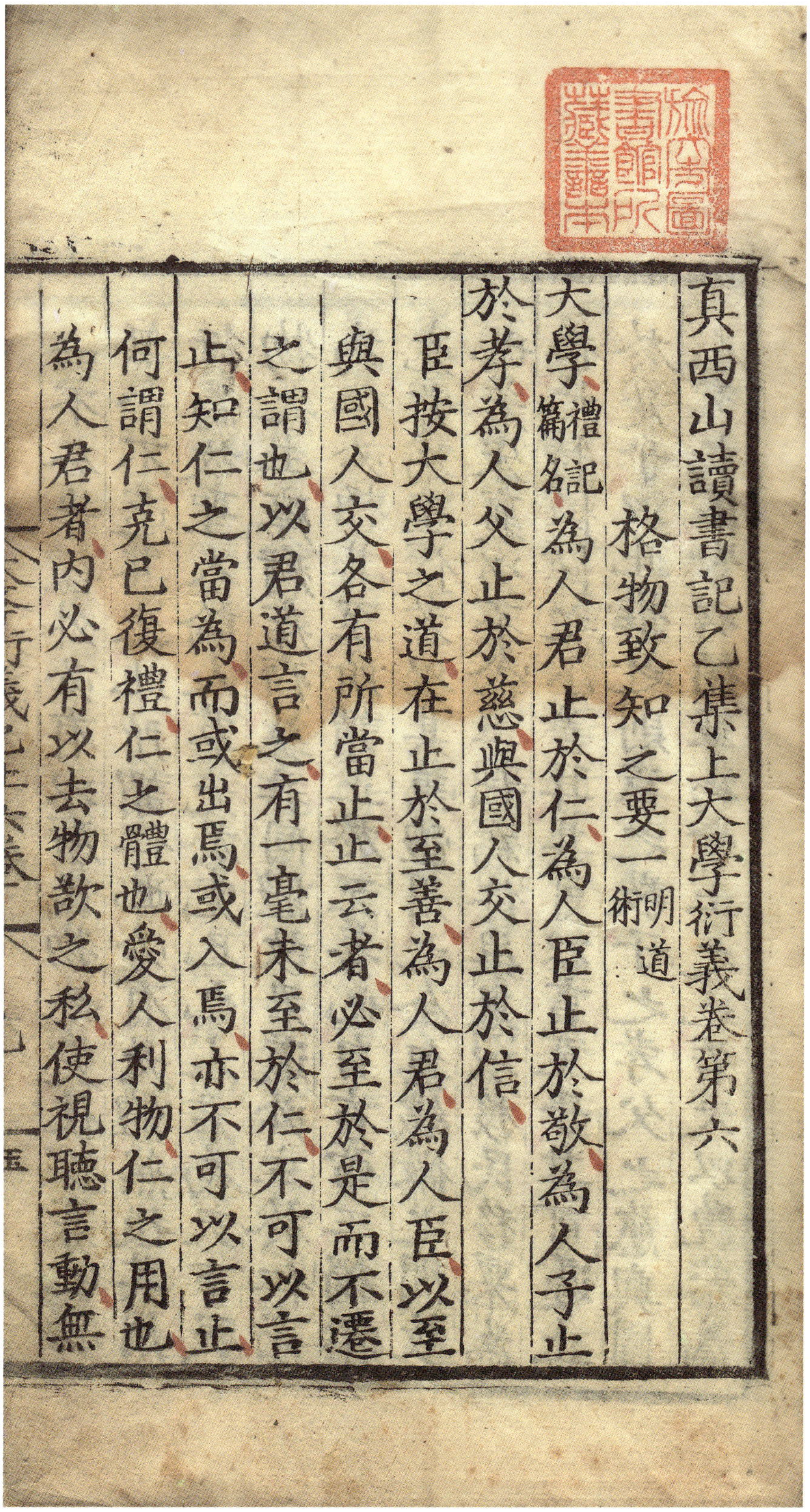
真西山讀書記乙集上大學衍義卷第六
格物致知之要一明道術
大學禮記篇名為人君止於仁為人臣止於敬為人子止
於孝為人父止於慈與國人交止於信
臣按大學之道在止於至善為人君為人臣以至
與國人交各有所當止止云者必至於是而不遷
之謂也以君道言之有一毫未至於仁不可以言
止知仁之當為而或出焉或入焉亦不可以言止
何謂仁克己復禮仁之體也愛人利物仁之用也
為人君者內必有以去物欲之私使視聽言動無

**08274 真西山讀書記乙集上大學衍義四十三卷** （宋）真德秀撰　明刻公文紙印本

匡高21.5厘米，廣15.5厘米。半葉十行，行二十字，小字雙行同，白口，四周單邊。大連圖書館藏。

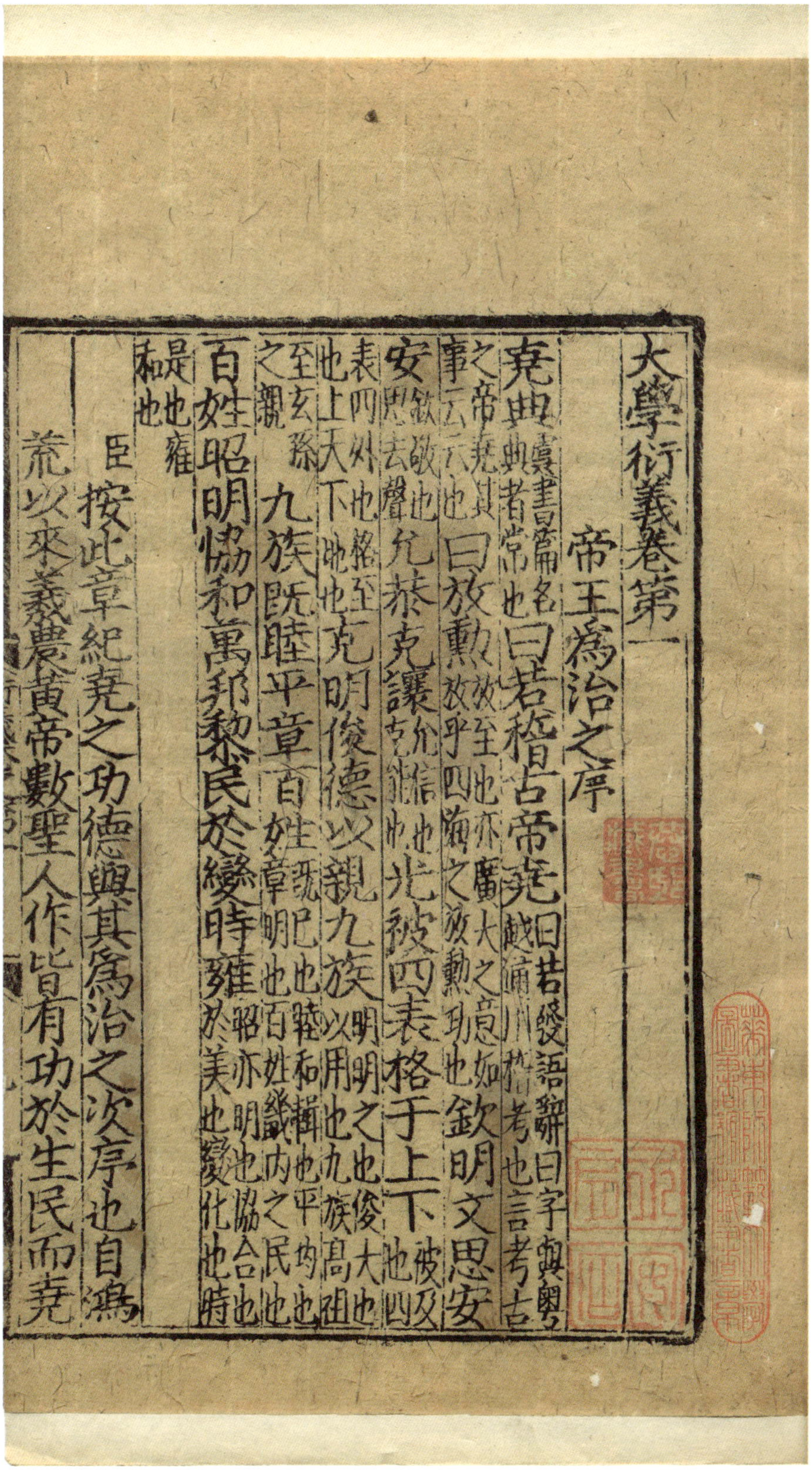
大學衍義卷第一
帝王爲治之序
堯典虞書篇名典者常也曰若稽古帝堯曰若發語辭曰字與粵越通用稽考也言考古之帝堯其事云云也曰放勳放至也亦廣大之意如放乎四海之放勳功也欽明文思安
安欽敬也思去聲允恭克讓允信也克能也光被四表格于上下被及也四
表四外也格至也上天下地也克明俊德以親九族明明之也俊大也以用也九族高祖
至玄孫之親九族既睦平章百姓旣已也睦和輯也平均也章明也百姓畿內之民也
百姓昭明協和萬邦黎民於變時雍昭亦明也協合也於美也變化也時
是也雍和也
臣按此章紀堯之功德與其爲治之次序也自鴻
荒以來羲農黃帝數聖人作皆有功於生民而堯

**08275 大學衍義四十三卷** （宋）真德秀撰　明初刻本

匡高16.5厘米，廣11.2厘米。半葉十一行，行二十一字，小字雙行同，黑口，四周雙邊。華東師範大學圖書館藏。

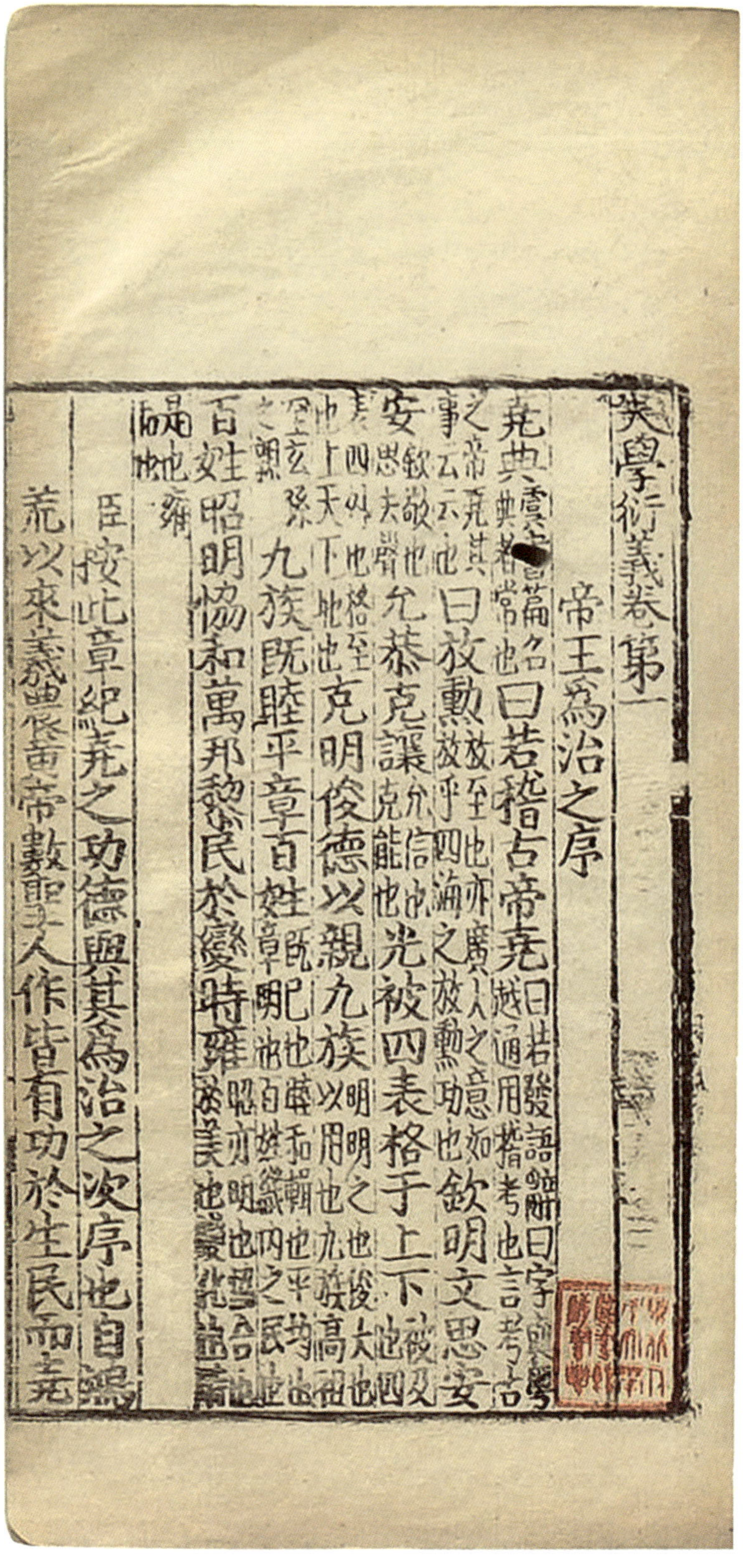
大學衍義卷第一

帝王爲治之序

堯典 曰若稽古帝堯 曰放勳 欽明文思安安 允恭克讓 光被四表 格于上下 克明俊德 以親九族 九族既睦 平章百姓 百姓昭明 協和萬邦 黎民於變時雍

臣按此章紀堯之功德與其爲治之次序也自鴻荒以來羲農黄帝數聖人作皆有功於生民而堯

**08276 大學衍義四十三卷** （宋）真德秀撰　明弘治十五年（1502）周津刻本

匡高17厘米，廣12.1厘米。半葉十一行，行二十一字，小字雙行字不等，黑口，左右雙邊。吉林大學圖書館藏。

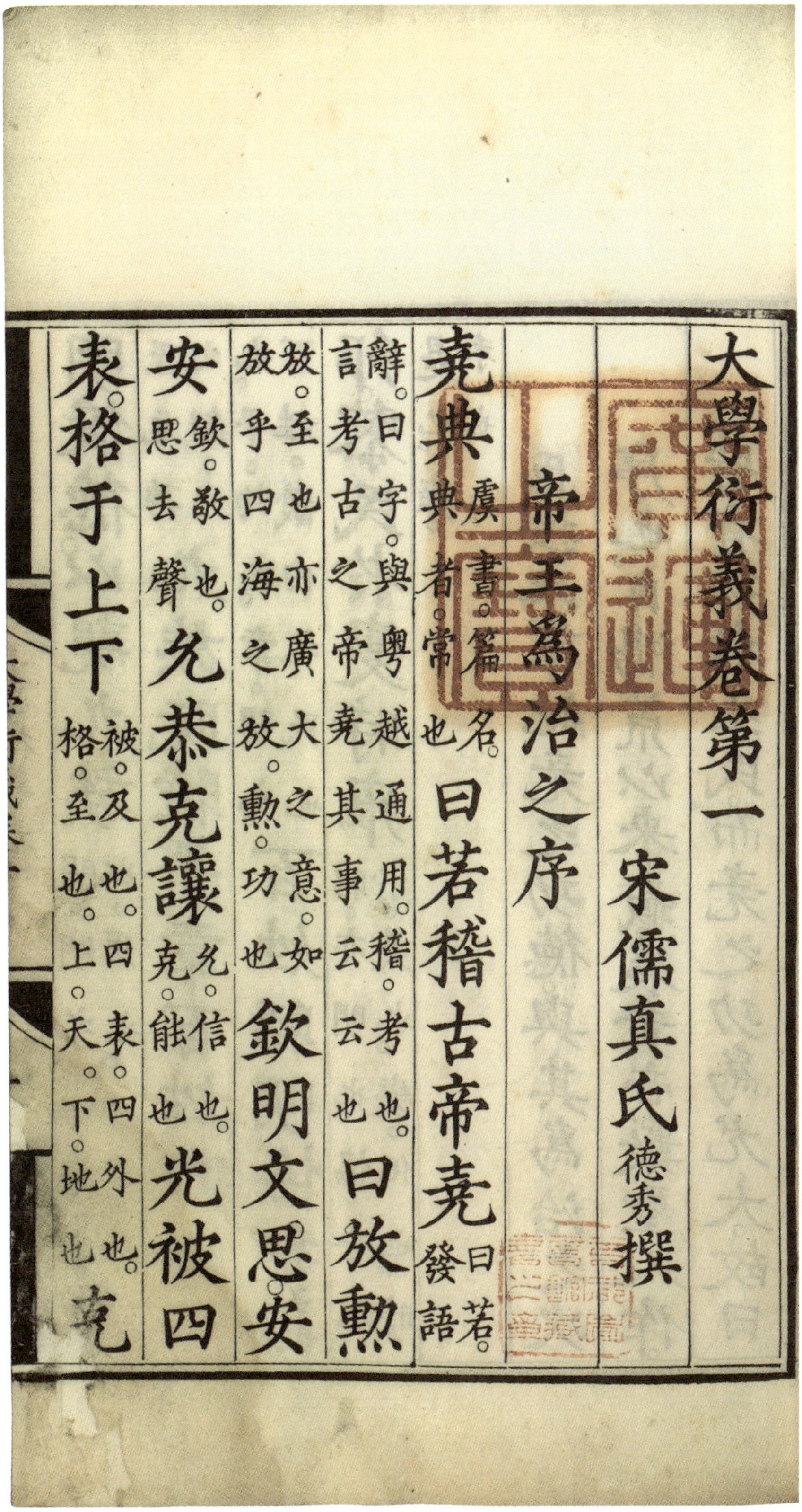

大學衍義卷第一

宋儒真氏德秀撰

帝王爲治之序

堯典虞書篇名。典者常也。曰若稽古帝堯曰若發語辭。曰字與粤越通用。稽考也。言考古之帝堯其事云云也。曰放勳放。至也。亦廣大之意。如放乎四海之放。勳。功也。欽明文思安安欽。敬也。思去聲。允恭克讓允。信也。克。能也。光被四表格于上下被。及也。四表。四外也。格。至也。上。天。下。地也。堯

**08277-08279 大學衍義四十三卷** （宋）真德秀撰　明嘉靖六年（1527）司禮監刻本

匡高22.9厘米，廣16.9厘米。半葉八行，行十四字，小字雙行同，黑口，四周雙邊。故宫博物院藏；首都圖書館、湖南圖書館藏，有“廣運之寶”、“欽文之璽”等印。

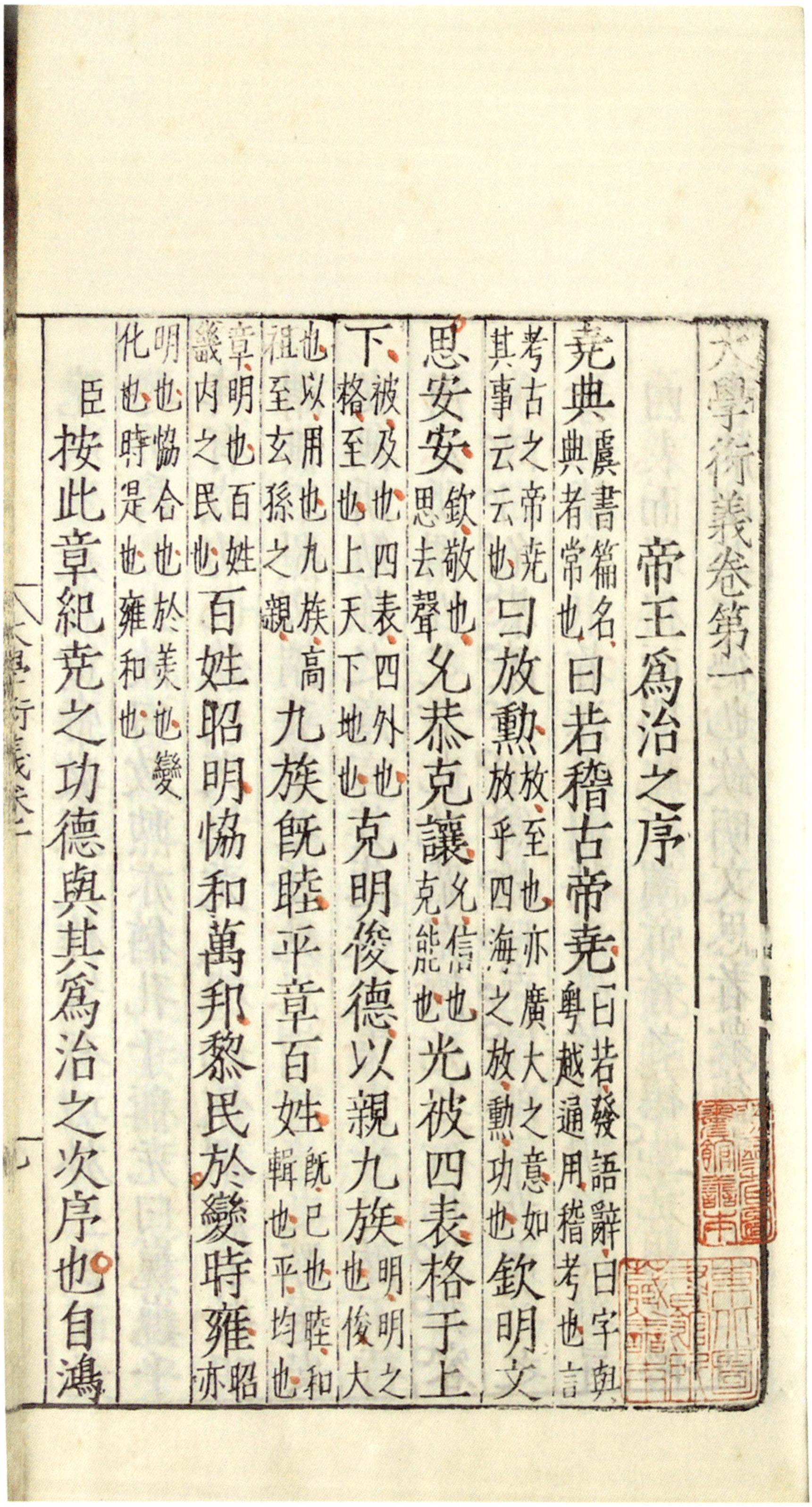
大學衍義卷第一
帝王爲治之序
堯典虞書篇名曰若稽古帝堯曰若發語辭曰字與粵越通用稽考也言考古之帝堯其事云云也曰放勳放至也亦廣大之意如放乎四海之放勳功也欽明文思安安欽敬也思去聲允恭克讓允信也克能也光被四表格于上下被及也四表四外也格至也上天下地也克明俊德以親九族明明之也俊大也以用也九族高祖至玄孫之親九族既睦平章百姓既已也睦和輯也平均也章明也百姓畿內之民也百姓昭明協和萬邦黎民於變時雍昭明也協合也於美也變化也時是也雍和也
臣按此章紀堯之功德與其爲治之次序也自鴻

**08280、08281 大學衍義四十三卷** （宋）真德秀撰　明嘉靖吉澄刻本

匡高20.1厘米，廣14.1厘米。半葉十行，行二十字，小字雙行同，白口，四周單邊。有“巡按福建監察御史吉澄校刊”牌記。山東師範大學圖書館、遼寧省圖書館藏。

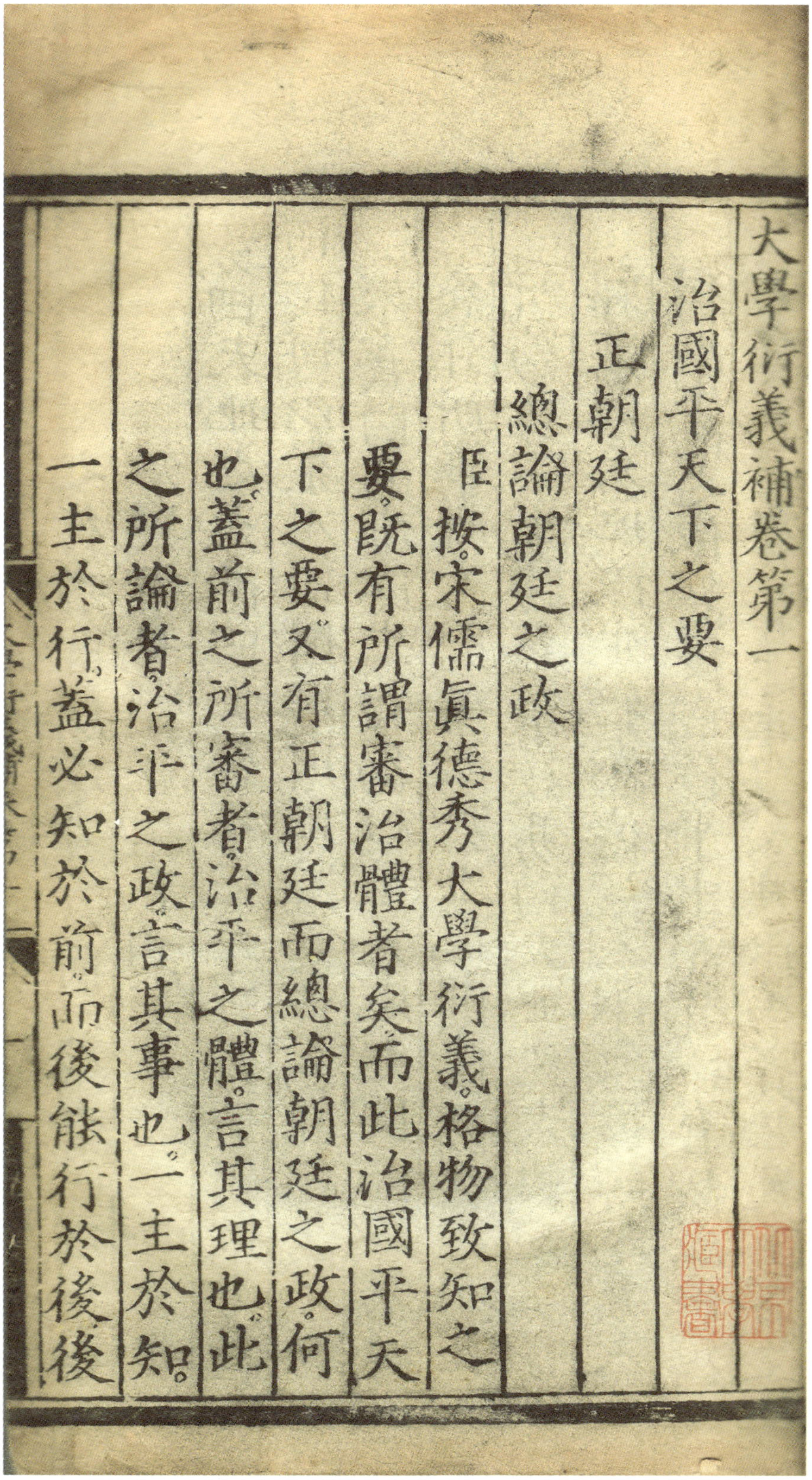
大學衍義補卷第一
治國平天下之要
正朝廷
總論朝廷之政
臣按宋儒眞德秀大學衍義格物致知之
要既有所謂審治體者矣而此治國平天
下之要又有正朝廷而總論朝廷之政何
也蓋前之所審者治平之體言其理也此
之所論者治平之政言其事也一主於知
一主於行蓋必知於前而後能行於後後

**08282 大學衍義補一百六十卷首一卷** （明）丘濬撰　明弘治元年（1488）建寧府刻本

匡高23厘米，廣15.3厘米。半葉十行，行二十字，黑口，四周雙邊。北京大學圖書館藏。

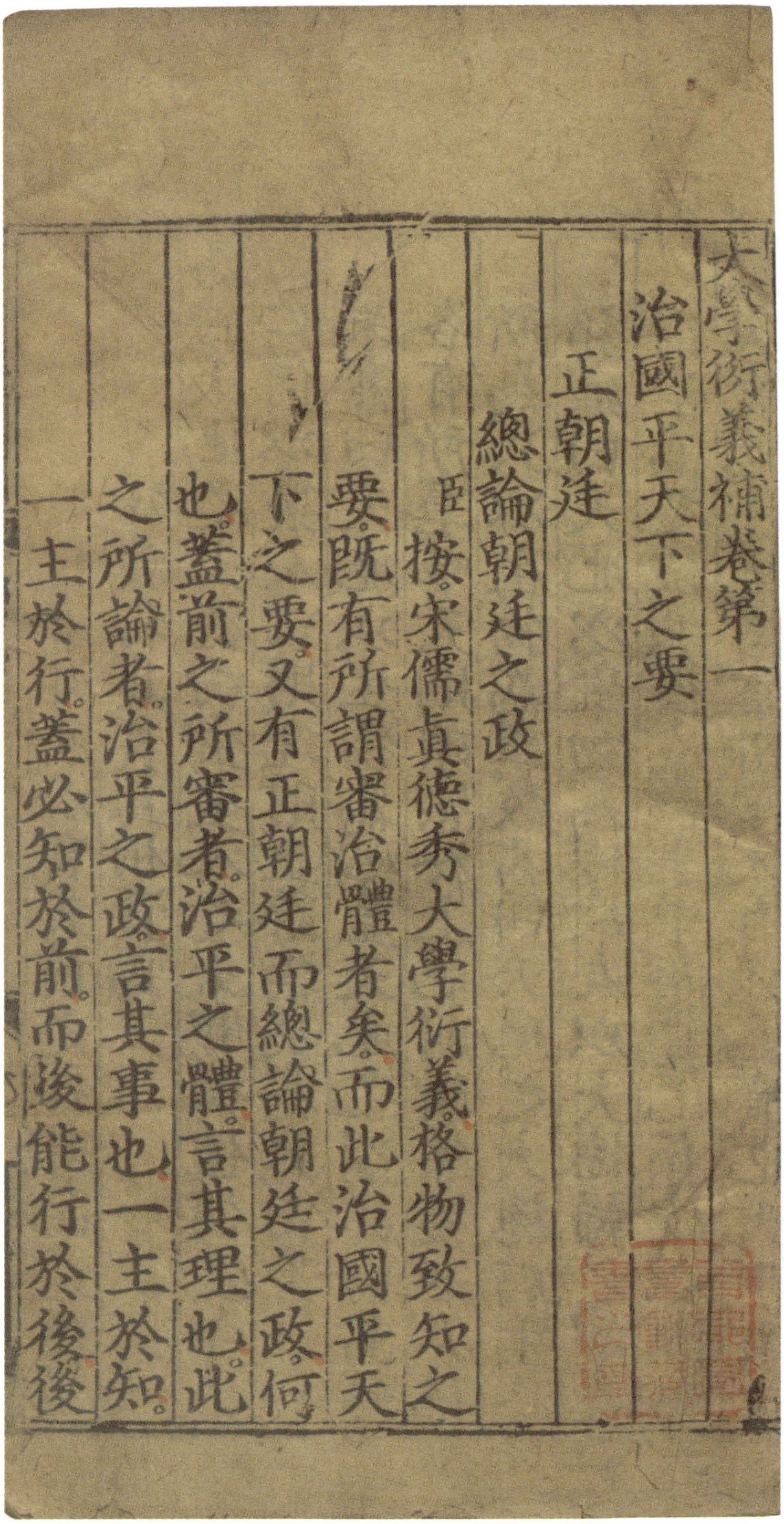
大學衍義補卷第一
治國平天下之要
正朝廷
總論朝廷之政
臣按宋儒真德秀大學衍義格物致知之
要既有所謂審治體者矣而此治國平天
下之要又有正朝廷而總論朝廷之政何
也蓋前之所審者治平之體言其理也此
之所論者治平之政言其事也一主於知
一主於行蓋必知於前而後能行於後後

**08283、08284 大學衍義補一百六十卷首一卷** （明）丘濬撰　明正德元年（1506）宗文堂刻本

匡高19.8厘米，廣12.8厘米。半葉十行，行二十字，小字雙行同，黑口，四周雙邊。有“皇明丙寅歲宗文堂刊行”牌記。首都圖書館藏；南京圖書館藏，有抄配。

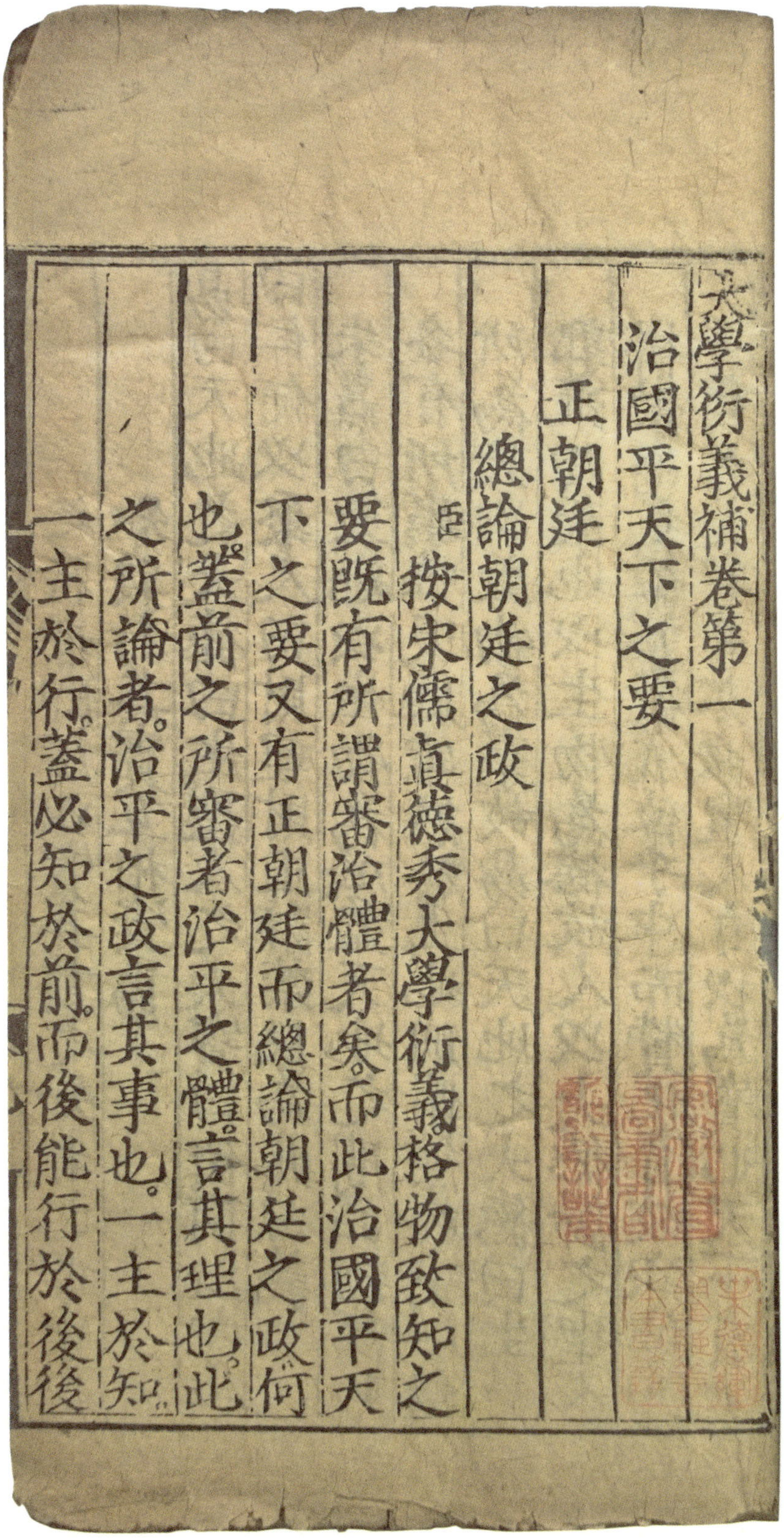

大學衍義補卷第一

治國平天下之要

正朝廷

總論朝廷之政

臣按宋儒真德秀大學衍義格物致知之要既有所謂審治體者矣而此治國平天下之要又有正朝廷而總論朝廷之政何也蓋前之所審者治平之體言其理也此之所論者治平之政言其事也一主於知一主於行蓋必知於前而後能行於後

**08285-08287 大學衍義補一百六十卷首一卷** （明）丘濬撰　明嘉靖十二年（1533）宗文堂刻本

匡高19.8厘米，廣13.2厘米。半葉十行，行二十字，小字雙行同，黑口，四周雙邊。有“皇明癸巳歲宗文堂刊行”牌記。吉林大學圖書館、安徽省圖書館藏；蘇州大學圖書館藏，存一百六十卷。

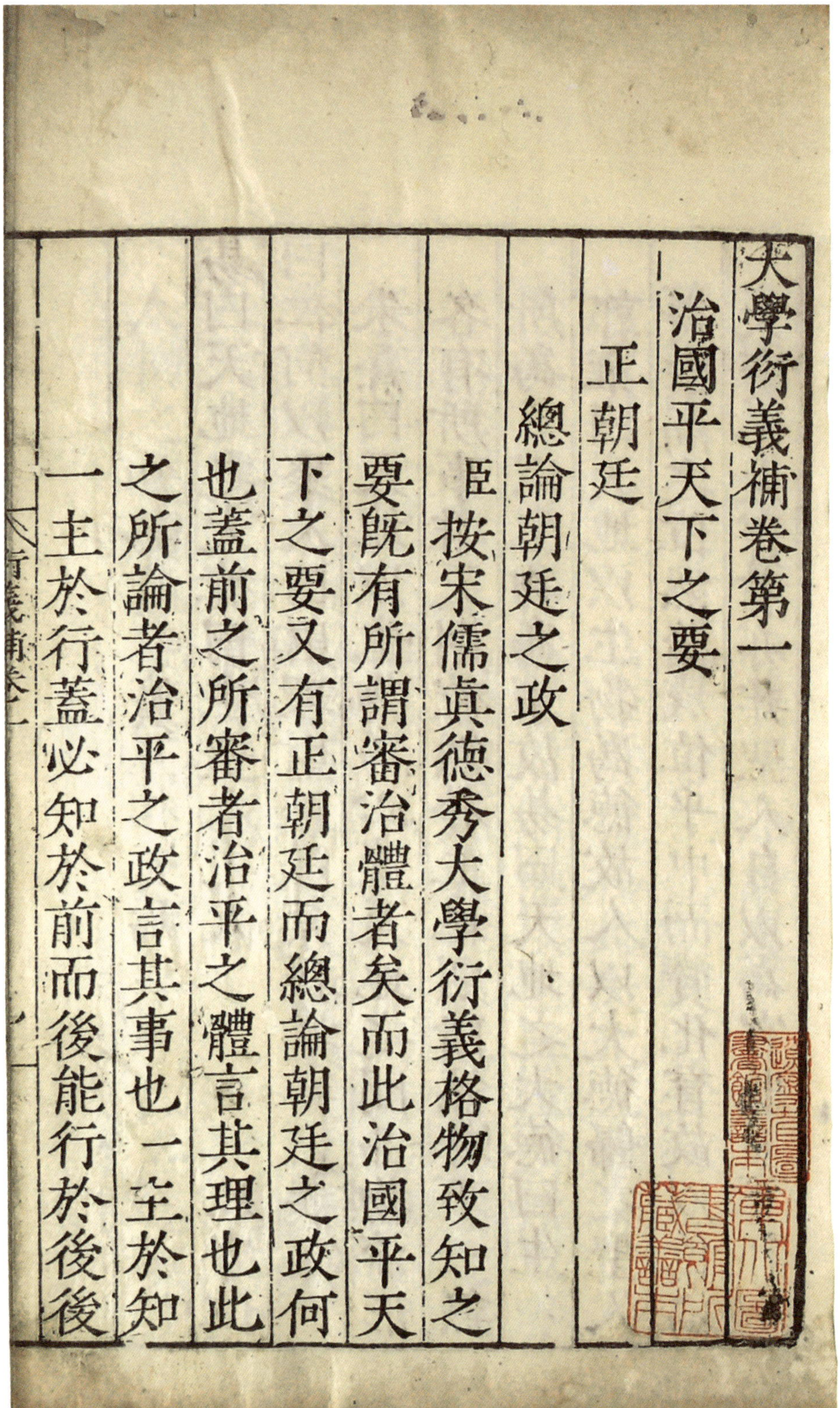
大學衍義補卷第一
治國平天下之要
正朝廷
總論朝廷之政
臣按宋儒眞德秀大學衍義格物致知之
要旣有所謂審治體者矣而此治國平天
下之要又有正朝廷而總論朝廷之政何
也蓋前之所審者治平之體言其理也此
之所論者治平之政言其事也一主於知
一主於行蓋必知於前而後能行於後後
衍義補卷之一

**08288-08290 大學衍義補一百六十卷首一卷** （明）丘濬撰　明嘉靖三十八年（1559）吉澄、樊獻科等刻本

匡高19.2厘米，廣14.2厘米。半葉十行，行二十字，小字雙行同，白口，四周單邊。有“巡按福建監察御史吉澄校刊”牌記。首都圖書館、遼寧省圖書館、山東省圖書館藏。

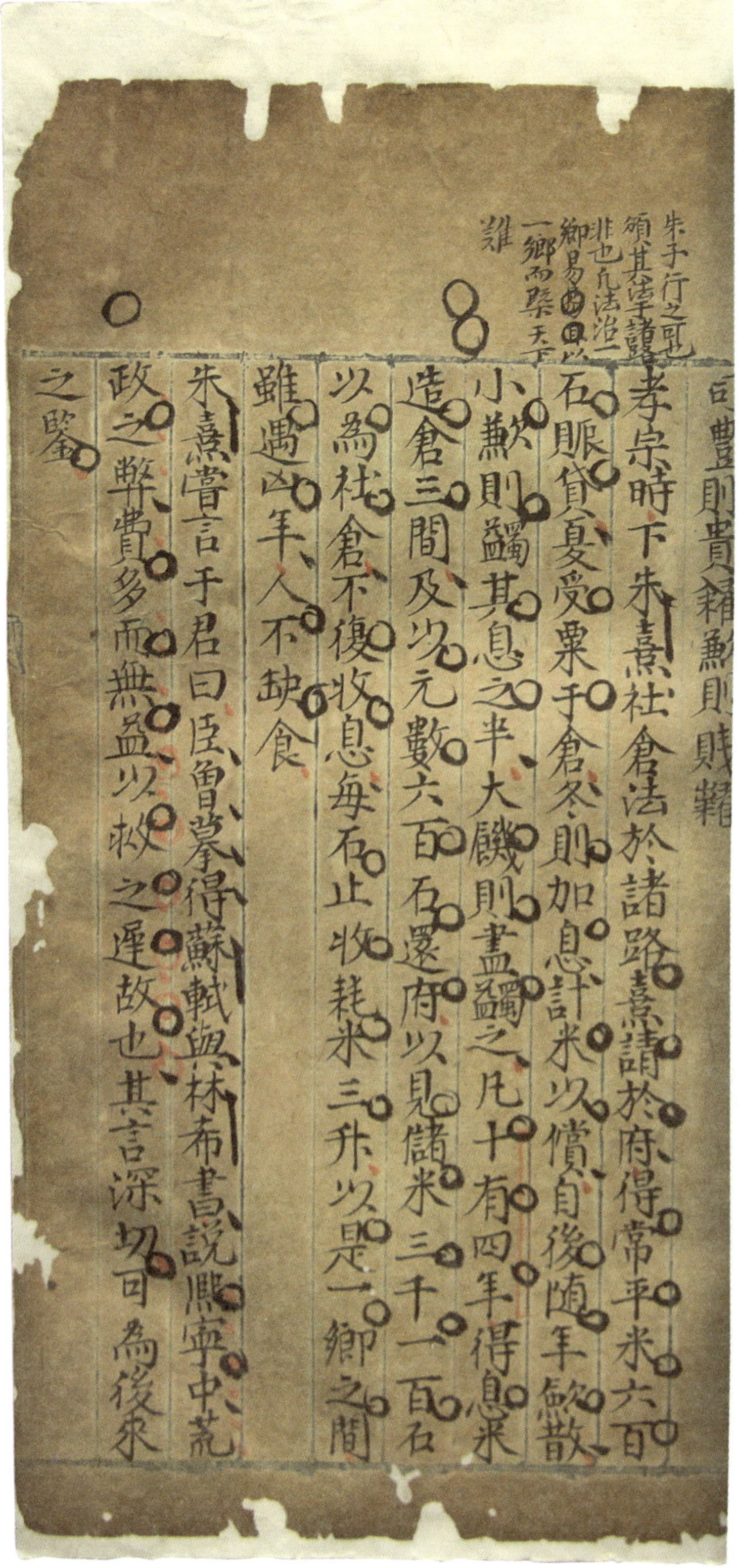
朱子行之可見
頒其學請
非也凡法治一
鄉易由里以
一鄉而槩天下
雖

曰豐則貴糴歉則賤糴
孝宗時下朱熹社倉法於諸路熹請於府得常平米六百
石賑貸夏受粟于倉冬則加息計米以償自後隨年斂散
小歉則蠲其息之半大饑則盡蠲之凡十有四年得息米
造倉三間及以元數六百石還府以見儲米三千一百石
以爲社倉不復收息每石止收耗米三升以是一鄉之間
雖遇凶年人不缺食
朱熹嘗言于君曰臣曾舉得蘇軾與林希書說熙寧中荒
政之弊費多而無益以救之遲故也其言深切可爲後來
之鑒

**08291 大學衍義補概一卷** （明）曹璜輯　明抄本

匡高21.1厘米，廣14厘米。半葉十行，行二十二字，藍格，白口，四周單邊。山東省博物館藏。

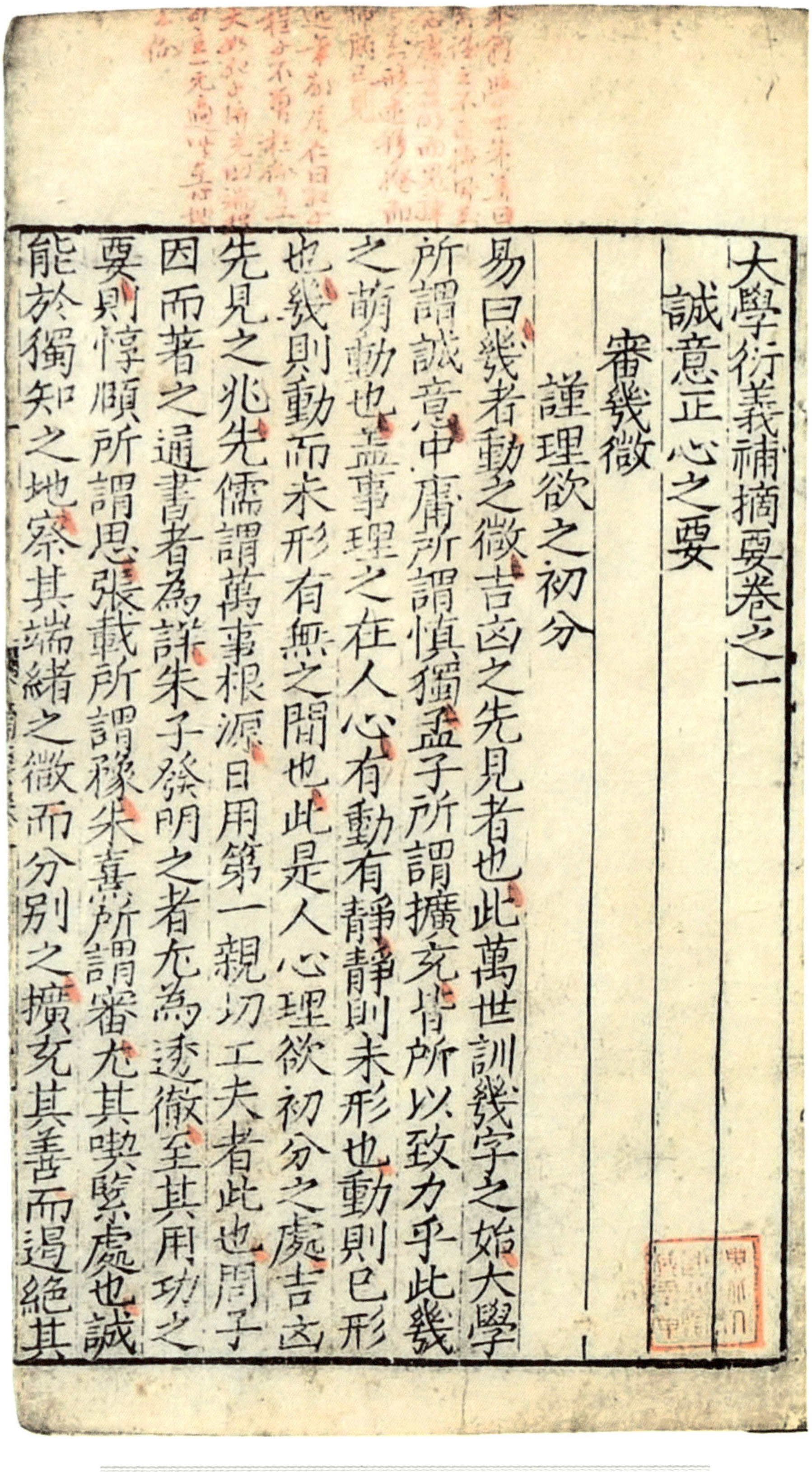
大學衍義補摘要卷之一
誠意正心之要
審幾微
謹理欲之初分
易曰幾者動之微吉凶之先見者也此萬世訓幾字之始大學所謂誠意中庸所謂慎獨孟子所謂擴充皆所以致力乎此幾之萌動也盖事理之在人心有動有靜靜則未形也動則已形也幾則動而未形有無之間也此是人心理欲初分之處吉凶先見之兆先儒謂萬事根源日用第一親切工夫者此也周子因而著之通書者為詳朱子發明之者尤為透徹至其用功之要則惇頤所謂思張載所謂豫朱熹所謂審尤其喫緊處也誠能於獨知之地察其端緒之微而分別之擴充其善而遏絕其

**08292 大學衍義補摘要四卷** 明刻本

匡高20.2厘米，廣14厘米。半葉十二行，行二十四字，白口，四周單邊。吉林大學圖書館藏。

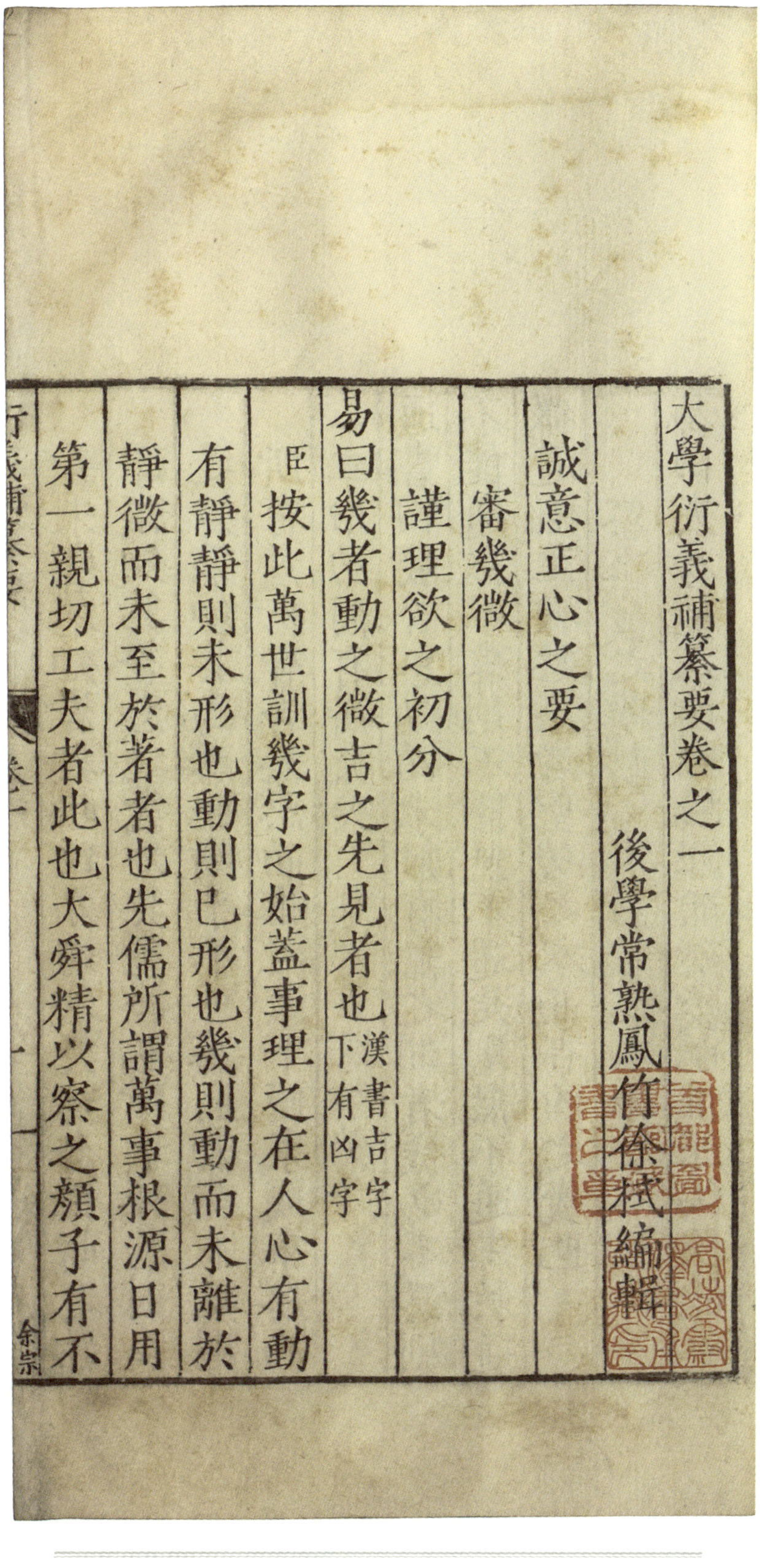
大學衍義補纂要卷之一
後學常熟鳳竹徐栻編輯
誠意正心之要
審幾微
謹理欲之初分
易曰幾者動之微吉之先見者也漢書吉字下有凶字
臣按此萬世訓幾字之始蓋事理之在人心有動
有靜靜則未形也動則已形也幾則動而未離於
靜微而未至於著者也先儒所謂萬事根源日用
第一親切工夫者此也大舜精以察之顔子有不

**08293 大學衍義補纂要六卷** （明）徐栻輯　明隆慶六年（1572）廣信府刻本

匡高19.4厘米，廣14.2厘米。半葉十行，行二十字，小字雙行同，白口，四周單邊。有“高凌爵泽畬甫收藏印”等印。首都圖書館藏。

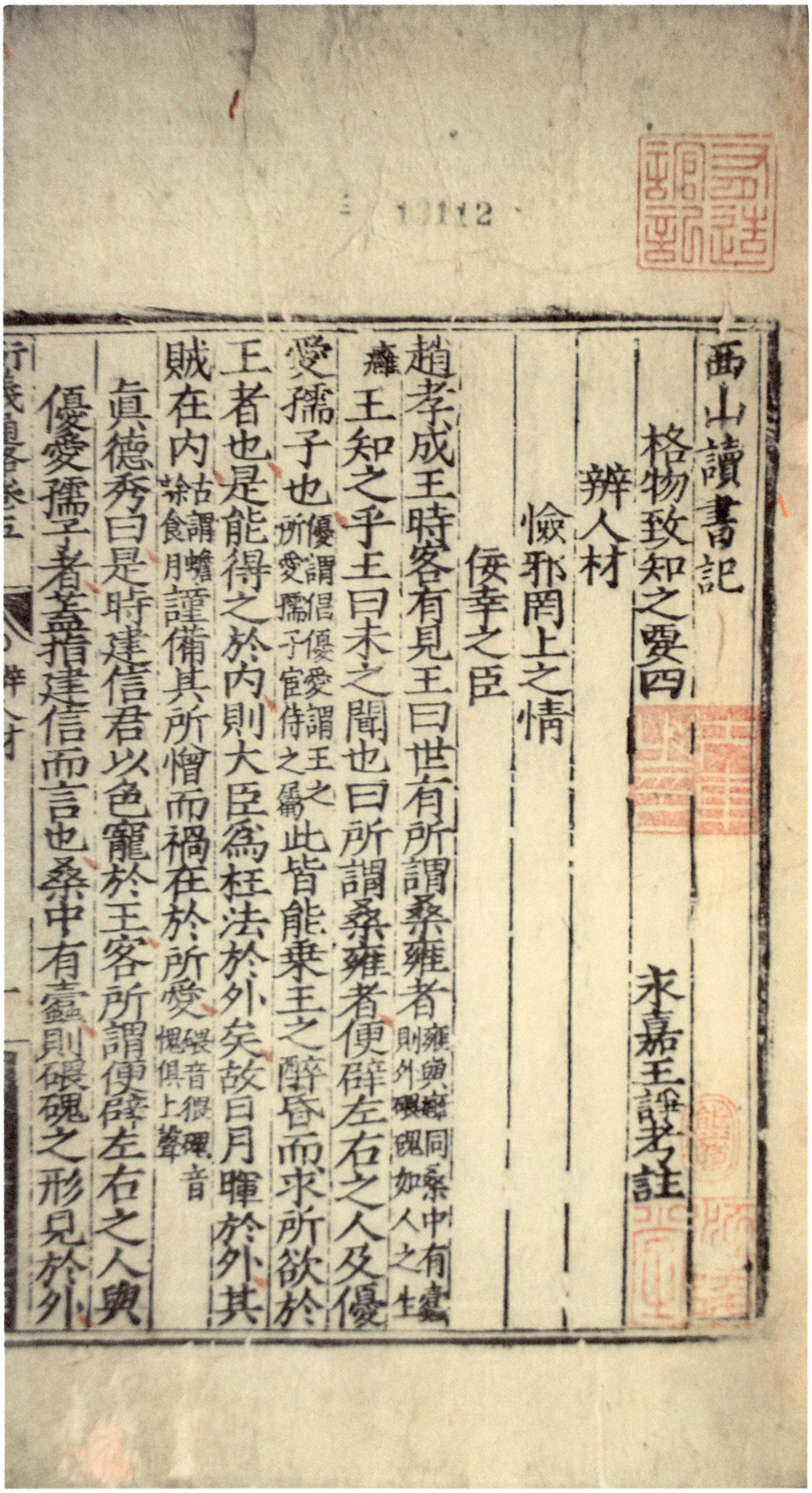
西山讀書記
格物致知之要四
辨人材
憸邪罔上之情
佞幸之臣
永嘉王諍考註
趙孝成王時客有見王曰世有所謂桑雍者雍與癰同桑中有蠹則外碨磈如人之生癰王知之乎王曰未之聞也曰所謂桑雍者便辟左右之人及優愛孺子也優謂倡優愛謂王之所愛孺子宦侍之屬此皆能乘王之醉昏而求所欲於王者也是能得之於內則大臣爲枉法於外矣故日月暉於外其賊在內古謂蟾蜍食月謹備其所憎而禍在於所愛碨音猥磈音隗俱上聲
眞德秀曰是時建信君以色寵於王客所謂便辟左右之人與優愛孺子者蓋指建信而言也桑中有蠹則碨磈之形見於外
衍義通略卷三　辨人材　一

**08294 大學衍義通略三十卷** （明）王諍輯　明嘉靖四十三年（1564）刻本

匡高19.7厘米，廣14.5厘米。半葉十二行，行二十五字，小字雙行同，上白口下黑口，四周雙邊。江門市新會區景堂圖書館藏。

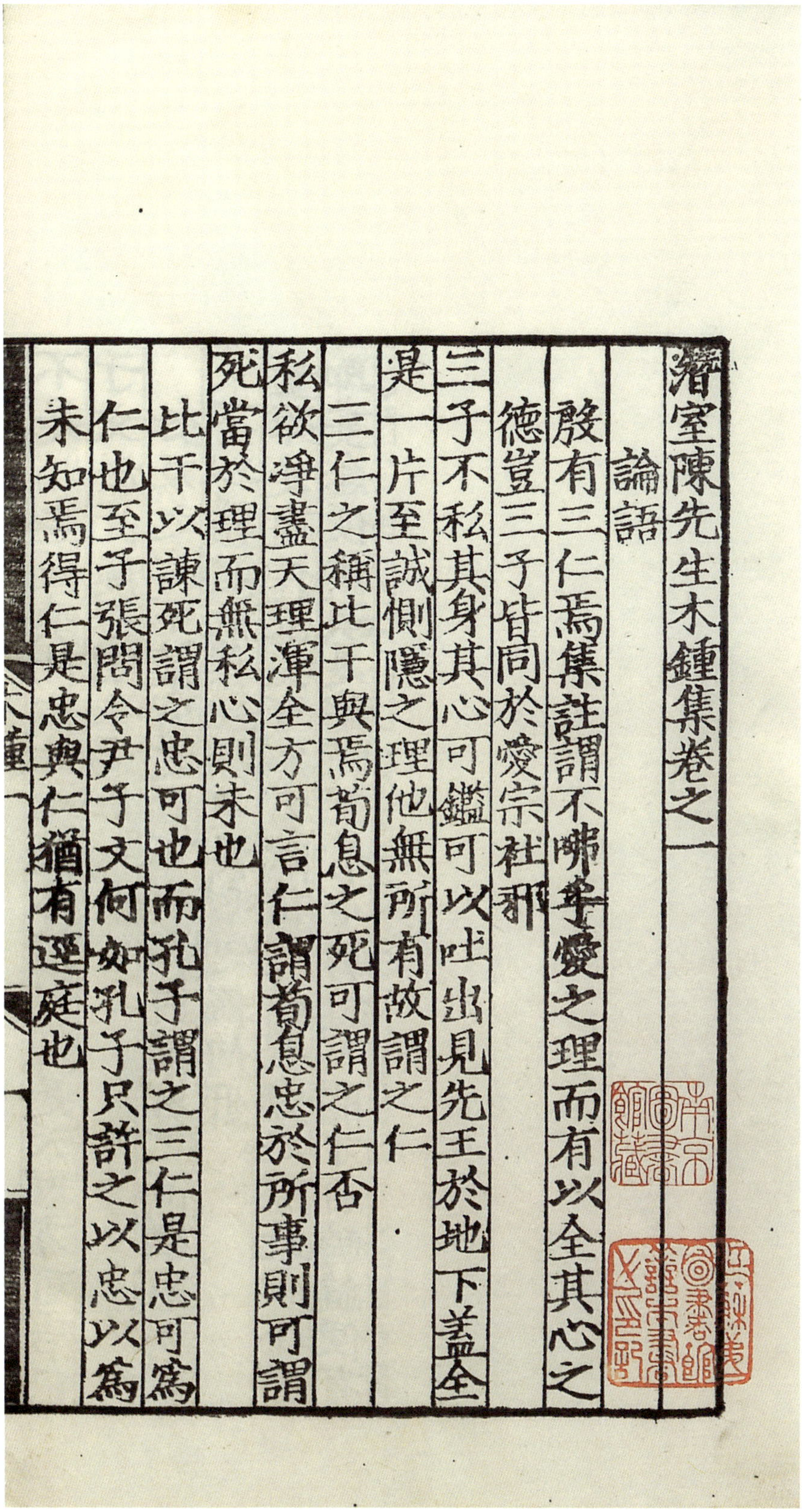
潛室陳先生木鍾集卷之一
論語
殷有三仁焉集註謂不咈乎愛之理而有以全其心之
德豈三子皆同於愛宗社邪
三子不私其身其心可鑑可以吐出見先王於地下蓋全
是一片至誠惻隱之理他無所有故謂之仁
三仁之稱比干與焉荀息之死可謂之仁否
私欲淨盡天理渾全方可言仁謂荀息忠於所事則可謂
死當於理而無私心則未也
比干以諫死謂之忠可也而孔子謂之三仁是忠可爲
仁也至子張問令尹子文何如孔子只許之以忠以爲
未知焉得仁是忠與仁猶有逕庭也

**08295、08296 潛室陳先生木鍾集十一卷** （宋）陳埴撰　明弘治十四年（1501）鄧淮、高賓刻本

匡高18.8厘米，廣12.6厘米。半葉十二行，行二十二字，小字雙行同，黑口，四周單邊。中共中央黨校圖書館藏；南京圖書館藏，卷一至三、七至八、十一配清抄本，丁丙跋。

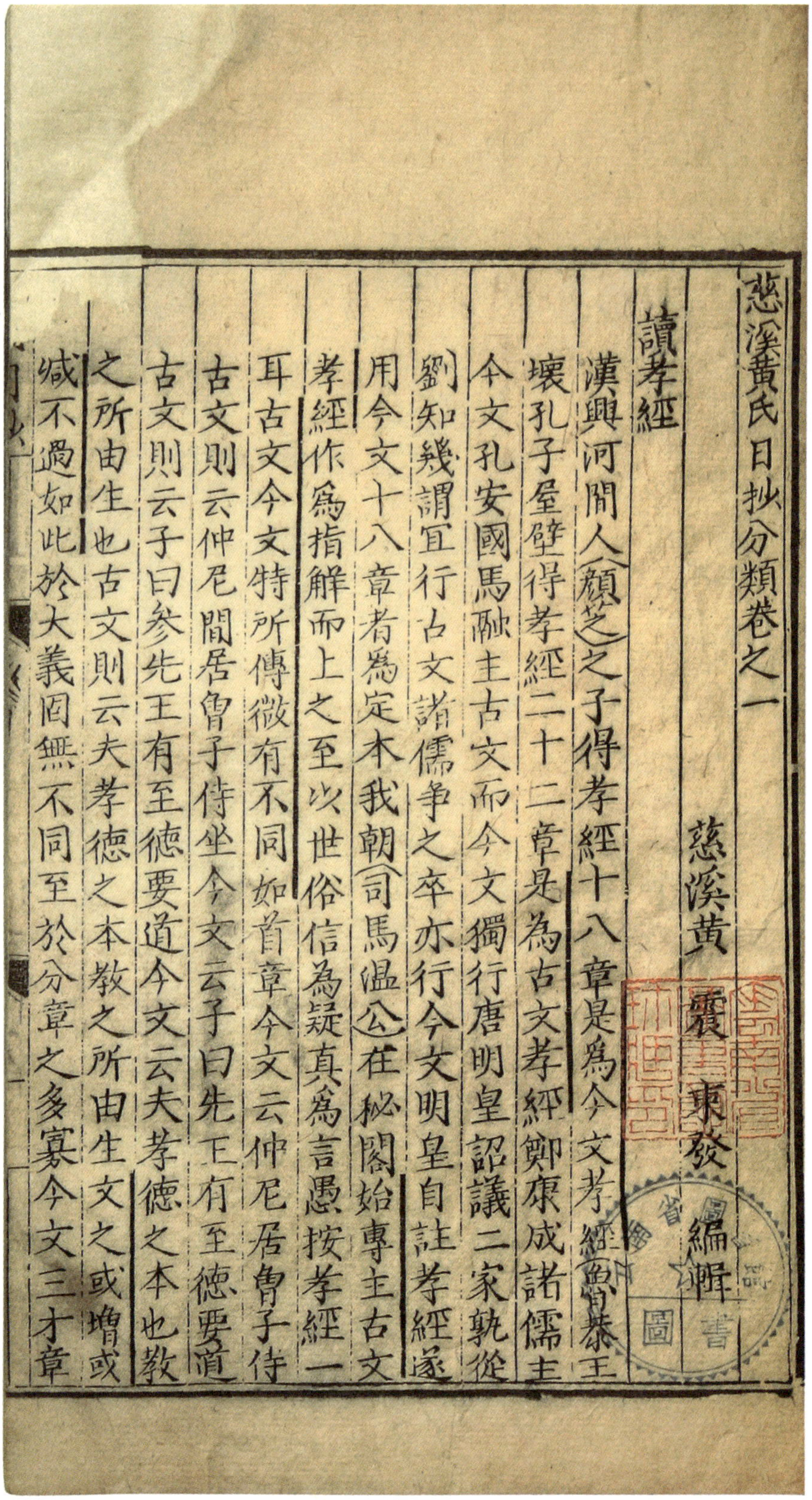
慈溪黃氏日抄分類卷之一
讀孝經　慈溪黃震東發編輯
漢興河間人顔芝之子得孝經十八章是爲今文孝經魯恭王壞孔子屋壁得孝經二十二章是爲古文孝經鄭康成諸儒主今文孔安國馬融主古文而今文獨行唐明皇詔議二家孰從劉知幾謂宜行古文諸儒爭之卒亦行今文明皇自註孝經遂用今文十八章者爲定本我朝司馬温公在秘閣始專主古文孝經作爲指解而上之至以世俗信爲疑真爲言愚按孝經一耳古文今文特所傳微有不同如首章今文云仲尼居曾子侍古文則云仲尼閒居曾子侍坐今文云子曰先王有至德要道古文則云子曰參先王有至德要道今文云夫孝德之本也教之所由生也古文則云夫孝德之本教之所由生文之或增或減不過如此於大義固無不同至於分章之多寡今文三才章

**08297、08298 慈溪黃氏日抄分類九十七卷古今紀要十九卷**（宋）

黃震撰　明刻本

匡高18.8厘米，廣13厘米。半葉十四行，行二十六字，細黑口，四周雙邊。

西安博物院、雲南省圖書館藏。

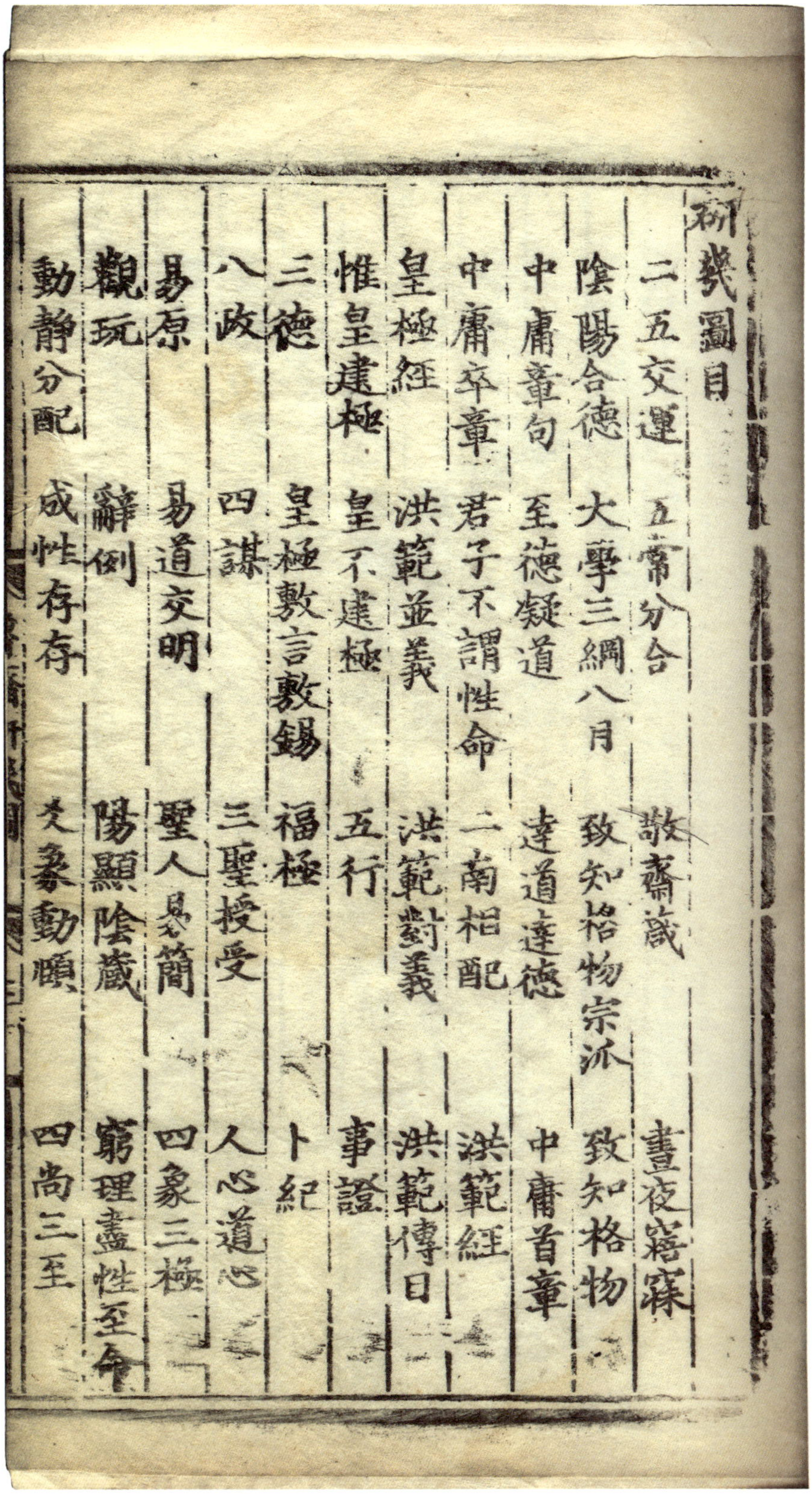
研幾圖目
二五交運　五常分合　敬齋箴　晝夜寤寐
陰陽合德　大學三綱八目　致知格物宗派　致知格物
中庸章句　至德凝道　達道達德　中庸首章
中庸卒章　君子不謂性命　二南相配　洪範經
皇極經　洪範並義　洪範對義　洪範傳日
惟皇建極　皇不建極　五行　事證
三德　皇極敷言敷錫　福極　卜紀
八政　四謀　三聖授受　人心道心
易原　易道交明　聖人易簡　四象三極
觀玩　辭例　陽顯陰藏　窮理盡性至命
動靜分配　成性存存　爻象動頤　四尚三至

**08299 研幾圖一卷**　（宋）王柏撰　明正德刻本

匡高24.3厘米，廣15厘米。半葉十二行，行二十六字，黑口，四周雙邊。李盛鐸跋。北京大學圖書館藏。

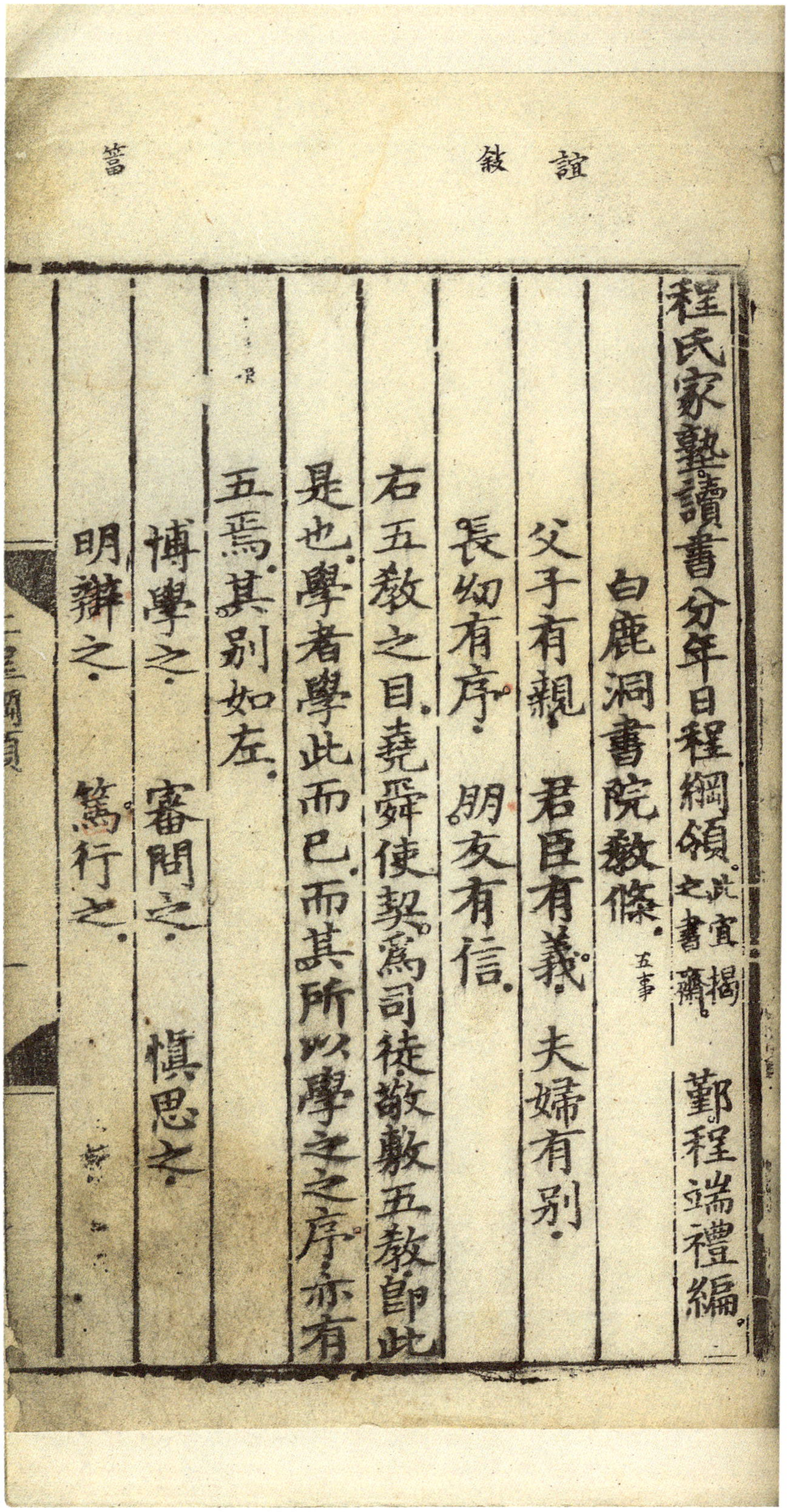
程氏家塾讀書分年日程綱領。此宜揭之書齋。　鄞程端禮編
白鹿洞書院教條。五事
父子有親。君臣有義。夫婦有别。
長幼有序。朋友有信。
右五教之目。堯舜使契爲司徒敬敷五教卽此
是也。學者學此而已。而其所以學之之序亦有
五焉。其别如左。
博學之。審問之。慎思之。
明辨之。篤行之。

**08300 程氏家塾讀書分年日程三卷綱領一卷**（元）程端禮撰　明刻本

匡高21.6厘米，廣15厘米。半葉九行，行二十二字，小字雙行同，黑口，左右雙邊。蘇州圖書館藏，存三卷。

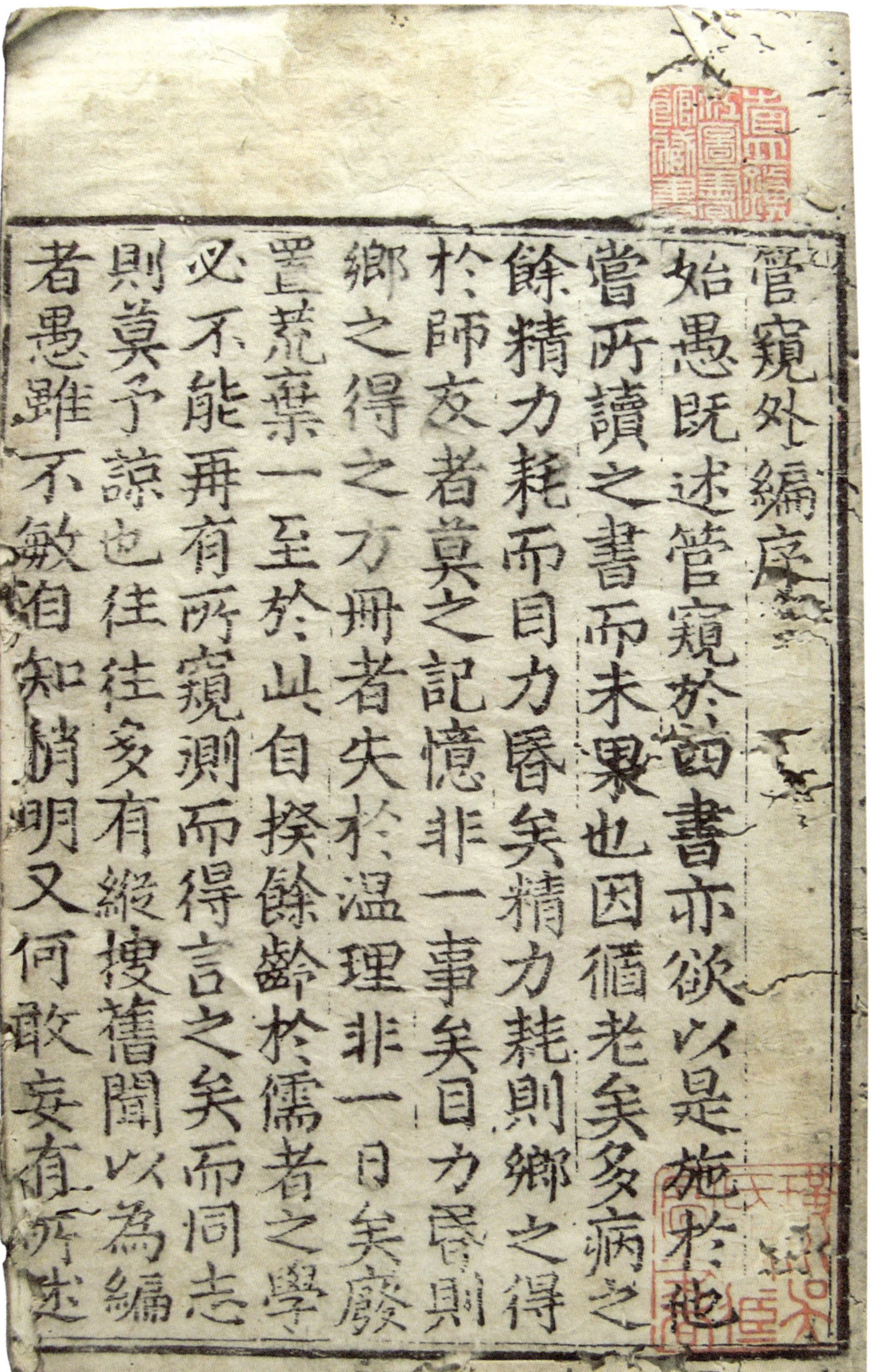

管窺外編序
始愚既述管窺於四書亦欲以是施於他
嘗所讀之書而未果也因循老矣多病之
餘精力耗而目力昏矣精力耗則鄉之得
於師友者莫之記憶非一事矣目力昏則
鄉之得之方冊者失於溫理非一日矣廢
置荒棄一至於此自揆餘齡於儒者之學
必不能再有所窺測而得言之矣而同志
則莫予諒也往往多有緩搜舊聞以為編
者愚雖不敏自知稍明又何敢妄有所述

**08301 管窺外編一卷** （元）史伯璿撰　明刻本

匡高20.6厘米，廣15厘米。半葉十行，行十四至十六字，黑口，四周雙邊。康有為跋。鎮江市圖書館藏。

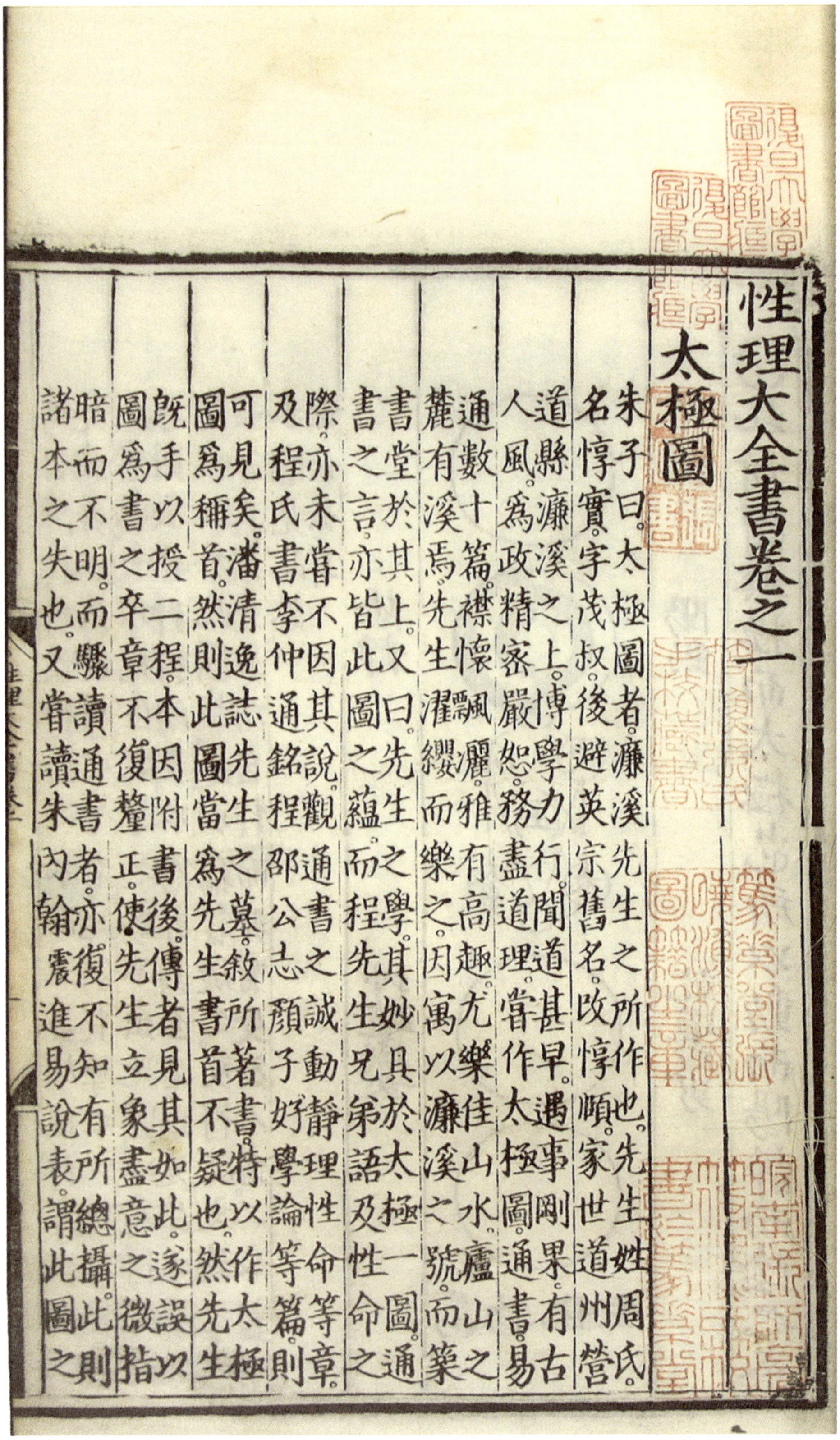
性理大全書卷之一
太極圖
朱子曰。太極圖者。濂溪先生之所作也。先生姓周氏。名惇實。字茂叔。後避英宗舊名。改惇頤。家世道州營道縣濂溪之上。博學力行。聞道甚早。遇事剛果。有古人風。爲政精密嚴恕。務盡道理。甞作太極圖通書易通數十篇。襟懷飄灑。雅有高趣。尤樂佳山水。廬山之麓有溪焉。先生濯纓而樂之。因寓以濂溪之號。而築書堂於其上。又曰。先生之學。其妙具於太極一圖。通書之言。亦皆此圖之藴。而程先生兄弟語及性命之際。亦未甞不因其說。觀通書之誠動靜理性命等章及程氏書李仲通銘程邵公志顔子好學論等篇。則可見矣。潘清逸誌先生之墓。敘所著書特以作太極圖爲稱首。然則此圖當爲先生書首不疑也。然先生既手以授二程。本因附書後。傳者見其如此。遂誤以圖爲書之卒章。不復釐正。使先生立象盡意之微指暗而不明。而驟讀通書者。亦復不知有所總攝。此則諸本之失也。又甞讀朱内翰震進易說表。謂此圖之

**08302 性理大全書七十卷** （明）胡廣等撰　明永樂十三年（1415）内府刻本

匡高25.5厘米，廣16.9厘米。半葉十行，行二十二字，小字雙行同，黑口，四周雙邊。有“篤素堂張曉漁校藏圖籍之章”等印。復旦大學圖書館藏。

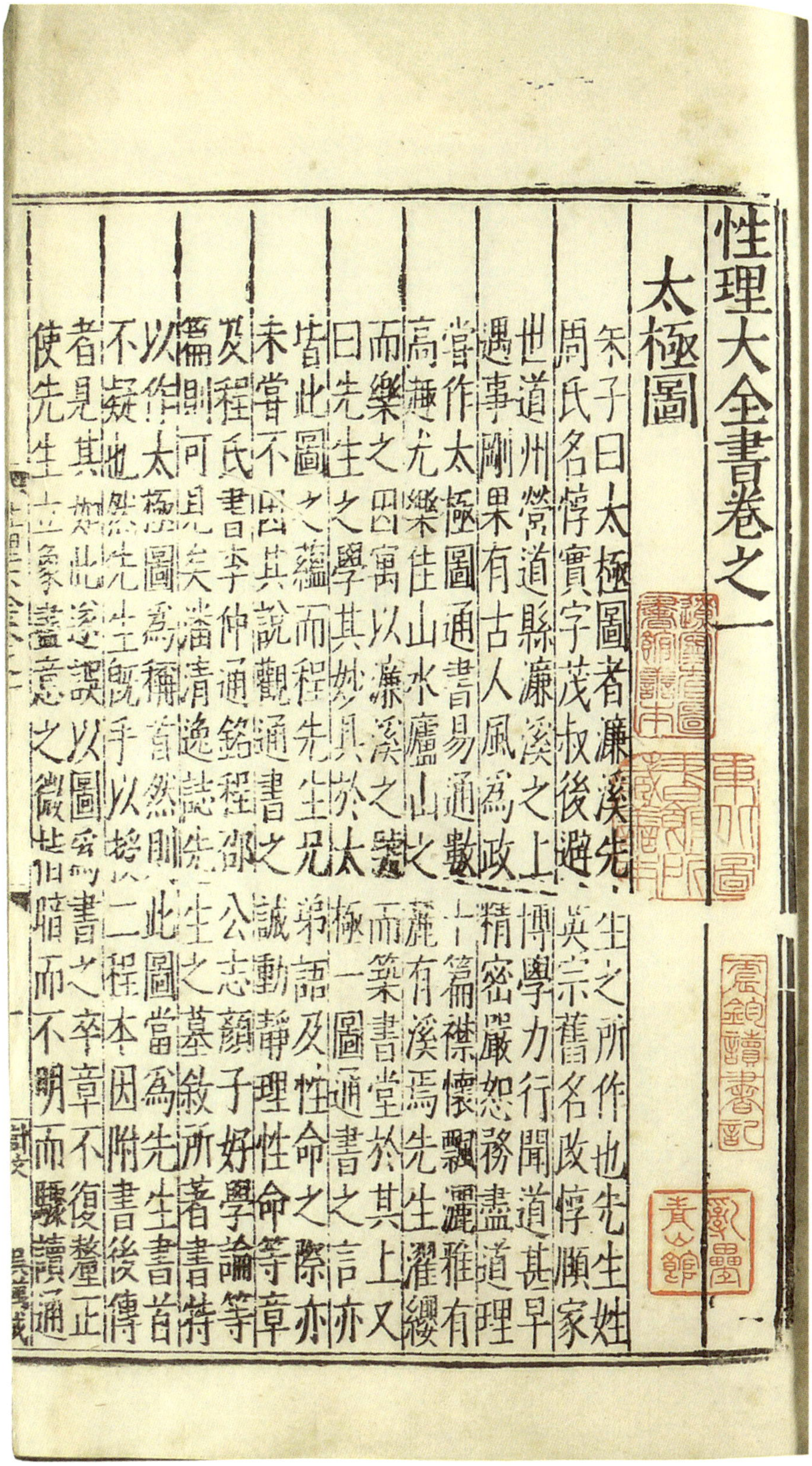
性理大全書卷之一
太極圖
朱子曰太極圖者濂溪先生之所作也先生姓周氏名惇實字茂叔後避英宗舊名改惇頤家世道州營道縣濂溪之上博學力行聞道甚早遇事剛果有古人風為政精密嚴恕務盡道理嘗作太極圖通書易通數十篇襟懷飄灑雅有高趣尤樂佳山水廬山之麓有溪焉先生濯纓而樂之因寓以濂溪之號而築書堂於其上又曰先生之學其妙具於太極一圖通書之言亦皆此圖之蘊而程先生兄弟語及性命之際亦未嘗不因其說觀通書之誠動靜理性命等章及程氏書李仲通銘程邵公志顏子好學論等篇則可見矣潘清逸誌先生之墓敘所著書特以作太極圖為稱首然則此圖當為先生書首不疑也然先生既手以授二程本因附書後傳者見其如此遂誤以圖為書之卒章不復釐正使先生立象盡意之微指暗而不明而驟讀通

**08303 性理大全書七十卷** （明）胡廣等撰　明嘉靖二十二年（1543）應天府學刻本

匡高22.1厘米，廣14.8厘米。半葉十行，行二十字，小字雙行同，白口，四周雙邊。有“震鈞讀書記”、“亂疊青山館”等印。遼寧省圖書館藏。

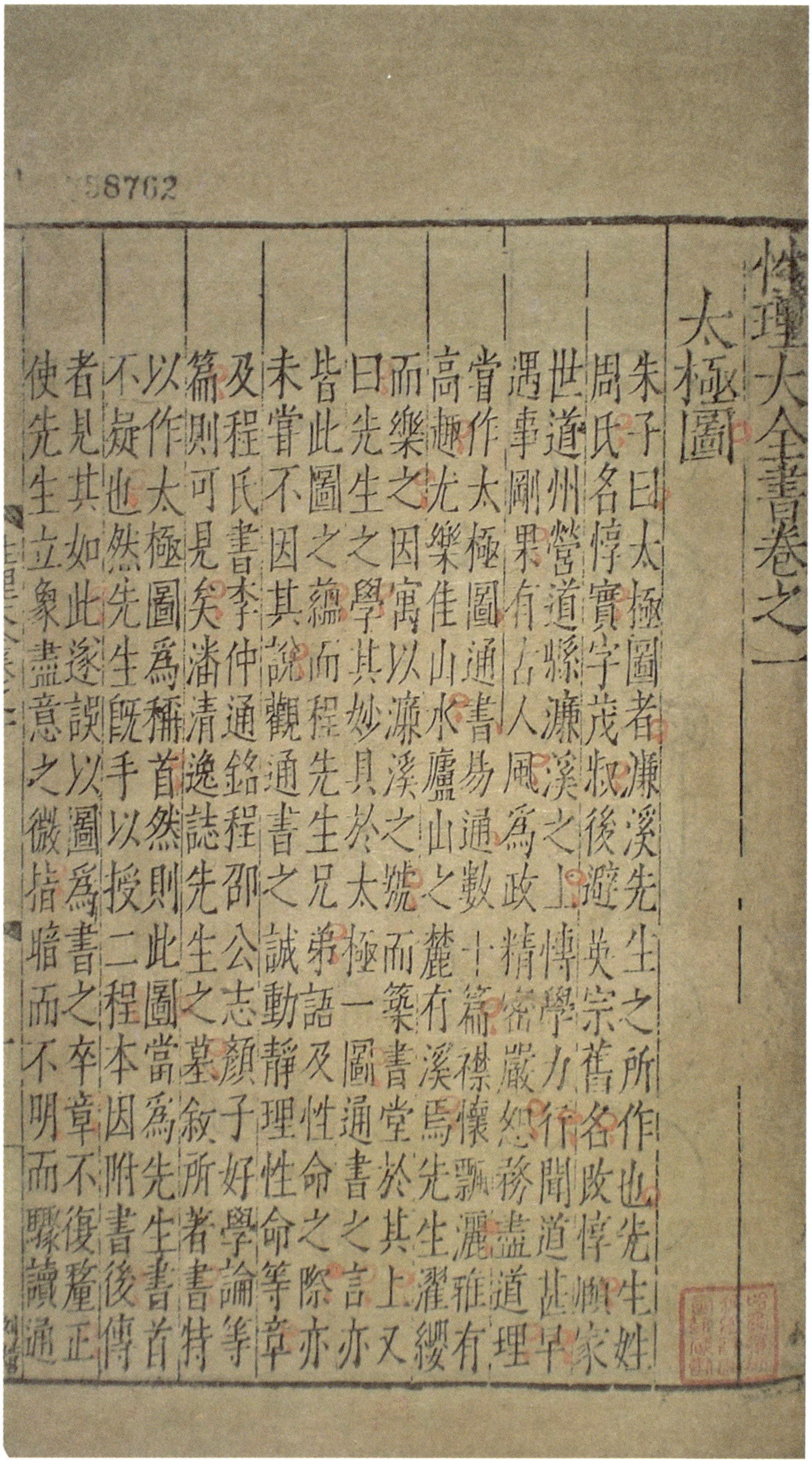
性理大全書卷之一
太極圖
朱子曰太極圖者濂溪先生之所作也先生姓周氏名惇實字茂叔後避英宗舊名改惇頤家世道州營道縣濂溪之上博學力行聞道甚早遇事剛果有古人風爲政精密嚴恕務盡道理嘗作太極圖通書易通數十篇襟懷飄灑雅有高趣尤樂佳山水廬山之麓有溪焉先生濯纓而樂之因寓以濂溪之號而築書堂於其上又曰先生之學其妙具於太極一圖通書之言亦皆此圖之蘊而程先生兄弟語及性命之際亦未嘗不因其說觀通書之誠動靜理性命等章及程氏書李仲通銘程邵公志顏子好學論等篇則可見矣潘清逸誌先生之墓叙所著書特以作太極圖爲稱首然則此圖當爲先生書首不疑也然先生既手以授二程本因附書後傳者見其如此遂誤以圖爲書之卒章不復釐正使先生立象盡意之微指暗而不明而驟讀通

**08304、08305 性理大全書七十卷** （明）胡廣等撰　明嘉靖三十八年（1559）樊獻科刻本

匡高21.8厘米，廣14.8厘米。半葉十行，行二十字，小字雙行同，白口，四周單邊。哈爾濱師範大學圖書館、安徽省圖書館藏。

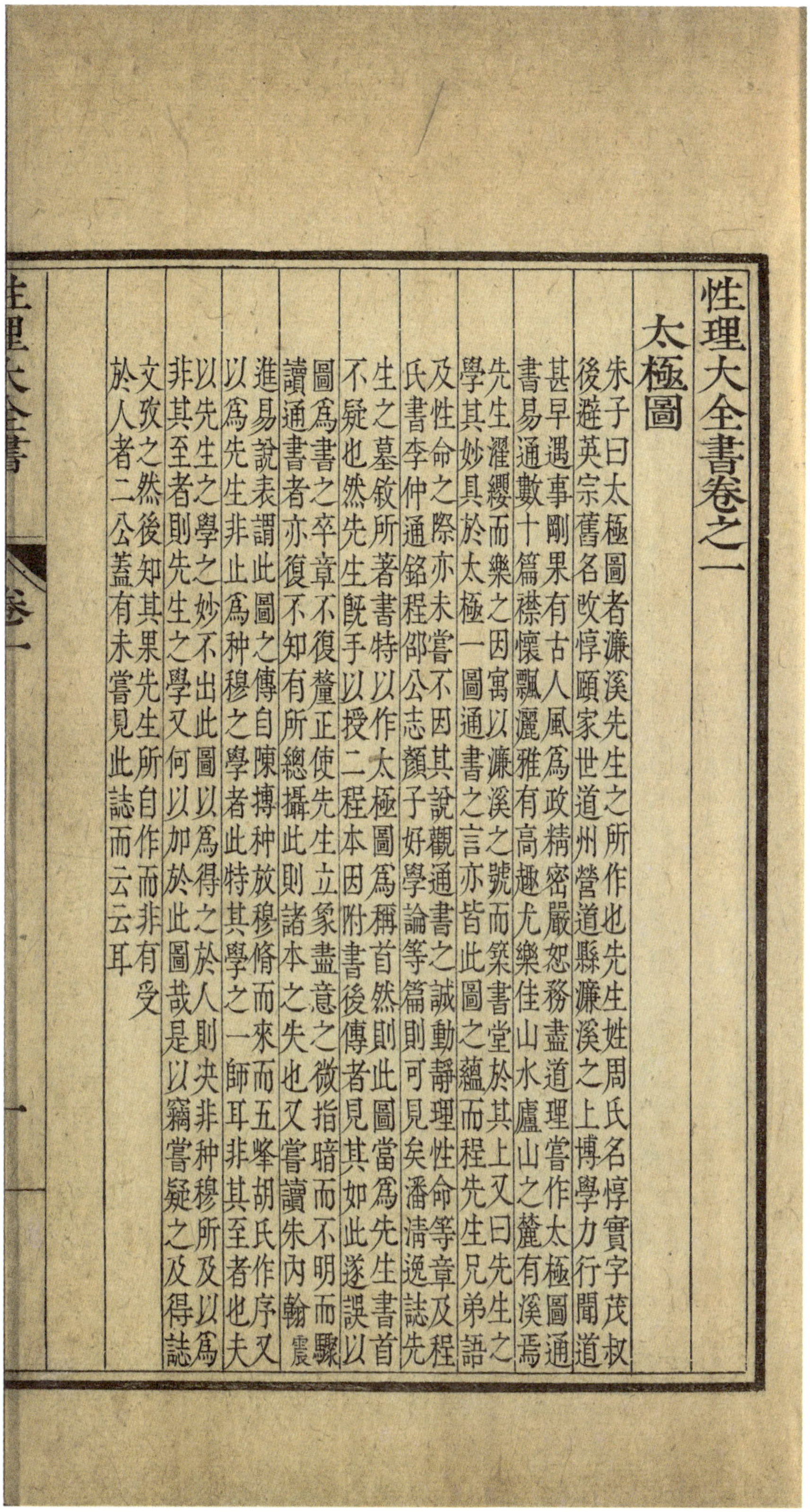
性理大全書　卷一　一

性理大全書卷之一

太極圖

朱子曰太極圖者濂溪先生之所作也先生姓周氏名惇實字茂叔後避英宗舊名改惇頤家世道州營道縣濂溪之上博學力行聞道甚早遇事剛果有古人風爲政精密嚴恕務盡道理嘗作太極圖通書易通數十篇襟懷飄灑雅有高趣尤樂佳山水廬山之麓有溪焉先生濯纓而樂之因寓以濂溪之號而築書堂於其上又曰先生之學其妙具於太極一圖通書之言亦皆此圖之蘊而程先生兄弟語及性命之際亦未嘗不因其說觀通書之誠動靜理性命等章及程氏書李仲通銘程邵公志顏子好學論等篇則可見矣潘清逸誌先生之墓敘所著書特以作太極圖爲稱首然則此圖當爲先生書首不疑也然先生既手以授二程本因附書後傳者見其如此遂誤以圖爲書之卒章不復釐正使先生立象盡意之微指暗而不明而驟讀通書者亦復不知有所總攝此則諸本之失也又嘗讀朱内翰震進易說表謂此圖之傳自陳摶种放穆脩而來而五峰胡氏作序又以爲先生非止爲种穆之學者此特其學之一師耳非其至者也夫以先生之學之妙不出此圖以爲得之於人則决非种穆所及以爲非其至者則先生之學又何以加於此圖哉是以竊嘗疑之及得誌文攷之然後知其果先生所自作而非有受於人者二公蓋有未嘗見此誌而云云耳

**08306 性理大全書七十卷** （明）胡廣等撰　清康熙内府精抄本

匡高17.8厘米，廣13.4厘米。半葉十二行，行二十八字，小字雙行同，白口，四周雙邊。故宫博物院藏。

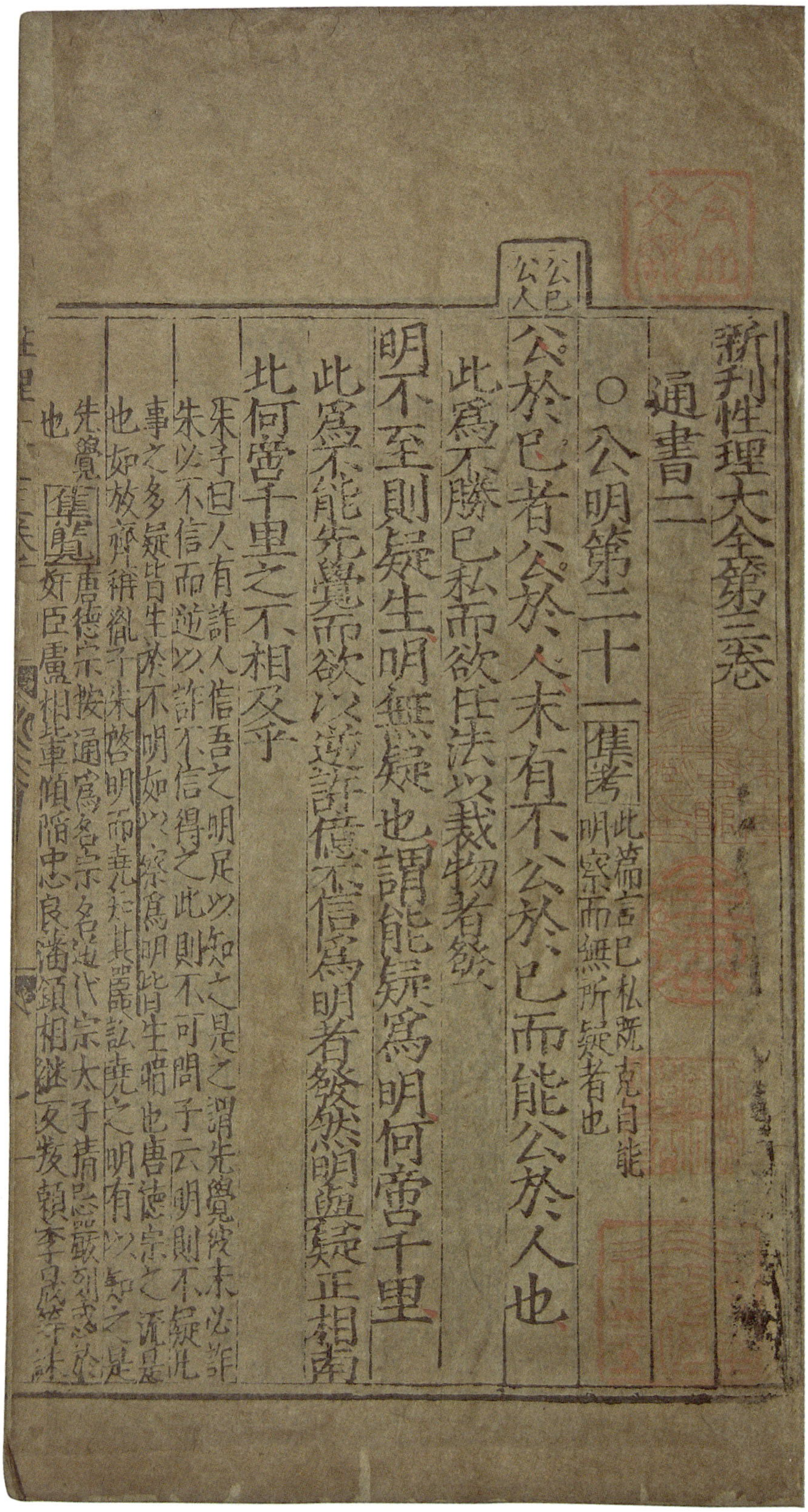

公已
公人

新刊性理大全第三卷

通書二

〇公明第二十一 集考 此篇言已私既克自能明察而無所疑者也

公於己者公於人未有不公於己而能公於人也

此爲不勝己私而欲任法以裁物者發

明不至則疑生明無疑也謂能疑爲明何啻千里

此爲不能先覺而欲以逆詐億不信爲明者發然明與疑正相南

北何啻千里之不相及乎

朱子曰人有詐人信吾之明足以知之是之謂先覺彼未必詐

朱以不信而逆以詐不信得之此則不可問子云明則不疑凡

事之多疑皆生於不明如以察爲明皆生暗也唐德宗之流是

也如放齊稱胤子朱啓明而堯知其嚚訟既之明有以知之是

先覺 集覽 唐德宗按通鑑爲名宗名适代宗太子猜忌嚴刻忌於

也 奸臣盧杞相比連傾陷忠良潘領相繼見拔頓李泌等誅

**08307 新刊性理大全七十卷** （明）胡廣等撰　明嘉靖三十年（1551）張氏新賢堂刻本

匡高18厘米，廣12.9厘米。半葉十一行，行字不等，白口，四周雙邊。有“皇明嘉靖辛亥仲夏張氏新賢堂重校刊”牌记。山東省圖書館藏，存五十一卷。

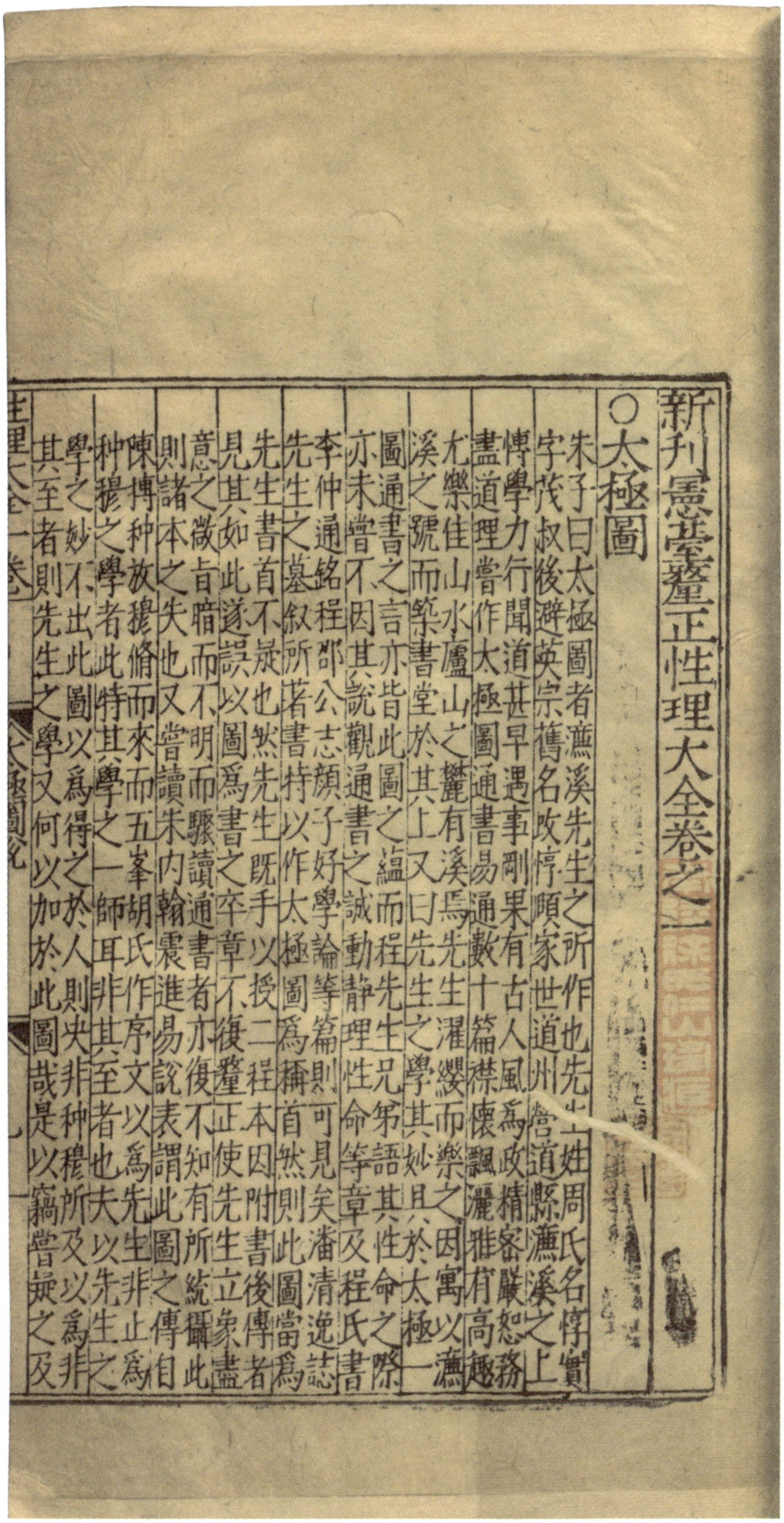
新刊憲臺釐正性理大全卷之一
○太極圖
朱子曰太極圖者濂溪先生之所作也先生姓周氏名惇實
字茂叔後避英宗舊名改惇頤家世道州營道縣濂溪之上
博學力行聞道甚早遇事剛果有古人風爲政精密嚴恕務
盡道理嘗作太極圖通書易通數十篇襟懷飄灑雅有高趣
尤樂佳山水廬山之麓有溪焉先生濯纓而樂之因寓以濂
溪之號而築書堂於其上又曰先生之學其妙具於太極一
圖通書之言亦皆此圖之緼而程先生兄弟語及性命之際
亦未嘗不因其說觀通書之誠動靜理性命等章及程氏書
李仲通銘程邵公志顏子好學論等篇則可見矣潘清逸誌
先生之墓叙所著書特以作太極圖爲稱首然則此圖當爲
先生書首不疑也然先生既手以授二程本因附書後傳者
見其如此遂誤以圖爲書之卒章不復釐正使先生立象盡
意之微旨暗而不明而驟讀通書者亦復不知有所總攝此
則諸本之失也又嘗讀朱内翰震進易說表謂此圖之傳自
陳摶种放穆脩而來而五峯胡氏作序文以爲先生非止爲
种穆之學者此特其學之一師耳非其至者也夫以先生之
學之妙不出此圖以爲得之於人則決非种穆所及以爲非
其至者則先生之學又何以加於此圖哉是以竊嘗疑之及

**08308 新刊憲臺釐正性理大全七十卷** （明）胡廣等撰　明嘉靖三十一年（1552）余氏自新齋刻本

匡高18.1厘米，廣13厘米。半葉十一行，行二十四字，小字雙行同，白口，四周雙邊。有“嘉靖壬子歲仲夏余氏自新齋梓行”牌記。有“南陵徐氏仁山珍藏”等印。首都圖書館藏。

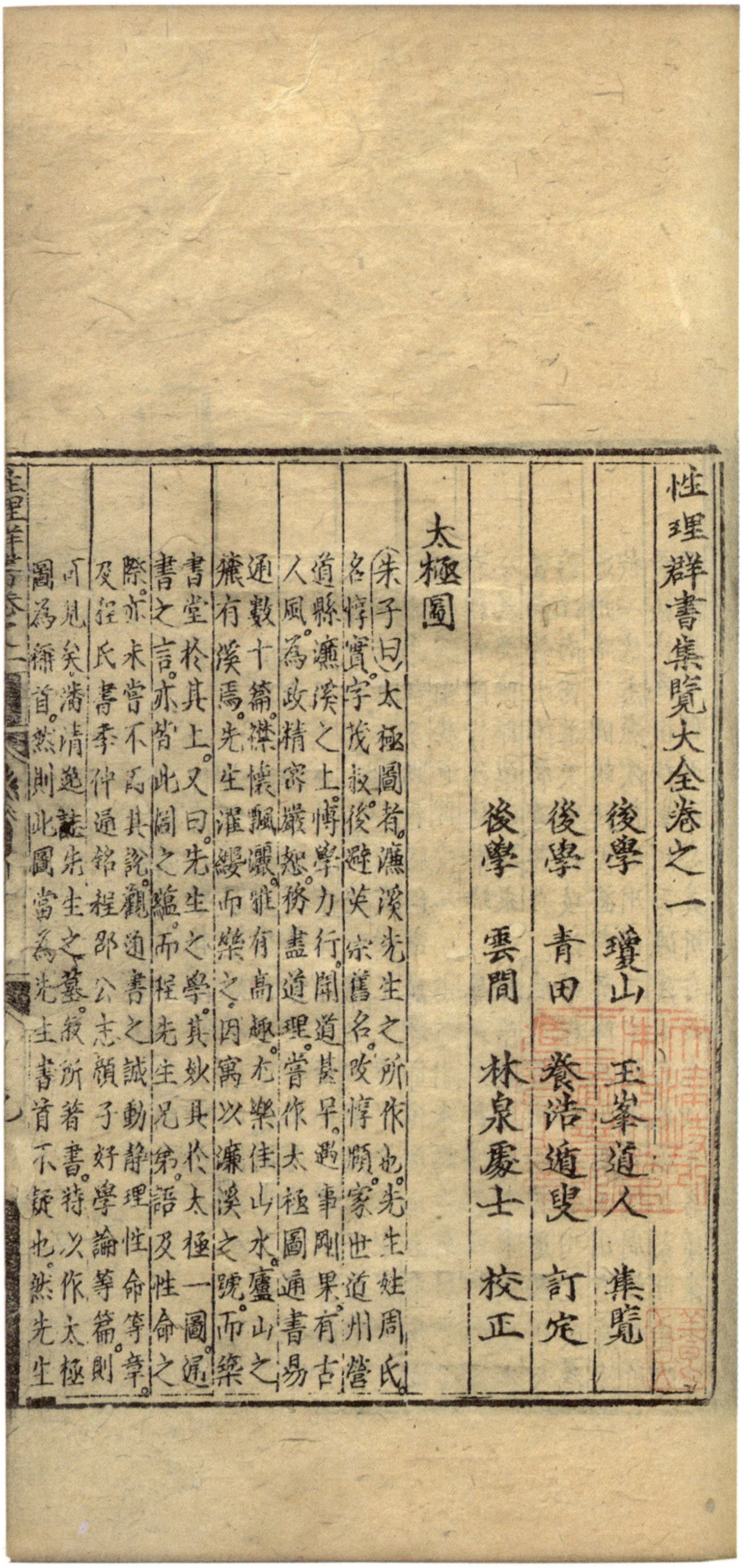
性理群書集覽大全卷之一
後學　瓊山　玉峯道人　集覽
後學　青田　養浩道叟　訂定
後學　雲間　林泉處士　校正
太極圖
朱子曰太極圖者濂溪先生之所作也先生姓周氏名惇實字茂叔後避英宗舊名改惇頤家世道州營道縣濂溪之上博學力行聞道甚早遇事剛果有古人風為政精密嚴恕務盡道理嘗作太極圖通書易通數十篇襟懷飄灑雅有高趣尤樂佳山水廬山之麓有溪焉先生濯纓而樂之因寓以濂溪之號而築書堂於其上又曰先生之學其妙具於太極一圖通書之言亦皆此圖之蘊而程先生兄弟語及性命之際亦未嘗不因其說觀通書之誠動靜理性命等章及程氏書李仲通銘程邵公志顏子好學論等篇則可見矣潘清逸誌先生之墓敘所著書特以作太極圖為稱首然則此圖當為先生書首不疑也然先生

**08309 性理群書集覽大全七十卷**　題玉峰道人輯　明正德六年（1511）宗德書堂刻本

匡高13.4厘米，廣9.8厘米。半葉十一行，行二十二字，小字雙行同，上白口下黑口，四周雙邊。有“正德辛未宗德書堂鼎新刊行”牌記。天津圖書館藏。

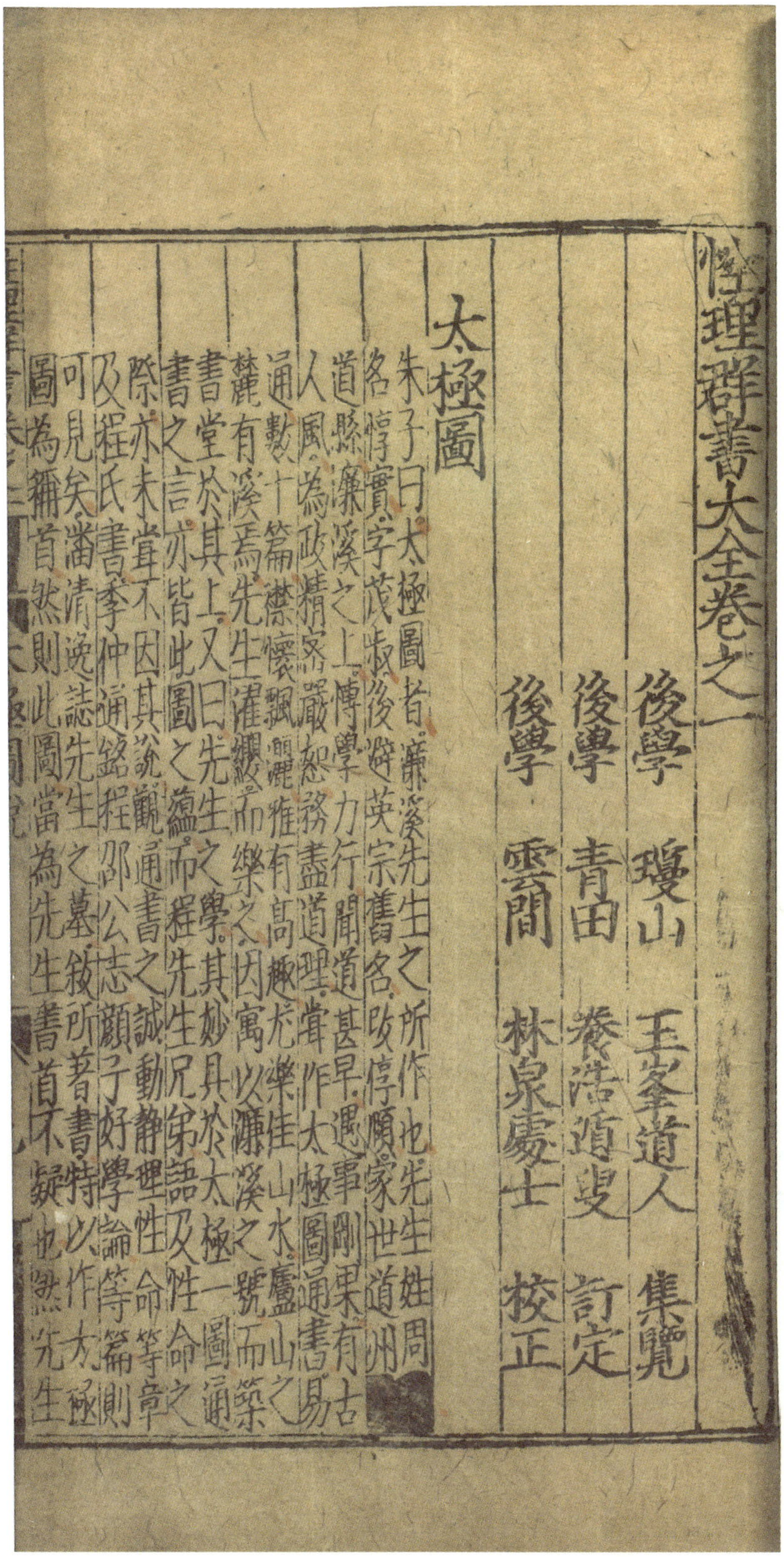

**08310 性理群書大全七十卷** 題玉峰道人輯 明刻本（有抄配）

匡高19.2厘米，廣13.1厘米。半葉十一行，行二十二字，小字雙行同，黑口，四周雙邊。首都圖書館藏。

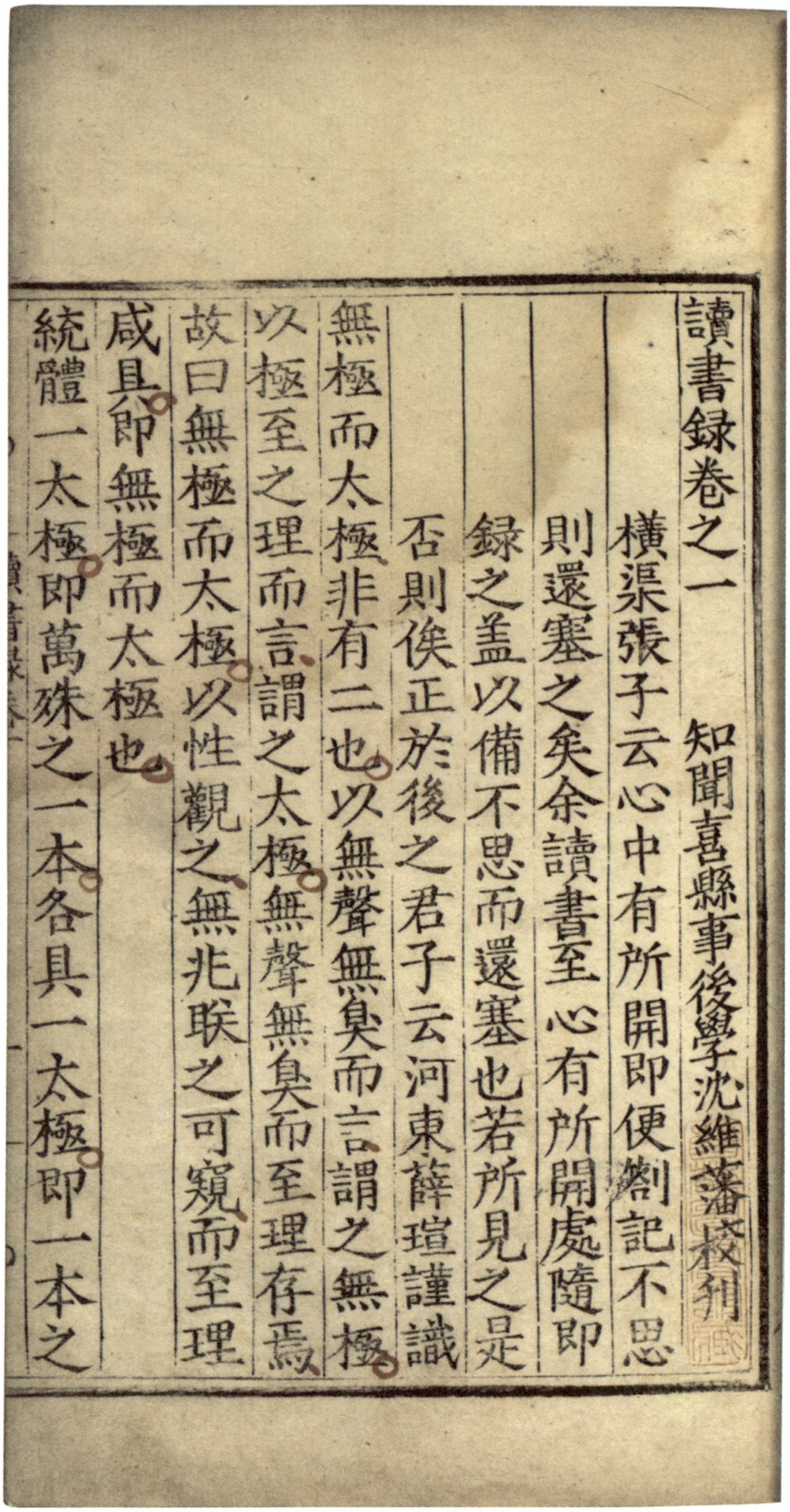
讀書録卷之一
知聞喜縣事後學沈維藩校刊
横渠張子云心中有所開即便劄記不思
則還塞之矣余讀書至心有所開處隨即
録之盖以備不思而還塞也若所見之是
否則俟正於後之君子云河東薛瑄謹識
無極而太極非有二也以無聲無臭而言謂之無極
以極至之理而言謂之太極無聲無臭而至理存焉
故曰無極而太極以性觀之無兆眹之可窺而至理
咸具即無極而太極也
統體一太極即萬殊之一本各具一太極即一本之

**08311 讀書録十卷續録十二卷** （明）薛瑄撰　明嘉靖三十四年（1555）沈維藩刻本

匡高20.2厘米，廣13厘米。半葉十行，行二十字，白口，四周雙邊。首都圖書館藏。

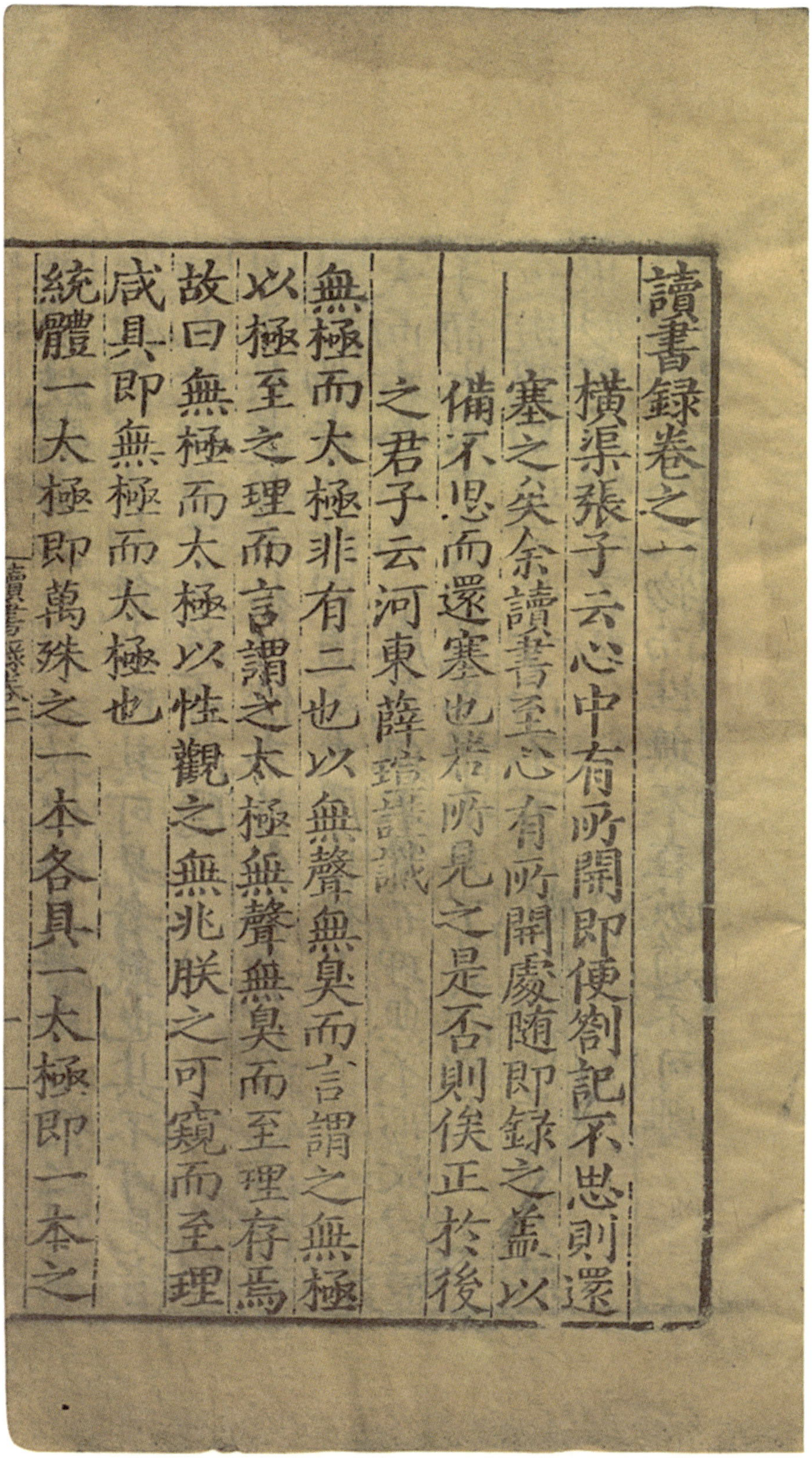
讀書録卷之一
横渠張子云心中有所開即便劄記不思則還塞之矣余讀書至心有所開處隨即録之蓋以備不思而還塞也若所見之是否則俟正於後之君子云河東薛瑄識
無極而太極非有二也以無聲無臭而言謂之無極以極至之理而言謂之太極無聲無臭而至理存焉故曰無極而太極以性觀之無兆朕之可窺而至理咸具即無極而太極也
統體一太極即萬殊之一本各具一太極即一本之

**08312 讀書録十一卷續録十二卷** （明）薛瑄撰　明嘉靖四年（1525）刻本

匡高20.3厘米，廣13.4厘米。半葉十行，行二十字，白口，四周單邊。首都圖書館藏。

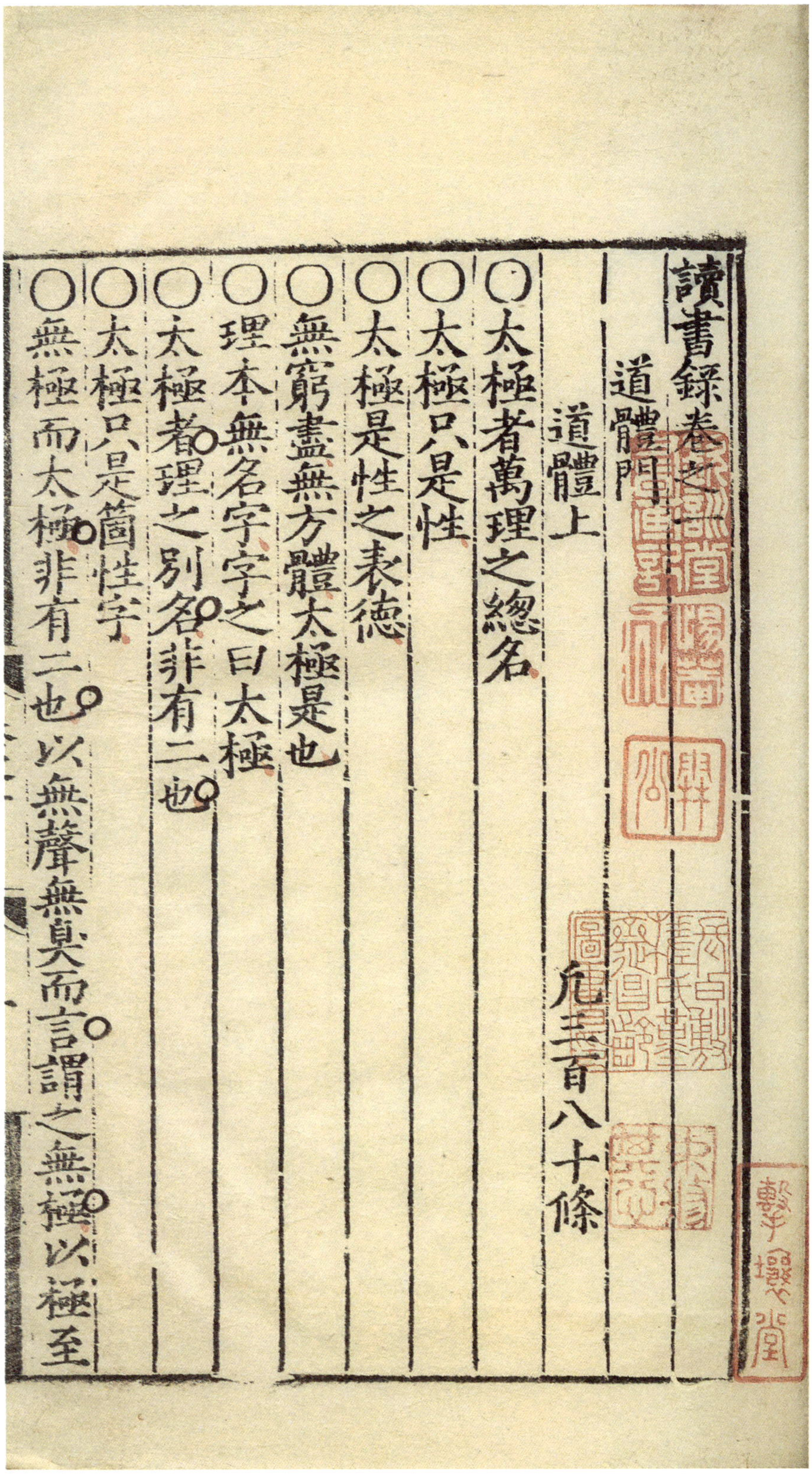
讀書錄卷之一
道體門
道體上
凡三百八十條
○太極者萬理之總名
○太極只是性
○太極是性之表德
○無窮盡無方體太極是也
○理本無名字之曰太極
○太極者理之別名非有二也
○太極只是箇性字
○無極而太極非有二也以無聲無臭而言謂之無極以極至

**08313 讀書録二十四卷** （明）薛瑄撰　明刻本

匡高21.4厘米，廣14.3厘米。半葉十一行，行二十四字，黑口，左右雙邊。北京師範大學圖書館藏。

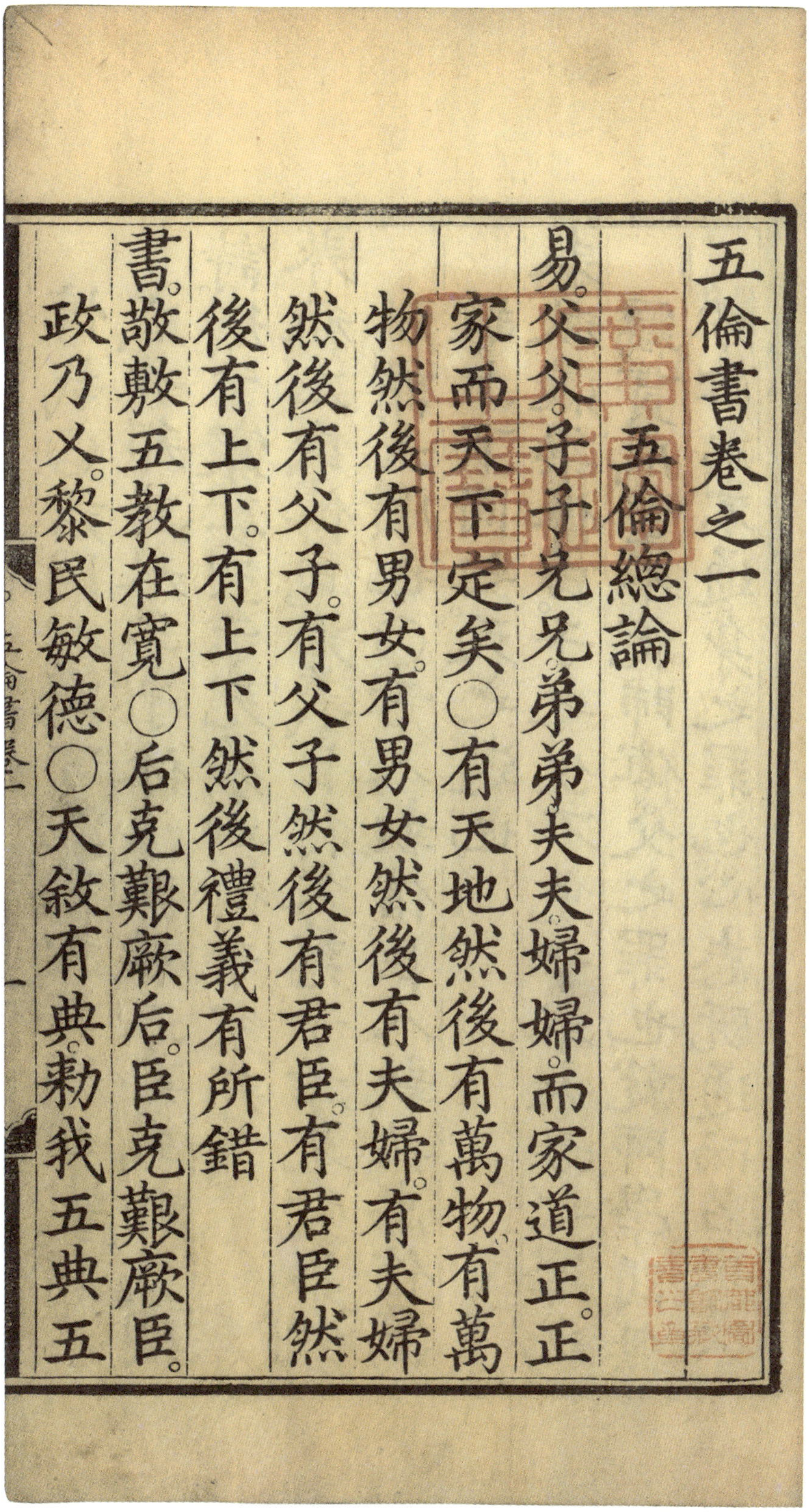

五倫書卷之一

五倫總論

易。父父。子子。兄兄。弟弟。夫夫。婦婦。而家道正。正家而天下定矣○有天地然後有萬物。有萬物然後有男女。有男女然後有夫婦。有夫婦然後有父子。有父子然後有君臣。有君臣然後有上下。有上下然後禮義有所錯

書。敬敷五教在寬○后克艱厥后。臣克艱厥臣。政乃乂。黎民敏德○天敘有典。勑我五典五

五倫書卷之一　一

**08314、08315　五倫書六十二卷**　（明）宣宗朱瞻基撰　明正統十二年（1447）内府刻本

匡高29.5厘米，廣19.3厘米。半葉九行，行十八字，黑口，四周雙邊。有“廣運之寶”等印。首都圖書館、遼寧大學圖書館藏。

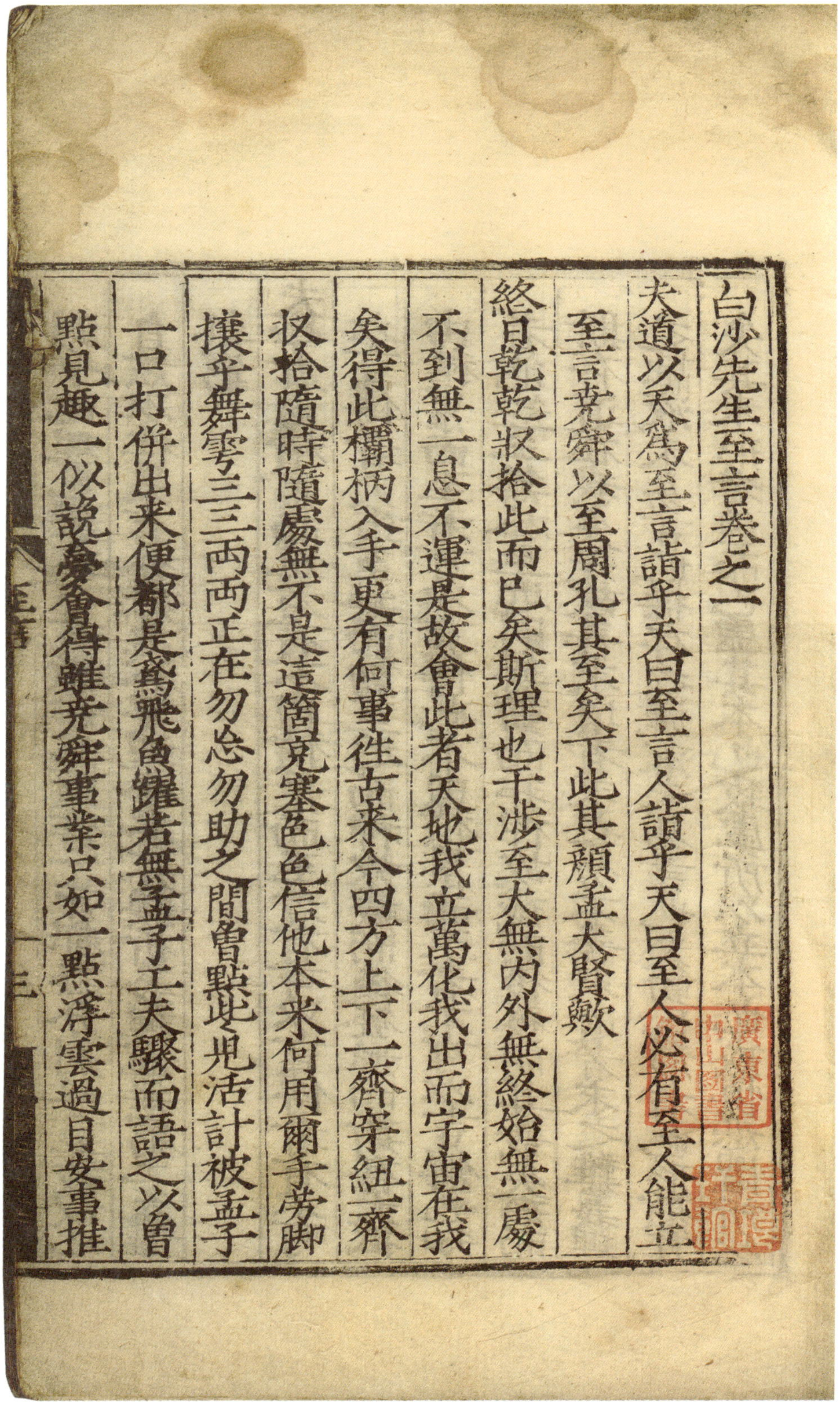
白沙先生至言卷之一
夫道以天爲至言詣乎天曰至言人詣乎天曰至人必有至人能立
至言堯舜以至周孔其至矣下此其顏孟大賢歟
終日乾乾收拾此而已矣斯理也干涉至大無内外無終始無一處
不到無一息不運是故會此者天地我立萬化我出而宇宙在我
矣得此欛柄入手更有何事往古來今四方上下一齊穿紐一齊
收拾隨時隨處無不是這箇充塞色色信他本來何用爾手勞脚
攘乎舞雩三三兩兩正在勿忘勿助之間曾點些兒活計被孟子
一口打併出來便都是鳶飛魚躍若無孟子工夫驟而語之以曾
點見趣一似說夢會得雖堯舜事業只如一點浮雲過目安事推

**08316 白沙先生至言十卷** （明）陳獻章撰　明嘉靖二十六年（1547）刻本

匡高20.4厘米，廣15.1厘米。半葉十行，行二十六字，黑口，四周雙邊。有“青瑯玕館”等印。廣東省立中山圖書館藏。

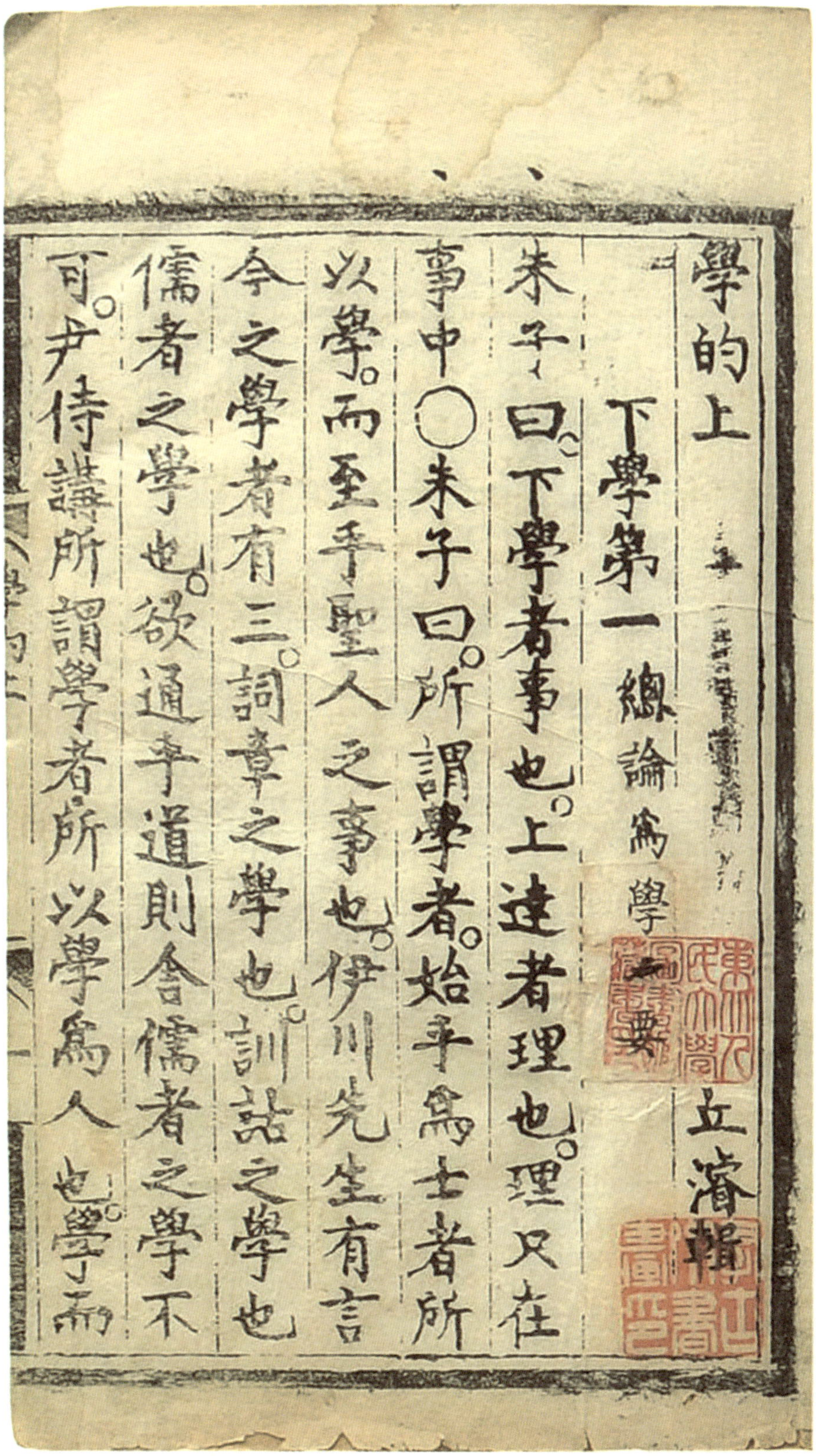
學的上　　丘濬輯
下學第一　總論爲學之要
朱子曰。下學者事也。上達者理也。理只在
事中○朱子曰。所謂學者。始乎爲士者所
以學。而至乎聖人之事也。伊川先生有言
今之學者有三。詞章之學也。訓詁之學也
儒者之學也。欲通乎道則舍儒者之學不
可。尹侍講所謂學者所以學爲人也。學而

**08317 學的二卷** （明）丘濬輯　明刻本

匡高19.7厘米，廣13.2厘米。半葉八行，行十六字，黑口，四周雙邊。吉林大學圖書館藏。

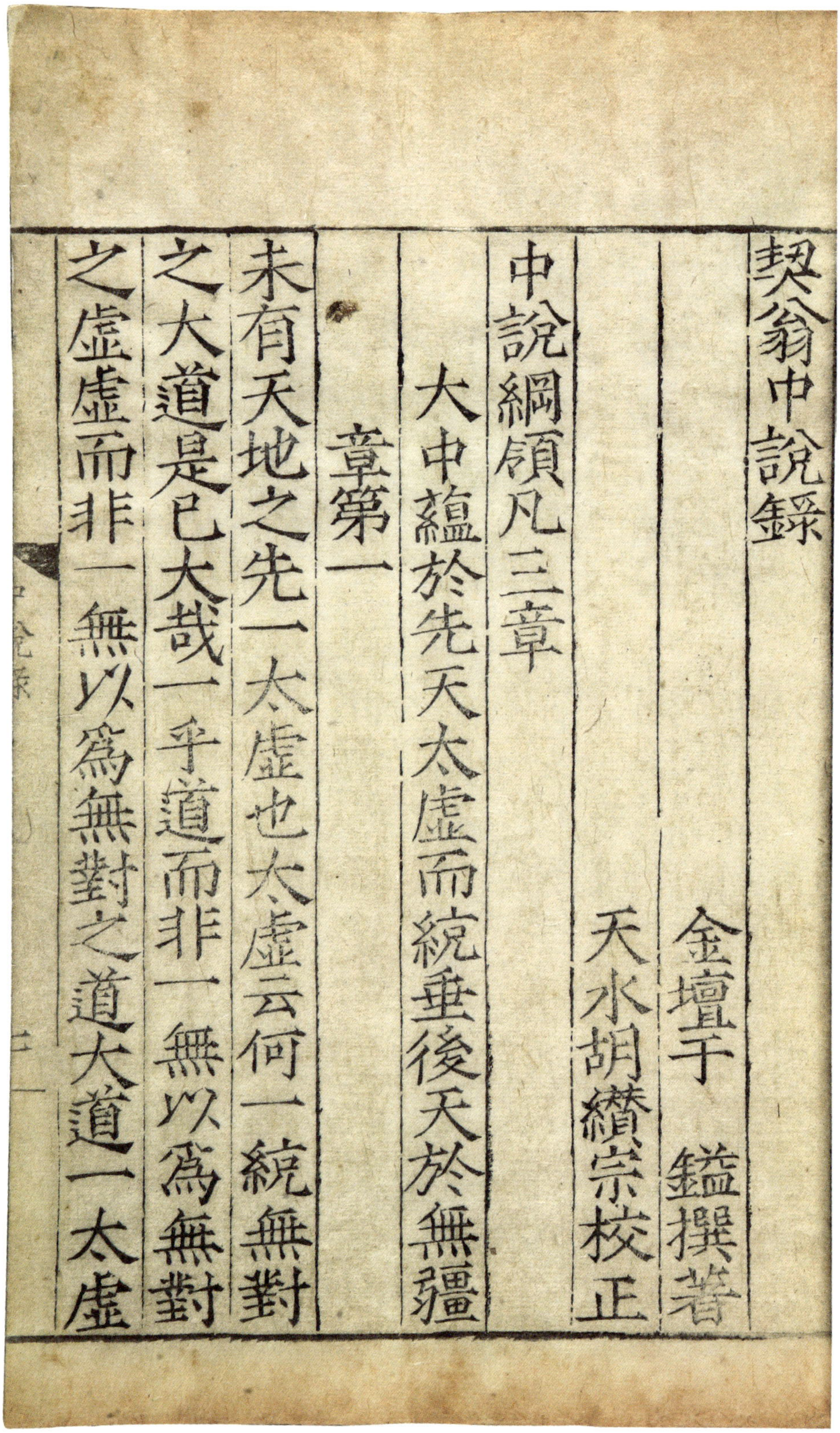
契翁中說録

金壇于　鎰撰著

天水胡纘宗校正

中說綱領凡三章

大中蘊於先天太虛而統垂後天於無疆

章第一

未有天地之先一太虛也太虛云何一統無對之大道是已大哉一乎道而非一無以爲無對之虛虛而非一無以爲無對之道大道一太虛

**08318 契翁中說録二卷**　（明）于鎰撰　明嘉靖十六年（1537）于湛刻藍印本

匡高20.8厘米，廣15.4厘米。半葉九行，行十八字，白口，四周單邊。國家圖書館藏。

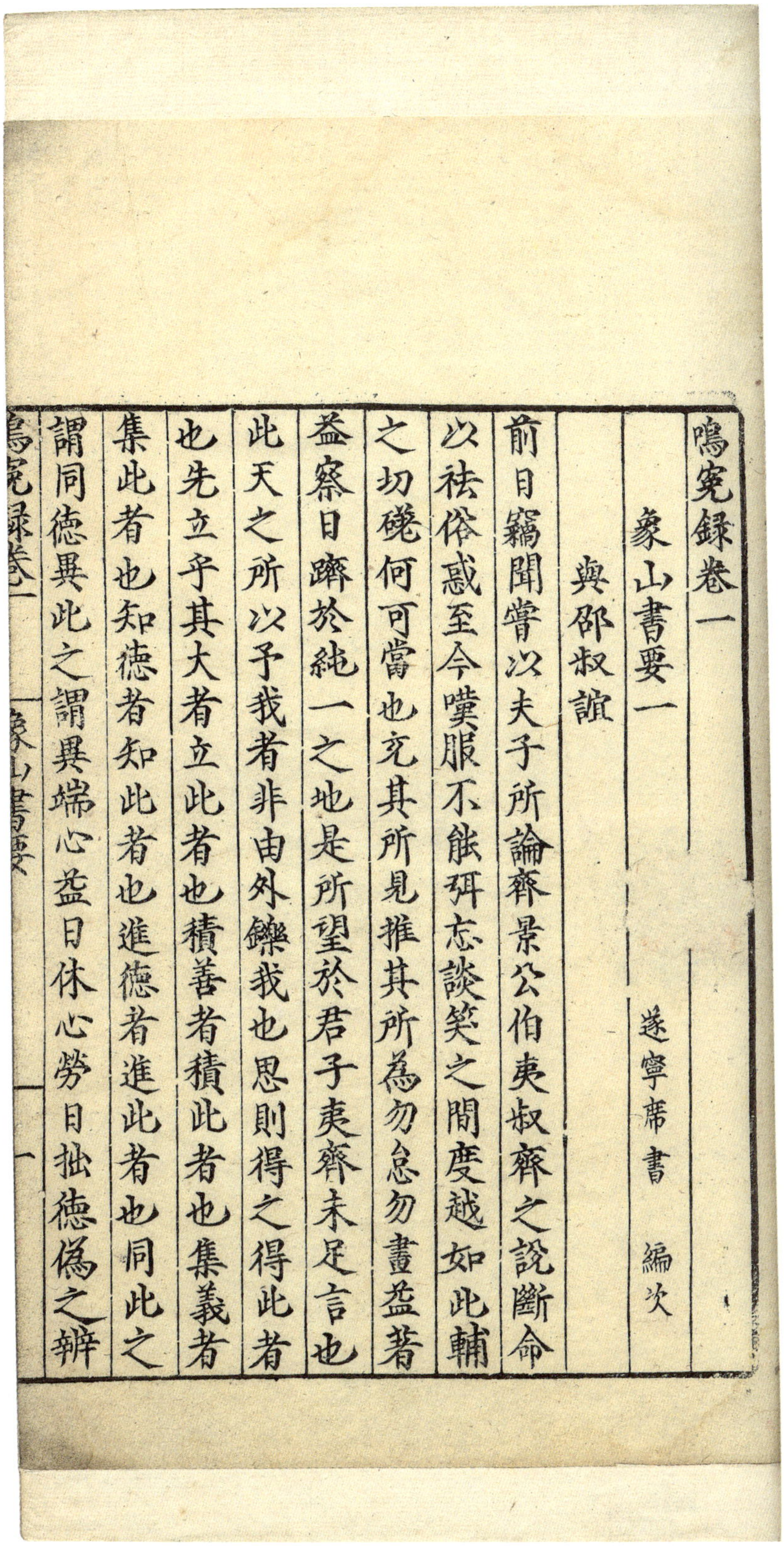
鳴冤録卷一
象山書要一　遂寧席書　編次
與邵叔誼
前日竊聞嘗以夫子所論齊景公伯夷叔齊之說斷命
以祛俗惑至今嘆服不能弭忘談笑之間度越如此輔
之切磋何可當也充其所見推其所為勿怠勿畫益著
益察日躋於純一之地是所望於君子夷齊未足言也
此天之所以予我者非由外鑠我也思則得之得此者
也先立乎其大者立此者也積善者積此者也集義者
集此者也知德者知此者也進德者進此者也同此之
謂同德異此之謂異端心逸日休心勞日拙德僞之辨
鳴冤録卷之一　象山書要　一

**08319　鳴冤録四卷附録一卷**　（明）席書輯　明刻本

匡高18.7厘米，廣14.2厘米。半葉十一行，行二十一字，白口，四周單邊。無錫市圖書館藏。

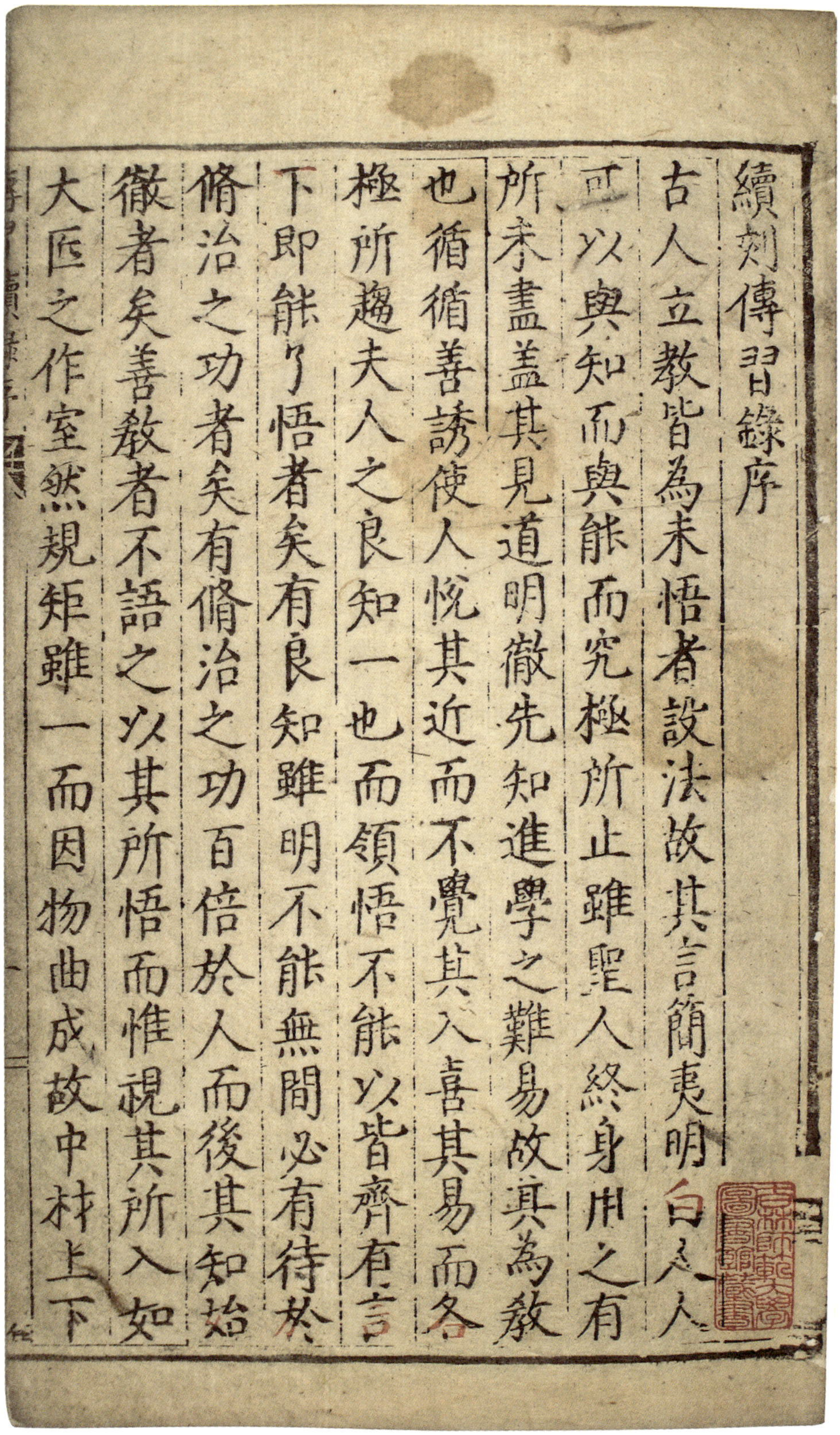
續刻傳習錄序
古人立教皆為未悟者設法故其言簡夷明白人人可以與知而與能而究極所止雖聖人終身用之有所未盡蓋其見道明徹先知進學之難易故其為教也循循善誘使人悅其近而不覺其入喜其易而各極所趨夫人之良知一也而領悟不能以皆齊有言下即能了悟者矣有良知雖明不能無間必有待於脩治之功者矣有脩治之功百倍於人而後其知始徹者矣善教者不語之以其所悟而惟視其所入如大匠之作室然規矩雖一而因物曲成故中材上下

**08320 傳習錄三卷續錄二卷** （明）王守仁撰　明嘉靖三十三年（1554）刻本

匡高21.3厘米，廣14.6厘米。半葉十行，行十八至二十字，白口，四周雙邊。東北師範大學圖書館藏。

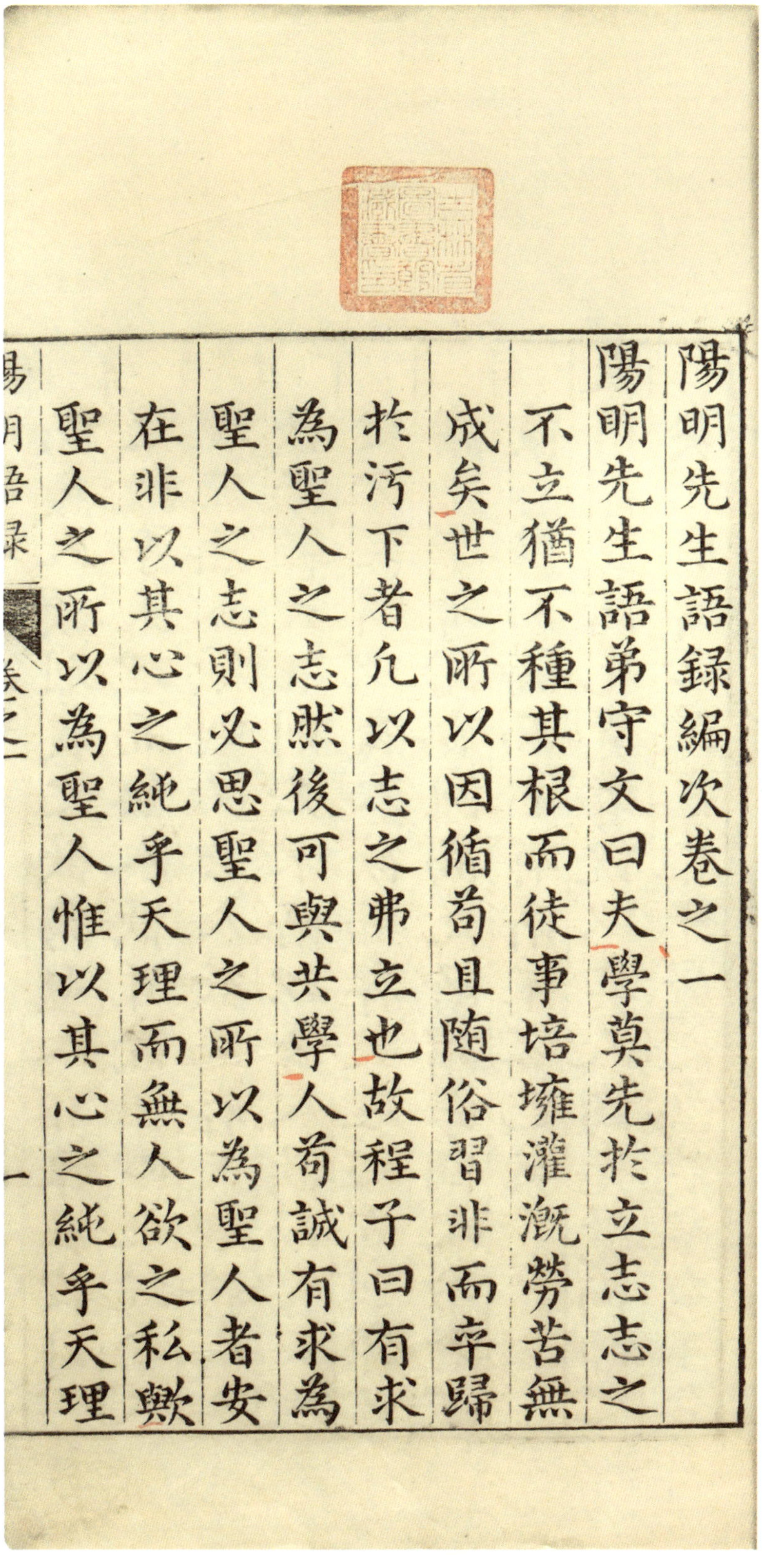
陽明先生語録編次卷之一
陽明先生語弟守文曰夫學莫先於立志志之
不立猶不種其根而徒事培壅灌溉勞苦無
成矣世之所以因循苟且隨俗習非而卒歸
於汚下者凡以志之弗立也故程子曰有求
為聖人之志然後可與共學人苟誠有求為
聖人之志則必思聖人之所以為聖人者安
在非以其心之純乎天理而無人欲之私歟
聖人之所以為聖人惟以其心之純乎天理
陽明語録　卷之一　一

**08321 陽明先生語録三卷**　（明）胡嘉棟輯　明萬曆三十一年（1603）刻本

匡高22.3厘米，廣14.8厘米。半葉九行，行十八字，白口，四周單邊。吉林省圖書館藏。

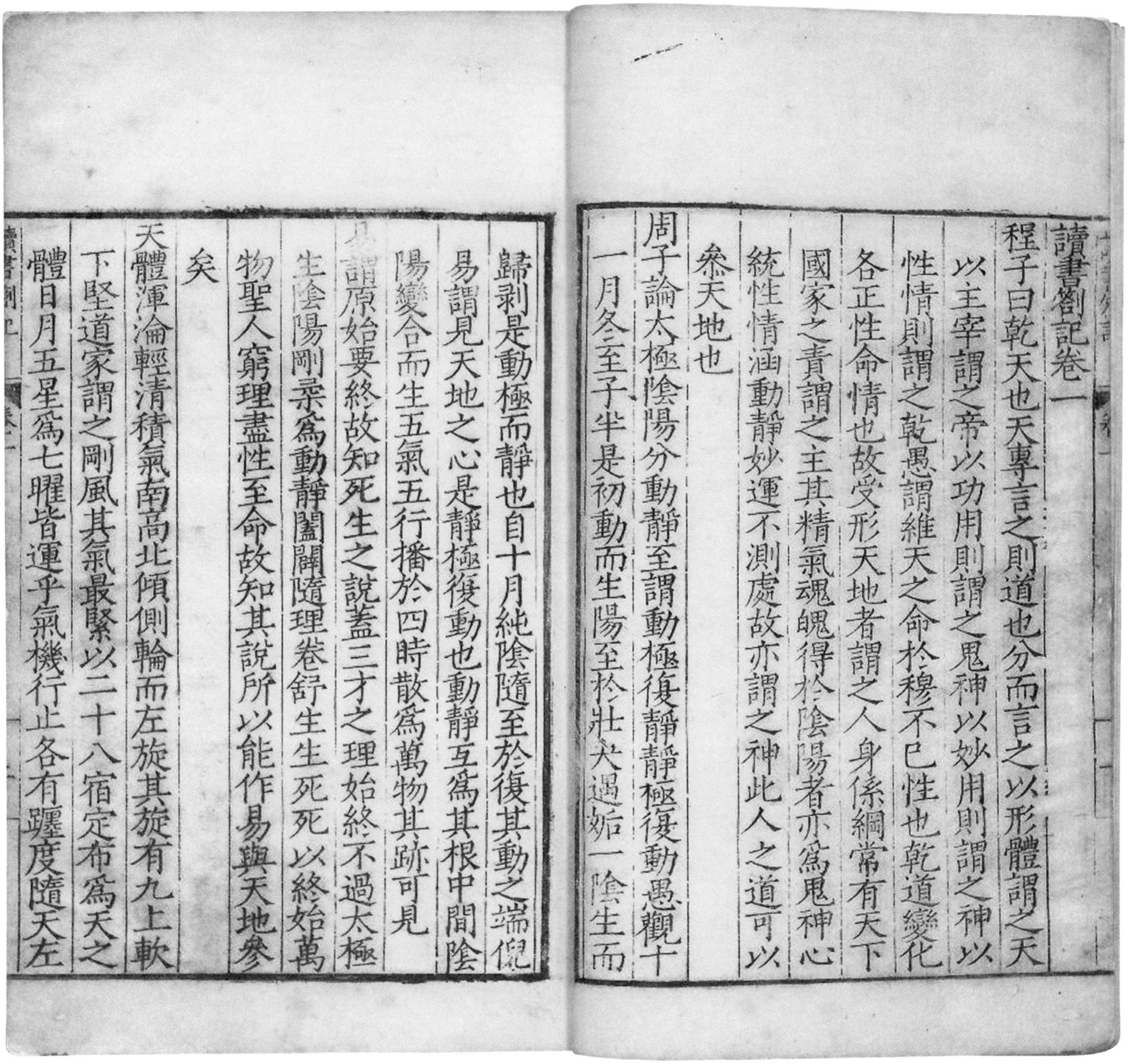

讀書劄記卷一
程子曰乾天也天專言之則道也分而言之以形體謂之天以主宰謂之帝以功用則謂之鬼神以妙用則謂之神以性情則謂之乾愚謂維天之命於穆不已性也乾道變化各正性命情也故受形天地者謂之人身係綱常有天下國家之責謂之主其精氣魂魄得於陰陽者亦爲鬼神心統性情涵動静妙運不測處故亦謂之神此人之道可以叅天地也
周子論太極陰陽分動静至謂動極復静静極復動愚觀十一月冬至子半是初動而生陽至於壯大過姤一陰生而歸剥是動極而静也自十月純陰隨至於復其動之端倪易謂見天地之心是静極復動也動静互爲其根中間陰陽變合而生五氣五行播於四時散爲萬物其跡可見易謂原始要終故知死生之説蓋三才之理始終不過太極生陰陽剛柔爲動静闔闢隨理卷舒生生死死以終始萬物聖人窮理盡性至命故知其説所以能作易與天地參矣
天體渾淪輕清積氣南高北傾側輪而左旋其旋有九上軟下堅道家謂之剛風其氣最緊以二十八宿定布爲天之體日月五星爲七曜皆運乎氣機行止各有躔度隨天左

**08322 讀書劄記八卷** （明）徐問撰　明嘉靖十三年（1534）刻本

匡高19.9厘米，廣13.9厘米。半葉十行，行二十三字，白口，左右雙邊。重慶圖書館藏。

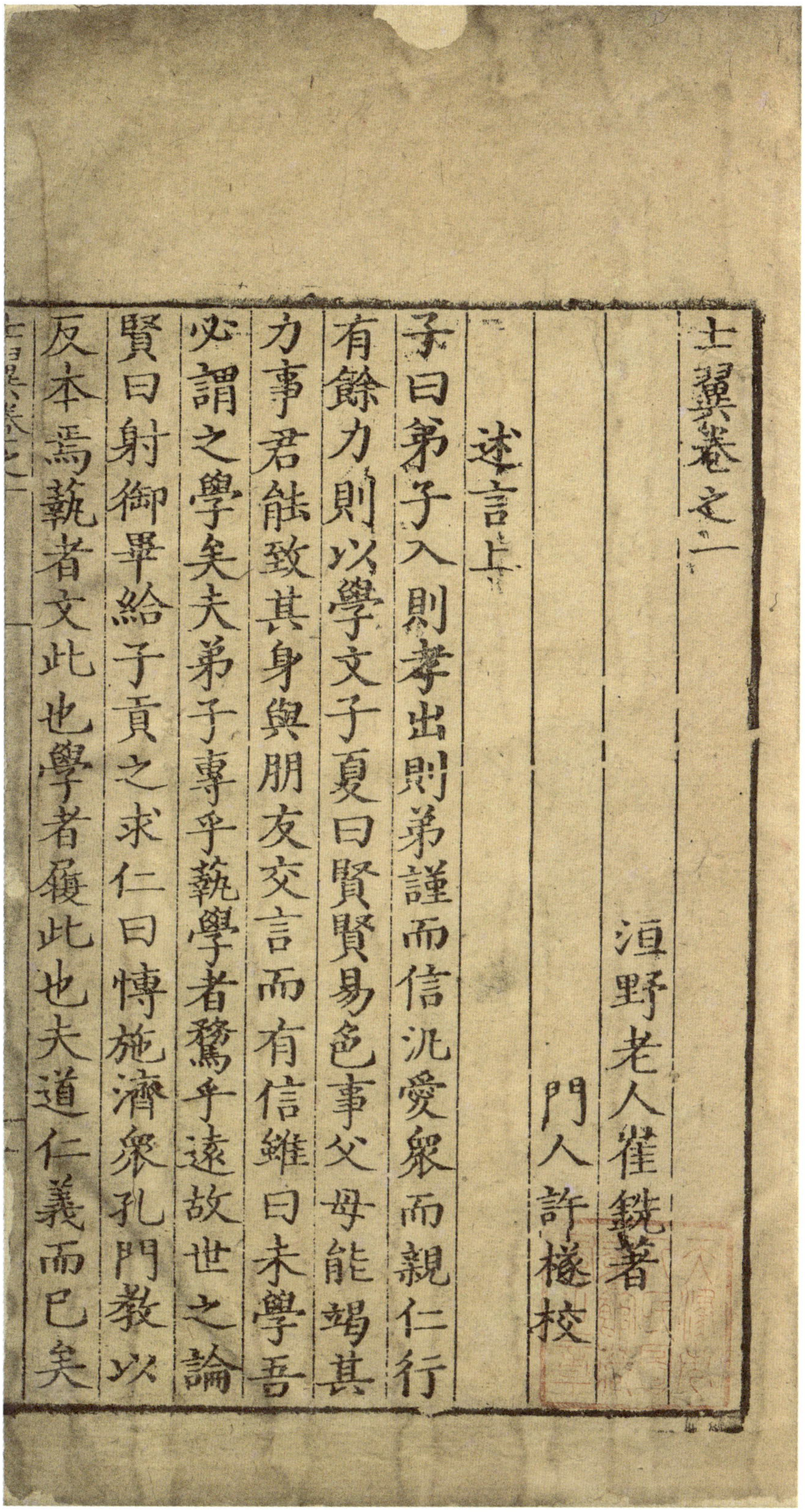
士翼卷之一
洹野老人崔銑著
門人許檖校
述言上
子曰弟子入則孝出則弟謹而信汎愛衆而親仁行有餘力則以學文子夏曰賢賢易色事父母能竭其力事君能致其身與朋友交言而有信雖曰未學吾必謂之學矣夫弟子專乎執學者騖乎遠故世之論賢曰射御畢給子貢之求仁曰博施濟衆孔門教以反本焉執者文此也學者履此也夫道仁義而已矣

**08323 士翼四卷** （明）崔銑撰　明嘉靖十四年（1535）刻本

匡高15.6厘米，廣13.2厘米。半葉十行，行二十字，小字雙行同，白口，四周單邊。天津圖書館藏。

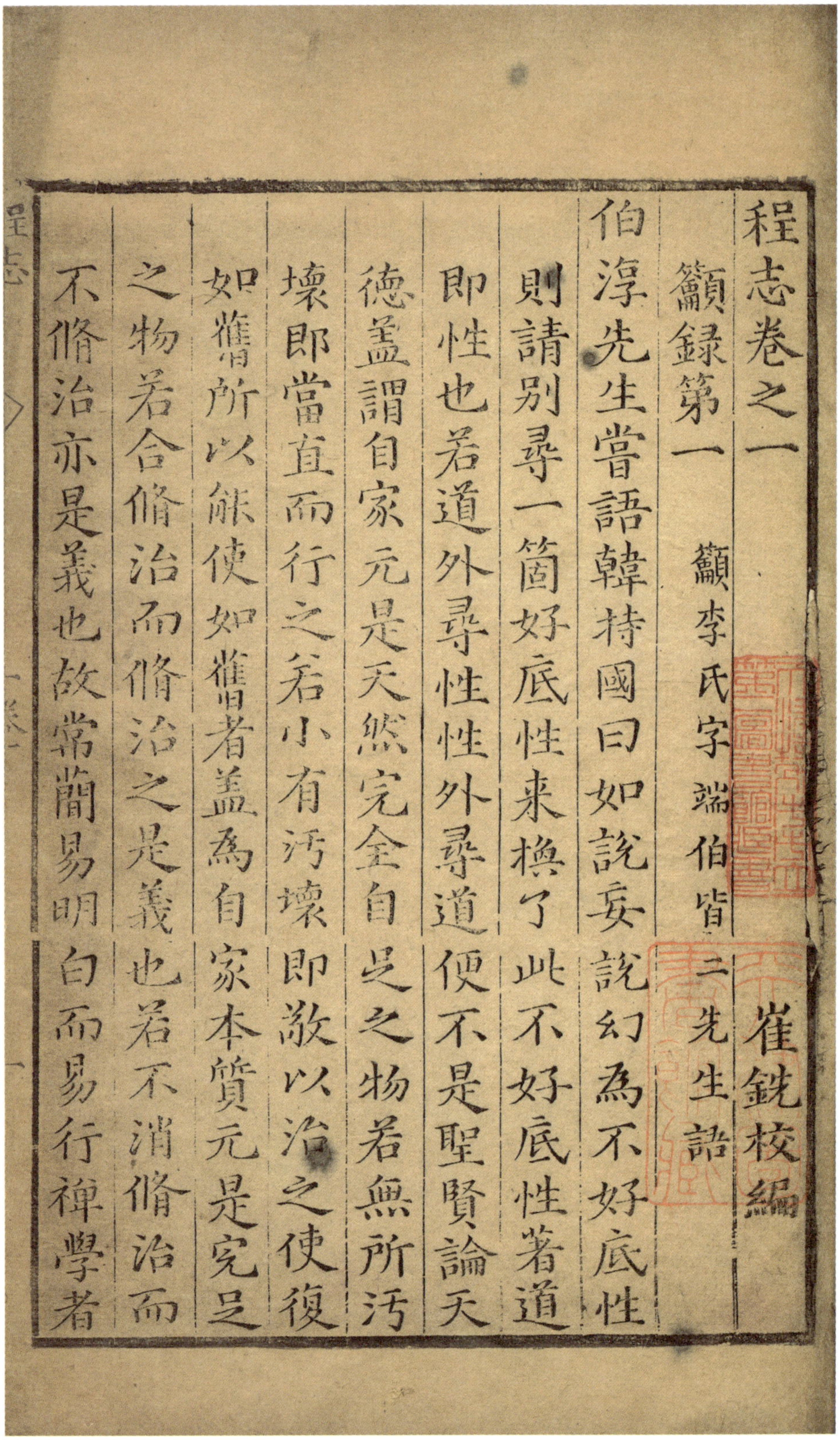
程志卷之一　　崔銑校編
籲録第一　籲李氏字端伯皆二先生語
伯淳先生嘗語韓持國曰如說妄說幻為不好底性
則請別尋一箇好底性來換了此不好底性著道
即性也若道外尋性性外尋道便不是聖賢論天
德蓋謂自家元是天然完全自足之物若無所污
壞即當直而行之若小有污壞即敬以治之使復
如舊所以能使如舊者蓋為自家本質元是完足
之物若合脩治而脩治之是義也若不消脩治而
不脩治亦是義也故常簡易明白而易行禪學者

**08324-08326 程志十卷**　（明）崔銑撰　明嘉靖刻本

匡高20.4厘米，廣13.5厘米。半葉十行，行二十字，白口，四周單邊。天津圖書館、河北大學圖書館、蘇州圖書館藏。

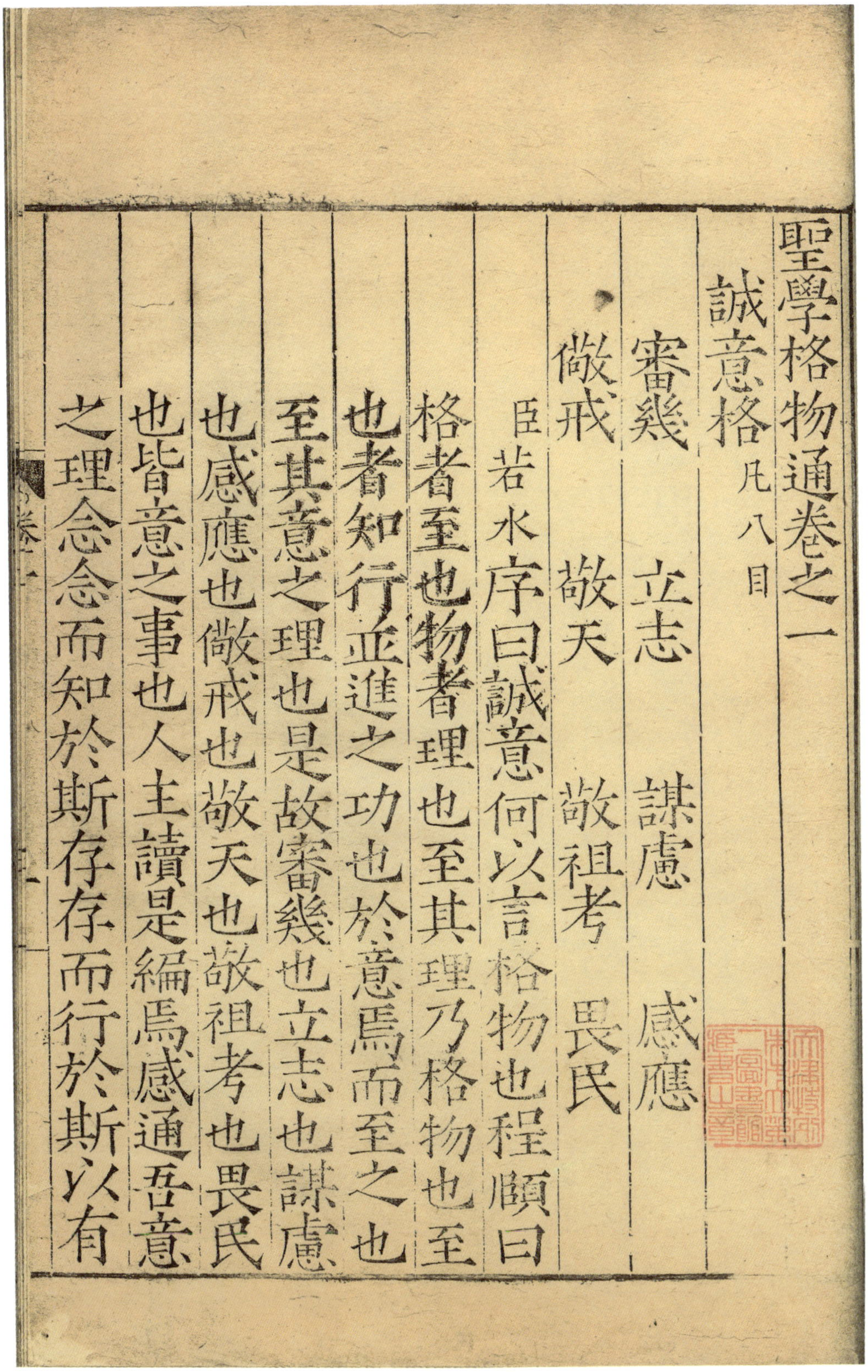
聖學格物通卷之一
誠意格 凡八目
審幾 立志 謀慮 感應
儆戒 敬天 敬祖考 畏民
臣若水序曰誠意何以言格物也程頤曰
格者至也物者理也至其理乃格物也至
也者知行並進之功也於意焉而至之也
至其意之理也是故審幾也立志也謀慮
也感應也儆戒也敬天也敬祖考也畏民
也皆意之事也人主讀是編焉感通吾意
之理念念而知於斯存存而行於斯以有

**08327-08329 聖學格物通一百卷** （明）湛若水撰 明嘉靖十二年（1533）陳陞刻本

匡高25.5厘米，廣19.7厘米。半葉十一行，行十九字，白口，左右雙邊。中共中央黨校圖書館、天津圖書館、廈門市圖書館藏。

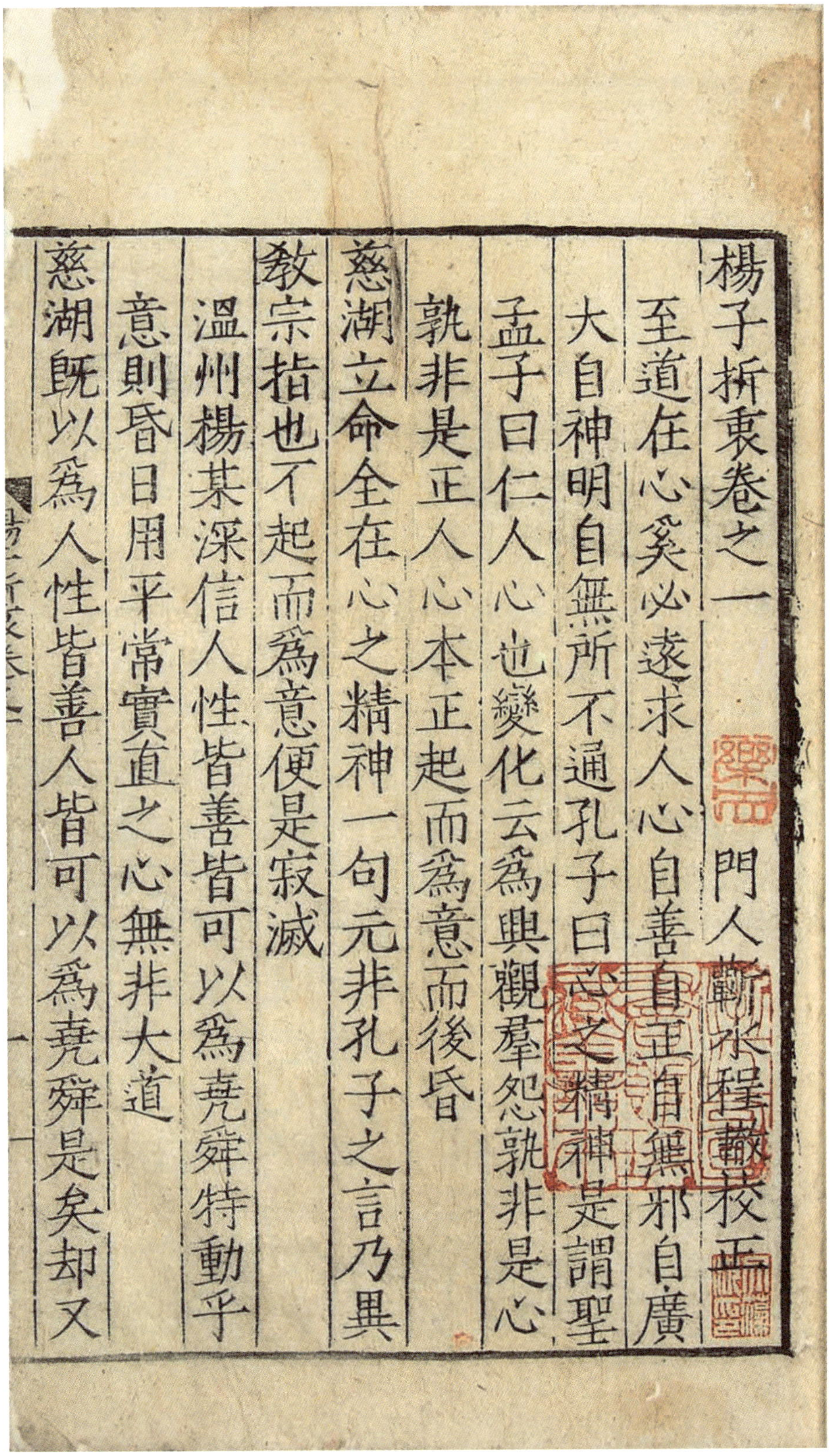

楊子折衷卷之一　門人蘄水程爀校正
至道在心奚必遠求人心自善自正自無邪自廣
大自神明自無所不通孔子曰心之精神是謂聖
孟子曰仁人心也變化云爲與觀羣怨孰非是心
孰非是正人心本正起而爲意而後昏
慈湖立命全在心之精神一句元非孔子之言乃異
教宗指也不起而爲意便是寂滅
溫州楊某深信人性皆善皆可以爲堯舜特動乎
意則昏日用平常實直之心無非大道
慈湖既以爲人性皆善人皆可以爲堯舜是矣却又

**08330 楊子折衷六卷**　（明）湛若水撰　明嘉靖葛澗刻本

匡高20.8厘米，廣14.5厘米。半葉十行，行二十字，白口，四周單邊。浙江圖書館藏。

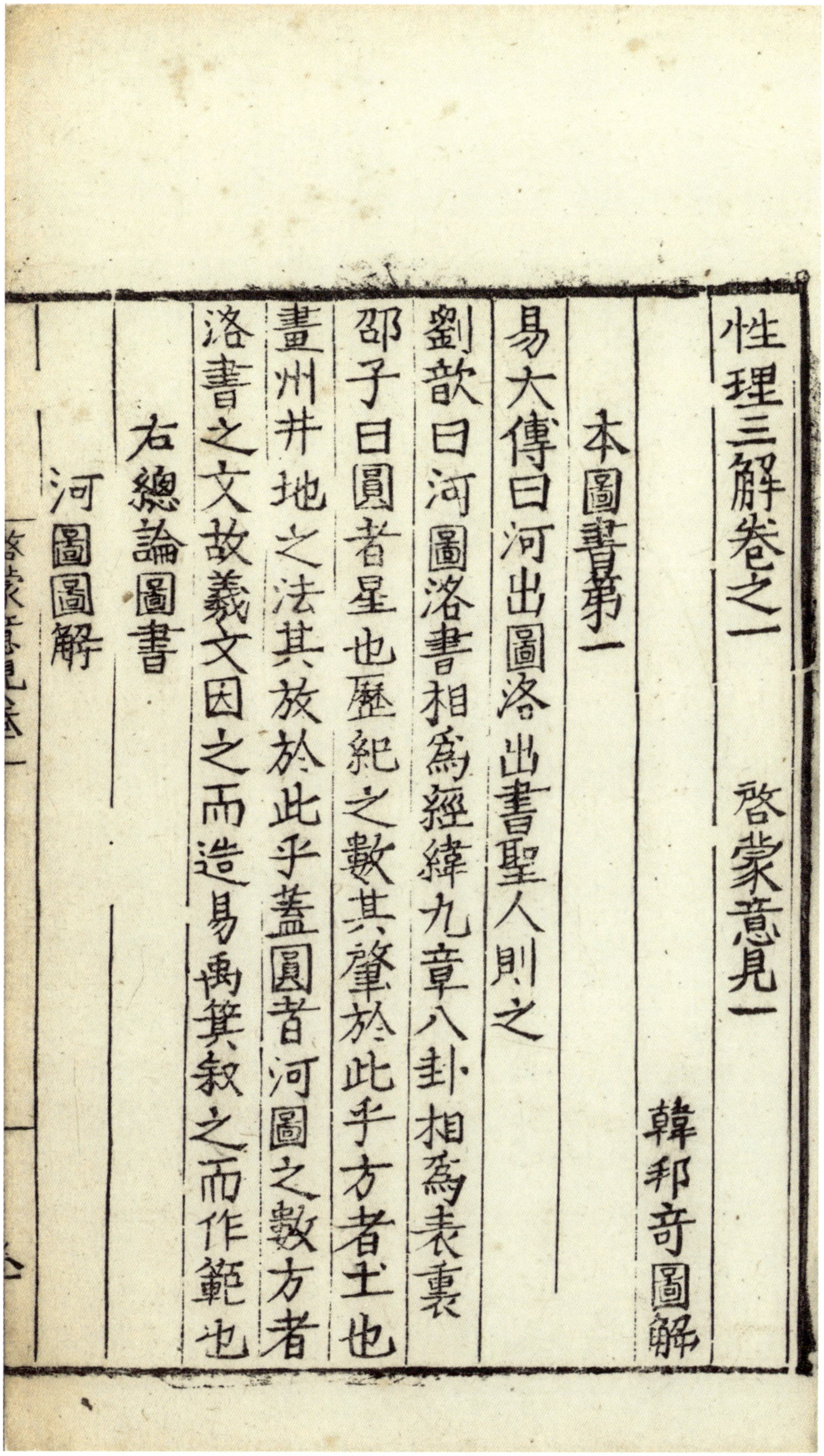
性理三解卷之一　　啓蒙意見一
韓邦奇圖解
本圖書第一
易大傳曰河出圖洛出書聖人則之
劉歆曰河圖洛書相爲經緯九章八卦相爲表裏
邵子曰圓者星也歷紀之數其肇於此乎方者土也
畫州井地之法其放於此乎蓋圓者河圖之數方者
洛書之文故羲文因之而造易禹箕叙之而作範也
右總論圖書
河圖圖解

**08331 性理三解七卷** （明）韓邦奇撰　明嘉靖十九年（1540）樊得仁刻本

匡高17.8厘米，廣13.4厘米。半葉十行，行二十字，白口，左右雙邊。故宫博物院藏。

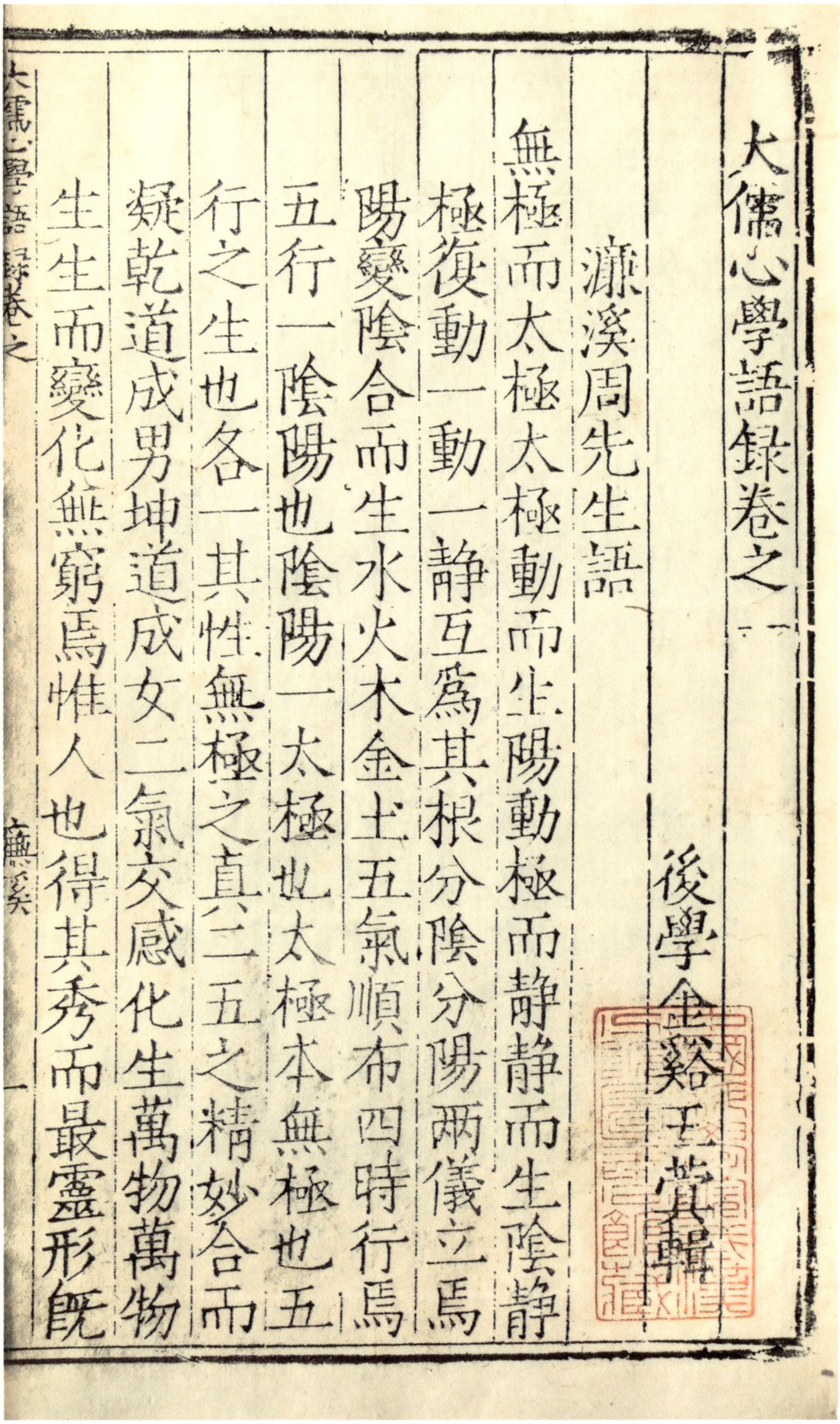
大儒心學語録卷之一

後學金谿王蓂輯

濂溪周先生語

無極而太極太極動而生陽動極而靜靜而生陰靜
極復動一動一靜互爲其根分陰分陽兩儀立焉
陽變陰合而生水火木金土五氣順布四時行焉
五行一陰陽也陰陽一太極也太極本無極也五
行之生也各一其性無極之真二五之精妙合而
凝乾道成男坤道成女二氣交感化生萬物萬物
生生而變化無窮焉惟人也得其秀而最靈形既

大儒心學語録卷之一　濂溪　一

**08332 大儒心學語録二十七卷** （明）王蓂輯　明嘉靖二十八年（1549）撫州儒學刻本

匡高21.3厘米，廣13.1厘米。半葉十行，行二十一字，白口，四周雙邊。湖北省圖書館藏。

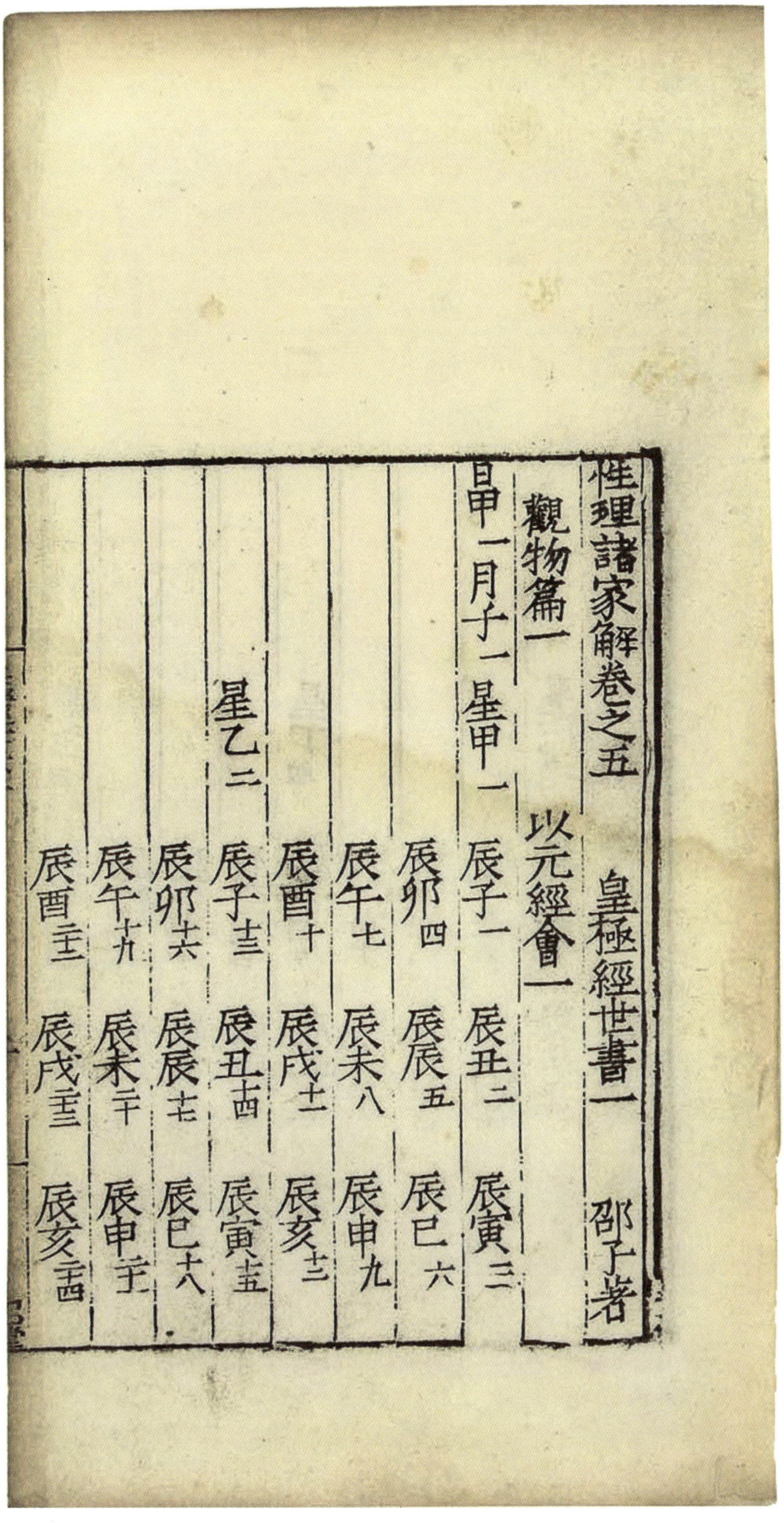
性理諸家解卷之五　皇極經世書一　邵子著
觀物篇一　以元經會一
日甲一月子一星甲一　辰子一　辰丑二　辰寅三
辰卯四　辰辰五　辰巳六
辰午七　辰未八　辰申九
辰酉十　辰戌十一　辰亥十二
星乙二　辰子十三　辰丑十四　辰寅十五
辰卯十六　辰辰十七　辰巳十八
辰午十九　辰未二十　辰申二十一
辰酉二十二　辰戌二十三　辰亥二十四

**08333 性理諸家解三十四卷**　（明）楊維聰輯　明嘉靖十五年（1536）楊維聰、高叔嗣等刻本

匡高18.1厘米，廣13.5厘米。半葉十行，行二十字，白口，左右雙邊。浙江圖書館藏，存二十九卷。

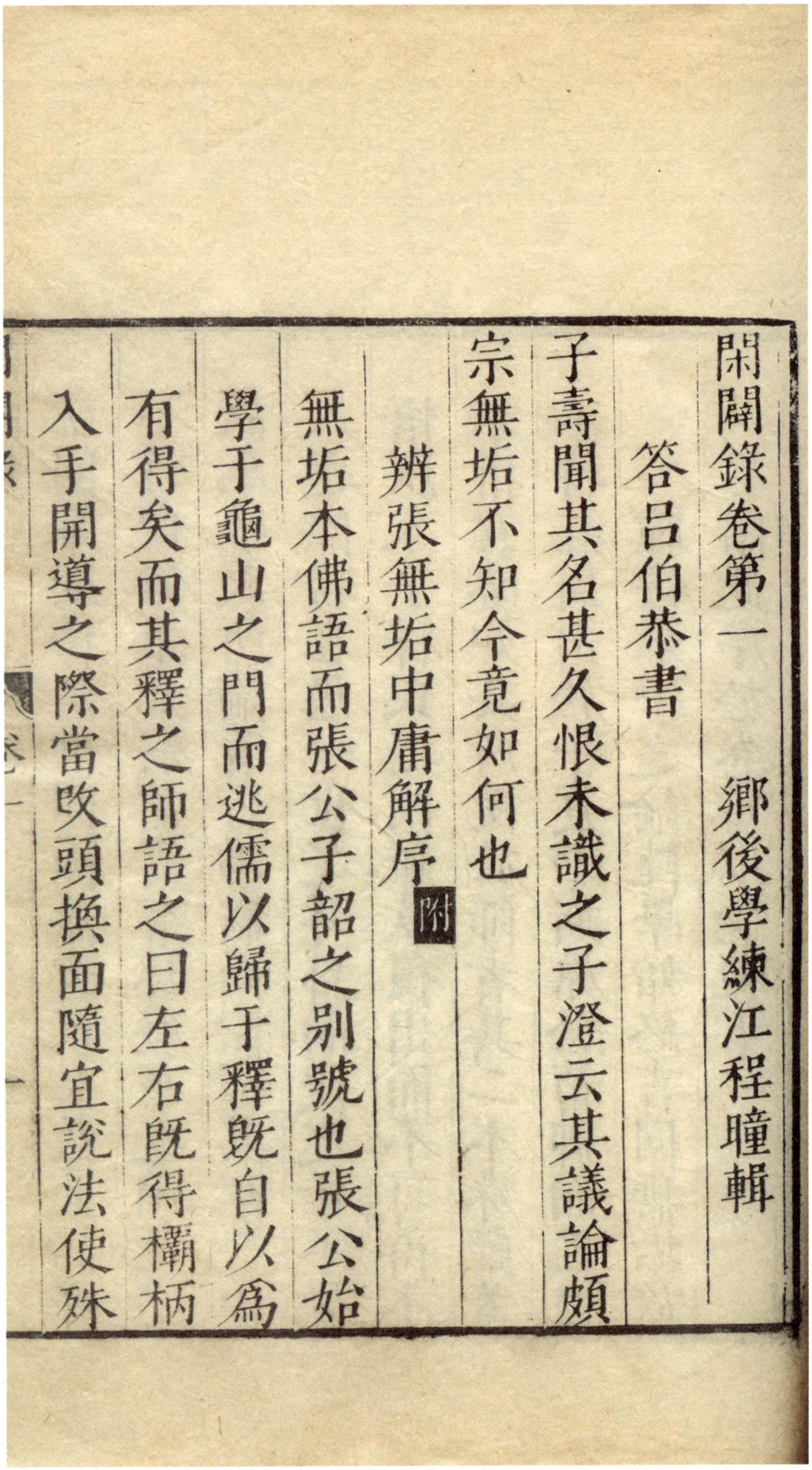

閑闢錄卷第一　　鄉後學練江程曈輯

答吕伯恭書

子壽聞其名甚久恨未識之子澄云其議論頗宗無垢不知今竟如何也

辨張無垢中庸解序 附

無垢本佛語而張公子韶之别號也張公始學于龜山之門而逃儒以歸于釋既自以爲有得矣而其釋之師語之曰左右既得欛柄入手開導之際當改頭換面隨宜説法使殊

**08334、08335 閑闢錄十卷**（明）程曈撰　明嘉靖四十三年（1564）程纘洛刻本

匡高17.8厘米，廣13.9厘米。半葉九行，行十八字，白口，左右雙邊。北京師範大學圖書館、吉林大學圖書館藏。

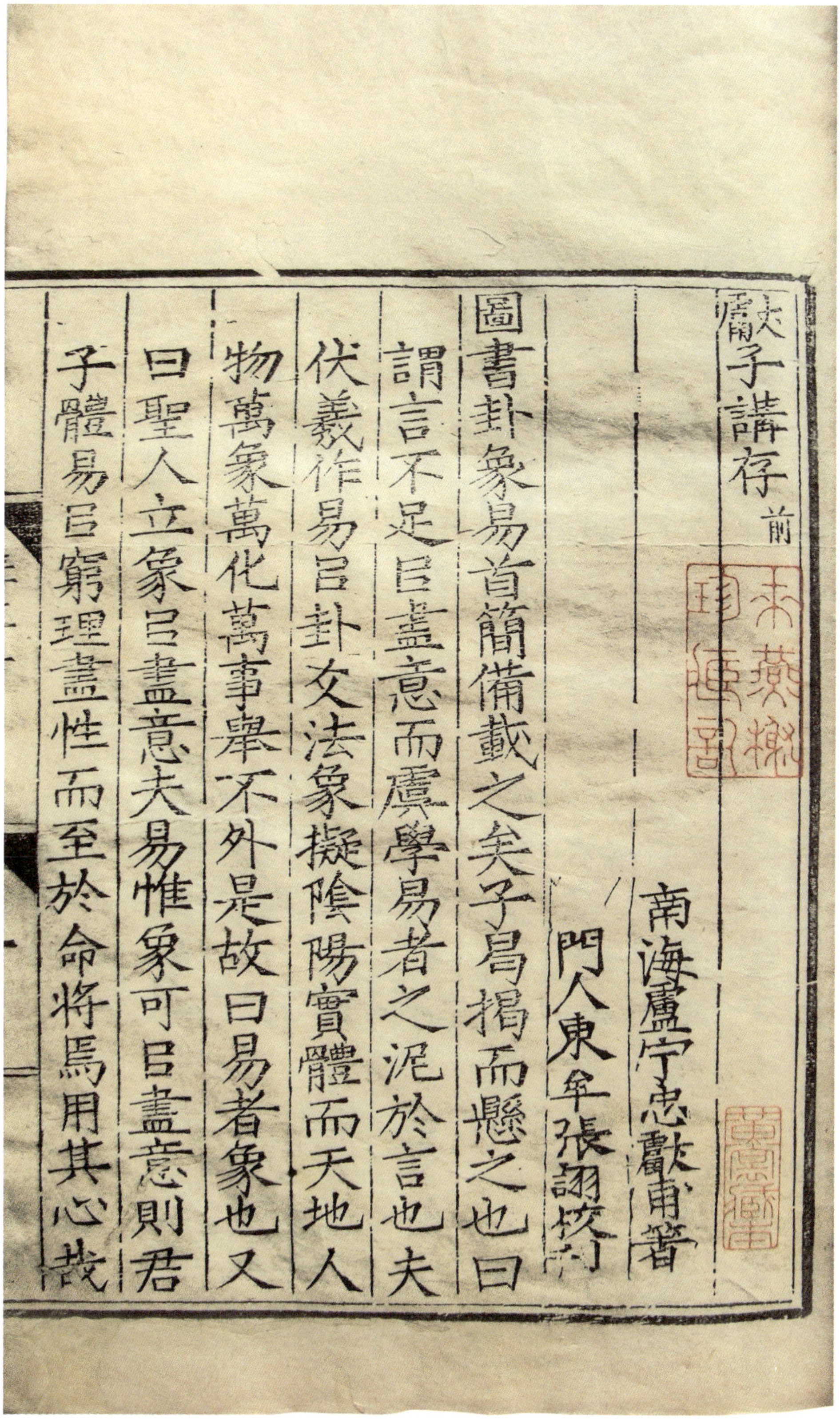
獻子講存 前
南海盧寧忠獻甫著
門人東牟張詡校刊
圖書卦象易首簡備載之矣子曷揭而懸之也曰
謂言不足以盡意而虞學易者之泥於言也夫
伏羲作易以卦爻法象擬陰陽實體而天地人
物萬象萬化萬事舉不外是故曰易者象也又
曰聖人立象以盡意夫易惟象可以盡意則君
子體易以窮理盡性而至於命將焉用其心哉

**08336 獻子講存二卷** （明）盧寧撰　明嘉靖三十九年（1560）張詡刻本

匡高18.9厘米，廣14.4厘米。半葉九行，行十九字，白口，四周雙邊。有“黃裳藏本”等印。黃裳跋。中國人民大學圖書館藏，存一卷。

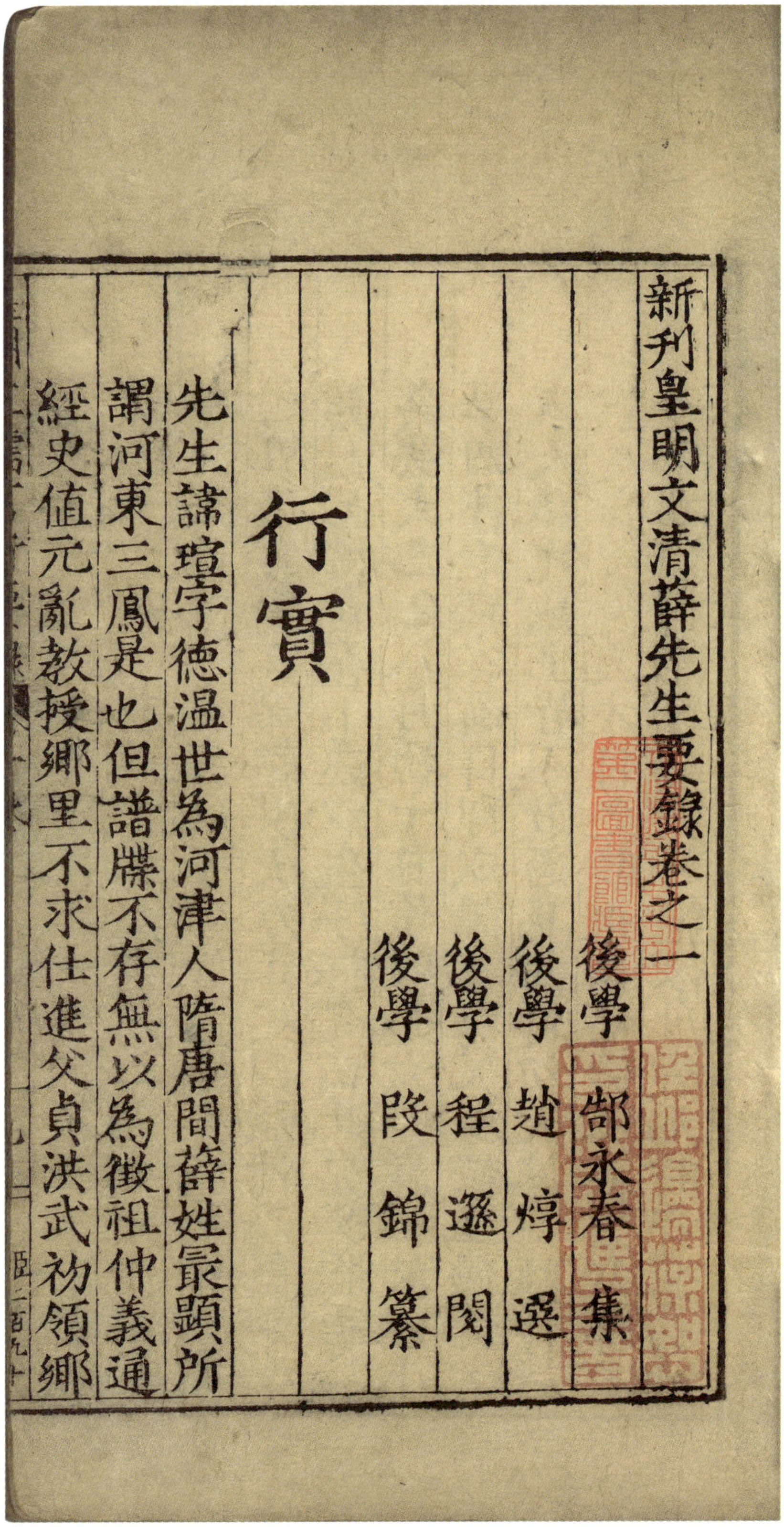

新刊皇明文清薛先生要錄卷之一
後學 郜永春 集
後學 趙 焞 選
後學 程 遜 閱
後學 段 錦 纂

行實

先生諱瑄字德溫世為河津人隋唐間薛姓最顯所
謂河東三鳳是也但譜牒不存無以為徵祖仲義通
經史值元亂教授鄉里不求仕進父貞洪武初領鄉

**08337 皇明三儒言行要錄十四卷** （明）郜永春等輯　明隆慶二年（1568）刻本

匡高20.3厘米，廣12.6厘米。半葉十行，行二十二字，白口，四周雙邊。天津圖書館藏。

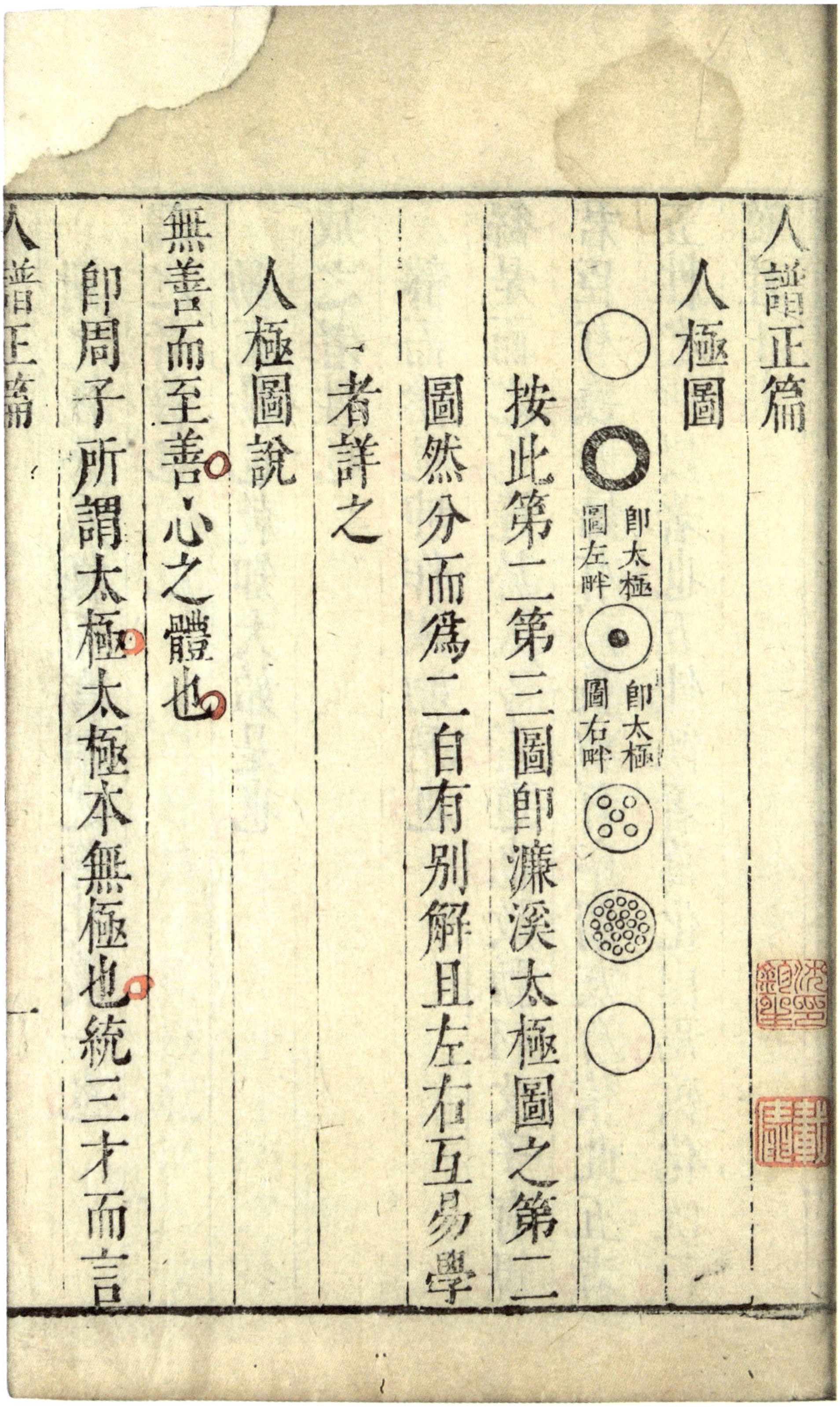
人譜正篇
人極圖
即太極圖左畔 即太極圖右畔
按此第一第三圖即濂溪太極圖之第一圖然分而為二自有别解且左右互易學者詳之
人極圖說
無善而至善心之體也
即周子所謂太極太極本無極也統三才而言
人譜正篇 一

**08338 人譜一卷續篇二卷** （明）劉宗周撰　清順治刻藍印本

匡高19.8厘米，廣14.2厘米。半葉九行，行十九字，白口，左右雙邊。國家圖書館藏。

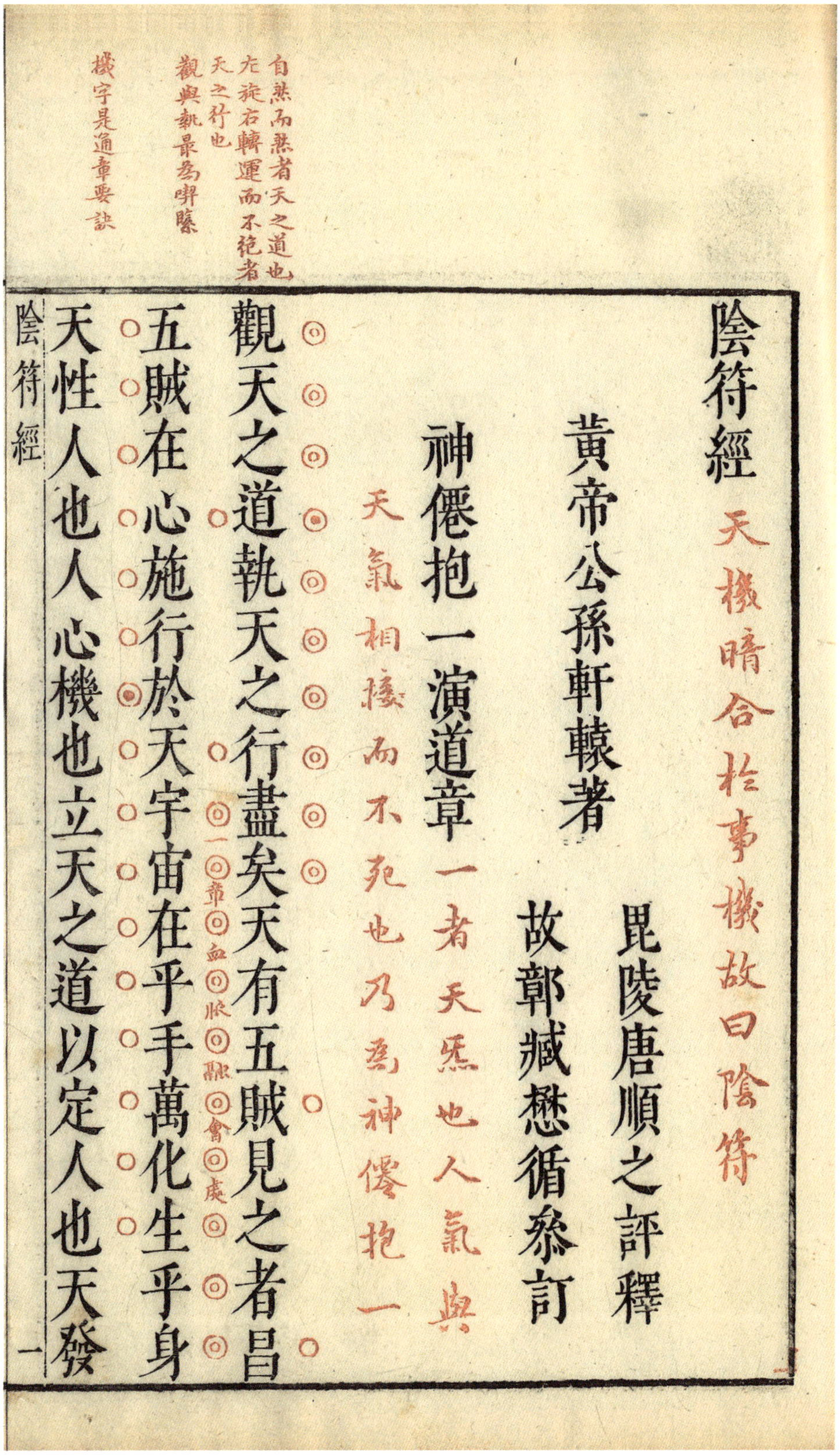
機字是通章要訣
觀與執最爲喫緊
左旋右轉運而不絕者天之行也
自然而然者天之道也

陰符經 天機暗合於事機故曰陰符
毘陵唐順之評釋
黃帝公孫軒轅著 故鄣臧懋循叅訂
神僊抱一演道章 一者天炁也人氣與天氣相接而不死也乃爲神僊抱一
觀天之道執天之行盡矣天有五賊見之者昌
一章血脈聯會處
五賊在心施行於天宇宙在乎手萬化生乎身
天性人也人心機也立天之道以定人也天發
陰符經 一

**08339 兵垣四編四卷附四卷** （明）閔聲編　明天啓元年（1621）閔氏刻套印本

匡高20.3厘米，廣14.6厘米。半葉八行，行十八字，白口，四周單邊。故宮博物院藏。

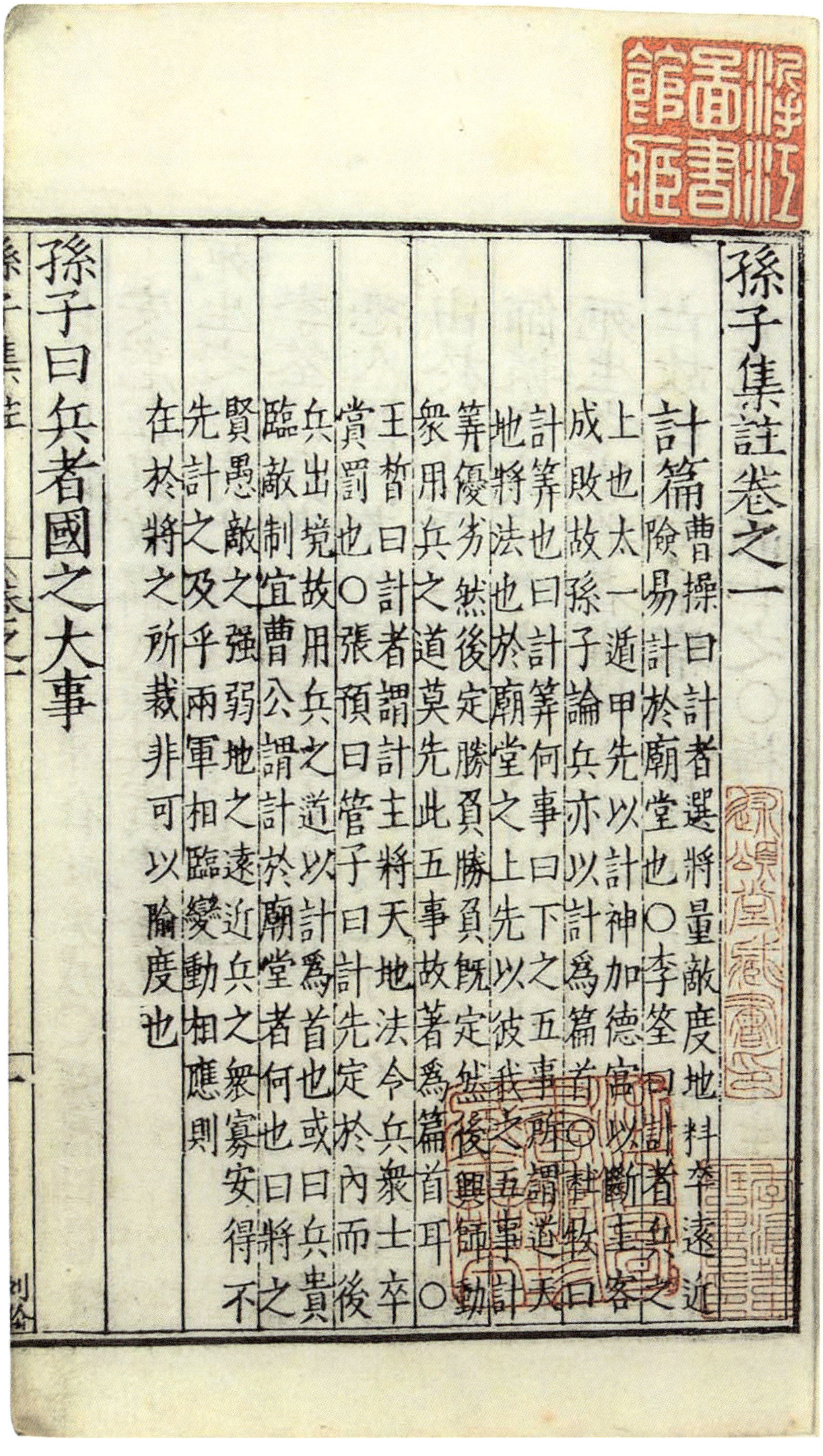
浙江圖書館藏
孫子集註卷之一
計篇曹操曰計者選將量敵度地料卒遠近險易計於廟堂也○李筌曰計者兵之上也太一遁甲先以計神加德宮以斷主客成敗故孫子論兵亦以計爲篇首○杜牧曰計筭也曰計筭何事曰下之五事所謂道天地將法也於廟堂之上先以彼我之五事計筭優劣然後定勝負勝負既定然後興師動衆用兵之道莫先此五事故著爲篇首耳○王晳曰計者謂計主將天地法令兵衆士卒賞罰也○張預曰管子曰計先定於內而後兵出境故用兵之道以計爲首也或曰兵貴臨敵制宜曹公謂計於廟堂者何也曰將之賢愚敵之強弱地之遠近兵之衆寡安得不先計之及乎兩軍相臨變動相應則在於將之所裁非可以隃度也
孫子曰兵者國之大事
孫子集註 卷之一 一

**08340 孫子集註十三卷** （漢）曹操 （唐）杜牧等撰 明嘉靖三十四年（1555）談愷刻本

匡高20.6厘米，廣14.5厘米。半葉十行，行二十字，小字雙行同，白口，四周雙邊。有“季滄葦藏書印”等印。浙江圖書館藏。

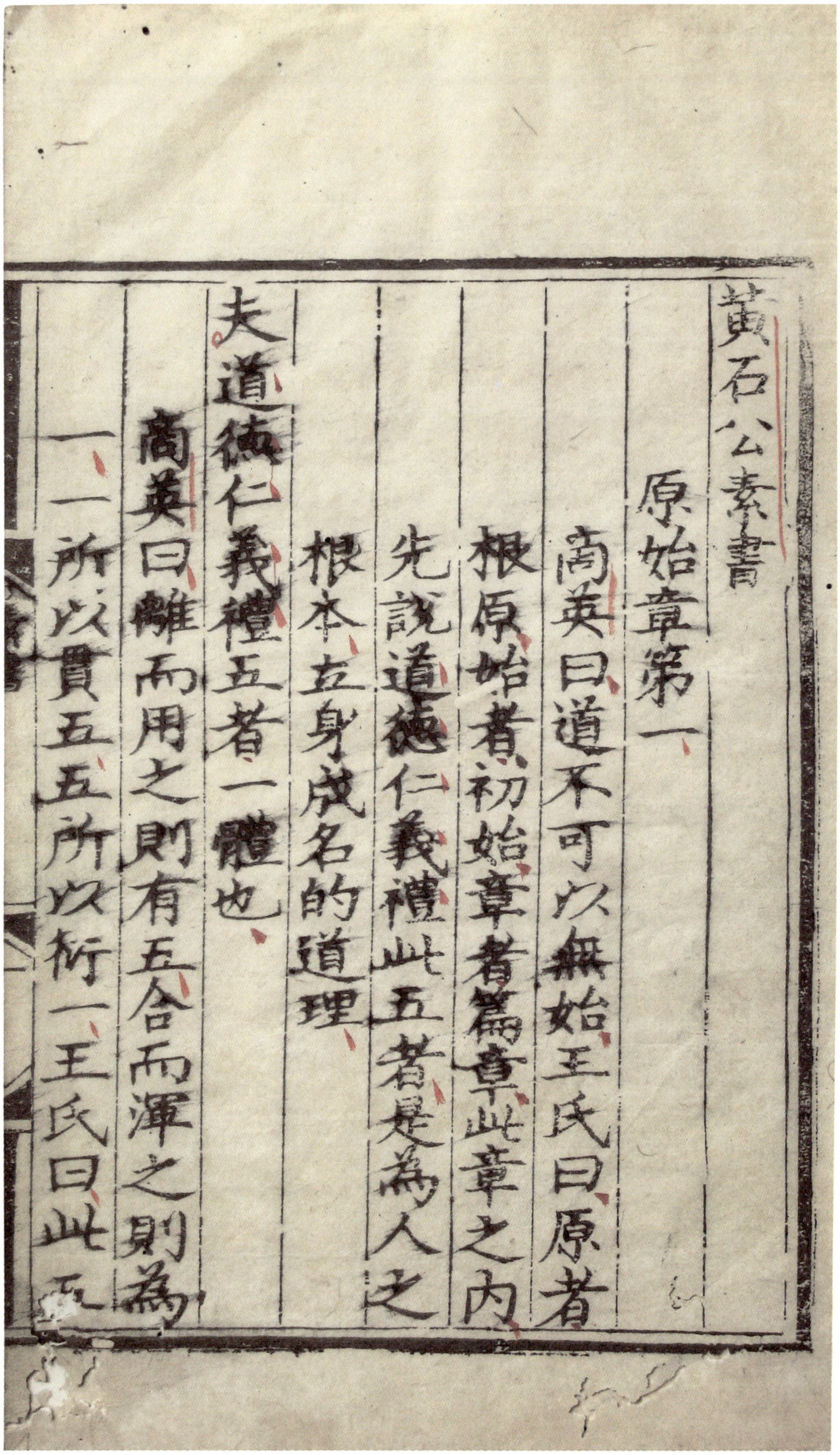
黃石公素書
原始章第一
商英曰道不可以無始王氏曰原者
根原始者初始章者篇章此章之內
先說道德仁義禮此五者是爲人之
根本立身成名的道理
夫道德仁義禮五者一體也
商英曰離而用之則有五合而渾之則爲
一一所以貫五五所以衍一王氏曰此五

**08341 黃石公素書一卷** （宋）張商英注　明刻本

匡高19.7厘米，廣14.5厘米。半葉九行，行十八字，黑口，四周雙邊。貴州省圖書館藏。

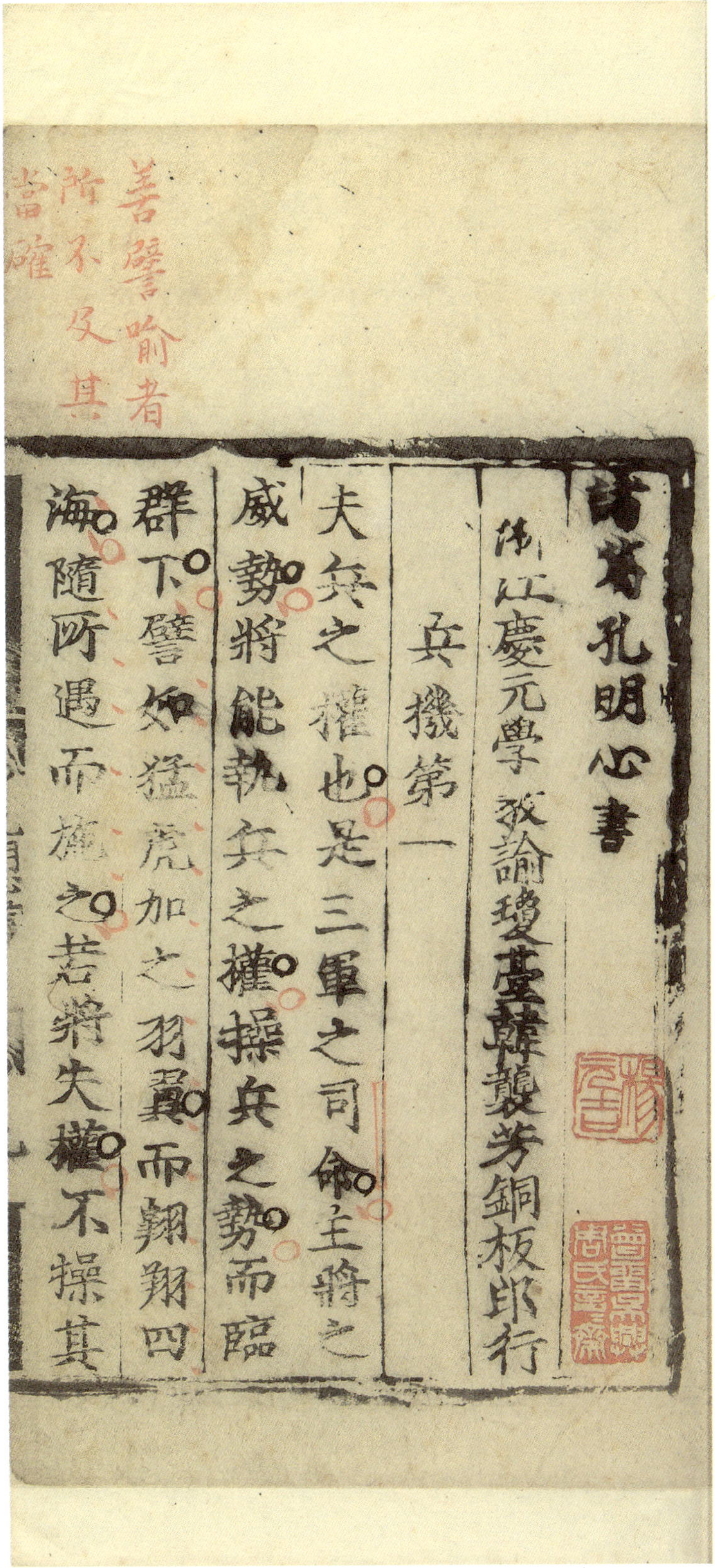
善譬喻者所不及其當確
諸葛孔明心書
浙江慶元學教諭瓊臺韓襲芳銅板印行
兵機第一
夫兵之權也是三軍之司命主將之
威勢將能執兵之權操兵之勢而臨
群下譬如猛虎加之羽翼而翱翔四
海隨所遇而施之若將失權不操其

**08342 諸葛孔明心書一卷** 題（蜀）諸葛亮撰 明正德十二年（1517）

韓襲芳銅活字印本

匡高15.9厘米，廣10.2厘米。半葉七行，行十四字，黑口，四周雙邊。上海圖書館藏。

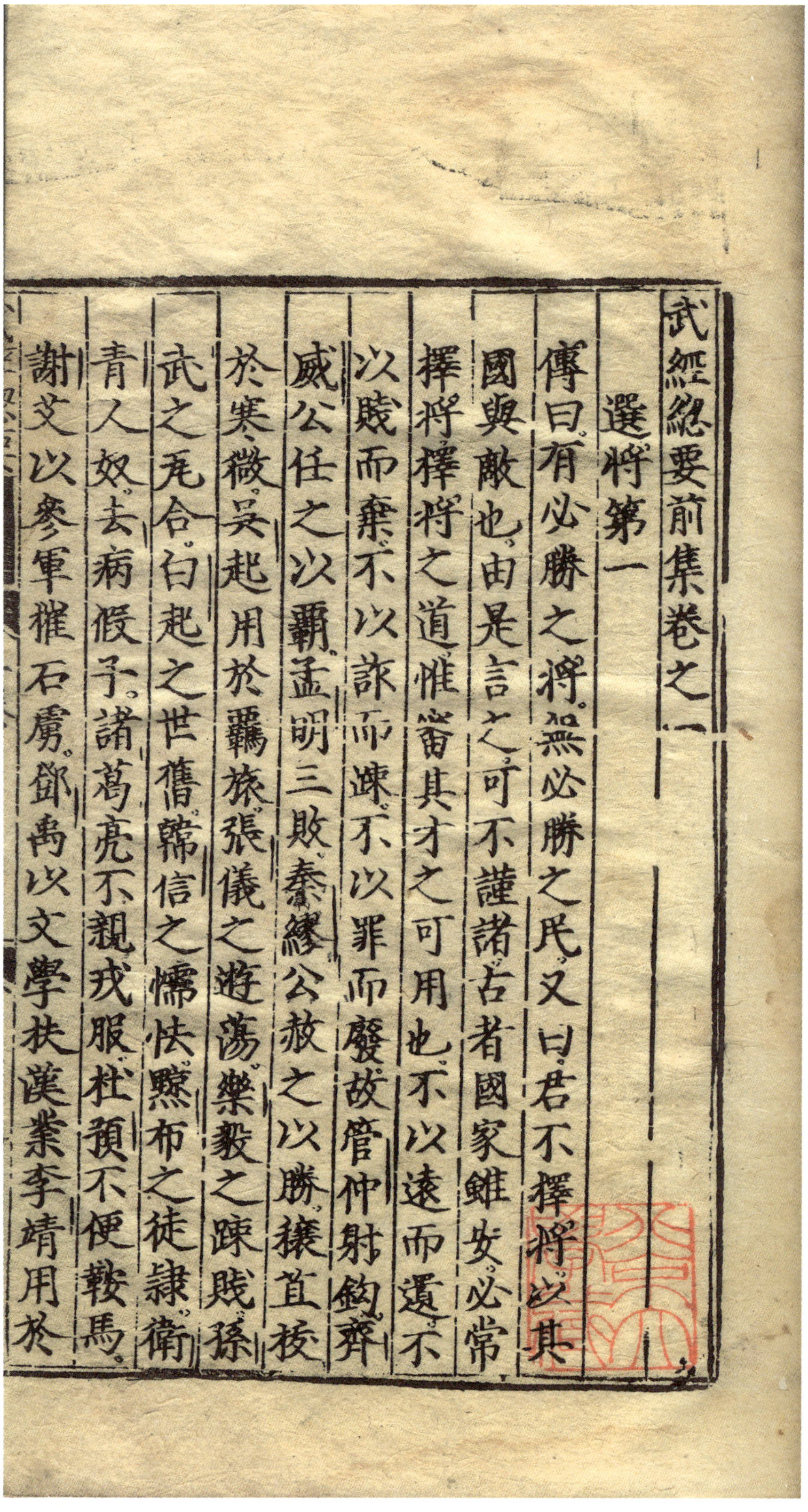
武經總要前集卷之一
選将第一
傳曰有必勝之将無必勝之民又曰君不擇将以其
國與敵也由是言之可不謹諸古者國家雖安必常
擇将擇将之道惟審其才之可用也不以遠而遺不
以賤而棄不以詐而疎不以罪而廢故管仲射鉤齊
威公任之以霸孟明三敗秦繆公赦之以勝穰苴㧞
於寒微吳起用於羈旅張儀之遊蕩樂毅之疎賤孫
武之兎合白起之世舊韓信之懦怯黥布之徒隷衛
青人奴去病假子諸葛亮不親戎服杜預不便鞍馬
謝艾以參軍擢石虜鄧禹以文學扶漢業李靖用於

**08343 武經總要前集二十二卷後集二十一卷** （宋）曾公亮　丁度等撰 **行軍須知二卷百戰奇法二卷** 明弘治十七年（1504）李贊刻本

匡高19.6厘米，廣12.9厘米。半葉十一行，行二十一字，小字雙行同，黑口，四周雙邊。北京大學圖書館藏。

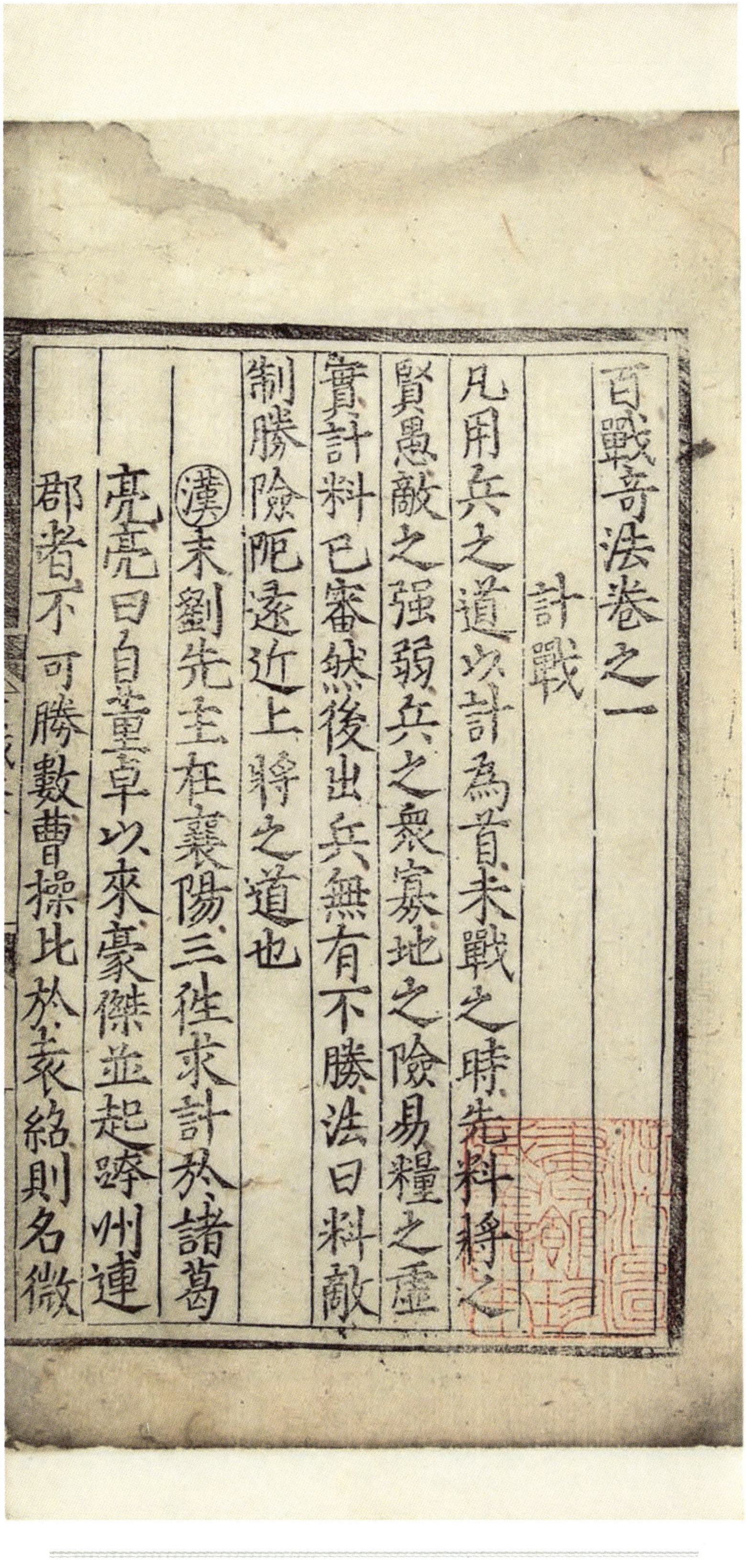
百戰奇法卷之一
計戰
凡用兵之道以計為首未戰之時先料將之
賢愚敵之強弱兵之衆寡地之險易糧之虛
實計料已審然後出兵無有不勝法曰料敵
制勝險阨遠近上將之道也
漢末劉先主在襄陽三往求計於諸葛
亮亮曰自董卓以來豪傑並起跨州連
郡者不可勝數曹操比於袁紹則名微

**08344 百戰奇法□卷**　明嘉靖七年（1528）李詔德刻本

匡高19.7厘米，廣13.5厘米。半葉九行，行十七字，黑口，四周雙邊。浙江圖書館藏，存二卷。

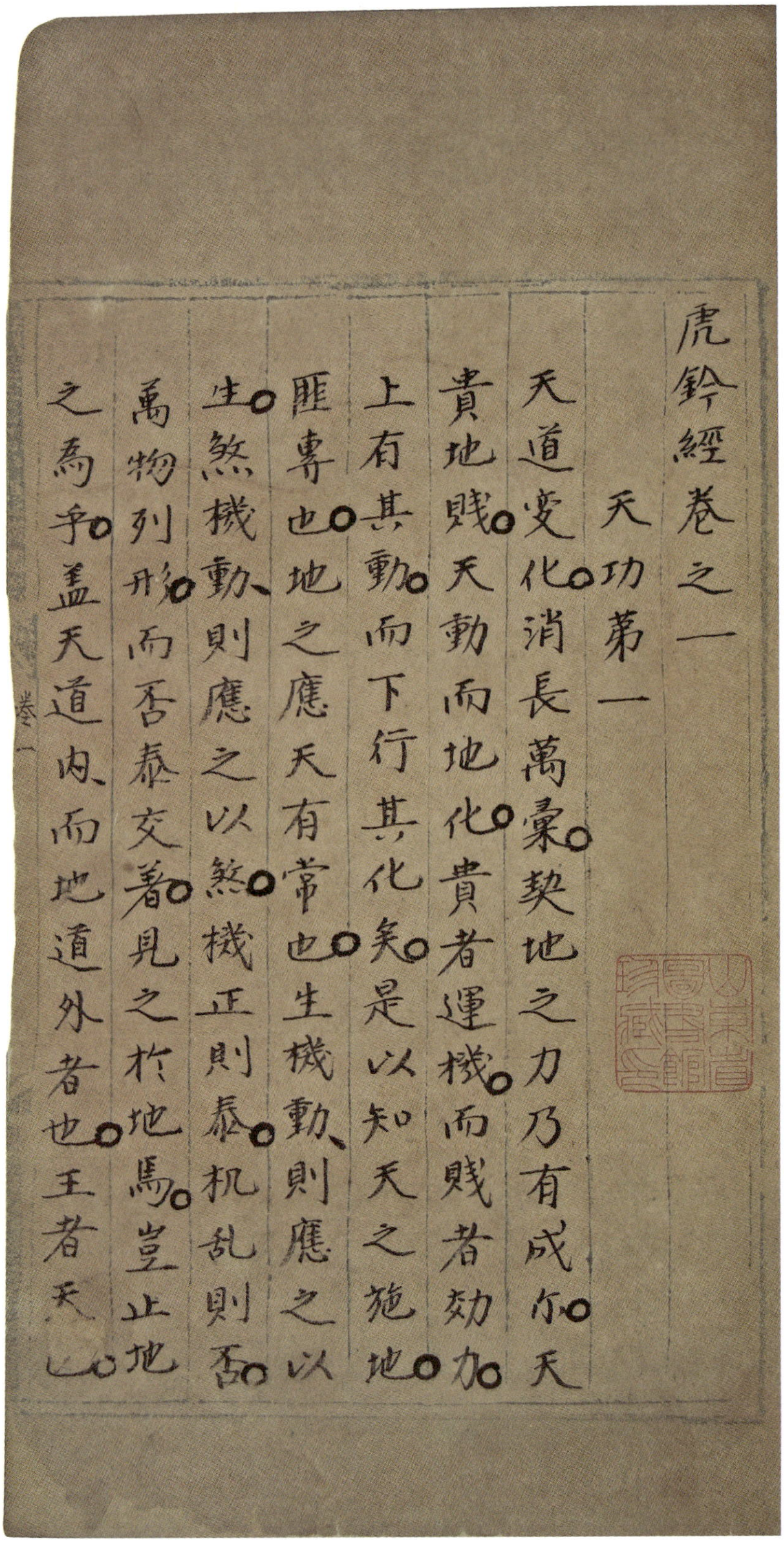
虎鈐經卷之一
天功第一
天道変化。消長萬彙。契地之力。乃有成尒。天
貴地賤。天動而地化。貴者運機。而賤者効力。
上有其動。而下行其化矣。是以知天之施地。
匪專也。地之應天有常也。生機動、則應之以
生。殺機動、則應之以殺。機正則泰。机亂則否。
萬物列形。而否泰交著。見之扵地焉。豈止地
之爲乎。蓋天道內、而地道外者也。王者天也。
卷一

**08345 虎鈐經二十卷** （宋）許洞撰　明抄本

匡高20.8厘米，廣13.7厘米。半葉九行，行十八字，藍格，藍口，四周雙邊。山東省圖書館藏，存十六卷。

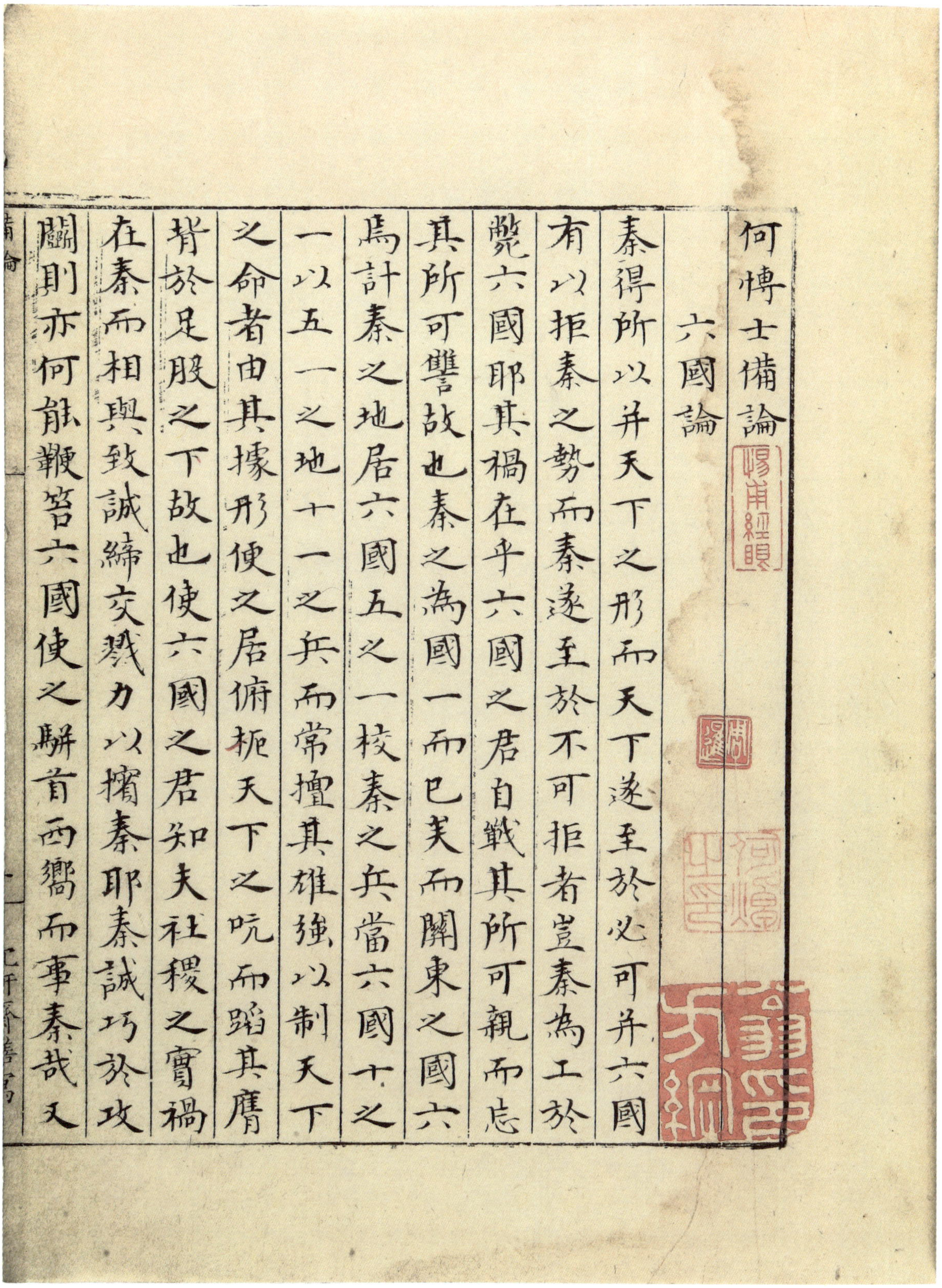
何博士備論

六國論

秦得所以并天下之形而天下遂至於必可并六國有以拒秦之勢而秦遂至於不可拒者豈秦為工於斃六國耶其禍在乎六國之君自戰其所可親而忘其所可讐故也秦之為國一而已矣而關東之國六焉計秦之地居六國五之一校秦之兵當六國十之一以五一之地十一之兵而常擅其雄強以制天下之命者由其據形便之居俯扼天下之吭而蹈其膺背於足股之下故也使六國之君知夫社稷之實禍在秦而相與致誠締交戮力以擯秦耶秦誠巧於攻鬭則亦何能鞭笞六國使之駢首西嚮而事秦哉又

**08346 何博士備論一卷** （宋）何去非撰　明穴研齋抄本

匡高19厘米，廣16厘米。半葉十二行，行二十字，白口，四周單邊。有“何焯之印”、“翁印方綱”等印。黃丕烈、錢天樹、黃廷鑒跋，王芑孫、程恩澤題款。國家圖書館藏。

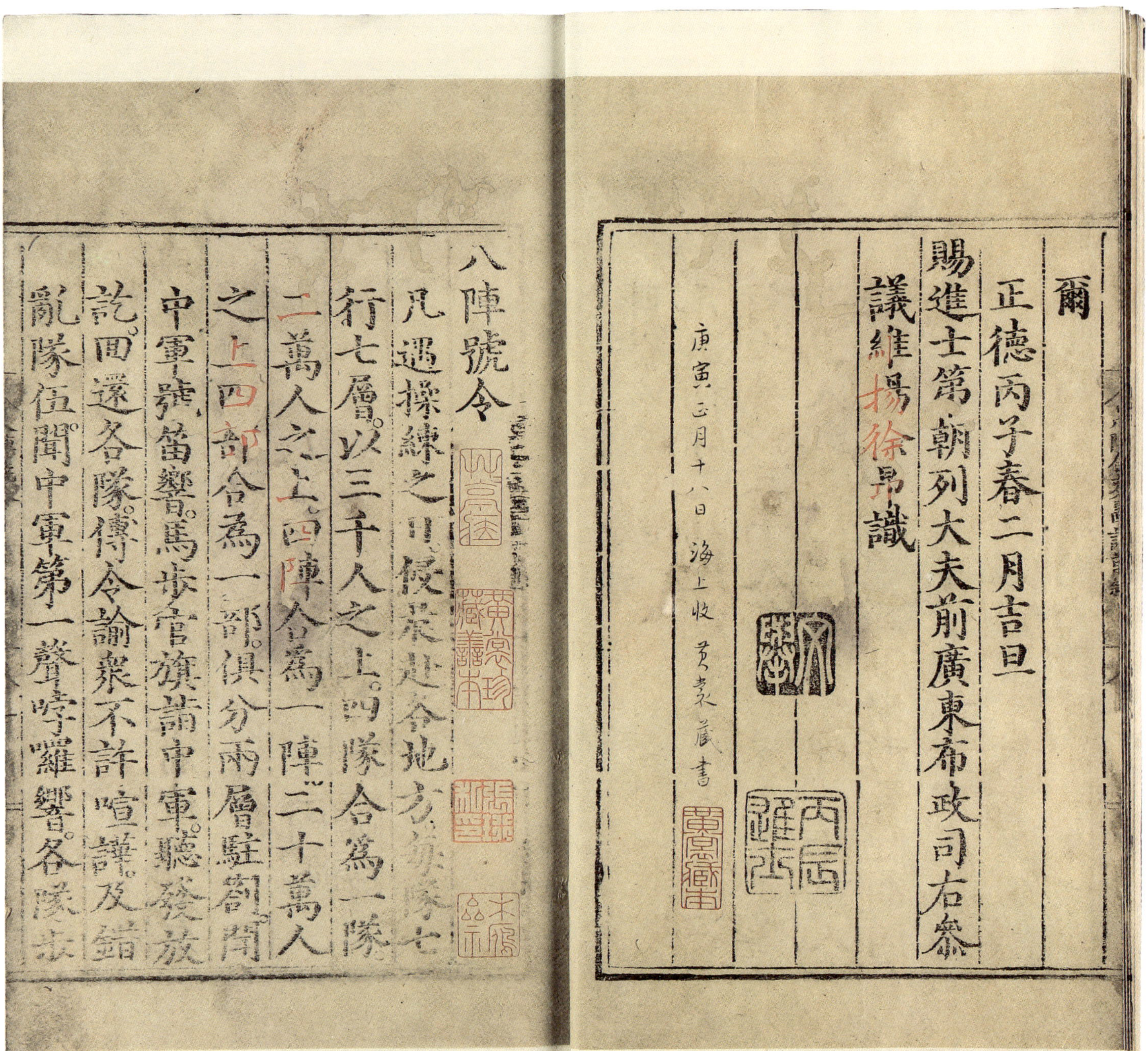
爾
正德丙子春二月吉旦
賜進士第朝列大夫前廣東布政司右參
議維揚徐昂識
庚寅正月十八日海上收黃裳藏書
八陣號令
凡遇操練之日候衆赴合地方每隊七
行七層以三千人之上四隊合爲一隊
二萬人之上四陣合爲一陣二十萬人
之上四部合爲一部俱分兩層駐劄聞
中軍號笛響馬步官旗牌中軍聽發放
訖回還各隊傳令諭衆不許喧譁及錯
亂隊伍聞中軍第一聲哱囉響各隊步

**08347 八陣合變圖說一卷** （明）藍章　龍正撰　明正德十一年（1516）藍章、高朝用刻本

匡高19.6厘米，廣13.6厘米。半葉八行，行十六字，白口，四周雙邊。有“張珩私印”、“黃裳珍藏善本”等印。國家圖書館藏。

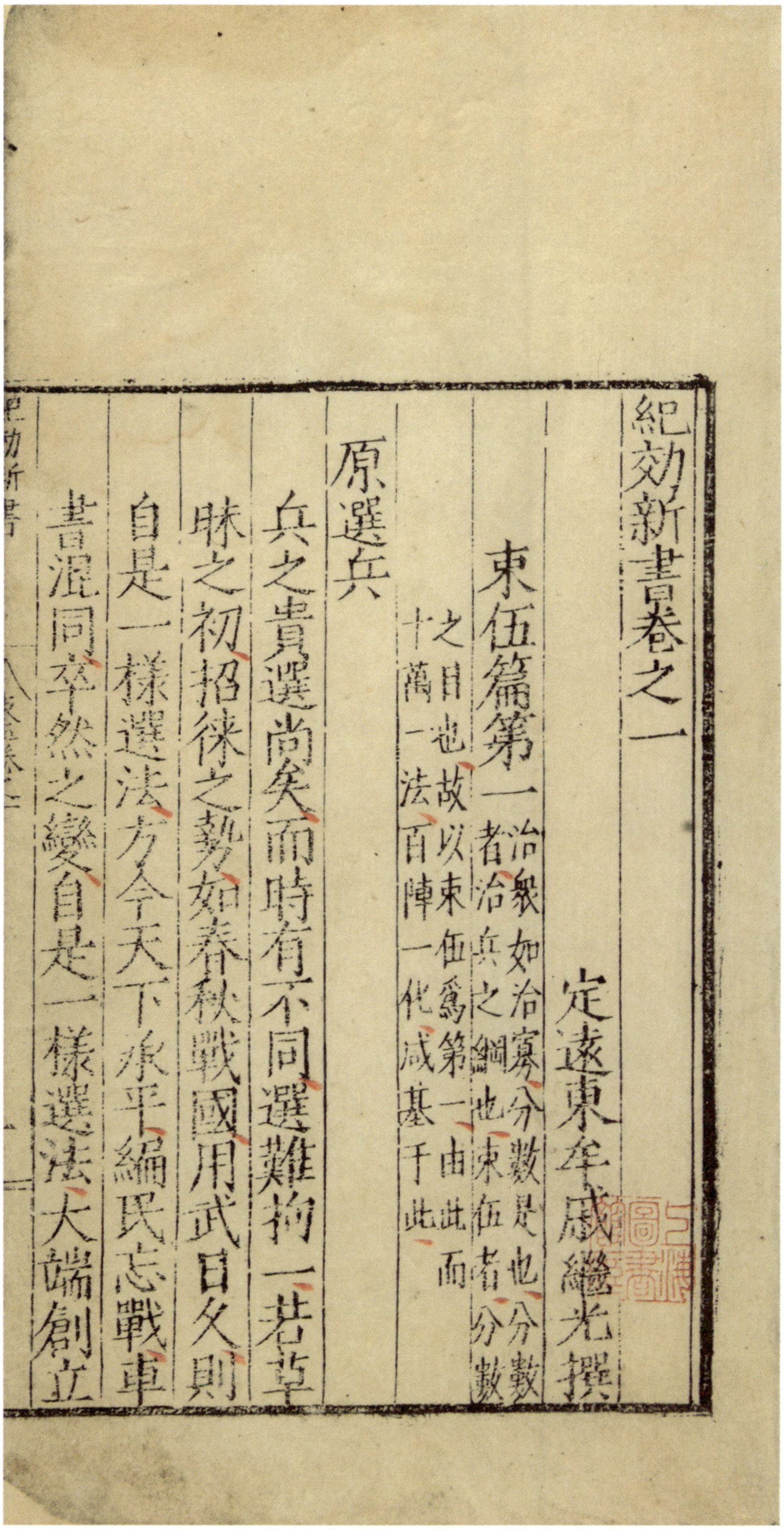
紀効新書卷之一
定遠東牟戚繼光撰
束伍篇第一
治衆如治寡分數是也分數者治兵之綱也束伍者分數之目也故以束伍爲第一由此而十萬一法百陣一化咸基于此
原選兵
兵之貴選尚矣而時有不同選難拘一若草昧之初招徠之勢如春秋戰國用武日久則自是一樣選法方今天下承平編民忘戰卒書混同卒然之變自是一樣選法大端創立
紀効新書

**08348 紀効新書十八卷首一卷** （明）戚繼光撰　明隆慶刻本

匡高18.5厘米，廣11.9厘米。半葉九行，行十九字，小字雙行同，白口，左右雙邊。上海圖書館藏。

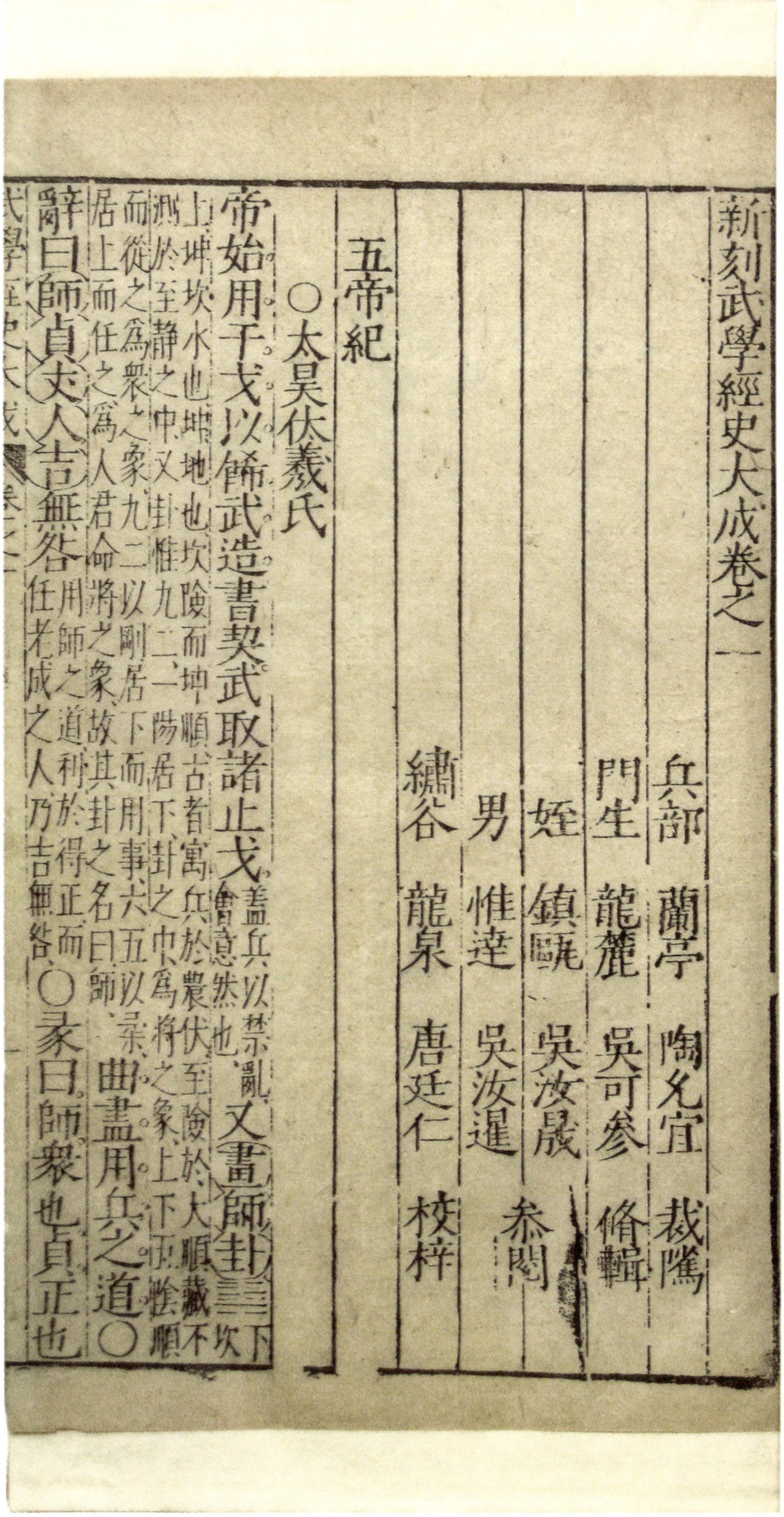

**08349 新刻武學經史大成十八卷** （明）吳可參輯　明唐廷仁刻本（有抄配）

匡高22厘米，廣14.3厘米。半葉十二行，行二十七字，小字雙行同，白口，四周單邊。貴州省圖書館藏。

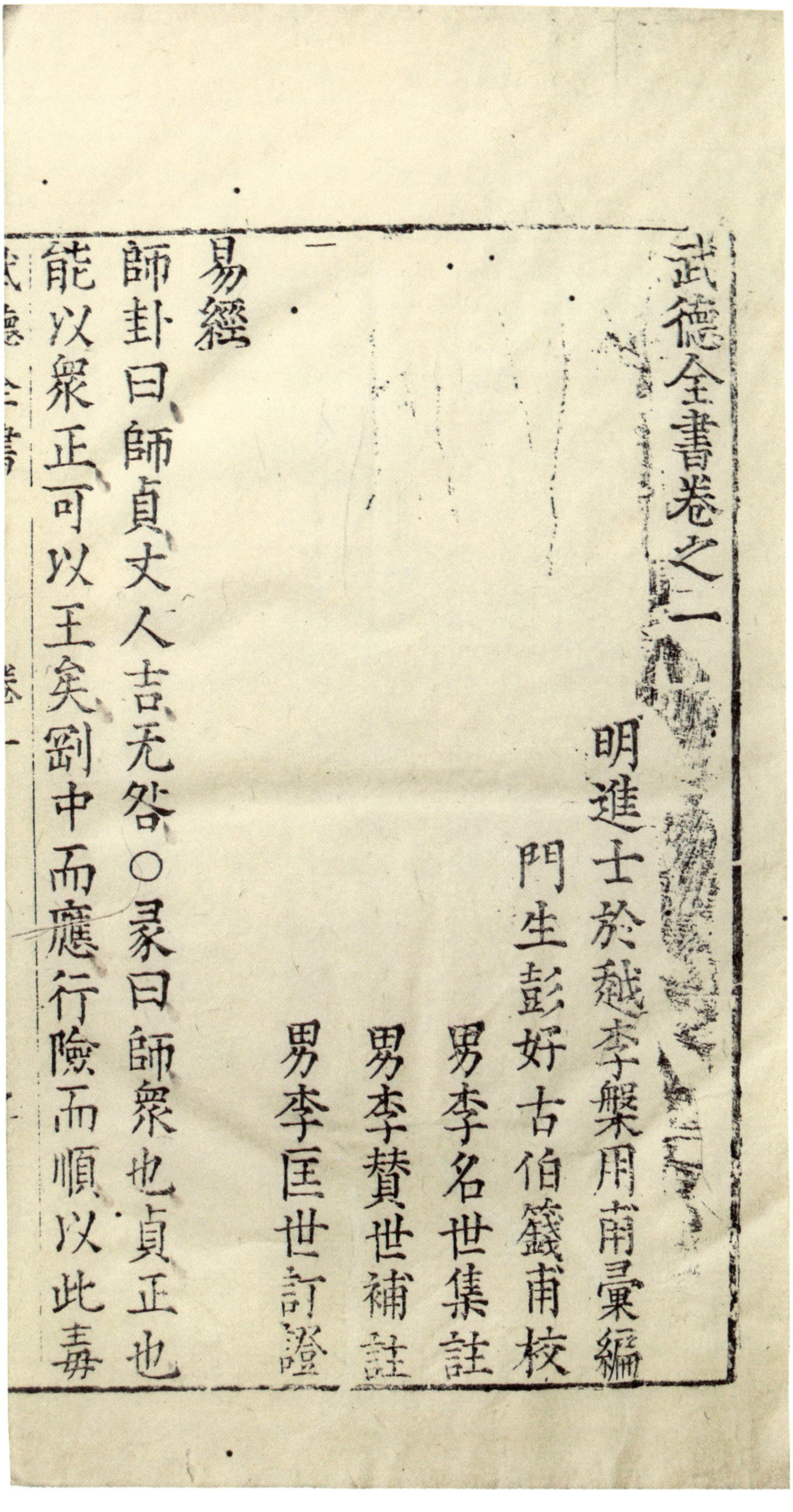
武德全書卷之一
明進士於越李槃用甫彙編
門生彭好古伯籛甫校
男李名世集註
男李贊世補註
男李匡世訂證
易經
師卦曰師貞丈人吉无咎○彖曰師衆也貞正也
能以衆正可以王矣剛中而應行險而順以此毒
武德全書　卷一

**08350　武德全書十五卷**　（明）李槃輯　明刻本

匡高21.8厘米，廣13.6厘米。半葉九行，行十九字，小字雙行同，白口，四周單邊。貴州省圖書館藏。

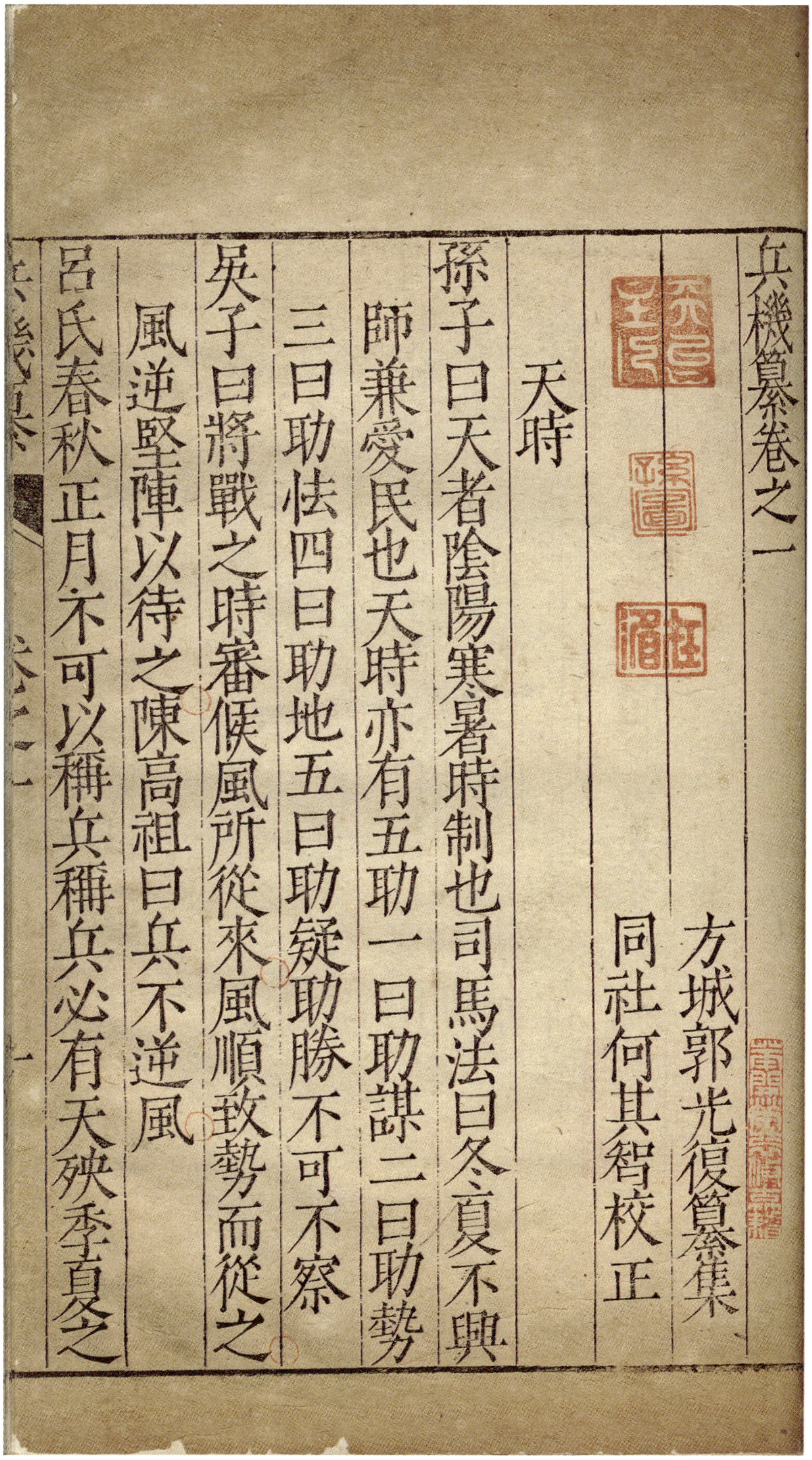
兵機纂卷之一

方城郭光復纂集

同社何其智校正

天時

孫子曰天者陰陽寒暑時制也司馬法曰冬夏不興師兼愛民也天時亦有五助一曰助謀二曰助勢三曰助怯四曰助地五曰助疑助勝不可不察

吳子曰將戰之時審候風所從來風順致勢而從之風逆堅陣以待之陳高祖曰兵不逆風

呂氏春秋正月不可以稱兵稱兵必有天殃季夏之

兵機纂 卷之一 一

**08351 兵機纂八卷** （明）郭光復撰　明萬曆二十七年（1599）自刻本

匡高21厘米，廣15.1厘米。半葉十行，行二十字，白口，四周單邊。蘇州圖書館藏。

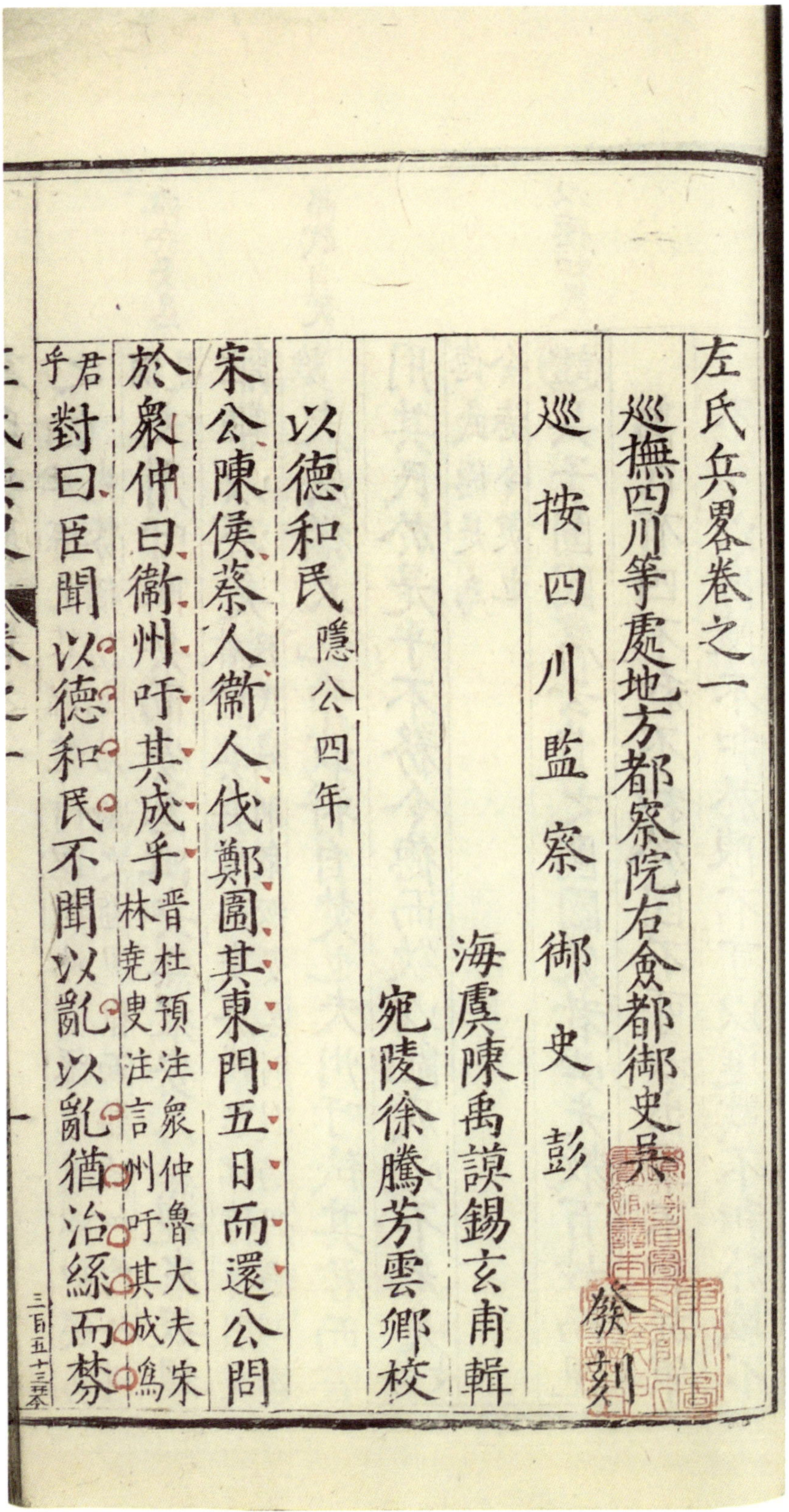
左氏兵畧卷之一
巡撫四川等處地方都察院右僉都御史吳　發刻
巡按四川監察御史彭
海虞陳禹謨錫玄甫輯
宛陵徐騰芳雲卿校
以德和民　隱公四年
宋公陳侯蔡人衛人伐鄭圍其東門五日而還公問
於衆仲曰衛州吁其成乎　晋杜預注衆仲魯大夫宋林堯叟注言州吁其成爲
君乎　對曰臣聞以德和民不聞以亂以亂猶治絲而棼
三百五十三

**08352　左氏兵畧三十二卷**　（明）陳禹謨撰　明萬曆吳用先、彭端吾等刻本

匡高24.8厘米，廣15厘米。半葉九行，行二十字，白口，四周雙邊。遼寧省圖書館藏。

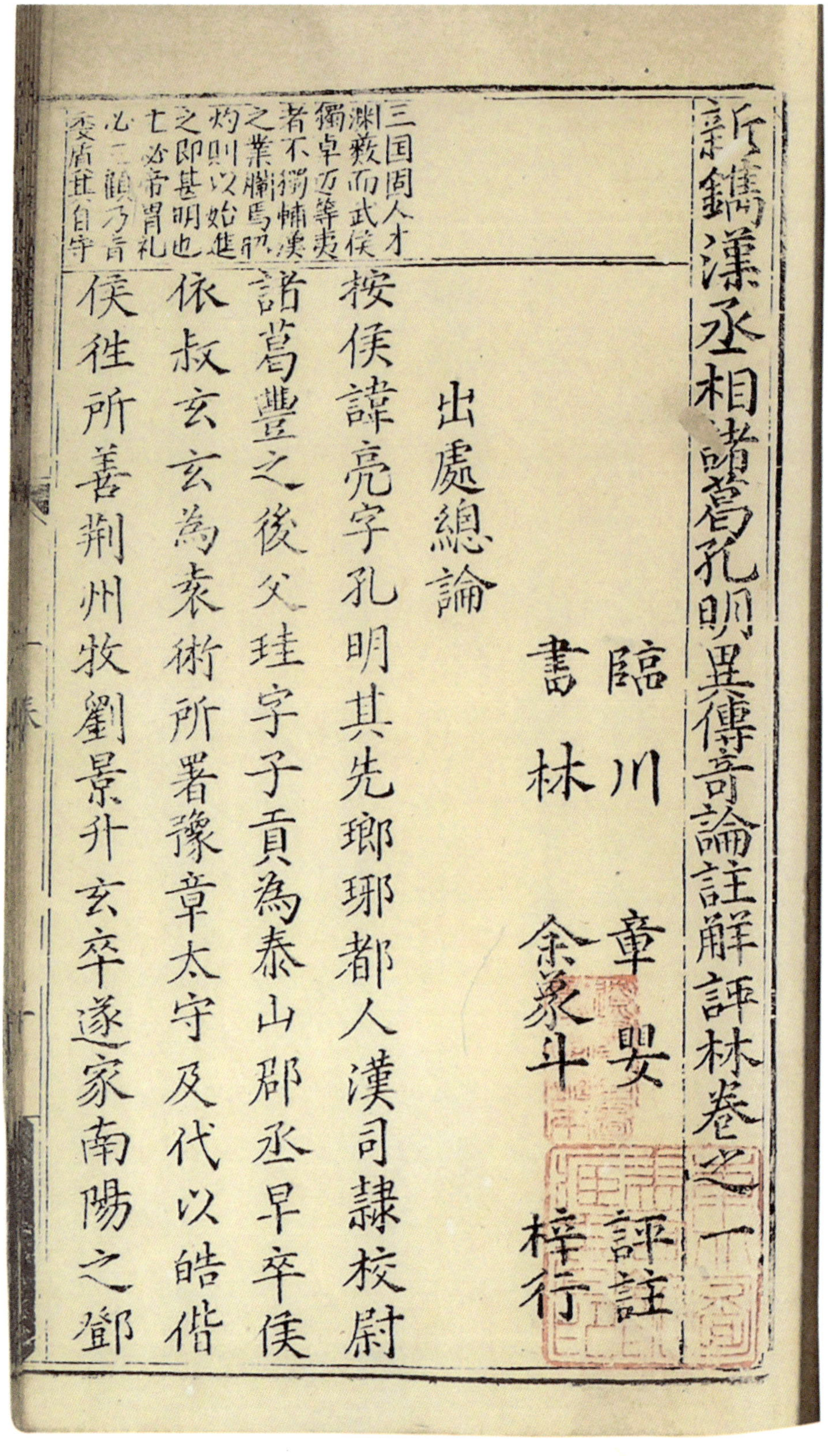

三国間人才淵藪而武侯獨卓乎等夷者不獨輔漢之業爛焉所灼則以始進之即甚明也亡必帝胄礼必三顧乃肯委質宜自守

新鐫漢丞相諸葛孔明異傳奇論註解評林卷之一

臨川　章嬰　評註
書林　余象斗　梓行

出處總論

按侯諱亮字孔明其先瑯琊都人漢司隸校尉諸葛豐之後父珪字子貢為泰山郡丞早卒侯依叔玄玄為袁術所署豫章太守及代以皓借侯徃所善荊州牧劉景升玄卒遂家南陽之鄧

**08353　新鐫漢丞相諸葛孔明異傳奇論註解評林五卷**　（明）章嬰撰　明萬曆二十六年（1598）書林雙峰堂余文台刻本

匡高20.8厘米，廣12.3厘米。半葉八行，行十八字，上白口下黑口，四周雙邊。遼寧省圖書館藏。

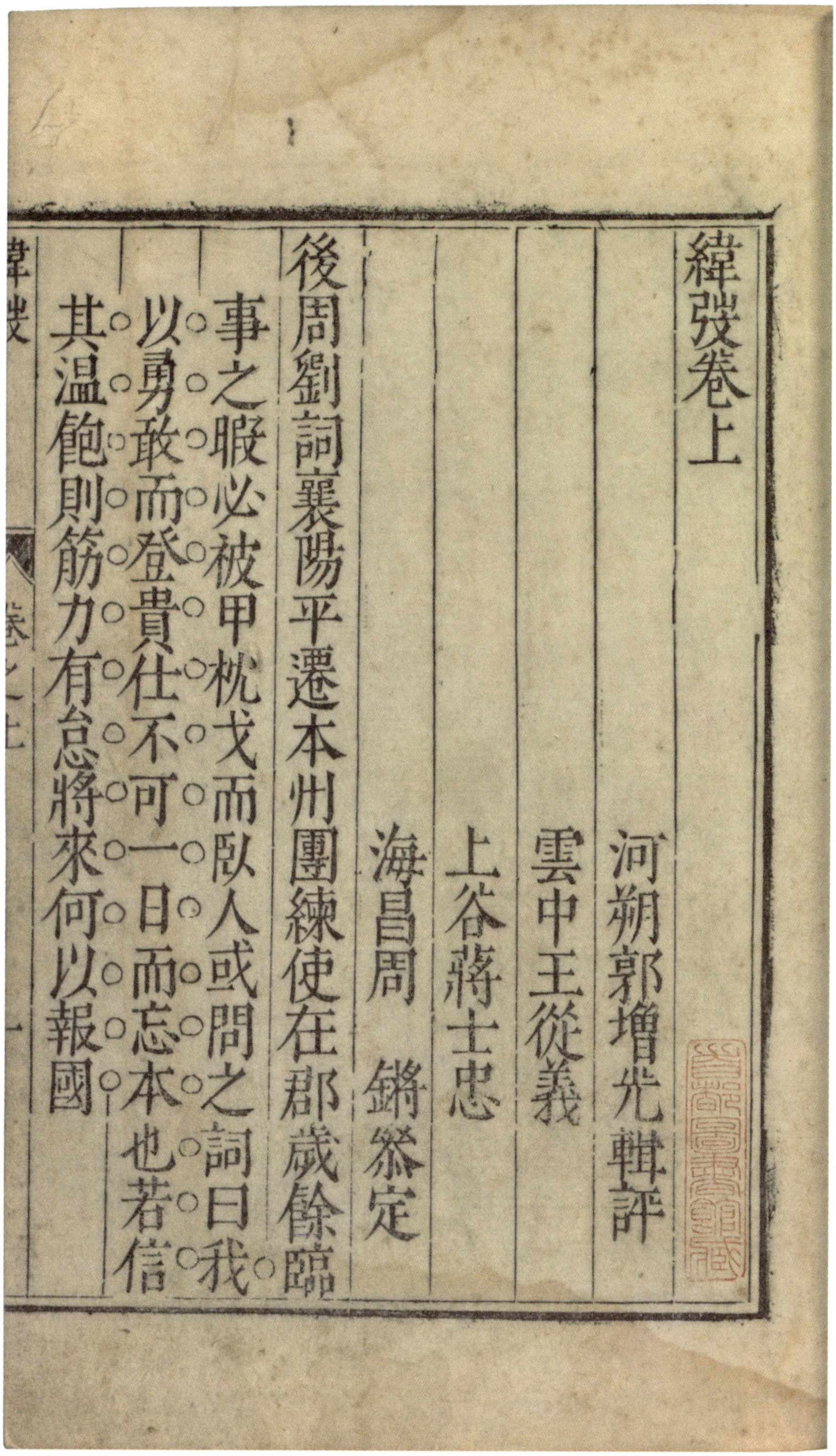

緯弢卷上

河朔郭增光輯評

雲中王從義

上谷蔣士忠

海昌周　鏘叅定

後周劉詞襄陽平遷本州團練使在郡歲餘臨

事之暇必被甲枕戈而臥人或問之詞曰我

以勇敢而登貴仕不可一日而忘本也若信

其温飽則筋力有怠將來何以報國

緯弢　卷之上　一



**08354 緯弢二卷**　（明）郭增光撰　明天啓七年（1627）自刻本

匡高20.9厘米，廣14.2厘米。半葉九行，行十八字，白口，四周雙邊。首都圖書館藏。

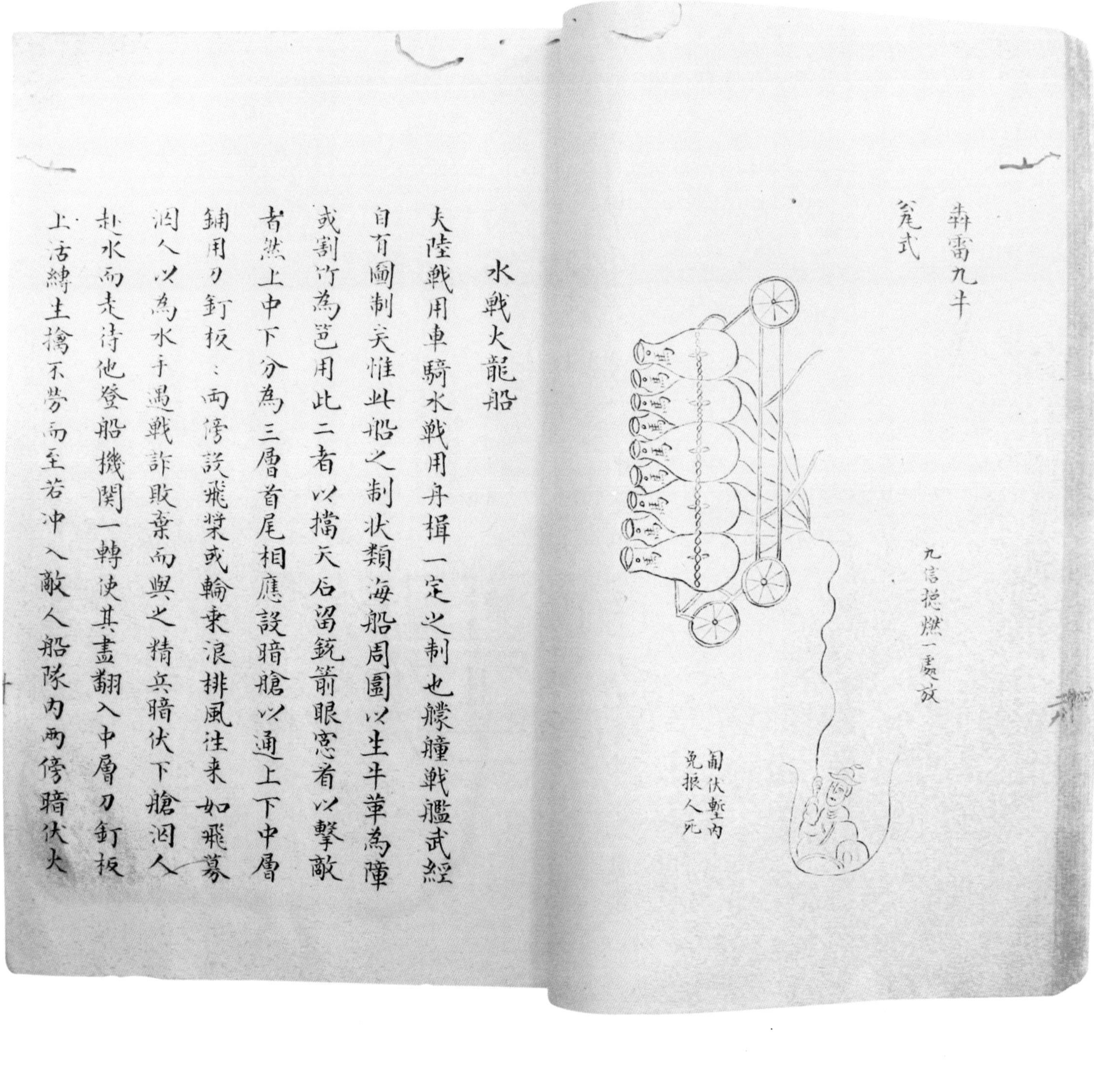


水戰火龍船

夫陸戰用車騎水戰用舟揖一定之制也艨艟戰艦武經
自有圖制矣惟此船之制狀類海船周圍以生牛革為障
或割竹為笆用此二者以擋矢石留銃箭眼窓者以擊敵
者然上中下分為三層首尾相應設暗艙以通上下中層
鋪用刀釘板：兩傍設飛槳或輪乘浪排風往来如飛募
泅人以為水手遇戰詐敗棄而與之精兵暗伏下艙泅人
赴水而走待他登船機関一轉使其盡翻入中層刀釘板
上活縛生擒不勞而至若冲入敵人船隊内兩傍暗伏火

**08355 葛仙神火略一卷** 題（明）焦玉撰 清抄本

江蘇省常熟市圖書館藏。

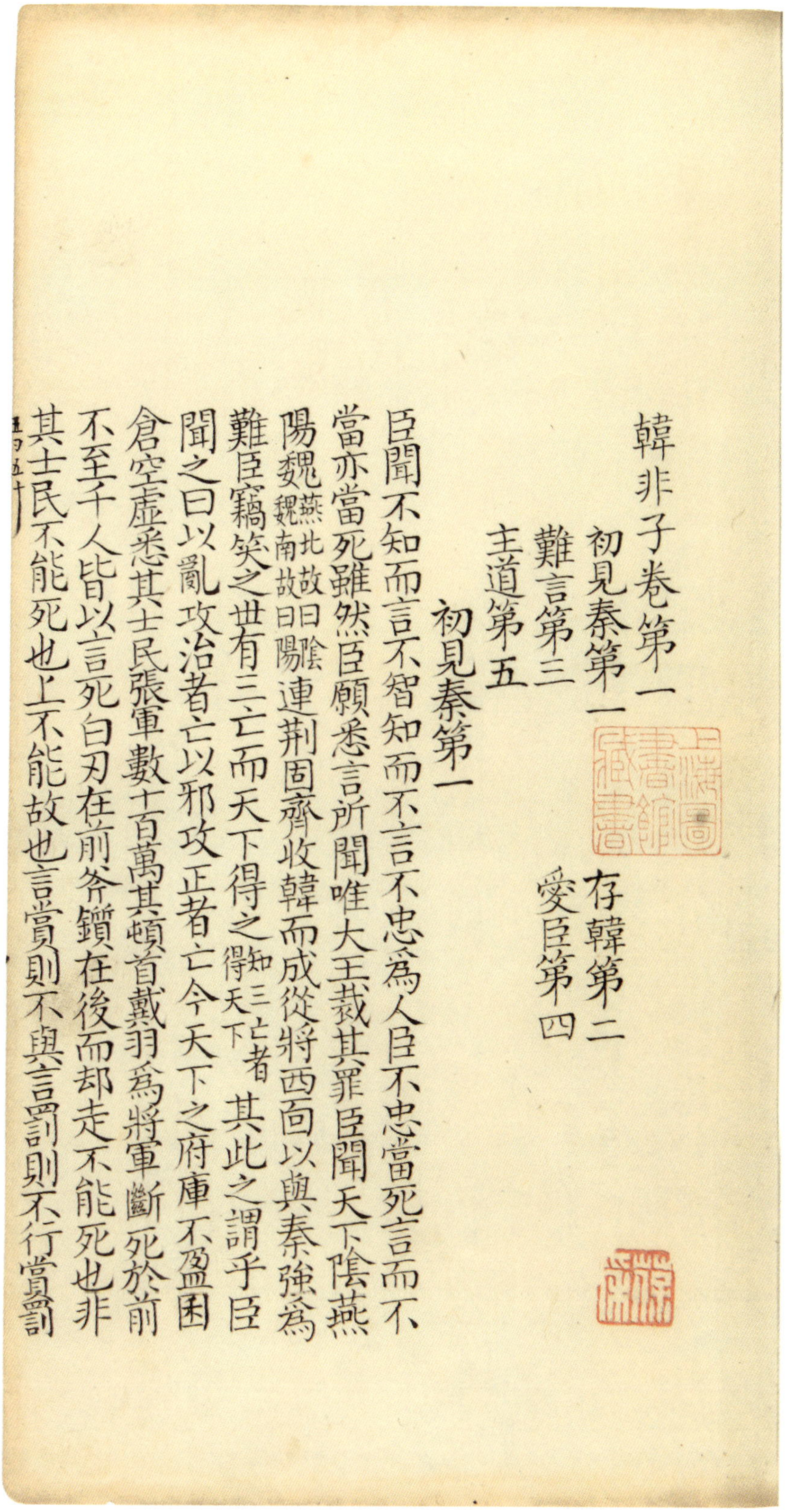
韓非子卷第一
初見秦第一　存韓第二
難言第三　愛臣第四
主道第五
初見秦第一
臣聞不知而言不智知而不言不忠爲人臣不忠當死言而不當亦當死雖然臣願悉言所聞唯大王裁其罪臣聞天下陰燕陽魏燕北故曰陰魏南故曰陽連荊固齊收韓而成從將西面以與秦強爲難臣竊笑之世有三亡而天下得之知三亡者得天下其此之謂乎臣聞之曰以亂攻治者亡以邪攻正者亡今天下之府庫不盈囷倉空虛悉其士民張軍數十百萬其頓首戴羽爲將軍斷死於前不至千人皆以言死白刃在前斧鑕在後而却走不能死也非其士民不能死也上不能故也言賞則不與言罰則不行賞罰

**08356 韓非子二十卷**　清影宋抄本

有"葆采"、"顧印廣圻"等印。顧廣圻跋。上海圖書館藏。

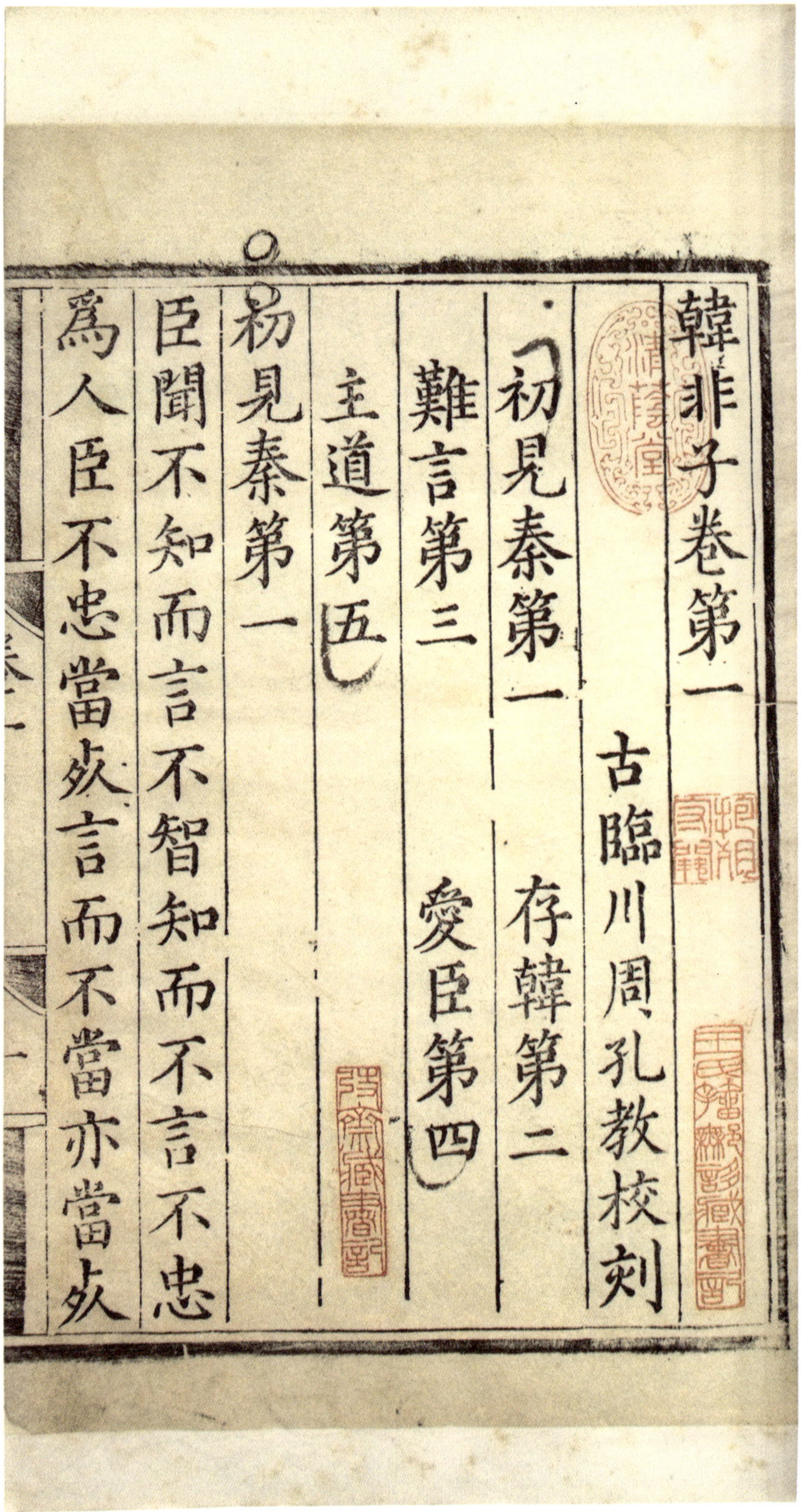
韓非子卷第一
古臨川周孔教校刻
初見秦第一　存韓第二
難言第三　愛臣第四
主道第五
初見秦第一
臣聞不知而言不智知而不言不忠
爲人臣不忠當死言而不當亦當死

**08357 韓非子二十卷**　明萬曆周孔教刻本[四庫底本]

匡高23.1厘米，廣16.7厘米。半葉八行，行十四字，小字雙行同，黑口，四周雙邊。有“清蔭堂”、“弢齋藏書記”、“王氏籀鄦誃藏書記”等印。王仁俊、黄彭年跋。安徽省圖書館藏。

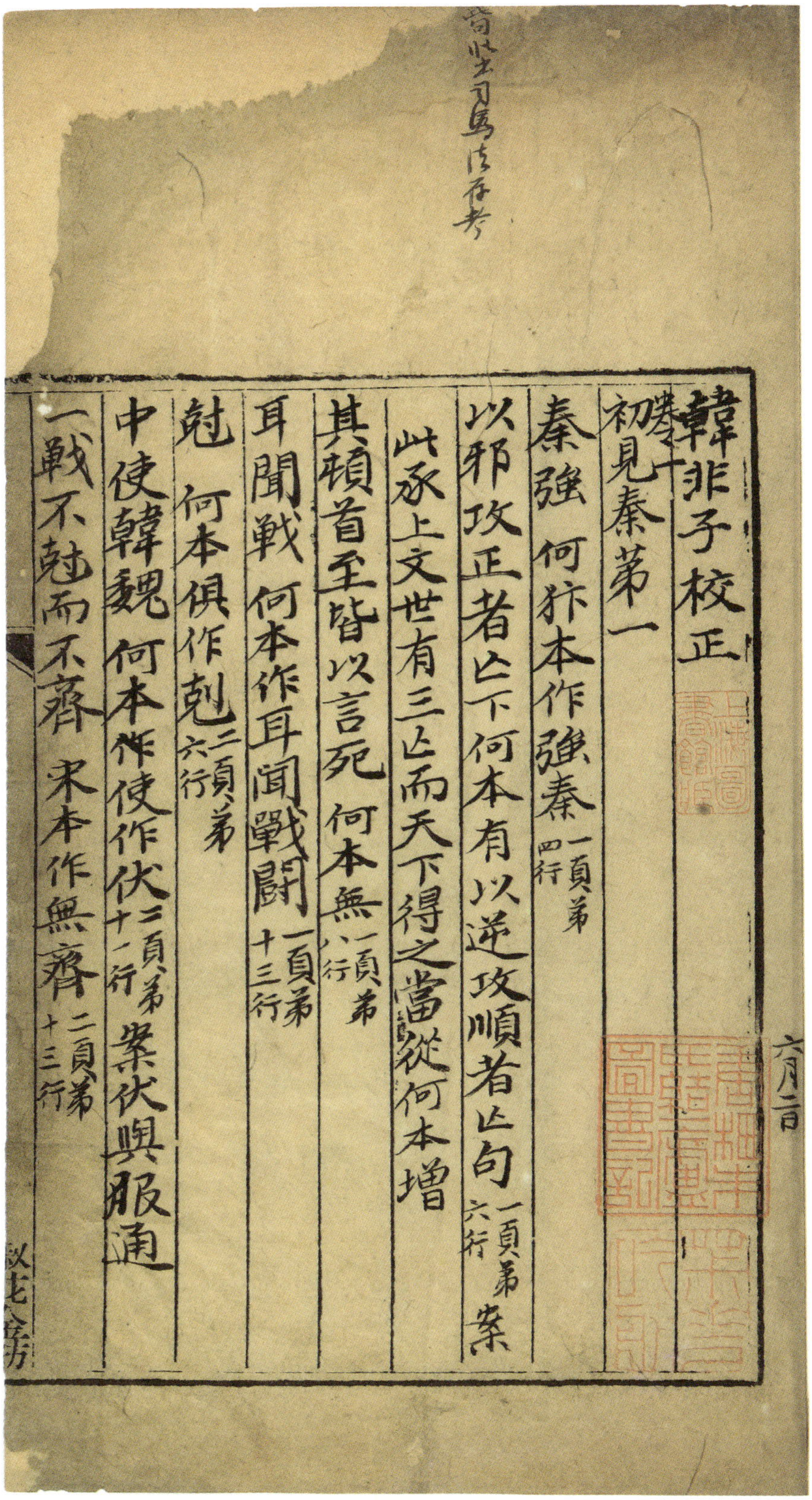
韓非子校正
卷一
初見秦第一
秦強 何抄本作強秦 一頁第四行
以邪攻正者亡下何本有以逆攻順者亡句 一頁第六行 案
此承上文世有三亡而天下得之當從何本增
其頓首至皆以言死 何本無 一頁第八行
耳聞戰 何本作耳聞戰鬭 一頁第十三行
魁 何本俱作剋 二頁第六行
中使韓魏 何本作使作伏 二頁第十二行 案伏與服通
一戰不尅而不齊 宋本作無齊 二頁第十三行

**08358 韓非子校正一卷** （清）朱錫庚撰　稿本

匡高18.5厘米，廣13.4厘米。半葉十行，行字不等，白口，四周雙邊。上海圖書館藏。

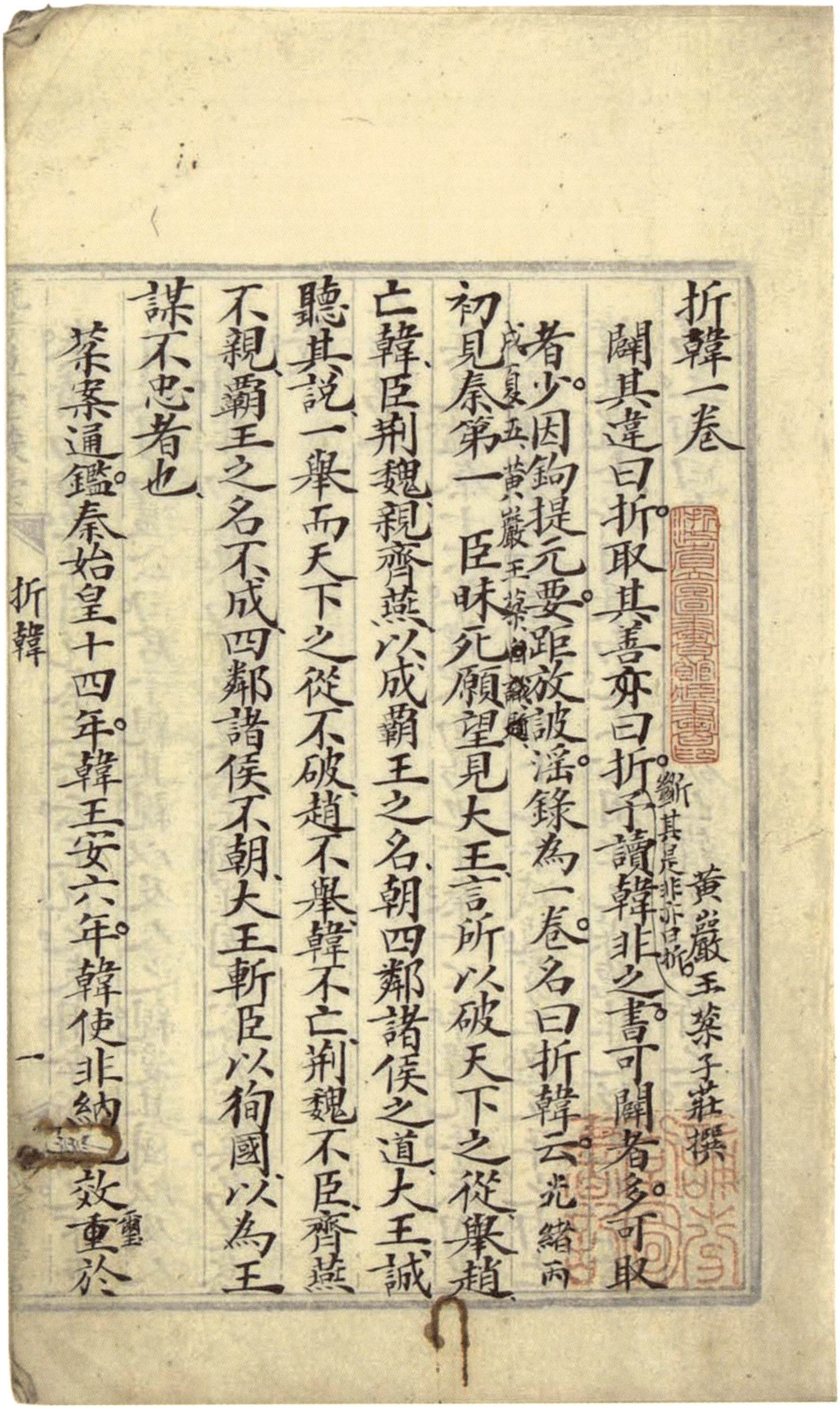
折韓一卷
黄巖王棻子莊撰
闢其違曰折取其善亦曰折。斷其是非亦曰折予讀韓非之書可闢者多可取
者少因鉤提元要距放詖淫録為一卷名曰折韓云。光緒丙
戌夏五黄巖王棻自識
初見秦第一　臣昧死願望見大王言所以破天下之從舉趙
亡韓臣荆魏親齊燕以成霸王之名朝四鄰諸侯之道大王誠
聽其說一舉而天下之從不破趙不舉韓不亡荆魏不臣齊燕
不親霸王之名不成四鄰諸侯不朝大王斬臣以徇國以為王
謀不忠者也
棻案通鑑秦始皇十四年。韓王安六年。韓使非納璽效重於
折韓
一

**08359 折韓一卷** （清）王棻撰　稿本

匡高19.7厘米，廣13.9厘米。半葉九行，行二十四字，小字雙行同，藍格，白口，四周雙邊。浙江圖書館藏。

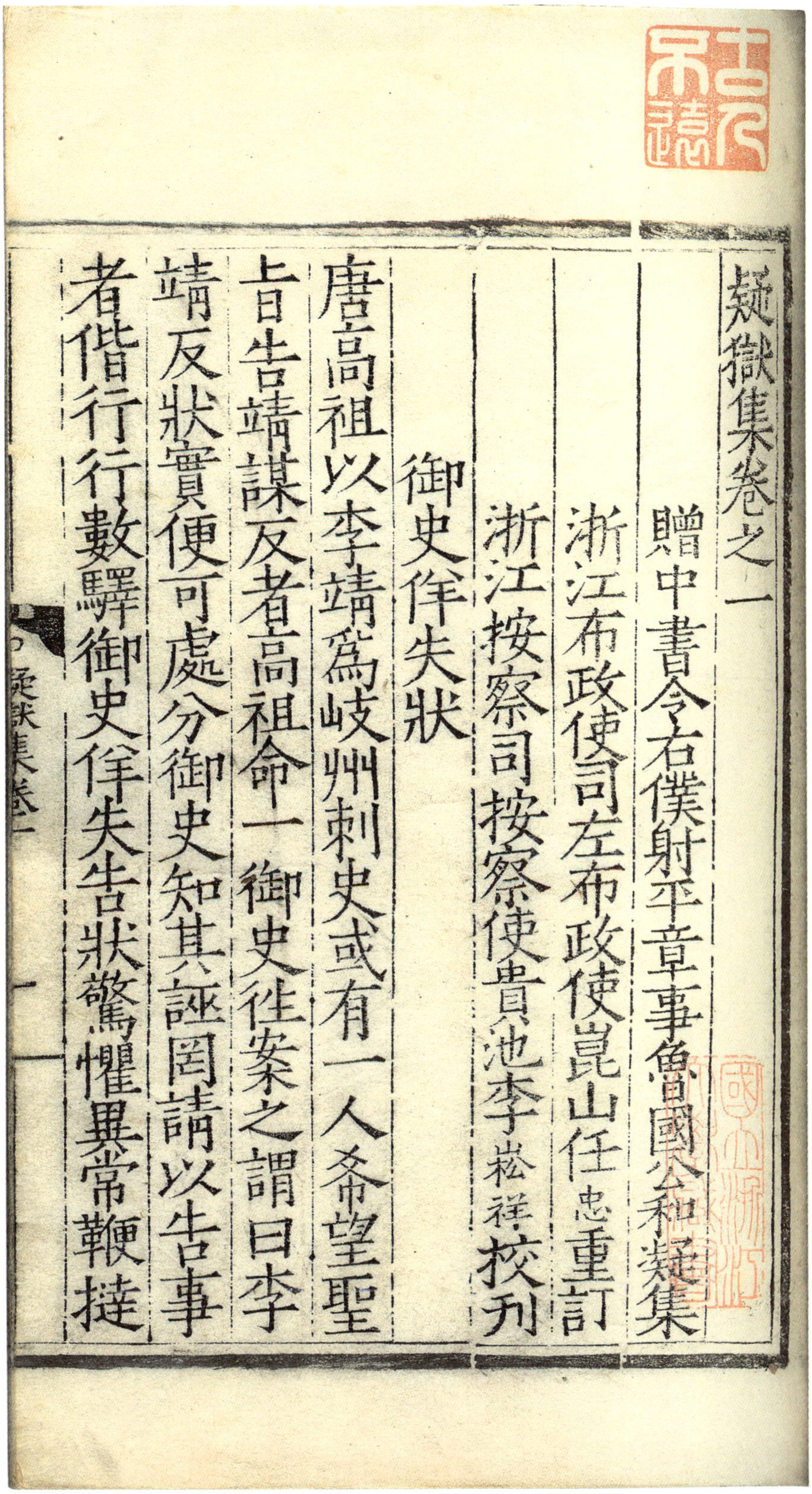
疑獄集卷之一
贈中書令右僕射平章事魯國公和凝集
浙江布政使司左布政使崑山任忠重訂
浙江按察司按察使貴池李崧祥校刊
御史侔失狀
唐高祖以李靖爲岐州刺史或有一人希望聖
旨告靖謀反者高祖命一御史往案之謂曰李
靖反狀實便可處分御史知其誣罔請以告事
者偕行數驛御史侔失告狀驚懼異常鞭撻

**08360 疑獄集十卷** （五代）和凝　和㠓撰　（明）張景增輯　明嘉靖十四年（1535）李崧祥刻本

匡高20.1厘米，廣13.9厘米。半葉九行，行十八字，細黑口，四周雙邊。浙江大學圖書館藏。

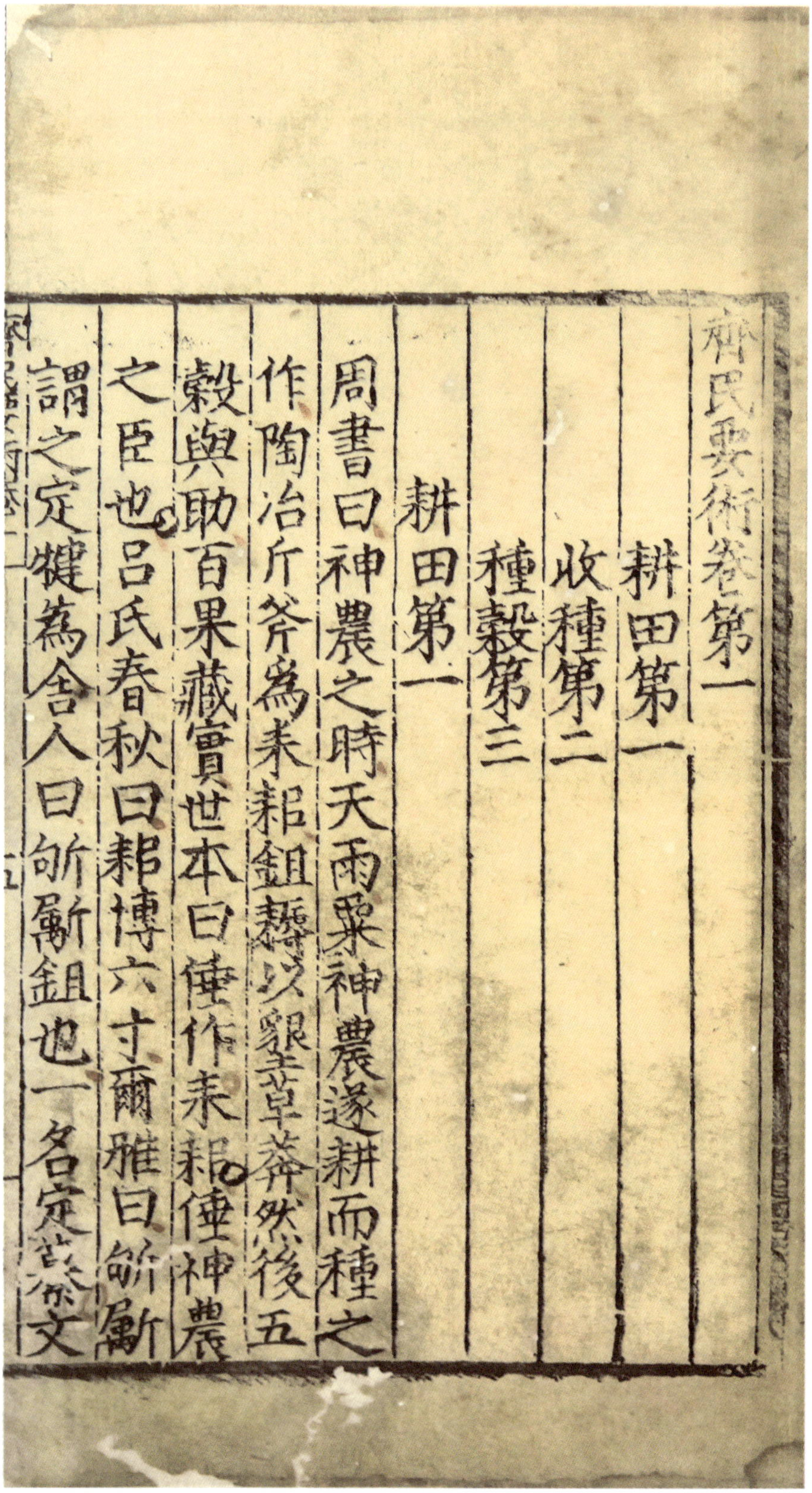
齊民要術卷第一
耕田第一
收種第二
種穀第三

耕田第一
周書曰神農之時天雨粟神農遂耕而種之
作陶冶斤斧為耒耜鉏耨以墾草莽然後五
穀與助百果藏實世本曰倕作耒耜倕神農
之臣也呂氏春秋曰耜博六寸爾雅曰斪斸
謂之定犍為舍人曰斪斸鉏也一名定[illegible]文

**08361 齊民要術十卷雜説一卷** （北魏）賈思勰撰　明嘉靖三年（1524）馬紀刻本

匡高17.6厘米，廣12.6厘米。半葉十行，行十八字，小字雙行同，白口，左右雙邊。南京農業大學圖書館藏。

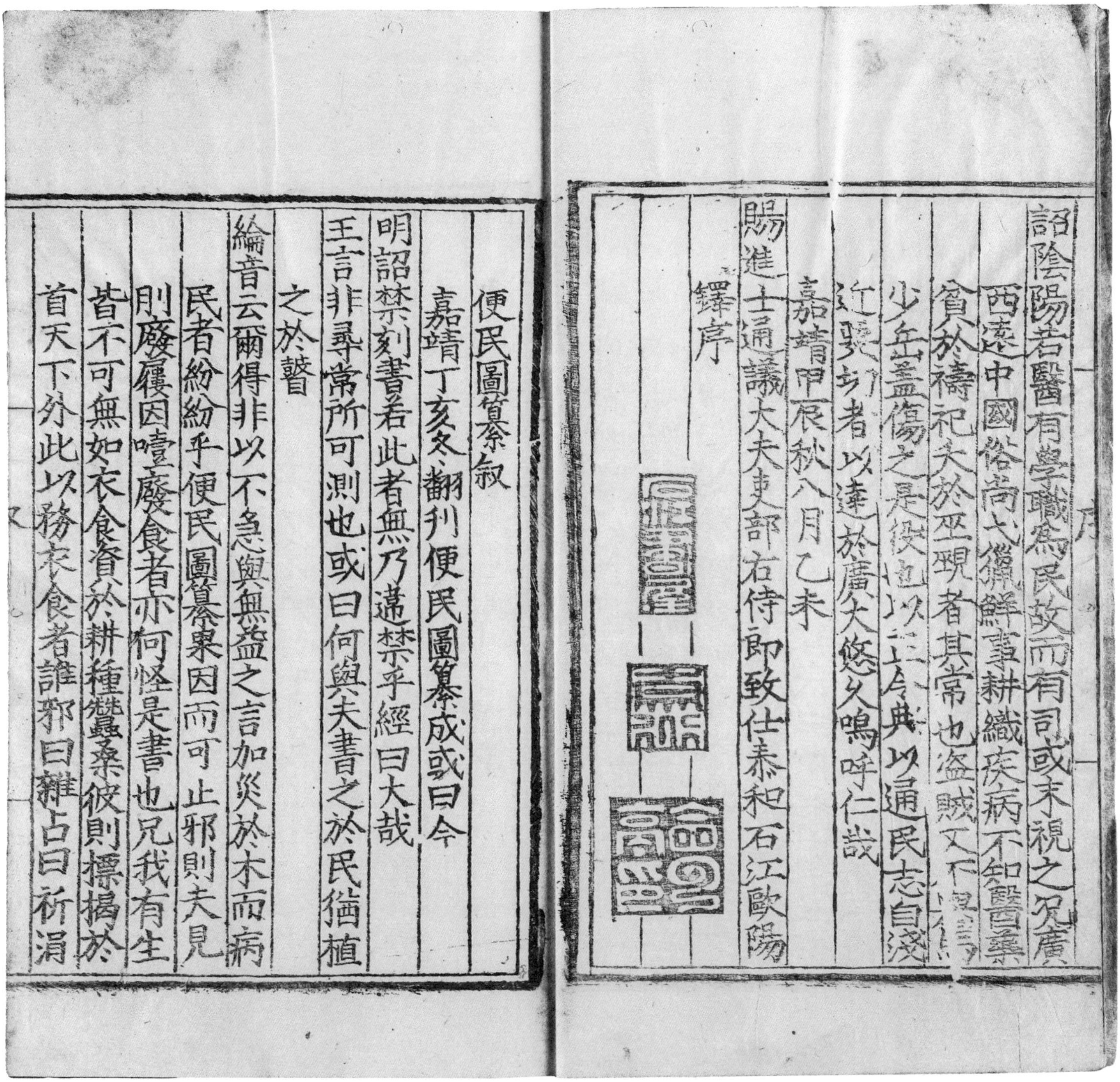
詔陰陽若醫有學職爲民故而有司或未視之况廣
西遠中國俗尚弋獵鮮事耕織疾病不知醫藥
貧於禱祀失於巫覡者其常也盜賊又不[illegible]
少缶盖傷之是役也以江[illegible]令典以通民志自淺
江[illegible]者以達於廣大悠久嗚呼仁哉
嘉靖甲辰秋八月乙未
賜進士通議大夫吏部右侍郎致仕泰和石江歐陽
鐸序

便民圖纂叙
嘉靖丁亥冬翻刊便民圖纂成或曰今
明詔禁刻書若此者無乃還禁乎經曰大哉
王言非尋常所可測也或曰何與夫書之於民猶植
之於譬
綸音云爾得非以不急與無益之言加災於木而病
民者紛紛乎便民圖纂果因而可止耶則夫見
刖廢履因噎廢食者亦何怪是書也况我有生
皆不可無如衣食資於耕種蠶桑彼則標揭於
首天下外此以務衣食者誰耶曰雜占曰祈涓

**08362 便民圖纂十六卷** 明嘉靖二十三年（1544）王貞吉刻藍印本

匡高22.1厘米，廣14.6厘米。半葉十行，行二十四字，白口，四周雙邊。國家圖書館藏。

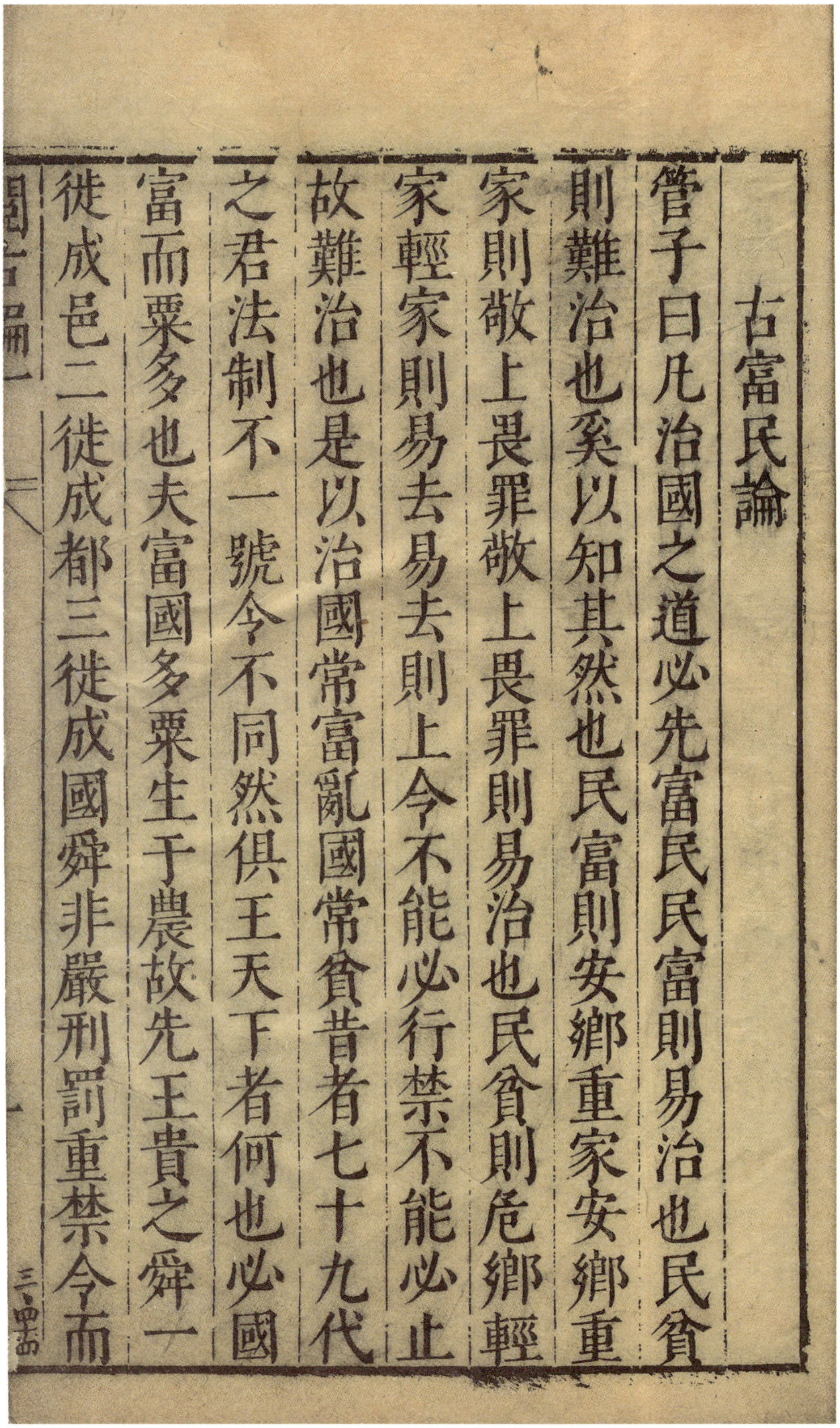

古富民論

管子曰凡治國之道必先富民民富則易治也民貧則難治也奚以知其然也民富則安鄉重家安鄉重家則敬上畏罪敬上畏罪則易治也民貧則危鄉輕家輕家則易去易去則上令不能必行禁不能必止故難治也是以治國常富亂國常貧昔者七十九代之君法制不一號令不同然俱王天下者何也必國富而粟多也夫富國多粟生于農故先王貴之舜一徙成邑二徙成都三徙成國舜非嚴刑罰重禁令而

**08363 農書六卷** （明）施大經撰　明刻本

匡高20.9厘米，廣13.8厘米。半葉九行，行二十字，小字雙行同，白口，四周單邊。蘇州圖書館藏。

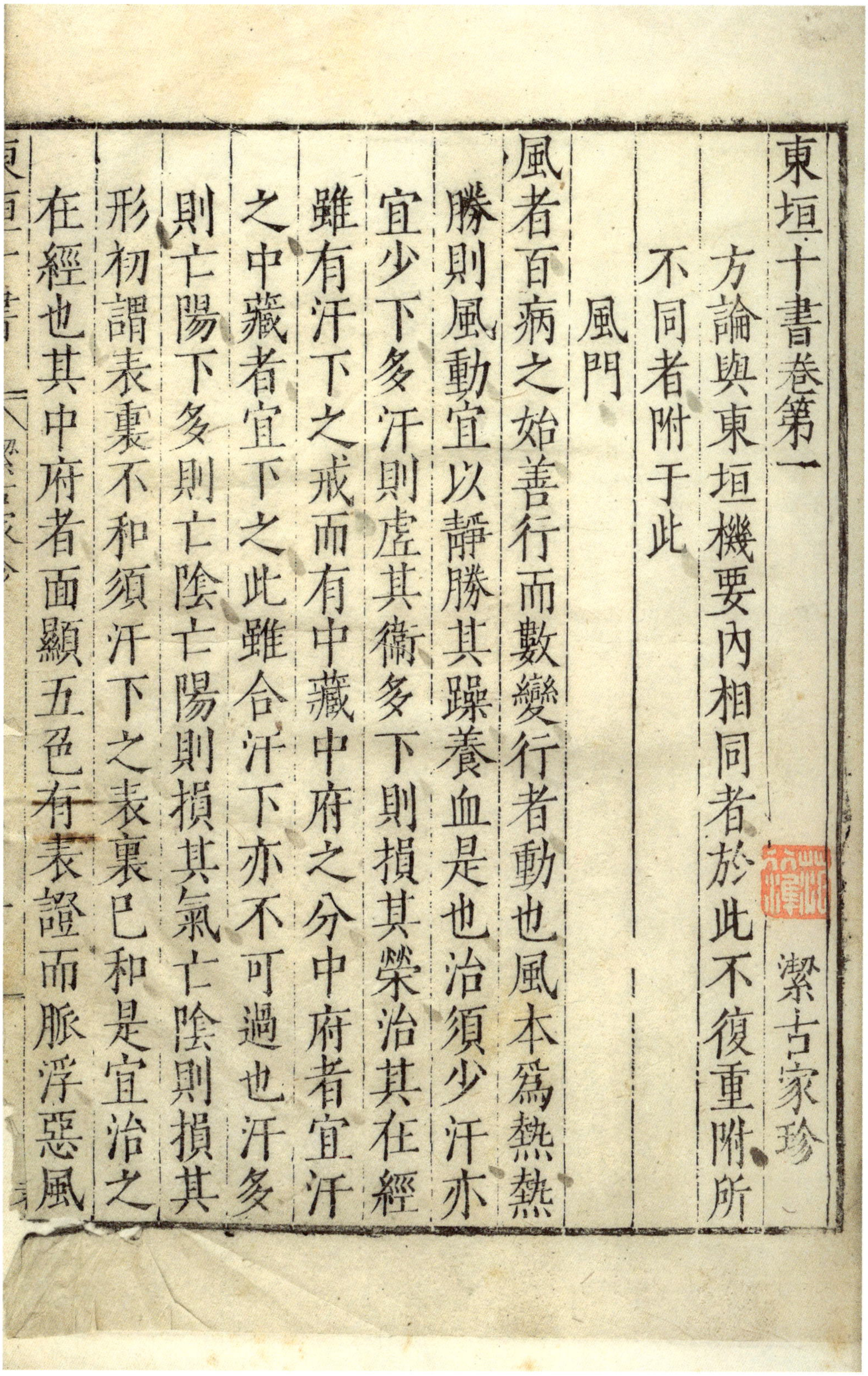
東垣十書卷第一　　潔古家珍
方論與東垣機要內相同者於此不復重附所
不同者附于此
風門
風者百病之始善行而數變行者動也風本爲熱熱
勝則風動宜以靜勝其躁養血是也治須少汗亦
宜少下多汗則虚其衞多下則損其榮治其在經
雖有汗下之戒而有中藏中府之分中府者宜汗
之中藏者宜下之此雖合汗下亦不可過也汗多
則亡陽下多則亡陰亡陽則損其氣亡陰則損其
形初謂表裏不和須汗下之表裏已和是宜治之
在經也其中府者面顯五色有表證而脈浮惡風

**08364 東垣十書十三卷**　明隆慶二年（1568）曹灼刻本

匡高19.5厘米，廣14.8厘米。半葉十二行，行二十字，小字雙行同，白口，左右雙邊。成都中醫藥大學圖書館藏，存十二卷。

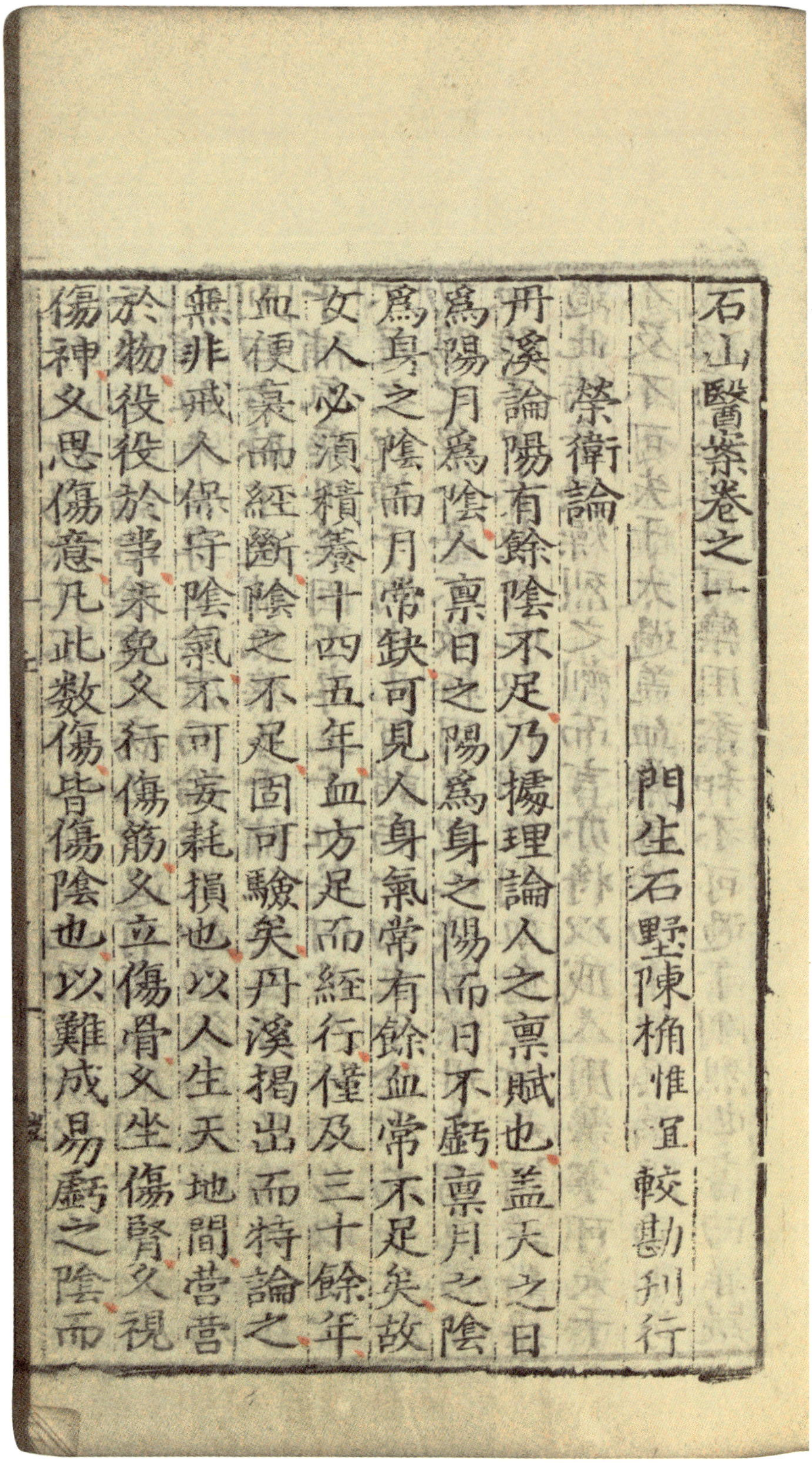
石山醫案卷之一
門生石墅陳桷惟宜較勘刊行
營衛論
丹溪論陽有餘陰不足乃據理論人之禀賦也蓋天之日
爲陽月爲陰人禀日之陽爲身之陽而日不虧禀月之陰
爲身之陰而月常缺可見人身氣常有餘血常不足矣故
女人必須積養十四五年血方足而經行僅及三十餘年
血便衰而經斷陰之不足固可驗矣丹溪揭出而特論之
無非戒人保守陰氣不可妄耗損也以人生天地間營營
於物役役於事未免久行傷筋久立傷骨久坐傷腎久視
傷神久思傷意凡此數傷皆傷陰也以難成易虧之陰而

**08365 石山醫案八種三十二卷** （明）汪機撰　明嘉靖刻崇禎祁門樸墅增刻印本

匡高19.5厘米，廣13.2厘米。行字不等，白口，四周單邊。浙江省中醫藥研究院藏。

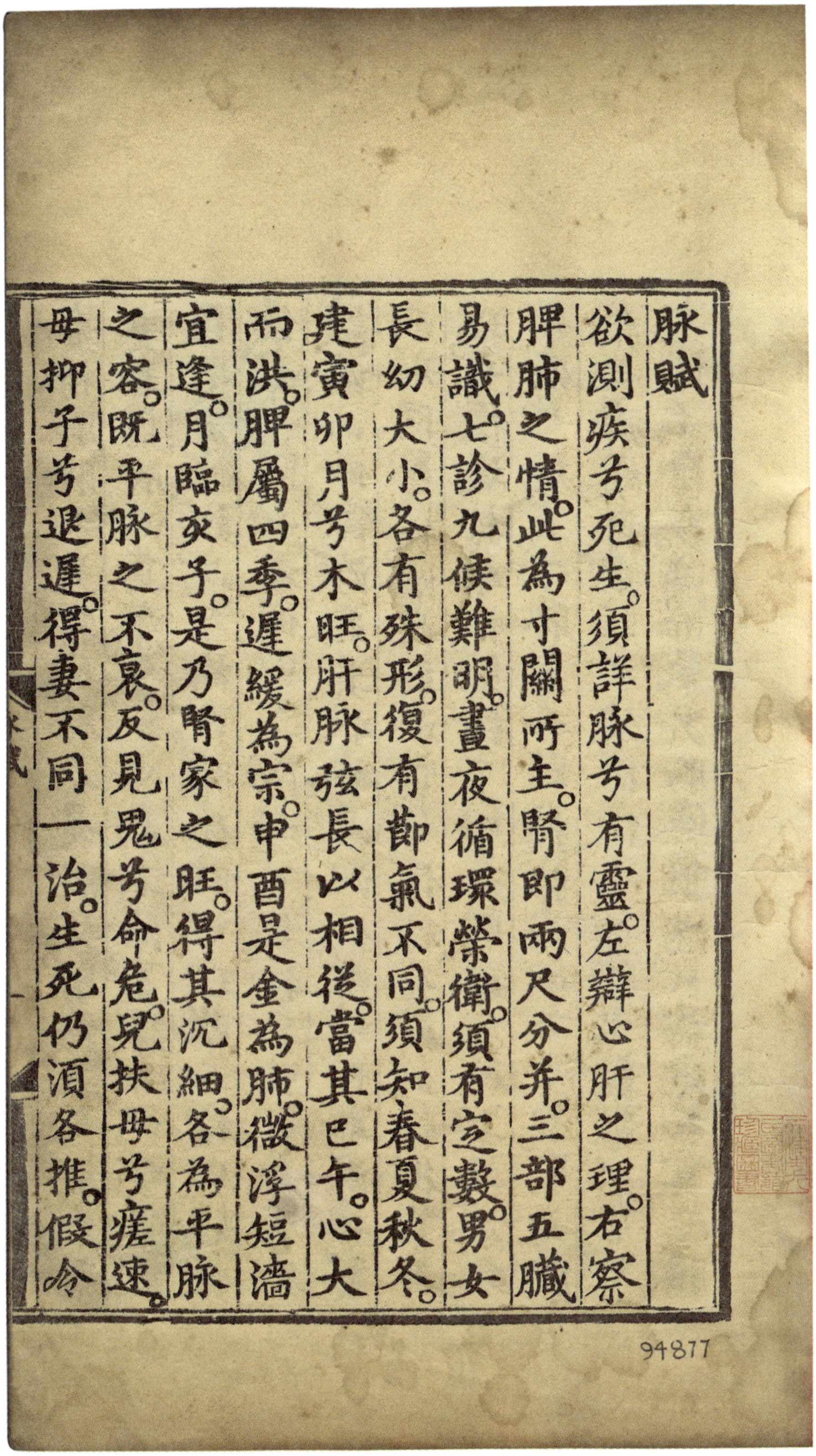
脉賦
欲測疾兮死生。須詳脉兮有靈。左辯心肝之理。右察脾肺之情。此為寸關所主。腎即兩尺分并。三部五臟易識。七診九候難明。晝夜循環。榮衛須有定數。男女長幼大小。各有殊形。復有節氣不同。須知春夏秋冬。建寅卯月兮木旺。肝脉弦長以相從。當其巳午。心大而洪。脾屬四季。遲緩為宗。申酉是金為肺。微浮短濇宜逢。月臨亥子。是乃腎家之旺。得其沉細。各為平脉之容。既平脉之不衰。反見鬼兮命危。兒扶母兮瘥速。母抑子兮退遲。得妻不同一治。生死仍須各推。假令

**08366、08367 醫要集覽九種九卷** 明刻本

匡高24.7厘米，廣17.6厘米。半葉十行，行二十字，黑口，四周雙邊。天津圖書館、北京中醫藥大學圖書館藏。

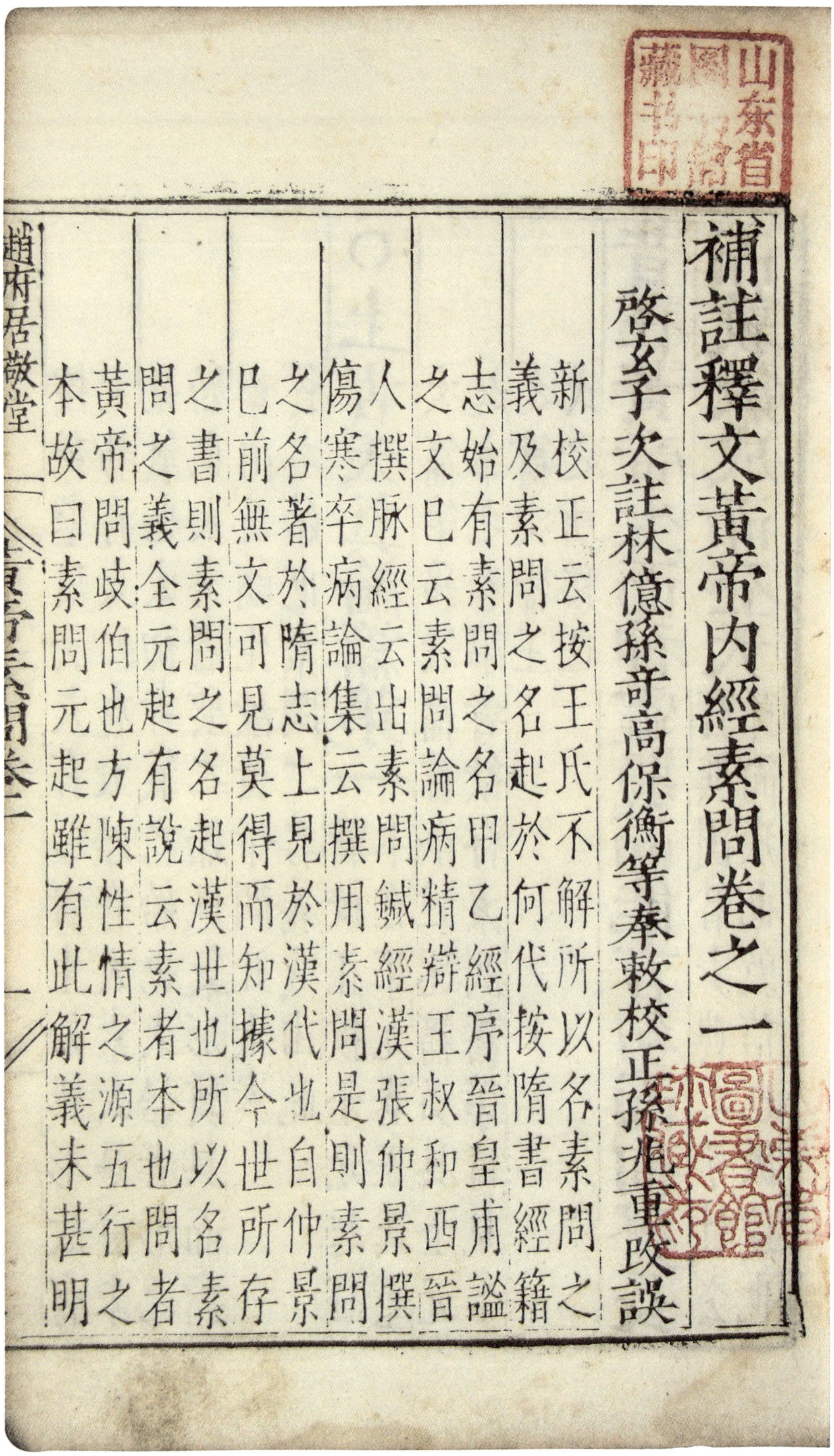
山東省圖書館藏書印
補註釋文黃帝内經素問卷之一
啓玄子次註林億孫奇高保衡等奉勑校正孫兆重改誤
新校正云按王氏不解所以名素問之
義及素問之名起於何代按隋書經籍
志始有素問之名甲乙經序晉皇甫謐
之文已云素問論病精辯王叔和西晉
人撰脉經云出素問鍼經漢張仲景撰
傷寒卒病論集云撰用素問是則素問
之名著於隋志上見於漢代也自仲景
已前無文可見莫得而知據今世所存
之書則素問之名起漢世也所以名素
問之義全元起有説云素者本也問者
黃帝問岐伯也方陳性情之源五行之
本故曰素問元起雖有此解義未甚明
趙府居敬堂

**08368-08370 補註釋文黃帝内經素問十二卷** （唐）王冰注 （宋）林億等校正 （宋）孫兆改誤 **遺篇一卷 黃帝素問靈樞經十二卷** （宋）史崧音釋 明趙府居敬堂刻本

匡高20.4厘米，廣14厘米。半葉八行，行十七字，小字雙行同，細黑口，四周雙邊。山東省圖書館、武漢圖書館、成都中醫藥大學圖書館藏。

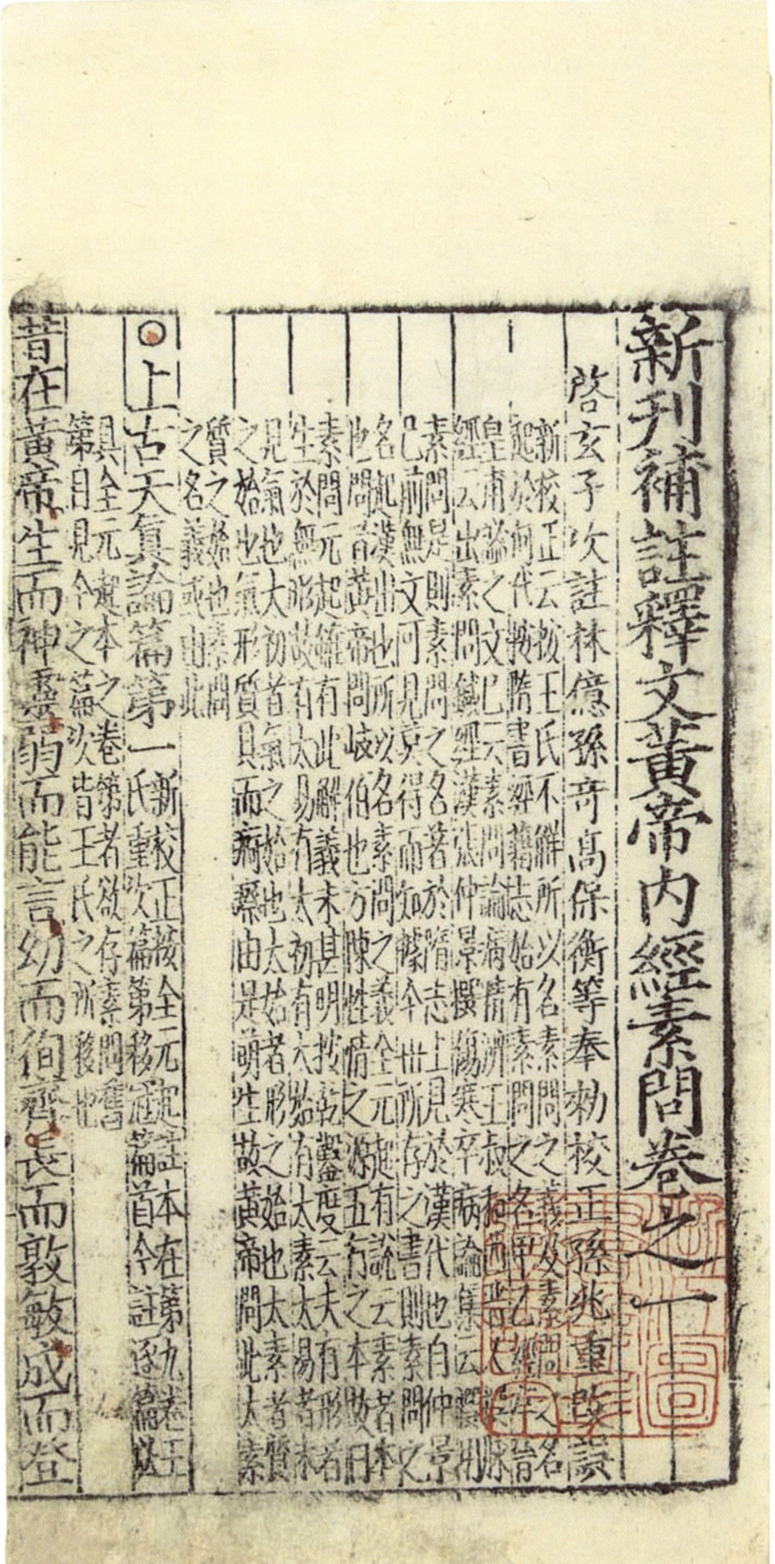
新刊補註釋文黃帝內經素問卷之一
啓玄子次註林億孫奇高保衡等奉勑校正孫兆重改誤
上古天真論篇第一
昔在黃帝生而神靈弱而能言幼而徇齊長而敦敏成而登

**08371 新刊補註釋文黃帝內經素問十二卷** （唐）王冰注 （宋）林億等校正 （宋）孫兆改誤 **新刊黃帝內經靈樞十二卷黃帝內經素問遺篇一卷 新刊素問入式運氣論奧三卷 素問運氣圖括定局立成一卷黃帝內經素問靈樞運氣音釋補遺一卷** 明嘉靖四年（1525）山東布政使司刻本

匡高19.2厘米，廣11.9厘米。行字不等，白口，四周單邊。浙江圖書館藏。

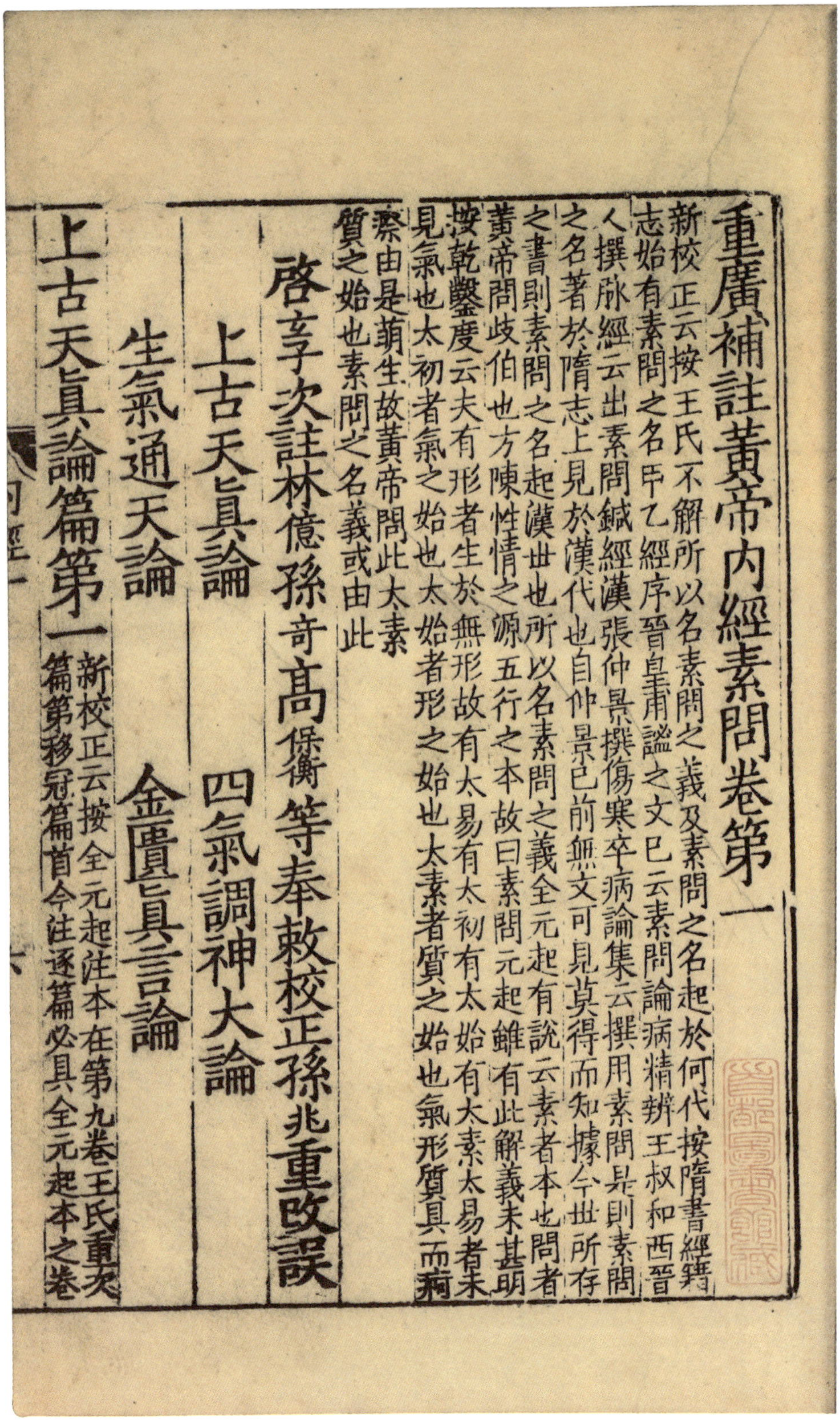
重廣補註黃帝內經素問卷第一
新校正云按王氏不解所以名素問之義及素問之名起於何代按隋書經籍志始有素問之名甲乙經序晉皇甫謐之文已云素問論病精辨王叔和西晉人撰脉經云出素問鍼經漢張仲景撰傷寒卒病論集云撰用素問是則素問之名著於隋志上見於漢代也自仲景已前無文可見莫得而知據今世所存之書則素問之名起漢世也所以名素問之義全元起有說云素者本也問者黃帝問岐伯也方陳性情之源五行之本故曰素問元起雖有此解義未甚明按乾鑿度云夫有形者生於無形故有太易有太初有太始有太素太易者未見氣也太初者氣之始也太始者形之始也太素者質之始也氣形質具而痾瘵由是萌生故黃帝問此太素質之始也素問之名義或由此
啓玄子次註林億孫奇高保衡等奉敕校正孫兆重改誤
上古天真論　四氣調神大論
生氣通天論　金匱真言論
上古天真論篇第一　新校正云按全元起注本在第九卷王氏重次篇第移冠篇首今注逐篇必具全元起本之卷

**08372-08374　重廣補註黃帝內經素問二十四卷**　（唐）王冰注　（宋）林億等校正　（宋）孫兆改誤　明嘉靖二十九年（1550）顧從德影宋刻本

匡高21.9厘米，廣15.6厘米。半葉十行，行二十字，小字雙行三十字，白口，左右雙邊。首都圖書館、無錫市圖書館、天津中醫藥大學圖書館藏。

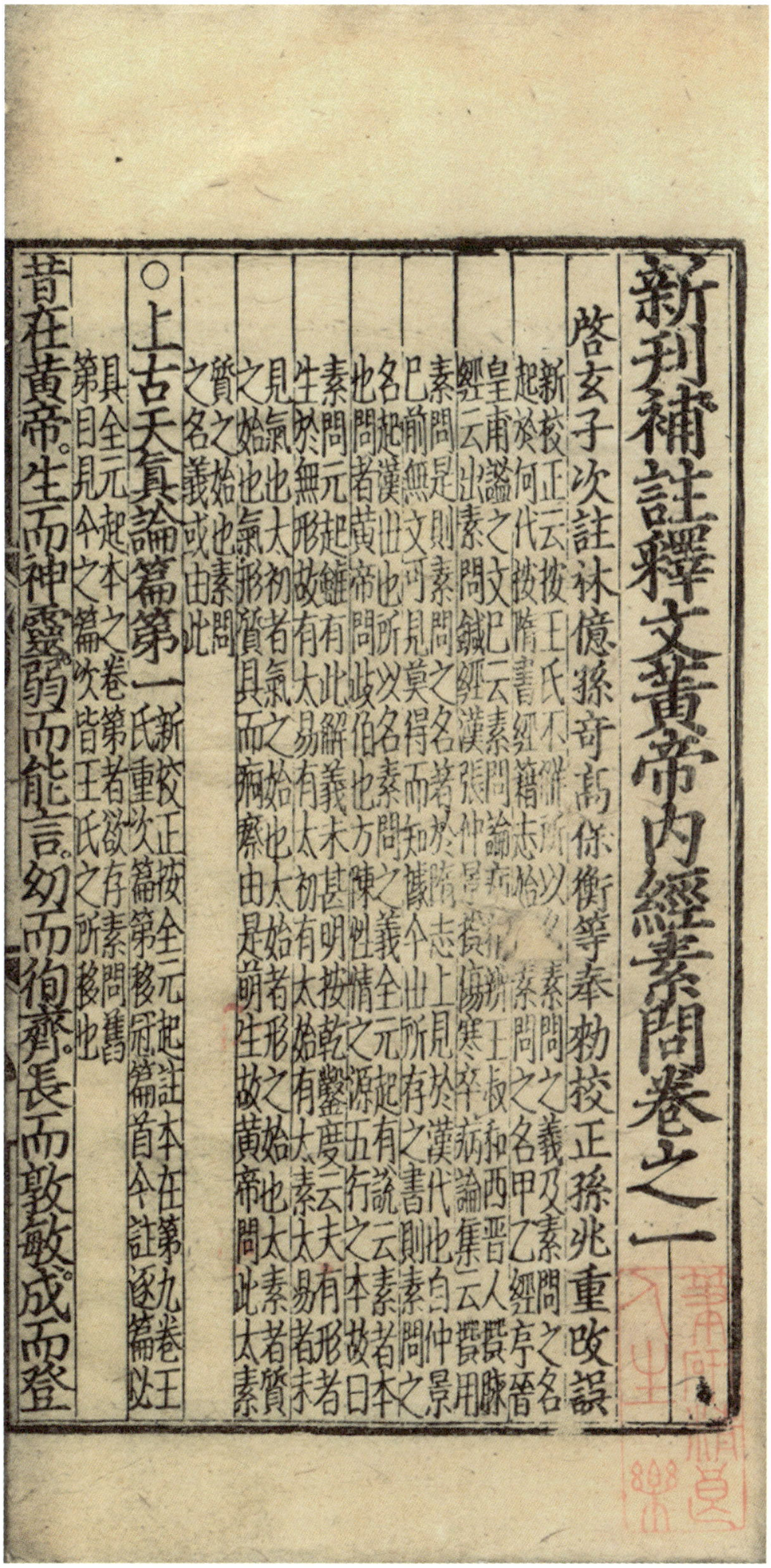

新刊補註釋文黃帝內經素問卷之一

啓玄子次註林億孫奇高保衡等奉勑校正孫兆重改誤

新校正云按王氏不解所以名素問之義及素問之名起於何代按隋書經籍志始有素問之名甲乙經序晉皇甫謐之文已云素問論病精辨王叔和西晉人撰脉經云出素問鍼經漢張仲景撰傷寒卒病論集云撰用素問是則素問之名著於隋志上見於漢代也自仲景已前無文可見莫得而知據今世所存之書則素問之名起漢世也所以名素問之義全元起有說云素者本也問者黃帝問岐伯也方陳性情之源五行之本故曰素問元起雖有此解義未甚明按乾鑿度云夫有形者生於無形故有太易有太初有太始有太素太易者未見氣也太初者氣之始也太始者形之始也太素者質之始也氣形質具而痾瘵由是萌生故黃帝問此太素質之始也素問之名義或由此

○上古天真論篇第一 新校正按全元起註本在第九卷王氏重次篇第移冠篇首今註逐篇必具全元起本之卷第者欲存素問舊第目見今之篇次皆王氏之所移也

昔在黃帝。生而神靈。弱而能言。幼而徇齊。長而敦敏。成而登

**08375 新刊補註釋文黃帝內經素問十二卷** （唐）王冰注 （宋）林億等校正 （宋）孫兆改誤 明熊氏種德堂刻本

匡高19.7厘米，廣12.5厘米。半葉十三行，行二十三字，小字雙行同，黑口，四周雙邊。中國科學院上海生命科學信息中心藏。

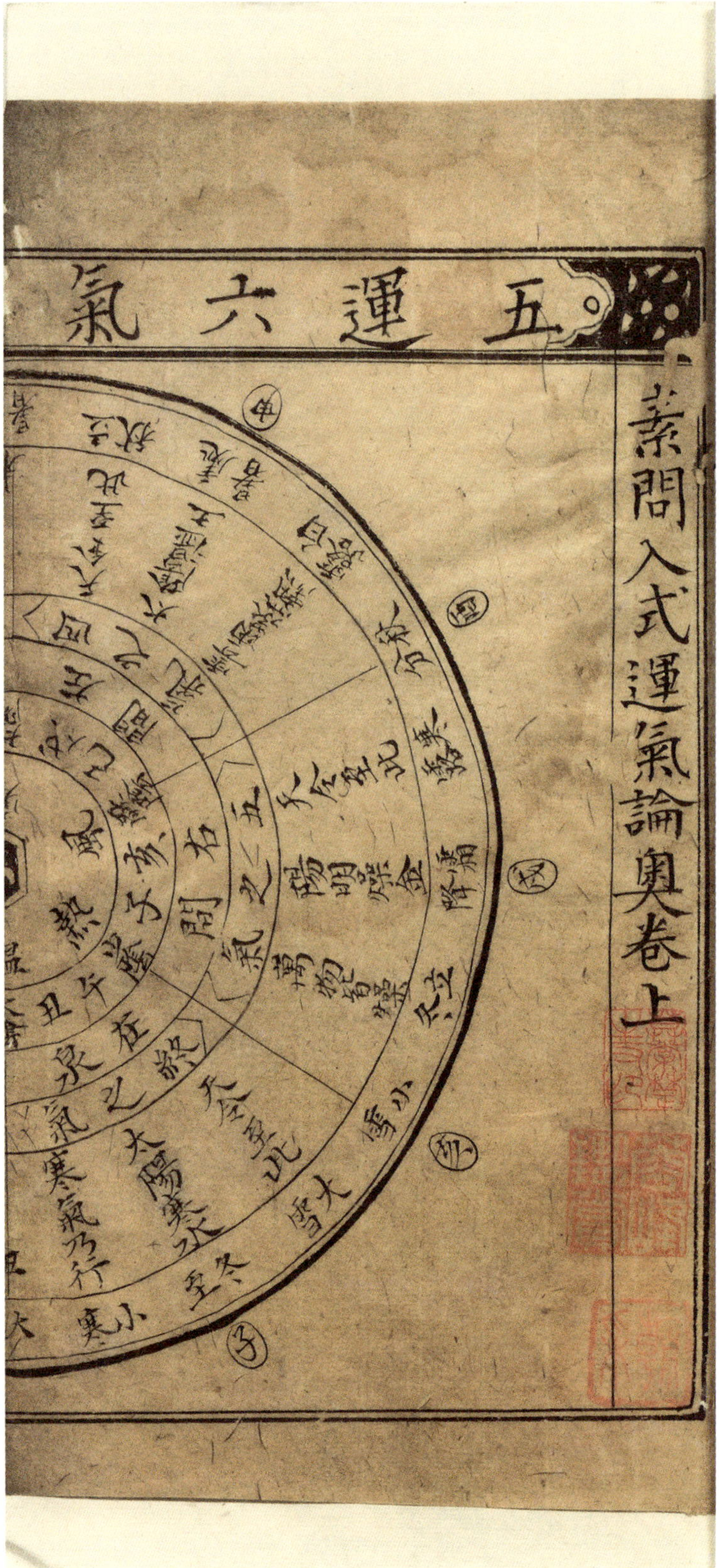


**08376 素問入式運氣論奧三卷** （宋）劉溫舒撰 **黃帝内經素問遺篇一卷** 明刻本

匡高19.3厘米，廣12.3厘米。半葉十四行，行二十四字，黑口，四周雙邊。葉桂跋。南京圖書館藏。

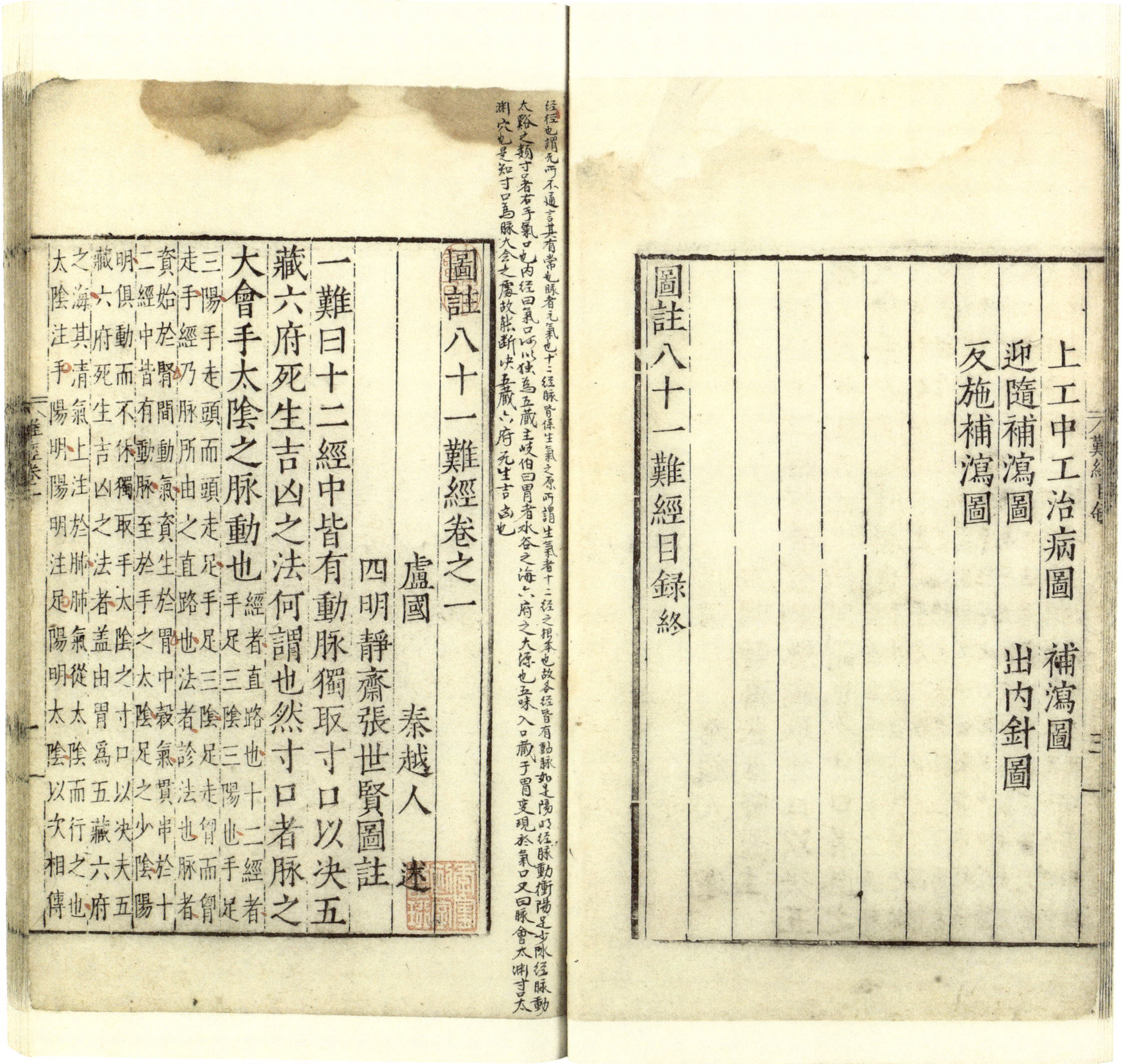
圖註八十一難經目録
上工中工治病圖　補瀉圖
迎隨補瀉圖　出内鍼圖
反施補瀉圖
圖註八十一難經目録終

圖註八十一難經卷之一
盧國　秦越人　述
四明　靜齋張世賢圖註
一難曰十二經中皆有動脉獨取寸口以决五藏六府死生吉凶之法何謂也然寸口者脉之大會手太陰之脉動也經者直路也十二經者手足三陰三陽也手足三陽手走頭而頭走足手足三陰足走胷而胷走手經乃脉所由之直路也法者診法也脉者資始於腎資生於胃中穀氣貫串於十二經中皆有動脉至於手之太陰足之少陰陽明俱動而不休獨取手太陰之寸口以决夫五藏六府死生吉凶之法者蓋由胃爲五藏六府之海其清氣上注於肺肺氣從太陰而行之也太陰注手陽明陽明注足陽明太陰以次相傳也

**08377　圖注八十一難經八卷**　（明）張世賢撰　明沈氏碧梧亭刻本

匡高20.2厘米，廣13.3厘米。半葉十行，行十八字，小字雙行同，白口，左右雙邊。有“吴門沈氏碧梧亭校梓”署記。國家圖書館藏。